백세시대를 위한 서양철학사 시리즈
7

서양 합리론과 정치철학
칸트에서 헤겔까지
From Kant to Hegel

공자의 눈으로 읽고 따지다

백세시대를 위한 서양철학사 시리즈	7

서양 합리론과 정치철학 **칸트에서 헤겔까지**

공자의 눈으로 읽고 따지다

초판	1쇄 인쇄 2025년 11월 14일
	1쇄 발행 2025년 11월 18일
지은이	황태연
펴낸이	김영훈
펴낸곳	생각굽기
출판등록	2018년 11월 30일 제 2018-000070호
주 소	(07993) 서울 양천구 목동로 230 103동 201호
전 화	02-2653-5387
팩 스	02-6455-5787
이메일	kbyh33@naver.com

ⓒ 2025, 황태연

* 책값은 뒤표지에 있습니다.
* 잘못된 책은 바꾸어 드립니다.
* 이 책의 내용은 저작권법의 보호를 받는 저작물이므로 무단 전제 및 복제를 금합니다.
* 이 책의 본문은 ㈜한글과컴퓨터의 '함초롬' 서체를 사용하였습니다.

ISBN 979-11-989095-6-5

백세시대를 위한 서양철학사 시리즈

서양 합리론과 정치철학
칸트에서 헤겔까지
From Kant to Hegel

공자의 눈으로 읽고 따지다

지은이 황태연黃台淵은 서울대학교 외교학과를 졸업하고, 같은 학과 대학원에서 「헤겔에 있어서의 전쟁의 개념」으로 석사학위를 받고, 1991년 독일 프랑크푸르트 괴테대학교에서 『지배와 노동(Herrschaft und Arbeit)』으로 박사학위를 받았다. 그는 1994년 동국대학교 정치외교학과 교수로 초빙되어 30년 동안 동서양 정치철학과 정치사상을 연구하며 가르쳤다. 그러다 2022년 3월부로 명예교수가 되었다. 그는 지금도 동국대학교 학부와 대학원에서 강의를 계속하며 집필에 매진하고 있다.

그는 근 반세기 동안 동서고금의 정치철학과 제諸학문을 폭넓게 탐구하면서 동·서양 정치철학과 정치사상, 그리고 동서통합적 도덕·정치이론에 관한 연구에 헌신해 왔다. 그는 반세기 동안 총 87권(저서 49부작 75권+역서 12권)의 책을 썼다. 그는 서양정치 분야의 연구서로 *Herrschaft und Arbeit im neueren technischen Wandel*(최신 기술변동 속의 지배와 노동, Frankfurt/Paris/New York: 1992), 『환경정치학』(1992), 『포스트사회론과 비판이론』(공저, 1992), 『지배와 이성』(1994), 『분권형 대통령제 연구』(공저, 2003), 『계몽의 기획』(2004), 『서양 근대정치사상사』(공저, 2007), 그리고 「서양 경험론과 정치철학」의 연작집 『베이컨에서 홉스까지』(2024), 『로크에서 섀프츠베리까지』(2024), 『데이비드 흄에서 다윈까지』(2024)를 출간한 데 이어, 2025년 4월 「서양 합리론과 정치철학」의 연작집 『플라톤에서 아퀴나스까지』(2025), 『밀턴에서 데카르트까지』(2025), 『라이프니츠에서 루소까지』(2025)를 출간하고, 2025년 11월 『칸트에서 헤겔까지』(2025), 『마르크스에서 쇼펜하우어까지』(2025), 『니체에서 하버마스까지』(2025)를 출간함으로써 마침내 「백세시대를 위한 서양철학사 시리즈(전9권)를 완간했다. 그리고 『분권형 대통령제: 제왕적 대통령의 권력 나누기』(2025)를 공간했다.

동서통합적 연구서로는 『감정과 공감의 해석학(1, 2)』(2014-15)과 『패치워크문명의 이론』(2016)을 냈고, 2023-24년에는 『놀이하는 인간』(2023), 『공감적 해석학과 공감정의 이론』(2024), 『정의국가에서 인의국가로(상·하)』(2025)를 출간했다. 2026년 초에는 『예술의 미학, 정원의 미학』을 공간한다.

Profile

황태연 黃台淵

공자철학과 공자철학의 서천西遷에 관한 연구서로는 『실증주역(상·하)』(2008), 『공자와 세계(1-5)』(2011), 『공자의 인식론과 역학』(2018), 『공자철학과 서구 계몽주의의 기원(1-2)』(2019), 『근대 영국의 공자숭배와 모럴리스트들(상·하)』(2020·2023), 『근대 프랑스의 공자열광과 계몽철학』(2020·2023), 『근대 독일과 스위스의 유교적 계몽주의』(2020·2023), 『공자와 미국의 건국(상·하)』(2020·2023), 『유교적 근대의 일반이론(상·하)』(2021·2023) 등을 냈다. 그리고 『공자의 자유·평등철학과 사상초유의 민주공화국』(2021)에 이어 『공자의 충격과 서구 자유·평등사회의 탄생(1-3)』(2022)과 『극동의 격몽과 서구 관용국가의 탄생』(2022), 『유교제국의 충격과 서구 근대국가의 탄생(1-3)』(2022) 등을 연달아 공간했다. 공자관련 저서는 15부작 전29권이다.

한국정치철학 및 한국정치사·한국정치사상사 분야로는 『지역패권의 나라』(1997), 『사상체질과 리더십』(2003), 『중도개혁주의 정치철학』(2008), 『조선시대 공공성의 구조변동』(공저, 2016), 『대한민국 국호의 유래와 민국의 의미』(2016), 『갑오왜란과 아관망명』(2017), 『백성의 나라 대한제국』(2017), 『갑진왜란과 국민전쟁』(2017), 『한국 근대화의 정치사상』(2018), 『일제종족주의』(공저, 2019·2023), 『사상체질, 사람과 세계가 보인다』(2021·2023), 『대한민국 국호와 태극기의 유래』(2023), 『한국 금속활자의 실크로드』(2022)와 『책의 나라 조선의 출판혁명(상·하)』(2023), 『창조적 중도개혁주의』(2024) 『사상가 김대중』(편저, 2024) 등 여러 연구서를 냈다.

해외로 번역된 저자의 책으로는 중국 인민일보 출판사가 『공자와 세계』 제2권의 대중보급판 『공자, 잠든 유럽을 깨우다』(2015)를 중역中譯·출판한 『孔夫子與歐洲思想啟蒙』(2020)이 있다.

최근 저자는 동학애국전쟁(1894)에서 고종의 독시毒弑(1919)에까지 이르는 25년 동안의 근대사에 대한 연구를 다시 되돌아보고, 이와 연결지어 1919년에서 2024년에 이르는 100여 년의 한국현대사에 대한 연구에 매진하고 있다.

2018년부터 유튜브 "황태연아카데미아"를 통해 위 저서들과 관련된 대학원 강의를 시청할 수 있다. - 편집부 -

책머리에

　제7권 『칸트에서 헤겔까지』, 제8권 『마르크스에서 쇼펜하우어까지』, 제9권 『니체에서 하버마스까지』가 출간됨으로써 전 6권의 「서양 합리론과 정치철학」 시리즈가 완간되었다. 동시에 이로써 마침내 고대에서 현대까지 서양 철학자들의 모든 철학사상을 공자의 눈으로 읽고 따지는 전 9권의 〈백세시대를 위한 서양철학사 시리즈〉가 완간되었다. 14명의 서양 경험주의 철학자들과 경험과학자들이 전개한 경험론과 정치철학을 공자의 눈으로 읽고 따지는 전 3권의 「서양 경험론과 정치철학」은 2024년 이미 완간되었다. 참고로 14명의 서양 경험론자와 경험과학자의 원전을 읽고 논한 「서양 경험론과 정치철학」의 연작 3권은 다음과 같다.

　제1권 『베이컨에서 홉스까지』
　제2권 『로크에서 섀프츠베리까지』

제3권 『데이비드 흄에서 다윈까지』

따라서 이 전 6권의 '서양 합리론과 정치철학'은 저 「서양 경험론과 정치철학」 연작 3권의 자매편인 셈이다. 「서양 합리론과 정치철학」 연작 6권은 다음과 같다.

제4권 『플라톤에서 아퀴나스까지』
제5권 『밀턴에서 데카르트까지』
제6권 『라이프니츠에서 루소까지』
제7권 『칸트에서 헤겔까지』
제8권 『마르크스에서 쇼펜하우어까지』
제9권 『니체에서 하버마스까지』

이 「서양 합리론과 정치철학」 연작 6권은 소크라테스·플라톤·아리스토텔레스에서 현대의 마르크스·쇼펜하우어·니체·하버마스에 이르기까지 총 20명의 서양 합리론자들의 인식론과 정치사상을 공자의 관점에서 분석했다. 독자는 서양의 모든 경험론자(14명)와 합리론자(20명) 도합 34명이 집필한 6백여 권의 서양 철학 원전을 70분의 1로 압축한 전 9권의 〈백세시대를 위한 서양철학사 시리즈〉만 읽으면 거의 모든 서양 철학자의 인식론과 정치철학을 익히 통달할 수 있다. 그리고 이 시리즈 9권을 다 독파하는 데는 9개월이면 족할 것이다.

이 9권의 시리즈가 자부할 것은 소소하게 많지만, 이 시리즈가 진짜 자부하는 바는 기실 다른 데 있다. 이 서양철학사 시리즈는 저자가 1974년 대학 1학년 때 플라톤의 『향연』을 꼼꼼히 읽고 요약문을 철학개론 수업 시간에 발표한 것을 시작으로 이 '백세시대를 위한 서양철학사 시리즈'에 등장하는 총 34명 철학자의 6백여 권의 원전을 반세기 동안 모조리 정독하고 저술한 것이다. 이 오랜 독서와 연구는 저자가 그간 저술한 84권의 저서에 흩어져 있다. 따라서 이 방대한 서양철학사 시리즈를 집필하는 작업은 이 흩어진 연구들을 빠짐없이 찾아 집대성하는 과정이었다. (이 '서양철학사 시리즈'에 집대성된 글들의 출처는 일부 밝히기도 했지만 구차하게 느껴져서 일일이 밝히는 것을 생략했다.) 따라서 이 시리즈는 34명의 철학자가 평생 저술한 6백여 권의 영어·프랑스어·독어·한문 원전 전집들을 저자가 그리스어·라틴어 원전인 경우에는 일일이 원문을 찾아 대조하면서 청년기 글에서 노년기의 작은 글 조각에 이르기까지 구석구석 꼼꼼하게 정독하고 정확하게 따져서 집필한 세계 최초의 서양철학사라고 자부한다.

그간의 보통 서양철학사 저서들은 몇몇 철학자들이 쓴 소수의 주요 원전만 읽고 나머지 철학자들의 원전은 직접 읽지 않은 채 남들이 쓴 글을 발췌해 실어놓았다. 헤겔의 '철학사강의'가 그렇고, 버트런드 러셀의 '철학사'가 그렇다. 그래서 아무리 읽어도 이해할 수 없었다. 아니면 수많은 전문가의 글을 모아 엮은 편찬서였다. '케임브리지·옥스퍼드 *Companion* 철학사'가 그렇고 이링 페처·뮝클러의 사상사 핸드북이 그렇다. 이런 까닭에 이런 철학사·사상사 시리즈들은 관점의 일관성과 연속성을 잃어서 중구난방이다. 그러나 이 〈백세시대를 위한 서양철학사 시리즈〉는 한 저자가 '공자의 눈'으로 일관되게 읽고 저술했으므로 글의 흐름이 연속적이고, 또 저자가 모든 원전을 직접 읽고 썼기 때문에 서술 내용이 정확하고 정통적이며, 서양 철학자들의 말을 직접 듣고 있는 듯이 생생하고 구체적이어서 이해하기 쉽다.

*****

　서양 경험론과 합리론은 서로 영향을 주고받지 않은 채 서로에 대해 비판과 배척으로 일관하며 각기 자기 계통의 논의만을 계승해 왔다. 이 때문에 이 〈서양철학사 시리즈〉에서는 서양의 인식론과 정치철학을 이렇게 경험주의와 합리주의를 구분하여 그 전통에 따라 따로 논했다. 서양철학사를 이렇게 구분해서 논하면 두 계열의 철학이 지닌 연속성을 일목요연하게 보여줄 수 있다. 합리론은 경험론의 강점을 수용하는 경우에도 곧 경험론에 대한 비판으로 선회하여 더 철저한 합리론적 형이상학으로 되돌아갔다. 가령 임마누엘 칸트가 그러했다. 그는 데이비드 흄의 경험주의적 합리론 비판을 잠시 수용했으나 다시 흄의 경험론을 '회의주의'로 비난하고 나서 '순수이성 비판'이라는 양두구육羊頭狗肉의 간판 아래 미분화된 '표상(Votstellung)' 개념으로 '인상(impression)'과 '관념(idea)'의 차이, 곧 느낌(feeling)과 생각(thinking)의 차이를 뭉개버리고, '경험' 또는 '경험지식'까지도 '지성(Verstand)'의 작용으로 둔갑시킨 합리론적 인식론을 시대착오적으로 '신장개업'했다. 그리고 사단지심四端之心의 도덕감정과 도덕감각, 곧 감성적 '양심'을 경험적인 것으로 배격하고 이성입법적 도덕제정론으로서의 황당한 사이코패스적 도덕형이상학을 구축했다. 이런 까닭에 그는 우리 인간 가슴속의 가장 가까운 감시자인 '양심'을 실천이성적 도덕법칙으로 둔갑시켜 "별이 총총한 하늘"만큼 지극히 멀리 떨어진 신비 현상으로 날조했다.

　경험론과 합리론이 이처럼 상호 대립하고 배척해 온 까닭에 기존의 철학사처럼 서양철학을 시대순으로 전개하면 합리론자 데카르트 다음에 경험론자 홉스, 경험론자 홉스와 로크 다음에 합리론자 라이프니츠, 라이프니츠 다음에 다시 경험론자 흄과 애덤 스미스, 흄과 스미스 다음에 합리론자 칸트, 칸트 다음에 경험론적 도덕감각 학파와 철두철미한 경험론자 찰스 다윈을 취급하는 식으로 철학사상사가 단절과 단절을 면치 못하고 이 단절들을 맥락 없이 기계직으로 붙여놓을 수밖에 없게 된다. 이러면 보통 철학사 서술은 뒤죽박죽 철학사가 되고 마는데, 기존의 철학사 책들이 대개 그렇다.

서양 경험론 시리즈 3권에 이은 서양 합리론 시리즈 6권, 즉 이 9권의 서양철학사 시리즈의 저술로 서양에서 2500년간 전개된 모든 경험론·합리론 철학과 정치사상을 '공자의 눈으로 읽고 따지는' 작업이 완결되었다. 지금까지 동서양 학계에서 아무도 '공자의 눈'으로 서양철학과 정치사상을 전면적·총체적으로 비판하지 않았고, 또 비판하려고 시도하지도 않았다. 동아시아에서도 20세기 이래 그저 공자 배격과 서양 맹종만이 계속되어 왔을 뿐이다. 종래 동아시아의 철학자와 사상가들은 대개 이런 어리석고 무지몽매한 행태를 반복해 왔다. 동아시아 학자들의 공자 연구와 서양 이해는 일천하면서도 서양을 맹종하는 외눈박이들이 무대를 지배하고, 구석으로 밀려난 한 무리의 저질·저능한 동양철학자들은 여전히 구태의연하게 (공맹철학을 악랄하게 파괴한) 성리학만 되뇌고 있는 까닭이다. 여기에는 3대 인구어(영어·독어·프랑스어)와 한문을 동시에 읽을 줄 아는 학자나 공자철학과 서양철학, 이 동서의 두 철학에 다 능통한 철학자가 단 한 명도 없었던 탓도 있다.

이 서양 합리론과 정치철학을 서술하는 6권의 서양철학사 시리즈는 서양의 합리주의 인식론과 정치사상을 공자의 눈으로 읽고 따지는 저작들이다. 그런데 이에 필요한 공자철학의 정확하고 정교한 이해와 고도의 지식이 준비되어 있는가? 공자철학에 대한 동양 철학계의 논의가 거의 다 성리학에 의해 오염되어 있어 대개 함량 미달이거나 오류투성이기 때문에 하는 말이다. 이런 까닭에 저자는 기존의 경전 해석들을 다 물리치고 지난 30여 년 동안 독자적으로 정확하고 정교한 공자해석을 수행하고 현대화하여 이미 일련의 공자 연구서를 공간했다.『공자의 인식론과 역학: 지물知物과 지천知天의 지식철학』,『공자의 자유·평등철학과 사상초유의 민주공화국』,『감정과 공감의 해석학: 공자윤리학과 정치철학의 심층 이해를 위한 학제적 기반이론(1-2)』,『공자철학과 서구 계몽주의의 기원(1-2)』,『근대 영국의 공자 숭배와 모럴리스트들(상·하)』,『근대 프랑스의 공자 열광과 계몽철학자들』,『근대 독일과 스위스의 유교적 계몽주의』,『공자와 미국의 건국(상·하)』,『유교적 근대의 일반이론(상·하)』,『공자의 충격과 서구 자유·평등사회의 탄생(상·중·하)』,『극동의 격몽과 서구 관용국가의 탄생』,『유교제국의 충격과 서구 근대국가의 탄생(상·중·하)』,『도덕의 일반이론: 도덕철학에서 도덕과학으로(상·하)』,『정의국가에서 인의국가로: 국가변동의 일반이론(상·하)』 등 18부작 전 35권이 모두 그런 차원의 공자 저서들과 공자 관련 연구서들이다.

공자철학과 중국 제국의 유교적 정치문화는 고대로부터 서양의 철학과 정치사상에 대해 강력한 영향을 미쳤다. 공자철학은 특히 서양 경험론 철학에 그야말로 '본질 구성적인(constitutive)' 영향을 미쳤다. 이에 대해서는 서양 경험론과 정치철학에 관한 3권의 시리즈의 서론에서 종합적으로 다루었다. 서양 합리론에 대한 공자철학의 영향은 그렇게 본질적이지 않았지만, 소크라테스와 플라톤의 고대 그리스 철학과 바로크 사상, 그리고 계몽주의 시대의 합리주의 철학과 정치사상에 간과할 수 없는 영향을 미쳤다. 공자철학을 배격하거나 외면한 서양 합리론 철학은 스토아·교부·

스콜라철학, 그리고 칸트·피히테·헤겔·마르크스·니체 등의 19세기 독일 철학이었다. 이 합리론 철학들은 모두 이성숭배·과학숭배주의로 인해 사특함이 가득해서 "투쟁유일주의(Kampfsingularismus)"에 무젖고 자연과 인간에게 피괴적 성향으로 짐철되있다. 반면, 공자설학을 부분적으로 수용하여 이성의 독단과 폭주를 얼마간 완화하고 제한한 아리스토텔레스·라이프니츠·루소·쇼펜하우어 등의 일부 합리론 철학들은 사특함이 비교적 덜했고 어느 정도로는 친親인간적이었다.

소크라테스와 플라톤의 철학에 대해서는 불교(힌두교)와 유교가 둘 다 영향을 미쳤는데 그 결과는 위조와 변조가 섞여서 아주 양가치적이었다. 그럼에도 그들에 대한 불교·유교의 영향은 서양 합리주의 계열의 철학사조 안에서 예외적으로 상당히 본질적인 것이었다. 소크라테스·플라톤의 여러 대화편에 출몰하는 윤회(팔린게네시스)·정화(카타르시스)·해탈(뤼시스) 등의 힌두·불교사상, 이 가운데 특히 윤회사상은 그들의 상기설적 인식론의 본질적 기반이 되어 있다. 그리고 그들은 인도를 통해 유교의 사덕론四德論도 받아들여 변조했다. 플라톤은 공맹의 사덕(인·의·예·지)에서 사랑(仁)을 빼고 지혜와 정의의 두 덕목만 취해 각각 사덕의 상석과 말석에 배치하고 예법을 '절제(소프로쉬네, σωφροσύνη)'로 바꿔 제3석에 두고 용기를 끌어들여 차석에 둠으로써 지혜·용기·절제·정의 순서의 새로운 사덕론으로 리메이크했다. 그리고 소크라테스와 플라톤은 지식 탐구를 '지물知物'에서 '지인知人'으로 전환한 공자의 철학 혁명을 모방해 "너 자신을 알라"는 명제와 함께 철학의 주主 대상을 자연에서 인간으로 바꾸었다. 소크라테스와 플라톤이 힌두·불교와 유교를 수용하는 이 과정에서 공히 놓치거나 배제한 것은 바로 '자비'와 '인仁'으로 개념화된 '사랑'(인간사랑과 자연사랑)이었다.

이런 까닭에 고대 이래 서양은 사랑을 잊고 '정의의 주먹', '정의의 총칼'로 정의만을 추구하는 전쟁상태의 세계였다. 이런 전쟁상태의 적대 세계에서는 예수가 인도에서 가져온 사랑(자비)의 교설도 간단히 무력화되었다. 힌두·불교의 자비 사상이 뿌리내리기에는 유대 땅은 너무 척박했던 것이다. 구약에는 이웃사랑도 '거의' 나오지 않고, 심지어 십계명도 사랑을 빼먹고 있다. 이 때문에 구약과 플라톤 철학은 연합해서 신약의 사랑 설교를 무력화시켜 '기독교'를 '유대교'로 다시 변질시킨 신新플라톤주의 신학과 교부철학을 산출했다. 중세는 신플라톤주의적 교부철학의 지배 아래 구약이 신약을 제압하는 암흑시대였다. 오늘날도 이것은 기독교를 창시한 예수보다 유대교도였던 마리아를 앞세우고 '성모'로 숭배하는 가톨릭의 종교 관행과 교리에서 여실히 드러난다. 그러나 염주 사용, 입으로 중얼대는 독경, 독신 수도승·탁발승 제도, 불상 숭배를 본뜬 마리아상 숭배 등 가톨릭의 예배 의식과 제도에는 불교의 영향이 뚜렷하다. 물론 예수교에도 예수신성론神性論과 예수 부활·예수 재림·천년왕국설 등은 힌두·불교의 아바타·윤회 이론을 수용해 변조한 것이다.

동서를 연결한 13-14세기의 팍스 몽골리카(Pax Mongolica) 덕택에 동방과의 교역로가 활짝 열리게 된 르네상스·바로크 시대에 들어서서는 공자철학이 교부·스콜라철학(특히 가톨릭 정치사상)에 대해서도 영향을 미치기 시작했다. 뷰캐넌·벨라르민·수아레스·밀턴 등 바로크 신학자들의 유사類似인민주권론과 폭군방벌·이단군주폐위론 및 자연적 자유평등론 등은 유교적 반정反正·역성혁명론·민유방본론民惟邦本論(민본주의)·무위이치無爲而治·백성자치·성상근론性相近論 등을 수용한 것이다. 특히 『실낙원』과 『복낙원』을 쓴 존 밀턴은 '공자' 이름을 직접 언급하며 공자를 반신半神으로 숭배했다. 바로크 시대에 태동한 이 폭군방벌론과 유사類似

인민주권론은 계몽시대에 민주주의·시민혁명론으로 발전한다.

그리고 공자철학과 유교적 정치문화는 존 밀턴, 푸펜도르프, 라이프니츠, 크리스티안 볼프 등으로 대표되는 바로크·계몽시대 합리론사들의 철학에 대해 상당한 영향을 끼쳤다. 이 네 명의 철학자들은 합리주의자들임에도 모두 공자를 애호하고 중국에 열광했다. 그러는 가운데 그들은 공자의 '군자치국론'을 플라톤의 '철인치자론'으로 각색하기도 하고, 라이프니츠와 볼프의 경우에는 말년에 공자와 중국의 '서술적序述的 경험론'으로 기울어지기도 했다.

독일철학의 주도권이 공자찬양자 볼프로부터 칸트로 넘어간 18세기 말엽부터 유럽대륙에서 합리주의가 석권하면서 유럽대륙은 20세기까지 '반민주 독재'(프로이센 군국주의, 나치즘, 파시즘, 팔랑헤주의, 공산주의, 포르투갈·스페인·그리스의 극우 독재)로 치달았다. 18세기 말부터 이미 칸트는 공자와 중국 문명을 악랄하게 비방하기 시작했고, 칸트의 수강생 요한 헤르더도 한때 중국을 살아있는 "미라(Mumie)"라 조롱했다. (그러나 칸트의 합리론을 버리고 감성적 경험론자로 변신한 헤르더는 말년에 관점을 완전히 바꿔 공자와 중국문화를 죽을 때까지 예찬했다.) 칸트는 칸트주의자들이 계몽주의를 비판적으로 종합한 철학자로 '잘못' 홍보해 왔으나 실은 계몽 이념을 왜곡·변질시킴으로써 도도한 계몽의 과정을 중단시킨 대표적 반反계몽주의자, 바로 공언무실空言無實한 형이상학적 '몽매주의자(obscuratist)'였다.

가령 계몽 이념은 본래 몽매한 세상을 밝혀 인간을 억압·빈곤·무지·미신으로부터 해방하여 인간과 인간 사회를 자유롭게 하는 객관적·세계 변혁적 인간해방 기획이었다. 그러나 칸트는 이 객관적·세계 변혁적 계몽이념을 "자기귀책적 미성년성을 탈피할 용기"라는 개인의 내심 문제로 내면화시켜 결국 모호한 주관적 휜소리로 변질시켜 몽매화했다. 이로써 그는 대륙에서 '계몽주의 혁명'을 저지하려고 했다. 물론 그의 이 반동적 기도는 성공할 수 없었다.

카를 마르크스는 『공산당선언』(1848)에서 "부르주아지의 상품의 저렴한 가격이 모든 중국장벽을 철저히 파괴하고 야만인들의 완고한 외국인 증오를 굴복으로 강요하는 중重대포다"라고 호언하면서 중국인을 '야만인'으로 취급했다. 또 막스 베버는 '서구 합리주의'를 기준으로 공자철학과 중국의 유교문화를 비판하고 중국의 자본주의 불가론을 강변했다. 그러나 웬걸 중국은 마르크스가 절대시한 기계적 '공장자본주의'나 베버가 중시한 합리적 자본회계의 '기업자본주의'(이윤율을 하락시키는 불변자본 폭증의 노동 절약적 생산방식)를 우회하여 이윤율 하락을 모르는 자본 절약적 '자호字號상인 주도의 네트워크 생산방식'(1970년대 이후 미국의 '브랜드 상인[이른바 빅 바이어]' 주도의 네트워크 생산방식'과 유사)을 통해 선진적 자본주의를 발전시켜 1920년대부터 다시 세계 4대 무역 대국으로 부상했다. 마르크스는 "부르주아지의 상품의 저렴한 가격이 모든 중국장벽을 철저히 파괴한다"고 호언장담했지만 서양 상품이 중국 상품보다 불량하고 비쌌기 때문에 중국인들은 서양 물건을 거의 사지 않았다. '중국장벽'은 건재했다.

서양 합리주의 철학들은 이렇듯 이론적 오류와 사특한 비방으로 점철되었다. 그러나 합리주의는 오류와 비방으로 그친 것이 아니라, 그릇된 정치철학으로 유럽을 실제로 멸망시키기도 했다. 서양 합리주의는 지식인·학자의 이성적으로 체계화된 지식 관점에 서서 인간의 주된 본성을 이성으로 보는 조선의 성리학과 유사한 철학이다. 그러나 세상 사람들은 이성적이기보다 감성적으로 행동하고, 운동선수는 몸으로 한다. 체육학 학사가 운동선수의 바른 신체 동작을 이성으로 이론화하더라도 체육학의 체육은 '이성의 사실'이 아니라 '육체의 사실'이다. 그러나 합리주의자들은 세상의 움직임을 이론화하고 나서 세상을 '이성의 사실'로 착각한다. 그러나 체육이 아무리 이론화되더라도 '이성의 사실'이 아니듯이 인간들의 행동으로 돌아가는 이 사회 세계도 '이성의 사실'이 아닌 것이다. 이 세계는 감성적 행동과 공감적 커뮤니케이션의 세계이고, 여기서 이성은 흄의 명제대로 감성의 노예일 뿐이다. 그러나 합리주의자들은 저런 지식인적 자기기만과 오인誤認 구조에서 반대로 생각한다. 그래서 "합리주의는 지식인의 아편"이라고 하는 것이다.

고려 말에 일어난 안향·정몽주 중심의 조선 성리학자들은 또 다른 성리학자 정도전이 도륙해 버렸다. 그러나 성리학자 집단의 나머지 절반인 정도전 중심의 성리학자 무리는 태종 이방원이 도륙해 버렸다. 이후 인조 때(1595-1649)까지 무려 250년 동안 성리학은 조선에서 중앙 정계에 발도 못 붙였고 주희가 지은 '소학'과 '근사록'조차도 조광조의 도학 정치 난동 이후 선조 즉위년까지 판금 당했다. 송시열이 효종을 끼고 비로소 중앙 정계로 끌어올린 성리학은 이후 숙종·정조·고종의 서원 탄압 속에서도 패권을 유지했다. 그러나 조선 성리학은 조선 후기 250년 동안 유교 사상을 왜곡시키고 결국 조선을 멸망시켰고 이후 스스로 친일화親日化되어 사라졌다.

조선 성리학처럼 서양 합리주의는 서양 제국諸國을 두 번이나 멸망시켰다. 합리주의는 소크라테스·플라톤의 지성주의적·반민주적·우생학적 철인치자론과 카스트 분업적 정의론, 데카르트의 단독적 철인입법자론, 칸트의 철인군주론과 사이코패스적 도덕형이상학, 헤겔의 이성국가론과 게르만지배민족론, 마르크스와 엥겔스의 '과학적' 사회주의·계급투쟁론·승자정의론·프롤레타리아독재론, 니체의 '과학적' 인종주의·철인총통론·인종전쟁론, 스탈린의 철인서기장론(아류로서 모택동의 철인주석론, 김일성의 철인수령론) 등으로 서양제국諸國을 계급독재와 파쇼독재로 왜곡시키고 서양 민주주의를 완전히 파괴했다. 반면, 공자의 '서술적 경험론'의 영향으로 탄생한 베이컨 이래의 서양 경험론, 곧 영·미의 '비판적 경험론'은 유럽대륙의 합리론 철학과 형이상학을 분쇄하고 영·미 제국諸國의 철학사상을 '경험과학'으로 격상시킨 데 이어 유럽과 동아시아를 파쇼독재와 계급독재로부터 구해내 민주화했다.

이런 민주와 반민주의 대립적 정치 사조는 상호 대립하는 경험주의 인식론과 합리주의 인식론에 기인했다. 경험주의 인식론은 대중적 경험(집단적 지식의 여론과 민심)을 합리적 지식에 앞세우는 반면, 합리주의 인식론은 대중의 경험적 인식으로서의 여론과 민심을 불합리한 '동물적 인식'으로 무시하고 철학자의 이성적 인식만을 진리로 간주하기 때문이다.

경험론은 인간의 절대지絶對知를 부정하고 "하늘조차도 우리 백성을 통해 보고 우리 백성을 통해 듣듯이(天視自我民視 天聽自我民聽)" 대중의 광범한 집단적 경험(博學·多聞多見)을 최고의 개연적 지식(probability)으로 중시하는 명제를 인식론의 금과옥조로 삼는다. 이 때문에 경험론적 정치철학은 대중의 집단적 경험으로서의 민심과 민의(국민의 집단적 지성과 견해)를 하늘처럼 받들고 따라서 본질적으로 민주주의와 친화적일 수밖에 없다. 반대로 합리론은 단독적 개인의 천재적 지성(=이성)을 금과옥조로 삼고 백성의 집단적 인식을 '동물적 인식'(라이프니츠) 또는 '이성의 가상假像'(der Schein der Vernunft, 헤겔)으로 깔본다. 이 때문에 합리론은 본질적으로 반민수적일 수밖에 없다. 여기서 주목해야 하는 것은 '민주정치론'과 '반민주 독재론'이 궁극적으로 제각기 경험론과 합리론의 대립적 '인식론'에 뿌리박고 있다는 것이다.

공자의 눈으로 서양 합리주의 인식론과 정치사상을 읽고 따지는 이 6권의 시리즈는 역사적으로 '과학적' 사회주의와 '과학적' 인종주의, 공산·파쇼독재의 이론을 산출한 서양 합리론에 대해 근본적으로 비판적일 수밖에 없다. 이 서양 합리론 시리즈는 인류를 두 번이나 세계대전으로 몰아넣고 반민주 독재체제를 통해 수많은 인명을 앗아간 합리주의의 사특한 반인간성과 반민주적 악마성을 낱낱이 드러낼 것이다. 독자들은 이 시리즈에서 독자의 목전에 전시될 적나라한 합리주의 논변과 주장 자체를 통해 여러 합리주의 철학의 공통된 반인간적 악마성과 사특한 반민주성을 여실히 명찰하게 될 것이다.

이 책은 이제 저자의 손을 떠나기 때문에 사색하는 독자를 만나 무두질 당하는 일만 남았다. 독자의 새삼스런 관심과 깊은 이해를 고대한다.
끝으로, 필자의 여러 책을 정성껏 제작해 온 데에 이어 이 시리즈를 만드는 데에도 열정과 심혈을 기울여준 김영훈 '생각굽기' 출판사 사장에게 깊은 감사의 마음을 표한다.

2025년 11월 어느 날 인천 송도에서

황태연 지識.

백세시대를 위한 서양철학사 시리즈	서양 합리론과 정치철학 **칸트에서 헤겔까지**
7	공자의 눈으로 읽고 따지다

책머리에 · 9

제12장/ 칸트의 인간학적 단잠과 정복적 과학주의 · 27

- **제1절/ 칸트 인식론의 기본구조 · 37**
  - 1.1. 인식론의 전반적 개관 · 37
  - 1.2. 경험의 지성화 조작 · 41
  - 1.3. 칸트의 관점주의와 '동굴·종족의 우상' · 71
  - 1.4 물자체의 인과적 도출의 자가당착성 · 82
- **제2절/ 과학주의 이데올로기의 정초 · 87**
  - 2.1. 인식의 지성화, 지성의 이성화 · 87
  - 2.2. '코페르니쿠스적 전회'? · 102
  - 2.3. 칸트의 실체·인과성·필연성 범주와 그 오류성 · 108
- **제3절/ 도덕감정 없는 실천이성의 도덕철학 · 121**
  - 3.1. 실천이성적 이념(이데아)과 권력이성 · 121

C·O·N·T·E·N·T·S 차 례

    3.2. 순수도덕론과 야경국가적 도덕세계 · 132
    3.3. 도덕감정을 배격하는 공리주의적 정언명령들 · 156

제4절/ 동정심 매도, 원죄적 성악설, 반反중도론 · 197
    4.1. 칸트의 사이코패스적 동정심 매도와 그 파장 · 197
    4.2. 의무론적 동정심 매도의 자가당착성 · 220
    4.3. 칸트의 사이코패스적 성악설: 원죄설을 향하여 · 238
    4.4. 사이코패스적 반反중도론 · 310
    4.5. 거짓말 절대 금지론과 사이코패스적 노이로제 · 322

제5절/ 도덕형이상학의 종교적 주술화와 반反계몽 · 333
    5.1. 칸트의 기독교적 성악론과 도덕의 재再주술화 · 335
    5.2. 칸트의 주술 신앙 · 340

제6절/ 미美와 미감을 등진 반反중도 미학 · 349
    6.1. 객관적 미감을 부정하는 주관주의 미학 · 350
    6.2. 칸트의 미 개념의 모호성 · 368
    6.3. '일종의 공통감각'으로서의 미감? · 391

제7절/ 칸트의 중국혐오와 반反중국주의 · 403
    7.1. 칸트의 자연지리학과 사이코패스적 중국 비방 · 403
    7.2. 칸트와 상반된 헤르더와 모스의 중국관 · 414

백세시대를 위한 서양철학사 시리즈 7

서양 합리론과 정치철학 **칸트에서 헤겔까지**
공자의 눈으로 읽고 따지다

- **제8절/ 칸트의 인종주의와 반유대주의 · 427**
  - 8.1. '체계적' 인종주의와 지독한 흑인 경멸 · 427
  - 8.2. 흄을 원용한 칸트의 인종주의적 흑인 비하 · 448
  - 8.3. 유대인은 뱀파이어다, 유대교에 안락사를! · 462
- **제9절/ 영구평화론과 전쟁의 정당화 · 487**
  - 9.1. 전쟁과 국제연합적 영구평화론 · 487
  - 9.2. 영구평화의 제1·2·3조건 · 500
  - 9.3. 홉스주의적 국제정치관과 영구평화론의 모순 · 512
- **제10절/ 계몽 이념의 주관화와 파괴 · 529**
  - 10.1. 자기귀책적 미성년성을 탈피할 용기로서의 계몽? · 530
  - 10.2. 자유공론을 통한 계몽? 혁명의 부정과 체제부역 · 533
- **제11절/ 공허하고 위험한 철학자 칸트 · 547**
  - 11.1. 데이비드 흄에 대한 칸트의 빗나간 비판 · 547
  - 11.2. 칸트철학의 '공허하고 위험한' 본질 · 556

C·O·N·T·E·N·T·S 차례

제13장/ 헤겔의 이성숭배와 관념철학 · 561

- **제1절/ 의식과 자기의식의 인정투쟁 · 565**
    - 1.1. 의식: 감성적 확신·지각·지성 · 565
    - 1.2. 추상적 자기의식 · 571
    - 1.3. 자기의식과 인정투쟁 · 597
- **제2절/ 헤겔의 국가론과 정치철학 · 633**
    - 2.1. 세계정신 속에서 헤겔 · 633
    - 2.2. 이중적 국가개념: 지성국가와 이성국가 · 636
    - 2.3. '민족정신'과 '근대국가'의 모순적 절충 · 664
    - 2.4. 헤겔의 군국주의 세계관과 역사관 · 673
- **제3절/ 헤겔의 민족국가론과 국제정치관 · 701**
    - 3.1. 무의식, 정치적 낭만주의, 신적 민족국가 · 702
    - 3.2. 타나토스적 인간관과 투쟁유일주의적 국가론 · 710
    - 3.3. 군국주의적 국제정치관과 게르만 지배 민족론 · 715
    - 3.3. 헤겔에 대한 세계심판으로서 세계사 · 721

서양 경험론과 정치철학 [전3권]

1 Series

서양 경험론과 정치철학 **베이컨에서 홉스까지**

들어가기/ 공자철학의 서천西遷과 경험론의 세계사적 승리
제1장/ 에피쿠로스의 소박경험론
제2장/ 프랜시스 베이컨의 비판적 경험론
제3장/ 토머스 홉스의 에피쿠리언적 경험론과 정치적 절대주의
제4장/ 리처드 컴벌랜드의 인애적 자연상태론

2 Series

서양 경험론과 정치철학 **로크에서 섀프츠베리까지**

제5장/ 존 로크의 회의주의적 경험론과 근대 정치철학
제6장/ 아이작 뉴턴의 경험론적 자연철학과 과감한 '궐의궐태'
제7장/ 섀프츠베리의 도덕감정론적 도덕과학
제8장/ 프랜시스 허치슨의 경험론적 도덕감각론

3 Series

서양 경험론과 정치철학 **데이비드 흄에서 다윈까지**

제9장/ 데이비드 흄의 '온고지신'과 '비판적 경험주의'
제10장/ 애덤 스미스의 도덕감정론과 시장경제론
제11장/ 찰스 다윈의 경험과학적 인간진화론
제12장/ 현대의 진화론적 경험과학과 메타도덕론

서양 합리론과 정치철학 [전6권]

4 Series

서양 합리론과 정치철학 **플라톤에서 아퀴나스까지**

제1장/ 소크라테스와 플라톤의 합리론과 정치사상
제2장/ 아리스토텔레스의 전지적 자유지식과 형이상학
제3장/ 중세 교부철학과 스콜라철학

5 Series

서양 합리론과 정치철학 밀턴에서 데카르트까지

제4장/ 바로크 정치철학과 근세 자유평등론의 발아
제5장/ 존 밀턴의 유교적 정치철학과 청교도혁명론
제6장/ 스피노자의 범신론적 형이상학
제7장/ 데카르트의 네오-스콜라철학

6 Series

서양 합리론과 정치철학 라이프니츠에서 루소까지

제8장/ 라이프니츠의 사변적 형이상학과 경험론적 정치철학
제9장/ 피에르 벨의 회의론적 합리주의와 근대적 관용론
제10장/ 볼테르의 공자 숭배와 근대적 정치철학
제11장/ 루소의 근대적·반근대적 정치·도덕철학

7 Series

서양 합리론과 정치철학 칸트에서 헤겔까지

제12장/ 칸트의 인간학적 단잠과 정복적 과학주의
제13장/ 헤겔의 이성숭배와 관념철학

8 Series

서양 합리론과 정치철학 마르크스에서 쇼펜하우어까지

제14장/ 마르크스의 자본주의 비판과 과학적 사회주의
제15장/ 쇼펜하우어와 동양철학적 서양합리론

9 Series

서양 합리론과 정치철학 니체에서 하버마스까지

제16장/ 니체의 반도덕적 권력의지와 과학적 인종주의
제17장/ 하버마스와 소통이론적 합리주의

백세시대를 위한 서양철학사 시리즈 [전9권]

백세시대를 위한 서양철학사 시리즈 · 7

12 칸트의 인간학적 단잠과 정복적 과학주의

| 서양 합리론과 정치철학 | 칸트에서 헤겔까지 | 공자의 눈으로 읽고 따지다

제1절/ 칸트 인식론의 기본구조
제2절/ 과학주의 이데올로기의 정초
제3절/ 도덕감정 없는 실천이성의 도덕철학
제4절/ 동정심 매도, 원죄적 성악설, 반反중도론
제5절/ 도덕형이상학의 종교적 주술화와 반反계몽
제6절/ 미美와 미감을 등진 반反중도 미학
제7절/ 칸트의 중국혐오와 반反중국주의
제8절/ 칸트의 인종주의와 반유대주의
제9절/ 영구평화론과 전쟁의 정당화
제10절/ 계몽 이념의 주관화와 파괴
제11절/ 공허하고 위험한 철학자 칸트

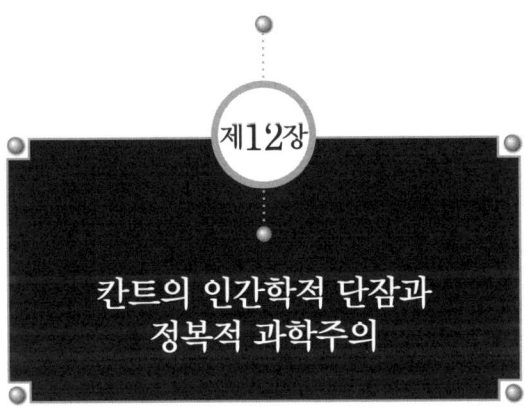

칸트의 인간학적 단잠과 정복적 과학주의

임마누엘 칸트(Immanuel Kant, 1724-1804)는 마구馬具 장인인 요한 게오르그 칸트와 경건주의 기독교인 안나 레기나 도로테아 로이터 사이에서 11명의 자녀 가운데 넷째 아들로 태어났다. 11명 중 살아남은 자녀는 칸트를 포함해 4명이었다. 칸트의 할아버지는 스코틀랜드에서 동東프로이센으로 이주한 스코틀랜드인이었다. 칸트는 '엠마누엘'을 유아 세례명으로 받았지만, 나중에 히브리어를 배운 뒤 스스로 '임마누엘'로 바꾸었다. 당시 다른 학자들과 마찬가지로 종신 독신이었던 칸트는 쾨니히스베르크(현, 러시아 칼리닌그라드)에서 태어나 평생 여기서 살았다. 그는 쾨니히스베르크에서 150킬로미터 이상 바깥으로 여행한 적이 없었다.

쾨니히스베르크는 18-19세기 내내 경건주의 기독교가 득세한 곳이었지만 학문적으로는 비교적 자유로운 도시였다. 칸트는 '경건주의자들의 합숙소'라는 별칭이 붙은 콜레기움 프리데리치아눔에 입학해서 라틴어를 비롯한 교양 교육을 받았다. 그러던 중 13살 때(1737) 어머니가 세상을 떠났다.

칸트는 16살 때(1740) 쾨니히스베르크 대학에 입학해 6년간 공부했다. 일종의 졸업논문으로 힘을 측정할 수 있는 원리를 논하는 「활력의 올바른 측정술에 관한 사상」을 제출했다. 그는 1747년부터 1754년까지 생계를 위해 가정교사로 일했다. 31살 때(1755) 그는 쾨니히스베르크 대학으로 돌아와서 「보편적 자연사와 천체이론」을 발표하고 박사학위 논문 「불에 관한 몇 가지 고찰에 관한 간략한 서술」을 제출하고 학위를 받은 뒤 오늘날의 교수직 취득 논문에 해당하는 「형이상학적 인식의 제1원리에 관한 새로운 해명」을 썼다. 1756년 그는 마침 공석이었던 논리학·형이상학 원외 교수직에 응모했지만 낙방했고 1758년에도 실패했다. 원외 교수는 정년을 보장받지 못하고 다른 대학에서도 강의할 수 있는 교수직이었다. 1764년 프로이센 교육부가 칸트에게 문학부 교수직을 제의했지만, 칸트는 자신에게 합당한 자리가 아니라며 거절했다. 오직 철학만이 그의 관심사였고 분야를 달리하면서까지 교수가 되는 것에는 관심이 없었다. 칸트는 1756년부터 1770년 46세까지 14년간 사私강사로 보냈다. 당시 '사강사'는 오늘날 대학의 시간 강사와 비슷하지만, 강사료를 수강생들에게서 받았다. 생계유지를 위해 칸트는 왕립도서관 사서로 일하기도 했다.

칸트는 1770년 46살 때에 비로소 쾨니히스베르크 대학 논리학·형이상학 교수로 정식 임용됐다. 1781년 57살 때 『순수이성 비판』을 출간했다. 이 책은 처음에 "해괴망측한 나머지 도저히 이해할 수 없는 글"이라는 혹평을 받았고 내용에 대해 많은 오해를 받기도 했다. 칸트는 오해를 불식시키기 위해 '순수이성 비판의 입문서'로 『과학으로 등장할 수 있을 모든 미래 형이상학의 프롤레고메나(*Prolegomena zu einer jeden künftigen Metaphysik, die als Wissenschaft wird auftreten können*)』(1783)을 출판했다. 그러나 이 『프롤레고메나』가 『순수이성 비판』보다 더 난해하다는 소리를 들었다. 그리하여 『순수이성 비판』을 대폭 여기저기 수정했다. 그래도 난해도는 완화되지 않았다.

칸트는 1784년 『세계 시민적 관점에서 본 보편사의 이념』을 출판했고, 1785년에는 『도덕형이상학 정초(Grundlegung zur Metaphysik der Sitten)』, 1786년에는 『자연과학의 형이상학적 기초』 등을 내놓았다. 그리고 1788년 『실천이성 비판』, 1790년 『판단력 비판』을 내놓음으로써 칸트의 이른바 삼대 비판철학서가 연달아 출판되었다. 그러나 『실천이성 비판』과 『판단력 비판』은 끝으로 갈수록 미완의 문장들이 많아서 완결된 것으로 보이지 않는다.

유명한 계몽 군주 프리드리히 2세 치하에서 프로이센의 종교 정책은 비교적 관용적이었지만, 그 후계자 프리드리히 빌헬름 2세는 그렇지 않았다. 프로이센 검열 당국은 칸트가 종교철학 논문을 발표하는 것을 허락하지 않았다. 그러자 칸트는 제목과 달리 근본적으로 기독교 신학적인 저서 『순수한 이성의 한계 안에서의 종교』(1793)를 내놓았다. 이듬해에도 종교철학 논문 『만물의 종말(Das Ende aller Dinge)』을 내놓았다. 그러자 프리드리히 빌헬름 2세는 칙령을 발령해서 사실상 칸트를 협박했다. 이에 위축되어 칸트는 앞으로 종교철학 책을 출판하지 않겠다고 약속하는 서약을 제출했다.

칸트철학은 전체적 구조와 흐름에서 보면 다문다견의 반복 경험과 실험(博學審問)을[1] 통한 경험적 일반자의 산출 없는 알리바이용 불량 경험으로 출발하여 이 불량 경험을 지성으로 바꾸고 이 불량 지식을 재료로 삼아 사변적 순수이성으로 '이념(Ideen = 순수이성의 개념들)'을 작화作話

---

1) "博學審問"은 『中庸』(二十章)의 "博學之 審問之 愼思之 明辨之" 명제의 앞부분이다. 공자 경전에서 인식과 관련된 '학(學)'자는 '경험(하다)'을 뜻한다.

하는 데서 완성되는 루소의 인식론을 그대로 재현한다. 이 과정의 첫 단계에서 지성 주체는 자연적 인식 대상에다 연역적 범주들을 적용하여 자연을 붕어빵 찍어내듯이 주관에 따라 조작·인식·정복한 뒤 최종 단계에서 순수이성과 이성적 법칙에 따라 '감성적' 인간을 무감無感한 순수한 이념 주체로 '제조'하는 합리론적 지식체계를 작화해 냈다.

칸트의 목표는 경험론을 우회한 합리주의적 방법으로 근대적 '과학'을 정초하는 것이다. 범주들로 '구성'된 현상적 대상을 인식해서 만들어낸 지성적 '지식'과 "인식할 수는 없으나 사유할 수는 있는" (인과성으로부터 자유로운 의지로서의) "물자체(Ding an sich)의 원형"으로서의 '이념'을 망라하는 이 합리주의 지식체계는 바로 칸트가 의도한 "과학으로 등장할 수 있을 형이상학(Metaphysik, die als Wissenschaft wird auftreten können)"이다. '과학'은 모순적인 것이 있을 수 없는 "논증"의 명증성과 믿을 강한 이유가 있고 믿음에 반대되는 것은 아무런 이유도 없는 "증명"의 명증성에 근거하는 반면(램지, 흄), '형이상학'은 이런 명증성을 결한 공언무실空言無失한 "부지이작不知而作"의[2] 체계다. 따라서 '과학'과 '형이상학'은 반대말이다. 이 사실을 감안하면, 칸트가 추구하는 저 "과학으로 등장할 수 있을 형이상학"이란 실은 '둥근 네모'와 같은 '과학적 형이상학', 또는 '과학의 탈을 쓴 이데올로기'로서의 '과학주의(scientism)'다. "알지 못하면서 작화하는(不知而作)" 이 사변적·관념적·지배적·정복적 과학주의는 다문다견의 경험대로 서술序述하고 어떤 작화作話도 허용치 않는 공자의 "술이부작述而不作"의[3] 지식과 참으로 대척적인 사기 지식

---

[2] '알지 못하면서 작화한다'는 뜻의 "부지이작(不知而作)"은 공자 어록 "子曰 蓋有不知而作之者 我無是也. 多聞 擇其善者而從之 多見而識之 知之次也(무릇 알지 못하면서도 작화하는 자들이 있는 모양인데 나는 이런 것이 없다. 많이 듣고 그 가운데 좋은 것을 택해서 따르고 많이 보고 인식하는 것이 지식의 차선이다)"에서 따온 말이다. 『論語』「述而」(7-28).
[3] "서술할 뿐이고 작화하지 않는다(述而不作)"는 명제는 "서술할 뿐이고 작화하지 않고

이고, 자연의 겸손한 '제자'로서 자연에서 배우려는 베이컨의 "자연해설적(nature-interpretative)" 경험과학과[4] 정반대되는 허위 지식이다.

공자의 '서술적序述的' 경험론은 '경험하고 나서 생각하기(學而思之)[5] 때문에 "알지 못하면서 생각을 굴려 작화하는 것(不知而作)"을 멀리하고 본말本末·시종始終·선후先後로 짜인 경험 사실들을 그대로 "서술序述할 뿐이고 작화하지 않는다(述而不作)". 이로써 관점주의적 오류, 즉 '동굴·종족의 우상'과 사변적 연역의 '예단'과 '속단'의 오류를 분쇄한다. 공자의 경험론은 '다문다견'의 '박학심문博學審問' 방법(천하의 온 백성이 보고 듣는 수준으로 널리 경험하고 엄밀히 실험하는 방법)과, '경험을 널리 하고 나서 생각을 신중히 하고(博學而愼思)[6] '경험을 주主로 삼고 생각을 종從으로 삼아서(主學而從思) 실사구시實事求是한 경험적 사실들을 사실 그대로의 본말·시종·선후에 따라 서술序述하고 사변思辨으로 작화하지 않는 "술이부작述而不作"의 방법을 취하기 때문이다.[7] 이런 전차로 공자는 "지난 경험을 거듭 데워 새것을 알면 가히 스승이 될 수 있다(溫故而知新

지난 경험을 믿고 애지중지할 따름이다(子曰 述而不作 信而好古)"는 공자어록에서 따온 말이다. 『論語』 「述而」(7-1).

4) 베이컨은 『신기관』의 본론에서도 "인간 지성의 가장 큰 장애와 왜곡은 감각들의 둔감·한계·기만에서 온다. (…) 하지만, 참일 가능성을 가진 모든 자연의 해설(Interpretation of Nature)은 모두 경험 사례와 (…) 적합하고 적절한 실험적 경험에 의해 달성된다"고 주장한다. Francis Bacon, *The New Organon* [1620] (Cambridge: Cambridge University Press, 2000), Book I, §L(50) "Aphorisms on the Interpretation of Nature and on the Kingdom of Man".

5) '경험하고 나서 생각한다'는 뜻의 '학이사지(學而思之)'는 『論語』 「爲政」(2-15)의 소극적·부정적 명제 "경험하기만 하고 생각하지 않으면 그 경험은 공허하고, 생각하기만 하고 경험하지 않으면 그 생각은 위태롭다(學而不思則罔 思而不學則殆)"를 긍정문으로 바꿔 압축한 명제다.

6) "박학이신사(博學而愼思)"는 『中庸』(二十章)의 "博學之 審問之 愼思之 明辨之" 명제에서 따온 것이다. 앞서 시사했듯이 공자 경전에서 인식과 관련된 '학(學)' 자는 '경험(하다)'을 뜻한다.

7) 공자의 서술적 경험론에 대한 상세한 본격적 논의는 참조: 황태연, 『공자의 인식론과 역할』(파주: 청계, 2018).

可以爲師矣)"고[8] 갈파함으로써 탄탄한 반복적·누적적 경험을 통해 거듭 거듭 데워진 '인과성의 뜨끈한 습관적 확신'의 형성과 이를 통한 새 지식의 획득 방법을 중시했다.

따라서 공자가 강조한 '술이부작述而不作' 방법의 '서술적序述的 경험론'은 베이컨의 '해설적(interpretative) 경험론'이나 흄의 '비판적 경험론'과 유사하게 '감각'과 '경험'을 '이성'에 앞세우고, 감각의 관점주의를 극복하기 위해 박학·심문을 통해 감각과 경험의 오류를 바로잡는다. 감각적 경험을 이성에 앞세우는 까닭은 이중적이다. 첫째, '감각'과 '경험'은 이성이 논증할 사유 자료의 유일한 출처이기 때문이다. 둘째, '감각'과 '경험'은 '이성'과 마찬가지로 오류나 기만으로부터 자유롭지 않지만 스스로 교정 가능성이 있는 반면, 경험과 분리된 '이성'은 감각과 경험보다 오류와 자기기만의 위험이 훨씬 더 크고, 이런 만큼 스스로 교정 가능성도 아주 낮아서 망상과 독단으로 치달을 위험이 매우 높기 때문이다. 이런 까닭에, 일찍이 아리스토텔레스가 '기억의 반복'을 경험적 귀납의 근거로 강조했듯이 베이컨은 공자의 '박학심문' 명제에 따라 역사적·세계일주적 박물지를 구축할 것과, 연역적 방법을 버리고 귀납적 방법을 특화할 것을 주장했고, 흄은 '인과적 연관의 생생한 인상'이 '유사한 경험의 항상적 반복'으로 생겨나는 정신적 '습관과 결심'에 의해 형성된다고 논변했던 것이다.

'관점주의(perspectivism)'란 개인과 집단의 개별적 관찰 시각과 특수한 이해 관계적 경험 상황에 구속된 특정한 관점의 경험, 즉 부실·불량 경험으로부터 일반적 판단과 지식을 도출하는 것, 즉 베이컨의 '동굴과 종족의 우상'에 빠지는 것을 가리킨다. '관점주의'에 대한 유일한 해독제는 개별적 시각과 경험 상황의 특정한 관점 및 인간 종족의 관점을 넘어서

---

8) 『論語』「爲政」(2-11).

동식물 일반의 경험도 중시하는 반복적 다견다문의 경험적 박학(박물지 구축)과 심문(정밀 실험)이다. 나아가 인간이 듣지 못하거나 맡지 못하는 작은 소리와 옅은 냄새도 캐치하는 개의 청각과 후각, 그리고 물과 공기의 오염도와 정정 급수를 알려주는 지표 어종과 지표식물의 경험까지도 수용해야만 인간 종족의 우상을 뛰어넘는 탄탄하고 양호한 다측면적 경험을 얻을 수 있다. 다문다견도 일정한 수준에 머물러서는 아니 된다. 다문다견, 즉 박학의 이상적 수준은 천하의 전 인류의 눈과 귀로 두루 보고 두루 듣는 보편적 수준, 즉 '민시민청民視民聽'과 여러 동식물의 경험 수준이다. 그러므로 하늘도 관점주의에서 벗어나 인간 사회의 보편적 지식과 참된 정서를 알기 위해 "백성이 보는 것을 통해 보고, 백성이 듣는 것을 통해 듣는 것이고('天視自我民視 天聽自我民聽')",[9] 그래서 하늘은 "백성이 바라는 것을 반드시 따르는 것이다"('民之所欲 天必從之').[10] 궁극적으로 이 '하늘의 보편적 관점'에 부응하는 '민시민청' 수준의 관점 초월적 경험만이 과학적 인식 자료가 될 수 있다. 그 이하의 경험은 부실·불량 경험이라서 과학적 인식에 쓰일 수 없다. 요는 임의의 경험이 학적 인식의 자료로 쓰일 수 있는 것이 아니라, '민시민청'과 동식물의 지각에까지 확장된 보편적 경험과 정밀 실험의 결과만이 학學의 자료로 쓰일 수 있다는 말이다. 또한 경험에 대한 판단의 도출도 '사이불학思而不學'의 위태로운 무無경험적·초경험적·사변적 논증을[11] 통해 연역된 12개의 선험적 범주를 경험 자료에 적용·처방하는 식의 도출이 아니라, 경험의 '술이부작', 즉 귀납적 도출(누적적 경험에 의한 '일반적 개념'의 형성)이어야 한다.

---

9) 『書經』「泰誓(中)」.
10) 『書經』「泰誓(上)」.
11) 앞서 제시했듯이 공자는 "경험하기만 하고 생각하지 않으면 그 경험은 공허하고, 생각하기만 하고 경험하지 않으면 그 생각은 위태롭다(學而不思則罔 思而不學則殆)"고 언명했다. 『論語』「爲政」(2-15).

제1절

칸트 인식론의 기본구조

1.1. 인식론의 전반적 개관

　임마누엘 칸트의 인식론과 철학 전반은 이래서 관점주의에 구속된 과소寡少한 불량 경험과 선험적 과잉 사유를 결합시킨 '새로운 독단적 합리론'의 과학주의 이데올로기와 위태로운 이성 교조적 형이상학으로 나타난다. 칸트는 다문다견·박학심문의 탄탄한 경험에 관심이 없고 '선험적(apriorisch) 감성 형식'과 '선험적 지성 개념(=범주)들'의 경험 초월적(transzendental) 연역에만 매달린다. 그리하여 그는 경험을 '지성화'하고 지성을 '이성화'하고 이성을 실천적·우주론적으로 '이념화'함으로 스스로 '순수이성 비판'이라고 명명한 그의 철학 체계 전반을 끝내 이성 위주로 다시 교조화시키고 신적神的 독단을 찬탈한 순수한 지성·이성의 새로운 인간학적 독단, 즉 푸코가 풍자한 대로 '인간학적 단잠' 속에 빠져든다. 그리하여 전체적으로 칸트의 철학은 실은 루소의 기만적 혼합론을 본뜬 '경험론과 합리론의 비판적 종합'이라는 미명 아래에 전개된 '양두구육'의 오만한 현학적·위선적 독단 철학으로 등장했다.

필자가 말하는 '인간학적 독단' 또는 푸코의 '인간학적 단잠'이라는 말은[12] 둘 다 일체의 비판을 초월하여 인간을 신격화하는 칸트의 '인간학적 자화자찬'을 비아냥거리는 의미로 쓰인 것이다. 칸트는 라이프니츠를 제치고 데카르트를 복고적으로 계승했다. 상론했듯이, 데카르트는 색깔·소리·맛 등 소위 2차 성질(속성)들을 지각의 주관적 '인상'으로 격하시키고 공간(연장)·시간(지속)·수 등 1차 성질을 영혼에 본유하는 관념으로 보고, 나아가 이성의 기본적 논리 법칙과 자연법칙을 본유지식으로 보는 본유관념론을 피력한 반면, 라이프니츠는 1차 성질과 2차 성질을 차별하는 데카르트의 구분법을 비판하면서 1차 성질과 2차 성질들을 둘 다 지각의 주관적 '인상'으로 격하시키고 동일률·모순률·실체·지속(시간) 등 기본적 논리 법칙과 자연법칙만을 본유관념으로 보는 견해를 피력했다. 데카르트는 신이 세계 창조 시에 자연 사물의 범주와 법칙들을 만들면서 이것을 인간의 영혼에도 '새겨 넣었다'는 신적 각인론을 폈다. 그리하여 이 범주와 법칙들은 인간 정신에 이성적 '관념' 또는 '지식'으로 본유本有한다는 것이다. 따라서 데카르트에 의하면 이 본유관념과 본유지식은 주관적이면서 '동시에' 객관적이다. 이 주관성과 객관성의 '동시성', 즉 '절대성'은 신이 만들고 신의 이름으로 보장하는 바다.

그러나 칸트는 데카르트의 이 본유관념론에서 주관성과 객관성의 '동시 보장'을 위해 신이 맡았던 신적 '각인' 역할을 '인간학(Anthropolgie)'에 맡기고 있다. 칸트는 플라톤의 이데아와 데카르트의 본유관념들을 인

---

12) Michel Foucault, *Die Ordnung der Dinge* [*Les mots et les choses*, 1966] (Frankfurt am Main: Suhrkamp, 1974), 410-402쪽.

간의 본능에 속하는 '지성(Verstand)'에 의해 아리스토텔레스식으로 '12개 범주'로 '연역'해 낸다. 그리고 나서 이 12개 범주를 표표로 만들어 들고서 마치 이 범주들로 자연 세계를 다 정복한 양 기고만장해 했다.

인간의 본성을 다루는 칸트의 인간학은 신 또는 조물주를 들먹이지 않고 본유관념 또는 선험적 범주들을 연역해 낼 수 있는 지성 능력을 가진 인간 본성을 '인간의 영혼이 원래 그렇게 타고났다'는 '천부성天賦性'으로 기술한다. 칸트의 이 인간학적 '천부성'은 공자의 '재천성상在天成象'과 같이[13] 인간적 지각의 절대성을 부정하고 지적 겸손과 회의론적 상대화의 요청을 담은 '천부성'이 아니다. 칸트의 '천부성'은 인간의 신격적 자화자찬과 자기 위로, 나아가 객체를 규정하는 '고권적 주체'의 패러다임 또는 주체·의식철학을 정당화하는 '천부성'이다. 천부적 지성의 연역과 연역적 지성 범주들을 보장하는 인간학은 '비판'의 대상이 되지 않는 비판 이전의 신화적 설화다. 따라서 칸트의 '인간학'은 비판을 초월한 '비판 이전'의 이야기(präkritische Erzählung), 즉 비과학적 '메타 설화(Meta-Sage)'다.

그리하여 칸트가 "과학으로 등장할 수 있게" 만들려는 이성 비판적 형이상학, 즉 그가 순수이성·실천이성·판단력 비판의 3대 비판서로 정초했다고 자부하는 그의 근대적 '과학'이 '인간학'이라는 이 '비과학적' 메타 설화 위에 올라서 있는 꼴이 된다. '비과학'에 근거를 둔 '과학'이라는 이 근본모순은 인간 본성을 신의 본성과 동격으로 만드는 '인간의 신격화'를 통해서만 그 신격화 정도에 비례해서 완화된다. 근대과학의 '과학성'에 대한 철학적 보증이 인간의 신격화에만 목을 매는 것이다. 이런 논리적 궁경 때문에 칸트의 인식론과 도덕론 안에서 '인간'은 한껏 신격화되

---

[13] "재천성상(在天成象)"은 하늘에서 우리의 심상을 만들었다는 뜻이다. 『易經』 「繫辭上傳」(1)의 "하늘에서 심상을 만들고 땅에서는 물형(物形)을 만드니 변화가 보이는 것이다(在天成象 在地成形 變化見矣)"는 명제에서 따왔다.

어 신을 죽이고 '신의 자리'를 차지하지 않을 수 없다. (푸코에 의하면, 이 '신의 죽음'은 동일한 논리적 이유에서 '인간의 죽음'으로 직통한다. 이 '살신 殺神'과 '살인殺人'은 '동근원적同根源的'인 것이다. 신을 죽이고 무소불위 로 신격화된 인간은 '과학적' 인간 개조·자연 개조론으로 인간 대중을 유린·학살하고 자연을 파괴하는 한편, 인민대중은 이에 대한 보복으로 이 신적 학살 자를 다시 제거한다. 칸트의 세계 속에서는 전대미문의 시신弑神·인간 학살· 시군弑君·자연 파괴가 프로그래밍이 되어 있다.) 말하자면 칸트의 '인간학' 은 인간을 본유관념이 다름없는 지각 형식과 연역된 개념들(공간·시간의 감성 형식과 12개의 지성 범주)을 선험적으로 보유하거나 연역해 낼 '신적' 영웅으로 만드는 무비판적 주장, 즉 인간의 자위적自慰的·자화자찬적 독단론이고, 이 비과학적·신화적·독단적 인간학에 근거를 둔 그의 인식론과 도덕철학의 '과학성' 요구는 철두철미 비과학적 '과학주의'의 이데올로기적 요구, 또는 질풍처럼 진보하는 경험과학을 부러운 나머지 거짓으로 과학 행세를 하는 칸트철학의 자기 기만적 '리플리 증후군'이다.[14]

이 때문에 공자의 눈으로 칸트의 순수이성 비판을 읽고 따지는 '순수이성 비판의 비판'이 불가피한 것이다. 칸트의 인식론은 공허하다. "학이불사즉망學而不思則罔(경험에서 배우기만 하고 생각하지 않아서 공허한 것)' 이 아니라 경험이 관점주의와 주관주의에 사로잡힌 소문소견少聞少見의 얄팍한 불량 경험(학식 산출이 불가능한 그릇된 경험)이기 때문에 공허하다. 동시에 칸트의 인식론은 위태롭다. "사이불학즉태思而不學則殆(생각하기만 하고 배우지 않아서 위태로운 것)"이 아니라, '선사이후학先思而後學(생각을 앞세우고 경험을 뒤로하는 것)'·'박사이신학博思而慎學(생각은 널

---

14) '리플리 증후군'은 과도한 신분 상승 욕구 때문에 타인에게 거짓말을 일삼다 결국은 자신마저 속이고 환상 속에서 살게 되는 유형의 심리적 인격 장애다. 하이스미스(Patricia Highsmith)의 1955년 소설 『재능 있는 리플리 씨』의 주인공 이름에서 유래했다. '태양은 가득히', 여러 버전의 '리플리' 영화는 자기가 지어낸 거짓말을 자기도 현실이라 믿어버리는 '리플리 증후군'을 영화화한 것이다.

리 하고 경험은 짜게 하는 것)'·'주사이종학主思而從學(생각을 주로 삼고 경험을 종으로 삼는 것)'의 인식론적 원칙을 어기기 때문에 위태롭다.

1.2. 경험의 지성화 조작

칸트는 경험을 '지성화'한다. 그는 경험을 '상대적 지식'만을 주는 것으로 말하다가 이와 상충되게 경험을 '필연적 지식'의 요소를 '선험적'으로 갖춘 것으로 말한다.

- 경험은 무엇이 현존하는지를 말해주지만, 필연적 방식으로 존재해야 하는 것, 그래야 하고 달리 있어서는 아니 되는 것을 말해주지 않는다. 바로 이런 까닭에 경험은 어떤 참된 보편성도 우리에게 제공하지 않는다. 그리고 (참된 보편성과 같은) 이런 유의 인식을 아주 갈망하는 이성은 경험에 의해 만족을 얻기보다 더 자극된다. 내적 필연성의 성격을 동시에 지닌 이러한 보편적 인식은 경험과 독립적이고 독자적으로 명백하고 확실해야 한다. 사람들은 이 인식을 선험적 인식이라고 부른다. 반대로 경험으로부터 얻은 것은 사람들이 표현하듯이 오로지 후험적後驗的으로 또는 경험적으로만 인식된다. 지극히 주목할 만한 것이지만, 경험 속에도 선험적 원천을 가져야 하고 아마 감각들의 관념들에 대해 연관을 부여하는 목적에만 기여하는 인식들이 뒤섞여 있다는 것이 드러난다. 왜냐하면 우리가 전자(경험)로부터 감각에 속하는 모든 것을 일체 제거한다고 해도, 완전히 선험적으로, 경험과 독립적으로 생겨났음이 틀림없는 모종의 원천적인 개념들과 이것들로부터 산출된 판단들이 남아 있다. 왜냐하면 저 개념과 판단들은 감관感官들에 대해 현상하는 대상들에 관해 단순한 경험이 가르쳐주는 것보다 더 많

은 것을 말할 수 있고 적어도 그렇게 말할 수 있다고 믿도록 만들고, 그리고 주장들이 보편성과 엄격한 필연성, 단순히 경험적인 인식이 제공할 수 없는 그 같은 것을 포함하도록 만들기 때문이다."[15]

칸트의 유명한 이 명제는 라이프니츠의 명제를 '표절'하여 교조화시킨 것이다. 상술했듯이 라이프니츠는 『인간 지성 신론』에서 다음과 같이 말하고 있다. "감각들은 우리의 모든 현실적 지식에 필수적인 것일지라도, 그 모든 것을 제공하기에 충분치 않다. 왜냐하면 감각들은 사례들 외에, 즉 개별적 또는 단독적 진리들 외에 어떤 것도 우리에게 주지 않기 때문이다. 많은 사례의 열거는 일반적(general) 진리를 확증해 줄지라도 보편적(universal) 필연성을 확립해 주기에 충분하지 않다. 일어났던 것이 언제나 동일한 방식으로 일어날 것이라는 결론이 나오지 않기 때문이다. (…) 이것으로부터 명확하게 드러나는 것은 우리가 순수수학과, 특히 산술과 기하학에서 발견하는 것과 같은 필연적 진리가 사례들에도, 결과적으로 – 감각들이 없다면 이 진리들을 생각하는 것이 결코 우리에게 발생하지 않을지라도 – 감각들의 증언에도 그 증명이 달려있지 않는 원리들이 들어있어야 한다는 것이다."[16] 여기서 귀납적 '일반성'을 연역적 '보편성'으로 전환시키는 선험적 범주 투입과 선험적 공작은 불필요할 뿐만 아니라, "증명의 명증성(evidence from proofs)"으로[17] 족한 '경험·자연과

---

15) Immanuel Kant, *Kritik der reinen Vernunft* [1781·1787], A1쪽. *Kant Werke*, Bd.4 (Darmstadt: Wissenschaftliche Buchgesellschaft, 1983).
16) Gottfried Wilhelm Leibniz, *Nouveaux essais sur l'entendement humain* [1704]. 영역본: *New Essays on Human Understanding* [1704], translated and edited by Peter Remnant and Jonathan Bennett (Cambridge·New York·Sydney: Cambridge University Press, 1981). "Preface", 49-50.
17) David Hume, *A Treatise of Human Nature*, Book 1. *Of the Understanding*, dited by David Fate Norton and Mary J. Norton, with Editor's Introduction by David Fate Norton (Oxford·New York·Melbourne etc.: Oxford University Press, 2001·2007), 86쪽. 흄은 앤드루 램지의 구별에 따라 명증성을 "지식에서 도출된 명증

학'을 재차 지성적 범주들로 분칠해 이데올로기화하는 점에서 위험한 것이다. 칸트는 이런 공작을 통해 경험을 감각 자료와 선험적 범주들의 '합성'으로 변질시켜 합성된 지식을 과학적 지식으로 격상시키고 있다. 더구나 라이프니츠의 저 명제를 교조화하여 '경험 일반'을 선험적 인식을 내포하고 있는 것으로 정의하는 것은 공자 이래 다문다견(박학)으로, 아리스토텔레스 이래 '많은 기억의 반복'으로 통용되어 온 '경험'의 개념과 반복된 경험 속에서 저절로 형성되는 경험적 개념, 즉 '경험적 일반자' 개념을 파괴하는 것이다.

   칸트의 위 명제는 자세히 뜯어보면 심각한 자가당착을 내포하고 있다. "경험은 무엇이 현존하는지를 말해주지만, 필연적 방식으로 존재해야 한다는 것, 그래야 하고 달리 있어서는 아니 된다는 것을 말해주지 않고", 바로 이런 까닭에 "경험은 어떤 참된 보편성도 우리에게 제공하지 않는다"는 구절은 『프롤레고메나』에서도 반복된다.[18] 그러나 이 구절은 바로 이어지는 구절, 즉 "경험 속에도 선험적 원천을 가져야 하고 아마 감각들의 관념들에 대해 연관을 부여하는 목적에만 기여하는 인식들이 뒤섞여 있고", "우리가 전자(경험)로부터 감각에 속하는 모든 것을 일체 제거한다고 해도, 완전히 선험적으로, 경험과 독립적으로 생겨났음이 틀림없는 모종의 원천적 개념들과 이것들로부터 산출된 판단들이 남아 있다"는 구절과 모순된다. 칸트는 경험을 격하시키면서도 이와 상치되게 – 경험론자

      성(evidence from knowledge), 증명에서 나온 명증성(evidence from proofs), 개연성에 근거한 명증성(evidence from probability)"로 구분했다. "지식에서 도출된 명증성"은 수학이고, "증명에서 나온 명증성"은 자연과학이다. "개연성에 근거한 명증성"은 과학에 이르지 못하는 지식이다.

18) "경험은 무엇이 현존하는지, 그것이 어떻게 있는지를 내게 가르쳐주기는 하지만, 그것이 필연적으로 그렇게 있어야 하고 달리 있어서는 아니 되는 것을 결코 가르쳐 주지 않는다." Immanuel Kant, *Prolegomena zu einer jeden künftigen Metaphysik, die als Wissenschaft wird auftreten können* [1783], A72쪽. *Kant Werke*, Bd.5 (Darmstadt: Wissenschaftliche Buchgesellschaft, 1983).

들에게 기억의 누적 이상의 것이 아닌 '경험'에 선험적 요소를 부여하여 – 역설적으로 경험의 근본을 '선험화'·'지성화'하고 있다.

말하자면 칸트는 경험이 우리의 감성과 지성 속에 존재하는 선험적 형식과 지성 범주들에 의해 구성된다고 생각한다. 그가 사용하는 '선험적'이라는 술어는 다른 철학 체계에서 '본유적'에 가깝고, 흔히 '표상'으로 국역되는 'Vorstellung'은 공자의 '의념意念'("성의誠意"의 '의意'), 데카르트·라이프니츠·로크·흄의 '관념'이라는 술어에 조응한다. 따라서 여기서는 일본식 번역어 '표상'이라는 술어를 버리고 '관념'으로 옮긴다.

칸트는 영불 철학자들이 관념의 의미로 'idea·idée'라는 용어를 사용하는 것을 못마땅해한다: "개념(Begriff)은 경험적 개념이거나 순수한 개념이고, '순수한 개념'은 (감성의 순수한 상象 속에서가 아니라) 오직 지성 속에만 자신의 근원을 갖는 한에서 'Notio'라고 한다. 경험의 가능성을 능가하는, Notionen으로부터 나온 개념은 이념 또는 이성개념이다. 이 구분에 길든 사람은 빨간색의 관념을 'Idee'라고 부르는 것을 듣는 것을 견딜 수 없는 것으로 느끼지 않을 수 없을 것이다."[19] 독일어 'Idee'는 '관념'보다 더 높은 '이념'을 뜻하기 때문이다. 여기서는 영어·불어의 'idea·idée'를 '관념'으로 국역하고 독일어 'Idee'를 '이념'으로 국역한다. 그리고 칸트가 'idea·idée'를 옮기기 위해 선택한 독일어 단어인 'Vorstellung'은 '관념'으로 국역한다. 우리로서는 이것이 영불 철학과 독일철학의 술어적 연속성을 살리는 길이다. 그러나 독일어 'Vorstellung'은 로크의 idea처럼 흄이 애써 구분한 인상(impression)과 관념(idea)을 다시 뒤섞은 혼합 개념이다.

공간과 시간을 가리키는 칸트의 '선험적 형식'은 데카르트적 '본유관념'이고, 칸트의 '12개 지성 범주'는 아리스토텔레스식의 '연역된 선험적

---

19) Kant, *Kritik der reinen Vernunft*, B377쪽.

범주들'이다. (상술했듯이 라이프니츠는 이 선험적 연역 범주들도 '본유관념'이라 불렀다.) 칸트의 경험적 인식은 감각 자료를 이 본유관념·지식 범주들로 찍어내는 가운데 발생하고, 경험적 지식은 경험과 본유관념·범주의 합성물이다. 칸트는 열 올려 말한다.

- 인식능력을 발휘되도록 일깨우는 일이, 만약 우리의 감각기관들을 건드려 부분적으로 스스로 관념들을 일으키고, 부분적으로는 이 관념들을 비교하여 결합하거나 분리시키고 감각적 인상들의 원자재를 – 경험이라는 – 대상인식으로 가공하는 우리의 지성 활동을 작용시키는 대상들에 의해 일어나는 것이 아니라면, 이 밖의 무엇에 의해 이런 일이 일어나겠는가? 따라서 시간상으로는 우리 안의 어떤 인식도 경험에 앞서지 않고, 이 경험으로 모든 인식은 개시되는 것이다. 그러나 우리의 모든 인식이 경험으로 개시된다고 할지라도, 그렇다고 해서 이 인식들이 바로 다 경험으로부터 생겨나는 것은 아니다. 왜냐하면 우리의 경험적 인식 자체가 인상을 통해 받아들이는 것과 (감각적 인상들에 의해 단지 야기된) 우리 자신의 고유한 인식능력이 자기 자신으로부터 산출하는 것의 합성이라는 사실이 물론 있을 수 있을 것이기 때문이다.[20]

그러나 공자는 나면서부터 아는 '생이지지生而知之'(선험적 본유관념)를 거부하고[21] '학이사지學而思之'·'다문다견'·'박학심문'의 '온고지신溫

---

20) Kant, *Kritik der reinen Vernunft*, B1-2.
21) 『論語』「述而」(7-20): "나는 나면서부터 아는 생이지지자가 아니라 지난 경험을 애지중지하여 힘써 탐구하는 자다.(子曰 我非生而知之者 好古敏以求之者也)"; 『論語』「季氏」(16-9): "생이지지자는 상이고 경험에서 배워 아는 자는 그다음이고 곤란해서 경험에서 배우면 또 그다음인데, 곤란해도 배우지 않는 보통 사람들, 바로 이들이 가장 아래다. (孔子曰 生而知之者上也 學而知之者次也 困而學之又其次也 困而不學民

故知新'과 '술이부작'을 지식의 모토로 삼았다. 또 아리스토텔레스도 『형이상학』에서 경험적 보편 지식을 경험으로부터 저절로 생겨난 경험적 '보편자'로 설명하면서 일체의 선험적 관념을 운위하지 않는다. "인간에게는 기억을 바탕으로 경험이 생겨난다. 동일한 것들에 대한 반복적 기억은 마침내 하나의 단일한 경험의 가능성을 이루어낸다. 그리고 경험은 학적 지식 및 생산적 학예와 아주 비슷한 것처럼 보인다. 하지만, 학적 지식과 학예는 경험을 거쳐서야 비로소 인간에게 생겨난다. (…) 경험을 통해 얻은 여러 이미지에서 한 가지 보편적 개념이 비슷한 것들에 대해 생겨날 때, 생산적 학예가 성립된다.[22]" 또한 아리스토텔레스는 『후기 분석론』에서 다시 부연한다. "감각은 우리가 간직하는 기억을 산출하고, 동일한 것에 대한 반복적 기억들은 경험을 산출한다. 왜냐하면 이런 기억들은 수적으로 많을지라도 하나의 단일한 경험을 구성하기 때문이다. 하나의 단일자(다자多者에 대응하는 일자一者, 즉 이 다자 속에서 동일하게 현존하는 통일자統一者)로 영혼 속에서 굳어지면 보편자를 구성하는 경험은 생산적 학예(테크네)와 학적 지식(에피스테메)의 시발점(아르케)을 산출한다. (…) 그러므로 저 지적 상태('기존의 앎')는 확정적이고 완전히 발전된 형태로 본유하는 것도 아니고, 더 고차적인 지식의 평원에 위치하는 다른 지적 상태(이데아의 세계 - 인용자)로부터 유래하는 것도 아니다. 저 지적 상태는 감각에서 기원한다. (…) 영혼의 만듦새는 능히 이것을 생성시킬 수 있다."[23] 또 흄에 의하면, 많은 경험(박학·다문다견)은 '습관적' 믿음으로 인과적 필연성 관념을 산출한다. 이 필연성의 관념도 물론 절대적 진리가 아니지만, 경험이 지금까지 '항상성(constancy)'을 갖췄다면 "인과관

斯爲下矣)"

22) Aristotle, *Metaphysics*, 980a21-981a7. Aristotle, vol.17 (Cambridge, MA: Harvard University Press, 1935·1981).
23) Aristotle, *Posterior Analytics*, 99b34-100a14. Aristotle, vol.2 (Cambridge, MA: Harvard University Press, 1935·1981).

계에서 유래하되 의심과 불확실성으로부터 완전히 자유로운" 명증성, 즉 "증명의 명증성(evidence from proofs)" 수준으로까지, 다시 말하면 '믿을만한 이유는 많고 반대되는 것을 믿을 이유가 전혀 없는' 정도로(램지) 확실할 수 있다.[24] 그러나 칸트는 경험 자료늘 사이의 연결이 자연적으로 형성되어 경험적 보편 지식을 산출하는 많은 기억의 반복 또는 온고溫故의 '항상성'과 – 이에 근거한 – 정신의 관성적 확신을 단번에 뛰어넘어 반복성과 항상성 없는 애매한 감성적 감각(질료)과 선험적 관념들의 종합에서 경험적 보편 지식이 나오는 것으로 주장하는 위태로운 모험을 하고 있다. 왜냐하면 감성에 기초한 경험적 지식의 장점은 겸손하게 늘 자기를 회의하고 새로운 경험 사실이 나타난다면 언제든 이것을 수용하여 자기 수정을 잘하는 반면, 지성과 이성은 칸트의 말대로 객관적 필연성을 "아주 갈망하고" 객관적 필연성의 존재를 실제로 믿고 예단·속단하는 한에서 자기 회의도 자기 수정도 하지 않는 독단에 빠질 위험이 크기 때문이다.

칸트의 인식론에서는 선험적 관념들이 '주主'이고 '선先'인 반면, 경험은 '종從'이고 '후後'다. 이 선험적 관념들이 현상을 경험으로 '문자화'하여 구성하기 때문이다. 선험적 관념들은 크게 공간·시간의 선험적 직관 형식과 선험적 지성 개념(범주)들로 양분된다.

먼저 선험적 직관 형식부터 살펴보자. 칸트에 의하면, 시간과 공간은 경험으로부터 감각적인 것을 다 털어 내도 남는 형식이다. 칸트는 공간과 시간을 각각 외감(äußerer Sinn)과 내감(inner Sinn)에 대응시킨다.

---

24) Hume, *A Treatise of Human Nature*, 86쪽. 앤드루 램지(1686-1743)는 지식을 논증·증명·개연성으로 처음 삼분하고 '증명'을 "믿을 강한 이유가 있고 믿음에 반대되는 것을 믿을 이유가 전혀 없는 경우."로 정의했다. Andrew M.l Ramsay, *New Cyropaedia; or, The Travels of Cyrus* [1727] (Norderstedt, Schleswig-Holstein: Hansebooks, Reprint of the original edition of 1779, 2016), 6쪽.

- 외감(우리 영혼의 한 속성)을 매개로 우리는 대상을 우리 외부에 있는 것으로, 이 대상들을 모두 다 공간 속에서 관념한다. 이 공간 안에서 대상들의 형태·크기·상호 관계가 규정되거나 규정될 수 있다. 영혼이 자기 자신 또는 내적 상태를 직관하는 데 매개로 삼는 내감은 객체로서의 영혼 자체에 관한 어떤 직관도 주지 않지만, 영혼의 내적 상태의 직관이 유일하게 가능한 일정한 형식이 있다. 그리하여 내적 규정에 속하는 일체의 것은 시간의 관계로 관념된다. 공간이 우리 안에 있는 것으로 직관될 수 없듯이, 시간은 외적으로 직관될 수 없다.[25]

데카르트의 공간을 외감으로 포착된 대상의 '연장'으로 보고, 시간을 내감으로 포착된 '의식의 지속'으로 보고 있다. 칸트는 경험적 직관과 선험적 직관을 구분하고 공간과 시간을 선험적 직관의 관념이라고 주장한다. 그러나 거듭 말하지만, 오로지 감성적 직관만 가능하고, 비감성적·이성적 직관은 그것이 칸트의 순수한 직관이든, 신의 지성적 직관이든, 불가능한 것이다. 신의 '초감성적·초지성적·초이성적 직관'이 있다고 누군가 우긴다면, 이에 대해서는 반론할 의미도, 긍정할 의미도 느끼지 못한다. 이것은 이미 철학적 논쟁이 아니기 때문이다.

아무튼 칸트는 '둥근 네모'와 같은 형용모순의 순수한 선험적 직관이 가능하다고 주장한다.

- 우리가 이 순수한 직관과 이 직관의 가능성을 발견해 낼 수 있다면, 순수수학에서 선험적 종합명제가 어떻게 가능한지, 따라서 이 과학 자체가 가능한지가 쉽사리 설명된다. 왜냐하면, 경험적 직관이 우리가 직관의 객체에 관한 우리의 개념을, 직관 자체를 표현하는 새로운 술어

---

25) Kant, *Kritik der reinen Vernunft*, B36-37쪽.

들에 의해 경험 속에서 종합적으로 확장하는 것을 어려움 없이 가능하게 만드는 것처럼, 순수한 직관도 그럴 수 있기 때문이다. 다만 후자, 즉 순수한 직관의 경우에 선험적 종합판단이 확실하고 자명하지만, 전사, 경험적 직관의 경우에는 후험적·경험적으로 확실할 뿐이라는 차이가 있을 뿐이다. 왜냐하면 이 경험적 직관은 우연한 경험적 직관 속에서 마주치는 것만을 포함하지만, 저 순수한 직관은, 선험적 직관으로서 일체의 경험 이전에 또는 개별적 지각 이전에 개념과 불가분적으로 결합됨으로써 순수한 직관 속에서 필연적으로 마주치지 않을 수 없는 것을 내포하기 때문이다.[26]

그러나 그 무엇을 선험적으로 직관하는 것이 어떻게 가능한가? 칸트는 이렇게 답한다.

- 직관은 대상의 현존에 직접 달려있는 관념이다. 따라서 선험적으로, 근원적으로 직관하는 것은 불가능할 듯이 보인다. 왜냐하면 그러면 직관은 앞서도 지금도 현존하지 않는 대상 없이 벌어져야 하고, 따라서 직관일 수 없기 때문이다. 개념들은 우리가 이들 중 몇몇 개념을, 즉 대상 일반의 사유를 포함하는 개념들, 가령 크기·원인 등의 개념들을 우리가 대상과 직접 관계를 맺지 않고 전적으로 잘 선험적으로 만들 수 있는 성질의 것이기는 하지만, 이런 개념들조차도 이것들에 대해 의의와 의미를 부여하기 위해서라면 모종의 구체적 사용, 즉 그 어떤 직관에 대한 적용을 필요로 하고 이로써 우리에게 동일한 직관의 대상이 주어지는 것이다. 그러나 대상의 직관이 어떻게 대상 자체보다 앞설

---

26) Kant, *Prolegomena zu einer jeden künftigen Metaphysik*, A49쪽.

수 있는가?[27]

칸트는 이렇게 스스로 자문하고 나서 이 물음에 이렇게 장광설로 자답自答한다.

- 직관이 사물들을 존재하는 그대로의 물자체物自體(das Ding an sich selbst)로서 관념하는 성질의 것일 수밖에 없다면, 어떤 선험적 직관도 발생하지 않고, 직관은 단연코 경험적일 것이다. 왜냐하면 대상 자체 속에 내포된 것을 나는 대상이 내게 주어져 있고 현존하는 경우에만 알 수 있기 때문이다. 그다음에 물론 현존하는 사물의 직관이 어떻게 이 사물을 있는 그 자체로서 내게 인식하게 해주는지도 이해할 수 없다. 왜냐하면 사물의 성질들은 나의 관념 능력 속으로 이입할 수 없기 때문이다. 그러나 이것의 가능성이 인정되더라도, 그와 같은 직관은 선험적으로, 즉 대상이 내 앞에 세워지기 전에 발생하지 않는다. 왜냐하면 대상이 내게 관념되지 않는다면 대상과 내 관념 간의 관계의 어떤 근거도 생각될 수 없고, 그렇다면 관념은 영감에 기초하지 않을 수 없다. 그러므로 내 직관이 대상의 현실에 선행하고 선험적 인식으로서 벌어지는 것은 직관이 내 주관 속에서 일체의 현실적 인상들에 선행하는 감성 형식만을 포함하는 경우에만, 이로써 내가 대상들에 의해 촉발되는 경우에만 유일하게 가능하다. 감각 대상들이 이 감성 형식에 따라서만 직관될 수 있다는 것을 나는 선험적으로 안다. 여기로부터, 단순히 감성적 직관의 이 형식과만 관련된 명제들이 감각 대상들에 관해 가능하고 타당할 것이고 동시에 거꾸로 선험적으로 가능한 직관들은 감각 대상 외의 다른 사물들과 결코 관계될 수 없다는 결론이 나온

---

27) Kant, *Prolegomena zu einer jeden künftigen Metaphysik*, A49-50쪽.

다. 따라서 우리에게 사물들을 선험적으로 직관할 수 있게 해주는 것은 오직 감성적 직관의 형식뿐이지만, 우리는 또한 이 형식에 의해 그 자체로서 존재하는 그대로의 객체가 아니라 우리들(우리의 감각들)에게 현상할 수 있는 객체들만을 인식한다. 그리고 선험적 종합명제들이 가능한 것으로 인정된다면, 또는 이 명제들과 현실적으로 마주치는 경우에 이 명제들의 가능성이 파악되고 앞서 이미 규정되어야 한다면, 저 전제는 단적으로 필연적이다. 그래서 공간과 시간은 순수수학이 자명하고 필연적인 것으로 등장하는 자기의 모든 인식과 판단의 근저에 놓고 있는 그런 직관들이다. 수학은 자기의 모든 개념을 처음에 직관으로 표현해야 하고, 순수수학은 모든 개념을 순수직관으로 표현해야, 즉 모든 개념을 구성해야 한다. 이러한 개념이 없다면 순수수학은 (분석적으로, 즉 개념들의 분해에 의해서가 아니라 종합적으로만 수행될 수 있기 때문에) 선험적 종합판단을 위한 소재가 유일하게 부여될 수 있는 순수한 직관이 결여된 한에서 한 발짝도 뛸 수 없다. 기하학은 공간의 순수직관을 근저에 깔고 있다. 산술은 그 수數 개념조차도 시간 속에서 단위들(Einheiten)을 계속 첨가시켜 성립시키지만, 특히 순수 역학은 운동의 개념을 오직 시간의 관념을 매개로 해서만 성립시킬 수 있다. 하지만 두 관념은 단순히 직관들일 뿐이다. 왜냐하면 물체와 그 변화(운동)의 경험적 직관으로부터 일체의 경험적인 것, 즉 감각에 속하는 일체의 것을 털어내 버리면, 저 경험적 직관의 기저에 선험적으로 놓여 있는, 따라서 그 자체가 결코 털어 내버릴 수 없는 순수직관들인 공간과 시간만은 남기 때문이다. 왜냐하면 공간과 시간은 선험적 순수직관이고, 그것들이 일체의 경험적 직관, 즉 현실적 대상의 지각에 선행하지 않을 수 없는, 대상을 선험적으로 인식되게 만들어 줄 수 있지만, 물론 우리에게 현상하는 방식으로만 인식되게 할 수 있는 우리의

감성의 단순한 형식들임을 증명하기 때문이다.[28]

그러므로 칸트는 수학을 선험적 감성 형식 때문에 가능한 선험적 종합판단의 소산으로 규정하고 이렇게 결론짓는다.

- 선험적 종합판단으로서의 순수수학은 오로지 단순한 감각 대상들(숫자·도형·수식·기호 등 - 인용자)과 관련함으로써만 가능하다. 이 감각 대상들의 경험적 직관의 근저에는 (공간과 시간의) 순수직관이, 그것도 선험적으로 놓여 있고, 이 순수직관이 실은 무엇보다도 먼저 대상들의 현실적 현상들을 가능케 함으로써 이 대상들의 현실적 현상에 선행하는 단순한 감성 형식 외에 다른 것이 아니기 때문에만 그 근저에 놓일 수 있는 것이다. 하지만 선험적으로 직관할 수 있는 이 능력은 현상이 경험적인 것을 만들기 때문에 현상의 질료, 즉 현상 속의 감각이 아니라, 현상의 형식인 공간과 시간일 뿐이다. 공간과 시간, 이 양자는 오직 감성의 형식적 조건 앞에서만 타당하고, 대상들은 단순히 현상 앞에서만 타당하다. 왜냐하면 현상의 형식, 즉 순수직관은 물론 우리 자신으로부터, 즉 선험적으로 관념될 수 있기 때문이다.[29]

---

28) Kant, *Prolegomena zu einer jeden künftigen Metaphysik*, A50-53쪽.
29) Kant, *Prolegomena zu einer jeden künftigen Metaphysik*, A53-54쪽. 유사한 주장은 『순수이성 비판』에서도 반복된다: "물체의 경험적 개념으로부터 이것에 경험적으로 붙어 존재하는 일체, 즉 색깔·견고성·유연성·무게, 그리고 심지어 불가침투성까지도 하나씩 점차 제거하면, 그래도 (…) 물체가 차지했던 공간은 남아있다. 너희들은 이것을 제거할 수 없을 것이다. 마찬가지로 너희들이 물체적 객체든 비물체적 객체든 각 객체의 경험적 개념으로부터, 경험이 너희들에게 가르쳐주는 모든 속성을 다 제거한다면, 그래도 너희들은 이 객체로부터 너희가 실체로 또는 실체에 달라붙어 있는 것으로 간주하는 것을 (…) 빼앗을 수 없다. 따라서 너희들은 이 개념이 너희들에게 강요하는 필연성에 의해 설복되어 이 개념이 너희들의 선험적 인식능력에 제자리가 있다는 것을 실토해야 할 것이다." Kant, *Kritik der reinen Vernunft*, B5-6쪽.

그러나 오늘날 어떤 철학자도 이런 식의 뒤집힌 논변을 수용할 수 없을 것이다. '목전의 대상'과 '좀 앞에 대상으로부터 느낀 생생한 경험 내용'(기억된 내용)만이 직관할 수 있기 때문이다. 감성적·경험적 직관은 있지만, 비감성적·비경험적 직관(순수직관), 지성적·이성적 직관 같은 것은 도시 존재하지 않는 것, '둥근 네모' 같은 것, '난센스'다. 영혼 속에 본유하는 감성적 '심상'은 감각에 의해 촉발되어 '입상立象'한다. 즉, '인상(입상)'으로 나타난다. 이 '인상(입상)'은 사유 작용에 의해 '관념'으로 만들어져 기억 속에 저장된다. 그래서 공자가 "입상이진의立象以盡意(심상을 세움으로써 관념을 완성한다)"라고 말한 것이다.[30] 인상(입상)은 직접적이고 관념은 인상에 따라 사유로 형성된다. 이런 까닭에 공자는 '입상'과 '의념(誠意·盡意의 意)'을 구별하고, 흄은 '인상'과 '관념'을 구분한 것이다. 공자가 '재천성상在天成象(심상은 하늘에서 만드는 것)'이라고 했듯이, 감성적 '심상'은 천부적 본성으로 인간의 영혼 속에 본유한다. 따라서 '입상'도 '인상'도 본유적(선험적)이다. 감각의 이입은 외래적이지만, 이에 촉발되어 감성이 만드는 입상 또는 인상은 본유적 심상들에 의해 일어나기 때문이다. 하지만 '관념'은 본유적이지 않다. '관념'은 사유 작용에 의해 '인상'으로부터 이차적으로 '제조'되는 것이기 때문이다. 감성은 이 본유적 심상들의 스펙트럼에서 감각을 통해 외부에서 이입된 감각 내용에 조응하는 심상들을 골라 입상(인상)을 일으킨다.

칸트의 시간·공간 개념은 철학에 파멸적이었다. 시간·공간과 이에 조응하는 사물의 '지속과 연장'은 같은 말이 아니다. 시간과 공간은 우리 영혼의 심상 또는 관념인 반면, '지속과 연장'은 기氣와 사물 자체의 물적 속성(=성질=물형物形)이다. 갈릴레이는 외부 사물의 '지속'과 '연장'이라는 물적 속성에 대응하는 '시간'과 '공간'의 심상 또는 여기서 만들어지는 시

---

30) 『易經』「繫辭上傳」(12).

간·공간 관념은 나머지 외감 심상과 구별해 사물의 '1차 속성(1차 성질)'이라 부르고 여기에만 '보편성'을 인정했다. 그리고 나머지 심상들은 사물의 '2차 속성(2차 성질)'이라 부르고 이에 대해서는 보편성을 부정하고 특수성만을 인정했다. 그러나 심상들은 우리 영혼에 본유한다. 그리고 모든 '심상'은 1차 속성·2차 속성의 구별 없이 다 하늘에서 만들었기(在天成象) 때문에 '모든' 인간 사이에서 똑같이 보편적이다. 그러나 칸트는 갈릴레이를 계승한 데카르트의 시간·공간론을 추종해서 '시간'과 '공간'을 따로 떼어내 '선험적 감성 형식'으로 정의하고 여기에만 보편성을 인정하여 특대하고 있다.

라이프니츠와 흄은 1·2차 속성을 구별하지 않았다. 그들은 1차 성질(제1부류; 운동·단단함·모양·부피 등)과 2차 성질(제2부류; 색깔·입맛·소리 등)의 갈릴레오적·데카르트적 구분을 물리치고 '시간'(운동의 지속성)과 '공간'(연장)도 '색깔·입맛·온랭' 등의 다른 성질과 마찬가지로 '이미지(심상)'로 파악했다. 라이프니츠는 말한다.

- 물체의 연장 개념은 어느 면에서 이미지적(imaginary)이고, 물체의 실체를 구성하지 않는다. (…) 실체의 본성을 성찰할 사람은 물체들의 전 본성이 물체들의 연장, 즉 물체들의 크기·모양·운동에서 다하는 것이 아니라, (…) 영혼에 조응하는 어떤 것, 즉 흔히 실체적 형상으로 불리는 어떤 것을 우리가 인정해야 한다는 것을 깨닫는다. 크기·모양·운동의 관념은 상상하듯이 그렇게 판명하지 않고, 이 관념들은 - 더 큰 정도일지라도, 우리 밖의 사물들의 본성 속에서 현실적으로 발견되는 것인지를 우리가 의심하는 색깔·열과 기타 유사 성질의 관념들이 그렇듯이 - 우리의 지각과 관련된 이미지적인 어떤 것을 표현한다.[31]

---

31) Gottfried W. Leibniz, *Discourse on Metaphysics* [1686], §XII. Leibniz, *Discourse*

시간·공간·운동에 대한 흄의 견해도 라이프니츠와 본질적으로 유사하다.

- 철학적 의견이 무엇이든 색깔·소리·온냉이 감각들 안에 현상하는 한에서 운동·견고성 등과 동일한 방식에 따라 존재한다는 것은 (…) 명백하다. 전자의 성질들이 별개로, 지속적으로 실존한다는 것을 부정하는 편견은 아주 강한데, 현대 철학자들(18세기 합리론자들)에 의해 반대의 의견이 제기될 때 사람들은 이것을 자신들의 느낌과 경험으로부터 거의 반박할 수 있고, 바로 그들의 감각들은 이 철학을 부정한다. (…) 전체적으로 보아 우리는 감각이 재판관인 한에서 모든 감각이 그 실존 방식에서 동일한 것이라고 결론지어도 된다.[32]

라이프니츠 같은 합리론자도, 또 경험론자 흄도 이와 같이 공간과 시간의 심상을 다른 심상들과 동일시하고 제1차 속성과 2차 속성의 구분을 부정한 것이다.

'재천성상在天成象'! '심상'은 모두 다 하늘에서 만들었다. 이 때문에 '시간과 공간'의 심상 외의 색깔·냄새·소리 등 다른 심상들도 '시간과 공간'과 똑같이 보편적이고, 이 점에서 모든 심상은 동등하다. 이런 전제 위에서 규정하자면, 공간은 사물의 '연장'에 상응하는 우리의 심상인 반면, '시간'은 기氣와 사물의 속성인 '지속'에 상응한 심상이다. 따라서 엄밀히 말하면, '연장'은 '공간'과 같은 말이 아니고, '지속'은 '시간'과 같은 말이 아니다. 연장과 지속은 사물의 '속성'인 반면, 시간과 공간은 외감의 '심상'이기 때문이다. 그러나 데카르트·칸트·쇼펜하우어는 공간을 외감으로

---

on Metaphysics, Correspondence with Arnauld, and Monadology (Chicago: The Open Court Publishing Company, 1902).
32) Hume, *A Treatise of Human Nature*, Book 1: *Of Understanding*, 128쪽.

포착되는 사물의 연장과 '등치'시키고, 시간은 "내감의 형식", 즉 '의식의 지속'과 '등치'시켰다. 특히 칸트는 사물의 속성인 '연장·지속'과 '공간·시간'의 심상을 범주적으로 변별하지 않은 채 뒤섞어 쓰면서 시간 개념을 '내감'의 '선험적 감성 형식'으로 규정하고 공간을 '외감'의 '선험적 감성'으로 규정하고 있다. "시간은 외적으로 직관될 수 없기"[33] 때문에 "시간은 내감의 형식인" 반면,[34] "공간은 모든 외적 직관의 근저에 놓인 필연적인 선험적 관념"이라는 것이다.[35] 공간은 외감의 형식, 시간은 내감의 형식? 노! 둘 다 외감의 심상일 뿐이다.

하지만 물적 '연장'과 '지속'(정지와 운동의 지속)은 대상의 '속성(物形)'이고, '공간'과 '시간'은 '연장'과 '지속'이라는 물적 속성에 대응하는 외감의 '심상'이다. 속성적 '연장·지속'과 심상적 '공간·시간'은 이렇듯 엄격히 구분되는 것이다. 시간·공간의 심상은 연장·지속의 외감적 속성들에 조응해서 일으켜지고 이것들에 제약된 것이기 때문이다.

순수의식의 내적 '지속'도 심중에서 '시간'의 심상으로 지각될 수 있지만, 이것이 대응할 물적 속성으로서의 '지속'이 없는 한에서 극히 주관적·몽환적이다. '지속'을 순수의식의 흐름으로 보아 시간과 등치시키는 데카르트와 칸트의 '주관적 시간' 개념은 찰나를 아주 길게 느끼고 긴 시간을 짧게 느끼는 우리 의식의 주관적 착각을 고려할 때 난센스다. 우리는 때로 '일각一刻'을 '여삼추如三秋'로 착각하기도 하고, 정반대로 '신선놀음에 도낏자루 썩는 줄 모르듯이' 장구한 시간을 '일순一瞬'으로 착각하기도 한다. 이처럼 '순수한 의식'의 지속으로서의 주관적·몽환적 '시간 감

---

33) Kant, *Kritik der reinen Vernunft*, B37쪽.
34) Kant, *Kritik der reinen Vernunft*, B49쪽. 또는: "시간은 "우리 자신과 우리의 내적 상태를 직관하는 형식이다".(B50쪽)
35) Kant, *Kritik der reinen Vernunft*, B38쪽. 또: "외감(우리 영혼[Gemüt]의 한 속성)을 매개로 우리는 대상을 우리 외부에 있는 것으로, 이 대상들을 모두 다 공간 속에서 관념한다." (B37쪽)

각'에서는 운동하거나 정지해 있는 '물질적 대상'의 '지속의 객관성'이 부정될 수밖에 없다.

그러므로 '객관적' 시간 개념은 객체 세계의 물적 속성인 '지속'에 상응하는 '경험직 의식'의 지속에 근거한 것이다. 따라서 '여삼주'의 '일각'과 일순에 썩는 '도낏자루' 등 저 속언들이 주관적 시간 착각을 표현하면서도 시계 동작의 '일각'과 지구 공전의 '삼추三秋'나 '도낏자루의 부식' 과정 등 사물 운동의 객관적 '지속' 상태를 역설적으로 각성시키고 있음에도 주목해야 한다.

아인슈타인의 $E=MC^2$ 공식도 빛의 운동 속도를 표현한 '시간'(C)을 포함한다. 동시에 이 공식은 연장이 모든 물질적 실재의 필수적 속성이라는 전통적 생각도 파괴해 버린다. 이 공식은 연장을 가진 물질이 연장 없는 에너지(E), 즉 '기氣'로 전환된다는 공식이기 때문이다. 그런데 쇼펜하우어는 칸트처럼 "공간 속에도 들어 있지 않고 시간 속에도 들어 있지 않는 것은 객체일 수도 없다. 따라서 물자체들은 객체적 존재가 아니라 오직 완전한 다른 유형의 존재, 형이상학적 존재일 뿐이다"고 단정했다.[36] 그러나 '연장'을 갖지 않는 에너지('기')를 생각할 때 이 명제도 뭔가 그릇된 것이다.

요약하면, 칸트는 지속과 연장의 물적 속성을 시간과 공간의 심상으로 착각하고, '물적 지속'을 '의식의 지속'(내감의 형식)으로 주관화하고 있다.

인간의 천성으로 인해 영혼 속에 본유하는 감성적 '심상' 또는 '인상'은 외적 감각을 통해 대상에 의해 촉발될 수 있고, 감성은 이 심상과 인상을 통해 외부 대상을 직관할 수 있다. 그러나 이 본유적 '심상'과 '인상' 자

---

36) Arthur Schopenhauer, *Die Welt als Wille und Vorstellung II*, 16쪽. *Arthur Schopenhauer Sämtliche Werke*, Band II (Frankfurt am Main: Suhrkamp, 1986).

체를 감성이 직관하거나 지성이 사유·관념할 수 없다. 직관할 수 있는 것은 목전 또는 직전의 대상뿐이고, 사유할 수 있는 것은 인상으로부터 막 만들어진 '관념' 또는 '기억', '상상으로 조립한 복합 관념들'뿐이기 때문이다. 따라서 순수한 직관, 즉 비경험적 직관은 있을 수 없고, 순수직관의 형식인 시간·공간의 순수한 관념도 있을 수 없다. 물론 우리에게 시간·공간의 관념은 있지만, 그것은 순수한 관념들이 아니라 물적 지속과 연장의 경험적 인상에서 만들어진 '경험적 관념들'이다. 결론적으로, 시간·공간의 인상도 있고 여기로부터 만들어진 시간·공간의 관념도 있다. 하지만 시간과 공간의 심상은 물적 속성으로서의 지속·연장과는 다른 것으로서 반드시 이 물적 속성의 지각에 의해 일으켜져야만 경험적으로 알게 되는 것이다. 따라서 경험과 가까이 또는 멀리 연관된 수학 또는 경험으로부터 추상된 수학은 가능하지만, 경험으로부터 완전히 해방된 '순수수학'(순수산술과 순수 기하학)도, '순수 역학'도 불가능하다. 수학(+기하학)은 경험으로부터 추상되는 것에 비례해서, 또는 경험으로부터 멀어지는 거리에 비례해서 객관적 실재성을 잃는다. 따라서 수학은 그 진리성이 '불완전한' 것이다.

칸트는 "감각에 속하는 것이 하나도 보이지 않는 모든 관념"을 "선험적 지성" 속의 "순수한 관념"이라 부른다. 따라서 "감성적 직관들 일반의 순수 형식"은 본유관념이고, 공간과 시간의 관념도 감성의 형식이지만 실은 선험적 지성이 속하는 것으로서 "현상들의 모든 다양한 것이 일정한 관계 속에서 직관되어지는 영혼 속에서 선험적으로 만나게 되는" 본유관념이라는 것이다. 그러므로 "물체의 관념으로부터 지성이 그것에 대해 생각하는 실체, 힘, 분할가능성을 분리시켜 냄과 동시에 그 가운데 감각에 속하는 불가침투성·견고성·색깔 등을 분리시켜 낸다면, 그래도 이러한 경험적 직관에서 나에게 무엇인가가, 즉 연장과 형태가 남는다"는 것이다.[37] 따라서 칸트는 가령 '공간'이 "외적 경험으로부터 추출된 경험적 개념이 아니다"고 주장한다. 왜냐하면 "어떤 감각들이 내 밖의 어떤 것(즉, 내가 들어 있는 곳과는 다른 공간 장소에 있는 어떤 것)과 관련되기 위해, 동시에 내기 그것들을 시로 바깥에 그리고 서로 나란히(außer and neben einander) 있는 것으로서, 따라서 단순히 상이한 것일 뿐만 아니라 상이한 장소에 있는 것으로서 관념할 수 있기 위해서는 공간의 관념이 이미 근저에 놓여 있기" 때문이라는 것이다. 그러므로 "공간은 현상과 독립된 규정이 아니라 현상의 가능성의 조건으로 여겨지고, 필연적으로 외적 현상의 근저에 놓인 선험적 관념"이라는 것이다. 따라서 칸트는 "우리가 공간 속에서 아무런 대상도 만나지 않는 것은 충분히 생각할 수 있어도, 공간이 없는 것은 생각할 수 있다"고 주장한다. 그러므로 공간은 그에 의하면 "하나의 유일한 공간"이고 선험적 관념으로서 "주어진 무한량"으로 관념된다.[38] 그러나 라이프니츠는 물질(물체)의 개념에 '연장'이 미흡한 성질이라고 보고 연장이 없는 '힘'을 물질의 본체로 보았다. 또한 단순 실체인 단자도 면적이 없는 '기氣'로서의 '영점靈點(psychic point)'으로 보았다. 따라서 물체와 실체에서는 공간까지도 다 제거할 수 있다. 그러면 면적이 없는 '힘(氣)'만이 남을 것이다. 라이프니츠의 이 물질과 공간 개념이 오늘날의 자연과학적 개념과 더 잘 상통한다. 오늘날의 관점에서 "하나의 유일한 공간"의 관념은 상이한 힘들(=기氣들: 인력·자기·전기)로 형성되는 상이한 공간들(중력장·전기장·자기장·무중력 공간 등)'과 모든 물질·공간·힘(에너지)·공간을 빨아들이는 '블랙홀'을 고려할 때 낡은 추상 관념이다. 이 다양한 공간들과, 이 공간들을 절멸시키는 블랙홀은 하나의 유일 공간의 구획(한정)들로 생각할 수 없기 때문이다. 게다가 "우리가 공간 속

---

37) Kant, *Kritik der reinen Vernunft*, B34-35쪽.
38) Kant, *Kritik der reinen Vernunft*, B38-39쪽.

에서 아무런 대상도 만나지 않는 것은 충분히 생각할 수 있어도, 공간이 없는 것은 생각할 수 없다"는 칸트의 단언은 '공간이 없는 것은 충분히 생각할 수 있어도 우리가 공간이 있건 없건 어디에서든 아무런 대상도 만나지 않는 것은 생각할 수 없다'고 바꿔 말해도 반박할 근거가 없다.

칸트는 '시간'도 유사하게 이해한다. "시간은 그 어떤 경험으로부터 추출된 경험적 개념이 아니다"라는 것이다. 왜냐하면 "만약 시간의 관념이 선험적으로 기저에 놓여 있지만 않다면, 동시적임(Zugleichsein) 또는 잇달음(Aufeinanderfolgen)은 그 자체로서 지각 속으로 들어올 수 없을 것이기" 때문이라는 것이다. "오직 시간의 전제하에서만 어떤 것들이 같은 시간(동시에) 또는 상이한 시간에(선후로 잇따라『nach einander』) 있다는 것을 관념할 수 있다." 그러므로 "시간은 모든 직관의 근저에 놓여 있는 필연적 관념"이다. "시간 일반과 관련하여 시간으로부터 현상들을 폐할 수 있을지라도 시간 자체를 폐할 수는 없다. 그러므로 시간은 선험적으로 주어져 있는 것이다. 시간 안에서만 현상들의 일체의 현실성이 가능한 것이다". 그리고 "시간의 무한성"은 "일체의 일정한 시간 크기들이 기저에 놓인 유일한 시간의 한정을 통해서만 있을 수 있다는 것"을 뜻한다. 그러므로 "근원적 관념 '시간'은 무한정으로 주어져야 한다". 그러나 이 "시간의 부분들"이, 그리고 "한 대상의 각 분량"이 "한정"을 통해서만 관념될 수 있으므로, "전체적 관념은 개념들에 의해 주어져야 하는 것이 아니다(왜냐하면 개념들은 부분 관념들만을 내포하기 때문이다). 오히려 개념들의 근저에 직접적 직관이 놓여 있어야 한다."[39]

그러나 칸트는 이 시간개념에서도 거꾸로 생각하고 있다. "시간은 그 어떤 경험으로부터 추출된 경험적 개념이 아닌" 것이 아니라, 시간은 사물과 기氣의 객관적 '지속'에 대한 경험적 인상으로부터 만들어진 경험적

---

39) Kant, *Kritik der reinen Vernunft*, B46쪽.

관념이다. 그리고 "만약 시간의 관념이 선험적으로 기저에 놓여 있지만 않다면, 동시적임 또는 잇달음은 그 자체로서 지각 속으로 들어올 수 없는" 것이 아니라, 거꾸로 만약 '동시적임' 또는 '서로 잇달음'이 그 자체로서 먼저 지각 속으로 들어오지 않는다면, 시간의 관념은 형성될 수 없었을 것이다. 칸트는 시간관념에서 기氣와 사물의 객관적 '지속(기간)'을 거의 망각하고 있다.

한편, '다 털어내도' 또는 다 '분리시켜도' 또는 '폐해도' 남는 것이 있다고 생각하는 것 자체가 오히려 감성적인 표현 방식이다. 이것은 물체의 모든 감각적 성질이 사라지고 난 뒤 물체의 성질들에 가려 보이지 않던 물체 뒤의 – 연장(면적)을 가진 – 어떤 배경이 비치게 된다고 생각한 결과이기 때문이다. 그러나 배경의 공간은 그 물체의 공간이 아니다. 따라서 물체가 사라지면 물체의 정지도 운동도, 따라서 정지와 운동의 지속도 같이 사라지듯이, 1·2차 성질을 동등하게 대할 때 물체로부터 모든 성질을 떨어버리고 나면, 물체의 이 성질들을 담고 있던 두 성질인 시간과 공간도 같이 사라지는 것이다. 연장과 지속을 비롯한 감각적 성질들이 다 사라진 텅 빈 공간과 시간은 존재하지 않는다. 흄은 말한다.

- 우리가 이 감각적 성질들을 배제할 때는 우주 안에 이러한 지속적·독립적 실존을 가진 것은 아무것도 남아 있지 않다.[40]

'다 털어내면' 또는 다 '분리시키면' 또는 '다 폐하면' 남는 것은 아무것도 없다. 따라서 '다 털어내도' 또는 다 '분리시켜도' 또는 '다 폐해도' 남는 것이 있다고 생각하는 것은 그 자체가 지성의 '오誤추리'다. 기氣와 사물의 지속과 연장도 물적 속성(성질)이기 때문에 이것들까지도 '다 털어

---

40) Hume, *A Treatise of Human Nature: Of Understanding*, 152쪽.

내면' 아무것도 남지 않는다. 이 두 속성을 뺀 나머지 속성들을 '털어내' 놓고 속성들을 '다 털어냈다'고 생각하는 것은 '오추리'이기 때문이다. 칸트는 지속과 연장의 물적 속성을 빼놓는 오류를 범하고서는 '다 털어내도' 이에 대한 감성적 지각(인상)에 조응하는 시간과 공간이 남는다고 착각하고 있다. 물적 대상의 지속과 연장까지도 사라질 수 있는 것이다.

정리하자면, 시간도, 공간은 사물의 지속과 연장에 상응하는 본유적(선험적) 심상이지만 '선험적 관념'은 아니다. 구체적 시간과 공간의 관념은 사물의 지속과 연장에 대한 감각적 지각에 대응해 일으켜진 시간·공간 심상의 사유적 잔영으로서의 '경험적 관념들'이다. 인간의 감성적 직관과 경험에 포착되는 것은 시간과 공간이 아니라, 다른 사물과 대비되는 사물의 위치·크기(넓이)와 관련된 전후좌우의 방향·거리·면적(연장)이고 사건 계열 속의 지속과 시종·선후에 대한 '인상들'이다. 따라서 방향·위치·거리·면적·지속·시종·선후관계에 조응하는 심상들은 영혼 속에 선험적으로 본유하고, 감성은 영혼을 촉발하여 이것으로부터 선험적 심상을 일으켜 인상을 만든다. 사유는 방향·거리·면적(연장)·지속·시종·선후의 인상들에 대한 기억 속의 잔영(반半인상·반半관념)을 '관념'으로 만든다. 우리의 추상적 시간·공간 개념은 이 기억된 인상들로부터 (막바로 복제된 것이 아니라) 지성의 '가공·재생·추상화' 기능(칸트의 저 '다 털어내는' 기능)에 의해 산출된 것이다. 따라서 방향·위치·거리·연장·지속·시종·선후의 기억된 '반半인상·반半관념들'과 '추상적 공간·시간' 개념은 다 감각의 촉발에 의해 생성된 '인상들'로부터 유리遊離한 것이지, '순수한 직관'도 아니고, 감각적인 것과 무관한 '순수한 관념'도 아니다. 아예 경험과 무관하다는 의미에서의 '순수한 직관'은 불가능하다. 따라서 '감성의 순수한 형식'과 같은 것이 있다면, 그것은 '순수한 직관'이나 '선험적' 본유관념이 아니라, 감각적 인상으로부터 이차적으로 산출된 '경험적' 관념일 뿐이다. 영혼 속에 본유하는 것은 어떤 '관념들'이 아니고, 다만 사물들의 감각적·객관적 방향관계·거리관계·시종관계·선후관계 등에 대응하는 '본유적 물상들'일 뿐이다. '공간의 관념'이 이미 근저에 놓여 있는 것'이 아니라, 단순히 이 물적 시속과 연장의 속성들이 근저에 있을 뿐이다. 다시 확인하면, '필연적으로 외적 현상의 근저에 놓인 것'은 '생이지지生而知之'의 '선험적 관념'이 아니라, '방향·위치·거리·면적·지속·시종·선후 관계의 인상'일 뿐이다.

칸트는 근대 수학과 자연과학을 찬양·숭배했다. 수학과 자연과학은 엄정과학의 모델이고 철학적 형이상학의 과학화에 좋은 선례先例를 제공한다는 것이다. 그는 "수학이나 자연학 같은 기초가 잘 놓인 엄정과학"이 "그 엄정성의 옛 명성을 지키고 있다"고 평가하고, 특히 자연학은 "옛 명성을 능가하고 있다고 본다".[41] 게다가 "수학은 우리가 경험으로부터 독립하여 선험적 인식에서 얼마나 많은 성과를 이룰 수 있는지에 대한 빛나는 선례를 제공한다."[42] 또한 수학은 "놀랄 만한 범위를 갖고 미래로의 무제한적 확장을 약속하고, 철두철미하게 자명하고 확실성, 즉 절대적 필연성을 지닌, 따라서 어떤 경험적 근거에도 의거하지 않고 그러므로 이성의 순수한 산물이지만 철두철미 종합적인 하나의 위대하고 확증된 인식"이라는 것이다. 그런데 모든 수학적 인식은 "그것의 개념을 앞서 직관 속에서, 그것도 선험적 직관 속에서, 따라서 경험적 직관이 아니라 순수한 직관인 그런 직관 속에서 묘사해야 한다". 그러므로 "수학적 인식은 이런 수단이 없다면 한 걸음도 뗄 수 없다". 따라서 "모든 수학적 인식의 판단은 언제나 직관적이다"라는 것이다. 반면, "철학은 단순한 개념들로부터의 논증적 판단들(diskursive Urteile)에 만족해야 하고, 자기의 자명한

---

41) Kant, *Kritik der reinen Vernunft*, AXII 각주.
42) Kant, *Kritik der reinen Vernunft*, B8쪽.

이론들을 직관에 의해 잘 해명할 수 있지만 직관으로부터 도출할 수는 없다"는 것이다.[43] 물론 '모든 수학적 인식의 판단은 언제나 직관적'이라거나 수학적 개념을 '순수한 직관' 속에서 묘사해야 한다는 칸트의 이 수학관은 근본적으로 그릇된 것이다. 수학적 관념들은 순수한 영적靈的 관념, 즉 '생이지지'의 관념이 아니기 때문이다. 흄은 말한다.

- 수학자들의 대상인 저 관념들이 아주 정제精製된 영적 본성(refined and spiritual a nature)을 지녀서, 공상의 개념 속으로 추락하는 것이 아니라 영혼의 우월한 역량만이 할 수 있는 순수한 지성적 직관(a pure and intellectual view)에 의해 이해되어야 한다고 주장하는 것은 수학자들에게서 흔한 일이다. 동일한 상념은 철학의 대부분을 관통하여 우리의 추상 관념을 설명하는 (…) 데도 주로 활용된다. 철학자들이 왜 모종의 영적이고 정제된 지각의 이러한 상념들을 그렇게 좋아하는 지를 알기는 쉽다. (…) 이 전략을 쳐부수기 위해, 우리는 '우리의 모든 관념은 우리의 인상으로부터 복제되는 것이다'는, 아주 종종 주장된 저 원칙을 성찰하기만 된다. 여기로부터 우리는 모든 인상이 명백하고 정밀하다는 결론을 즉각 도출할 수 있기 때문에, 이 인상들로부터 복제한 관념들은 동일한 본성을 지녀야 하고, 우리의 잘못이 아니라면 아주 어둡고 얽히고설킨 어떤 것들도 결코 포함할 수 없다. 관념은 바로 그 본성에 의해 인상보다 더 약하고 더 희미하지만, 다른 모든 관점에서 동일하므로 아주 큰 신비를 내포할 수 없는 것이다.[44]

수학은 1996직각을 가진 천각형千角型까지도 얼마든지 생각할 수 있

---

43) Kant, *Prolegomena zu einer jeden künftigen Metaphysik*, A 49-50쪽.
44) Hume, *A Treatise of Human Nature, Book 1: Of Understanding*, 52쪽.

지만 '순수한 지성적 직관'에 기초한 것이 아니라, 인상들에서 만들어낸 비非 순수한 이차적 관념들과 이에 근거한 논증적 추리의 산물이다. 따라서 "모든 수학적 인식의 판단은 언제나 직관적이다"는 칸트의 명제도 그릇된 것이다. 수학은 본실석으로 '논증(연역추리)'이다. 물론 수학도 직관의 방법을 사용할 때가 있는데, 그것은 그도 앞서 인용된 『프롤레고메나』의 한 구절에서 "선험적 종합판단으로서의 순수수학은 오로지 단순한 감각 대상들과 관련함으로써만 가능하다"고 인정하고 있듯이 수나 도형 관념이 '숫자·도형 그림·수식·기호 등으로 감각화되었을 때는 직관이 가능하다. 그런데 이 직관은 '순수한' 직관이 아니라 '감성적' 직관이다. 『순수이성 비판』에서도 칸트는 다음과 같이 말한다.

- 저 수학이 다루는 이 모든 원칙과, 대상의 관념이 완전히 선험적으로 영혼 안에서 산출된다고 할지라도 만약 우리가 언제나 현상들(경험 대상)에서 그 의미를 표현할 수 없다면, 그것들은 아무것도 의미하지 않을 것이다. 그래서 사람들은 분리 추출된 개념도 감성화할 것을, 다시 말해 그 개념에 조응하는 객체를 직관에 명시할 것을 요구한다. 이것이 없다면 (사람들이 말하듯이) 개념은 감각(Sinn)이 없어 의미(Bedeutung) 없이 남을 것이다. 수학은 이 요구를 (선험적으로 성립시켰을지라도) 감관들에 현재하는 현상인 형태의 구성에 의해 이 요구를 채운다. 바로 이 수학 안에서 '크기의 개념'은 수에서 자기의 자세와 의미를 찾지만, 이 수는 눈앞에 보는 손가락, 주판알 또는 선분과 점에서 찾는다. 그 개념은 종합적 원칙들이나 이러한 개념에서 나온 공식들과 함께 언제나 선험적으로 산출되지만, 이런 것들의 사용과 이른바 대상들과의 관계는 최종적으로 오직 경험에서만 찾아질 수 있다. 그런데 저 개념·원칙·공식들은 (형식 측면에서) 경험의 가능성을 선험적으

로 내포한다."[45]

따라서 수학은 논증과 감성적 직관으로 이루어진다. 따라서 수학은 소위 '순수직관' 따위의 밑받침이 없더라도 충분히 잘 꾸려왔고 앞으로 잘 꾸려갈 수 있다. 이런 관점에서 수학은 기원상 객관적 경험 현실과 직결되어 있을지라도 방법상 경험 현실과 무관한 주관적 논리 세계에서 불완전할지언정 영구적 진리성을 보유하고 인간의 두뇌 발달에 기여하고 때때로 실용에 기여할 수 있다. 따라서 흄은 수학을 감성적 '직관' 또는 '논증'으로서 주관적으로 확실한 것이라고 말한다.

- 인간적 이성 또는 탐구의 모든 대상은 자연스럽게 두 종류, 즉 관념 관계(relations of ideas)와 사실문제(matters of fact)로 나뉘는 것처럼 보인다. 첫 번째 종류는 기하학·대수학·산술의 과학이다. 간단히 말하면, 직관적으로 또는 논증적으로 확실한 모든 주장이다. '직각삼각형 빗변의 제곱은 다른 두 변의 제곱과 같다'는 것은 이 도형의 관계를 표현하는 명제다. '3 곱하기 5는 30의 절반과 같다'는 것은 이 수 간의 관계를 표현한다. 이런 종류의 명제들은 우주 안 어디에 실존하는 것에 대한 의존 없이 단순한 사유 작용에 의해 발견될 수 있다. 원이나 삼각형이 자연 안에 존재한 적이 없다 할지라도 유클리드에 의해 논증된 진리들은 그 확실성과 명증성을 영원히 보유한다.[46]

그러나 영원한 확실성과 명증성을 가진 수학적 진리들은 대부분 '자연

---

45) Kant, *Kritik der reinen Vernunft*, B299쪽.
46) David Hume, *An Enquiry concerning Human Understanding*, 28쪽. David Hume, *An Enquiry concerning Human Understanding and Other Writings*, edited by Stephen Buckle (Cambridge·New York·Melbourne: Cambridge University Press, 2007).

안에 존재한 적이 없기' 때문에 '실재성'이 없다. '자연 안에 존재한 적이 없는' 이 진리들은 오직 우리의 사유 세계 안에서만 영원하고 온전한 진리성을 지닌다. 말하자면, "'2 곱하기 2는 4다' 또는 '삼각형의 세 각은 2직각과 같다'는 등식을 만드는 필연성은 단지 우리가 이 관념들을 고찰하고 비교하는 지성의 작용 안에만 들어있을 뿐이다".[47]

한편, '우리의 모든 관념은 우리의 인상으로부터 복제되는 것이다'는 흄의 원칙을 성찰하면, 모든 인상이 명백하고 정밀하면, 이 인상들로부터 복제된 관념들도 동일하게 명백해야 할 것이다. 관념은 인상보다 더 약하고 더 희미하지만, 그 밖의 모든 관점에서 인상과 동일하기 때문이다. 가령 당근의 수(당근 1+1= 당근 2개) 또는 대수 x(x+x=2x)의 인상과 여기서 복제된 수의 관념(2개의 당근 또는 2x)은 서로 완전히 일치한다. 그러나 기하학의 경우는 인상과 관념의 불일치라는 결함이 적잖이 발생한다. 칸트는 공간과 시간관념을 다 선험적 관념으로 보고 여기에 수와 기하학에 근거시켰기 때문에 산술과 기하학 간의 차이를 알아차릴 수 없었다. 그러나 기하학은 산술(산술과 대수학)에 비해 경험 현실로부터 온 점·선·면·꼴의 '인상'과 기하학적 '관념' 간의 미세한 불일치로 인해 엄밀한 정확성을 기할 수 없다.

흄은 말한다. "기하학, 또는 우리가 도형들의 비례를 정하는 기술은 보편성과 정확성 측면에서 감각과 상상의 헐거운 판단을 많이 초월하지만, 결코 완벽한 정밀성과 정확성에 도달하지 못한다. 기하학의 첫 번째 공리들은 그래도 대상들의 보편적 현상에서 이끌어낸 것이다. 그런데 이 현상은 자연이 할 수 있는 경이로운 미세성을 정밀 조사해볼 때 우리를 안심시킬 수 없다. 어떤 두 직선이든 공통 선분線分을 가질 수 없다는 관념은 완벽한 확신을 주는 것처럼 보이지만, 우리가 이 관념을 고찰하면 우

---

47) Hume, *A Treatise of Human Nature, Book 1: Of Understanding*, 112쪽.

리는 이 관념이 언제나 두 직선의 감지할 수 있는 기울기를 함축하고 있다는 것과 이 두 직선이 형성하는 각도가 극단적으로 작은 경우에 이 명제의 진리성을 우리에게 확신시켜 줄 만큼 그토록 정밀한 직선의 어떤 표준도 우리에게 없다는 것을 발견하지 않을 수 없다." 이 말의 요지는 기하학의 결함의 뿌리는 기하학을 구성하는 관념들과 관계들이 이것들이 유래한 원래의 감흥 인상과 완전 합치되지 않는다는 사실에 있다는 것이다. 기하학자들은 가령 두 평행선은 결코 만나지 않는다고 주장할 것이지만, 우리가 평행하다고 상정되는 어떤 두 직선을 보고 이 직선을 어떤 거리만큼 연장시키면(철로를 상상하라), 이 두 직선은 수렴·소실되거나 공동 선분을 가지는 것으로 현상할 것이다. 간단히 말하면, 우리의 경험적 인상은 기하학자들의 결론과 배치된다. 그러나 무한대 개념을 가진 산술은 쉽사리 두 직선의 뻗치는 길이를 분모分母라 하고 두 직선 간의 간격을 분자分子라 하여 길이를 무한대로 뻗어가게 함으로써(→ ∞) 직선 간 간격을 금방 제로로 만들어 두 평행선을 만나게 만들기도 하고, 길이를 목전에 두어 간격을 평행하게 보이게 할 수도 있다. 그러나 무한대로 연장되는 평행선을 제쳐두고 목전의 평행선에 대한 감성적 지각 인상에서 복제된 평행선 개념의 기하학적 정의는 평행선의 길이가 커질수록 정밀성을 잃어 갈 것이다. "그러므로 대수학과 수학이 우리가 얼마간 복잡한 정도까지 추리의 사슬을 끌어가도 완전한 정확성과 확실성을 유지하는 유일한 과학으로 남는다. 우리는 우리가 수들의 동일성과 비례성을 판단할 수 있는 정밀한 표준을 보유한다. 이 수들이 저 표준에 조응하거나 아직 조응하지 않는 것에 따라 우리는 오류 가능성이 조금도 없이 수들의 관계를 판정한다." 수의 감흥 인상과 수의 관념이 정확히 일치하기 때문이다. 반면, 기하학은 "거의 완전하고 틀림없는 과학으로 평가될 수 없다". 기하학에 이런 결함을 가지게 된 이유는 가시적 형상을 다루는 기하학의 특성상 "기하학의 시원적·기본적 공리들이 단순히 현상들로부터 유래했기 때문이다". 그러나 이 기본 공리들은 "가장 쉽고 가장 적게 기만적인 현상", 즉 목전의 현상들에 기초한다면 이 덕에 "일정한 정도의 정밀성"을 기약할 수 있다. 우리의 눈은 "천각형의 각도를 1996직각과 같다는 것을 판정하거나 눈이 이 비율에 접근하는 그 어떤 추정을 만들 수 없지만", 그럼에도 "두 직선이 합치될 수 없다, 우리는 주어진 두 점 사이에 한 직선 이상을 그을 수 없다는 것을 판정하는" 문제에서는 "눈의 착시"를 "중요치 않은" 사소한 요소로 간주할 수 있다. 그리고 목전의 "단순성" 때문에 우리 눈이 "대단한 오류"를 범하지 않을 "그런 단순한 현상들을 우리에게 드러내 주는 것", 이것이 "기하학의 본성이고 용도"다.[48]

한편, 당대의 자연과학을 "기초가 잘 놓인 엄정과학"으로 치켜세우는 칸트의 자연과학관도 문제다. 나중에 핵심적인 선험적 지성 개념들(가령 실체·인과율 등)에 대한 비판으로 더욱 분명해지겠지만, 당시의 자연과학은 엄정과학의 모델로 보는 것은 시대에 제약된 '허풍'이다. 당시 통용되던 자연과학의 원리와 이론들은 오늘날 많이 부정되었다. 그리고 흄에 의하면 자연과학적 필연성 개념의 핵을 이루는 '인과법칙'의 바탕에는 반복된 기억들(경험)이 만드는 '습관적 믿음'이 놓여있다. 칸트가 근대적 '과학' 이념의 모델로 그토록 믿고 의지하던 뉴턴은[49] 정작 중력과 만유인력의 '원인'을 불가지의 사항으로 돌리고 천체와 우주의 운동에 대한 온전한 설명에 이를 수 없는 수학적·기계 역학적 방법의 결함을 자인하고 '자연과학'이라는 독단적 명칭을 피해서 '자연철학'이라는 명칭을 고수했다. 이런 까닭에 뉴턴은 만유인력의 법칙을 최초로 정식화한 책

---

48) Hume, *A Treatise of Human Nature, Book 1: Of Understanding*, 51-52쪽.
49) 칸트는 『순수이성 비판』에서도 "우주를 결합시키는 불가시적 힘"을 발견한 뉴턴의 만유인력의 법칙을 언급하고 있다. Kant, *Kritik der reinen Vernunft*, "Vorrede", BXXII쪽 각주.

의 제목을 『자연과학의 수학적 원리』가 아니라 『자연철학의 수학적 원리(Philosophiae Naturalis Principia Mathematica)』이라 했던 것이다. 그럼에도 칸트는, 축구선수의 고뇌를 아랑곳하지 않고 열광하며 그를 영웅화하는 아마추어 축구 팬처럼, 갈릴레오·코페르니쿠스·뉴턴의 '자연철학'을 무조건 자연'과학'으로 하늘 높이 격상시키고 오늘날 타당성을 많이 잃은 당대의 '자연과학'을 "엄정과학의 모델"로 교조화했다. '순수이성 비판'의 절반의 과업은 '자연과학의 과학주의적 교조화'라 해도 과언이 아닐 것이다.

요약하면 칸트는 단순한 경험도 이미 선험적 지성 범주들이 적용되어 있고 동시에 선험적 감성 형식으로서의 순수한 공간과 시간 개념이 투입되어야만 가능하다고 생각했다. 이로써 그는 경험을 선험화·지성화했다. 그러나 지성을 갖췄다고 볼 수 없는 참새처럼 작은 미물도 사물들의 맛과 색깔, 그리고 다소多少·대소大小·온랭·운동·지속 등을 감지하고 인과관계를 경험으로 알아 함정을 피한다. 사람에 비해 지능이 아주 낮아 12개의 범주를 연역해 낼 수 없을 개는 참새보다 더 영리하게 행동한다. 참새와 개의 이 경험도 지성적인 것인가? 이 한마디 질문으로 칸트의 '경험의 지성화'는 무너진다. 그리고 칸트의 순수수학 개념은 그릇된 것이고 자연과학을 교조화하는 그의 과학 개념은 과학주의 이데올로기다. 칸트의 '경험의 지성화·선험화'에 대한 비판과 그의 순수수학 개념과 과학주의적 자연과학관에 대한 비판은 일단 이것으로 족할 것이다.

경험의 지성화·선험화에 대한 비판보다 더 근본적으로 중요한 문제는 (1) 칸트의 선험적 인식론이 개인적 감성 차원의 '동굴의 우상', 즉 개인적 인식주체의 '관점주의'에 빠지는 것이고, (2) 모든 현상과 경험을 인간적 지성의 구성물로 보는 인간집단적 지성 차원의 '종족의 우상'에 빠지는 것이고(경험의 지성화), (3) 지성을 이성으로 독단화하는 것(지성의 이성화)이다.

1.3. 칸트의 감각적 관점주의와 '동굴·종족의 우상'

먼저 감성 차원에서의 '동굴의 우상'인 '관점주의' 문제부터 살펴보자. 칸트는 일단 공간 감각 이외 인간의 기타 감각들(색깔·소리·맛·온도 등의 감흥들)에 대해서는 선험성과 직관 능력을 부정한다.

- 공간 이외에는, 선험적으로 객관적이라고 할 수 있는, 외적인 것과 관계하는 어떤 다른 주관적 관념(표상)도 없다. 왜냐하면 우리는 공간 속의 직관으로부터 도출하듯이 어떤 관념으로부터도 선험적 명제들을 도출할 수 없기 때문이다. 따라서 정확히 말하면, 공간 외의 다른 주관적 관념(표상)들이 – 감각은 직관이 아니라 단순히 감각이기 때문에 그 자체로서 어떤 객체도, 더욱이나 선험적으로는 전혀 인식하게 하지 않는 – 색깔·소리·온도의 감각들에 의해 시각·청각·촉각 등 감각유형의 주관적 성상性狀에 속하는 점에서 이 주관적 관념(표상)들이 공간 관념과 합치될지라도 이 다른 주관적 관념들은 (선험적 – 인용자) 관념성(Idealität)이 없다.[50]

물론 공간 감각·시간의 인상들과 더불어 오감의 인상들을 영혼에 본유하는 소위 '본유적(선험적) 인상'으로 보는 공자와 흄의 입장에서는 오감의 인상(감각)들이 '선험적 관념성'이 없고 직관이 아니라고 칸트의 '폭언'에 대해 아마 '철학적 웃음'으로 대할 것이다. 오감의 감각들도 선험적 '관념성'이 없을지 몰라도 공간 관념 못지않게 '선험성(본유성)'을 갖추었

---

50) Kant, *Kritik der reinen Vernunft*, B44.

고, 따라서 직관할 수 있다. 그렇기 때문에 로크의 '직관적 지식'과 '감성적 직관' 개념을 라이프니츠도 부정하지 못하고 인정한 것이다.

나아가 칸트는 오감 감각들의 선험적 관념성에 대한 부정을 넘어 이 감각들의 인간적 보편성도 부정한다. 이 감각들에 대해서는 단지 '개인적 특수성'만을 인정한다. 합리주의자들은 전통적으로 감각은 특수하고 사유는 보편적이라고 착각한다. 그러나 맹자는 역아易牙가 춘추시대 제齊나라 최고의 요리사가 된 것은 인간 일반에 고유한 보편적 미각味覺을 잘 알았기 때문이라고 하면서 인간적 오감의 인간적 보편성을 강조했다. 우리도 사유에만 보편성을 인정하고 감각에 대해서는 보편성을 부정하는 저런 합리주의적 편견과 왜곡에 동의하지 않는다. 왜냐하면 감각은 지성과 마찬가지로 보편적인 것이고, '개인적' 시각 차이, 이익(욕망)의 차이, 이해의 수준·강세 차이 등에 기인하는 특수한 개인적 '관점'에 따른 개인적 편견과 편향은 지성도 감각에 못지않기 때문이다. 따라서 공자·베이컨·흄은 공히 이 개인적 관점 차이(관점주의)를 극복하고 저 보편성으로 나아가기 위한 다문다견·박학심문(공자), 박물지·결정적 실험(베이컨), 반복적 항상성·경험 확장·반복 실험(흄)을 강조했던 것이다. 그러나 칸트는 대상 자체의 성상과 속성에 조응하는 감각의 객관성을 부정하면서 감각의 특수성(편견)을 강조하고 그 극복 방법에 대해서는 침묵한다.

- 가령 색깔·맛 등은 정당하게 사물들의 성상으로 간주되는 것이 아니라, 심지어 상이한 사람들에게서 상이할 수 있는 우리의 주체의 변화들로 간주된다. 왜냐하면 이 경우에 원래 그 자체가 근원적으로 현상에 불과한 것, 가령 장미가 경험적 의미에서 색깔과 관련하여 각자의 눈에 달리 현상할 수 있는 물자체物自體로 간주되기 때문이다. 반면, 공간 속에 있는 현상들의 선험적 개념이 비판적으로 상기시키는 것은

공간 속에서 직관되는 어떤 것도 물자체가 아니고, 공간은 가령 물자체에 고유하게 속하는 사물형식도 아니고, 대상들 자체는 우리에게 전혀 알려져 있지 않고, 우리가 외적 대상이라고 부르는 것이 우리 감성의 단순한 관념들일 뿐이라는 것이다. 감성의 형식은 공간이지만, 감성의 참된 상관자, 즉 물자체는 이 때문에 전혀 인식되지도 않고, 인식될 수도 없지만, 경험 속에서 이 물자체에 대해 결코 묻지도 않는다.[51]

여기서 칸트는 색깔·맛을 공간·시간과 달리 각 개인의 '관점'에 따라 달리(가령 빨강이 파랑으로) 현상할 수 있는 일종의 '환영'으로 보고, '동굴의 우상' 또는 '관점주의'를 공인하고 있다. 그러나 상론했듯이 색·맛도 공간·시간과 같이 '관점'과 독립된 '선험적' 인상 범주이자('在天成象'), '사물의 성상'에 조응하는 부분적 '대상 연관성'을 지닌 것이다.

칸트의 이 감성적 주관주의와 관점주의가 『순수이성 비판』 재판에서의 우연한 말실수가 아니라 그의 근본 견해라는 것은 인상과 관념의 개념 구분 없이 중언부언하는 초판의 다음 말로 다시 확인된다.

- 포도주의 좋은 맛은 포도주의 객관적 규정, 따라서 현상으로 여겨지는 객체의 객관적 규정에 속하는 것이 아니라, 이것을 즐기는 주체에 있는 감관의 특수한 성질에 속하는 것이다. 색깔들은 그것들이 물체의 직관에 의존하는 물체의 성질들이 아니라, 단지 빛에 의해 일정한 방식으로 촉발되는 시각의 양상변화일 따름이다. 반면, 객관의 조건으로서의 공간은 반드시 객체의 현상 또는 직관에 속한다. 맛과 색깔은 대상이 우리에 대해 감관의 객체가 될 수 있는 그런 필수적 조건이 전혀 아니다. 맛과 색깔은 특수한 조직의 우연히 부가된 효과들로서 현상과

---

51) Kant, *Kritik der reinen Vernunft*, B45쪽.

결합된 것이다. 따라서 맛과 색깔은 전혀 선험적 관념이 아니라 감각에 기초한 것이지만, 좋은 맛은 감각의 효과로서의 느낌(쾌·불쾌감)에 기초해 있다. 또한 아무도 색깔 관념이나 그 어떤 맛 관념을 선험적으로 가질 수 없다.[52]

칸트는 여기서도 특이하게 공간 감각에 대해서만 선험적 객관성과 보편성을 인정하고 이른바 2차 성질들(색깔·맛·소리·냄새·감촉)에 대한 감각들에 대해서는 주관성과 특수성만을 인정한다. 사물의 속성들에 대응하는 맛·색깔·냄새 등 지각적 2차 성질도 촉발된 인간 본성의 선험적 심상들이다. 그러나 칸트는 2차 성질도 사물의 연장에 대응하는 공간 감각 못지않게 선험적·일반적이라는 사실을 모르고 있다. 이런 까닭에 그는 우리가 대하는 대상적 현상들의 객관성과 보편적 인식은 공간 감각만이 보장한다고 주장하고 있다. 물론 이 말은 상술했듯이 난센스지만, 이 난센스의 기저에는 더 큰 난센스, 즉 소위 '선험적' 공간 관념에 의해서만 객관성을 얻는 칸트의 주관주의적 '현상' 개념이 가로놓여 있다.

그리고 위 인용문에서 칸트는 미각味覺과 미감美感을 혼동하고 있다. 포도주의 "맛과 색깔"은 '미각적' 외감 심상(인상)인 반면, 포도주의 "좋은 맛"은 미각이 아니라 '미감적' 미추美醜 판단의 내감 심상이다. 미감은 포도주의 맛·색깔과 같은 단순한 "감각"(외감)이 아니라 '내감'에 속한다. 그리고 미감은 "쾌·불쾌감"의 느낌이 아니라 '미추'의 느낌으로 표현된다.

한편, 칸트에 의하면, 가령 색깔·맛 등의 모든 감각이 "그것들이 물체의 직관에 의존하는 물체의 성질들"에 대응하는 인간의 선험적·보편적 심상이 아니라", 단지 "일정한 방식으로 촉발되는" 시각과 미각의 "양상 변화"일 따름이다. 따라서 모든 대상은 "모든 직관의 주관적 조건들(시간·공

---

52) Kant, *Kritik der reinen Vernunft*, A28쪽.

간)과의 관계"에서 "독자적으로 주어지는 사물들이 아니라 단순한 현상들"이다.[53] 그런데 이 현상들은 모조리 "그 자체로서 실존하는 것이 아니라 단지 주체가 감각기능을 갖는 한에서만 주체와 관계해서만 실존하는 것"이다.[54] 근감각筋感覺을[55] 모르는 칸트는 오감에 갇혀 힘을 안고 있는 사물의 객관적·독립적(자립적) 실존을 부정하고 있다. 따라서 "나에게 주어진 현상"은 "관념들의 총체일 뿐"이고, "그 자체로서 우리 바깥에서 발생할 수 없고 오로지 우리 감성 안에서만 실존하는" 것이다.[56] 칸트는 가령 나의 귀로 들을 수 없는 초음파와 내 눈으로 볼 수 없는 초미세 물질은 실존하지 않는다고 생각한다. 그러나 개와 같은 동물들은 초음파를 잘 듣고, 물고기들은 인간의 눈으로 보이지 않는 초미세한 플랑크톤을 잘도 찾아 먹는다. 칸트는 다른 동물들이 지각할 수 있는 이런 초음파와 초미세 물질의 객관적·자립적(독립적) 실존을 내가 또는 인간이 지각할 수 없다는 이유에서 깡그리 부정하는 셈이다. 칸트의 이런 부정은 '나'가 특수한 '나'만의 감각만을 가진 개인이라면 '동굴의 우상'에 빠진 것이고, 이 '나'가 보편적 자아로서의 인간이라면 '종족의 우상'에 빠진 것이다.

칸트의 말에 따르면 모든 현상은 "우리 감성의 단순한 양상 변화"로서, "우리 안에 있는" 것, "순전히 우리 안에 있는 대상"이고, 더 심하게 말하면 "나의 동일한 자기의 규정들"이다.[57] 한 마디로, 칸트의 '현상' 개념은 '동굴과 종족의 우상'에 푹 빠진 순전히 주관적인 관점주의의 소산이다.

---

53) Kant, *Kritik der reinen Vernunft*, B66쪽.
54) Kant, *Kritik der reinen Vernunft*, B164쪽.
55) 근감각(muscle sense[muscular sense]; kinaesthesia; myesthesia)은 근육의 수축·긴장·변화 등의 내적 자극을 느끼는 근육의 감각이다. 근감각의 수용기(受容器)는 근방추(筋紡錘: 가로무늬근의 수축 상태를 감지하는 방추 모양(물레 모양)의 근육 속 신경기관)와 건방추(腱紡錘: 힘줄이 당겨지거나 근육이 수축할 때 자극을 받아들이는 힘줄 신경의 말단)다. 이 두 기관은 근육의 수동적 신장이나 능동적 수축을 검지하는 장력수용기이며 근육에 가해지거나 근육이 내는 힘을 감지하게 만든다.
56) Kant, *Kritik der reinen Vernunft*, B236, A127쪽.
57) Kant, *Kritik der reinen Vernunft*, B236, A129쪽.

칸트의 객관성은 공간과 시간의 관념의 적용에 의해서만 객관성을 얻는다. 그러나 대상들이 "순전히 우리 안에 있는 대상들"에 불과한 것이라면 모조리 내가 지각하는 관념(표상)들(Vorstellungen)일 뿐이다. 따라서 내가 지각하지 않는다면 이 표상들과 더불어 대상도 사라져 버린다. 대상의 객관적 독립성이 부정되는 것이다. 대상은 내가 보니까 있고, 만지니까 있는 것이다. 대상의 객관적 독립성을 부정하는 칸트의 이 망발은 '물자체'를 지각할 수 없고 따라서 알 수 없다는 그의 다른 가정에 근거한다.

그러나 우리는 햇빛의 특정한 파장을 반사하여 특정한 색깔을 내는 물자체의 물질적 속성(화학물질)을 안다. 대상의 빨간색은 햇빛의 파장들 가운데 610-700nm(나노미터) 파장의 광파만을 반사하고 나머지 모든 광파를 흡수하는 물질적 성질을 포착하는 우리 정신의 심상이다. 이런 성질의 화학물질은 오늘날 색채학 분야에서 정밀하게 연구되어 알려져 있다. 대상의 다른 성질들도 오늘날 우리는 이런 식의 연구를 통해 다 알고 있다. 또 이 성질들을 통합하고 있는 대상 자체, 즉 '물자체'도 이미 알고 있다. 가령 나무 자체, 돌멩이 자체를 우리가 모른단 말인가? 자연과학의 물리·화학·생물학분야에서는 이미 사물들이 정밀하게 연구되어 있다. 그리고 이 사물들의 공통성은 물질적 질량이고, 질량은 에너지라는 것($E=mc^2$)도 다 알고 있다. 유학은 물체의 본질이 기氣(힘)라는 것을 태고 때부터 알고 있었다.("精氣爲物") 따라서 사물들은 지각에 의해서만 존재하는 환영(표상)이 아니고 사물을 밀고 들 때 근감각(muscula sense)으로 힘(에너지)로서의 물자체를 지각한다. 한국어와 중국어에는 보통 단어들 가운데 기氣이라는 말이 들어 있는 단어들이 수두룩하다. 공기空氣(air), 천기天氣, 지기地氣, 화기火氣, 냉기冷氣, 열기熱氣, 혈기血氣(vigor)), 활기活氣(vigor), 생기生氣(vigor), 살기殺氣(bloodthirstiness), 사기死氣, 전기電氣(electricity), 자기磁氣(magnetism), 분위기(atmosphere),

경기驚氣(convulsion), 경기景氣(economic trends), 심기心氣(mood), 체기滯氣(upset stomach), 분기憤氣(fury), 오기敖氣(arrogance), 기력氣力(strongness), 정기精氣(spirit), 사기士氣(morale), 무기武氣(martialism), 김기(cold), 기진氣盡(exhaustion), 기상氣像(vigor), 기사氣象(weather), 기세氣勢(vigorousness) 등 수많은 명사가 '기氣'를 품고 있다. 그리고 기죽다(depressed), 기가 살다(encouraged), 기죽이다(depress, discourage), 기막히다(awsome), 기氣세다(strong-minded), 기운 세다(strong), 힘세다(strong), 힘내다(take heart), 힘들다(difficult), 힘쓰다(effort, strive) 등 많은 형용사와 동사가 '기氣'나 '힘'을 담고 있다. 그밖에 인력(attraction), 중력(gravitation), 매력(charm), 지력知力(intellectuality), 지력地力, 심력, 정신력, 체력 등도 다 힘 '역力'자를 담고 있다. 따라서 극동의 언어 세계에서는 기와 힘을 일상적으로 느끼며 산다. 그러나 위 단어들에 대응하는 영어 단어들을 보면 알듯이 그 어떤 단어도 power나 energy, 또는 force라는 말이 들어 있지 않고, 일대일 대응하는 단어가 없기도 하다. 따라서 언어 세계에서 물자체로서의 힘과 기氣를 근감각으로 느끼며 인식하고 또 그런 단어를 일상적으로 사용하며 사는 극동 사람들과 근력으로 일하는 세상 사람들은 물자체를 "인식할 수 없으나 사유할 수는 있는" 존재로 보는 칸트의 테제를 일언지하에 기각한다. 그러나 근력 노동을 하지 않는 철학적 사색 속에서 물자체의 힘을 근감각에 의해 일상적으로 느끼지 않고 또 일상언어로 일상적으로 힘이나 기라는 단어를 사용하며 살지 않는 책상물림 철학자들은 단지 오감五感으로만 작업하고 물자체의 저항력을 근감각으로 직감直感하지 못한다. 칸트도 오감으로만 사물을 지각하는 것으로 착각한 책상물림 철학자였기에 '근감각'을 빼고 사고하고 다른 동물들이 인간이 감지하지 못하는 초음파나 초미세 물체를 지각한다는 사실을 빼놓고 사고하다가 물자체를 어둠 속에 집어넣어 버리는 대형 사고를 친 것이다. 따라서 그는 감각적으로 지각하는 것을 '직감(intuition)'이라고 표현하지 않고 오직 '직관 直觀(Anschauung)'이라는 개념만 사용할 수밖에 없었다. 이것은 인간의 모든 감각을 다 동원하지도 않고, 또 인간의 오감적 관점에 갇혀 (초미세먼지를 보고 미세 냄새를 맡고 초음파를 들을 수 있는) 동물들의 관점을 고려하지도 않은 관점주의적 인식이다.

그러므로 오늘날 아무도 그 난센스 같은 '물자체'와 함께 이런 관점주의적·인간 종족주의적 '현상' 개념을 인정할 수 없을 것이다. 그러나 칸트와 같은 관점주의적 인간들에게는 "전혀 인식되지도 않고, 인식될 수도 없지만", 그렇다고 "경험 속에서" 결코 "묻지도 않는" '물자체'가 인간이 보면 있고 안 보면 없는 비자립적 '대상(Gegenstand)'으로 '현상'한다. 진정한 의미의 '객관성'은 '물자체'에 있지만, 그것은 알 수 없다. 이 '진정한' 객관성의 대용품이 소위 선험적(따라서 주관적) 직관 형식(공간·시간관념)과 선험적 지성 개념들이 보장한다는 '가상적' 객관성, 즉 형용모순의 '주관적 객관성'인 셈이다. 그러나 그 진상이 전혀 인식되지 않는다는 '물자체'도 오히려 근감각으로 지각되는 힘 있는 '자립체(Selbststand)'다.

사물은 단지 시각·청각·후각·미각·촉각의 5감으로 느끼는 현상적 'Gegenstand(마주 보는 대상)'로 그치는 것이 아니라, 주체의 근감각에 '힘'으로 압박을 가하는 'Selbststand(자립체)'인 것이다. 헤겔은 『정신현상학』의 '힘과 지성(Kraft und Vetstand)'이라는 소절小節에서 대상의 다양한 일반적 속성들을 하나의 개체로 통합하는 대상의 능력을 '힘(Kraft)'으로 (느끼는 것이 아니라) 상정하여 대상에 객관적·독립적 실존을 인정하는 듯한 행보를 보인다. 이로써 그는 대상의 객관적 독자성과 자립성을 부정하는 칸트 인식론의 오류를 극복한다. 그러나 그는 이 힘을 느끼는 '근감각'을 몰랐기 때문에 이 '힘'을 직접 느낀 것이 아니라 지성의 범주로 '상정想定'한다. 그러기 때문에 그는 불행히도 지각 가능한 사물의 '힘'을 '물자체'로 인식하지 못하고 지성의 '관념'(표상)으로 규정해서 자기의식 속으로 흡수해 버리고 만다.

칸트는 상술했듯이 "모든 대상은 모든 직관의 주관적 조건들(시간·공간)과의 관계에서 독자적으로 주어지는 사물들이 아니라 단순한 현상들"일 뿐이고,[58] 이 현상들은 모조리 "그 자체로서 실존하는 것이 아니라 단지 주체가 감각기능을 갖는 한에서만 주체와 관계해서만 실존하는 것이고",[59] 따라서 "나에게 주어진 현상"은 "관념들의 총체일 뿐"이고 "그 자체로서는 우리 바깥에서 발생할 수 없고 오로지 우리 감성 안에서만 실존하는 것"이라고[60] 선언함으로써 모든 대상을 우리의 오감에 종속시켜 독자적·자립적 물질세계를 소멸시키며 이 엄존儼存하는 물질세계와 작별을 고하고 탈脫물질적·지성적 관념 세계 속으로 들어갔다. 칸트는 근감각의 존재를 모르고 따라서 대상의 '힘'을 느끼지 못하고 오감으로만 지각하다가 힘을 지닌 물질세계의 객관적·독립적(자립적) 실존을 부정하는 오류를 범했다. 그러나 쇼펜하우어는 물적 대상을 제각기 '힘(Kraft)'과 '의지(Wille)'로 파악함으로써 칸트 인식론의 한계를 돌파한다. 그는 '힘' 또는 '의지' 개념을 도입함으로써 칸트의 이 오류를 극복한 것이다. 쇼펜하우어는 '표상' 뒤에 있는 물자체를 사물의 경우에 '힘'으로 파악하고 인간의 경우에 '의지'로 파악하여 표상으로서의 현상세계를 뛰어넘어 대상 세계를 '의지로서의 세계'로 재정립한다. 그러나 쇼펜하우어는 '의지로서의 세계' 개념은 물질적 사물들의 물자체까지도 굳이 '의지'로 일반화함으로써 물활화·의인화시킨다. 쇼펜하우어의 이 부적절성 또는 오류의 궁극적 원인은 그들에게 사물의 기氣(힘 또는 에너지)를 직접 느낄 수 있는

---

58) Kant, *Kritik der reinen Vernunft*, B66쪽.
59) Kant, *Kritik der reinen Vernunft*, B164쪽.
60) Kant, *Kritik der reinen Vernunft*, B236, A127쪽.

'근감각' 개념이 결여되었기 때문이다.

　'근감각'으로 직감할 수 있는 '기氣'를 품고 있는 '자립체'로서의 사물들은 물론 가만히 있지 않고 각종 물질적 성질(속성)들을 통해서만이 아니라 온갖 에너지(광파의 파동, 물질 요소들의 날거나 닿는 미세입자, 소리의 공기 파동, 저항력, 마찰력, 열, 무게 등)를 통해서도 스스로를 표출한다. 사물이 살아있는 동식물인 경우에는 이 표출은 더욱 현란하다. 이 표출들은 모두 사물의 '물질성과 힘의 객관적 현상들'이다. 인간이 포착하지 못할망정 모든 사물은 어떤 식으로든 조금이라도 또는 일면이라도 자신을 드러낸다. 가령 색깔도, 소리도, 맛도, 냄새도, 감촉도 없는, 근감각에 대한 압박감도 없는, 즉 6감으로도 전혀 포착되지 않는 방사능조차 가이거 계수기로 포착하고, 자연적으로는 에너지, 또는 유전자를 변이시키는 작용으로 존재의 힘을 드러낸다. 따라서 객관적·독립적 표출이 전무한 사물은 전무하다.

　또한 '사물의 물적 요소'와 '현상의 지각적 요소'는 모양과 크기가 다를지라도 '본질적으로 서로 동일한 것'이다. 따라서 '객관적 현상'을 5감이 아니라 근감각을 포함한 6감으로 지각하는 것, 나아가 개나 물고기나 지표 곤충 등 동물들이나 계기計器를 통해 인간이 지각하지 못하는 초음파, 미세 냄새, 수질의 급수 등을 아는 것은 '자립체'로서의 사물을 인간의 오감적 관점에 갇히지 않고 본질적으로 지각하는 것이다. 사물 자체와 그 '객관적 현상'은 실존하는 한 인간의 오감에 포착되지 않더라도 근감각과 다른 측정 수단에 의해 포착된다. 가령 오감에 의해 감지되지 않는 초음파(초저주파와 초고주파), 빛의 자외선과 적외선 등은 음파탐지기와 광파탐지기에 포착당한다. 눈에 보이지 않는 물질도 현미경과 망원경에, 미세 냄새는 냄새 탐지기에 포착된다. 이런 계기計器들이 아니더라도 개는 초음파를 잘 듣고 수 킬로미터 거리에서 미세 냄새를 맡고 알며, 독수리는 수 킬로미터 상공에서 손톱만 한 벌레를 본다. 이것은 다 자립체로서의 사물이 인간의 감각과 관계없이 스스로를 드러내는 객관적 현상을 표출하기 때문에 가능한 것이다. 따라서 인간은 자기 감각으로 자기의 종에게 드러나는 것만을 아는 것이 아니라, '종족의 우상'을 넘어 기구와 다른 동물들의 감각을 빌려 '객관적 현상'도 얼마간 인간적·초인간적 수준으로 알 수 있고 이럼으로써 '자립체'로서의 '사물 자체'도 부분적으로 안다. 인간은 인공적 실험 조건을 만듦으로써 자연적 조건에서 좀처럼 드러나지 않거나 인간에게는 영원히 전혀 드러나지 않는 사물의 잠재적 성질도 알아내고, 나아가 인간 및 동식물과 자연에 대한 그것의 영향을 부분적으로 알아낼 수 있다. 이런 까닭에 – "동물은 자기 종에 속한 것을 재생산하는 반면, 인간은 전 자연을 재생산한다"는 청년 마르크스의 말이 '인간 파시즘'의 관점에서 위태롭게 과장되었을지라도 – 인간은 자기 종에 속한 것만 만드는 것이 아니라 자연과 다른 동식물에 속한 것(먹이·둥우리·성장·번식 터전·양식·목축 등)을 부분적으로 재생산할 수 있는 것이다. 이것은 다 '자립적 사물'과 부분적으로 동일한 '객관적 현상'이 인간의 '주관적 현상'과 별도로 존재하고, 또 이 '객관적 현상'에 대한 인간의 지식이 자립적 사물의 부분적 지식을 담고 있다는 명확한 증명이다.

요약하면, 사물의 '현상'은 인간과 동물의 오감에 들어오기도 하고 이것들을 몽땅 초월하기도 하는, 그러나 근감각으로는 포착되는 '객관적 현상'과, 인간의 오감에 본유적 '인상'으로 나타나는 '주관적 현상'으로 나뉜다. 또한 '물자체'로서의 물적 '자립체'는 그 전부를 알 수 없을지라도 '객관적 현상'의 인식을 통해 부분적으로 알 수 있어서 "전혀 인식하지도 않고 인식할 수도 없고 경험 속에서 결코 묻지도 않는" 소위 물자체, 즉 단지 인간의 감각적 지각의 한계를 넘었다는 단순한 이유에서 그 이상 알 수 없는 것으로 간주되는 물자체가 아니다. 따라서 인간의 주관적 현상과 관련된 칸트의 한물간 말은 이제 빈말로 흘려들어도 괜찮을 것이다. 오감의 제한된 지각에 갇힌 개인적 자아가 지각할 수 없으니 알 수 없다는 물자체의 개념은 필경 '동굴의 우상'의 관점주의일 것이고, 인간 일반이 지각할 수 없으니 알 수 없다는 물자체의 개념은 '종족의 우상'의 관점주의일 것이다.

1.4. 물자체의 인과적 도출의 자가당착성

칸트는 "전혀 인식하지도 않고 인식할 수도 없고 경험 속에서 결코 묻지도 않는" 이 '물자체'를 인과 논리로 도출한다. 그는 "바로 물자체로서의 이 대상들도 비록 인식할 수는 없지만 적어도 사유할 수는 있어야" 한다고 주장한다. 왜냐하면 "그렇지 않으면 현상하는 어떤 것(etwas, was da erscheint) 없이 현상이 있다는 앞뒤가 맞지 않는 명제가 결과할 것이기" 때문이라는 것이다.[61] '현상하는 어떤 것 없이 현상이 있다'는 것을 '앞뒤가 맞지 않는 것'으로 본다는 것은 '현상이 있다면, 현상하는 어떤 것도 필연적으로 있다'는 말의 다른 표현이다. 그러므로 칸트는 여기서 슬그머니 인과적 필연성을 적용하고 있다. '물자체와 현상의 관계'는 인과관계라는 말이다. 그런데 인류역사상 단 한 건도 현상과의 필연적 '연결' 관계는커녕 '연접' 관계 속에서라도 물자체는 모습을 드러난 적이 없다. 따라서 이 인과관계는 칸트의 다른 인과관계들과 달리 경험적으로 확증되지 않는다. 그러므로 인과법칙의 필연성은 물자체에 적용할 수 없다. 칸트는 다른 경우라면 그토록 까칠하게 치밀성을 발휘하면서도, 물자체를 인과율로 도출하는 저 구절로부터 바로 12줄 밑에서 상충되는 말을 한다.

---

61) Kant, *Kritik der reinen Vernunft*, "Vorrede", BXXVI.

- 비판이 객체를 두 가지 의미로, 즉 현상과 물자체로 받아들이는 것을 가르쳐서 오류에 빠져들지 않았다면, (…) 인과성의 근본 명제도 첫 번째 의미의 사물들, 즉 경험의 대상인 한에서의 사물들에만 적용되지만, 두 번째 의미에 따른 동일한 사물은 인과율에 종속하지 않는다면, 바로 동일한 의지가 현상 속에서(가시적 행동 속에서) 자연법칙에 필연적으로 입각하게 되지만, 다른 한편으로 모순이 발생하는 일 없이 물자체에 속한 것으로서, 저 인과법칙에 종속되지 않는 것, 따라서 자유로운 것으로 사유 될 수 있다.[62]

칸트는 자기 자신과 자연에 대해 어느 정도 자유롭고 어느 정도는 자유롭지 않은 상태에 있는 인간 의지의 불완전 자유상태를 자유와 필연의 '이중적' 상태로 둔갑시켜 억지로 인과율에 저촉되지 않는 물자체의 세계에는 자유의지를, 현상세계에는 필연(부자유)을 배정하는 현학적 논리를 구사하다가 물자체에는 인과율이 적용될 수 없다는 말을 내뱉고 있다. 물자체에 인과율을 적용할 수 없다면, 물자체와 현상 사이에 인과율을 적용하는 것도 불가능할 것이다. 그렇다면 현상의 존재로부터 물자체를 인과적으로 역도출하는 것도 불가능할 것이다. 쇼펜하우어도 인과율을 적용한 칸트의 물자체 도입 방식을 비판했다.[63] 한마디로, 칸트는 "현상하는 어떤 것 없이 현상이 있다"는 식의 "앞뒤가 맞지 않는 명제", 즉 물자체가 만들어 내는 현상은 있지만, 물자체는 없다는 어불성설의 명제를 내놓고 있다.

인과율이 과연 필연성을 담보하고 따라서 자연 지식에 '과학성'을 보장

---

[62] Kant, *Kritik der reinen Vernunft*, "Vorrede", BXXVIII.
[63] 쇼펜하우어도 인과율을 적용한 칸트의 물자체 도입방식을 비판했다. 참조: Arthur Schopenhauer, Kritik der Kantischen Philosophie, 587-589쪽. Anhang zu *Die Welt als Wille und Vorstellung I*, Arthur Schopenhauer, *Die Welt als Wille und Vorstellung* I. *Sämtliche Werke*, Band I (Frankfurt am MaSuhrkamp, 1986).

하는 소위 '선험적 지성 범주'인지 뒤에 따져보기로 하더라도 어찌 되었든, 칸트의 이 말대로라면, 물자체는 인식할 수만 없는 것이 아니라 '사유할 수'도 없는 난센스다. 물자체는 없다. 물자체가 없다면, 자유와 필연의 이율배반을 풀려는 저 '트릭 논리', 즉 물자체와 현상에 자유와 필연을 각기 배정하는 현학적 트릭 장치도 붕괴되고, 따라서 – 훗날 피히테·헤겔·니체가 무비판적으로 칸트의 '물자체'를 자유의지의 운동장으로 삼아 자연과 사회에 대해 일말의 외경도 없이 '자유의지의 잔치'를 벌였을지라도 – 칸트의 자유의지론과 순수도덕론도 들어설 자리가 없다. 따라서 칸트철학의 위선성과 위험성은 바로 그의 '물자체' 개념 속에 잠재되어 있다.

공자가 '다문다견'·'박학신사'와 '온고지신'이 지식을 얻는 바른길이지만, 오류와 후회를 줄이기 위해 의심스럽고 위태로운 것을 '궐의궐태闕疑闕殆'하는 얼마간의 회의적 자세를 전제하고 신적 '득도得到'가 아니라 단지 인간적 '근도近道'만을 목표로 삼는 것은 이론적 '미심쩍음'과 실천적 '위험성'이 전무한 '완전한 지식'이 불가능하기 때문이었다. 사물의 불가지적 측면을 바로 '부지이작不知而作'하지 않고 '술이부작'으로 일관한 공자의 지적·실천적 겸손과 반反지성주의적 절도節度의 근거였다. 로크가 사물 자체를 알 수 없다고 하면서 '실체' 개념을 실용적 용도의 개념으로 격하시키고 자연 지식의 과학성을 부정한 것, 또는 뉴턴이 중력의 원인을 모른다고 하면서 이런 문제들을 '궐의궐태'한 '중력 법칙'을 수립한 것은 알 수 없는 것도 안다고 장담하는 자신들의 지적 오만을 없애고 인간들에게 지적·실천적 겸손을 권하기 위해서였다. 그리고 인간이 알 수 있는 것 가운데 알 필요가 있는 것을 힘써 알고 이렇게 해서 아는 것만으로도 인간의 삶은 충분하다. '부지이작'의 지식, 즉 알지 못하면서 아는 것처럼 지어낸 사변적 작화의 지식은 지식의 증대에 도움이 되지 않고, 인간의 지적·실천적 오만을 초래하여 인간을 지적 혼란과 불행에 빠뜨린다.

　이런 까닭에 칸트가 저런 망발을 하기 반세기 전에 미리 흄은 경험을 통해 "관념을 형성할 수 없는 어떤 대상이 존재한다고 믿을 이유가 있을 수 없다"고 단언했다.[64] 왜냐하면 "존재에 대한 우리의 모든 추리"를 낳은 "인과 작용"에 관한 "일체의 추리"가 오로지 "대상들의 연접에 대한 경험"으로부터만 도출되기" 때문이고, 또한 "우리에게 이 대상들의 개념도 주고, 우리의 결론으로부터 모든 신비적 수수께끼도 제거해 주는 것"도 바로 "동일한 경험"이기 때문이다. 우리는 "객체에 대한 완전한 지식이 필요한 것이 아니라 단지 우리가 실재한다고 여기는 저 객체적 성질들에 대한 지식만이 필요하다".[65] 이와 같이 공자·로크·뉴턴·흄에게 있어 대상과 대상적 관계들 속의 불가지의 것과 이에 따른 얼마간의 회의주의는 바로 신에게나 가능한 '완전한 지식'을 포기하는 지적·실천적 겸손의 근거다. 반면, 칸트에게 불가지적 물자체와 이에 관한 극단적 회의론은 뒷문으로 자유의지를 불러들이는 자유의지적 오만의 근거이자 트릭이 된다.

---

64) Hume, *A Treatise of Human Nature*, Book 1: *Of Understanding*, 116쪽.
65) Hume, *A Treatise of Human Nature*, Book 1: *Of Understanding*, 116쪽.

제2절

과학주의 이데올로기의 정초

2.1. 인식의 지성화, 지성의 이성화

칸트는 주관적 현상을 객관적으로 구성하는 소위 선험적 직관 형식(공간과 시간관념)의 도출에 이어 이 주관적 현상을 '경험'으로 구성하는 12개의 선험적 지성 개념(=지성 범주)들을 선험적으로 '연역'한다. 칸트가 아리스토텔레스를 본떠 제시하는 '12개 범주표'는[66] 다음과 같다.

양의 범주: ① 단일성(Einheit) ② 다수성(Vielheit) ③ 전체성(Allheit)
질의 범주: ④ 실재성(Realität) ⑤ 부정성(Negation) ⑥ 제한성(Limitation)
관계 범주: ⑦ 내재성(Inhärenz)과 실체: 실체와 우유태의 관계
⑧ 원인성과 의존성: 원인과 결과의 관계

---

66) Kant, *Kritik der reinen Vernunft*, B106쪽.

⑨ 공동성(Gemeinschaft)관계: 능동자와 수동자 간 상호작용
양상 범주: ⑩ 가능성-불가능성 ⑪ 현존재-비존재 ⑫ 필연성-우연성

칸트는 이것을 지성이 선험적으로 자기 안에 함유하고 있는 "모든 근원적으로 순수한 종합개념들의 목록"이라고 장담한다.[67] 데카르트나 말브랑슈와 같은 기회 원인론자들에게 있어 신성神性에 귀속시켰던 인과성·실체성·필연성의 관계 범주들을 칸트는 모조리 인간의 지성에 귀속시킴으로써 인간을 라이프니츠가 의도했던 오만한 '작은 신'으로 만들고 있다. 이 '생이지지生而知之'의 12개 범주는 인간의 지성적 본유지식·본유개념들이나 다름없는 선험적 연역 개념들이다.

칸트는 이 범주표를 "초험적 감성론이 순수한 지성 개념들에 대해 소재素材를 주기 위해 제공하는 감성의 다양상多樣相을 선험적으로 자기 앞에 놓인 것으로 보유하는" 소위 '초험논리학'으로 연역했다고 말한다. 지성은 이 개념들로 직관의 다양한 현상들을 일정한 관계들로 결합시켜 '종합'한다.

- 초험논리학은 소재가 없다면 일체의 내용이 없고, 따라서 완전히 공허할 것이다. 그런데 공간과 시간은 순수한 직관의 다양상多樣相을 선험적으로 내포하지만, 그럼에도 우리 영혼의 수용성의 조건들에 속한다. 이 조건들 아래서만 영혼은 대상 관념들의 개념을 언제나 촉발하지 않을 수 없는 대상들의 관념들을 받아들일 수 있다. 그러나 사유의 자발성은 이 다양상으로부터 인식을 얻기 위해 이 다양상을 먼저 일정한 방식으로 통관通觀하여 수용하고 결합하기를 요청한다. 이 행위를 나는 종합이라고 부른다. 가장 일반적인 의미에서의 '종합'은 상이한 관

---

67) Kant, *Kritik der reinen Vernunft*, B106쪽.

념들을 서로 덧붙이고 그 다양성을 하나의 인식 속에 파악하는 행위를 뜻한다. 이 다양상이 경험적으로가 아니라, (공간과 시간 속에 있는 것처럼) 선험적으로 주어진다면, 이러한 종합은 순수하다. 우리의 관념들의 일체의 분석 이선에 이것늘은 먼저 주어져 있어야 하고, 어떤 개념도 내용에 따라 분석으로 생겨날 수 없다. 하지만 (…) 다양상의 종합은 처음에, 시원적으로 조야하고 모호할 수 있는, 따라서 분석을 요하는 하나의 인식을 산출한다. 그러나 종합은 본래 구성 요소들을 모으고 하나의 일정한 내용으로 통합하는 것이다. 따라서 우리의 인식의 제1 원천을 판단하고자 한다면, 종합은 우리가 주목해야 하는 첫 번째 것이다. 종합은 … 영혼의 필수 불가결할지라도 맹목적 기능인 상상력의 단순한 작용이다. 이 상상력 없이는 도처에서 아무런 인식도 얻을 수 없다. (…) 그러나 이 종합을 개념들로 옮겨놓는 것, 이것은 지성에 속한 기능이고, 이 기능에 의해 지성은 본래적인 의미의 인식을 마련하는 것이다.[68]

 칸트에 의하면, "보편적으로 표현된 순수한 종합"은 "순수한 지성 개념"을 준다. 그러나 이 '순수한 종합'은 선험적 종합 통일의 바탕에 근거하는 종합을 뜻한다. 그리하여 12+17=29와 같은 계산은 "개념들에 따른 종합"이다. 이 계산은 단위적 통일(가령 십진법)의 바탕 위에서 벌어지기 때문이다. 따라서 이 개념들 간에는 "다양상의 종합 속에서의 통일"이 필연적이다. 하나의 "판단" 속에서 상이한 관념들에 대해 통일성을 부여하는 그 동일한 기능이 곧 하나의 "직관" 속에서 여러 관념들의 단순한 종합에 통일성을 부여한다. 일반적으로 표현해서 이 기능은 "순수한 지성 개념"이라 한다. 이렇게 해서 직관 대상 일반에 선험적으로 관여하는 순

---

68) Kant, *Kritik der reinen Vernunft*, B102-103쪽.

수한 지성 개념들은 생겨난다. 왜냐하면 지성은 이 "사유된 기능들"(12개의 지성 범주) 속에서 "완전히 다" 표현되고 지성의 능력은 "전적으로 이를 통해" 측정되기 때문이다.[69] 간단히 말하자면, 칸트는 온갖 구실을 내세워 아리스토텔레스의 낡은 범주들을 거의 그대로 받아들이면서 선험적 지성 범주니, 지성 개념이니, 종합이니 하는 새로운 말들로 포장하고 있다. 그러나 그는 어쩔 수 없이 아리스토텔레스와의 연관을 실토한다.

- 우리는 이 개념들을 아리스토텔레스를 따라 '범주들'이라고 부를 것이다. 우리의 의도는 서술이 진행되면서 아리스토텔레스의 의도와 아주 멀어질 것이지만, 애당초에는 그의 의도와 한가지이기 때문이다.[70]

이 지성 범주들을 문제 삼기 전에 칸트의 '지성'의 성격을 먼저 살펴보기로 하자. 여기서 이 12개의 선험적 범주를 연역하고 적용하고 연결하고 종합하는 칸트의 '지성(Verstand)'은 이름만 '지성'이지, 다른 철학자들의 경우에 '이성(reason)'이나 다름없다. 다른 철학자들에게 이성은 진리와 관련하여 수학적으로 계산하고 논리적으로 추리(논증)하는 능력이기 때문이다. 가령 로크는 이성의 고유한 기능 능력인 '추리(reasoning)'의 본질과 관련하여 이성을 이해한다.

- 이성은 우리의 지식을 확대하고 우리의 동의를 규제하기 위해 아주 많이 필요하다. 왜냐하면 이성은 지식과 의견, 이 두 군데서 다 할 일이 있고, 우리의 다른 모든 지성 능력에 필요하고 도움이 되며, 이 지성 능력 중 두 능력, '지혜'와 '추론'을 포함하고 있기 때문이다. 이성은 전자

---

69) Kant, *Kritik der reinen Vernunft*, B104-105쪽.
70) Kant, *Kritik der reinen Vernunft*, B105쪽.

(지혜)에 의해 중간 관념들을 찾아내고, 후자(추론)에 의해 극단들을 붙들어 두는 연쇄의 각 고리 안에 무슨 연결이 있는지를 발견하는 것처럼 중간 관념들을 질서 있게 정리한다. 이럼으로써 말하자면 찾는 진리를 시야 속으로 보이게끔 끌어내는 깃, 이것을 우리는 추론 또는 추리라고 부르는 것인데, 이것은 그 본질을, 각 연역 단계에 등장하는 관념 간에 존재하는 연결에 대한 바로 그 인식에만 둔다. 이럼으로써 정신은 지식을 얻는 논증 속에서처럼 어떤 두 관념의 '확실한 일치·불일치' 또는 의견에서처럼 정신이 동의를 주거나 철회하는 '개연적 연관'을 보게 되는 것이다. (…) 이 두 경우에서, 수단을 찾아내어 전자에서 확실성을, 후자에서 개연성을 올바로 적용하는 능력이 우리가 이성이라고 부르는 것이다.[71]

로크는 이 이성에 네 단계가 있다고 설명한다. "가장 높은 제1단계의 이성은 증명을 발견하고 찾아내는 것이다. 제2단계의 이성은 이 증명들을 정규적·규칙적으로 처리하고, 그들의 연결과 힘을 뻔하고 쉽게 인식되도록 만들기 위해 이 증명들을 분명하고 합당한 질서로 정리하는 것이다. 제3단계의 이성은 이 증명들의 연결을 인식하는 것이다. 제4단계의 이성은 올바른 결론을 만드는 것이다. 이 여러 단계는 어떤 수학적 논증에서든 관찰될 수 있다."[72] 이 이성개념을 보면, 제1단계의 이성은 보통 '지성(intellect)'이라고 하는데 플라톤은 '디아노이아(διάνοια)', 아우구스티누스는 '하급이성(ratio inferior)'이라 불렀다. 제3-4단계의 이성은 플라톤은 '노에시스(νόησις)'라 부르고, '디아노이아'와 '에피스테메(학식)'를 합

---

71) John Locke, *An Essay concerning Human Understanding* [1689], Book IV. Ch.17 §2. *The Works of John Locke*, Vol.2 in Nine Volumes (London: C. and J. Rivington and Partners, 1823·1824).
72) Locke, *An Essay concerning Human Understanding*, Book IV. Ch.17. §3.

해서 '노에시스'(이성적 지식)라고 부르기도 했다. 제3-4단계의 이성은 아우구스티누스의 분유에서 '상급이성(ratio superior)'에 속한다. 칸트의 '지성'은 로크의 제1단계 '이성'만이 아니라 제3-4단계의 이성의 일까지 다 수행한다. 칸트는 '지성'을 '이성화'한 것이다. 그리고 '이성(Vernunft)'에는 '이념(Idee)'을 배정했다.

칸트의 '지성'은 이 12개의 범주로 현상들을 읽을 수 있게끔 '문자화'하여 '경험'으로 구성하고 체계화·통일화한다. '체계화·통일화'는 보통 이성의 일이다. 그러나 칸트는 이 일도 수행한다. 따라서 칸트에게 있어 '경험'은 상술했듯이 이미 선험적 지성 범주들이 투입된 지성의 작품이고, 이 지성의 작품은 체계적으로 통일되어 '과학'이 된다. 이리하여 경험은 '지성화'되고, 지성은 '이성화'된다.

나아가 칸트의 지성은 단순히 대상을 인식하는 중립적 능력이 아니라, 세계에 질서와 법칙을 부여하는 '의인화된' 자발적 입법자요, 능동적 창조자다. 이런 관점에서 지성은 '자연' 개념을 주관화하고 경험 개념을 주관적으로 지성화하고, 지성을 (자연에 질서를 부여하고 규칙과 자연법칙을 수립하는) 입법자로 격상시킨다.

- 우리가 자연이라고 부르는 현상들의 질서와 규칙성을 우리 자신이 집어넣는다. 만일 우리가 이것들을 집어넣지 않았더라면, 또는 우리의 영혼의 자연 본성을 근원적으로 집어넣지 않았다면, 우리는 자연 안에서 이 질서와 규칙들을 발견할 수 없을 것이다. 이 자연의 통일성은 현상들의 결합의 필연적 통일성, 즉 선험적으로 확실한 통일성이어야 하기 때문이다. (…) 우리는 지성을 (…) 인식의 자발성, 사유하는 능력, 또는 개념들의 능력이나 판단의 능력 등 여러 가지 방식으로 설명했는데, 이 설명들은 이것들을 밝게 하여 살펴보면 하나로 귀결된다.

지금 우리는 지성을 규칙들의 능력으로 특징짓는다. 이 특징 규정은 더 풍요롭고 그 본질에 더 접근하는 것이다. 감성은 우리에게 (직관)형식들을 주지만, 지성은 규칙들을 부여한다. (…) 규칙들은 객관적인 한에서 (…) 법칙이라고 한다. 우리가 경험을 통해 낳은 법칙을 배울지라도, 이 법칙들은 훨씬 더 높은 법칙들의 특수한 규정들일 뿐이고, 이 더 높은 법칙들 가운데 (다른 모든 법칙을 자기 휘하에 두는) 최상의 법칙은 지성 자체로부터 선험적으로 유래하고, 경험으로부터 차용하는 것이 아니라 오히려 현상들에 합법칙성을 부여하고 바로 이를 통해 경험을 가능하게 만들어야 한다. 따라서 지성은 현상들의 비교를 통해 단순히 스스로에게 규칙을 만들어 주는 능력이 아니다. 지성은 그 자체가 자연에 앞선 법칙 수립(입법)이다. 즉, 지성이 없다면 자연, 즉 규칙들에 입각한 현상들의 다양상多樣相의 종합적 통일이 도처에서 존재하지 않을 것이다.[73]

칸트에 의하면, 우리는 자연으로부터 만유인력의 법칙, 구심력과 원심력의 법칙, 낙하의 법칙 등 구체적인 법칙을 얻지만, 이 자연법칙들은 가령 지성의 범주들인 인과율, 상호작용, 필연성의 법칙에 포섭된다. 따라서 이 선험적 지성 범주들은 저 모든 구체적 자연법칙을 "자기 휘하에 두는 최상의 법칙"이라는 말이다. 지성은 최상의 법칙을 자연 안에 수립함으로써 현상들을 경험으로 구성하여 경험을 가능케 한다. 이런 전도된 주장의 근저에는 선험적 지성 범주들을 "인간 지성 속에 최초의 맹아와 소질" 형태로 "준비"하여 보유하는 우리의 내적 자연(본성)과[74] 외적 자연의 동일성에 대한 – 증명되지 않은 – 형이상학적 믿음, 즉 '미신迷信'이

---

73) Kant, *Kritik der reinen Vernunft*, A125-126쪽.
74) Kant, *Kritik der reinen Vernunft*, B91쪽.

다. 위 인용문에서 "우리의 영혼의 자연 본성을 근원적으로 집어넣지 않았다면, 우리는 자연 안에서 이 질서와 규칙들을 발견할 수 없을 것이다"라는 말은 이런 '미신적 믿음'을 은연중에 표현한 것이다. 이 '미신'은 자연 속에 법칙을 수립하고 인간의 영혼 속에 이 법칙을 새겨 넣는 데카르트의 신적 창조주의 저 입법·각인 역할을 떠맡은 칸트의 신화적 '인간학'의 소산이다. 이 인간학에서 자연에 법칙을 수립하는 신적 입법자는 이제 '신'이 아니라, '인간'이다. (이 '미신'은 나중에 순수이성의 실천적 사용에 이르면 아예 순수 도덕의 '이념'으로 노골화된다.)

경험적 인식으로서의 '경험'이 겉으로는 감성적 직관이 제공하는 소재와 지성 범주들의 종합으로 성립하는 것처럼 얘기되지만, 지성이 자발적 입법자로 남아 있고 감성이 수동적인 것으로 남아 있는 한, 이 종합은 대등한 종합이 아니다. 더구나 직관의 내용인 현상 자체도 주관적인 한에서 칸트의 인식 개념은 철두철미 관점주의적이고 주관주의적이다. 이런 까닭에 그의 '자연과학'도 '사회과학'에 못지않게 '극장의 우상'에 빠져 '정상과학'과 '비정상과학' 간의 '패러다임 전환'을 반복하는 수많은 '시나리오들'을 극장 무대에 올리고 공연할 수 있는 것이다. 인식주체가 자연에 질서와 규칙성을 집어넣고 이 질서와 규칙을 다시 발견하는 칸트의 주관주의적 '고문 조작' 방식으로는 객관적 자연 인식이 불가능하다.

이것은 이미 칸트 자신의 학술 인생에서도 명백히 드러난다. 게오르크 슈탈(Georg E. Stahl, 1660-1734)이 고문 조작적 '금속 용해 실험'을 통해 열소熱素법칙을 발견하고 1702년 '열소설'을 발표했을 때, 칸트는 이것을 "모든 자연 연구가에게 한 줄기 광명이 나타난" 것으로 찬탄해 마지않았다.[75] 그러나 앙투안 라부아지에(Antoine L. Lavoisier; 1743-94)가 '고문 조작적이지 않은' 실험과 탐색조사를 반복하여 산화 현상을 발견하고

---

75) Kant, *Kritik der reinen Vernunft*, "Vorrede", BXIII쪽.

1777년 '연소 산화설'을 발표함으로써 슈탈의 열소설은 완전히 부정되었다. 그러나 칸트는 그 뒤에도 20년 이상 열소설을 고수했고, 죽기 직전에야 연소 산화설을 받아들였다.[76] 칸트는 스스로 '극장의 우상'의 주도자이자, 그 희생자였다.

아무튼 칸트에 의하면, "순수한 지성 개념들도 경험 대상들로부터 이탈하여 물자체(본체)와 관계하려고 하면 전혀 의미를 지니지 못한다. 이 순수한 오성개념들이 흡사 현상들을 경험으로 읽을 수 있도록 현상들을 문자화하는 것이다."[77] 그리하여 지성은 자연에 법칙을 규정規程 한다(vorschreiben). 그리하여 "지성이 자신의 법칙들을 선험적으로 자연으로부터 길어 올리는 것이 아니라, 이 자연에 이 법칙들을 규정하는 것이라고 말한다면 처음에는 생소하게 들리기는 하지만, 이보다 더 확실한 것도 없다"는 것이다. 그러므로 우리가 감성적 직관의 대상에서 발견하여 "필연적인 것으로 인식한" 법칙들은 경험적 자연법칙들과 모든 면에서 유사할지라도, "지성이 집어넣은(hineinlegen) 법칙들"이다.[78] "지성이 모든 현상을 자기의 고유한 법칙들 아래 파악하고 이로써 무엇보다도 먼저 경험을 선험적으로 성립시키는" 점에서 "지성은 자연의 일반적 질서의 원천인 것이다. 이로써 경험을 통해 인식되어야 하는 일체의 것은 지성의 법칙들에 굴복한다."[79]

지성이 능동적으로 그 선험적 개념 범주들로 수동적 자연에 법칙을 '규정·처방'하고 경험을 만들고 이 경험적 인식을 '과학'으로 만드는 한에서 겉으로 감성과 지성은 대등하다고 해봐야 빈말이 된다. 칸트는 감성과 지

---

76) Immanel Kant, *Opus postumum* [1804], edited with introduction and notes, translated by E. Förster and M. Rosen (Cambridge: Cambridge University Press, 1995), AAXXII, 508쪽.
77) Kant, *Prolegomena zu einer jeden künftigen Metaphysik*, A101쪽.
78) Kant, *Prolegomena zu einer jeden künftigen Metaphysik*, A112-113쪽.
79) Kant, *Prolegomena zu einer jeden künftigen Metaphysik*, A116-117쪽.

성의 관계를 자가당착적으로 다음과 같이 규정한다.

- 우리의 영혼이 어떤 식으로든 촉발되는 한에서 관념들을 받아들이려는 영혼의 수용성을 우리가 감성으로 부르고자 한다면, 이에 반해 관념들 자체를 산출하는 능력, 즉 인식의 자발성은 지성이다. 우리의 본성은 직관이 결코 감성적인 것 외에 다른 것일 수 없도록, 즉, 우리가 대상에 의해 촉발되는 방식만을 내포하도록 만든다. 반면, 감성적 직관의 대상을 사유하는 능력은 지성이다. 이 속성 중 어떤 것도 다른 속성에 우선할 수 없다. 감성이 없으면 어떤 대상도 우리에게 주어질 수 없고, 지성이 없으면 어떤 대상도 사유될 수 없다. 내용 없는 사유는 공허하고, 개념 없는 직관은 맹목이다. 따라서 대상의 직관을 지성화하는 것(즉, 직관들을 개념으로 파악하는 것)만큼이나, 지성의 개념들을 감성화하는 것(즉, 개념들에 직관 속의 대상을 부가하는 것)은 똑같이 필수적이다. 두 자질 또는 두 능력은 또한 그들의 기능도 뒤바꿀 수 없다. 지성은 아무것도 직관할 수 없고, 감관들은 아무것도 사유할 수 없다. 오로지 이 둘이 통합됨으로써만 인식이 발생한다.[80]

"내용 없는 사유는 공허하다"는 칸트의 명제는 공자의 명제 "사이불학즉태思而不學則殆(생각하기만 하고 경험하지 않는 것은 위태롭다)"와 아주 유사하고, "개념(=범주) 없는 직관은 맹목이다"는 칸트의 명제는 "학이불사즉망學而不思則罔(경험하기만 하고 생각하지 않는 것은 공허하다)"과 아주 흡사하다고 할 것이다. 그리고 "대상의 직관을 지성화하는 것(즉, 직관들을 개념으로 파악하는 것)만큼이나, 지성의 개념들을 감성화하는 것(즉, 개념들에게 직관 속의 대상을 부가하는 것)은 똑같이 필수적이다"는 칸트

---

80) Kant, *Kritik der reinen Vernunft*, B74-75/A50-51쪽.

의 명제 또는 지성과 감성 가운데 "어떤 것도 다른 것에 우선할 수 없다"는 칸트의 명제는 공자의 저 명제들을 종합한 명제라 할 수 있는 "학이사지學而思之(경험하고 생각하는 것)" 또는 『중용』의 "박학이신사博學而愼思(널리 경험하고 나서 신중하게 생각한다)"명제와 그 취지가 같다.

이렇게 보면 '순수이성 비판'의 '비판'은 하급이성인 지성이 혼자 설치며 "생각하기만 하고 경험하지 않아서 위태로운 것(思而不學則殆)", 즉 "내용 없이 사유하여 공허한 것"에 대한 비판, 즉 '경험 없이 순수한 이성'의 참람僭濫에 대한 비판이다. 따라서 '순수이성 비판'의 '비판'은 '실천이성 비판'의 '비판'과 정반대다. '실천이성 비판'의 '비판'은 순수이성이 도덕적 실천에서 경험적·감성적인 것(도덕감정·도덕감각)에 얽히는 것에 대한 비판이기 때문이다.

그러나 지성과 감성 가운데 "어떤 것도 다른 것에 우선할 수 없다", 즉 지성과 감성이 대등하다는 칸트의 명제는 감성은 수용적(수동적)이고, 지성은 자발적(능동적)이라는 지성 우위 명제로 인해 무너져 빈말이 되고 만다. 이 자발적·능동적 지성의 우위 명제는 순전히 플라톤적이고 스콜라철학적이고 데카르트적·라이프니츠적이다. 그리하여 칸트의 이 지성 우위 명제는 공자의 "박학이신사博學而愼思" 명제와 정반대가 되었다. 공자는 "박학이신사" 명제로써 '경험을 주主로 삼고 생각을 종從으로 삼는다(主學而從思)'고 주장한 반면, 칸트는 감성이 수동적·수용적이고 지성은 능동적·자발적이라는 테제로써 지성의 생각을 주로 삼고 감성의 경험을 종으로 삼는다고 주장하기 때문이다. 여기서부터 칸트는 공자와 방향을 달리하여 하급이성(지성)의 역주행을 시작한다.

그러나 내외의 사물에 의해 촉발되어 영혼 속에 본유하는 선험적 심상들의 스펙트럼으로부터 인상을 만들어내는 감성도 이 인상에 의해 촉발되어 이 인상에서 관념을 만드는 지성처럼 수동적이면서 동시에 능동적인 것이다. 선험적 형식과 개념(범주)들이 경험을 가능하게 만들고, 지성이 스스로 이 개념(범주)들을 통해 자연에 법칙을 규정하는 한에서, 그리고 감성을 수동성으로, 지성을 능동성으로 간주한다. 그리고 칸트는 지성을 "자신 안에 대상들을 등장시키는 경험의 창조자"로 등극시킨다.[81] 이러니 "이 속성 중 어떤 것도 다른 속성에 우선할 수 없다"는 말이 어찌 완전히 빈말이 아니겠는가! 따라서 칸트의 인식 방법은 공자의 '선학이후사先學而後思', '주학이종사主學而從思', '박학이신사博學而愼思'·'술이부작述而不作'의 인식방법을 물구나무세운 '선사이후학先思而後學', '주사이종학主思而從學', '박사이신학博思而愼學'·'부지이작不知而作'의 방법이다.

그러나 칸트의 인식론적 문제의 심각성은 경험론자 꿀벌을 잡아먹은 합리론자 거미의 인식 방법에만 있는 것이 아니라 제자가 감히 스승을 강압적으로 심문하는 엽기적 고문 조작 방법의 인식론이라는 데에도 있다.

- 이성은 자연이 시키는 대로 걸음마 줄에 따라 조종당하는 것이 아니라, 이성 자신이 그 자신의 기획에 따라 생산하는 것만을 통찰하고 자신의 판단의 원리들을 가지고 항구적 법칙에 따라 전진하여 자연을 강요하여 이성 자신의 물음에 답하도록 만든다. (…) 이전에 기획된 계획에 따라 만들어지지 않은 우연한 관찰들은 (…) 전혀 필연적 법칙들 안에서 연결되지 않는다. (…) 이성은 한 손에 서로 합치되는 현상들을 유일하게 법칙으로 통용되게 하는 그 자신의 원리를 가지고, 다른 손에는 이성이 저 법칙에 따라 고안해 낸 실험을 가지고 자연으로 나아가야 한다. 이것은 자연으로부터 가르침을 얻기 위한 것이긴 하지만, 이것은 스승이 원하는 모든 것을 다 말해야 하는 제자의 자질로서가 아

---

81) Kant, *Kritik der reinen Vernunft*, B127쪽.

니라, 증인들을 강요하여 이 증인들에게 제기하는 질문들에 답하도록 하는 임명된 재판관의 자질로서 그리한다. 그리하여 물리학자조차도 이렇게 이로운 '사고방식의 혁명'을 단지 다음과 같은 착상에만 힘입어야 한다. 그것은 이성 자신이 자연 속에 집어넣은 것에 입각하여, 이성이 자연으로부터 배워야 하는 것, 이성이 독자적으로는 알지 못할 것을 (자연에 덮어씌우는 것이 아니라) 자연 안에서 찾아내는 착상이다.[82]

이 인용문에서는 '지성(Verstand)'이라는 말을 '이성(Vernunft)'으로 대체하여 지성을 '이성화'하고 있다. 이 인용문에서 칸트는 자연에 겸손하게 물어 자연을 배워야 하는 제자처럼 처신해야 할 인식주체를 강압적 취조 심문자·재판관으로 격상시킨 반면 스승인 자연을 용의자·피고로 격하시킨 괴이한 교육·심문·재판을 공언하고 있다. 이것은 공자의 '박학심문'·'신사명변'의 방법이 아니라, 불손하고 엽기적인 고문 조작 방법이다. 또한 "이전에 기획된 계획에 따라 만들어지지 않은 우연한 관찰들"을 "전혀 필연적 법칙들 안에서 연결되지 않는" 것으로 배격하고, "이성이 서로 합치되는 현상들을 유일하게 법칙으로 통용되게 하는 그 자신의 원리"와 "이성이 저 법칙에 따라 고안해 낸 실험"을 통한 고문 조작적 자연인식만을 인정하고 있다.

그러나 칸트가 『순수이성 비판』의 권두에 자신의 모토로 내세운 글의 저자인 베이컨은 '자연의 자유' 상태·'자연의 오류' 상태·'자연의 구속' 상태를 다 경험 자료로 보고, '자연적 발생의 박물지', '불가사의한 발생의 박물지', '기술의 박물지'('역학 기술의 박물지'와 '실험 기술의 박물지')를 모두 다 대상으로 삼고 있다. 베이컨은 '자연의 구속(bonds of nature)'을

---

82) Kant, *Kritik der reinen Vernunft*, "Vorrede", BXIII-XIV쪽.

'자연의 멍에(yoke of nature)'라고도 부르면서 역학 기술과 실험 기술로 양분하고 있다.[83] 따라서 베이컨은 역학 기술과 실험이 자연의 구속이나 멍에라는 부정적 상태임을 시사하고 인간의 조작으로 인한 자연 파괴의 우려와 함께 자연 인식의 오류 위험을 감지하고 이 위험을 완화할 수 있는 '자연발생의 박물지'와 '불가사의한 발생의 박물지'도 못지않게 중시한 것이다.

따라서 베이컨의 관점에서 칸트의 방법은 오만하고 불손한 방법이자, 오류 위험이 가득한 지성과 이성의 요소들을 자연 대상들과 뒤섞는 불순한 방법이다. 이와 관련하여 베이컨은 칸트를 선취적으로 비판하고 있다.

- 인간들의 정신은 아주 많은 이상한 방법에 사로잡혀 있어서 사물들의 참된 빛살을 받아들이는 데 쓸 수 있는 판판하고 광나는 표면을 가지고 있지 않기 때문에 우리가 이것에 대해서도 치료법을 가질 필요가 있다는 것을 깨닫는 것이 본질적이다. 정신을 사로잡은 우상은 인공적이거나 본유적이다. 인공적 우상들은 철학의 교리와 종파로부터 또는 편벽된 증명규칙으로부터 인간들의 정신 속으로 이입했다. 본유적인 우상들은 감각보다 훨씬 더 많이 오류 경향이 있는 것으로 드러나는 지성 그 자체 안에 내재하는 것들이다. 왜냐하면 인간들이 아무리 많이 서로 아첨하고 인류의 찬양과 거의 경배로 돌진한다고 할지라도, 난면경이 사물들의 빛살을 그 본래적 모양과 꼴에서부터 변화시키듯이, 정신도 감각을 통해 사물들에 의해 영향을 받으면 충실하게 사물들을 보존하는 것이 아니라 자신의 개념을 형성하고 고안할 때 자신의 본성을 끼워 넣어 사물의 본성과 뒤섞는다는 것은 상당히 확실하기 때

---

83) Bacon, *The New Organon*, [1620], "Preparation for a Natural and Experimental History. Outline of a Natural and Experimental History, adequate to serve as the basis and foundation of True Philosophy", Aphorism I.

문이다. 처음 두 종류의 우상(교리와 종파로부터 이입한 우상과 편벽된 증명규칙으로부터 이입한 우상 – 인용자)은 꽤 어려워도 제거될 수 있지만, 마지막 우상(지성이 자신의 본성을 사물과 뒤섞는 본유적 우상 – 인용자)은 결코 세거널 수 없다.[84]

베이컨에 의하면, 칸트가 스스로 사상 초유의 대단한 일을 하는 것으로 믿고 지성으로 하여금 "자신의 개념을 형성하고 고안할 때 자신의 본성을 끼워 넣어 사물의 본성과 뒤섞게" 한 소위 '선험적 종합판단'의 '섞음질' 방법은 어제오늘의 것이 아니라, "결코 제거될 수 없는", 지성에 내재적인 본유적 우상이다. 인식 대상으로서의 자연과 사회를 입법자임과 동시에 창조자로서 지배하려는 지식욕과 권력욕에 불타는 칸트의 이성화된 지성은 칸트 자신을 눈멀게 하여 베이컨에 대한 그의 이해와 인용도 왜곡시켰다. 칸트는 베이컨의 『대갱신(The Great Renewal)』의 서문에서 한 구절을 권두의 표어로 인용하고 있다.

- 개인적으로 우리들 자신을 위해서는 아무 말도 하지 않겠지만, 우리가 하고 있는 일에 관해서는 사람들이 이 일을 하나의 의견이 아니라 하나의 과업으로 생각하고 우리가 어떤 종파나 어떤 교리의 기초가 아니라 인류적 복리와 영광의 기초를 놓고 있다는 사실을 확실한 것으로 견지하기를 청한다. 또한 인간들이 자신의 진정한 이익에게 기회를 주고 믿음의 열정이나 편견을 끄고 공동선을 생각할 것을 청한다. 그다음, 우리는 그들이 장애와 그릇된 방법 개념에서 자유로워지고 우리의 도움과 지원으로 장비하고 남은 그들 몫의 노동을 하기를 청한다. 그리고 우리는 인간들에게 좋은 희망을 갖기를 청하고, 이 '갱신'을 무한

---

84) Bacon, The New Organon, "Plan of The Great Renewal", 18-19쪽.

하고 초인간적인 어떤 것으로 상상하거나 생각하지 말기를 청한다. 우리의 '갱신'은 끝나지 않는 오류의 끝이자 바른 목표이다.[85]

이런 식으로 글의 앞뒤를 자르고 인용하면, 인류의 공동선과 연결시켜 지식욕을 고무하는 '격문'으로만 읽힌다. 칸트는 이렇게 읽고 싶었던 것이다. 그러나 이 인용문의 바로 앞 구절에서 베이컨은 "천사들은 권력욕 때문에 타락했고, 인간들은 지식욕 때문에 타락했다"고 경고하고 있다. 그러나 칸트의 지성은 천사도 타락시킨 권력욕과 인간들을 타락시킨 지식욕을 둘 다 가득 품고 있으니, 전대미문의 수준으로 심각하게 타락할 수밖에 없는 운명을 내장하고 있는 셈이다. 또한 위 인용문의 바로 다음 구절에서 베이컨은 바로 미래의 칸트를 향하여 "거만하게 인간 지성의 그 작은 방 안에서가 아니라 겸손하게 더 넓은 세계에서 지식을 찾으라"고 청원 형식으로 경고한다.[86] 따라서 베이컨은 코기토의 '작은 방'에만 머문 데카르트의 방법에도 반대했을 것이지만, 지성의 '작은 방'을 오만한 입법·사법·행정의 3권을 틀어쥔 권부로 만든 칸트와는 아마 더욱 결사적으로 투쟁했을 것이다.

2.2. '코페르니쿠스적 전회'?

칸트의 방법이 이처럼 그릇되었음은 그간 많은 어리석은 철학자들을 홀려먹은 '코페르니쿠스적 전회(kopernikanische Wende)'라는 그의 그릇된 비유를 통해서도 잘 드러난다.

---

85) Kant, *Kritik der renien Vernunft*, Erster Teil, BII쪽.
86) Bacon, *The New Organon*, "Preface to The Great Renewal", 13쪽.

● 이제까지 사람들은 우리의 모든 인식이 대상들을 따라야 한다고 가정했다. 그러나 대상들에 관해 우리의 인식을 확장할 어떤 것을 개념들에 의해 선험적으로 이룩하려는 모든 시도는 이 전제 아래서 다 수포로 돌아갔다. 따라서 우리는 이제 대상들이 우리의 인식을 기준으로 지향해야 한다고 가정함으로써 형이상학의 과업을 더 잘 전진할 수 있는지를 한번 시험해 봄 직하다. 이것은 대상들이 우리에게 주어지기 전에 대상들에 관해 어떤 것을 확정해야 하는 대상 인식의 요구되는 선험적 가능성과 더 잘 부합된다. 이런 사정은 코페르니쿠스의 최초 사유의 사정과 똑같다. 그는 전체 별 무리가 관찰자 주위를 돈다고 가정한다면 천체 운동의 설명을 뜻대로 잘 진척시키지 못한 후에 관찰자가 돌고 반면에 별들이 정지상태에 있다고 가정한다면 그 설명이 더 잘 성공하지 않을지를 시험해 보았다. 이제 형이상학에서 우리는 대상들의 직관에 관한 한 비슷한 방식으로 그것을 시험해 볼 수 있다. 직관이 대상들의 성상性狀을 기준으로 따라야 한다면, 나는 어떻게 이 성상에 대해 선험적으로 알 수 있는지를 통찰하지 못하겠다. 그러나 대상(감각들의 객체)이 우리의 직관 능력의 성상을 기준으로 따른다면, 나는 대상의 성상을 알 수 있는 이 가능성을 전적으로 잘 떠올릴 수 있다.[87]

칸트는 사고방식을 바꿈에 따라 "과학의 안전한 행정을 약속할" 수 있게 되고, "선험적 인식의 가능성을 아주 잘 설명하게" 되고, "경험의 대상들의 총체로서의 '자연'의 근저에 선험적으로 놓여 있는 법칙들을 만족스럽게 증명할" 수 있었다고 자평한다.[88]

---

87) Kant, *Kritik der reinen Vernunft*, "Vorrede", BXVI-VII쪽.
88) Kant, *Kritik der reinen Vernunft*, "Vorrede", BXIX쪽.

그러나 이 코페르니쿠스 비유는 칸트의 의도에 배치되는 것이다. 코페르니쿠스는 '하늘의 모든 별 무리가 지구의 관찰자를 돈다'는 기존 천동설을 전복하고 '지구의 관찰자가 별 주위를 돈다'는 새로운 지동설을 채택했다. 코페르니쿠스가 전복한 기존의 천동설은 인식 주체가 대상의 주위를 돌며 관찰하는 자연철학적 연구 방법과 상반되는 것이었다. 따라서 코페르니쿠스는 지구의 관찰자가 하늘의 별 주위를 돈다는 지동설을 새로이 채택으로써 자연철학적 연구 방법과 일치시켰다. 따라서 코페르니쿠스는 하늘이 관찰자의 주의를 도는 기존의 천동설적 인식 방법을 버리고 관찰 방법을 인식 주체가 기존의 자연철학적 인식 방법에 일치시키는 전환을 수행한 것이다.

반면, 복고 반동적으로 칸트는 인식주체가 대상을 돌며 관찰하는 기존의 방법을 버리고 베이컨의 말대로 '지성의 본유적 우상'(오만한 합리주의)에 굴복하여 대상들로 하여금 인식주체 주위를 돌게 했다. 이것은 천체 관찰법에 비유하면 천체가 지구의 주위를 도는 천동설적 인식 방법이다. 따라서 칸트는 실은 코페르니쿠스의 새로운 지동설적 관점을 전복하고 과거로 퇴행한 것이다. 따라서 칸트가 '천동설'로의 퇴행적 전환을 지동설로의 코페르니쿠스적 전환에 비유한 것은 근본적으로 잘못된 비유다.

자신의 '퇴행'을 '코페르니쿠스적' 전회로 포장하는 그의 이 비유는, 만약 그의 철학의 양두구육적 위선성과 표리부동성을 증명하는 것이 아니라면, 그의 방법의 오류성을 적나라하게 드러내 주기에 안성맞춤인 그릇된 비유다. 여기서 오류란 오만한 휴머니즘적(인간 파시즘적) 시대정신을 무비판적·인기영합적으로 반영하여 자연철학과 정신철학을, 자연과 사회에다 법칙을 부과하고 '규정'하는 선험적 범주들에 근거한 수리적 자연'과학'과 정신'과학'으로 독단화하는 데 있다. 그의 '선험적' 인식·지성

이론은 특히 자연을 정복하고 지배하려는 자연과학적 '권력욕'을 노골화하고 있다. 칸트철학은 일언이폐지하면 '과학 이데올로기(과학주의)'의 철학이다.

김각적 관점주의의 개인적 견해차를 조상하고 자연 정복적 관점에서 주관주의를 엽기적으로 즐기는 데서 야기되는 칸트철학의 이러한 위험성은 그가 주관주의적 경험에 대한 '한계'로 설정한 불가지적 물자체의 회의론적 세계를 자유의지에 넘겨줌으로써 더 증폭된다. 칸트철학의 전모는, 현상의 세계를 '지식'으로 정복하고 물자체의 세계는 '의지'로 정복하는 꼴이 되기 때문이다. 이제 자연 세계는 사회 세계도 마찬가지지만 '지식'과 '의지'에 의해 안팎으로 정복·지배되고 기획·창조될 수 있다. 그러므로 피히테의 '자아의 선험적·관념적 반정립'으로서의 '대상 세계' 개념은 진정 칸트철학의 직계 파생물들이다.

'부지이작不知而作'함으로써, 즉 인간의 새로운 지식과 행동의 자연적·생태학적·인간적·역사적 영향과 후유증을 잘 알지도 못하면서 뭔가를 지어내려고만 함으로써, 자연과 사회를 안팎으로 정복하고 파괴하는 칸트철학의 이러한 양면적 위험성을 오늘날은 일반 철학자들도 칸트주의의 마취로부터 깨어나 어느 정도 감지하는 듯하다. 관점주의와 주관주의에 의해 산출된 칸트의 경험 자료는 중립적이지 않다. 혹자는 칸트철학의 이 관점주의를 문제 삼는다. "판단들과 경험들이 사상가 간에 다르다는 사실을 우리가 어떻게 설명해야 하는가?"[89] 상식적 답변은 우리의 관점과 역사가 다르기 때문이라는 것이다. 따라서 관점주의와 주관주의를 극복하고 적어도 보편성을 확보하기 위해 공자의 다문다견(박학심문)·민심존중·자연사랑, 베이컨의 3대 박물지('자연적 발생의 박물지', '불가사의한 발

---

89) David Weissman, "Metaphysics", 183쪽. René Descartes, *Discourse on Method and Meditations on First Philosophy*, edited by David Weissman (New Haven·London: Yale University Press, 1996).

생의 박물지', '기술의 박물지'), 흄의 감정 소통(공감)과 언어적 의사소통이 필수적이라고 답할 것이다. 그러나 칸트는 달리 설명하려고 할 것이지만, 칸트의 답변은 "불확실한" 얼버무림일 것이다.[90] 왜냐하면 칸트는 물자체의 세계, 즉 "우리가 어떤 적극적인 방법으로도 그것을 설명할 수 없을지라도 존속하는 세계가 경험의 '한계'라는 데 동의하는" 자신의 입장을 자유의지론으로 무효화시키기 때문이다. 그러나 "주관성 측면에서 경험 간의 차이에 대한 또 다른 설명"이 "덧붙을" 수 있다. 감각적 관점주의와 주관주의 외에도, "감각 자료들을 도식화하는 데 쓰이는 경험적 규칙"을, 즉 선험적 지성 개념들을 "선택하는" 데에서, "저 규칙이 아니라 이 규칙을 선택하는" 필연적 이유가 없다는 것이다. 자아가 자기의 "목표를 충족시키기 위해서"라면 임의적·자의적으로 아무 규칙이나 적용할 수 있다. "우리가 서로 이해 관심이 다르기 때문에 상이한 경험 도식을 선택한 후에 상이한 경험을 만드는 것이다. 생각할 수 있는 세계를 창조할 권능, 한때 신에게만 인정되었던 권능이 유한한 개인적·실천적 자아들을 위해 지금 요구된다는 것은 얼마나 괴이한 일인가?"[91] 이 점에서 "피히테는 '가능한 대상과의 관계에서, 자아의 순수한 자기 관계적 활동은 추구인데, 앞서 보여주었듯이 그 대상에 대한 무한한 추구다. 무한으로 가는 이 경계 없는 추구는 어떤 대상의 가능성의 조건이다. 그러므로 추구가 없으면 대상도 없다'라고 주장함"으로써 위험한 칸트철학의 "핵을 정확히 찔렀다"는 것이다.[92] 데카르트가 특징화한 '의지'는 칸트를 거쳐 이렇게 변형되었다. 그런데 동의를 부여하거나 철회하는 권능으로서의 의지에 대한 데카르트의 서술은 "과도하게 지성적"이었다.

---

90) Weissman, "Metaphysics", 183쪽.
91) Weissman, "Metaphysics", 183-184쪽.
92) Weissman, "Metaphysics", 184쪽. 피히테 인용은 참조: Johann Fichte, *Science of Knowledge* (Cambridge: Cambridge University Press, 1982), 231쪽.

혹자는 칸트가 바로 지성의 '자발성'이라는 말로써 데카르트의 이 '지성적 의지'를 극화시켰다고 본다.

- 긴트는 징신이 깅험을 도식화하기 위해 규칙을 활용하면서 빌연성과 선택 간의 균형을 설명할 때 – 야만적 동물적 의지가 아니라 – 지성화된 데카르트적 의지를 불러낸다. 지성의 범주들이 생각할 수 있는 경험을 창조하기 위해 부지불식간에 사용된다. 따라서 경험은 반드시 세 가지 성질을 모두 갖게 된다. 우리는 양·질·관계를 결여한 세계를 생각할 수 없다. 그러나 우리는 사람들과 사물들을 가령 유적 양·질·관계가 아니라 특수한 면모를 가진 것으로 경험한다. 정신은 범주들에 표현을 부여하는 특수한 경험 도식(가령 개 또는 고양이를 도식화하기 위한 규칙들)을 선택하고 적용하여 이로써 특수한 것들(가령 개 또는 고양이)의 경험을 창조하기도 해야 한다. 특수한 규칙들을 선택함으로써 우리는 무한히 많은 가능한 경험 중 어떤 것들을 창조해야 한다. 한 규칙을 사용하는 것을 거절하면서 우리는 세계를 이로써 도식화될 유형의 대상들을 보유한 것으로 여기기를 거부하는 것이다. 이것이 지성이 만드는 경험의 형태와 세부 사항에 대한 결정권을 행사하는 데카르트적 의지인 것이다. 이 진화를 잘 고찰해 보라. 데카르트는 정신이 감각 자료에 대해서, 그리고 이것이 우리 안에서 불러일으키는 본유관념들에 대해서조차도 피동적이라고 상정했다. 이에 비해 의지는 우리가 명백하고 판명한 관념에 대해 동의를 부여하지만, 혼돈된 관념들로부터는 동의를 철회하는 만큼, 정신의 능동적 권능 중의 하나다. 칸트도 의지로서의 정신은 선택해야 한다고 생각한다. 정신은 경험 도식들을, 이것 중 상반된 도식들을 조사하고, 생각할 수 있는 경험을 만드는 데 쓰일 도식들을 선택한다. 결과는 특수한 경험, 특수한 세계, 경험을 만드는데

쓰인 경험 도식들에 의해 미리 꼴 지어진 스타일로 차별화되고 조합된 세계다.[93]

데카르트는 "신의 의지가 세계의 논리적 형식과 특수한 성격을 결정한다고 상정했기 때문"에 "이런 결과를 예상하고"도 안심할 수 있었다. 칸트는 데카르트가 신에게 부여한 것보다 "좀 덜 장대한 세계 창조의 정신을 유한한 정신에 부여함"으로써 이 데카르트적 주장을 "확대했다".[94] 칸트는 상술했듯이 인간을 라이프니츠의 '작은 신들'로 만든 것이다. 라이프니츠와 칸트의 이 '작은 신들'은 곧 기존의 '큰 신'을 죽이고 전대미문의 이성적 오만과 도학적道學的 사명감에 싸여 새로운 자연·새로운 사회·새로운 인간을 자의적으로 기획하고 광포하게 날뛰며 유구한 전통과 문화를 쳐부순다. 칸트는 임의적 욕구나 감정이 우리를 강제할 경우에 경험 도식이나 준칙을 바꾸는 것을 막는 유력한 처벌 절차나 공감대로서의 민심 또는 박애·정의·겸양·현덕(인·의·예·지)과 같은 개인 덕목을 확립하지 않았다. '지식과 창조 의지'는 어떤 유효한 통제도 받지 않는다. 그리하여 이 '자유로운' 지식과 창조 의지는 "피히테와 니체가 맛있게 즐긴 주제"요, 20세기에 "가공스런 결과"를 초래한 나치스와 공산주의자들의 이데올로기와 (반)혁명의지로 날뛰게 된다.[95]

2.3. 칸트의 실체·인과성·필연성 범주와 그 오류성

선험적 지성 범주 중 실체·인과성·필연성 범주를 비판하고 인간을 독단적 기획으로 지배하려는 그의 순수도덕론의 실천이성적 지식 권력욕을

---

93) Weissman, "Metaphysics", 184-185쪽.
94) Weissman, "Metaphysics", 185쪽.
95) Weissman, "Metaphysics", 186쪽.

분석·폭로하는 것도 중요하다.

칸트는 "현상들의 모든 변화에도 실체는 항구 불변하고 실체의 양은 늘지도 줄지도 않는다"는 명제로써,[96] 실체를 '항구 불변자(das Beharrliche)'로 정의한다. 그럼에도 실체는 '현상체(phenomenon)'다. 칸트의 해설에 의하면, "모든 현상은, 밑받침(내적 직관의 항구 불변적 형식)으로서 잇따라 일어남과 동시성만이 표현될 수 있는 시간 속에 존재한다. 그러므로 현상들의 모든 변화가 사유되어야 하는 시간은 존속하고 변하지 않는다. 왜냐하면 시간은 선후로 있음 또는 동시적으로 있음(Nacheinander- oder Zugleichsein)이 시간의 규정들로써 표현될 수 있는 그런 것이기 때문이다. 그런데 시간은 그 자체로서 지각될 수 없다. 따라서 시간 일반을 표현하는 밑받침이 지각의 대상들 속에서, 즉 현상들 속에서 마주쳐져야 한다. 이 밑받침에 접해서 일체의 변화 또는 동시적으로 있음이 현상들의 기체와의 관계를 통해 포착 속에서 지각될 수 있다." 그런데 "모든 실재적인 것의 밑받침, 즉 사물들의 실존에 속하는 것의 밑받침은 실체"라는 것이다. "현존재에 속하는 만상萬象"은 이 "실체에 접해서"만 "규정"으로서 사유될 수 있다. 따라서 "유일하게 자신과의 관계 속에서 현상들의 모든 시간 관계를 규정할 수 있는 항구 불변자"는 "현상 속의 실체"다. 즉, 모든 변화의 밑받침으로서 "언제나" 동일자로 남아있는 "현상의 실재자實在者(das Reale)"다.[97] 그러므로 칸트는 단언한다.

- 현상의 다양상多樣相의 포착은 항시 계기적繼起的이고 따라서 언제나 변한다. 그러므로 이 포착의 기저에 항시 존재하는 어떤 것, 즉 지속적이고 항구불변적인 어떤 것이 가로놓여 있지 않다면, 우리는 이 다

---

96) Kant, *Kritik der reinen Vernunft*, B224쪽.
97) Kant, *Kritik der reinen Vernunft*, B224-225쪽.

양상이 동시에 존재하는 것인지, 선후로 잇따르는 것인지를 그것만으로는 결코 규정할 수 없다. 모든 변화와 동시적 존재는 항구 불변자가 실존하는 꼭 그만큼의 방식(시간의 양식) 외에 아무것도 아니다. 그러므로 오직 항구 불변자 안에서만 시간 관계들이 가능하다. (왜냐하면 동시성과 계기繼起는 시간 속의 유일한 관계들이기 때문이다.) 즉, 항구 불변자는 일체의 시간 규정을 가능케 하는 시간 자체의 경험적 관념의 기체다. (…) 시간 그 자체는 지각될 수 없다. 따라서 현상들에 접해 있는 이 항구불변자가 모든 시간 규정의 밑받침이고, 따라서 지각들의 모든 종합적 통일성, 즉 경험의 가능성의 조건이다. 그리고 이 항구 불변자에 즉해서 시간 속의 일체의 현존재와 일체의 변화가 지속하고 항구 불변하는 것의 한 실존 양상으로 간주될 수 있다. 그러므로 모든 현상들 속에서 항구 불변자는 대상 자체, 즉 실체(현상체)이지만, 변하거나 변할 수 있는 만상은 이 실체나 실체들이 실존하는 방식, 즉 실체들의 규정들에 속한다. 나는 모든 시대에 철학자만이 아니라 상식적인 사람들도 이 항구 불변성을 현상들의 온갖 변화의 기체로 전제했고 항시 의심할 바 없는 것으로 받아들일 것이라는 것을 발견한다. 다만 철학자는 세계 속의 일체의 변화에도 실체는 남아 있고 오직 우유태만이 변한다고 말함으로써 이에 관해 보다 확정적인 어떤 것을 표현할 뿐이다.[98]

칸트는 항구 불변하는 실체를 '현상들 속에서 마주치는' 밑받침 또는 '현상체'로 말하고 있다. 그런데 바로 이 '선험적' 탐욕 속에 논리적 모순이 들어 있다. 무한히 너른 바다는 무한히 큰 물고기를 담을 수 없다. 마찬가지로 무한한 시간(영원)도 항구 불변하는 실체, 즉 무한히 변하지 않

---

98) Kant, *Kritik der reinen Vernunft*, B225-227쪽.

는 실체를 담을 수 없다. 환언하면 항구 불변적 실체는 "시간 일반을 표현하는 밑받침"으로서 '시간 자체'와 맞먹는 까닭에 시간 속에 들어 있을 수 없다. 시간 속에 들어 있을 수 없다면, 이 실체는 감각적으로 직관될 수 없고, 따라서 현상에 속하지 않는다. 그러므로 실체는 현상체가 아니라 '물자체(본체)'일 수밖에 없다. 현상하지 않는 항구 불변자는 존재하지 않든가, 알 수 없고 알 필요 없고 사유할 수도 없는 '물자체'에 속한다. 따라서 실체를 '현상체'로 보는 칸트의 주장도, 실체라는 지성 범주도 엉터리다.

그러므로 '현상체로서의 실체'는 실용적 개념(로크) 또는 '날조'(흄)가 아니라면 철학적으로 불합리하고 무의미한 소리다. 주지하다시피 공자는 항구 불변자와 우연적 가변자의 구분을 항구성과 가변적 한시성으로 구분에 맞추지 않고 간단히 "사물에는 본말이 있다(物有本末)"고 하여 상대적 중심성과 주변성만을 가르는 '본말本末'의 개념만을 인정했다. '본말(근본과 말단)'은 구조에 있어 선후가 있지만, 이 선후를 안다고 해서 '득도'하는 것이 아니다. "사물에는 본말이 있고 일에는 시종이 있나니 선후를 알면 근도일 따름이다.(物有本末 事有終始 知所先後 則近道矣)"

'필연성' 범주와도 직결된 칸트의 인과율도 '실체' 범주와 마찬가지 운명이다. 칸트는 "모든 변화는 원인과 결과의 결합의 법칙에 따라 일어난다"(B판)고도 말하고, "일어나는 모든 것(존재하기 시작하는 모든 것)은 그것이 규칙상 뒤따르는 어떤 것을 전제한다"(A판)고도 말한다.[99] 이것은 '일어나는 모든 일은 반드시 원인이 있다'는 말이다. 이것은 다시 태초의 존재의 발단의 원인으로 무한히 소급된다. 모든 것은 원인과 결과가 있다는 '사변적' 입장에서 무한 소급의 원인을 찾는 것은 우리의 직관과 경험적 기록 범위를 넘어가는 선사적先史的 과거의 시간 속으로 소실되어 인지人智로 알 수 없다. 미래로도 무한 진행의 시간 속으로 소실되어 개

---

99) Kant, *Kritik der reinen Vernunft*, B232쪽.

인의 수명만이 아니라 특정 국민과 수 세대의 인류의 수명도 넘어가므로 알 수 없다. 따라서 '모든 것은 원인과 결과가 있다'는 순수사변적(순수이성적) 명제 속의 '태초 원인'은 시간 속에 현상할 수 없는 불가지의 원인이다. 그러나 '태초 원인'의 불가지는 경험 범위를 넘어가는 무한 소급과 무한 진행 때문만이 아니다. 원인의 이 불가지는 육안이나 보조 기구로도 감지할 수 없을 정도로 초미세超微細하고 초거대超巨大한 현상 때문에도 발생한다. 이런 유형의 감지 불가능한 인과성은 끝내 경험될 수 없거나, 누적되어 마침내 인지되는 경우에 원인 없는 것으로 경험되는 '돌발 사건'이나 '우발 사건'으로 나타난다. 또한 운석 추락·화산 폭발·남녀추니·게이·레즈비언 등과 같이 인지 범위 바깥에서 안으로 갑자기 난입하는 인과 현상이나 자연현상에서 일탈하는 예외적 현상 등 경이롭고 불가사의한 인과적 현상들은 베이컨이 명명한 '자연의 오류'로 나타난다. 따라서 인과성은 다양한 이유에서 감각적으로 직관될 수 없고, 따라서 '모든 것은 원인과 결과가 있다'는 순수 사변적(순수이성적) 명제는 현상으로 증명될 수 없다. 따라서 이 명제는 실재성과 객관성이 없다. 그러므로 인과율은 경험에 적용할 수 있는 범주가 아니다. 만약 이것을 '법칙'인 양 경험에 규정하여 필연적 지식을 구성한다면, 그 결과는 '법칙적' 오류, 즉 독단적 이데올로기일 것이다.

우리는 이와 같이 경험 밖에 위치한 다양한 현상들의 원인, 즉 태초의 원인이나 미래의 궁극적 결과와 그 원인, 또한 경험적으로 인지 불가능한 초미세 변화와 초거대 변화, 돌발 사건, 자연의 오류 원인 등을 알 수 있다고 '허풍칠' 수 없을 뿐만 아니라, 경험의 범위 내에 있는 현상들에서 경험할 수 있는 것은 '필연적 연결(connection)'(필연적 인과성)이 아니라, 잘해야 '항상적(반복적) 연접(conjunction)'뿐이다. 존재의 모든 발단의 원인의 필연성을 거론할 수 없다. 따라서 우리가 '원인'을 결함 없는 것으로 평가되게끔 정확하게 정의한다면, 그것은 "다른 대상에 선행하고 근접한 대상이고, 한 대상의 관념이 다른 대상의 관념을 형성해 내고 한 대상의 인상이 다른 대상의 보다 생생한 관념을 형성해 내도록 정신을 결심케 할 정도로 다른 대상과 (상상 속에서) 아주 결합해 있는 대상이다".[100] 따라서 이 정의에 따르면, "존재의 모든 발단의 원인의 필연성이 논증적인 논변이든, 직관적인 논변이든, 어떤 논변에도 기초해 있지 않다는 것"이 금방 입증된다.[101] 칸트는 "어떤 존재든 원인을 가져야 한다는 것(원인의 필연성)"은 "직관적 지식" 또는 "본유관념"(선험적 지성 범주 또는 지성 개념)이라는 퇴행적 주장을 고수한다. 이에 대해 흄은 정면적으로 반박한다.

- 존재하기 시작하는 모든 것은 존재의 원인을 가져야 한다는 것은 철학에서 일반적 격률이다. 이것은 모든 추리에서 어떤 주어진 또는 요구된 증명도 없이 당연한 것으로 흔히 간주된다. 이것은 직관(intuition)에 기초한 것, 즉 입으로 부정할지라도 마음속에서는 의심하는 것이 불가능한 격률 중의 하나인 것으로 상정된다. 그러나 우리가 위에서 설명된 '지식'의 관념에 의해 이 격률을 검토한다면, 이 격률 안에서 우리는 그 어떤 직관적 확실성의 아무런 징표도 찾지 못하고 오히려 이것이 저런 종류의 확신에 낯선 본성을 지닌 것이라는 사실을 깨달을 것이다. 모든 확실성은 '관념의 비교'로부터, 그리고 - 관념들이 동일한 것으로 유지되는 한 - 변할 수 없는 관계들의 발견으로부터 생겨나는 것이다. 이 관계들은 유사성, 양, 수적 비율, 성질의 정도, 상반성 등이다. 이 관계 중 어느 관계도 '시작을 갖는 것은 무엇이든 또한 존재의 원인을 갖는다'는 이 명제에 포함되어 있지 않다. 그러므로 저 명제는

---

100) Hume, *A Treatise of Human Nature*, Book 1: *Of Understanding*, 114, 116쪽.
101) Hume, *A Treatise of Human Nature*, Book 1: *Of Understanding*, 115쪽.

직관적으로 확실한 것이 아니다.[102]

원인과 결과의 연결 관념은 '직관'도 아니고, '본유관념'도 아니다. 흄에 의하면, 인과성의 관념은 반복적 경험에 의해 형성된 '습관적·관성적 믿음'의 '인상'에서 나온 후천적 관념이다. 따라서 '존재하기 시작하는 모든 것은 존재의 원인을 가져야 한다' 또는 '모든 변화는 제 원인을 갖는다'는 명제는 어떤 인간도 '존재하기 시작하는 모든 것'을 경험하는 것이 불가능하기 때문에, 더구나 반복적으로 경험하는 것은 더욱 불가능하기 때문에 이러한 명제를 형성하기 위한 '습관'이나 '인상'은 생겨날 수 없다. 따라서 저 명제는 증명될 수 없는 부실 명제다.

그러나 칸트는 '모든 변화는 제 원인을 갖는다'는 명제를 선험적 명제로 격상시키면서 흄을 비판한다. "모든 변화는 원인을 가져야 한다는 명제"는 "순수한 선험적 판단이 인간의 인식 안에 현실적으로 존재한다는 사실"을 "보여주는데" 기여한다는 것이다. 그에 의하면, 이 명제에서 "그 원인 개념조차도 결과와의 연결의 필연성과 규칙의 엄밀한 보편성의 개념을 아주 명백히 포함하고 있다". 그러나 "흄이 그랬듯이, 발생하는 일이 선행하는 일에 빈번하게 수반된다는 것"과, 여기서 생기는 습관, 즉 "관념들을 연결시키는 습관(따라서 단순히 주관적인 필연성)"으로부터 "원인 개념"을 도출하려고 한다면, "원인 개념은 완전히 유실되고 말 것이다."[103] 이 원인 개념의 유실을 막기 위해 칸트는 이 부실한 원인 개념을 '순수한 선험적 개념'으로 날조한 것이다. 그는 여기서 마치 '부실 공사에 준공검사를 해주는 비리 관리'와 같은 짓을 하고 있다.

그런데 칸트와 흄이 의견의 일치를 보는 점도 있다. 칸트가 인과성과

---

102) Hume, *A Treatise of Human Nature*, Book 1: *Of Understanding*, 56쪽.
103) Kant, *Kritik der reinen Vernunft*, B4-5쪽.

필연성을 지성의 개념으로 본다는 것은 인과성을 객체의 속성으로 보지 않고 정신의 주관적 속성으로 본다는 말이다. 흄도 인과성을 '습관'으로 보는 한에서 정신의 요소로 보는 셈이다. 말하자면, 인과성이 객체 속에 객관적으로 내재한 속성이 아니라 정신의 주관적 속성이라는 데에는 둘이 같은 의견이다. 흄은 말한다. "우리가 동일한 대상들이 언제나 상호 '연접'되는 여러 사례를 목도한다고 상정해 본다면, 우리는 이 대상 간 '연결'을 즉각 생각하고 한 대상에서 다른 대상으로의 추론을 이끌기 시작한다. 그러므로 유사한 사례들의 이 수다성數多性(multiplicity)은 힘 또는 연결의 바로 그 본질을 구성하고 이것의 관념이 생겨나는 원천이다." 그러나 완전히 유사한 사례들의 "반복"만으로 어떤 개별 사례에서 결코 발견될 수 있는 것과 완전히 다른 그 어떤 "시원적 관념"이 산출되는 것이 아니다. 필연성 또는 필연적 인과성(연결)의 관념은 한 사례에서 발견되는 것이 아니라 수 개의 사례들의 반복으로부터 생겨나는 새로운 시원적 관념이기 때문에, 반복만으로 저 결과가 생기는 것이 아니라 저 필연적 인과성(연결) 관념의 원천이 되는 "새로운 어떤 것"을 발견하거나 산출해야 한다.[104] 흄에 의하면 이 '새로운 어떤 것'은 다름 아닌 '새로운 인상'이다. 결론적으로 말하자면, 수다한 반복과 이 '새로운 인상'의 결합은 인과성의 관념을 낳고, 수다성이 항상성으로 증가하고 인상이 강하면 강할수록, 인과성은 필연성의 관념을 더해간다. 인과성의 관념을 낳는 "여러 유사한 사례들"이 서로에 대한 "아무런 영향"도, "어떤 새로운 성질"도 산출할 수 없을지라도, 이 유사성의 반복적 관찰은 "유사성의 실제적 모델인 새로운 인상을 정신 속에 산출한다". 왜냐하면 충분한 수의 사례에서 유사성을 관찰한 후에, 우리는 "한 대상에서 이것의 통상적 동반자로 이행하고" 이 관계 때문에 "더 강렬한 빛 속에서 대상을 지각하려는 정신

---

104) Hume, *A Treatise of Human Nature*, Book 1: *Of Understanding*, 110쪽.

의 결심(determination)을 즉각적으로 느낀다". 이 "결심"은 유사성의 반복적 관찰의 "유일한 결과"이고, 그러므로 인과성과 같은 것이어야 하고, 이 인과성의 관념은 저 유사성으로부터만 도출된다. "유사한 연접의 여러 사례"는 우리를 인과성과 필연성의 개념 속으로 이끌고 들어간다. 그러므로 소위 "필연성이란 이 관찰의 결과이고 정신의 내적 인상(internal impression)에 불과하고 한 대상에서 다른 대상으로 우리의 사유를 이동시킬 결심이다". 필연성을 이 관점에서 고찰하지 못한다면, 우리는 "외적 대상이나 내적 대상에, 정신이나 육체에, 원인이나 결과에 필연성을 귀속시킬 수 없을 것"이다. "원인과 결과 간의 필연적 연관"이란 "한 대상을 미루어 다른 대상을 추리하는 추론의 기초"다. 이 기초는 "익숙한 결합"으로부터 생겨나는 "이행"이다. 그러므로 결심, 내적 인상, 필연성, 인과성, 익숙한 결합 등은 다 같은 말이다. "필연성의 관념은 모종의 인상에서 생겨나는 것이다." 그런데 이 필연성의 관념이 생겨나는 원천인 인상은 모종의 내적 인상, 즉 반성 인상이어야 하는데, 현재의 일과 관련된 어떤 내적 인상도 존재하지 않는다. 다만 "한 대상에서 이 대상의 통상적 동반자의 관념으로 이행하는, 관성이 산출하는 성향"이 존재할 뿐이다. 그러므로 "이 관성적 성향" 또는 관성적 결심이 "필연성의 본질"이다. "필연성은 객체 속에 존재하는 것이 아니라 정신 속에 존재하는 어떤 것이다. 또한 우리가 객체들 속의 한 성질로 간주되는 가장 동떨어진 필연성 관념을 형성하는 것은 전혀 가능하지 않다". 그러므로 "필연성"이란 "그 경험된 결합에 따라 원인에서 결과로, 그리고 결과에서 원인으로 이행할 사유의 결심 외에 아무것도 아니다".[105] 총괄하면,

- 이와 같이 '2 곱하기 2는 4다', 또는 '삼각형의 세 각은 2직각과 같다'

---

105) Hume, *A Treatise of Human Nature*, Book 1: *Of Understanding*, 111-112쪽.

등식을 만드는 필연성은 우리가 이 관념들을 고찰하고 비교하는 오직 지성의 작용 안에만 들어있는 것처럼, 이와 똑같은 식으로 원인들과 결과들을 결합시키는 필연성 또는 힘은 이것에서 저것으로 이행하려는 정신의 결심 속에 들어있다. 원인의 효과성 또는 에너지(동력)는 원인 자체 안에 들어 있는 것도 아니고, 신성 속에 들어 있는 것도 아니고, 이 두 원리의 동시 작용에 들어있는 것도 아니다. 그것은 모든 과거 사례에서 두 개 이상의 대상들의 결합을 고려하는 영혼에 전속全屬한다. 원인들의 실재적 힘이 그것들의 연결과 필연성에 따라 자리 잡고 있는 곳은 바로 여기다.[106]

인과성이 객체 속에 또는 객체와 객체의 관계 속에서 객관적으로 내재한 속성이 아니라 정신의 주관적 속성이라고 보는 점에서 칸트와 흄은 같은 의견인 것이다.

칸트와 흄 사이의 본질적 차이는, 칸트가 필연적 인과성의 관념을 경험에 객관적 법칙성을 부여하는 지성의 '선험적' 개념(본유관념)으로까지 교조화하는 반면, 흄은 이 필연적 인과성의 관념을 반복적 경험에 기인한 '습관적 믿음'에서 생긴 '인상'으로부터 복제된 '후천적' 관념에 불과한 것으로 본다는 데 있다. 따라서 흄은 '완화된 회의주의'의 관점에서 이 후천적 '필연성의 관념'을 독단으로부터 해방시키고 이 후천적 관념을 경험적 현실에 '필연적 법칙'으로 적용할 정도로 교조적으로 작업해서는 아니 된다고 경고했다. 흄에 의하면, 칸트처럼 인과적 필연성을 본유관념으로 생각하는 독단적 착각은 어제오늘의 일이 아니라, "인류의 만성적(고질적) 편견"이라는 것이다. 한마디로 이 '필연성' 문제는 유사성의 반복적 관찰로부터 형성된 단순한 정신적 '관성(custom)' 또는 '습관(버릇)'을 '객

---

106) Hume, *A Treatise of Human Nature*, Book 1: *Of Understanding*, 112쪽.

관적 필연성으로 착각하는 점에서 "가장 난폭한 역설"이다. 그러나 "두 대상 또는 두 작용이 아무리 관련되어 있을지라도 이것들을 단순히 보는 것"은 결코 "이것 간의 연결의 어떤 관념도 우리에게 줄 수 없다". 이 필연적 연결의 관념은 이것들의 "결합의 반복"에서 생겨나는 것이다. 이 "반복은 대상 안에서 아무것도 발견하지 못하고 아무것도 야기하지 못한다". 하지만 이 반복은 이 대상에서 저 대상으로의 "관성적 이행"을 산출하고, 이렇게 산출된 이 "관성적 이행에 의해 정신에만은 영향을 미친다". 그러므로 이 "관성적 이행(customary transition)"이 바로 "필연성과 동일한 것"으로 여겨지는 것이다. 따라서 "필연성"이란 "대상의 성질"이나 '지성'의 선험적 범주가 아니라 단순히 "지각의 성질"일 뿐이다. "필연성"은 "영혼이 물체 안에서 외적으로는 느끼는 것이 아니라, 내적으로 느끼는 것"이다.[107]

따라서 필연성의 관념은 지성 안에 '선험적으로' 들어 있는 것이 아니라, 감성적 지각을 통해 '후천적으로' 형성되어 '느껴지는' 것이다. 따라서 필연성에 대한 감각적 느낌(인상)이 형성되기 전에 이 필연성의 관념을 갖거나 이 관념을 지성적으로 사유할 수도, 선험적으로 연역할 수도 없다. 그러므로 칸트가 이 습관(관성)에서 생긴 필연성의 '느낌' 또는 '인상'을 라이프니츠처럼 '선험적 지성 개념'(본유지식)으로까지, 심지어 자연의 '객관적 법칙'으로까지 격상시키고 이것을 자연 대상에 대해 최상의 '자연법칙'으로 규정하는 것은 주관적 느낌으로서의 인과성과 필연성의 범주들을 습관적으로 활용하는 단순한 체계적 '자연 지식(과 사회 지식)'을 자연'과학'(과 사회'과학')으로 교조화하는 '가장 난폭한' 과학주의에 지나지 않는다. 이것은 상술했듯이 가령 부실 공사에 대해 준공검사를 해주는 비리 관리의 위험한 범죄와 같이 위험하고 악독한 '철학적 범죄'다. 인

---

107) Hume, *A Treatise of Human Nature*, Book 1: *Of Understanding*, 112쪽.

과율과 필연성을 독단화하기 위해 전개한 칸트의 논변에는 칸트 자신이 합리론적 형이상학에 대한 흄의 비판을 요약한 내용이 그대로 적용될 수 있다. "이 인과성 개념은 경험에 의해 수태하여 연상聯想의 법칙 아래 임의의 관념들을 가져오고 여기로부터 생겨나는 주관적 필연성, 즉 습관을 지성적 통찰로부터 나온 객관적 필연성으로 사칭하는 '상상력의 사생아' 외에 다른 것이 아니다. 여기로부터 그는 이성이 이러한 연관을 심지어 대강이라도 생각할 능력이 없다고 결론을 짓는다. 왜냐하면 이성의 개념들은 '단순 날조'일 것이고 이성의 모든 언필칭 선험적으로 존재하는 인식은 '낙관落款이 잘못 찍힌' 평범한 경험 외에 다른 것이 아니기 때문이다."[108] 따라서 흄은 칸트에게 참으로 버거운 상대였다.

---

108) Kant, *Prolegomena zu einer jeden künftigen Metaphysik*, A8-9쪽.

제3절

도덕감정 없는
실천이성의 도덕철학

3.1. 실천이성적 이념(이데아)과 권력이성

칸트의 인식론은 일차적으로 자연현상(과 나아가 사회현상)의 정복과 지배의 철학이다. 반면, 그의 실천이성적 순수도덕론은 자연 '그 자체'(물자체의 세계)와 인간을 선험적 자유의지의 독단적 기획으로 지배하려는 지식권력론이다. 칸트가 인식 이론을 도감감정의 매개 없이 바로 도덕 이론으로 비약시키고 있기 때문에 이 논의도 도덕철학으로 확대하지 않을 수 없다.

플라톤과 아리스토텔레스에 대한 논의에서 상론했듯이, 플라톤은 '노에시스(이성적 지식 능력)'을 '디아노이아(수와 도형에 대한 지식 능력)'와 '에피스테메(이데아에 대한 변증과 학적 지식 능력)'로 구분했고, 아리스토텔레스는 '지혜(소피아)'를 누스(제1원리에 대한 직관 능력)와 에피스테메

(제1 원리들로부터 도출되는 것들을 아는 능력)로 구분했다. 아우구스티누스는 이를 계승하여 '이성(ratio)'을 '하급이성(ratio inferior)'과 '상급이성(ratio superior)'으로 이분하고, '하급이성'을 '인식을 연합하고 분리하는 능력'으로 정의한 반면, '상급이성'은 '정신의 정점(acies mentis)'으로서 '영원·불변자에 대한 관상觀賞 능력'으로 정의했다. 그리고 상급이성을 '예지叡智(intellectus)' 또는 '이지理智(intelligentia)'라고 명명했다. 그러나 실제 사용에서 그는 '예지'와 '이성'을 구별 없이 뒤섞어 썼다. 이후 다른 철학자들도 이성을 격상시키거나 특화시키지 않았다. 특히 흄은 이성(reason)을 지성(understanding; intellect)과 같은 것으로 보고 양자를 혼용한다. 반면, 칸트는 이성을 '원리의 능력' 또는 '이념'으로 격상시켜 의인화擬人化하고 지성과 엄격히 구별하여 특화시켰다. 이를 바탕으로 칸트는 상론했듯이 경험을 지성화하고 지성을 이성화하고 이성을 '이념화'(원리화)한다. "우리는 우리의 초험적 논리학 제1부문에서 '지성(Verstand)'을 '규칙들의 능력'으로 설명했다. 여기서는 '이성(Vernunft)'을 '원리들의 능력'이라고 명명함으로써 '지성'과 구별한다."[109] 이어서 칸트는 객관적 타당성을 가진 순수이성의 개념들을 '이념'으로 정의한다.

- 순수이성의 개념들의 가능성에도 그 어떤 사정이 있을 것이지만, 이 순수이성의 개념들은 아무튼 단순히 반성된 개념들이 아니라 추리된 개념들이다. (…) 이미 이성적 개념이라는 명칭은 경험 안에 스스로를 한정하려고 하지 않는다는 것을 잠정적으로 보여준다. (…) 지성적 개념들이 (지각들의) 이해에 이바지하듯이, 이성적 개념들은 개념화(Begreifen)에 이바지한다. 이성적 개념들이 무제약자를 내포한다면, 이 이성적 개념들은 모든 경험을 포섭하지만 결코 경험의 대상이 아

---

109) Kant, *Kritik der reinen Vernunft*, B356/A299쪽.

닌 어떤 것과 관계한다. (…) 그럼에도 불구하고 이러한 이성적 개념들은 객관적 타당성을 가지고 있다면 바르게 추리된 개념들(conceptus ratiocinati)이라고 할 수 있다. 그렇지 않고 객관적 타당성을 가지지 않을 경우에, 그 개념들은 적어도 추리의 가상에 의해 사취된 것이고, 궤변적 개념들(conceptus ratiocinamtes)이라 불릴 수 있다. (…) 우리는 순수한 지성 개념들을 '범주'라고 불렀듯이, 순수이성의 개념들에 새로운 이름을 붙여주고 이 순수이성의 개념들을 '이념(Ideen)'이라 부른다.[110]

칸트는 플라톤의 '이데아'를 이런 '이념'으로 이해하고 아리스토텔레스와 반대로 이 이데아론을 정당화한다. 특히 실천이성, 즉 도덕적 실천에서의 순수이성과 관련하여 이데아론의 강점을 강조하고 철인정치론을 변호한다. 그에 의하면, "플라톤이 쓴 이데아(Idee)라는 표현"은 "그가 결코 감관들로부터 빌려오지 않을 것일 뿐만 아니라 아리스토텔레스가 전념했던 지성의 개념들을 - 경험 속에서 결코 이것들과 일치하는 것을 만나지 못하는 한에서 - 훨씬 뛰어넘는 어떤 것을 뜻했다는 것"을 잘 드러내 준다. 플라톤에게 "이념(이데아)들은 범주들과 같이 단순히 가능한 경험들의 열쇠가 아니라 물자체物自體의 원형"이다.[111] "이념", 즉 "순수이성의 개념들"을 "물자체의 원형"으로 규정하는 바로 이 대목에서 지성이 건드리지 못한 '물자체'의 영역을 실천적 순수이성으로 하여금 정복하게 하려는 칸트의 의도가 분명히 드러난다.

칸트에게 이성은 '경험 안에 스스로를 한정하도록 하려고 하지 않는', 즉 원리의 능력을 발휘하여 경험의 영역을 뛰어넘으려는 '차원 높은' 정

---

110) Kant, *Kritik der reinen Vernunft*, B366-368쪽.
111) Kant, *Kritik der reinen Vernunft*, B370쪽.

신적 욕구 또는 의지다. 이렇게 보면, 물자체는 순수이성의 영역이면서 순수한 실천이성적 자유의지의 영역이다. 플라톤은 이데아(이념)들을 "최고의 이성으로부터 유출되어 여기로부터 인간 이성에 분여 되었지만, 이 인간 이성은 이제 더 이상 그 근원적 상태에 있는 것이 아니라서, 지금은 아주 모호해진 옛 이념들을 (철학이라고 하는) 상기想起에 의해 힘들게 불러내져야 하는" 것으로 파악했다. 그리고 "플라톤은 인간의 인식능력이 현상들을 경험으로 읽을 수 있기 위해 단순히 현상들을 종합적 통일성에 따라 문자화하는 것보다 훨씬 더 차원 높은 욕구를 느낀다는 것, 그리고 인간의 이성이 경험에 의해 제공될 수 있는 그 어떤 대상이 언젠가 인식들과 일치될 수 있는 것보다 훨씬 더 멀리 나아가지만, 그럼에도 불구하고 실재성을 갖고 결코 단순히 머리에서 짜낸 작화들이 아닌 인식들로 자연스럽게 도약한다는 것을 잘 간파했다"는 것이다.[112]

라이프니츠처럼 칸트는 플라톤의 대화편에 자주 나타나는 신화적 측면에 대한 약간의 비판을 곁들여 플라톤을 몽땅 계승하려고 한다. "플라톤이 이 분야에서 쓰는 차원 높은 언어가 사물들의 본성에 적합하고 보다 온건하게 해석될 가능성이 아주 충분히 있다." 그러나 "플라톤은 사변적 인식이 순수하게, 그리고 완전히 선험적으로만 주어졌다면 그의 이데아 개념을 물론 사변적 인식으로도 확장했고, 수학이 그의 대상을 가능한 경험 외에 어떤 곳에서도 갖지 않을지라도 심지어 수학으로도 확장했다. 이 점에서 나는 그를 따를 수 없고, 이 이데아의 신비적 영역이나, 이 이데아를 흡사 실체화한 과장에서도 마찬가지로 그를 따를 수 없다."[113] 주지하다시피 플라톤은 훗날의 아우구스티누스와 달리 피타고라스를 따르지 않고 수학의 지위를 이데아에 관한 변증론으로 들어오는 '입문'으로 제한

---

112) Kant, *Kritik der reinen Vernunft*, B370-371쪽.
113) Kant, *Kritik der reinen Vernunft*, B371쪽, 각주.

했다. 이 때문에 '플라톤이 이데아 개념을 수학에도 적용했다'는 칸트의 해석은 물론 잘못된 말이다. 하지만 아무튼 그의 주장의 요지는 이데아의 신화적 설명과 실체화를 제외하고는 플라톤의 이데아론을 그대로 따르겠다는 말이다.

칸트는 특히 플라톤의 도덕 실천적 이데아에 관심의 초점을 맞추고 있다. 이성은 지성이 인식하지 못하는 '자유'와 이에 기초한 '도덕적 실천'을 '이념(이데아)'으로 인식한다는 것이다.

- 플라톤은 특히 실천적인 모든 것 안에서, 즉 이성이 고유하게 산출한 인식들 아래 들어 있는 자유에 기초한 모든 것 안에서 그의 이념을 발견했다. 덕의 개념들을 경험으로부터 길어내고 싶은 사람, (많은 사람들이 실제로 그랬듯이) 기껏해야 불완전한 설명을 위한 보기(Beispiel)로 쓰일 수 있는 것을 인식 원천의 본보기(Muster)로 만들고 싶은 자는 덕을, 시간과 상황에 따라 가변적인, 어떤 규칙에도 쓰일 수 없는 애매모호한 난센스(Unding)로 만들어놓을 것이다. 반면, 각자는 누군가에게 덕의 본보기로서 나타나더라도 그는 이 이른바 본보기를 비교하고 이에 따라 평가할 참된 원본을 단순히 그 자신의 고유한 두뇌 속에 항상 가지고 있다는 것을 누구나 알게 된다. 그런데 이 원본이 덕의 이데아다.[114]

플라톤의 경우에도 아리스토텔레스의 경우처럼 덕은 경험적 습관화와 반복적 연습(習得)의 소산이지 이성의 소산이 아니고, 따라서 덕은 인간의 기억 속에서 본유하는 초험적超驗的 이데아와 무관한 것이다. 그런데 "단순히 그 자신의 고유한 두뇌 속에 항상 가지고 있는" 덕의 "참된 원본"

---

114) Kant, Kritik der reinen Vernunft, B371-372쪽.

은 이데아라는 말로써 칸트는 최고이성(신)으로부터 인간에게 분여 된 이데아를 이성의 산물(순수이성의 개념들)로 변형시키고 있다. 이런 이해가 과연 플라톤의 이데아론에 조금이라도 들어 있는가? 천만에! 플라톤에는 '선의 이데아'라는 말은 있어도 '덕의 이데아'라는 말은 존재하지 않는다.

뒤에서 상론하겠지만 인류의 경험은 덕성이 도덕감정의 습득習得에 근거를 둘지라도 결코 '시간과 상황에 따라 가변적인, 어떤 규칙에도 쓰일 수 없는 애매모호한 난센스'로 전락하지 않는다는 것을 증명한다. 인간의 '본성'과 본성적 '감정'은 시간과 상황에 따라 변하지 않는 인류적·역사적 '보편성'을 지니고 있기 때문이다.

아무튼 칸트는 플라톤의 대화편에 없는 개념인 '덕의 이데아'를 모든 경험과 모든 도덕감정으로부터 분리시킨다.

- 이 덕의 이데아와 관련하여 경험의 모든 대상은 보기들(이성의 개념이 명하는 그런 것의 일정 정도의 행위 가능성의 증거들)로 쓰이기는 하지만 원형들로는 쓰이지 않는다. 인간이 결코 덕의 순수한 이념의 내용에 적합하게 행동하지 않는다는 사실은 이런 사상 안에 괴물 같은 구석이 있다는 것을 전혀 입증하지 않는다. 왜냐하면 그럼에도 도덕적 가치 또는 무가치에 대한 판단은 이 이데아를 매개로 해서만 가능하기 때문이다.[115]

이 '덕의 이념'의 이러한 사변성 때문에 칸트는 감정들(가령 인류애, 박애심, 연민, 측은지심, 공경지심, 또는 이기심, 욕심 등)을 덕 또는 도덕의 원천으로 보는 것이 아니라, 도덕의 방해물로 본다. "그 정도를 헤아릴 수 없는 우리의 본성 안의 방해물들이 우리를 이 이데아로부터 떼어놓을지

---

115) Kant, *Kritik der reinen Vernunft*, B372쪽.

라도 도덕적 완전성에 모든 접근의 기저에는 이 이데아가 가로놓여 있다"는 것이다.[116]

칸트의 이 이상한 플라톤 변호론이 도착할 정치적 귀착점은 뻔하다. 이를 바탕으로 칸트는 지성 또는 이성을 입법권력과 통치 권력으로 만드는 플라톤의 철인정치론을 정면으로 옹호한다.

- 플라톤의 『국가론』은 한가한 사색가의 두뇌 속에만 자리를 잡을 수 있는 몽상적 완전성의 이른바 눈에 띄는 사례로서 격언이 되었다. 브루커(Brucker)는 군주가 이데아를 보유하고 있지 않으면 결코 잘 다스리지 못할 것이라고 저 철학자가 주장한 것을 우스꽝스런 것으로 여겼다. 그러나 이 사상을 더 천착하고 (이 탁월한 사람이 우리를 속수무책으로 남겨 놓은 곳에서) 이 사상을 수행 불가능성이라는 아주 궁색하고 해로운 핑계 아래 무용지물로 치워버리는 것보다, 이 사상을 새로운 노력을 통해 광명 속에 세운다면, 이것이 더 잘하는 일일 것이다. 그래도 (최대의 행복은 최대의 자유에 저절로 따를 것이기 때문에 최대의 행복의 헌정 체제가 아니라) 각자의 자유가 타자의 자유와 공존할 수 있게 만드는 법률들에 입각한 최대의 인간적 자유의 헌정 체제는 적어도 국가 헌정 체제의 최초의 기안에서만이 아니라 모든 법률에서도 기저에 놓여야 하고 여기에서 – 아마 인간적 본성에서가 아니라 오히려 입법 시에 참된 이데아를 소홀히 해서 빚어질 – 현재의 장애물들을 애초에 도외시해야 하는 필수적 이데아일 것이다. (…) 입법과 통치가 이 이데아와 더 합치되게 설정될수록, 물론 형벌도 더 적어질 것이고 입법과 통치의 완전한 정돈 시에 그와 같은 형벌은 전혀 필요 없을 것이라는 것은 (플라톤이 주장하듯이) 이성적이다. 이런 경우가 결코 실현되지

---

116) Kant, *Kritik der reinen Vernunft*, B372쪽.

않을지라도, 가능한 한 최대의 완전성에 인간들의 법적 헌정 체제를 이 원형에 따라 접근시키기 위해 이 최대치를 원형으로 세우는 이데아는 완전히 올바른 것이다. 왜냐하면 최대의 정도가 어느 것인지, 따라서 이데아와 그것의 실현 사이에 필연적으로 남아 있는 간격이 얼마나 큰지, 이런 것은 바로 모든 제시된 한계를 넘어가는 것이 자유인 까닭에 아무도 예단할 수 없고 예단하지 않아야 하기 때문이다.[117]

칸트는 여기서 "인간들의 법적 헌정 체제"의 "최대치"를 정치도덕적 "이데아"로 규정하고 "이데아를 보유한" 군주만이 "잘 다스릴 것"이라는 플라톤의 철인치자론을 은근슬쩍 부활시키고 있다. 공자는 민심을 얻는 실천적 덕성을 치자의 정통성으로 보았다. 반면, 칸트는 민심과 무관한 두뇌 속의 이 덕성의 이데아에 대한 이성적 인식(지식)을 권력의 정통성으로 보는 플라톤의 비민주적 철인치자론을 옹호하고 있다. 칸트는 입법과 치국에서 이처럼 민심과 여론, 그리고 치자 자신의 덕행을 배제하는 지성주의적(이성주의적) 통치권력론의 대변자다. 칸트는 공론을 지배의 정통성의 한 원천으로가 아니라 비판과 계몽의 도구로만 본다. 가령: "이성은 오직 자유롭고 공론적인 검토를 견뎌낼 수 있었던 것에만 그런 정직한 존경을 인정한다".[118] 그리고 칸트는 '공론의 비판'을 인정하면서도 여론을 이성에 귀속시킨다. "자신의 사상, 자신이 혼자서 풀 수 없는 자신의 의심을 공론의 비판에 붙이는 자유도 이러한 자유에 속한다. 이것은 그 안에서 각자가 한 표씩을 갖는 보편적 인간 이성 외에 어떤 다른 재판관도 알지 못하는 인간 이성의 근원적 권리들에 이미 들어 있는 것이다."[119]

---

117) Kant, *Kritik der reinen Vernunft*, B372-374쪽. 브루크너는 『비판적 철학사(*Historia critica phiosophica*)』(1742-44)를 저술한 Johann Jakob Brucker(1696-1770)를 가리킨다.
118) Kant, *Kritik der reinen Vernunft*, AXI쪽 각주.
119) Kant, *Kritik der reinen Vernunft*, B780/A752쪽.

다른 곳에서는 공론 또는 '이성의 공론적 사용'을 지배의 정통성 원천이 아니라 단지 일종의 계몽 수단으로만 간주한다.[120]

칸트는 『인간학』에서 권력 이성에 근거한 철인치자론을 좀 더 노골적으로 표현하며 군주정을 정당화한다.

- 인간은 가축처럼 한 무리에 속하도록 규정된 것이 아니라, 꿀벌처럼 벌집에 속하도록 규정되었다. 이것은 임의의 시민사회 일원일 필연성이다. 이러한 시민사회를 수립하는 가장 단순한, 가장 적게 인위적인 방법은 이 벌집 안에 1인의 지자智者(Ein Weiser)를 세우는 방법(군주정)이다.[121]

칸트는 정치 철학적으로 철두철미 플라톤주의적인 철인치자, 그것도 '왜곡된' 버전의 철인치자론을 대변하고 있다. 상론했듯이 플라톤은 『국가론』에서 철인치자를 1인으로만 한정한 것이 아니라 '여러 명'으로 열어 놓았고 그의 최후 저작 『법률』에서는 군주정·귀족정·직접민주정을 결합한 '혼합정체'도 기안했기 때문이다. 칸트가 『영구평화론』에서 영구평화의 제1조건으로 삼는 '공화정'도 결코 '민주공화정'이 아니라, 한낱 인민들이 입법에 영향을 미치고 법에 의해 다스리는 법치주의적 군주정을 뜻할 뿐이다. 칸트의 '지성'이 자연에 법칙을 흠정하는 기획 입법자로서 자연을 지배하는 '권력 지성'임과 동시에, 칸트의 '이성'도 물자체(자연 자체)와 인간을 지배하는 '권력 이성'임이 이미 이쯤에서 분명해진다. 신적 철인치자(플라톤·아리스토텔레스·아우구스티누스·토머스 모어)·철인입법자

---

120) Immanuel Kant, "Beantwortung der Frage: Was ist Aufklärung" [1784], 55-57쪽. *Kant Werke*, Bd.9, Teil 1 (Darmstadt: Wissenschaftliche Buchgesellschaft, 1983).

121) Immanuel Kant, *Anthropologie in pragmatischer Hinsicht* [1798], B328/A330쪽. *Kant Werke*, Bd.10 (Darmstadt: Wissenschaftliche Buchgesellschaft, 1983).

(데카르트·루소)·철인군주(라이프니츠)·철인혁명가(로베스피에르·마르크스·레닌·스탈린)·철인총통(니체·히틀러·무솔리니)·철인주석(모택동)·철인수령(김일성)으로 이어지는 비민주적 '권력 이성'의 지성주의 지배 이론 계열에서 칸트도 데카르트·라이프니츠·루소와 함께 고대와 중세의 민중 적대적·합리주의적 지배사상을 근현대의 자코뱅 혁명독재·군사독재·공산독재·파시즘으로 이어주는 결정적인 고리인 것이다.

한편, 공자와 맹자는 국가의 제1과업을 '무위이치無爲而治'(강제로 하게 함이 없이 다스리는 정치) 또는 무위이성無爲而成(억지로 하게 함이 없이 이룸)의 덕치에 입각한 '부민富民(백성을 부자로 만드는 것)' 또는 '양민養民(백성을 부양하여 부유하게 하는 것)'으로, 그리고 제2과업을 '교민教民(백성을 교화하는 것)'으로 설정했다. 공맹에게 있어 '무위無爲'('자유화')는 '부민'과 '교민'의 수단에 불과한 것이다. 반면, 플라톤·아리스토텔레스 이래 서양 합리주의 전통에서 국가는 백성의 생활 보장을 배제하고 국내 치안·전쟁과 관련된 소위 '순수 정치'만을 자신의 과업으로 삼는 이른바 '군사적 야경국가'였다. 백성들은 자신들의 자유와 권리를 활용하여 행복을 이루는 데 있어 가장 중요한 수단인 자신들의 경제적 생활 기반을 개인적으로 해결해야 한다. 이런 순수 정치의 관점에서 어리석게도 플라톤은 국내 치안 유지와 전쟁으로 확보되는 자유가 행복을 자동적으로 보장한다고 상정했다.

이런 야경국가적 사상 전통에서 칸트도 "최대의 행복은 최대의 자유에 저절로 따를 것"이라고 생각하고 국가 헌정 체제의 이데아를 '최대 행복의 복지국가'로 정의하는 것이 아니라 "각자의 자유가 타자의 자유와 공존할 수 있게 만드는 법률들에 입각한 최대의 인간적 자유의 헌정 체제"로 정의하고 있는 것이다. 칸트의 '국가'도 마찬가지로 백성의 생계를 외면하고 최대 자유만을 최대 과업으로 삼는 '야경국가'인 것이다.

한 걸음 더 나아가 칸트는 자연과 신까지도 이성으로 보고 자연도 이데아에서 비롯된다는 플라톤의 주장을 그대로 따른다. '사유하는 이성'과 '존재하는 이성'의 목적론적 일치의 '낡은' 이념을 긍정한 것이다. 이것은 그의 순수도덕론에서 자연이성과 신의 요청의 철학적 기초가 된다.

- 플라톤은 인간 이성이 참된 인과성을 보여주고 이데아들이 (행위와 그 대상의) 작용 원인이 되는 윤리적 영역에서만이 아니라, 자연 자체와 관련해서도 정당하게 이데아로부터 자연이 비롯된다는 것에 대한 명백한 증명을 보고 있다. 식물·동물·세계 구조의 규칙적 배열(이른바 또한 전 자연 질서)은 이데아에 따라서만 이것들이 가능하다는 것, (…) 저 이데아들이 최고의 지성 속에서 개별적으로, 불변적으로, 일관되게 규정되어 있다는 것, 이 이데아들이 사물들의 근원적 원인이고 우주 안에서 이 이데아들을 결합시키는 총체만이 유일하게 저 이데아에 완전히 적합하다는 것을 분명하게 보여준다. 우리가 표현의 과장된 면을 떼어낸다면, 세계질서의 물리적 측면의 모사적 고찰로부터 목적들에 입각한, 즉 이데아들에 입각한 세계질서의 건축술적 연결로 올라가는 저 철학자의 정신적 도약은 존경과 추종을 받을 만한 노력이다. 이것은 이데아들이 (선의) 경험 속에서 결코 완전히 표현될 수 없을지라도 이데아들이 이 경험 자체를 맨 처음 가능하게 만드는 윤리·입법·종교의 원리에 관한 것의 관점에서는 완전히 독특한 공적이다. 이 공적은 사람들이 그것을 바로 경험적 규칙에 의해 판단하기 때문에만 인식되지 않을 뿐이다. 그런데 원리들로서의 이 규칙들의 타당성은 저 이데아들에 의해 지양止揚되어야 하는 것이다. 왜냐하면 자연과의 관점에서 경험은 우리에게 규칙을 손에 쥐여주는 진리의 원천이지만 윤리적 법칙과의 관계에서 경험은 (안타깝게도!) 가상假像의 생모이고, 내가

행해야 하는 당위에 관한 법률을 행해지는 사실로부터 끌어오거나 이것에 의해 한정하려는 것은 최고로 폄하해야 할 것이기 때문이다.[122]

'자연과의 관점'에서 '경험'이 '진리의 원천'이지만 '윤리적 법칙'과의 관계에서 '경험'이 '가상의 생모'라는 구절은 칸트 자신의 지론과 배치되는 말이다. 그의 지론에 따르면, 자연에 대해서도 진리의 원천은 '경험'이 아니라, 오히려 경험을 가능하게 하고 자연에 규칙과 법칙들을 집어넣고 규정하는 '지성'이기 때문이다. 물론 공자·맹자·흄·노년 라이프니츠·스미스·루소·쇼펜하우어라면, '자연과의 관점에서' '경험'은 '진리의 원천'이지만, '윤리적 법칙'과의 관계에서 도덕감정은 도덕의 생모'이어야 할 것이다. 또한 "내가 행해야 하는 당위에 관한 법률을 행해지는 사실로부터 끌어오거나 이것에 의해 한정하려는 것은 최고로 폄하해야 한다"는 말은 모든 당위의 법률을 오로지 두뇌에서 짜낸, 이른바 '이념(이데아)'으로부터만 기획해 내야 한다는 말로서, 일거에 인간의 인성人性·감정·경험에 반하는 '새로운 국가'와 '새로운 인간'을 기획·수립하고 '경험적 인간'의 파괴와 유린을 통해 '인간 개조'를 추진했던 프랑스·러시아·중국·북한의 철인혁명가와 독일·이탈리아의 '철인총통(초인)'을 떠오르게 한다.

3.2. 순수도덕론과 야경국가적 도덕세계

루소는 공맹처럼 동정심과 자애심의 적절한 직조로부터 모든 도덕률을 도출할 수 있다고 주장했다. 그러나 반대로 칸트의 순수도덕론은 인간의 본성과 감정을 도덕과 덕성의 '방해자'로 보는 근본적으로 그릇된 관점에서 이 감정들과 함께 이 감정들이 방해하는 경험적 조건에서 행해지

---

122) Kant, *Kritik der reinen Vernunft*, B374-375쪽.

는 덕성도 배제한다.

- 보편적 순수논리학과 이 응용논리학의 관계는, 단순히 자유의지의 필연적 윤리 법칙 일반을 포함하는 순수도덕론(Reine Moral)과, 인간들이 많든 적든 굴복하는 감정·성향·정열의 방해 아래서 이 윤리 법칙들을 헤아리는 본래적 덕성론(Tugendlehre)의 관계와 같다. 이 덕성론은 참된 그리고 논증된 과학(Wissenschaft)을 제공하지 않는다. 왜냐하면 이 덕성론도 저 응용논리학과 마찬가지로 경험적이고 심리학적인 원칙들을 필요로 하기 때문이다.[123]

그러나 순수도덕론과 본래적 덕성론의 관계를 보편적 순수논리학과 응용논리학의 관계로 비유한 것은 궤변을 내포하고 있다. 응용논리학은 '경험적이고 심리학적인 원칙들' 필요로 하더라도 여전히 보편적 순수논리학의 요소를 포함하지만, 경험적 덕성론은 공자·맹자·흄·스미스·루소·쇼펜하우어에 의하면 존재할 수 없는 소위 이성적 '순수도덕론'이 내용으로 삼는 '자유의지의 필연적 윤리 법칙'을 조금도 포함하지 않고, 본질적으로 도덕감정에 근본을 두고 약간의 지성적 인식과 타산을 보조적으로 담고 있기 때문이다.

그럼에도 칸트는 순수이성의 소극적 효용을 이성의 '자기비판'에서 구하고 순수이성의 적극적 효용을 자유의지의 구현과 관련된 '도덕적 실천'에서 구한다. 칸트는 인간의 한 능력에 불과한 '이성'을 의인화시켜 이성의 소극적 효용을 다음과 같이 묘사한다.

- 인간 이성이 그 순수한 사용에서 아무것도 이루지 못하고 심지어 탈선

---

123) Kant, *Kritik der reinen Vernunft*, B79쪽.

을 억제하고 그에게 다가오는 현혹을 방지하기 위해 기율을 필요로 한다는 것은 인간 이성에게 굴욕적인 일이지만, 이성이 자신에 대한 다른 검열을 허용함이 없이 스스로 이 기율을 발휘할 수 있고 발휘해야 한다는 것, 동시에 이성이 그 사변적 사용에 어쩔 수 없이 설정해야 했던 그 경계가 동시에 모든 적수의 궤변적 월권을 제한하고 이럼으로써 전에 과장되었던 이성의 요구 중 이성에게 남아 있을 수 있을 모든 요구를 일체의 공격에 대해 안전하게 지킬 수 있다는 것은 이성을 다시 우쭐하게 하고, 이성에게 자신감을 준다. 따라서 모든 순수이성 철학의 최대 효용과 아마 유일한 효용은 물론 오직 소극적일 뿐이다. 순수이성은 확장을 위한 기관機關(Organon)으로, 경계 설정을 위한 기율로써 쓰여, 진리를 발견하는 대신에 단지 오류를 방지할 뿐인 조용한 공훈만을 이루기 때문이다."[124]

칸트는 인식론에서 순수이성의 최대 역할을 이성이 자신에 대한 자기검열의 기율을 스스로 발휘하여 그 사변적 사용에 대해 경계를 설정하고 "전에 과장되었던 이성의 요구들"을 배제함으로써 이성 자신의 "탈선과 현혹"을 방지하는 소극적 역할로 한정했었다. 그러나 그는 진리를 발견하는 데 필요한 모든 인식론적 주요 과업을 '이성화된' 지성에 맡겼다. 따라서 이 지성의 '이성화'에 주목할 때 이성 자신이 자기검열의 기율을 세워 "탈선과 현혹"을 방지했다는 그의 말은 대체로 (자기)기만이다.

그럼에도 칸트는 순수이성의 "적극적 인식의 어떤 원천"이 "어디에든" 있어야 한다고 말하며 두리번거린다. "순수이성은 자신에 대한 커다란 관심을 자신에게 야기하는 대상들을 예감한다. 순수이성은 이 대상들에 가까이 가기 위해 단순한 사변의 길로 들어선다. 그러나 이 대상들은

---

124) Kant, *Kritik der reinen Vernunft*, B823쪽.

그 앞에서 달아난다. 그런데 아마 그에게 남아 있는 유일한 길에서는, 즉 실천적 사용의 길에서는 순수이성에 더 나은 행운이 기대될 수 있을 것이다. 내가 말하는 '전범(Kanon)'은 일정한 인식능력 일반의 올바른 사용의 선험적 원칙들의 총괄 개념이다.[125] 앞서 "초험적 분석학은 순수지성의 전범"이었다. "순수이성의 모든 종합적 인식은 그 사변적 사용에서 전적으로 불가능하다. 그러므로 순수이성의 사변적 사용의 전범은 전혀 없다". 무릇 순수이성의 "올바른 사용"이 있다면, 그리고 그런 경우에 역시 "순수이성의 전범"이 있어야 한다면, "이 순수이성의 전범은 사변적 이성사용이 아니라 실천적 이성사용과 관련된" 전범이라는 것이다.[126] 칸트는 이 말로써 순수이성을 도덕론에 사용하여 이 이성에 적극적 역할을 부여하여 이것을 순수한, 따라서 도덕감정과 경험의 모든 제약을 벗어던진 '실천이성(praktische Vernunft)'으로 만들겠다고 작정하고 있다.

그러나 스스로 자기검열·자기비판의 기율을 세워 '진리를 발견하는 대신에 단지 오류를 방지하는' 이성의 '소극적' 효용에서도 문제가 없지 않다. 이성에 대한 가장 적절한 비판은 아무래도 이성에 대한 감성과 경험의 비판일 것이다. '자기검열·자기비판'이란 원래 솜방망이나 고무도장일 수밖에 없다. 이런 까닭에 이성은 감성과 경험의 비판을 피해서 솜방망이 같은 '자기검열'을 해놓고서 곧바로 '우쭐거리고' 자신감을 과시하게 되는 것이다. 칸트의 이성은 '솜방망이' 자기비판으로 월권적 만행을 포함한 "과장된 요구들" 중 일부를 고스란히 "안전하게" 구해내고 다시 우쭐해졌다. 조심하라! 아주 위험하다. 인간 본성이 합리적으로 개조되고 타고난 감정이 초토화될 수 있도다! 아니나 다를까, 칸트의 '우쭐한' 이성은 곧 실천 분야에서 자신의 '적극적 효용'을 발견하자마자 – 지성이 자연

---

125) Kant, *Kritik der reinen Vernunft*, B823-824쪽.
126) Kant, *Kritik der reinen Vernunft*, B824쪽.

법칙을 자연에 대해 '규정'하듯이 – 인간에 대해 인간의 타고난 성정과 도덕감정을 제멋대로 재단하는 '도덕'의 합리적 전범을 '규정'하고 입법하는 월권적 요구를 관철시키려 든다. 따라서 실천이성의 이 '월권적 입법권'을 쳐부수기 위해서는 이성이 미칠 수도, 손댈 수도 없는, 아니 이성을 오히려 '노예'로 부리는 도덕의 진정한 원천인 본성적 도덕감정을 대립시키는 것이 필수적일 것이다.

그러나 칸트는 자유와 실천의 선험적 도덕법칙을 다루는 '입법적·규정적' 순수도덕론에서 경험적 요소를 격하하고 배제하고 순수이성이 산출하는 '단적으로 명령하는 순수한 실천적 법칙들'을 내세운다.

- 자유에 의해 가능한 모든 것은 실천적이다. 그러나 자유의사의 행사 조건이 경험적이면, 이성은 규제적 사용 외에 다른 사용이 있을 수 없고, 경험적 법칙들의 통일을 이룩하는 데만 쓰일 수 있을 뿐이다. 가령 현명의 이론(Lehre der Klugheit)에서처럼 우리의 성향으로부터 우리에게 주어진 모든 목적을 통일된 목적인 행복으로 통합하고 이것을 달성하는 수단들을 조율하는 것이 이성의 전 업무를 이룬다. 이 때문에 이성은 우리에게 감각들로부터 수용되는 목적을 달성하기 위한 자유행동의 실용적 법칙들 외에 어떤 법칙도 제공할 수 없고, 따라서 완전히 선험적으로 규정된 순수한 법칙들은 하나도 제공할 수 없다. 반면, 이성에 의해 완전히 선험적으로 주어지는 목적을 가진, 그리고 경험적으로 제약되는 것이 아니라 단적으로 명령하는 순수한 실천적 법칙들은 순수이성의 산물이다. 그러나 이와 같은 것은 도덕법칙들이고, 따라서 이 도덕법칙들만이 이성의 실천적 사용에 속하고, 하나의 전범을 허용한다.[127]

---

127) Kant, *Kritik der reinen Vernunft*, B828쪽.

순수한 실천이성의 초험적 도덕론은 일체의 경험적 감정을, 따라서 일체의 도덕감정도 배제한다.

- 일체의 실천적 개념들은 기분 좋음과 기분 나쁨의 대상들, 즉 쾌·불쾌의 대상들을 겨냥한다. 따라서 적어도 간접적으로라도 우리의 감정의 대상들을 겨냥한다. 그러나 이것은 사물들의 관념이 아니라 전체적 인식능력 바깥에 놓인 것이기 때문에, 쾌·불쾌와 관계하는 우리의 판단의 요소들, 따라서 실천적 판단의 요소들은 순수한 선험적 인식들과만 관계하는 초험철학(transzendentale Philosophie)의 총괄 개념 속에 들어 있지 않다.[128]

칸트는 인간 본성에 본유하는 선험적 도덕감정까지도 이처럼 다 배격하고 이성이 '완전 선험적' 목적의 "순수한 도덕법칙들"을 입법하고 이에 입각하여 행동을 '명령하는' 것 자체가 신이 품부한 인간 본성을 부정하는, 결국 신을 부정하고 선악과를 따먹는 '부지이작不知而作·사이불학思而不學'의 '위험'을 자초한다는 사실을 모르고 있다.

그럼에도 불구하고 칸트는 신을 제치고 "단적으로 명령하는 순수한 도덕법칙"을 입법하는 배신背神행위와 모순되게도 신의 현존과 영혼 불멸을 실천이성의 선험적 요청이라며 끌어들인 것이다.

- 순수철학이라고 부를 수 있는 작업 속에서 이성의 전 장비는 사실상 상술된 세 문제(의지 자유·영혼 불멸·신의 현존)만을 겨냥한다. 그러나 이 문제들 자체는 다시 더 멀리 떨어진 의도를 가진다. 즉, 의지가 자유롭고 신과 미래 세계가 존재한다면, 해야 하는 당위를 의도로 가진다.

---

128) Kant, *Kritik der reinen Vernunft*, B828쪽, 각주.

이것이 최고목적과의 관계 속에서 우리의 행동과 관련된 것이기 때문에, 현명하게 우리를 배려하는 자연의 궁극의도는 우리 이성을 설정할 시에 본래 도덕적인 것만을 겨냥한다. 그러나 초험철학에 낯선 대상(감정들 - 인용자)에 눈길을 던지다가 에피소드 속으로 일탈하지 않도록, 다른 한편으로는 자신의 새로운 소재를 너무 적게 말함으로써 분명성이나 확신이 결여되지 않게 만들기 위해 조심할 필요가 있다.[129]

칸트는 모든 실천을 자유의 윤리적 실천으로만 보는 미숙하고 미분화된 실천 관념으로써 도덕의 진정한 원천인 도덕감정들을 제거해 버리고 있다. 실천(행위)은 공리적 행위, 유희적 행위, 예술적 행위, 도덕적 행위, 교제적交際的 행위 등으로 다양한데도 칸트는 이 가운데 도덕적 행위만을 '실천'으로 일반화하고 있다. 그리고서 칸트의 순수도덕론은 도덕의 근거인 감정(본성적 도덕감정)과 경험을 '낯선 대상'으로 배제한다. 그렇기 때문에 더 이상 들어주기 힘든 견폐성犬吠聲 같은 이 엽기적 순수도덕론은 인류에게 엄청난 재앙을 초래할 위험을 안고 있다. 베이컨은 '주학이종사主學而從思(경험을 주로 삼고 사유를 종으로 삼음)' 방식의 경험과 이성의 '참된' 결합을 요구하면서 다음과 같이 말한다.

- 마침내 우리는 현재와 미래 세대들을 위해 더 믿음직스럽고 확실한 방향을 제공할 수 있다. 이것에서 우리가 어떤 성공을 이루었다면, 우리를 위해 길을 연 방법은 확실히 정신의 참되고 적절한 굴욕이었다. 왜냐하면 기술의 발견에 헌신한 우리 앞의 모든 선조는 단순히 사물들과 사례 및 경험에 짧은 시선을 주었고, 그다음 마치 발견이 어떤 새로운 아이디어를 주문으로 불러내는 것 이상의 것이 아닌 양, 자신의 정신

---

129) Kant, *Kritik der reinen Vernunft*, B828-829쪽.

에 신탁을 줄 것을 자신의 정신에 청했기 때문이다. 그러나 우리는 충실하게 그리고 변함없이 사물과 함께 머무르고, (시선의 경우에서처럼) 사물들의 상像과 광선에 초점을 맞추는 데 필요한 정도보다 많이 우리의 정신을 사물들로부터 이격시키지 않는다. 그러므로 시성의 능력과 탁월성에는 할 일이 조금 남는다. 그리고 우리가 발견에서 겸손을 활용하는 것처럼 우리는 가르치는 것에서도 이 겸손을 활용한다. (…) 이러한 방법으로 우리는 경험 능력과 이성 능력의 참된 합법적 결혼을 영원히 이루었다고 믿는다. 이것들의 슬프고 불행한 이혼과 분리는 인류 안에서 온갖 재난을 다 야기해왔다.[130]

인식론에서처럼 도덕론에서도 "경험 능력과 이성 능력의 참된 합법적 결혼"은 견지되어야 한다. 경험과 이성을 결합시키는 '참된 합법적' 방법은 경험을 '주'로 하고 생각을 '종'으로 삼아 결합시키는 '주학이종사主學而從思'의 방법뿐이다. 도덕론에서 경험과 이성의 "슬프고 불행한 이혼과 분리"는 인류에 대해 인식론에서의 이혼과 분리보다 훨씬 더한 "온갖 재난을 다 야기할" 것이다. 칸트의 도덕론에서 실천이성이 경험으로부터 분리·독립한 것은 주지하다시피 18세기 말의 자코뱅 공포정치 이래 엄청난 이성 독재의 온갖 재앙을 초래했다.

칸트는 순수도덕론에서 감정들을 '낯선 대상'으로 배제하는 만큼 또한 감정에 대해 무지하기도 하다. 그런데 이 순수도덕론에서만 칸트가 공감과 도덕감정에 무지한 것이 아니다. 쾌·불쾌의 감정을 본격적으로 논하는 『인간학』에서도, 기분 좋음을 공동으로 느낀다는 소위 '취향(Geschmack)'을 다시 이성과 결부시켜 왜곡시켜버리고 만다. "취향은 (형식적 의미로서) 타인들에게 자신의 쾌·불쾌감을 전달하는 것을 겨냥하

---

130) Bacon, *The New Organon*, "Preface to *The Great Renewal*", 10-11쪽.

고, 이 전달 자체에 의해 촉발되어 이에 대한 기분 좋음(complacentia)을 타인들과 공동으로 느끼는 수용성을 내포한다"는 것이다. 그러나 칸트는 이 비교적 무해한 정의를 바로 이성에 오염시킨다. "그런데 기분 좋음은 단순히 느끼는 주체에 대해서만이 아니라, 모든 타인에게도 관련된 것으로, 즉 보편타당한 것으로 간주될 수 있다. 왜냐하면 이 기분 좋음은 그 자체로서 생각될 수 있기 위한, 즉 느끼는 자의 보편적 입법으로부터, 따라서 이성부터 생겨남이 틀림없는 보편 법칙에 입각한 주체의 쾌감과 모든 타인의 감정의 일치에 대한 기분 좋은 느낌으로서 생각될 수 있기 위한 (이 기분 좋은 느낌의) 필연성을, 따라서 이 느낌의 원리를 선험적으로 내포하고 있기 때문이다. 즉, 이 기분 좋음에 입각한 선택은 형식상 의무의 원리 아래 들어있다. 그러므로 취향은 도덕성의 외적 촉진을 위한 경향을 갖는다." 그래서 "취향을 외적 현상 속의 도덕성이라고 부를 수 있다"는 것이다.[131] 공감 개념을 결한 칸트의 감정론 안에서 '공감'의 개념에 가장 근사한 '취향'의 개념조차도 이처럼 이성에 의해 오염되어 있기 때문에, 칸트는 '취향'을 단순한 도덕성의 '외적 촉진제' 또는 '외적 현상'으로 피상화시켜 버리고 있다.

칸트는 '감정적 의지'를 '동물적인 것'으로 배제한 이성적 자유의지와 자유 법칙만을 도덕과 도덕법칙의 유일한 원천으로 설정한다.

- 감성적 충동에 의한 것 외에 달리 규정될 수 없는, 즉 감정적으로 규정될 수 있는 의지는 단순히 동물적이다(동물적 자의『arbitrium brutum』). 그러나 감성적 충동과 독립적으로, 따라서 이성에 의해서만 제시되는 운동인에 의해 규정될 수 있는 의지는 자유의지(자유로운 자의『arbitrium liberm』)라고 하고, 근거든 결과든 이것과 연관된 모

---

131) Kant, *Anthropologie in pragmatischer Hinsicht*, BA192쪽.

든 것은 실천적이라고 불린다. 실천적 자유는 경험에 의해 증명될 수 있다. 왜냐하면 단순히 자극하는 것, 즉 감각들을 직접 촉발하는 것이 인간 의지를 규정하는 것이 아니라, 우리는, 그 자체로서 더 멀리 떨어진 식으로 유익한 또는 해로운 것에 대한 관념들에 의해 우리의 감성적 욕구 능력에 대한 인상을 극복하는 능력도 가지고 있다. 그러나 우리의 전체 상태와 관련하여 욕구할 만한 가치가 있는 것, 즉 양호하고 유익한 것에 대한 이러한 숙고들은 이성에 기초한다. 그리하여 이 이성은 명령, 즉 객관적 자유 법칙이고, 결코 일어나지 않을지도 모르지만 일어나야 하는 당위(was geschehen soll)를 말하고 이 점에서 일어나는 사실(was geschieht)만을 다루는 자연법칙과 구별되는 법칙도 입법한다. 이런 까닭에 이 법칙은 실천적 법칙이라고도 불린다.[132]

이것은 칸트의 합리주의적 도덕론의 전형적인 오류와 어리석음을 집약적으로 쏟아놓은 글이다.

첫째, 칸트는 합리주의자들의 전형적 오류, 즉 기껏 미래를 대비하는 능력에 불과한 것을 '이성'으로 착각하는 오류를 범하고 있다. "더 멀리 떨어진 식으로 유익한 또는 해로운 것에 대한 관념들"에 의해 "감각들을 직접 촉발하는" 단순한 자극을 제치거나 "우리의 감성적 욕구 능력에 대한 인상을 극복하는" 능력, 또는 "우리의 전체 상태와 관련하여 욕구할 만한 가치가 있는 것, 즉 양호하고 유익한 것에 대한 이러한 숙고들"은 "이성에 기초한다"는 것이다. 한 마디로 현재의 비축고를 계산하고 미래의 필요를 예상하고 추리하여 '의지'를 규정하는 '능력'은 '이성'이다. 칸트에 의하면, 현재의 욕망과 감정을 넘어 미래에 대비하는 것은 동물적 의지를 초월하는 특별한 이성적 자유의지다. 그러나 미래의 이익과 해악

---

132) Kant, *Kritik der reinen Vernunft*, B830쪽.

에 대한 대비는 제대로 된 이성을 가졌다고 볼 수 없는 다람쥐나 여우도 잘하는 일이다. 다람쥐와 여우는 현재의 포만감이나 배고픔의 감정적 욕구 상태에 따라 눈앞의 먹이를 지금 먹을 것과 미래에 먹을 것으로 나눠 비축한다. 칸트는 이와 같이 인간 파시즘적 합리주의에 푹 빠져 동물들도 잘하는 동물적 능력을 인간 이성에만 고유한 능력으로 오인하고 있는 것이다. 하지만 미래의 필요를 예상하고 계산하여 '의지'를 규정하는, 즉 인지와 결정이 결합된 일련의 연결 과정을 분석해 보면, 현재 상태를 알고 미래의 필요를 짐작하여 계산하는 것은 감성·지성·이성의 능력이지만, 의지를 결정하는 것은 오로지 감정이다. 이성은 욕구를 포함한 감정의 영혼에 대해 상황정보와 사실 지식을 제공하는 여러 보조적 인지능력들(육감의 무자각적無自覺的 지각, 감성의 감지·경험인식·습관, 이성의 체계적 학식·이론·상상·추측·예상 등) 중의 하나일 뿐이다.

환원하면, 지금 살고 싶은 욕구와 미래에도 살아남고 싶은 욕구 중 어느 것을 먼저 충족시켜야 하는지를 결정하는 것은 이성의 사안이 아니라 감정의 사안이다. 먹을 것이 눈앞에 있는데 현재의 배고픔이 치명적으로 절박하고 먹이가 부족하다면 미래를 생각할 여지도 없이 지금 다 먹어 치워야 하는 것이고, 그렇지 않으면 먹이를 나누어 미래의 몫도 남겨둘 여유가 있는 것이다. 이것은 객관적 상황에 처한 인간의 현재적 욕구와 감정의 상태가 결정하는 것이지, 이성이 결정하는 것이 아니다. 이성은 무릇 '결정'이라는 것을 할 권능이 없다. 이성은 다만 감정적 '결정'에 필요한 결정 전후의 상황과 대상들에 대한 체계적 지식정보를 제공하고 먹을 것과 남길 것의 양에 대한 좀 더 정확한 예상과 계산에 도움을 줄 뿐이다.

둘째, 칸트는 그릇되게도 "감성적 충동" 또는 "감정에 의해 규정되는 의지"를 '동물적 의지(arbitrium brutum)'로 격하한 반면, "이성에 의해 규정되는 의지"를 인간의 '자유의지(arbitrium liberm)'로 정의하고, 이어서 '실천'을 '자유 또는 자유의지'의 '이유와 결과'에 따른 행동으로 규정하고 있다. 하지만 진정한 '자유' 또는 '자유의지'는 "이성에 의해 규정되는 의지"가 아니라 자기가 하고 싶은 것을 할 자유다. 자기가 하고 싶은 것을 할 이 자유는 자신의 김징에 따라 무제한적이고 다만 타인의 사유가 시작되는 선에서 멈출 뿐이다. 자기가 하고 싶은 것을 할 자유는 환언하면 자기가 사단칠정四端七情(동정심·정의감·공경심·시비심 등의 도덕감정과 희·로·애·구·애·오·욕喜怒哀懼愛惡欲)의 감정에서 하고 싶은 것을 할 수 있는 자유다. 따라서 자유 또는 자유의지의 진정한 근거이자 내용은 바로 이 사단칠정인 것이다. 그리고 '실천'은 이성이나 자유의지에 의해 가능한 것이 아니라, 다름 아닌 이 사단칠정의 동기에 의해 가능한 것이다. 상술했듯이 의지를 결정하는 것이 이성이 아니라 감정적 욕구인 한에서, 인간의 '의지'라는 것은 이성의 표현이 아니라 '감정적 욕구에 따른 결심(마음먹음)'일 뿐이다. 그런데 칸트는 여기저기서 이성에게 욕구, 우쭐한 감정, 자부심, 예감 등을 부여하는 식으로 이성을 부당하게 '감정화·감성화'하지만, 인간의 의지와 실천은 감정과 무관한 것으로 만드는 '개똥 철학적 만행'을 부리고 있다. 그러나 이성은 철학적 개념 정의의 오랜 전통에 따라 우쭐함·자부심·욕구와 같은 감정이나 예감의 감성과 본질적으로 다른 인간 본성의 사고능력이고, "이성에 의해 제시되는 운동인에 의해 규정될 수 있는" 그런 '자유의지'란 인간 사회에 존재하지 않는 것이다. 거듭 말하지만, 이성은 인식하고 계산하고 정리·체계화(序述)하고 추리·예상할 능력일 뿐이고, 우쭐해하거나 자부하거나 욕구하거나 예감하거나 이런 감정들을 결정하거나 '의지'를 규정하는 능력이 아니기 때문이다.

셋째, 칸트는 그릇되게도 '이성'을 인간들에게 '결코 일어나지 않을지도 모르지만 일어나야 하는 당위'의 '실천법칙'을 입법하고 집행을 '명령'하는 입법적 명령권자로 등극시키고 있다. 그러나 거듭 말하지만, 이성은 의지를 규정할 능력이 있는 것이 아니라, 역으로 감정과 의지의 결정(마음먹기)을 따르는 '노예'일 뿐이다. 이성은 입법하고 명령할 능력이 없고, 기껏해야 정리·서술·추정·추리하고 계산하고 정오正誤를 따질 뿐이다. 칸트가 이성에 귀속시키는 저 명령과 입법 의지는 실은 플라톤·아리스토텔레스·아우구스티누스·데카르트·라이프니츠·루소 등이 줄줄이 꿈꾸어왔듯이 입법하고 명령하고 싶은 합리주의 철학자들의 음험한 권력의지를 슬그머니 '실천법칙'이랍시고 '이성'의 계좌에 이체한 것일 뿐이다.

그러나 진정한 의미에서의 도덕적 '당위'는 '이성'이 인간의 타고난 감정에 적대적으로 입법한 '실천법칙'이나 이성의 '명령', 즉 "결코 일어나지 않을지도 모를 당위"가 아니다. 공맹과 흄의 도덕론은 '결코 일어나지 않을지도 모를' 당위를 명령하는 것이 아니라, 거의 모든 인간 사회에서 타고난 인간적 감정에 따라 매일 일어나고 있는 것을 공감장共感場(mitfühlende Öffentlichkeit)에서 늘 확인하여 '확충'하고 이것을 선명하게 명문화하며 공적 '당위'로 일반화할 뿐이다.

한편, 칸트에 의하면 이성은 세 가지 사변적·실천적 관념이 있다. "나의 이성의 관심(사변적이면서 실천적인 관심)은 다음의 세 물음으로 통합된다. 1. 나는 무엇을 알 수 있는가? 2. 나는 무엇을 해야 하는가? 3. 나는 무엇을 희망해도 되는가?"[133] 그런데 이 희망은 '무엇을 해야 하는가?'와 긴밀히 연관된 행복의 희망이다.

- 모든 희망은 행복을 지향한다. 따라서 실천적인 것과 도덕률의 관점에서의 희망의 의미는 바로 이론적 사물 인식의 관점에서의 지식과 자연법칙의 의미와 같은 것이다. 전자의 '희망'은 무엇인가 일어나야 하기 때문에 (궁극의 가능한 목적을 규정하는) 어떤 것이 있다는 추리로 최종

---

133) Kant, *Kritik der reinen Vernunft*, B833쪽.

귀결된다. 후자의 자연법칙은 어떤 것이 일어나기 때문에 (최상의 원인으로 작용하는) 어떤 것이 있다는 추리로 귀결된다. 행복은 우리의 모든 성향의 만족(성향들의 다양성 면에서 광범한 만족이면서 정도 면에서 십약적인 만족이고 또한 지속성 측면에서 지구적인 만족)이다. 행복의 작동 이유에서 본 실천법칙을 나는 실용적 법칙(현명의 규칙)이라고 부른다. 그러나 행복할 자격 외에 다른 것을 작용 이유로 갖지 않는 것인 한에서의 실천법칙은 도덕법칙(윤리 법칙)이라고 부른다. 전자의 실용적 법칙은 행복을 소유하려면 무엇을 해야 하는가를 조언하고, 후자의 도덕법칙은 오로지 행복에 대한 자격을 갖게 되기 위해 우리가 어떻게 행동해야 하는지를 명령한다. 전자는 경험적 원리들에 기초한다. 왜냐하면 경험을 매개로 하는 것 외에 달리 나는 충족하고 싶은 성향들이 어떤 것이 있는지를 알지도 못하고 그 충족을 일으킬 수 있는 자연적 원인들이 어느 것인지도 알지 못한다. 후자는 성향들과, 이것들을 충족시키는 자연적 수단들을 도외시하고, 이성적 존재자 일반의 자유와 이 자유가 원칙에 입각한 행복의 배분과 유일하게 합치되는 필연적 조건들만을 고찰하고, 그러므로 적어도 순수이성의 단순한 이념들에 기초하고 선험적으로 인식될 수 있다.[134]

순수도덕론은 이와 같이 인간적 성향을 충족시키는 수단을 도외시하고 도덕과 행복이 합치되는 자유의 조건만을 고려하는 한에서 야경국가적이고, 또한 '사후약방문'의 도덕론이다. 도덕적인 사람이 평생 충족 수단의 결여(가난) 때문에 불행하게 살다가 죽는 사례는 적지 않은바, 이 경우에 대해서는 실질적 대책이 없기 때문이다. 칸트는 행복을 자유의 결과로 봄으로써 고대철학적 전통에 따라 양민·복지정책을 국가의 과업으로

---

134) Kant, *Kritik der reinen Vernunft*, B833-834쪽.

보지 않고, 한편으로 자유로운 이성적 존재자들의 자구노력에, 다른 한편으로 가상적 영혼 불멸성에 의해 가능한 신의 사후死後 교정에 맡겨진다.
 순수이성의 단순한 이념들에 기초하는 도덕법칙이 선험적으로 인식될 수 있다는 것은 이런 도덕법칙이 있다는 것을 전제한다.

- 나는 실제로 행동과 행태를, 즉 이성적 존재자 일반의 자유의 사용을 완전히 선험적으로 규정하는 순수한 도덕법칙이 있다는 것, 그리고 이 법칙들은 (다른 경험적 목적들의 전제 아래에서 단순히 가언적으로가 아니라) 단적으로 명령하고 그러므로 모든 관점에서 필연적이라는 것을 받아들인다. (…) 그러므로 순수이성은, 사변적 사용에서는 아니지만 일정한 실천적 사용, 즉 도덕적 사용에서는 경험의 가능성의 원칙들, 즉 윤리적 규정에 따라 인간의 역사 안에서 등장할 수 있는 그러한 행동들의 원칙들을 포함한다. 왜냐하면 순수이성이 이러한 행동들이 일어나야 한다고 명령하므로 이러한 행동들이 일어날 수 있어야 하고, 그러므로, 체계적인 자연적 통일성이 이성의 사변적 원칙들에 따라 증명될 수 없었을지라도, 체계적 통일성의 특별한 양식, 도덕적 양식의 체계적 통일성이 가능해야 하기 때문이다.[135]

 이것은 도덕의 진정한 원천(감정)을 완전히 배제한 '완전 지성주의적인' 도덕론이다. 따라서 현실에 근거하지 않는 실천이성의 이 선험적 순수도덕론은 필연성에 묶인 자연 세계와 감성계를 단적으로 초월하고 유린하는 이성 독재적 도덕 세계를 상정하고 도덕법칙과 행복 간의 괴리를 막기 위해 플라톤처럼 자연을 이성화하고, 신의 현존을 이성적으로 요청한다.

---

135) Kant, *Kritik der reinen Vernunft*, B835쪽.

- 나는 일체의 윤리 법칙에 합당한(이성적 존재자의 자유에 따라 그럴 수 있고 윤리의 필연적 법칙에 따라 그래야 하는) 세계를 도덕 세계라 부른다. 이 도덕 세계는 이런 한에서 단순히 예지계叡智界(intelligibele Welt)로 사유된다. 왜냐하면 이 세계 안에서는 일체의 조건들(목적들)과 심지어 이 조건들 안에서 도덕의 온갖 장애물(인간적 본성의 나약성이나 불순성)까지도 도외시되기 때문이다. 그러므로 이런 한에서 도덕 세계는 감성계(Sinnenwelt)를 가능한 이 이념에 맞게 만들기 위해 감성계에 영향을 미칠 수 있고 또 미쳐야 하는, 단순하지만 그래도 실천적인 이념이다. 그리하여 도덕 세계의 이념은 객관적 실재성을 갖는다.[136]

여기서 칸트의 '감성계'는 가시적可視的이지만 불가지적不可知的인 플라톤의 '가시계可視界'에 해당하고, 칸트의 '예지계'는 불가시적이지만 이성적으로 가지可知的한 플라톤의 '이데아의 세계'에 해당한다. 그리하여 볼 수 없는 '예지계'로서의 도덕 세계는 인간의 본성적 감정과 감성계를 지배하는 억압적 의무의 세계다. 왜냐하면 '도덕 세계는 감성계를 가능한 이 이념에 맞게 만들기 위해 감성계에 영향을 미칠 수 있고 또 미쳐야 하는, 단순하지만 그래도 실천적인 이념'이기 때문이다. 감성계를 통제하는 도덕적 독재체제는 감성계의 요구를 최대·최적으로 실현시키는 도덕이 아니라, 최대로 억압하고 조작하는 체제다.

그럼에도, 아니 그렇기 때문에 이 도덕은 행복과 자꾸 벌어지는 경향이 생겨난다.

- 윤리성과, 이와 함께 행복할 단순한 자격도 그 자체만으로 결코 완전

---

136) Kant, *Kritik der reinen Vernunft*, B836쪽.

선일 수 없다. 마찬가지로 우리의 이성에게 행복은 그 자체만으로 결코 완전한 선이 아니다. 우리의 이성은 행복이 행복할 자격, 즉 윤리적 선행과 통합되어 있지 않은 경우에 (성향이 아무리 이 행복을 원할지라도) 이 행복을 인정하지 않는다. 그러나 이 '완전선'을 완성하기 위해서는 행복의 가치가 없지 않는 사람이 행복을 소유할 희망을 가질 수 있어야 한다. 그러므로 이성적 존재자들의 윤리성과 정확하게 비례하는 행복만이, 우리가 순수하지만 실천적인 이성(die reine aber praktische Vernunft)의 규정에 따라 우리 자신을 전적으로 옮겨놓아야 하는 세계의 최고선을 이룬다. 물론 이 세계는 오직 예지계일 뿐이다. 왜냐하면 감성계는 사물들의 자연 본성으로부터 목적들의 그와 같은 체계적 통일성을 우리에게 약속하지 않기 때문이다. 저 예지계의 실재성도 최고의 근원적 선과 다른 것에 근거하지 않는다. 최상원인의 충분성을 갖춘 자립적 이성(신 - 인용자)은 감성계 안에서 우리에게 아주 감춰져 있어도 보편적인 '사물의 질서(Ordnung der Dinge)'를 가장 완전한 합목적성에 따라 창설하고 유지하고 완수하기 때문이다.[137]

실천이성의 차원에서 '행복은 그 자체만으로 결코 완전선이 아니다'. 거꾸로 "윤리성 그 자체"도 "하나의 체계를 이루지만, 행복이 도덕성에 정확하게 적합하게 분배되어 있지 않는 한 행복을 이루지 못한다". 이런 일은 "한 지혜로운 창조주와 통치자의 치하에 있는 가지계 안에서만 오직 가능할 뿐이다". 이성은 "이러한 창조주와 통치자를, 우리가 내세로 간주하지 않을 수 없는 이러한 세계 안에서의 삶과 더불어 어쩔 수 없이 가정하지 않을 수 없음을 알게 된다. 그렇지 않으면 도덕법칙을 머리에서 짜낸 공허한 가작으로 간주해야 할 것이다." 왜냐하면 "동일한 이성이 그

---

137) Kant, *Kritik der reinen Vernunft*, B841-842쪽.

도덕법칙들과 결합시키는 필연적 결과는 저 전제가 없으면 사라져 버리지 않을 수 없을 것이기" 때문이다.[138]

"순수하지만 실천적인 이성", 즉 순수한 실천이성은 이와 같이 불가피하게 도덕적 신과 행복 간의 괴리·불일치 경향을 해소할 최고신을 하나의 이성적 '가정'으로 요청하고 도덕법칙을 영혼 불멸(내세의 존재)의 전제 위에서 신의 '약속과 협박'을 수반하는 '계명'으로 둔갑시키고, 도덕 세계를 아우구스티누스와 라이프니츠의 '신국神國'으로 둔갑시킨다. 도덕법칙을 '머리에서 짜낸 공허한 작화'로 전락시키지 않기 위해 그 위에 또 하나의 '공허한 작화'를 머리에서 짜내는 꼴이다.

- 이런(도덕적) 구속력의 결과가 행복에 어떻게 관계할지는 세계의 사물들의 본성으로부터도, 행동들의 인과성으로부터도, 그리고 윤리에 대한 행동의 관계로부터 규정되어 있지 않다. 행복에 대한 희망과 스스로 행복할 자격을 갖추려는 부단한 노력의 관계는 – 자연을 단순히 기저에 놓는다면 – 이성에 의해서도 인식될 수 있는 것도 아니다. 이것은 오로지 도덕법칙에 따라 명령하는 최고이성이 동시에 자연의 원인으로서 기저에 놓여 있는 경우에만 희망해도 될 뿐이다. (…) 그래서 누구라도 도덕법칙을 계명으로 보지만, 이 법칙이 선험적으로 적절한 결과들을 그 규칙들과 결합시켜 약속과 협박을 수반하지 않는다면, 계명일 수 없을 것이다. 그러나 또한 도덕법칙은 이 합목적적 통일성을 유일하게 가능하게 해줄 수 있는 최고선으로서의 필연적 존재자 안에 놓여 있지 않다면 이것을 할 수 없을 것이다. 라이프니츠는 이성적 존재자들과 도덕법칙과 최고선의 통치에 입각한 이들의 연관에만 주목하는 세계를 은총의 나라라고 불러 자연의 나라와 구별했다. 이 자연의

---

138) Kant, *Kritik der reinen Vernunft*, B839쪽.

나라는 도덕법칙 하에 있기는 하지만, 감성계의 본성의 경과에 입각한 행동과 다른 행동 결과를 기대하지 못하기 때문이다. 따라서 우리가 행복할 자격이 없기 때문에 행복의 제 몫을 스스로 제한하지 않는 한, 만인이 행복을 자기에게 기대하는 은총의 나라 안에 사는 것은 이성의 실천적으로 필연적인 이념이다.[139]

칸트는 행복과 도덕이 자꾸 괴리되기 때문에 신과 영혼 불멸을 요청했다. 그런데 도덕이 행복과 자꾸 괴리되는 것은 그의 행복 개념이 소크라테스의 그것처럼 통속적이고 공리주의적이기 때문이다. 도덕 행위는 그 자체로서 즐거움을 보상받는다. 반드시 상대방과의 공감 속에서 수행되는 도덕적 행위는 본성적 도덕감정에 따른 것으로 타인을 즐겁게 하는 데서 자기의 즐거움을 얻는 것이다. 행복 또는 행복감은 즐거움이고, 즐거움만이 행복을 느끼게 하는 감정이다. 즐거움(행복감)은 복수의 인간이 즐거운 감정을 공감적으로 느끼며 주고받고 이것을 여럿이 기억·간직하므로 오래간다. 반면, 기쁨은 어떤 욕망이든 욕망의 충족에서 나온다. 이것은 타인과의 공감 없이 혼자서 가능하다. 따라서 기쁨은 욕망의 충족과 더불어 종식되므로 덧없다. 이와 같은 즐거움과 기쁨은 본질적으로 다른 것이다. 칸트는 소크라테스·플라톤처럼 즐거움과 기쁨을 구분하지 못하고 욕망 충족의 기쁨을 행복으로 잘못 알고 있다. 이것은 통속적·공리주의적(쾌락주의적) 행복 개념이다. 도덕과 도덕 행위는 그 자체가 즐거움의 보상을 주므로 행복과 괴리될 수가 없다. 그러나 늘 즐거움(행복)을 내포하는 도덕행위는 기쁨(쾌락)을 지향하는 별도의 통속적·공리주의적(쾌락주의적) 행복을 요구하지 않고, 따라서 도덕과 무관한 이 통속적·공리주의적 행복을 보장해 줄 신의 존재도, 영혼 불멸도 요청할 필요가 없다.

---

139) Kant, *Kritik der reinen Vernunft*, B838-40.

그런데 대형사고나 대과실로 신체가 다치거나 건강을 잃는 불행을 당한다면 도덕 행위 자체를 할 수가 없다. 이럴 경우에는 어찌해야 하나? 공자는 '지천知天(하늘을 앎)' 또는 '지천명知天命(천명을 앎)'의 신지神智와 관련하여 '덕행구복德行求福'을 우선으로 하되, 복서卜筮(하늘의 신지에 자기의 미래를 물어 아는 주역점)로, 덕행과 행복을 완전히 그르치게 만들 대흉과 대과를 미리 알아 피하는 '복서피흉卜筮避凶'을 결합시켜 행복론을 완성한다. 소크라테스도 유사하게 덕행과 델피신전의 신탁을 결합시켜 행복론을 완성한다. 그러나『주역』도, 델피신전의 신탁도 없는 칸트는 최고이성으로서 신을 요청하고 기독신의 상을 받을 희망의 '약속'과 벌을 받을 공포의 '협박'이라는 신앙 장치로 아우구스티누스의 '신국'을 계승한 라이프니츠의 신국론을 복고적으로 수용하고 있다. 따라서 칸트의 도덕철학은 그가 늘 '독단적 합리론'의 '죽은 개'로 취급하는 크리스티안 볼프(Christian Wolff)의 윤리학보다 더 보수적·복고적인 것이다. 볼프는『중국인의 실천철학에 관한 연설』(1721·1726)에서 이렇게 갈파한다.

- 중국인들은 주인에 대한 공포와, 주인으로부터 상을 받을 희망 없이 덕성에 헌신하기 위해 선악의 판명한 인식에 도달해야 하기 때문에 제일 먼저 이성을 바르게 형성하기를 서둘렀다.[140]

동시에 볼프는 이 이성의 한계를 지적한다. 순수지성만이 아니라 실천이성도 '다문다견'의 박학한 '경험'과 '실험'의 지원이 적어도 이성의 '완성'을 위해서라도 필요한 것이라고 강조하면서, 이 원칙을 바로 공자의 경험론적 도덕철학의 설명에도 적용하고 있다.

---

140) Christian Wolff, *Oratorio de Sinarum philosophia practica - Rede über die praktischen Philosophie der Chinesen* [1721·1726] (Hamburg: Felix Meiner Verlag, 1985), 45쪽.

- 행위로부터 무엇이 생겨나는지를 알아내고 이것이 그 행위들로부터 생겨나는 이유를 찾으려는 경우에, 그리고 '늘 일어나는 것'과 '오직 일정 조건에서만 일어나는 것'을 분간하려는 경우에, 이성은 경험에 의해 지원받는다. 그리하여 우리는 자기의 경우와 남의 경우를 근거로 통찰을 얻는다. 이성은 인간 안에서 언제나 순수한 것이 아니라 대체로 경험과 결합되어 있다. (…) 이성의 완성을 위해 나는 이성 자체만으로 충분치 않은 곳에서 이성 대신에 경험이 상황을 책임져야 하는 경우도 고려한다. 이것은, 자기 자신에게 먼저 여러 번 실험을 행하고 남들의 경우를 주목함으로써 자신의 이성을 완성했던 공자에게도 정확히 들어맞는다.[141]

볼프는 합리주의적으로 오만하지만, 칸트보다는 덜 오만하고 덜 독단적이다. 그는 실천이성의 '전일적全—的 순수성'을 위험한 것으로 부정하기 때문이다. 완전히 순수한, 즉 경험과 경험적 실험을 완전히 배제한 그런 실천이성은 무슨 짓을 저지를지 모르는 만큼 아주 위태롭다. '과학적 사회주의'의 '계획경제'도 지상의 '천국'으로 기획하고 '과학적 인종주의'의 '제3제국'도 지상의 '신국'으로 기획했던 저 '순수한', 말하자면 '순전히 자의적인' 실천이성의 위험을 이제 인류는 공산독재와 나치즘에서 자행된 인간에 대한 대탄압과 대학살의 홀로코스트를 통해서 잘 알고 있다. 이런 위험 때문에 볼프는 공자의 경험적 실험방법을 순수한 실천이성의 선험적 연역에 대한 전제적 필수 조건으로 삼았던 것이다. 볼프는 덧붙인다.

- 중국인들은 말하자면 배타적으로 다른 사람에게 말로 전달할 수 없는

---

141) Wolff, *Oratio de Sinarum philosophia practica*, Anmerkung 73.

명백한(klar) 개념들을 자유로이 활용했다. 그러므로 동일한 개념들을 자유로이 활용하는 사람만이 그 개념들의 의미를 인식할 수 있다. 공자는 자신의 제자들이 이 개념들을 습득習得하도록 '실행'을 '신사愼思'와 결합시키도록 했다. 이것은 말하자면, 단지 명백한 개념들에만 도달할 수 있을 뿐이고 판명한(deutlich) 개념에는 도달할 수 없는 길이다. 그러나 나처럼 판명한 개념을 위해 힘쓰는 사람은, 공자가 자기 제자들과 후험적으로(a posteriori) 통찰한 많은 것을 일반적 개념들과 정신의 성질로부터 선험적으로(a priori) 도출한다. 그럼에도 불구하고 개념들을 확증하기 위해서만이 아니라, 이 개념들을 확장하기 위해서도, 그리고 기본 개념들을 찾기 위해서도 공자의 실험적 방법이 이 선험적 도출과 결합되지 않으면 아니 된다.[142]

이와 같이 볼프는 칸트와 달리 비非교조적 합리론자다. 공자철학을 잘 알지 못했고 흄의 도덕철학도 전혀 읽지 않은 것으로 보이는 칸트의 '순수한' 실천이성의 선험적 도덕철학은 라이프니츠와 볼프의 철학을 흉내 내고 있으나 기실 볼프의 '덜 순수한' 실천이성의 도덕철학보다 훨씬 더 독단적이다. 이 점에서 칸트는 서구의 도덕철학을 라이프니츠 이전으로, 즉 70년 이상 뒤로 후퇴시켰다는 비난을 면키 어려울 것이다. 공자를 존경하는 볼프가 전개한 '덜 순수한' 실천이성의 도덕철학은 실천이성의 완성에 기여하는 경험을 필수적 '결합물'로 인정하고 있기 때문이다.

또한 볼프는 신의 존재를 도덕 행위의 완수에 반드시 필요한 것으로 보지 않는다. 그는 '신국'은커녕 아무런 '신'도 존재하지 않는 '무신無神' 상황에서도 도덕적 행위가 가능하고, 무신론자도 도덕적일 수 있다고 말한다. 볼프는 『인간 행위의 이성적 사상』(1720)에서 "어떤 신도 존재하지 않

---

142) Wolff, *Oratio de Sinarum philosophia practica*, Anmerkung136.

는 것이 가능하다면, 그래도 인간들의 자유로운 행위들은 선하거나 악한 것으로 남아 있을 것인" 바, 그 이유는 "신이 없더라도 자연의 법칙들이 작용할 것이기" 때문이라고 한다. "이성이 자연법칙의 교사"인 것이다. 그러므로 종교가 아니라 인간과 사물들의 이성의 '자연 본성'이 "그 자체로서 선한 행위를 하고 그 자체로서 선하지 않은 행위를 그만두도록 인간들에게 의무를 지운다"는 것이다. 따라서 볼프에 의하면, 무신론자들도 올바른 실천적 통찰과 이에 부합되는 행위를 달성할 수 있다.[143]

칸트의 '은총의 나라'라는 기독교적 '신국'은 기독교 신학에 비추어보면 그야말로 자가당착적인 '불량국가'다. 인간이 도덕적 자가 입법을 금한 기독신의 뜻을 거역하고 자신의 실천이성으로 입법한 도덕법칙들의 세계를 최고이성으로서의 신이 다스리는 '신국'으로 포장하는 것은 불량하고 자가당착적이기 때문이다. 실천이성이 도덕을 자유의지의 실천으로 인식하고 자유의지로 도덕법칙을 입법하는 칸트의 '신국'은 19·20세기에 신적 철인입법자·철인총통·철인혁명가들이 본성적 인간 감정 및 민심과 무관하게 이성과 이성적 해방의 법칙에 따라 의지적으로 입법하는 자코뱅파적·공산당적·나치즘적 신국으로 나타난다.

도덕 세계를 기독교적 '신국'으로 포장하는 것이 자가당착적이고 불량한 까닭은 『성경』에 기독교적 신이 선악을 아는 인식의 과일을 '금단의 열매'로 만들어 놓음으로써 자신에게만 선악의 도덕적 지식을 유보하고 인간에게 금했기 때문이다. 따라서 베이컨에 의하면 도덕법칙을 실천이성의 자유의지로 입법하고 명령하는 인간의 도덕 지식은 "인간 정신을

---

143) Christian Wolff, *Vernünftige Gedanken von der Menschen Thun und Lassen* [1720]), §5, §20, §23, §12, §21f (인용순). Wolff, *Gesammelte Werke* I, Bd. 4 (Hildesheim·Zürich, 1962). Michael Albrecht, "Einleitung", XXXV쪽에서 재인용. Christian Wolff, *Oratio de Sinarum philosophia practica - Rede über die praktischen Philosophie der Chinesen*, übersetzt, eingeleitet und herausgegeben von Michael Albrecht (Hamburg: Felix Meiner Verlag, 1985).

부풀게 하고 우쭐거리게 하는 뱀에 의해 주입된 독"을 머금은 지식이다.

- 아담이 사물들에 대해 적절한 이름을 할당하는 데 쓰인 순수하고 완전무결한 지연 지식은 다락의 기회나 이유를 제공하지 않았다. 유혹의 방법과 양식은 기실 인간이 신에게 등을 돌리고 자기 자신에게 법을 제정할 목적으로 선을 악과 구별하는 데 쓰인 도덕 지식에 대한 야심차고 지나친 욕망이었다.[144]

『성경』에 의하면, "뱀이 여자에게 물었다. '하느님이 너희더러 이 동산에 있는 나무 열매는 하나도 따먹지 말라고 했다는데 그것이 정말이냐?' 여자가 뱀에게 답했다. '(…) 죽지 않으려거든 이 동산 한가운데 있는 나무 열매만은 따 먹지도 말고 만지지도 말라고 하셨다.' 그러나 뱀이 여자를 꾀었다. '절대로 죽지 않는다. 그 나무 열매를 따 먹기만 하면 너의 눈이 밝아져서 신처럼 선과 악을 알게 될 줄 신이 아시고 그렇게 말한 것이다.'"(창세기 3:1-5) 이에 설득되어 이브와 아담은 선악과를 따 먹었다. 이에 신은 "이제 이 사람이 우리들처럼 선악을 알게 되었으니 그가 그의 손을 내밀어 생명나무 열매까지 따 먹고 영생할까" 우려하여 그들을 "에덴 동산에서 내쫓았다."(창세기 3:22-23)

그러나 칸트는 기독교 신학의 신과 신국을 차용하면서도 실천이성이 행복의 이념 아래 선과 악을 '인식'하고 이성적 자유의지가 마치 신인 것처럼 '자가 입법'한 독신적瀆神的 도덕법칙을 신국에 위탁하는 도덕적 불경과 뻔뻔한 짓을 저지르고 있는 것이다. 이처럼 독신적이고 불경스런, 그럼에도 이 독신과 불경으로 생긴 근본문제(도덕과 행복의 분리)를 해소하기 위해 자가당착적으로 신에 의탁하는 도덕의 합리주의적 정초 기도

---

144) Bacon, *The New Organon*, "Preface to The Great Renewal", 12쪽.

는 칸트에게서 정점에 달한다. 이런 도덕론적 자가당착성을 미리 예리하게 비판하고 있는 점에서 베이컨은 오늘날에야 비로소 일부 철학자들이 지적하기 시작한 '도덕의 합리주의적 정당화'의 근본적 문제점을[145] 이미 알고 경계한 셈이다.

3.3. 도덕감정을 배격하는 공리주의적 정언명령들

칸트는 『실천이성 비판』에서 합리론적 도덕법칙 일반을 입법하는 두 개의 "정언명령(kategorische Imperative)"을 제시한다. 제1정언명령은 행위 준칙의 일반화 문제와 관련된 것이고, 제2정언명령은 인간의 행위 관계를 목적-수단 관계로 단순화한 가운데서 인간을 대우하는 문제다.

■ 제1정언명령에 대한 비판

칸트 윤리학에서 칸트의 제1정언명령은 도덕감정을 배제하고 제1도덕법칙을 입법하는 실천이성의 명령이다. 이 제1정언명령은 다음과 같다.

- 너는 동시에 모든 이성적 존재자들에게 보편법칙이 되기를 바랄 수 있는(wollen-können) 그런 준칙에 따라서만 행위하라.[146]

---

145) 참조: Alasdair MacIntyre, *After Virtue. A Study in Moral Theory* (Notre Dame·Indiana: University of Notre Dame Press, 1981·1984); John Gray, Enlightenment's Wake (London·New York: Routledge, 1995·2007).
146) 칸트는 『도덕형이상학의 정초』에서 "네가 동시에 보편법칙이 '되기'를 바랄 수 있는 그런 준칙에 따라서만 행위하라(handle nur nach derjenigen Maxime, durch die [von der] du zugleich wollen kannst, daß sie ein allgemeines Gesetz werde)"는 정식을 말한다. Immanuel Kant, *Grundlegung zur Metaphysik der Sitten* [1785·1786], BA52쪽. *Kant Werke*, Band 6, Erster Teil (Darmstadt: Wissenschaftliche Buchgesellschaft, 1983). 또 『실천이성 비판』에서는 "항시 너의 의지의 준칙이 동시에 보편적 입법의 원칙으로 '타당할 수 있도록' 행위하라 (Handle so, daß die Maxime deines Willens jederzeit zugleich als Prinzip einer

칸트는 행위 준칙의 보편성에 도덕 법칙성을 부여하는 이 제1정언명령을 "선험적인 종합적 실천 명제(synthetischer-praktischer Satz a priori)"라 부르고,[147] 이 명제를 "너의 준칙의 의무가 마치 너의 의지를 통해 보편적 자연법칙이 되어야 하는 것처럼 그렇게 행동하라"는 명제로 탈바꿈시켜 놓기도 한다.[148] 그리고 이것에 대한 의식을 "이성의 사실(Faktum der Vernunft)"이라고 한다.[149]

그런데 이 제1정언명령을 정밀하게 분석해 보면 십계명의 엄숙한 외피를 썼을지라도 이 명령은 공리주의적 명제에 지나지 않는다는 사실이 여실히 드러난다. 쇼펜하우어는 칸트 도덕철학이 엄숙한 사제복 아래 감추고 있는 이 공리주의적 민낯을 제일 먼저 그리고 가장 명민하게 폭로했다. 그는 제1정언명령을 '이성적 이기주의' 원리에 불과하다고 비판했다. "칸트에 의해 제시된 기본 규칙은 명백히 도덕 원칙 자체가 아니라, 겨우 이 도덕 원칙을 찾는 발견론적 규칙, 즉 이 도덕 원칙이 어디서 찾아져야 하는지에 대한 지침이라는 것에 머문다. 따라서 그것은 흡사 아직 현금이 아니라, 확실한 은행환과 비슷한 것이다. 누가 이 은행환을 현금화할 자인가? 즉시 진실을 토설한다면, 그자는 (…) 여기서 예상치 못한 회계담당자인 이기주의 외에 다른 어떤 자도 아니다."[150] 단번에 쇼펜하우어는

---

allgemeinen Gesetzgebung gelten könne)"고 말한다. Immanuel Kant, *Kritik der praktischen Vernunft* [1788], A54쪽. *Kant Werke*, Band 6. Erster Teil (Darmstadt: Wissenschaftliche Buchgesellschaft, 1983). 그러나 쇼펜하우어는 "네가 동시에 보편법칙으로 '모든 이성적 존재자들에게 타당하기'를 바랄 수 있는 그런 준칙에 따라서만 행위하라(Handle nur nach der Maxime, von der du zugleich wollen kannst, daß sie allgemeines Gesetz für alle vernünftigen Wesen gelte)"를 칸트의 제1명령으로 제시한다. 그러나 이런 명령은 칸트에게 없다. 쇼펜하우어는 칸트의 의도를 더욱 선명화하기 위해 표현을 이렇게 바꾼 것으로 보인다.

147) Kant, *Grundlegung zur Metaphysik der Sitten*, BA50쪽.
148) Kant, *Grundlegung zur Metaphysik der Sitten*, BA52쪽.
149) Kant, *Kritik der praktischen Vernunft*, A56쪽.
150) Arthur Schopenhauer, *Preisschrift über die Grundlage der Moral* [1840·1860], § 7, 683쪽. *Arthur Schopenhauer Sämtliche Werke*, Band III (Frankfurt am Main:

저 정언명령을 이기주의 원칙으로 폭로하고 있다. "이렇게 해서야", 즉 이기주의가 등장해 저 명령을 알아들을 수 있는 보통사람의 말로 옮겨 놓고 나서야 "모두가 그 준칙에 따라 행동하기를 내가 '바랄 수 있는' 준칙 자체가 비로소 현실적 도덕 원칙"이 될 것이다.

이어서 쇼펜하우어는 "바랄 수 있음'을 이렇게 예리하게 분석한다.

- 내가 '바랄 수 있음(wollen-können)'은 주어진 지침이 맴도는 추축이다. 그러나 내가 본래 무엇을 바랄 '수 있고', 무엇을 바랄 수 없는가? 분명히 나는 이 질문의 관점에서 내가 무엇을 바랄 수 있는가를 확정하기 위해 다시 하나의 규제 원칙을 필요로 한다. 이 규제 원칙에서 나는 맨 먼저 봉인된 명령과 동일하게 주어진 지침의 문을 여는 열쇠를 얻을 것이다. 열쇠가 되는 이 규제 원칙을 어디서 찾아야 하는가? 나의 이기주의, 즉 일체의 도덕원리에 대해 적어도 선점권을 갖는 모든 의지 행위의 이 가장 가깝고 항상 준비된, 근원적이고 살아있는 규범 외에 다른 어디에서도 그것을 찾기에 불가능하다. 칸트의 지상至上 규칙 속에 들어 있는, 본래적 도덕 원칙의 발견을 위한 지침은 말하자면 나의 처지가 가장 유리해질 그것만을 바랄 수 있다는 암묵적 전제에 근거한다. 내가 보편적으로 복종해야 할 준칙을 확고히 할 때 필연적으로 나 자신을 항상 능동적인 쪽으로뿐만 아니라, 경우에 따라 그리고 때때로 '수동적인' 쪽으로도 간주해야 하기 때문에, 이 수동적인 나 자신의 관점에서 나의 이기심은 정의와 인간애를 편드는 결정을 내리는 것이다. 나의 이기심은 이 정의와 인간애를 발휘하고 싶기 때문이 아니라, 자기가 이 정의와 인간애를 맛보고 싶기 때문이다.[151]

Suhrkamp, 1986).
151) Schopenhauer, *Preisschrift über die Grundlage der Moral*, §7, 683-684쪽.

쇼펜하우어는 저 정언명령의 '모든 이성적 존재자에게' 보편 법칙이 되기를 '바랄 수 있다'는 구절이 상호주의를 담고 있다는 것을 정확히 집어내고 있다. 내가 거짓말을 행동 준칙으로 삼는 경우에는 나의 이 준칙이 모든 타인이 내게 거짓말을 해도 되는 보편 법칙이 되는 것을 바랄 수 없다. 만약 이것을 바랄 수 있고 이것이 실현된다면 모든 타인은 내가 그들에게 하듯이 나에게 거짓말을 할 것이다. 그러면 아니 되는가? 칸트는 아니 된다고 본다.

- 왜냐하면 누구나 거짓말하는 이 일반 법칙에 따르면, 나의 미래적 행위의 관점에서 이 사칭하는 말을 믿지 않는 다른 사람들에게 내 의지를 사칭하는 것이 헛일이 되므로, 또는 이들이 성급한 나머지 이를 믿더라도 내게 동일한 동전으로 지불할 것이고, 따라서 내 준칙이 일반 법칙으로 만들어지자마자 자기 파괴될 수밖에 없으므로, 본래 어떤 약속도 전혀 존재하지 않을 것이기 때문이다.[152]

거짓말 준칙이 보편화되어 도덕법칙이 되면 거짓말하려는 자가 거짓말로써 원래 노린 목적(이기적 이익을 위한 속이기)을 이룰 수 없기 때문에 거짓말 준칙을 수립한 자가 최초에 품은 이기적 이익과 상치된다는 것이다. 그런데 이 논증은 거짓말 준칙의 최초 수립자가 이기적 이익을 일방적으로 획득하려는 이기주의적 의도가 있음을 전제하는 것이다. 칸트는 이 거짓말쟁이의 이기적 이익을 꼼꼼히 따져주는 충실한 회계원 노릇을 하고 있다.[153]

---

152) Kant, *Grundlegung zur Metaphysik der Sitten*, BA19쪽.
153) 한편, 그러나 우리의 통념상 모든 거짓말이 부도덕한 것도 아니고 모든 참말이 도덕적인 것도 아니다. 플라톤 말대로 건국 신화는 다 거짓말이고, 솔로몬 앞에서 자식을 살리기 위해 진짜 엄마는 문제의 자식이 자기의 자식이 아니라고 하얀 거짓말을 하고, 수많은 영웅과 포로들은 친구와 아군을 보호하기 위해 전술상 거짓말을 하고, 정치가

한편, 만약 최초의 거짓말 준칙 수립자가 이익을 얻으려는 이기적 의도가 아니라 만우절의 재미만을 노렸다면 저 준칙을 일반화하는 것도 '아니 될' 것이 없을 것이다. 내가 거짓말이 아니라 모종의 '인간애'를 행동 준칙으로 삼는 경우에도 내가 먼저 베푼 것이 내게 돌아오도록 하기 위해 나의 이 준칙이 모든 타인이 내게 인간애를 베푸는 보편 법칙이 되는 것을 바란다면, 보편화되기를 바라는 이 '인간애'는 앞서 분석했듯이 궁극적으로 상호적 이기주의에 지나지 않는다. 그리하여 내가 이 인간애를 편드는 결정을 내린다면, 이것은 내가 타인에게 인간애를 베풀고 싶기 때문이 아니라, 순전히 타인이 내게 베푸는 인간애를 받고 싶은 이기심 때문이라는 말이다. 이것은 어떤 수전노도 세울 수 있는 보편화 가능한 준칙이다.

이것이 쇼펜하우어가 말하려고 하는 핵심 논지다. 이런 까닭에 그는 이런 풍자로 칸트의 뒤통수를 후려갈기고 있다. 내가 이기심에서 정의와 인간애의 보편화를 바라는 것은 내가 타인에게 정의와 인간애를 베풀고 싶기 때문이 아니라, "자선활동에 대한 설교를 다 들은 뒤에 '이 얼마나 대단한 말씀인가, 이 얼마나 멋진 말씀인가! 나도 거의 구걸하러 다니고 싶네'라고 외치는 저 수전노의 의미에서 정의와 인간애를 맛보고 싶기 때문이다".[154]

저 정언명령의 유의미성을 칸트의 『영구평화론』이 지향하는 도덕률로 검토해 보자. '침략전쟁 금지'와 '방어 전쟁 허용'은 『영구평화론』이 지향하는 정치적 도덕률이다. 먼저 '침략전쟁 금지'의 행위 준칙이 보편 법칙이 될 수 있는가? 이 준칙은 모든 이해관계자가 수용할 수 있도록 보편화

들은 국가 비밀을 지키기 위해 가끔 거짓말을 한다. 이 거짓말들은 다 도덕적으로 선하다. 반면, 적에게 고한 포로의 참말과 항일독립군을 밀고한 참말은 죄악 중의 죄악이다. 따라서 제1정언명령을 통해 확증하려던 '거짓말 절대 금지'라는 도덕법칙도 도덕적으로 그릇된 것이다. 이에 대해서는 나중에 상론한다.

154) Schopenhauer, *Preisschrift über die Grundlage der Moral*, §7, 684쪽.

될 수 있는가? 결코 보편화될 수 없을 것이다. 정복적 침략전쟁을 획책하는 강대국들은 이 준칙에 모두 반대할 것이고 침략과 정복을 당한 또는 당할 약소국들만 이 준칙을 환호할 것이다. 1928년 영구평화를 위해 체결된 부전조약(전쟁포기에 관한 조약)으로 규정된 새로운 국제법규가 칸트가 세운 실천이성적 제1정언명령의 검증을 통과하지 못하고 이처럼 무참하게 보편화에 실패한다. 부전조약에 전제된 '방어 전쟁 허용'의 국제법규도 "도덕 원칙을 찾는 발견론적 규칙"인 제1정언명령의 검증시험을 통과할 수 없다. 침략하고 있는 또 곧 침략할 나라들은 이 법규에 반대할 것이기 때문이다. 보편적 국제법규들이 이처럼 제1정언명령의 검증시험을 통과하지 못하는 것은 이 정언명령이 이기적 이익의 보편화와 관련된 명령이기 때문이다. 침략전쟁 포기와 방어 전쟁 허용의 국제법규는 보편화 가능한 이기적 이익을 초월한 '인간애'라는 '보편적 인애'에서 제정된 것이다.

따라서 개인적 이익을 초월한 도덕감정(동정심)에 근거를 둔 인간애(인仁)의 행위 준칙도 이기적 이익의 보편화와 관련된 제1정언명령의 검증시험을 통과할 수 없다. 인간애는 여러 이기심으로 분해되거나 조립될 수 없기 때문이다. 인仁의 행위 준칙은 도덕법칙이 될 수 없다. 이기적인 자들은 인仁을 받는 수동적 관점에서 이 준칙에 찬성하고 인을 베푸는 능동적 관점에서 반대할 것이기 때문에, 그리고 아무리 인애로운 자도 이런 이기주의자들에게 인을 베푸는 것은 거부할 것이기 때문에 보편화될 수 없다. 칸트의 제1정언명령은 이기적 이익을 역지사지 방식으로 보편화하는 원리에 불과한 것이다. 인간애의 견지에서 이 제1정언명령은 부도덕한 것이다. 역으로 이 정언명령 자체는 인간애를 기준으로 한 도덕성의 검증시험을 통과할 수 없다. 칸트의 제1정언명령은 도덕성의 검증 장치가 될 자격이 없는 것이다.

쇼펜하우어에 의하면, "칸트의 지상 원칙이 들어 있는 지침의 문을 여는 이 필수 불가결한 열쇠"를 칸트 자신이 "덧붙여 놓고" 있는데, 그는 독자의 반감을 피하려고 이 정언명령으로부터 "적당히 떨어진 지점"과 "본문에 보다 깊이 들어간 지점"에서 덧붙여 놓고 있다. 그는 이 두 지점에서 "고상한 선험적 장치에도 불구하고 본래 이기심이 판사석에 앉아서 결정을 내리는 것이 눈에 튀지 않게 하고, 이 이기심이 상황에 따라 수동적인 쪽의 시각에서 결정한 뒤에 이런 결정을 능동적인 쪽에다 관철시킨다"고 말한다. 그리하여 아직 정언명령을 내놓기 전의 '적당히 떨어진 지점', 즉 거짓말의 헛됨을 논하는 『도덕형이상학의 정초』의 19쪽에서 칸트는 "사람들이 나를 더 이상 믿지 않기 때문에, 또는 동일한 동전으로 내게 지불할 것이기 때문에 거짓말하는 보편 법칙을 바랄 수 없다"고 말함으로써 저 정언명령을 해독하는 열쇠인 '이기심'을 "동전 지불"로 시사하고 있다는 것이다. 칸트가 스스로 '본문에 보다 깊이 들어간 지점'에서는 이렇게 말한다.

- 누구나 곤경에 처해 있다고 생각한 뒤에 지키지 않으려는 의도로 그에게 떠오르는 것을 약속할 수 있다는 법칙의 보편성은 약속과, 우리가 이 약속으로 얻을 수 있을 목적을 스스로 불가능하게 만든다. 아무도 자신에게 뭔가 약속이 주어졌다고 믿는 것이 아니라, 이런 모든 표명을 허황된 둘러댐으로 비웃을 것이기 때문이다.[155]

또 칸트는 타인들의 고통을 모르는 체하며 자기의 삶을 살아가는 이기적 몰인정(Lieblosigkeit)의 준칙과 관련하여 이렇게 말한다.

---

155) Kant, *Grundlegung zur Metaphysik der Sitten*, BA55쪽.

- 이 준칙에 따라 보편적 자연법칙이 물론 잘 존속하는 것이 가능할지라도 이러한 원칙이 자연법칙으로 도처에서 통용되기를 의욕하는 것은 불가능하다. 그 까닭은 이것을 결심하는 의지는 자가당착에 부딪힐 것이기 때문이나. 그가 타인들의 사랑과 동정을 필요로 하고, 그가 그 자신의 의지로부터 생겨난 이러한 자연법칙으로 인해 그가 스스로 소원하는 원조의 모든 희망을 빼앗겨버리는 경우들이 많이 발생할 수 있을 것이기 때문이다.[156]

칸트는 여기서 보편적 도덕법칙을 "자연법칙"과 동일시하고 있다. 도덕법칙과 자연법칙의 이러한 동일시는 그가 (운동·정지·지속·속력·방향 등 사물의 '속성들'의 관계인) 인과적 자연법칙과 (도덕감정적 '의미'에 근거한) 도덕규범을 구분하지 못한다는 것을, 간단히 원인과 이유를 구분하지 못한다는 것을 폭로해 준다. 아무튼 칸트는 이렇게 줄곧 "그가 스스로 소원하는 원조의 모든 희망"을 갖게 만드는 엄정하고 철저한 '상호주의적 이기심'의 공리주의 원칙을 견지한다.

칸트는 『실천이성 비판』에서도 한 치도 흐트러짐 없이 상호주의 공리를 엄숙하게 선언한다.

- 순수한 실천이성의 법칙에 의해 지배받는 판단력의 규칙은 '네가 계획한 행위를, 이 행위가 너 자신도 일부로 귀속되어 있는 자연법칙에 따라 일어나야 한다면, 네가 네 의지에 의해 가능한 것으로 간주할 수 있는지'를 너 자신에게 자문해 보라는 규칙이다. 만인은 실은 이 규칙에 따라 어떤 행위가 도덕적으로 선한지, 악한지를 판단한다. 그래서 사람들은 다음과 같이 말한다. '각자가 누구나 자신의 이익을 창출한다

---

156) Kant, *Grundlegung zur Metaphysik der Sitten*, BA56-57쪽.

고 믿는 경우에 기만할 허가를 받거나 생의 완전한 역겨움이 그를 엄습하자마자 자신의 생을 단축할 권한이 있다고 여기거나, 타인의 곤경을 전적인 무관심으로 바라본다면, 그리고 네가 이러한 사물의 질서에 함께 속해 있다면, 너는 네 의지의 동의로 이 안에서 잘 살 것인가?' 각자가 누구나 아는 것은 그가 자신에게 몰래 기만을 허용해도 바로 이 때문에 만인이 다 기만을 하지 않는다는 것, 또는 그가 눈치채지 못하게 무자비하더라도 만인이 즉각 그에게 무자비하지 않으리라는 것이다.[157]

칸트는 자기가 기만해도 모두가 다 자기를 기만하지 않을 것이라는 기대는 "누구나" 이 사실을 "알기" 때문에 난망한 것이라고 생각한다. 하지만 쇼펜하우어는 "너는 네 의지의 동의로 이 안에서 잘 살 것인가?'라는 칸트의 물음에 대해 "우리 자신과 배치되는 것을 우리는 얼마나 경솔하게 인정하는가!"라는 호라티우스의 말로 답한다. 우리 자신과 배치되는 것에 경솔하게 동의해 '나는 내 의지의 동의로 이 안에서 잘 살 것이다'라는 말이다. 그는 칸트가 말한 이 구절들이 "칸트의 도덕원리 속의 저 '바랄 수 있음(wollen-können)'이 어떤 의미에서 이해되어야 하는지를 충분히 설명해 준다"고 말한다.[158] 이 "바랄 수 있음"은 내 행동의 결과 타인들로부터 그 대가를 언젠가 바랄 수 있음을 뜻한다는 말이다.

따라서 쇼펜하우어는 칸트가 주장하는 정언명령이 실은 '정언' 명령이 아니라 엄숙한 계율의 사제복으로 변복變服한 '가언' 명령, 즉 강아지도 수행할 수 있는 '조건반사적' 명령이라고 폭로한다.

---

157) Kant, *Kritik der praktischen Vernunft*, A122-123쪽.
158) Schopenhauer, *Preisschrift über die Grundlage der Moral*, §7, 685쪽.

- 그것은 (거부할) '자격이 있다'고 한다, '자격이 있다'고! 따라서 여기에서도, 도덕적 의무 부과가 전적으로 전제된 '상호성'에 기초하고, 따라서 단적으로 이기주의적이고, 이기심으로부터 그 해명을 얻고, 이런 이기심이 '상호성'의 조건 아래서 슬기롭게 타협에 동의한다는 사실이 언제나 가능한 대로 분명하게 천명되고 있는 것이다. 국가단체의 창건을 위해 이것은 쓸모가 있을 것이지만, 도덕원리의 정초를 위해서는 쓸모없을 것이다.[159]

따라서 『도덕형이상학의 정초』에서 "네가 동시에 법칙으로서 원할 수 있는 보편성을 갖춘 그런 준칙에 따라 항상 행동하라는 원리는 의지가 결코 자기 자신과 배치될 수 없는 유일한 조건이다"라고 말한다면, '배치'라는 단어의 참된 해명은 한 의지가 불의와 몰인정의 준칙을 인준했다면, 그리고 나중에 이 의지가 상황에 따라 '고통을 당하는' 쪽이 된다면, 이 의지는 이 준칙을 철회할 것이고 이를 통해 '자기모순'에 빠지게 될 것이다.

- 이 설명으로부터 완전히 명백해지는 것은, 저 기본 규칙이 그가 부단하게 주장하는 것과 달리 '정언' 명령이 아니라, 실은 '가언' 명령이라는 것이다. 이 명령의 기저에는, 나의 행동을 위해 제시된 법칙이 내가 이것을 '보편' 법칙으로 높임으로써 내가 '고통을 당하는' 법칙도 되고, 또 이 조건에서 사정에 따라 '수동적인' 쪽이 된 나는 불의와 몰인정을 물론 '원할 수 없다'는 '조건'이 암묵적으로 놓여 있기 때문이다.[160]

---

159) Schopenhauer, *Preisschrift über die Grundlage der Moral*, §7, 685쪽.
160) Schopenhauer, *Preisschrift über die Grundlage der Moral*, §7, 686쪽.

행위 준칙의 보편화에 관한 정언명령은 '정언' 명령이 아니라, 실은 "불의와 몰인정을 원하지 않는다면"이라는 암묵적 조건, 즉 "타인으로부터 정의와 인애의 대우를 받기를 원한다면"이라는 암묵적 조건이 달린 '가언' 명령이다.

그러나 내가 이 조건을 폐기한다면, 어떻게 되는가? 즉, 내가 나에 대한 자신감에서 타인으로부터 정의와 인애의 대우를 받기를 바라지 않는다면, 그리하여 정의와 인애의 대우를 받는 수동적인 쪽에 놓이는 것을 아예 고려치 않는다면, 어떻게 되는가? 이에 대해 쇼펜하우어는 이렇게 말한다.

- 내가 이 '조건'을 폐기하고 가령 나의 우월한 정신력과 체력을 믿고 엄선된 보편타당한 준칙에 있어 자신을 항상 '능동적인' 쪽으로만 생각하고, 결코 '수동적인' 쪽으로는 생각하지 않는다면, 칸트의 도덕 토대 외에 다른 어떤 도덕 토대도 존재하지 않는다는 전제 아래서 나는 아주 당연하게 불의와 몰인정을 보편 준칙으로 원하고, 따라서 "힘 있는 자들이 빼앗아 가고 능력 있는 자들이 지키는 간단한 계획에 따라 (…)" 세계를 다스릴 수 있다.[161]

칸트의 정언명령은 "숨겨진 '가언적' 성격"의 명령이다. "이 가언적 성격에 의해 이 지상 원칙은 심지어 '이기심' 또는 상호적 '공동 이익'에 근거하고, 이 이기심은 이 지상 원칙으로 주어진 지침의 비밀스러운 해석자다."[162] 칸트는 이기심의 이 숨겨진 가언판단을 바탕으로 '상호적 이기주의' 또는 상호적 '공동 이익의 준칙'을 보편 법칙의 정언명령으로 만드는

---

161) Schopenhauer, *Preisschrift über die Grundlage der Moral*, §7, 685-686쪽.
162) Schopenhauer, *Preisschrift über die Grundlage der Moral*, §7, 687쪽.

불가능한 시도를 하고 있는 것이다.

쇼펜하우어는 이 상호적 공동 이익을 향해 '개명된' 이기심을 멀리 내다보는 "영리한 이기심" 또는 "이성적 이기심(vernünftiger Egoismus)"이라 부른다.[163] 그런데 그에 의하면 이따위 이성적 이기심의 원칙은 흔히 알려진 하찮은 '쌍방 통행적·호혜적' 이기심의 소덕 원리에 지나지 않는 것으로서 결코 정언적 도덕원리가 될 수 없다. "왜냐하면 분명히 이것은 내가 (당연히 나의 있을지 모를 '수동적' 역할, 따라서 나의 이기심을 감안해) 오로지 모두가 행동하기만을 원할 수 있는 규칙이기 때문이다."[164]

따라서 제1정언명령은 철저히 '개명된 이기적 이익 관심'에서 수립된 가언적 공리주의 율법에 불과한 것이다. 그러나 칸트는 이것을 깨닫지 못하고 이렇게 말한다.

- 앞의 표상 방식에 입각한 명령들, 즉 보편적으로 자연 질서와 유사한 법칙성의 명령들 또는 이성적 존재자들 자체의 보편적 목적 우선의 명령들은 바로 정언적인 것으로 표상됨으로써, 그 명령하는 외양에서 동기로서의 그 어떤 이익 또는 이익 관심(Interesse)의 일체의 혼합을 배제하기는 하지만, 의무의 개념을 선언하려고 할 경우에 그와 같은 정언적 외양을 가정하지 않을 수 없기 때문에만 정언적인 것으로 가정될 뿐이다. (…) 즉, 의무로부터 의욕할 시에 일체의 이익과 결별하는 것은, 정언명령을 가언명령과 구별해주는 특유한 표식으로서, 정언명령이 내포하는 그 어떤 규정을 통해 같이 암시될 것이고, 이것은 현재 원리의 제3 정식으로, 즉 보편적 입법 의지로서의 모든 이성적 존재자 의지의 이념으로 일어난다.[165]

---

163) Schopenhauer, *Kritik der Kantischen Philosophie*, 704쪽.
164) Schopenhauer, *Preisschrift über die Grundlage der Moral*, §7, 687쪽.
165) Kant, *Grundlegung zur Metaphysik der Sitten*, BA71쪽.

칸트는 이러한 '철저한', 아니 차라리 '엄숙한' 자기기만 속에서 이렇게 확신하고 있다. 따라서 자기의 모든 준칙을 통해 보편적으로 입법하는 의지의 원리로서의 어떤 인간적 의지의 원리든, 한편 이것이 자기에 대해서만 정당성이 있다고 가정해 본다면, 보편적 입법을 위해 "어떤 이익에도 근거하지 않고" 따라서 일체의 가능한 명령하에서 "오로지 무조건적일" 수 있는 점에서 "정언명령에 잘 어울리게 될" 것이다. 또는 칸트는 이 명제를 뒤집어 "더 좋게 말해서" 정언명령, 즉 "이성적 존재자의 어떤 의지에 대해서든 적용되는 법칙"이라는 것이 존재한다면, 정언명령은 "동시에 자기 자신을 보편적으로 입법하는 자로서 대상화할 수 있을 그런 의지의 준칙으로서의 자기 의지의 준칙으로부터 모든 것을 하라고만 명령할" 수 있다. 왜냐하면 "의지가 어떤 이익도 근저에 가질 수 없으므로 복종하는 명령과 실천적 원리만이 무조건적이기" 때문이다.[166]

이런 근거에서 칸트는 "도덕성의 원리를 찾기 위해 여태 기도된 종전의 모든 노력들"이 "모조리 실패할 수밖에 없었던" 이유를, "사람들이 인간을 자신의 의무에 의해 법칙에 구속된 존재로 보았지만, 인간이 그 자신의 입법이되, 그럼에도 보편적인 입법인 그런 입법에만 순종한다는 사실, 그리고 인간이 그 자신의 의지이지만 자연목적에 따라 보편적으로 입법하는 의지인 그런 의지에 입각해서 행동하는 것에만 기속감羈束感을 느낀다는 사실을 떠올릴 수 없었다"는 것으로 제시한다. 이들이 이럴 수밖에 없었던 것은 "한 인간이 (그것이 무슨 법칙이든) 법칙에 순종하는 것으로만 생각했다면, 이 법칙은 그 어떤 이익을 인센티브나 강제로서 자기 안에 안고 다닐 수밖에 없었기 때문"이다. "그 까닭은 이 법칙은 그의 의지로부터 법칙으로서 생겨난 것이 아니라, 그의 이 의지가 법칙적으로 다른 어떤 것에 의해 일정한 방식으로 행동하도록 강요된 것이다. 그러나

---

166) Kant, *Grundlegung zur Metaphysik der Sitten*, BA72-73쪽.

완전히 필연적인 이 추론을 통해 의무의 지상至上 근거를 발견하려는 모든 노고는 돌이킬 수 없이 허비되고 말았다. 왜냐하면 모종의 이익으로부터는 결코 의무가 아니라, 행동의 필연성을 받았기 때문이다. 이 모종의 이익은 자기 이익일 수도 있고, 남의 이익일 수도 있었다. 그러나 명령은 그렇다면 결과적으로 항시 조건부로 나타날 수밖에 없었고, 전혀 도덕적 계명으로 유용할 수 없었다."[167] 칸트의 이 말은 그의 제1정언명령에 그대로 적중할 것이다.

쇼펜하우어는 칸트의 '이성적 이기심'의 원칙이 도덕원리로 격상되려면 사랑의 의무에 기초해야 한다고 말한다. 우리가 "타인이 네게 하기를 네가 원치 않는 것을 타인에게 베풀지 말라'는 규칙을 '않는(non)'과 '말라(ne)' 없이 되풀이함으로써("타인이 네게 하기를 네가 원하는 것을 타인에게 베풀어라'는 규칙을 말함으로써) '사랑의 의무' 없이 '법의 의무'만을 담고 있는 결함으로부터 해방시킨다면, 이 칸트의 지상 원칙은 만인에게 알려진 이 규칙의 둔갑·치장·윤색된 표현"에 지나지 않는다. 즉, 이성적 이기주의는 "타인이 네게 하기를 네가 원하는 것을 타인에게 해주어라"라는 규칙의 변질된 표현일 것이고, 이 규칙은 "그 자체가 다시 내가 모든 도덕체계에 의해 만장일치로 요구되는 행동 방식의 가장 간단하고 가장 순수한 표현으로 제시한 명제 '아무도 침해하지 말라, 오히려 할 수 있는 한, 모든 이들을 도와주어라!'의 환언換言, 또는 원한다면 이 표현의 전제"일 뿐이다. "이 명제는 모든 도덕의 참된 순수한 내용이고 이것으로 남아 있다."[168] 이 명제에는 '사랑의 의무' 또는 '동정심의 의무'가 담겨있기 때문이다.

그러나 쇼펜하우어는 이를 일부러 모른 체하고 수사적 자문自問을 제

---

167) Kant, *Grundlegung zur Metaphysik der Sitten*, BA73-74쪽.
168) Schopenhauer, *Preisschrift über die Grundlage der Moral*, §7, 687쪽.

기한다.

- 이 명제는 어디에 근거하는가? 이 요구에 힘을 부여하는 것은 무엇인가? 이것은 오래된 어려운 문제이고, 이 문제는 오늘날도 우리에게 다시 제기되어 있다. 왜냐하면 다른 쪽으로부터 큰 소리로 이기심이 이렇게 외치기 때문이다. '아무도 도와주지 말라! 오히려 네게 유익하면 모든 이를 침해하라!' 아니, 악의는 '오히려 네가 할 수 있는 한, 모두를 침해하라!' 이런 이기심과 악의에 맞설 수 있고 심지어 이것을 능가하는 전사들을 맞대결시키는 것, 이것이 모든 윤리학의 문제다.[169]

그리고 쇼펜하우어는 칸트에게 이렇게 요구한다. "여기가 로도스다, 여기서 뛰어라(Hic Rhodus, hic salta)!"[170] 이 오래된 속담의 이야기는 어느 허풍선이가 로도스섬에서 하늘 높이 뛰었다고 거짓말로 허풍을 떠니까 듣고 있던 사람이 거짓말로 '여기가 도두스다. 여기서 한번 뛰어봐라'로 역공했다는 것이다. 따라서 쇼펜하우어의 이 요구는 칸트를 거짓말쟁이로 모는 풍자다.

결론적으로 "네가 동시에 보편적 법칙이 되기를 바랄 수 있는 그런 준칙에 따라서만 행동하라"는 칸트의 정언명령은 '사랑'도, '인정머리'도 없는 상업적 호혜론의 이성적 이기주의를 말하고 있다. 이것은 정언명령이 아니라, 내가 이렇게 행하면 남도 나에게 이같이 베풀 것이라는 상호 이익, 따라서 궁극적으로 나의 이익, 즉 이기적 이해관계를 전제로 하는 가언적 행동 수칙에 지나지 않는다. 상호성에 입각한 이익의 수수나 공유는 이기적 정의일 수 있지만, 어떤 이타적·사회적 정의도, 나아가 인애의 덕

---

169) Schopenhauer, *Preisschrift über die Grundlage der Moral*, §7, 687쪽.
170) Schopenhauer, *Preisschrift über die Grundlage der Moral*, §7, 687쪽.

성도 낳을 수 없다. 여기서는 '바라는' 것은 '남이 내게 해주기를 바라는 것'이나 '내가 남에게 해주고 싶은 것'이 아니라, '준칙이 보편 법칙이 되는 것'이다. 이것은 아무런 공감 작용도, 사랑도 없는 대가성對價性의 가언적 보편화 명제일 뿐이다.

반면, "네가 남들이 네게 해주기를 바라는 무엇이든 너도 남들에게 주어라(마태복음 7장 12절)"는 예수의 명령과,[171] "타인이 네게 하기를 네가 원치 않는 것은 타인에게 하지 말라"는 세베루스(Alexander Severus, 208-235) 로마 황제의 명령적 금언은 둘 다 공감적 사랑의 의무다. 이 명제들은 다 내가 '원하는' 감정을 남도 가지고 있다는 것을 지각하는 '공감'과 베푸는 '사랑'을 전제하고 있기 때문이다. 또한, 상술했듯이, 공자의 "무릇 인이라는 것은 자기가 서고 싶으면 남을 세워주고 자기가 달하고 싶으면 남을 달하게 해주는 것이다(夫仁者 己欲立而立人 己欲達而達人)"는 명제와 "그것은 공감이니라! 자기가 바라지 않는 것을 남에게 하지 말라(其恕乎! 己所不欲 勿施於人)"는 명제는 이기적 명제가 아니라 공감적·인애적·동심적同心的 명제다. 그래서 『중용』에서도 "공감에 충실한 것은 도와 거리가 멀지 않으니 그것은 자기에게 베풀어지기를 원치 않으면 남에게도 역시 베풀지 않는 것이다(忠恕違道不遠 施諸己而不願 亦勿施於人)"라고 말하고 있다.[172] 공자의 명제들은 모두 '공감'이나 정언적 '인애'를 명시적 동반하고 있다. 따라서 쇼펜하우어가 진정으로 정언적(무조건적)인 또는 대가 없는 이 '공감적 사랑'을 해명하는 것이 윤리학의 과업이라고 논변하는 것은 정확히 옳은 말이다. 그러나 칸트는 예수의 정언적 사랑 명제를 저 그릇된 정언명령, 즉 대가를 전제한 상인적 가언명령으로

---

171) 누가복음 6장 31절에서는 "네가 사람들이 네게 해주기를 바라는 대로 너도 그들에게 마찬가지로 해주어라(And just as you want men to do to you, you also do to them likewise)"고 말한다.
172) 『中庸』(13章).

통속화시키고 있는 것이다.

■ 제2정언명령의 공리적 세계

칸트의 엄숙한 제2정언명령은 인간을 수단으로서만이 아니라 항상 동시에 목적으로서도 대하라는 말이다.

- 자기의 현존재 자체에 절대적 가치가 있는 그 어떤 것, 말하자면 목적 자체로서 확정된 법칙들의 근거일 수 있는 그 어떤 것이 존재한다고 가정해 보면, 그것에는, 그리고 그것에만 가능한 정언명령, 즉 실천 법칙이 들어 있을 것이다. 그래서 나는 말한다: 인간은, 그리고 일반적으로 모든 이성적 존재자는 목적 자체로서 실존한다. 즉, 한낱 이런저런 의지의 임의적 사용을 위한 수단으로써 뿐만이 아니라, 동시에 자기 자신과 다른 이성적 존재자들을 향한 자신의 모든 행위 속에서 언제나 목적으로도 간주되어야 한다.[173]

"인간은, 그리고 일반적으로 모든 이성적 존재자는 목적 자체로서 실존한다"는 명제는 그다음의 "한낱 이런저런 의지의 임의적 사용을 위한 수단으로써 뿐만이 아니라, 동시에 자기 자신과 다른 이성적 존재자들을 향한 자신의 모든 행위 속에서 언제나 목적으로도 간주되어야 한다"는 명제는 부분적으로 모순된다. 앞 명제는 인간이 수단으로 사용되는 것을 배제하지만, 뒤 명제는 수단으로 사용되는 것을 당연시하고 있기 때문이다.

한편, 제2정언명령의 근본 문제는 인간세계를 과격하게 공리적 세계로 단순화한, 또는 인간관계를 단순한 '공리적 관계'로 평면화한 점이다. 인

---

173) Kant, *Grundlegung zur Metaphysik der Sitten*, BA64-65쪽.

간관계는 단순히 목적-수단의 공리적 관계로만 되어 있지 않다. 누차 말하자면 인간의 중요한 행위 관계 또는 주요한 인간 행위를 간추려도 다섯 가지나 된다. (1) 이익과 쾌락을 추구하는 공리적 행위, (2) 재미를 추구하는 유희적 행위, (3) 미美를 추구하는 미학적 (예술적) 행위, (4) 선을 추구하는 도덕적 행위, (5) 함께함(company)을 추구하는 교제적 행위다. 이 행위 가치(이익·재미·미·선·함께함)의 추구에 따라 인간관계는 다섯 개로 준별 된다. 그러나 칸트는 이 인간세계를 목적·수단 관계의 공리적 세계를 과격하게 단순화해서 제2정언명령을 도출하고 있다. 따라서 도덕성과 무관한 공리적 행위 관계를 전제 아래 '목적으로 대하라, 수단으로 대하지 말라'고 운위하는 제2정언명령은 도덕 명령일 수 없고, 또 나머지 세 가지 인간 행동과 인간관계를 배제한 제2정언명령은 아무런 도덕적 가치도 가질 수 없다.

칸트에 의하면, 성정의 모든 대상은 오로지 조건적 가치만을 갖는다. 성향과 이것 위에 발 디딘 욕구가 존재하지 않는다면 성향의 대상은 무가치할 것이기 때문이다. 그러나 욕구의 원천들로서 성향들 자체는 이 성향들 자체를 소원할 정도의 절대적 가치가 거의 없어서, 오히려 이 성향들로부터 완전히 자유로운 것이 모든 이성적 존재자의 보편적 소원이어야 한다는 것이다. 따라서 우리의 행위로 획득될 수 있는 모든 대상의 가치는 항상 "조건적"이다. 자기의 현존재를 우리의 의지가 아니라 본성에 두고 있기는 하지만 그래도, "무이성적 존재자들"이라면, "수단으로서의 상대적 가치"만 있는 존재자들은 이런 까닭에 "물건"이라고 한다.

- 반면, 이성적 존재자들은 인격체라고 불린다. (…) 과연 지상의 실천 원칙이 있고 인간적 의지의 관점에서 정언명령이 마땅히 있어야 한다면, 그것은 그것이 목적 그 자체이기 때문에 필연적으로 만인에게 타

당한 그런 목적의 관념을 의지의 객관적 원칙으로 만드는, 따라서 보편적 실천 법칙에 봉사할 수 있는 그러한 원칙이고 명령이어야 한다. 이 지상 원칙의 근거는 이성적 본성이 목적 그 자체로서 실존한다는 것이다. 인간은 필연적으로 자기 자신의 현존재를 그렇게 관념한다. 이런 한에서 이 지상 원칙은 주관적 원칙이 되는 것이다. 그러나 다른 모든 이성적 존재자도 나에게도 타당한 바로 그 동일한 이성 근거 때문에 자신의 현존재를 그렇게 관념한다.[174]

따라서 그 지상 원칙은 동시에 의지의 모든 법칙이 도출될 수 있는 지상의 실천 근거로서의 객관적 원칙이다. 따라서 실천명령은 다음과 같다.

- 네가 너 자신의 인격에서나 모든 타인의 인격에서나 인간을 항상 동시에 목적으로 사용하지, 결코 단순히 수단으로만 사용하지 않도록 행위하라.[175]

칸트의 말을 정리하자면, "자기의 현존재 자체에 절대적 가치가 있는 것"은 "확정된 법칙들의 근거일 수 있는 목적 자체"이고, '이성적 존재자'는 '목적 자체'다. 목적 자체로서의 이성적 존재자에게는 정언명령이 통하는 반면, 성향적 욕망에 따라 사는 무이성적 존재자, 가령 동물들은 오직 '수단'일 뿐이고 가언명령만이 통한다. 성향의 욕망과 이성을 둘 다 가진 이성적 인간은 따라서 수단이면서 동시에 목적 자체이므로 인간을 '동시에 목적으로 사용하지, 결코 단순히 수단으로만 사용해서는 아니 된다'.

---

174) Kant, *Grundlegung zur Metaphysik der Sitten*, BA65-66쪽.
175) Kant, *Grundlegung zur Metaphysik der Sitten*, BA66-67쪽.

그러나 이 논리는 실로 자기 파괴적이고, 동시에 '인간 파시즘적'이다. 논리적 자기파괴는 '인간을 목적으로 사용한다', 즉 '목적을 사용한다'라는 표현이다. '사용'의 대상은 무조건적으로 '수단'이다. 수단만이 사용될 수 있는 것이다. 따라서 '목직을 사용한다'라는 말은 완벽한 논리적 자기파괴다. 또 이성은 인간과 신만이 가지고 있는 것으로 단정하고 동물에게는 이성을 부정하고 감각과 욕망을 가졌지만 인격이 없는 모든 동물을 사물처럼 수단으로 규정하는 것은 동물에 대한 생명애, 또는 인간과 동물 간의 공감·인애 관계를 부정하는 '인간 파시즘'이다. 생명애와 동정심은 이성과 무관한 비이성적 감정이고 따라서 이성과 인격이 없는 모든 고등동물도 다 보유하고 있는 본능적 기본 감정이다. 따라서 도덕의 기초를 제대로 탐색한다면 이성은 운위할 것이 못 되는 것이다.

그리고 "결코 단순히 수단으로만 사용하지 않는다"는 명제는 오류로 추락할 수 있다. 도덕적으로 정당화될 수 있는 인간의 수단화 케이스가 많이 있기 때문이다. 그래도 이 명제를 살린다면 인간을 목적으로 대하면서 동시에 수단으로 사용하는 경우를 말하는 것으로 재해석할 수 있다. 이렇게 보면 이 명제는 인간을 단순히 수단으로만 사용하는 경우만을 배제한다. 그러나 이런 경우도 도덕적인 경우들이 있다. 인간은 남과 자신을 단순히 수단으로만 사용하지만, 이 사용이 '도덕적으로 올바른' 또는 '도덕과 무관한' 사용인 경우가 허다하다. 첫째, 자기 자신의 자발적 수단화의 경우다. 가령 나는 자발적으로 나 자신을 단순히 애인을 위한 수단으로 바치거나 희생할 수 있다. 둘째, 자기 자신의 '도덕적' 수단화의 경우다. 공적 인애의 도덕적 의무이행을 위해 나 자신을 단순히 수단으로 희생하는 '살신성인殺身成仁'이 이런 경우다. 셋째, 자유로운 고용계약의 경우다. 이 경우도 인간을 단순히 수단으로만 쓰는 사례다. 나는 고용계약 하에 남에게 단순히 수단으로만 쓰이거나 남을 단순히 수단으로만 쓸 수 있다. 이것은 도덕과 무관하지만 부도덕하지 않은 자본주의적 거래다.[176) 따라서 인간을 항상 목적으로 대할 수 없고, 그렇더라도 도덕적으로 문제가 없다. 따라서 제2정언명령에서 첫 번째 등장하는 명령, "인간을 항상 동시에 목적으로 사용하라" 가운데 "항상"이라는 표현 때문에 그릇된 것이다.

칸트의 저 지상 원칙은 때론 자기 자신을 수단화할 것을 요하는 사랑과 도덕적 희생, 나와 남을 단순히 수단으로 쓰는 고용관계라는 자본주의적 핵심 관계를 포함한 모든 인애 관계와 목적론적 인간관계를 부정하는 명제다. 인간의 인간성 또는 존엄성은 애당초 목적·수단 개념으로 설명될 수 없는 것이다. 인간의 존엄성은 인간이 지닌 이성에 있는 것이 아니라, 인간 본성의 정언적 생명애와 정언적 도덕 감정에 있기 때문이다.

쇼펜하우어는 필자와 조금 다른 각도에서 '목적 그 자체'와 '절대적 가치'라는 표현을 전형적인 '형용모순'으로 비판한다. 쇼펜하우어에 의하면, 이 제2의 표현으로 가는 길을 칸트는 "최고로 기이한, 최고로 뻐기는, 아니 최고로 삐뚤게 뻐기는 목적과 수단의 개념 정의들"로 깔고 있다. 하지만 쇼펜하우어는 이 개념들을 "목적은 의지 행위의 직접 동기이고, 수단은 간접 동기다"라고 올바르게 정의한다. 칸트는 자신의 저 이상한 정의들을 통해 "인간, 그리고 일반적으로 모든 이성적 존재자는 목적 자체로 실존한다"는 명제로 슬그머니 다가간다는 것이다. 그러나 쇼펜하우어는 단도직입적으로 "목적 자체로서 실존한다"는 것은 "난센스, 즉 형용

---

176) 하우저는 칸트와 콜버그를 향해 말한다. "내가 요리사를 고용하여 그를 내 저녁식사를 만드는 수단으로 쓰면 나는 부도덕한가? 아니다, 나는 이 목적을 염두에 두고 그를 고용했다. 그는 내 목적의 수단이지만, 이 행위는 도덕영역에 속하지 않는다. 왜냐하면 내 행동은 그의 독립성이나 자율성을 무시하지 않기 때문이다. 그는 고용조건을 알고 이 일을 받아들였다. 내 요청에는 부도덕한 것이 없다." Marc D. Hauser, *Moral Minds: The Nature of Right and Wrong* (New York: HarperCollins Publishers, 2006), 20쪽.

모순"이라고 말한다. 그에 의하면, '목적이다'는 것은 '의욕 된다'는 것을 뜻하고, 어떤 목적이든 한 의지와의 관계 속에서만 목적이기 때문이다.

- 그러므로 목적은 의지의 목적이다. 즉, 목적은 상술했듯이 의지의 직접 동기다. 의지와의 이 관계 속에서만 목적 개념은 어떤 의미를 갖고 이 의지 관계를 벗어나자마자 이 의미를 상실한다. 그러나 목적 개념에 본질적인 이 의지관계는 필연적으로 모든 '그 자체', 또는 '즉자'를 배격한다. '목적 그 자체'는 바로 '친구 그 자체 – 적 그 자체 – 백부伯父 그 자체 – 북쪽 그 자체 또는 남쪽 그 자체 – 위 그 자체 또는 아래 그 자체' 등과 같은 표현이다. 그러나 '목적 그 자체'의 이런 사정은 근본적으로 '절대적 당위'의 경우에도 똑같다. 양자의 기저에는 비밀스럽게, 심지어 무의식적으로 동일한 사상 관념, 즉 신학적 사상 관념이 조건으로서 놓여 있다. 말할 수는 있지만, 생각할 수는 없는 이런 '목적 그 자체'에 속한다는 '절대적 가치'도 사정이 낫지 않다. 왜냐하면 이 절대적 가치도 나는 가차 없이 형용모순으로 낙인찍지 않을 수 없기 때문이다. 어떤 가치든 비교 크기이고, 심지어 필연적으로 이중적 관계 속에 들어 있다. 첫째, 가치는 누군가에 대해 존재하는 점에서 상대적이고, 둘째, 가치는 가치의 평가에 있어 입각해야 하는 어떤 것과의 비교 속에 들어 있는 점에서 비교적이기 때문이다. 이 두 관계 밖에 놓이면 가치의 개념은 일체의 의미와 의의를 상실한다.[177]

쇼펜하우어는 '목적'이란 항상 '의지의 목적'이기에 의지와의 관계를 벗어던진 '목적 그 자체'는 있을 수 없는 – "말할 수는 있지만 생각할 수는 없는" '뜨거운 얼음' 또는 '둥근 네모'라는 말과 같은 – 형용모순의 표현이

---

177) Schopenhauer, *Preisschrift über die Grundlage der Moral*, §8, 689-690쪽.

고, '가치'도 항상 '비교가치'이기 때문에 '절대적 가치'라는 표현도 형용모순이라고 논변하고 있다. 이어서 그는 상술했듯이 인간 파시즘적 동물 모독도 가차 없이 비판한다.[178]

쇼펜하우어는 칸트의 제2지상원칙이 "너만을 고려하지 말고, 타인들도 고려하라"는 아주 간단한 명제를 "아주 인위적인 방식으로, 그리고 먼 우회로를 통해" 돌리고 돌려서 말하는 것에 지나지 않고, 그리고 이것도 다시 "남이 네게 하기를 네가 원치 않는 것은 어떤 다른 사람에게도 가하지 말라"는 명제의 천박한 "환언換言"이라고 단정한다. 이것이 천박한 까닭은 "칸트의 제2도덕공식 속으로는 이른바 자기 의무가 의도적으로, 그리고 충분히 서툴게 함께 끌려 들어갔기" 때문이다.[179] 하지만 쇼펜하우어는 "칸트는 그의 제2정식에서 이기심과 그것의 반대상反對像을 최고로 특색 있는 특징으로 표현했다"는 것을 인정한다. 수단을 말하는 대목은 이기심을, 목적을 말하는 대목은 이기심의 반대상 이타심(사랑)을 말한다는 것이다. "예를 들면, 적군에게 쫓기는 죽음의 공포 속에서 그와 마주친 한 약장수에게 샛길을 묻는 사람은 이 장사꾼이 그에게 '내 상품 중에 필요한 것은 없소?'라고 되묻는 것을 체험할" 정도로 인간은 이기적이고, 그래서 타인을 수단으로만 이용한다. 그러나 "이것은 상황이 항상 이렇다고 말해야 한다는 말이 아니다." 오히려 반대로 "타인의 화복禍福에 직접적으로 실제적인 관심을 갖거나, 칸트의 말로 타인을 수단이 아니라, 목적으로 여길 사람들이 많을 것이다. 그러나 타인을 흔히 그렇듯이 수단으로 보는 것이 아니라 어떤 때는 목적으로 간주하려는 생각이 각 개인에게 얼마나 가까이 있고 멀리 있는가는 성격 간의 커다란 윤리적 상이성을 재는 척도다. 그리고 여기서 과연 무엇이 최종 단계에서 비중을 갖는지는

---

178) Schopenhauer, *Preisschrift über die Grundlage der Moral*, §8, 690-691쪽.
179) Schopenhauer, *Preisschrift über die Grundlage der Moral*, §8, 691쪽.

바로 윤리학의 참된 토대일 것이다." 이것, 즉 사랑을 해명하는 것이 윤리학의 과업이다. 따라서 쇼펜하우어는 이것을 결하고 있는 칸트의 제2정언명령에 대해 "애석하게도 나는 그의 윤리학의 기초를 거의 조금도 인정할 수 없다"고 선언한다.[180]

■ **도덕적 이상세계 '목적들의 나라'는 '지록위마指鹿爲馬'**

인간의 저 5대 행위와 5대 가치(이익·재미·미·선·함께함)에 대응해 공리 세계, 유희 세계, 예술세계, 도덕 세계가 병립된다. 이 5개의 세계는 서로 긴밀히 결합되고 겹칠 수 있으나 이 세계가 저 세계로 환원되거나 대체되지 않고, 이 5대 가치가 서로 태환 되지 않는다. 그러나 칸트는 이 5개의 세계를 공리 세계 하나로 단순화했다. 이 공리 세계에서 인간관계는 목적과 수단으로서만 맺어진다. 공리 세계에서 인간은 주인과 노예, 또는 사용주와 종업원으로서만 만난다는 말이다. 이 공리 세계에서 칸트는 수단들이 없는 '목적들의 왕국', 즉 종업원들이 없는 '주인들만의 왕국'을 운위한다.

칸트는 『도덕형이상학의 정초』에서 "목적들의 나라"라는 말을 처음 끄집어낸다.

- 이 (자율성 원칙의) 관점에서 스스로와 자기의 행위를 판단하기 위해 자신의 의지의 모든 준칙들을 통해 스스로를 입법적인 것으로 간주해야 하는 모든 이성적 존재자의 개념은 이 개념에 인접해 있는 아주 풍요로운 개념, 즉 목적들의 나라(Reich der Zwecke)의 개념으로 이끌어진다. 나는 '나라(Reich)'를 상이한 이성적 존재자들이 공동 법칙들에 의해 체계적으로 결속하는 것으로 정의한다. 그런데 법칙들은 그것

---

180) Schopenhauer, *Preisschrift über die Grundlage der Moral*, §8, 693쪽.

들의 보편 타당성에 따라 목적들을 규정하기 때문에 이성적 존재자들의 개인적인 차이와 동시에 그들의 사적 목적들의 모든 내용을 도외시한다면, (목적 그 자체로서, 그리고 각자가 스스로에게 설정하는 고유한 목적들로서, 이성적 존재자들의) 모든 목적이 체계적으로 결합된 총체, 즉 위의 원칙(자율성 원칙)에 입각해 존재할 수 있는 '목적들의 나라'가 생각될 수 있을 것이다. 왜냐하면 이성적 존재자들은, 모조리 어떤 이성적 존재자든 자기 자신과 모든 타인을 결코 한낱 수단으로만 대해서는 아니 되고, 항상 동시에 목적 그 자체로 대해야 하는 법칙 아래 들어 있기 때문이다.[181]

이 "목적들의 나라"의 이유와 의미는 제2정언명령과 관계된다. 아니 이 명령의 궁극적 실현이다.

- 그러나 이를 통해 공동의 객관적 법칙들에 의한 이성적 존재자들의 체계적인 결합, 즉 이 법칙들이 바로 목적과 수단으로서의 이 존재자들의 상호 관계를 목표로 삼기 때문에 (물론 단지 하나의 이상일 뿐인) '목적들의 나라'라고 할 수 있는 나라가 생겨난다. 그러나 이성적 존재자는 그가 이 나라 안에서 보편적으로 입법하기는 하지만 이 법칙 자체에 복종해 있다면 구성원으로서 '목적들의 나라'에 속한다. 입법하면서도 어떤 타인 의지에도 복종해 있지 않다면, 거기에 원수元首로서 속하는 것이다. 이성적 존재자는 구성원으로서든 원수로서든 항시 자신을 의지의 자유에 의해 존재 가능한 '목적들의 나라' 안에서 입법자적인 것으로 간주해야 한다. 그러나 원수의 자리는 이성적 존재자가 자신의 의지의 준칙들을 통해서만이 아니라, 의지에 적합한 능력의 한

---

181) Kant, *Grundlegung zur Metaphysik der Sitten*, BA74-75쪽.

정과 욕구 없이 완전히 독립적인 존재인 경우에만 주장할 수 있다.[182]

    자기들이 자율적으로 입법한 체계로서의 '목적들의 왕국'에서 인간은 각자가 체계의 목적(원수)이면서 동시에 이 체계의 복적이 쓰이는 수단(구성원)이다. 이 원수들의 모임으로서의 '목적들의 왕국'을 뒷받침하는 진짜 수단들, 노예나 종업원들은 시야에서 사라졌다. '목적들의 나라'에는 구성원들로서의 원수들만 있다. 따라서 여기서 '목적들의 나라'의 회칙에 복종하는 구성원으로서의 '수단'과 이 목적(원수)들에 복종하는 '수단들의 나라'의 진짜 수단은 서로 다르다. 구성원으로서의 수단은 실은 주인이고, 이 원수에 복종·봉사하는 진짜 수단은 노예 또는 종업원이기 때문이다. 그러나 칸트는 목적들의 나라의 회원으로서의 수단과 이 나라 밖의 진짜 수단 간의 차이를 목적론적 세계 개념으로 호도糊塗하면서 동시에 폭로해 준다. "목적론은 자연을 '목적들의 나라'로 고찰하고, 도덕은 가능한 '목적들의 나라'를 자연의 나라로 간주한다. 거기에서 '목적들의 나라'는 현존하는 것을 설명하기 위한 이론적 이념이다. 여기서 '목적들의 나라'는 현존하지 않지만 우리의 품행을 통해 현실적이 될 수 있는 것을 그것도 바로 이 이념에 따라 성립시키기 위한 실천적 이념이다."[183]

    자연 세계를 목적론적 세계로 본 아리스토텔레스의 '목적인目的因' 개념에서 위계적 자연 체계 속의 하위 목적이었던 존재자는 상위의 목적인 위 존재자의 수단이고 되고, 이 상위 목적인 상위 존재자는 다시 그 위의 존재자를 목적으로 받는 수단이 되는 자연 세계가 목적·수단의 위계질서로 짜여 있다. 타자의 수단이 되지 않는 궁극적 목적들은 신들이고, 궁극적 목적들의 나라는 신들의 나라, 즉 '하늘나라'다. 이 신들의 나라에서

---

182) Kant, *Grundlegung zur Metaphysik der Sitten*, BA75쪽.
183) Kant, *Grundlegung zur Metaphysik der Sitten*, BA81쪽, 각주.

주신主神과 천사天使의 관계처럼 위계가 있겠지만 모두가 신적 속성을 지녀서 본질적으로 평등하다고 관념된다. 그런데 칸트는 "현존하지 않지만 우리의 품행을 통해 현실적이 될 수 있는" 인간들의 '목적들의 나라'를 '자연의 나라'처럼 목적론적 세계로 간주하고 이것을 이상적 도덕 세계(실천적 이념)라고 하고 있다. 인간세계를 목적과 수단의 위계사슬로 짜인 목적론적 세계에서 수단은 '진짜 수단'으로서의 '종업원'이고 '목적들의 나라'에서의 수단은 언제든 '원수'로 지위를 바꿀 수 있는 '구성원'이다. 이 차이를 '목적들의 나라'라는 용어의 양의적 사용으로 뭉개버리고 세상 사람들을 기만하고 있다. 자본주의 세계에서 '목적들의 나라'는 '한국경제인협회'(한경협)와 같은 조직일 것이다. 한경협 구성원은 한경협 회칙에 따르는 회원이면서 한경협 밖에서 수만, 수십만 명의 종업원을 지배하는 주인이다. 칸트는 안팎으로 다른 '수단'이라는 말로 말장난함으로써 한경협 '구성원'과 (이 구성원을 주인으로 모시는) '종업원' 간의 천양지차를 언제든 지위를 바꿀 수 있는 지위인 양 호도한 셈이다. 그러나 '목적들의 나라' 한경협 밖에는 '수단들의 나라' 노동자총연맹이 한껏 험악한 얼굴로 마주 서 있다.

한편, '목적들의 나라'는 인간들이 수단과 목적으로 관계를 맺는 공리 세계에서 상상할 수 있는 개념이다. 그런데 칸트는 이 '목적들의 나라'를 제1·2의 도덕법칙을 구현한 도덕적 이상세계("하나의 이상")로 지목한다. "이제 이런 식으로 해서 이성적 존재자들의 세계(mundus intelligibilis; 예지계)는 '목적들의 나라'로서 존재 가능하고, 그것도 구성원으로서의 모든 인격체의 자기 입법에 의해 가능하다. 이에 입각해 모든 이성적 존재자는 마치 자기의 준칙들을 통해 항시 보편적인 '목적들의 나라' 안에서 입법자적 구성원인 양 행위해야 한다. 이 준칙들의 형식적 원칙은 마치 너의 준칙들이 동시에 (모든 이성적 존재자의) 보편 법칙에 기여해야 하는 양 그렇게 행위하라는 것이다."[184]

그러나 공리 세계 안에서만 창설될 수 있는 '목적들의 나라'는 이상적 도덕 세계가 아니다. 그것은 한국경제인협회와 같은 '주인들의 나라', 칸트 말로 '원수들의 나라'다. 왜냐하면 칸트의 '목적들의 나라'를 포함하는 공리 세계는 도덕 세계와 다르게 병립하는 이익 추구 세계이기 때문이다. 유희 세계를 도덕 세계라 할 수 없고, 예술세계를 도덕 세계라 할 수 없듯이 공리 세계도 도덕 세계라 할 수 없는 것이다. 칸트가 '목적들의 나라'를 가리켜 도덕적 이상세계라 하는 것은 '지록위마指鹿爲馬'하는 격이다. 사슴을 가리켜 말이라고 한다는 사자성어 '지록위마'는 칸트가 철학적 권세를 휘둘러 세상을 농락하려고 도덕과 무관한 것을 도덕이라고, 그것도 이상적 도덕이라고 우겨 세상을 속이려는 짓을 비유한 것이다. 바꿔 말하면, '한국경제인협회'를 가리켜 '도덕적 이상세계'라 부르는 꼴이다. 이 '지록위마'라는 비판은 칸트의 기만적 공리주의에 대한 최고의 비판일 것이다.

■ 칸트의 공리적 호혜주의·부당전제·통속적 행복론

칸트 도덕원리의 공리주의적 진짜 속셈은 『덕성론의 형이상학적 발단 근거(Metaphysische Anfangsgründe der Tugendlehre)』의 §30에서 "최고로 판명하게" 천명된다.[185] 칸트는 "인혜仁惠", 또는 "자선활동(Wohltätigkeit)"의 도덕성도 동기를 몰각하는 결과주의적 이익의 이기적·공리적 호혜주의로 전락시킨다.

– 칸트의 도덕법칙적 인혜 의무: 공리적 호혜주의

칸트는 『덕성론의 형이상학적 발단 근거』에서 "인혜仁惠, 또는 자선활

---

184) Kant, *Grundlegung zur Metaphysik der Sitten*, BA83-84쪽.
185) Schopenhauer, *Preisschrift über die Grundlage der Moral*, §7, 685쪽.

동"에 대하여 이렇게 말한다.

- 인혜적인 것, 즉 곤궁에 처한 타인들을 행복에 이르도록 어떤 대가를 바라지 않고 자력에 따라 촉진하는 것은 만인의 의무다. 왜냐하면 곤궁에 처한 모든 개개인은 타인이 자기를 도와주기를 바라기 때문이다. 그러나 개개인이 곤궁에 처한 타인들을 다시 원조하지 않으려고 하는 자신의 준칙을 알려지게 한다면, 즉 이 준칙을 보편적 허용 법칙으로 삼으려고 한다면, 만인은 그가 곤경에 처하는 경우 그에게 원조를 거부하거나, 적어도 거부할 자격이 있을 것이다. 따라서 이기적 준칙은 보편법칙으로 삼아진다면 자가당착에 처한다. 즉, 이기적 준칙은 의무에 반한다. 따라서 공동 이익 준칙, 즉 궁핍한 자들에 대한 인혜 시혜의 의무는 인간들의 보편 의무다.[186]

인혜 활동에 대한 칸트의 이 설명에 의하면, 빈곤하지 않은 자가 빈자를 도와야 하는 의무는 빈자를 돕지 않는 자가 훗날 빈곤에 처해도 남들의 도움을 받지 못하게 될 손익 타산에 근거한다. 말하자면 칸트는 자선 활동조차도 공리주의적 타산으로 설명하고 있다. 빈자를 돕는 거의 모든 사람은 이런 타산을 하지도 않고 사후事後보상을 기대하지도 않는다. 그럼에도 빈자를 돕지 않는 자의 이기적 준칙이 자가당착에 처한다고 말하고 있는데, 실은 자가당착에 처하는 것은 돕지 않는 자의 이기적 준칙이 아니라, 칸트 자신의 논변이다. 그가 "인혜적인 것"을 곤궁한 사람들을 "어떤 대가를 바라지 않고" 돕는 것으로 정의하면서도 "곤궁에 처한 모

---

186) Immanuel Kant, *Metaphysische Anfangsgründe der Tugendlehre*, §30 (A124쪽). *Die Metaphysik der Sitten* [1797·1798], Zweiter Teil. *Kant Werke*, Band 7. *Schriften zur Ethik und Religionsphilosphie*. Zweter Teil (Darmstadt: Wissenschaftliche Buchgesellschaft, 1983).

든 개개인이 타인이 자기를 도와주기를 바란다", 즉 나중의 '도움'을 '대가'로 바란다고 말하고 있기 때문이다.

또 칸트는 "공동 이익 준칙"이 "보편 의무"이고, 바로 "궁핍한 자들에 대한 인혜 시혜의 의무"라고 부연하고 있다. 인간들의 보편 의무에 따라서 거창하게 "보편 의무"로 제시되는 "인혜 시혜의 의무"의 정체는 여기서 명약관화하게 드러나고 있다. "인혜 시혜의 의무"? 그것은 "공동 이익 준칙"에 불과한 것이다. 이것은 '이익' 관념의 테두리를 벗어나지 못하는 충실한 공리주의인 것이다. 결론적으로, "공동 이익 준칙"은 '호혜적 이기주의', 또는 '개명된 이기심(enlightened egoism)'의 보편적 호혜주의 준칙에 지나지 않는 것이다.

존 롤스는 개인들과 소수를 희생시키는 "최대다수의 최대행복"을 표어로 삼는 제임스 S. 밀의 공리주의와 달리 칸트는 이런 집단주의적 사고를 하지 않는다고 공리주의 해석을 그릇된 것으로 기각함으로써 칸트를 옹호했다. 그런데 인혜도덕을 '이익'에 근거시키는 칸트의 저 설명이 공리주의가 아니고 무엇이란 말인가? 롤스가 이것을 인식하지 못한 것은 이기주의자들이 '자기 몫의 이익'의 최적 산출과 모든 개개인 이익의 최적 배분만을 헤아리는 '타산적' 행위 준칙을 정의로 추구한 그의 정의 개념이 바로 공리주의적 정의 개념이기 때문이다. 그러나 정의는 그런 것이 아니고, 각 개인의 다 측면적 몫(이익·영예·기회·권력·권리·행복 등)을 미시적·거시적으로 보장하고 이 몫이 침해될 시에 원상회복시키고 싶어 하는 강렬한 억울함과 사회적 복수심의 즉각적·본능적 정의감을 의무 원칙으로 확충·수립한 도덕 가치일 따름이다.

- '선험적 의무'의 부당전제

우리가 쾌락적 공리주의의 속류 도덕론은 일반적으로 많은 부당전제의 오류를 안고 있다. 이것은 행위의 동기를 몰각하는 칸트의 결과주의적·정언명령적 공리주의에서도 마찬가지다. 칸트는 『도덕형이상학의 정초』에서 '일어나는' 존재와 '일어나야 하는' 당위의 차이에 관해 이렇게 설명한다.

- 실천철학에서 주제는 일어나는 것(das, was geschieht)의 근거들을 가정하는 것이 아니라, 결코 일어나지 않을지라도 일어나야 할 당위의 것(das, was geschehn soll)의 법칙들, 즉 객관적 실천 법칙들을 가정하는 것이다. (…) 그러나 여기서는 객관적 실천 법칙들에 관해 입론하고, 따라서 경험적인 것과 관계를 갖는 모든 것이 저절로 탈락하기에 단순히 이성에 의해 규정되는 한에서의 의지의 자기 관계에 관해 입론한다. 왜냐하면 '이성'이 '그 자체에 대해서 홀로' 행태를 결정한다면 (…) 이성은 이것을 반드시 선험적으로 결정해야 하기 때문이다.[187]

여기서 감정과 감각을 배제하고 "결코 일어나지 않을지라도 일어나야 할 당위"의 실천 법칙들을 이성에 의해 '선험적'으로 도출하는 것 자체가 부당전제 오류의 산물이다. 도덕적 당위를 도출할 능력이 없는 이성에게 감정으로부터 몰래 훔친 이런 능력을 슬그머니 부여하고 마치 이것이 이성의 능력인 양 이성으로부터 이 당위를 도출하고 있기 때문이다.

쇼펜하우어는 이를 이렇게 비판한다. "칸트의 첫 번째 오류는 우리가 가장 분명하게 언명된 것으로 발견하는 윤리 자체의 개념에 있다. '실천철학에서 주제는 일어나는 것의 근거들을 진술하는 것(anzugeben)이 아니라, 결코 일어나지 않을지라도 일어나야 하는 당위의 것의 법칙들을 진술하는 것이다.' 이것은 이미 확실한 부당전제의 오류 또는 논점 절취

---

187) Kant, *Grundlegung zur Metaphysik der Sitten*, BA62-63쪽.

(petitio principii)다. 누가 너희에게 우리의 행위가 순종해야 할 법칙들이 존재한다고 말해주는가? 누가 너희에게 끝내 일어나지 않을 것이 일어나야 한다고 말해주는가? 무엇이 이것을 앞서 가정하고 그다음 입법자적·명령적 형식의 윤리학을 유일하게 가능한 윤리학으로 우리에게 즉시 들이밀 수 있는 권리를 너희에게 부여하는가?"[188] 칸트의 저 명제는 이미 이 명령적 당위를 부당하게 절취해 전제하면서 존재와 당위의 차이를 천양지차('일어나는' 존재와 '결코 일어나지 않을지라도 일어나야 할 당위'의 차이)로 벌려 놓고 있다는 것이다.

도덕적 당위감은 도덕 감정의 강도에 달려있고, 이 도덕 감정이 인간의 본성에 속한 '존재론적 사실'인 한에서 존재와 당위는 사실상 동일한 차원에 있다. 칸트의 존재와 당위의 엄청나게 과장된 교조적 구분에 대해 쇼펜하우어는 이렇게 맹비판한다.

- 칸트와 반대로 윤리학자는 철학자 일반과 마찬가지로 '주어진 것', '현실적으로 존재하는 것'이나 '발생하는 것'에 대한 이해에 도달하기 위해 '주어진 것', 따라서 현실적으로 존재하는 것이나 발생하는 것에 대한 설명과 해석에 만족해야 한다고, 그리고 윤리학자가 이 설명과 해석에서 해야 할 일은 아주 많고, 오늘날까지 수천 년이 흐르는 동안 한 것보다 훨씬 더 많다고 나는 말한다. 위에서 말한 칸트의 부당전제의 오류에 따라 일체의 탐구 개시 전에 전적으로 주제에 속하는 서문에서 즉시 도덕법칙들이 존재한다고 가정되고, 이러한 가정은 나중에도 그대로 남아 전 체계의 가장 심층적인 기반 노릇을 하고 있다.[189]

---

188) Schopenhauer, *Preisschrift über die Grundlage der Moral*, §4, 645-646쪽.
189) Schopenhauer, *Preisschrift über die Grundlage der Moral*, §4, 646쪽.

쇼펜하우어는 칸트의 '의무' 개념도 마찬가지로 부당전제의 오류의 산물이라 폭로한다.[190] 쾌락·개인 이익·공동 이익·이성 등이 아무런 도덕법칙도 산출하지 않기 때문에 쾌락적 공리주의든, 정언명령적 공리주의든 당위·정언명령·도덕법칙·실천이성 등의 포장 아래 몰래 도덕감정을 훔칠 수밖에 없기 때문이다.

그러나 당위의 감각을 보장하는 '도덕감정'을 훔쳐도 제대로 훔쳐야 할 것이다. 이 도덕감정은 배우지 않고도 할 수 있는 맹자의 '양능良能', 즉 인간의 강렬한 즉각적 본능이라서 저절로 '일어나는' 존재의 질서에 속하는 것이다. 따라서 도덕감정적 당위는 일어나지 않을 수도 있는, 허공에 뜬 추상적 당위가 아니라, 인간 본성적 필연성으로 반드시 일어나는 현실적 사실이다. 칸트는 이런 도덕감정을 잘못 절취해서 당위를 '일어나야 하지만 결코 일어나지 않을' 일로 무력화시켜 버리고 있다.

– 부부도덕은 공리적인가?

상술했듯이 흄은 아내의 정조의무를 자식 양육, 즉 생식적 재생산의 생존·번식 이익에서 도출했다. 칸트도 결혼을 이런 생존 도덕적 이익 관점에서 고찰한다. 칸트의 정언명령의 공리주의의 생존 도덕적·번식 도덕적 성격은 그가 사랑과 결혼조차도 생식(종의 번식)이라는 이익의 관점에서 이해하고 불임 아내의 성애性愛를 어떻게 해야 할지에 대해 당황해하는 데서 여실히 드러난다.

- 자연 본성의 목적은 양성의 동거 속에서 생식, 즉 종의 보존이다. 따라서 성애는 저 목적에 적어도 어긋나지 않게 취급되어야 한다. 그러나 이 목적을 고려하지 않고도 (혼인 속에 일어나는 경우에도) 성애의 저런

---

190) Schopenhauer, *Preisschrift über die Grundlage der Moral*, §4, 647-648쪽.

사용을 주제넘게 감행하는 것이 허용되는가? 가령 임신할 시기에 있는 여성이 (연령 또는 병으로 인해) 불임일 시에, 여성이 이에 대한 자극을 자신 안에 발견하지 않는 경우에 성적 특성을 사용하는 것은 비 본성적 호색의 경우처럼 이런저런 부분에서 본성 목적을 또는 따라서 사기 자신에 대한 의무를 위배하는 것이 아닌가? 아니면 실천이성의 결정 근거들의 충돌의 경우에 즉자적으로 허용되지 않는 어떤 것을 그래도 훨씬 더 큰 위반을 막기 위해 허용되는 것으로 만들 도덕적 실천이성의 허용 법칙이 여기에 있는가? 어느 선을 기준으로 넓은 구속성의 제한이 (구속성의 폭에 관한 한, 의무 준수와 관련된 좀스러운 꼼꼼함의) 결벽증으로 간주될 수 있는가? 그리고 이성 법칙의 방기의 위험과 함께 동물적 성향들에 대해서 운신 공간이 허용될 수 있는가? 성욕은 (단어의 가장 좁은 의미에서의) 사랑으로도 불린다. (…) 그러나 성적 기호는 호감의 사랑으로도, 인애의 사랑으로도 간주될 수 없다. (왜냐하면 양자는 차라리 육욕적 향락과 거리를 취하기 때문이다.) 실천이성이 그 제한적 조건과 더불어 추가된다면 성적 기호가 도덕적 사랑과 긴밀한 결합 속에 들어올 수 있을지라도, 성적 성향은 특별한 종류의 쾌감이고, 그 열렬함은 도덕적 사랑과 본래 아무런 공통점도 없다.[191]

칸트는 불임 상태의 성애를 호색으로 규정하도록 유도하고 불행한 불임 아내를 성적으로 따돌리거나 쫓아낼 것을 은근히 요구하고 있다. 쾌락보다 재물 이익을 우선시하는 몰인정한 '베니스의 상인', 아니 구걸하는 아이들을 지팡이로 후려치는 '쾨니히스베르크의 매정한 장사치 철학자'의 감춰진 타산적·이기적 공리주의 속류 도덕론의 민낯이 여기에서 그의 정언명령적 사제가면 사이로 삐져나와 백일하에 드러나고 있다. 일단

---

191) Kant, *Metaphysische Anfangsgründe der Tugendlehre*, A78-79쪽.

인생의 욕망 충족적 쾌락보다 속물스런 장사치의 '차가운 이기적 이익'을 지향하는 그의 공리주의는 양성의 동거 목적을 생식으로 단정하고 성애의 자유를 부정하는 도덕적 반동성을 여지없이 노정하고 있다.

또한 칸트가 주창한 정언명령적 공리주의의 속류 도덕론에 감춰진 이익의 상스러운 '이기적' 성격은 그가 개인적 이기주의와 국가의 집단이기주의의 충돌 시 조국을 위한 살신성인, 사형선고를 받는 치욕을 피하려는 자살, 포로가 되는 것을 피하려는 자살 방법 사전 강구, 타인의 부담이 되지 않기 위한 이타적 자살 등을 선뜻 인정하지 않는 데서 뚜렷해진다.

- 조국을 구하기 위해 자신을 일정한 죽음 속으로 빠뜨리는 것은 자살인가? 아니면 인류 일반의 복을 위해 자신을 희생시키는 결의적 순국인가? 자기 상관의 부당한 사형선고를 자기 살해로 선수 치는 것은 허용되는가? 이 상관이 (네로가 세네카에게 허용했듯이) 그것을 하도록 허용하는 경우에도? 얼마 전 서거한 위대한 군주가 추정컨대 그가 수행하는 전쟁에서 포로가 된다면 그의 국가에 불리해질 수 있는 몸값 석방의 조건에 강제로 들어가지 않도록 하기 위해 신속하게 작용하는 독을 몸에 휴대한 것을 - 이 아래 단순한 긍지를 추정할 필요 없이 이런 의도를 그에게 밀어 넣을 수 있기 때문에 - 그의 범죄적 계획으로 간주할 수 있는가? 어떤 사나이가 이미 공수를 광견에게 물린 효과로서 느꼈고, 어떤 사람이 이 광견병으로부터 나았다는 사실을 들은 적이 없다고 선언한 후에, 그가 유언장에서 말했듯이 (그가 이미 발작을 느낀) 광견병적 날뜀 속에서 다른 인간을 불행하게 만들지 않기 위해 자살을 했다. 그가 이로써 부당한 짓을 했는가? 궁금하다.[192]

---

192) Kant, Metaphysische Anfangsgründe der Tugendlehre, A71-75쪽.

칸트는 도덕적 의무감에서 결행되는 '순국殉國'에 대해서도 자책의 도덕적 갈등에 빠져 궤변을 농하며 중언부언하고 있다. 여기에서 칸트의 공리주의 철학의 – 정언명령의 형식 아래 기만적으로 감춰진 – 차가운 공리주의적 본질성이 유감없이 드러나고 있다.

동기를 따지지 않는 결과주의적 관점에서 '일상적'으로 속물스러운 장사치의 '차가운 이익'을 지향하는 칸트의 공리주의 도덕철학의 상스러운 기만적 성격은 '인생 전체'의 관점에서 에피쿠리언적 쾌락주의 행복론을 수용해 쾌락주의적 최고선 개념을 수립하는 데서 다시 한번 드러난다. 그리하여 그의 공리주의는 일상 차원의 차가운 정언명령적 장사치 공리주의와 인생 차원의 에피쿠로스적 공리주의의 기만적 이중구조를 보여준다. 칸트의 최고선 개념은 "이성적 존재자들의 윤리성과 정확하게 비례하는 행복"이고,[193] 이 행복은 공리적 행위에 의한 욕망 충족의 쾌락이기 때문이다.

– 칸트의 상스런 쾌락주의적 행복 개념

밀은 도덕적 즐거움을 슬그머니 쾌락으로 격하·편입하는 부당전제의 오류를 범해서라도 '도덕적 쾌락'에 관심을 보인 반면, 칸트는 행복과 통합된 도덕이라는 최고선의 이념에서 '도덕적 행복'(도덕 행위의 즐거움과 동심적 일체감의 즐거움)에 전혀 관심을 보이지 않고 에피쿠리언적·쾌락주의적 기호嗜好(Neigung) 충족의 쾌락으로 직행한다. 그는 『실천이성비판』에서 "행복은 우리의 모든 기호 또는 성향적 욕구의 만족감(기호들의 다양성 면에서 광범한 만족이면서 정도 면에서 집약적인 충족이고 또한 지속성 측면에서 지구적인 만족)이다"라고 말한다.[194] 칸트는 에피쿠리언적

---

193) Kant, *Kritik der reinen Vernunft*, B841쪽.
194) Kant, *Kritik der reinen Vernunft*, B834.

욕구 개념으로 포착되지 않는 '도덕감정'을 불가피하게 성향적 욕구의 충족에서 생기는 '만족감'으로부터 배제하고 있다.

그런데 도덕감정은 엄격한 의미에서 욕구가 아니라, 우물에 빠지는 아이를 향한 즉각적 공감의 측은지심에 대한 맹자의 예, 말들이 내달리는 들판에서 낮잠 자는 사람을 구하러 달려가는 사람과 관련된 흄의 '확장적 공감'의 예, 사람을 구하러 불 속으로 뛰어드는 사람에 관한 다윈의 공감적 도덕 행위의 예, 넘어진 노인을 향한 '운동신경적' 배려에 관한 드발의 예 등을 위에서 시사했듯이, 강렬한 무조건적 충동 또는 의무적 충동이기 때문이다. 따라서 도덕 행위는 칸트의 에피쿠리언적·속류적 행복 개념과 충돌할 수 있다. 그러므로 칸트는 여기서 도덕 행위의 지위를 행복한 지위가 아니라, 단지 "행복할 만한 자격"을 주는 것으로만 규정한다.[195]

따라서 '도덕적 즐거움(행복)'과 사랑의 즐거움을 모르는 칸트의 도덕 행위의 행복 자격은 평생 행복으로 실현되지 않는 '공수표'로 끝날 수 있다. 따라서 평생을 불행하게 산 사람을 죽은 뒤에라도 보상할 것을 '약속'하고 부도덕하게 살면 벌할 것이라고 '협박'하기 위해 그는 이것을 가능케 하고 집행할 신('최고선으로서의 한 필연적 존재자')과 종교적 '은총의 나라'를 요청한다. '은총의 나라'는 칸트가 독단적 합리론자로 비판해 마지않는 라이프니츠의 이념이다.

- 비록 타인들이 이 도덕법칙에 합당하지 않게 행동하더라도, 도덕법칙의 규범적 구속력 또는 기속성羈束性은 자유의 모든 개별적 사용에 타당한 채 남아 있다. 이런 까닭에 이런 구속력의 결과가 행복에 어떻게 관계할지는 세계의 사물들의 본성으로부터도, 행동들의 인과성으로부터도, 그리고 윤리에 대한 행동의 관계로부터도 규정되어 있지 않

---

195) Kant, *Kritik der reinen Vernunft*, B834.

고, 행복함에 대한 희망과 자신을 행복에 마땅한 자격을 갖추게 하려는 부단한 노력의 관계는 – 자연을 단순히 기저에 놓는다면 – 이성에 의해서도 인식될 수 있는 것이 아니고, 도덕법칙에 따라 명령하는 최고 이성이 동시에 자연의 원인으로서 기저에 놓여 있는 경우에만 희망해도 될 뿐이다. (…) 그래서 누구라도 도덕법칙을 계명으로 보지만, 이 법칙이 선험적으로 적절한 결과들을 그 규칙들과 결합시켜 약속과 협박을 수반하지 않는다면, 이러한 계명일 수 없을 것이다. 그러나 또한 도덕법칙은 이러한 합목적적 통일성을 유일하게 가능하게 해줄 수 있는 최고선으로서의 한 필연적 존재자 안에 놓여 있지 않다면 이것을 할 수 없을 것이다. 라이프니츠는 이성적 존재자들과 도덕법칙과 최고선의 통치에 입각한 이들의 연관에만 주목하는 세계를 은총의 나라라고 불러 자연의 나라와 구별했다.[196]

정언명령을 내리고 도덕법칙을 입법하는 고답적 실천이성을 운위하던 위세는 어디로 가고 칸트는 갑자기 초라하게 꼬리를 내린 채 공리주의적 행복을 도덕적 행복 자격과 정확하게 비례시킬 수 없는 난관을 해결하기 위해 (그가 "교조적 형이상학자"로[197] 몰았던) 라이프니츠를 다시 살려내고 신을 불러들이는 '논리적 궁상'을 떨고 있다.

- 우리의 이성에게 행복은 그 자체만으로 결코 완전한 선이 아니다. 행복이 행복할 만한 자격, 즉 윤리적 선행과 통합되어 있지 않은 경우에 (성향이 아무리 이 행복을 원할지라도) 이 행복을 인가하지 않는다. 그러나 윤리와, 이와 함께 행복할 만한 단순한 자격도 그 자체만으로 결코

---

196) Kant, *Kritik der reinen Vernunft*, B838-840쪽.
197) Immanuel Kant, *Logik*, 133-148쪽. *Kant Werke*, Bd.5 (Darmstadt: Wissenschaftliche Buchgesellschaft, 1983).

완전한 선일 수 없다. 이것을 완성하기 위해서는 행복의 가치가 없지 않는 사람이 행복을 소유할 희망을 가질 수 있어야 한다. (…) 그러므로 이성적 존재자들의 윤리성과 정확하게 비례하는 행복만이, 우리가 순수한 실천이성의 규정에 따라 우리 자신을 전적으로 옮겨놓아야 하는 세계의 최고선을 이룬다." 그러나 이것은 저 당위처럼 결코 일어나지 않을 비경험적인, 따라서 비현실적인 '예지계'의 요청일 뿐이다. "물론 이 세계는 예지계다. 왜냐하면 감성계는 사물들의 자연본성으로부터 목적들의 그와 같은 체계적 통일성을 우리에게 약속하지 않기 때문이다.[198]

따라서 칸트의 이 논변도, 저 "약속과 협박"도 다 공리주의적 헛꿈에 지나지 않는다.

이런 한에서 칸트는 소크라테스와 플라톤의 공리주의 잔재 철학과 신화적 사후 상벌론을 좀 더 초라한 형태로, 그러나 은밀하게 확대해 슬그머니 재활용하고 있는 셈이다. 그러나 공리주의적 행복 요구는 그 목적과 수단이 둘 다 인간이 좌우할 수 없는 외적 조건들이기에 어떤 형태로도 완전히 충족시킬 수 없고 또 유희적, 미학적, 도덕적 즐거움에 비하면 생산력이 높이 발전할수록 사소해지는 '상스럽고 천한' 쾌락주의적 행복이다.

마지막으로, 우리가 다시 확인하는 것은, 이기적 욕구를 상호적으로 충족시키는 '공리적 상호주의' 또는 '상호적 이기심의 일반이익'으로부터는 인애와 이타적 정의(대의)에 기초한 도덕적 행복을 보장하는 어떤 인의 도덕도 나올 수 없다는 것이다. 기껏해야 갈수록 비천해지고 상스러워지는 '이기적 정의' 위주의 '소인의 생존 도덕' 또는 도척 같은 '장사치나

---

198) Kant, *Kritik der reinen Vernunft*, B840-841쪽.

세리의 치부 도덕'만이 나올 뿐이기 때문이다. 따라서 칸트의 도덕철학 전체에 대한 가장 확실한 비판은 "군자는 도의에 밝고 소인은 이익에 밝다"는 공자의 한 말씀이나, "너희가 너희를 사랑하는 자를 사랑하면 무슨 싱이 있으리요 세리도 이같이 하느니라"라는 예수의 한 마디 가르침(마태 5:46)으로 족할 것이다.

제4절

동정심 매도, 원죄적 성악설, 반反중도론

인간이라면 이성에서든 동정심에서든 불행한 사람을 도와야 하는 것이고, 그렇지 않으면 비인간이다. 나름대로 독실한 개신교 신자였던 스피노자는 남을 돕는 근거 동력으로 '이성'과 '동정심'을 둘 다 택일할 수 있게 열어둠으로써 예수의 '사랑' 이념을 완전히 내동댕이치는 선까지 나가지 않은 것으로 보인다.

그러나 칸트는 실천이성과 이성적 의무를 유일 시 하면서 동정심을 완전히 매도하고 배격했다. 칸트는 스피노자로부터 스토아학파로 되돌아가는 듯한 퇴행적 행보를 한다. 그리하여 칸트는 스스로 사랑, 동정심, 자비를 도덕의 제1원천으로 천명한 공자, 부처, 예수 등 인류의 성인의 공적 共敵임을 자부한다.

4.1. 칸트의 사이코패스적 동정심 매도와 그 파장

칸트는 실천이성적 의무도덕론의 견지에서 동정심을 하찮게 여기며 매도한다. 이 동정심 매도의 파장은 여러 철학자들, 특히 니체에 미친다.

■ 칸트의 의무론적 동정심 매도

합리주의적 도덕법칙의 관점에서 칸트는 일단 "동정심과 인정 어린 연민의 감정들도 무엇이 의무인지에 대한 숙고 이전에 선행하여 결정 근거가 된다면 사려 깊은 사람들 자체에게는 부담이 되고, 이들의 숙달된 준칙을 혼돈에 빠뜨린다"고 못 박는다.[199] 그리고 그는 동정심에서 자선을 베푼다면, 이것은 아무런 도덕적 가치가 없다고 선언한다.

- 가급적 자선을 베푸는 것은 의무인데, 이를 넘어 허영이나 이기심의 다른 작용 근거 없이도 기쁨을 자기 주변에 넓히는 것에서 내적인 재미를 느낄 정도로 공감적 성정을 가진 많은 영혼들이 있다. 이런 영혼들은 타인의 만족에서 이것이 그의 작용인 한에서 기뻐한다. 그러나 내가 주장하는 것은, 이러한 경우에 그와 같은 행위는 아주 의무적이고 아주 친절할지라도 아무런 참된 도덕적 가치가 없고, 가령 명예욕 등 다른 성향들과 동일한 짝으로 간주된다는 것이다. 이 명예욕은 다행히도 실제로 공익적이고 의무적인 것, 따라서 명예의 가치가 있는 것을 겨냥하는 경우에 칭찬과 격려를 받을 만하지만, 존경을 받을 만하지는 않다. 왜냐하면 이 준칙은 말하자면 그런 행동을 성향으로부터가 아니라 의무로부터 하는 도덕적 내용을 결하기 때문이다.[200]

칸트는 이런 논거에서 참된 도덕적 가치를 갖는 자선은 공감 능력과 동

---

199) Kant, *Kritik der praktischen Vernunft*, A213쪽.
200) Kant, *Grundlegung zur Metaphysik der Sitten* [1785·1786], BA10쪽.

정심을 완전히 결여한 사람이 의무에서 베푸는 자선이라고 천명한다.

- 따라서 저 박애자의 심성이 타인들의 운명에 대한 일체의 동정심을 꺼 버리는 자기의 비애에 의해 에워싸여 흐려져 있어도, 이 자가 곤궁을 겪는 타인들에게 여전히 자선을 베풀 능력을 가지지만, 자기 자신의 곤궁에 충분히 매여 있어 남의 곤궁은 그를 감동시키지 않고, 어떤 성향도 그를 자선으로 자극하지 않기 때문에 그는 이 살인적인 무감無感 상태에서 탈피하여 하고 싶은 일체의 성향 없이, 오로지 의무로부터만 이 행동을 한다고 가정해 보자. 그러면 이 자선 행동은 무엇보다도 참된 도덕적 가치를 가진다. 한 걸음 더 나아가, 자연 본성이 이 사람 또는 저 사람의 심장 속에 일반적으로 거의 동정심을 심어 넣지 않았다면, 그가 (게다가 그가 진실한 사람인데) - 아마 자기 자신의 고통에 대해서도 인내의 특별한 자질과 견디는 힘을 부여받아서 그와 같은 것을 다른 모든 사람에게도 전제하고 심지어 요구하는 탓에 - 기질상으로 냉정하고 타인의 고통에 무관심하다면, 과연 그는 자기 자신에게, 선량한 기질에서 나온 가치보다 훨씬 더 높은 가치를 부여할 원천을 자기 안에서 발견하지 않겠는가? 물론이다! 도덕적으로 그리고 일체의 비교 없이 최고인 품성의 가치, 말하자면 그가 성향으로부터가 아니라 의무로부터 자선을 베푼다는 성품의 가치가 시작된다.[201]

본성적으로 동정심이 없어서 기질상으로 냉정하고 타인의 고통에 무관심한 사람은 사이코패스다. 칸트는 지능적으로 도덕적 자선 의무를 추리하여 이 가식적 의무 의식에서 자선하는 사이코패스만을 최고의 도덕 군자로 만들고 있다.

---

201) Kant, *Grundlegung zur Metaphysik der Sitten*, BA10-11쪽.

주지하다시피 '의무'도 강렬한 도덕감정에 기초한 '의무감'이 아니라면 실천성이 없다. 그러나 '살인적 무감 상태'에 있는 사이코패스는 이 의무 '감정'을 결코 가질 수 없다. 따라서 "성향으로부터가 아니라 의무로부터 자선을 베푼다는 성품의 가치"는 실재성이 없는 '칸트의 망상'이다. 바로 이어서 살펴보겠지만, 이것이 망상임을 그가 스스로 실토한다.

칸트는『덕성론의 형이상학적 발단 근거』에 이르러서 합리주의적 사이코패스로서의 진면목을 드러낸다. 여기서는 동정심을 이성적 인애를 위해 사용하는 것은 인간성 아래의 조건적 의무이나, 이 인간성 자체를 동정심에 정초하는 것은 동정심이 '전염병'처럼 전염되는 것이기에 '부자유한 것'으로 매도한다.

- 동락同樂과 동정(도덕적 동정심)은 (감성적이라고 받아들여질 수 있는) 타인들의 쾌락과 고통의 상태에 대한 쾌감이나 불쾌감의 감성적 느낌 (공감, 동감적 느낌)이다. 자연은 인간 속에 이 느낌에 대한 감수성을 심어 놓았다. 그렇긴 하나 이 동락·동정을 행동적·이성적 인애의 촉진을 위한 수단으로 사용하는 것은 인간애(humanitas)라는 명칭 하의 비록 조건적일지라도 특별한 의무다. 왜냐하면 인간은 단순히 이성적 존재자로 간주되는 것이 아니라, 이성을 타고난 동물로 간주되기 때문이다. 이 인간애는 자신의 감정과 관련하여 자신을 서로 전달할 수 있는 능력과 의지(실천적 인간성) 속에 정립되거나, 단순히 쾌락과 고통의 공동감정, 즉 본성 자체가 부여하는 것에 대한 감수성(감성적 인간애) 속에 정립될 수 있다. 전자는 자유로운 것이고 동감적(자유로운 공동감정)이라고 불리고, 또 실천이성에 근거한다. 후자는 부자유한 것(부자유하고 굴종적인 공유감정)이고, (열기나 전염병의 감수성처럼) 공유적이라고 일컫고, 동정 열정(Mitleidenschaft)이라고도 일컫는다. 왜냐

하면 이것은 나란히 살고 있는 사람들 사이에 자연적 방식으로 확산되기 때문이다. 구속성은 다만 전자에 대해서만 존재한다.[202]

우리는 살기 위해 본능적으로 숨을 쉬지만, 자발적으로 몇십 초나 1-2분을 참을 수 있다. 공감과 동정심도 인간의 본능이지만 숨쉬기보다 훨씬 자발적이다. 상대에 대한 미학적·도덕적 판단에 따라 자유롭게 공감과 동정을 거둘 수 있기 때문이다. 그래서 우리는 공감과 동정심이 결코 무의식적·전염적 부자유의 감정 작용이 아니라, 고도로 자발적·자율적이라는 것을 이미 알고 있다. 이런 까닭에 "자신의 감정들과 관련하여 자신을 서로 전달할 수 있는 능력과 의지 속에 정립되는" 인간성과, "단순히 쾌락과 고통의 공동감정, 즉 본성 자체가 부여하는 것에 대한 감수성 속에 정립되는" 인간성을 '자유(자발)'와 '부자유(비자발)'를 근거로 차별하는 것은 어불성설이다. 칸트는 감정 전염과 공감, 공감과 공감 감정으로서의 동정심 간의 차이에 대한 몰지각을 드러내고 있다.

그러나 바로 이어지는 구절에서 칸트는 동정심을 아예 비상식적으로 매도하고 배격한다.

- 실제로 타인이 고통스러워하고 내가 떨칠 수 없는 그의 고통에 의해 내가 나를 또한 (상상력을 통해) 감염시킨다면, 불행이 본래 (본성 속에서) 단 한 사람만을 때릴지라도, 그들 둘이 고통스러워한다. 이 세상에 불행을 늘릴 의무는 있을 수 없다. 따라서 동정심에서 인혜仁惠를 베풀어야 할 의무도 있을 수 없다. 이런 의무는 이런 식의 선행이 모욕적인 종류의 인혜일 것인 것처럼 있을 수 없는 것이다. 이런 식의 선행은 품위 없는 자와 관련되고 가엾이 여기는 것이라 불리는 인애, 행복

---

202) Kant, *Metaphysische Anfangsgründe der Tugendlehre*, §34 (A129-130쪽).

할 만한 자신들의 자격을 자랑해서는 아니 되는 인간들 사이에서는 전혀 제각기 서로에 대해 등장하지 않을 인애를 표현하고 있기 때문이다.[203]

여기서 칸트는 동정심을 고통의 감정 전염적 확산 기제로 규정하고 있다. 따라서 그는 '가엾이 여기는' 동정심에서 우러나는 인애를 '모욕적' 인애, '품위 없는' 인애로 멸시하고 있다. 넘어진 노인을 보자마자 체화된 동정심에서 무의식적·충동적 자동 행동 메커니즘(PAM; Perception and Action Mechanism)으로 일으켜주면, 이것은 천박한 짓이고, 이 노인이 이 도움을 모욕으로 느낀다? 칸트는 인간의 상식으로부터 자꾸만 멀어지면서 인간의 '신성한' 인간적 도덕감정 동정심을 모독하고 있다. 그리하여 칸트는 한사코 상식에 반해 '마음에서 우러나옴(Herzensaufwallung)'이나 동정심 따위의 감정에 근거한 도덕 행위를 '싸구려'로 격하시키고 '존재와 당위' 또는 '성향과 의무'의 차이를 합리주의적으로 교조화한 '현학적 정관定款 도덕'의 관점에서 도덕적 가치 관계를 완전히 거꾸로 뒤집어놓는다. 가령 자기의 감정적 성향에서 자선을 한다면, 또 동정심에서 자선을 베푼다면, 이것은 아무런 도덕적 가치가 없고, 실천이성적 의무(감)에서 자선을 행할 때만 도덕적 가치가 있다는 것이다.

- 인간에 대한 사랑과 동정적 인애심에서 인간들에게 선을 행하는 것이나, 질서에 대한 사랑에서 정의로운 것은 아주 아름다운 일이나, 우리가 마치 의용군처럼 방자한 상상으로 의무 관념을 뛰어넘고, 계명으로부터 독립된 자처럼, 외람되게도 우리에게 어떤 계명도 필요가 없는 것으로 여기는 것을 단지 자기 쾌감에서 감히 행하려고 한다면, 인

---

203) Kant, *Metaphysische Anfangsgründe der Tugendlehre*, §34 (A131쪽).

간 사랑과 동정적 선의에서 나온 저런 선행도 아직 인간으로서 이성적 존재자들 사이에서 우리의 관점에 알맞은 우리 행태의 참된 도덕적 준칙이 아니다. 우리는 이성의 기율에 의해 지배받고 있고, 이 기율에 대한 복종이라는 우리의 모든 준칙에서 아무것도 이 기율로부터 빼지 않을 것을 잊지 않아야 하거나, 우리가 법칙에 따를지라도 우리의 의지의 결정 근거를 법칙 자체와 이 법칙에 대한 존경이 아닌 다른 곳에 정립함으로써 법칙의 위엄으로부터 (우리의 자기 이성이 있을지라도) 뭔가를 자애적自愛的 망상 때문에 삭감해서는 아니 된다. 의무와 책임은 우리가 도덕법칙과 우리의 관계에 대해서만 부여해야 하는 명칭들이다. 우리는 자유에 의해 가능한, 실천이성을 통해 우리에게 존경하도록 제시된 도덕의 나라의 입법적 구성원들이기는 하지만, 동시에 이 나라의 원수가 아니라 신민이다. 그리고 피조물로서의 우리의 낮은 지위의 오인과 신성한 법칙의 위엄에 대한 자만自慢한 거부는 이 법칙의 자구가 이행될지라도 이미 정신에 따라 이 법칙에 대한 배반이다.[204]

이어서 칸트는 자신의 이따위 논변이 성서의 복음과 일치한다고 주장한다. "그러나 이것과는 '무엇보다도 하느님을 사랑하고 네 이웃을 네 자신처럼 사랑하라'는 것(누가복음 10장 27절, 마태복음 22장 37-39절, 마가복음 12장 30-31절)과 같은 이러한 계명의 가능성이 완전히 잘 부합된다. 왜냐하면 이 계명은 그래도 사랑을 명령하는 법칙에 대한 존경을 계명으로 요구하고, 이 존경을 자기의 원칙으로 삼는 것을 임의적 선택에 넘기지 않고 있기 때문이다."[205] 칸트는 어리석게도 성서의 이 계명이 결코 계명이 아닌 인간의 자연 본성적 감정에 기초해 있음을 보지 못하고 있다.

---

204) Kant, *Kritik der praktischen Vernunft*, A146-148쪽.
205) Kant, *Kritik der praktischen Vernunft*, A146-148쪽.

성서의 "너 자신처럼 사랑하라"는 말은 '네가 너 자신을 사랑하는 것', 즉 '자기애'를 전제하고, '자기애'는 루소의 말대로 "우리 자신의 복지와 보존에 깊이 관심 갖도록 만들어주는" 생명욕, 즉 칸트의 말대로 "이성의 기율에 의해 지배받지" 않는 '이성 이전'의 본성적 생명욕이다. 예수는 이 본성적 생명욕을 별도의 계명으로 명령하지 않고 하늘이 준 강렬한 자연적 감정으로 전제하고 있다. 따라서 예수의 계명은 감정을 경멸하는 칸트의 사이코패스 명제와 본질적으로 다른 것이다. 실은 칸트의 저 논변은 예수의 계명과 전혀 '부합'되지 않는다. 존재와 당위의 대립에 대응하는 감정과 의무의 대립의 구도를 바탕으로 칸트는 이 비상식적 궤변을 구축하고 있다. 칸트는 다른 곳에서 '사랑(동정심)'은 '의무'가 아니라 '감정(성향)'인 반면, 자선을 추진하는 '인애'는 '감정'이 아니라 '의무'라는 자의적 주장으로서[206] 이 사이비 철학적 궤변을 재차 뒷받침한다. 그러나 인애의 의무가 사랑 감정에 기초하는 것이 입증된다면 어쩔 것인가?

■ 허치슨·흄·쇼펜하우어·뒤르켐·조이스의 반비판

칸트의 도덕성은 자꾸자꾸 거꾸로 뒤집힌다. 타인에 대한 도움과 사랑이 마음속에서 동정심이나 사랑의 감정에서 우러나와 베풀고 싶어서 베푸는 것이 아니라, '이성의 명령'으로 치장된 '의무' 또는 '의무감'(도덕법칙에 대한 존경)에서 베푸는 것이라면, 세상 사람들은 이런 식의 베풂을 '가식'으로 본다. 반대로 타인에 대한 도움과 사랑이 의무 이전에 마음속에서 동정심이나 사랑의 감정에서 우러나와 베풀고 싶어서 베푸는 것이라면, 이 베풂은 '진실'로 생각한다.

그러나 이런 식의 느낌과 사고방식은 세상 사람들만의 판단이 아니다. 허치슨, 흄, 쇼펜하우어, 뒤르켐, 조이스 등 진실한 서양 철학자들도 동아

---

206) Kant, *Metaphysische Anfangsgründe der Tugendlehre*, A39-41쪽.

시아인들과 유사한 견해를 피력한다. 프랜시스 허치슨에 의하면, 우리는 "실로 몹시 유용한 행동들이라도 타인들에 대한 어떤 친절한 의도들로부터도 발원하지 않는다는 것을 안다면, 이 몹시 유용한 행동들도 도덕적 아름다움을 결여한 것으로 보는" 반면, "친절의 성공적이지 못한 미수나, 공공복리를 증진하려는 성공적이지 못한 미수는 강렬한 인애심으로부터 발원한다면 가장 성공적인 시도만큼 호감을 주는 것"이다.[207] 흄은 도덕 감정의 동기 없이 의무감에서 행하는 도덕 행위가 가능하지만 이런 '순수한' 의무 행위를 도덕감정의 결여를 감추는 '위장' 행위로 보았다. "어떤 도덕적 동기나 소인素因이 인간 본성에 공통될 때, 그의 마음이 이 소인을 결하고 있다고 느끼는 사람은 (…) 그가 이것을 결여함을 가능한 한 많이 위장하기 위해 동기 없이, 일정한 의무감에서 그 행동을 수행할 수 있다."[208] 쇼펜하우어도 칸트의 도덕감정 없는 의무도덕론을 기독교와 연관시켜 맹렬하게 비판한다.

- 칸트가 만인의 감정을 상하게 하고 종종 비난받고 실러에 의해 한 경구로 풍자된 또 다른 오류는 어떤 행위가 참으로 선하고 공적이 있기 위해서라면, 그 어떤 성향에서가 아니라, 타인에 대한 호의의 느낌에서가 아니라, 마음 약한 동정, 연민이나 '마음에서 우러나옴'에서가 아니라, 오로지 인식된 법칙과 의무 개념에 대한 공경에서 그리고 이성에 추상적으로 의식되는 준칙에 따라서만 수행되어야 한다는 현학적

---

207) Francis Hutcheson, *An Inquiry into the Original of Our Ideas of Beauty and Virtue; In two Treatises* [1st ed. 1726; 3rd ed. 1729; London: Printed for R. Ware, J. Knapton etc., 5th ed. 1753] (Indianapolis: Liberty Fund, 2004), 116쪽.
208) David Hume, *A Treatise of Human Nature*, Book 3. *Of Morals*, edited by David Fate Norton and Mary J. Norton, with Editor's Introduction by David Fate Norton (Oxford·New York·Melbourne etc.: Oxford University Press, 2001·2007), 308쪽.

정관定款이다. 동정, 연민이나 '마음에서 우러나옴'과 같은 것은 (⋯) 생각을 잘하는 사람들에게 이들의 심사숙고된 준칙을 혼동시키는 것으로써 심지어 아주 귀찮은 것이다. 오히려 행위는 내키지 않게, 그리고 자기 강제로 일어나야 한다. 여기에서 그럼에도 대가의 희망이 영향을 미쳐서는 아니 된다는 것을 기억하고, 이 요구의 지독한 부조리를 헤아려보라. 그러나 더 말해야 하는 것은 이 요구가 덕성의 진실한 정신과 정면 배치된다는 것이다. 행위가 아니라, 이 행위를 기꺼이 하고 싶은 것, 즉 이 행위를 생겨나게 하는 사랑 - 이 사랑이 없으면 이 행위는 죽은 소행이다 - 은 이 행위의 칭찬할 만한 면을 이룬다. 따라서 기독교는 모든 외적 업적은 참된 기꺼운 마음과 순수한 사랑에 본질을 두는 저 진실한 심정에서 생겨나지 않는다면 무가치하다고, 그리고 수행된 업적이 아니라 믿음, 즉 법칙만을 눈앞에 두는, 자유롭고 심사숙고된 의지가 낳는 것이 아니라 성령만이 부여하는 진실한 심정이 사람을 복되게 하고 구원한다고 올바로 가르치고 있는 것이다.[209]

이 논변을 바탕으로 쇼펜하우어는 칸트에게 최후의 '찌르기' 한 방을 먹인다. "어떤 덕행이든 법칙에 대한 숙고된 순수한 존경에서, 그리고 이 법칙의 추상적 준칙에 따라 차갑게, 그리고 성향 없이, 아니 성향에 반해서 일어나야 한다는 칸트의 저 요구는 어떤 진실한 예술 작품이든 미학적 규칙의 잘 숙고된 적용을 통해 생성되어야 한다고 주장하는 경우와 정황이 똑같다. 전자는 후자만큼 거꾸로 된 것이다."[210] 이처럼 도덕감정에서 도덕 행위를 행해야 하는 것은 동서양의 '인간적·철학적 상식'이다. 도덕

---

209) Schopenhauer, *Kritik der Kantischen Philosophie*, 704쪽. "심지어 아주 귀찮은 것이다"는 구절에 쇼펜하우어는 『실천이성 비판』, 213쪽(로젠크란츠판본 257쪽)에 의거한다고 밝히고 있다.
210) Schopenhauer, *Kritik der Kantischen Philosophie*, 704쪽.

감정의 참된 동기 없이 수행되는 도덕 행위는 '가식'이거나 '위장'이다.

에밀 뒤르켐은 도덕 규칙이 이것이 명령하기 때문에 이것에 복종하게 하는 '특별한 권위'를 갖추고 있고 이런 까닭에 순수한 경험적 분석을 통해 의무 개념에 도달하고, 여기에 킨트의 의무 개념과 유사한 정의를 부여할 것이라는 점을 인정한다. 따라서 '의무'는 도덕적 규칙의 첫 번째 특징이라는 것이다. 그러나 바로 이어서 뒤르켐은 칸트를 정면 비판한다.

- 하지만 칸트가 말한 것과 반대로 의무 개념이 도덕 개념의 전부가 아니다. 우리가 행위를 단지 의무의 내용에 대한 고려 없이 의무가 명령하기 때문에만 수행하는 것은 불가능하다. 우리가 우리 자신을 의무의 행위자로 만들기 위해서는 의무가 우리의 감성을 어느 정도로 요구하고 우리에게 그 어떤 관점에서 추구할 만한 것으로 나타나야 한다. 따라서 책무 또는 의무는 도덕의 여러 측면 중 하나만을, 그것도 추상적 측면만을 표현할 뿐이다. 얼마간의 추구할 만함은 적잖이 본질적인 또 다른 특징이다. 그런데 의무의 본성을 이루는 것도 도덕적 측면의 저 추구할 만함 속에 포함되어 있다. (⋯) 이 추구할 만한 것을 우리는 선이라고 부른다.[211]

뒤르켐의 말을 종합하면, 도덕적 '선'은 다름 아니라 '특별한 권위'의 '추구할 만한' 감성 가치, 또는 '강렬히 추구되는 감성적 의미(sense)'다. 의무의 본성, 즉 의무의 '특별한 권위'는 이 추구할 만한 느낌의 '강렬성', 즉 도덕감정의 '강렬성'이다. 이것을 빼면 의무는 한낱 도덕의 추상적 측면, 즉 '껍데기'에 불과한 것이다. 권력 없는 명령이 아무것도 아니듯이,

---

211) Emil Durkheim, *Sociologie et Philosophie* (Paris: Félix Alcan, 1924). *Soziologie und Philosophie* (Frankfurt am Main: Suhrkamp, 1985), 85쪽.

특별한 권위 없는, 즉 도덕감정의 강렬한 충동 없는 의무도 아무것도 아닌 것이다. 따라서 도덕적 선 없이는, 즉 '추구할 만함'의 강렬한 감성 없이는 의무 관념도 없다. 그러나 거꾸로 의무 관념 없이도 도덕적 선은 있다. 모든 선이 의무적인 것도 아니고(많은 선은 '미지의' 아프리카 난민을 돕거나 '처삼촌 묘지 벌초하는 일'처럼 도덕감정이 강렬하지 않을 경우에 의무적인 것이 아니라, '수행한다면 좋은 것들'이다), 강렬한 도덕감정이 강요하는 '모든' 선행을 의무 '관념'을 갖고서 수행하는 것도 아니기 때문이다. 그러므로 칸트가 '의무 관념'만으로 행위를 요구하는 것은 인간의 상식, 아니 인간의 본성에 반하는 것이다.

이 때문이 현대철학자 리처드 조이스(Richard Joyce)도 인간 본성에 합당한 도덕적 상식의 힘으로 이렇게 칸트를 비판한다.

- 도덕 판단은 무엇보다도 금지를 이해할 능력을 필요로 한다. 이 주장은 임마누엘 칸트에 의해 유명하게 인준된 주장, 즉 친사회적 감정들에 의해 동기 지어진 행위들은 도덕적으로 찬미할 만한 것으로 간주될 수 없다는 주장과 혼동되어서는 아니 된다. 나는 이 논점에서 칸트와 반대되는 상식의 편에 서 있어서 좀 더 행복하다. 종종 우리는 사랑, 동정심, 그리고 이타심에 의해 동기 지어진 행위를 하는 사람들을 도덕적으로 칭찬한다. 사실, 나는 때로 직접적 동정심이 아니라 명시적인 도덕적 계산으로부터 나온 동기에서 움직이는 사람은 일종의 도덕적 악덕을 드러내 보이고 있다는 견해를 인준해 주고 싶다.[212]

칸트를 비판하는 철학자들이 이렇게 줄을 이었을지라도, 그에 대한 사

---

212) Richard Joyce, *The Evolution of Morality* (Cambridge, Massachusetts: The MIT Press, 2006), 50쪽.

이코패스적 추종자들도 많았다. 그중에는 니체 같은 '비밀 당원'도 있었다. 칸트와 니체 간에는 겉으로 드러나지 않는 도덕론적 연속성의 '비밀 통로'가 있다. 양인에게는 후술하겠지만 반反중용 논리나 유희적 변조 미학도 공통된다. 양인이 뭔가 기질적 상통성이 있는 것으로 보인다. 이런 의혹은 사이코패스에 대한 최근의 정신병리학적·심리학적·뇌과학적 연구를 참조하면 더욱 견실해질 수 있다.

■ 사이코패스로서 칸트의 도덕적 이상형

동정심을 모독하는 칸트는 혹시 동정심이 없거나 부족한 사람이었을 것이다. 그들이 동정심이 있었다면, 그들은 아마 동정심을 이렇게까지 모독하지 않았을 것이다. 동정심 모독이 곧 자기 모독이 되기 때문이다. 확실히 칸트는 '동정심'이라는 말을 알았으나 동정심을 느끼지는 못했던 것으로 보인다. 주지하다시피 까마득히 더 먼 옛날에 맹자는 "측은지심은 사람이 다 가지고 있는 바(惻隱之心 人皆有之)",[213] "측은지심이 없으면 사람이 아니다(無惻隱之心 非人也)"라고 갈파했다.[214] 이런 자를 공맹은 불인자라고 했고 구체적 인물로 '도척盜跖'을 들었다. 다윈은 동정심이 없는 인간을 "부자연스러운 괴물"이라고[215] 천명했고, 쇼펜하우어는 "'인간성'이라는 말이 종종 동정심의 동의어로 사용되는 것처럼, 사람들은 동정심을 결한 것 같은 사람을 비인간(Unmensch)이라 부른다"고[216] 확언했다. 맹자와 쇼펜하우어의 '비인간', 다윈의 '괴물'은 오늘날 '사이코패스'라 부른다. 스토아학파의 동정심 멸시를 계승하여 동정심 모독을 더욱 분명하게 감행한 칸트와 니체는 이 모독을 실행에 옮긴 무솔리니·히

---
213) 『孟子』「告子上」(11-6).
214) 『孟子』「公孫丑上」(3-6).
215) Charles Darwin, *The Descent of Man, and Selection in Relation to Sex* [1871·1874] (London: John Murray, 2nd edition 1874), 112쪽.
216) Schopenhauer, *Preisschrift über die Grundlage der Moral*, §17 (745쪽).

틀러와 더불어 이런 사이코패스 혐의를 충분히 받을 만하다.

'사회적 인격장애 증세'를 가진 자를 사이코패스(psychopath) 또는 소시오패스(sociopath)라 하고, 사이코패스와 소시오패스를 구분하기도 하는데 1980년대 이후 미국 의학계에서는 양자의 구분이 실익이 없다고 판단하고 '사이코패스' 하나로 통일했다. 사이코패스에 대한 최근의 연구 보고는 이 혐의를 더욱 강력하게 뒷받침해 준다. 지성적으로 정상적이고 오히려 지능적으로 보통을 넘는 사이코패스들의 정신에 대한 '의학적' 소견과 '법적' 판단은 그들이 '건강'하다는 것이다. 이들은 신경증이나 정신병을 앓는 사람들의 환각을 전혀 느끼지 않는다. 하지만 이들은 사랑, 동정심, 죄책감, 수치심, 후회와 같은 사회적 공감 감정을 느낄 수 없고, 이런 까닭에 타인들의 고통에 대한 아무런 걱정도, 공감적 인지도 없이 타인들을 조종하고 해친다. 사이코패스들은 사회가 요구한다고 느낀 반응을 성찰하도록 그 자신에 의해 프로그램된 '감정적 로봇'이다. 사이코패스는 여성들보다 남성들에게서 4-7배 이상 많다. 사이코패스는 인구의 4%에 못 미친다. (북미의 사이코패스는 약 200만 명 정도다.) 그러나 이 작은 비율의 인간들이 미국의 중범죄의 50% 이상을 저지른다. 사이코패스는 자신의 욕구를 충족시키는 어떤 목적의식적 노력에 의해서도 동기를 부여받지 못한다. 사이코패스는 도둑이 될 수도 있지만, 돈에 대한 강렬한 욕구를 가진 듯이 보이지 않는다. 수백 명의 여성을 유혹하지만, 어떤 여성에 대해서도 강렬한 욕구를 가지고 있지 않은 것으로 보인다. '정신적 정상성(saneness)'의 마스크 뒤에는 어떤 강렬한 욕구에 의해서도 동하지 않는 천박한 영혼이 들어 있다.[217]

사이코패스의 특징은 사이코패스 연구에 평생을 바친 로버트 헤어

---

217) Larry Arnhart, *Darwinian Natural Right: the Biological Ethics of Human Nature* (Albany, NY: State University of New York Press, 1998), 215-216쪽.

(Robert D. Hare)가 제시하는 전문가용 '사이코패스 체크리스트'에 의하면 12가지로 요약된다.[218]

① 구변이 좋시반 피상적이다. 이것은 문필가나 철학자의 경우에 '글이 지성적·이성적으로 빼어나지만, 그 글의 내용은 기묘하게 피상적이고 정교하게 기계적·기만적·가식적이다'라고 바꿔 볼 수 있을 것이다.

② 자기중심적이고, 자신을 거창하게 부풀려 우월하다고 여긴다.

③ 공감이 없다.

④ 후회나 죄책감이 없다(양심이 없다). 따라서 사이코패스의 거짓말은 거짓말탐지기로도 포착되지 않는다.[219]

⑤ 기만적이고 가식적이다. 거짓말, 기만, 조작은 사이코패스의 천성적 재능이다. 사이코패스는 자신의 거짓말 능력을 자랑스러워하는 것으로 보인다. 정교한 거짓말을 금도襟度 없이 즐기고 기만적·가식적·조작적 얼굴을 잘 꾸민다. ('구변이 좋은 것'과 '얼굴색을 거짓으로 꾸미는 것'은 '교언영색巧言令色'에 해당한다. 따라서 공자는 "교언이 덕을 어지럽히고", "교언영색에는 인애가 드물다"고 말했다. 따라서 자신이 '교언영색'하는 것을 정상인은 수치스럽게 느낀다. 이런 까닭에 공자는 "교언영색과 과공過恭은 좌구명이 수치스러워했는데 나도 수치스러워한다"라고 했던 것이다. 공자는 교언영색에서 덕을 어지럽히고 인애를 해치는 사이코패시 낌새를 느꼈던 것으로 짐작된다.[220]

⑥ 사이코패스는 감정이 얕다. 1970년대의 유명한 연쇄살인범 테드 번

---

218) Robert D. Hare, *Without Conscience: The Disturbing World of the Psychopaths among Us* (New York·London: The Guilford Press, 1993·1999), 33-68쪽.
219) 참조: James Q. Wilson, The Moral Sense (New York·London: Free Press, 1993·1997), 107쪽.
220) 차례로『論語』「衛靈公」(15-27). "子曰 巧言亂德.";「陽貨」(17-15). "子曰 巧言令色 鮮矣仁.";「公冶長」(5-25), "子曰 巧言令色足恭 左丘明恥之 丘亦恥之."

디(Ted Bundy)는 최종적 체포를 당한 뒤 그 자신을 "나는 당신이 언젠가 만난 창녀의 가장 냉혈한 자식이다"라고 묘사했다. 사이코패스는 느낌의 범위와 깊이를 제한하는 일종의 감정 빈곤을 겪는 것으로 보인다. 종종 그들은 냉정하고 무감하게 보이는 반면, 연극적이고 얕고 느낌의 단기적 연출의 성향이 있다. 그들은 연극하는 것 같고, 내면을 들여다보기 어렵다. 때로 그들은 강렬한 감정을 경험한다고 주장하지만, 다양한 감정 상태의 미묘성을 묘사할 능력이 없다. 가령 그들은 사랑을 성적 흥분과, 슬픔을 좌절감과, 분노를 성냄과 동일시한다. 라미레스라는 야행성 스토커는 "나는 증오, 분노, 쾌감과 탐욕의 감정들을 '믿는다'"고 말한다. 따라서 그들은 정상인들이 느끼는 대부분의 감정들을 느낄 수 없고, 이 감정들을 단지 단어, 독서와 미숙한 상상력을 통해서만 알고 감정들이 존재한다고 '믿을' 뿐이다. 그들은 이 감정들을 느낀다고 '상상'하지만, 실은 '느끼지' 못한다. 따라서 사이코패스는 "단어들을 알지만 음악을 알지 못한다". 가령 아보트라는 사이코패스는 증오·폭력·자기정당화에 관한 산만한 책에서 이 폭로성 발언을 한다. "내가 오직 단어로만, 독서와 나의 미성숙한 상상 속에서만 아는 감정들 – 전 스펙트럼의 감정들 – 이 존재한다. 나는 내가 이 감정들을 느낀다고 '상상할' 수(그러므로 이 감정들이 무엇인지를 알 수) 있지만 나는 느끼지 못한다. 37세 나이에 나는 조숙한 아이다. 나의 감정은 소년의 그것들이다."[221] 따라서 사이코패스는 감정들을 경험하지 못한 채 이 감정들을 흉내 낸다. 인간이 일부 경제학자·게임이론가·합리적 선택이론가들이 상상하는 순수한 '타산가'일 뿐이라면, 이 '타산가'가 바로 사이코패스다.[222] 사이코패스의 이 실失감정증(alexithymia)은 뇌 구조의 결함에 기인하기 때문에 외부에서 전문적으로

---

221) Hare, *Without Conscience*, 52-53쪽.
222) Wilson, *The Moral Sense*, 107쪽.

접근할 수도, 치유할 수도 없다.[223] 테드 번디는 프랑스 요리, 백포도주, 고급 미식美食을 즐겼고, 모차르트와 무명 외국영화를 애호했고, 그가 쓰는 시는 다정다감하고 낭만적이었다. 하지만 그는 실은 사람보다 사물을 더 좋아했고, 고물 물건에서 생명을 느꼈고, 다른 인간에게 느끼지 못하는 동정심을 사물들에서 느꼈다. 테드는 정상적 인간의 사회적 감정들을 실감하거나 이해하지 못한 채 '흉내 내는' 도덕적 이방인으로 생을 살았다.[224] 번디의 시詩는 다정다감했을지언정 시답지 않은 무절제한 감정 방출이거나 위선적인 단어 조작이었다. 그러나 모차르트 음악과 고급 요리를 즐긴 것은 좀 의미가 있는 것이다. 저 음악과 고급 요리 또는 그림 등은 즉물적 '단순 미감'으로도 감상이 가능한, 따라서 소나 개, 새 같은 동물들도 어느 정도 그 예술미를 '자연미'로 격하시켜 감식할 수 있기 때문이다. 번디도 니체가 카르멘이나 바그너의 음악을 듣고 제멋대로 감동했고 히틀러가 그림을 조금 그렸듯이 저 음악과 고급 요리 또는 그림 등을 '자연미'로 단순화시켜 즐겼을 것이다. 그러나 번디도, 니체도, 히틀러도 '미적 공감'을 요하는, 음악가·연주자·요리사의 '미학적 의도'와 '예술미'의 미적 감정을 전혀 공감하지 못했을 것이다. 오히려 니체처럼 예술 미학과

---

[223] 따라서 사이코패스적 실감정증은 '44명의 소년 도둑' 연구로 유명한 존 보울비가 말하는 유아기 분리 공황과 사랑 결손에 기인한 '무감정증(affectionlessness)'과 본질적으로 다르다. 참조: John Bowlby, *The Making and Breaking of Affectional Bonds* (London·New York: Routledge, 1979·1989·2005·2010). 이 무감증 어린이들의 '타인 무관심'은 "단지 피상적일 뿐"이고, 단지 애정이나 적개심에 대해 극단적으로 흥미가 없는 양 자신을 만들어 보이는 것이다. 그들은 엄마로부터의 분리·학대와 사랑 결핍에 대한 부정적 경험 때문에 "그들을 영원히 가둘 고통스런 고립 속에 갇히게 된 것"일 따름이다. 사랑에 대한 그들의 갈망과, 사랑 부재 시의 분노는 무의미한 섹스·절도·공격성으로 터져 나온다. 하지만 그들은 전문가의 접근이 불가능하지도 않고, 이들의 치유를 위한 사랑과 신뢰 확립도 불가능하지 않다. 그것은 어디까지나 "비극적 내부감옥"의 심리현상이기 때문이다. Robert Karen, *Becoming Attached: First Relations and How They Shape Our Capacity to Love* (Oxford·New York: Oxford University Press, 1998), 56-57쪽. 그러나 카렌은 아마 로버트 헤어의 사이코패스 연구를 보지 못한 탓에 이들도 사이코패스로 착각하고 있다(53쪽).

[224] Arnhart, *Darwinian Natural Right*, 213쪽.

무관한 악마적 자기주장의 관점에서 바그너 같은 음악가의 예술혼을 비난하고 싸울 것이다. 또한 이들은 공통으로 등장인물들의 사회적 감정 대립과 도덕적 심리 갈등, 그리고 작가, 연출가, 연기자들의 예술적 미美의식이 뒤엉켜 표현되는 복잡다단한 구성의 소설, 연극, 영화에는 관심이 거의 전무할 수밖에 없었을 것이다. 이런 소설과 연극영화의 진지한 감상에는 단순 미감만이 아니라, 예민한 공감 능력, 높다란 도덕감정, 그리고 '교감 미감'이 필수적이기 때문이다.

⑦ 사이코패스는 충동적이다. 그들은 그 자신이나 타인들에게 미칠 나쁜 결과를 고려치 않고 순간적 변덕을 충족시키기 위해 단순하게 행동한다.

⑧ 행동 통제력이 빈약하다.
⑨ 흥분 자극을 필요로 하고, 쉽사리 지루해하고 질려한다.
⑩ 책임감이 없다.
⑪ 이른 시기에 이미 품행 문제를 일으킨다.
⑫ 성년이 되어서는 반사회적 품행을 보인다.

사이코패스들은 예외 없이 '강렬한 느낌이나 비극적 느낌의 완전한 결여'로 특징지어지는 감정 빈곤을 보여주지만, 지성적 우월성을 과시한다. 물론 사이코패스도 성깔, 악의, 빠르고 불안정한 기미의 유사 애정, 성마른 노기 등 일정한 감정을 보여주기는 한다. 그러나 이것은 다른 하등동물들도 표출하는 단순 감정(칠정)들이다. 사이코패스는 여기에 더해 연기하는 것 같은 천박한 무드의 가식적 자기 동정심, 유치한 태도의 허영, 어색한 허식적 포즈의 공분 등 인위적 허위감정을 보인다. 그러나 사이코패스에게서 성숙한 충심의 분개, 진정하고 일관된 공분共憤, 진실하고 견실한 비애, 지속적 긍지, 깊은 즐거움, 진정한 절망감은 찾아볼 수 없다.[225] 사이코패스는 어린 시절부터 도덕적 행동 규칙들을 암기하고 사회적 공감 감정을 상상에 의해 흉내 내는가 하면, 갈등 상황에서 이를 바탕으로 도덕성을 순수한 지성에 의해 추리하고, 이를 통해 '정상적 도덕성'을 가장한다.

결론적으로 사이코패스는 시비 감각(도덕감각)도, 도덕감정도 없다. 이 도덕감각과 도덕감정은 단순 감정·단순 감각이 아니라, 애당초 교감적·공감적 평가 감각과 도덕감정이기 때문이다. 사이코패스가 살인에 헌신하든, 노상 범죄나 화이트칼라 범죄에 몸을 던지든, 잘 속는 자들을 갈취하는 신용사기에 몸을 바치든, 그들은 남에 대한 지배나 조작적 통제를 특별히 좋아한다. 그리고 전형적 사이코패스는 연쇄살인범이 아니라, 그가 갈취하는 사람들에 대한 아무런 동정심도 없는 협잡꾼이다. 전형적으로 사이코패스는 지능적이고, 자기중심적이고, 이미 거짓말이 들통났는데도 불구하고 신뢰하게 하는 얼굴을 가장하는 데 능하다. 그들은 노인들에게 가짜 건강보조식품, 유령 주식 등을 판매하는 자와 폭력 남편의 완벽한 후보자들이다. 그들은 가장假裝의 명수들이고, 개인적으로 감정적 황무지에서 살지라도 도덕적 느낌이 어떻게 작동하는지를 잘 이해한다. 이것이 그들을 타인의 감정을 조작하는 명수로 만들어준다. 따라서 그들은 가석방 심의위원회도 잘 속여서 풀려난다. 그들에게는 정신과적 치료가 아무런 도움이 되지 않는다.[226]

뇌과학적으로 사이코패스의 이러한 감정적·인지적 훼손은 전두피질, 특히 안와眼窩 전전두피질, 대상피질, 그리고 편도의 기능장애와 연관된 것으로 보고되고 있다. 사이코패스는 특히 혐오감이나 깜짝 놀람 등을 야기할 부정적 자극의 처리에 심각한 장애를 보이고, 슬프거나 두려운 얼굴

---

225) 참조: Arnhart, *Darwinian Natural Right*, 228쪽.
226) Christopher Boehm, *Moral Origins: The Evolution of Virtue, Altruism, and Shame* (New York: Basic Books, 2012), 26-27쪽.

표정이나 음성적 정동(情動)을 처리하는 데도 심각한 결손을 보인다. 그리고 사이코패스는 인지적 영역에서 자극의 동기적 의미의 해석에서도 결손을 보인다. 인지적 과정에 대한 감정의 영향을 보면, 부정적 감정의 경우에 인지적 과업으로부터 아무런 재료도 끌어내지 않는다.[227]

따라서 사이코패스 연구를 종합해 보면, 칸트가 이상화하는 순수이성의 무감·무정한 도덕적 인간은 정상인과 가까운 것이 아니라, 선천성 사이코패스와 가깝다는 것을 알 수 있다. 그렇다면 칸트의 합리적 도덕철학은 파탄으로 직행한다. 정치철학자 래리 안하트(Larry Arnhart)는 최근의 사이코패스 연구 보고를 종합하면서 그 결론을 칸트의 이성적 도덕개념을 부정하고 칸트의 도덕적 인물형을 사이코패스로 간주한다.

- 칸트와 같은 철학자들은 도덕성이 어떤 감정이나 욕구로부터도 자유로운 보편규칙들의 순수한 합리적 논리를 필요로 한다고 종종 주장한다. 사이코패스들은 이 주장이 참일 수 없다는 것을 보여준다. 사이코패스들이 추상적 합리성이나 순수한 논리의 역량 면에서 어떤 결손이 있다는 증거는 전무하다. 그들의 부도덕성은 추상적 이성의 결여로부터 생기는 것이 아니라, 그들의 감정 빈곤으로부터 생겨난다. 그들은 도덕적 행위를 지탱해 주는 – 동정심, 죄책감, 수치심과 같은 – 사회적 감정들을 결여하기 때문에 도덕적일 수 없는 것이다.[228]

또 뇌과학자 안토니오 다마시오는 전두엽을 압박하던 종양을 제거하는 수술 과정에서 전전두피질이 손상되어 후천성 사이코패스 증세를 보

---

227) Monika Sommer et al, "Integration of Emotion and Cognition in Patients with Psychopathy", 457-466쪽. Silke Anders, Gabriele Ende, Markus Junghöfer, Johanna Kissler & Dirk Wildgruber, *Understanding Emotions* (Amsterdam: Elsevier, 2006).
228) Arnhart, *Darwinian Natural Right*, 229쪽.

이는 환자 엘리엇(Elliot)에 대해서도 유사한 판단을 내린다.

- 엘리엇과 같은 환자들과 관련된 경험이 시사하는 것은 특히 칸트에 의해 옹호된 냉철한 전략이 정상인들이 일상적으로 움직이는 방식과 관계되기보다 훨씬 더 많이 전전두 손상을 가진 환자들이 내리는 결정 방식과 관계되어 있다는 사실이다. 물론, 순수이성적 추론자도 종이와 연필의 작은 도움을 받으면 정상인들이 하는 것보다 더 잘할 수 있다. 모든 선택 방안과 이 방안들의 수백만 개의 조립식 시나리오, 귀결 등등을 바로 적어두기만 해라. (…) 그러나 먼저 많은 종이와 연필깎이, 커다란 책상을 설치해라. 그리고 누군가가 당신이 일을 마칠 때까지 기다리리라는 것을 기대하지 말라.[229]

순수이성적 추론 과정은 너무 오래 걸려 실제에 쓸모없다는 말이다.

칸트보다 20-30년 전 애덤 스미스도 욕망과 감정의 즉각성을 순수이성의 느리고 불확실함과 비교하면서 감정의 결정적 중요성을 논변했다.

- 인간이 본성적으로 사회의 복지와 보존의 욕망을 부여받았을지라도, 자연의 조물주는 처벌의 일정한 적용이 이 목적을 달성하는 적절한 수단이라는 것을 발견하는 일을 인간의 이성에 맡긴 것이 아니다. 인간은 이 목적을 달성하는 데 가장 적절한 바로 저 처벌의 적용에 대한 즉각적·본능적 가부 감정을 부여받았다. 자연의 질서는 이 점에서 다른 많은 경우에 자연의 질서인 것과 정확히 동일하다. (…) 그리하여 종의 자기보존과 확산은 자연이 모든 동물의 형성에서 의도한 위대한 목적

---

229) Antonio Damasio, *Descartes' Error: Emotion, Reason, and the Human Brain* (New York: Pengein Books, 1994), 172쪽.

이다. 인간은 이러한 목적들의 욕망과 반대되는 것들에 대한 혐오감, 즉 생명의 사랑과 사멸의 공포, 종의 존속과 영구성의 욕망과 완전한 멸종의 관념에 대한 혐오감을 부여받았다. 그러나 (…) 이 목적들을 실현하는 적절한 수단들을 찾아내는 일은 자연이 우리 이성의 느리고 불확실한 결정에 맡기지 않았다. 자연은 우리에게 이 수단의 대부분을 즉각적인 원천적 본능에 의해 가르쳐준다. 배고픔, 목마름, 양성을 결합시키는 감정, 쾌감의 애호, 그리고 고통의 두려움은 목적에 적합한 이 수단들을 그 자체를 위해 적용하도록, 그리고 자연의 위대한 관리자가 이 수단들로 산출하려고 의도한 저 혜택적 목적에 대한 이 수단들의 기여 경향을 전혀 고려하지 않고 이 수단들을 적용하도록 우리를 촉구한다.[230]

애덤 스미스의 도덕감정론을 잘 아는 스펜서도 합리론자들을 향해 유사한 논박을 전개다.

- 인간들이 영양을 섭취하고 자기 새끼를 보호하도록 이끌어지는 저 강력한 감정 대신에 단지 지구의 인구를 유지하는 것이 적절하거나 필요하다는 추상적 의견만이 존재한다면, 후세를 준비하는 귀찮음, 불안, 비용은 인간 종자의 급속한 멸종을 수반할 정도로 현저하게 예상 복리를 초과해 버리지 않을까 하는 의문이 든다. 육체의 필요에 더해, 유사하게 우리 본성의 다른 모든 필수 요건들이 지성의 유일한 배려에 위임된다면 - 지식, 재산, 자유, 명성, 친구 등을 오로지 지성의 명령에 따라서만 구한다면 - 우리의 탐구는 아주 영구적이고, 우리의 계산은

---

[230] Adam Smith, *The Theory of Moral Sentiments* [1759, Revision: 1761, Major Revision: 1790], edited by Knud Haakonssen (Cambridge/New York: Cambridge University Press, 2002-2009[5. printing]), II. i. v. §10 각주.

아주 복잡하고, 우리의 결정은 아주 어려워서, 삶은 증거 수집과 확률들의 대차 대조 계산 속에 전반적으로 점령당해 있을 것이다.[231]

선친성·후천성 사이코패스에 대한 안하트와 다마시오의 결론적 판단들과 스미스와 스펜서에 의한 이성 능력의 격하는 칸트의 도덕 명제의 허위성을 보여준다. 감정 없는 도덕 행위만이 이상적 도덕 행위라는 칸트의 주장은 완전 오류다. 칸트가 제시한 순수한 실천이성의 인간상이 진정으로 '도덕적'이라는 주장 자체가 오류이기 때문이다. 칸트가 묘사한 도덕적 인간상은 동정심을 말로 알고 느끼지 못하는 '사이코패스'와 거의 그대로 부합된다.

그러나 칸트의 도덕적 인간은 아주 부도덕하게 행동하는 역리에 봉착하고 이것을 역리로 느끼지 못할 것이다. 이 인간들은 사이코패스처럼 전혀 동정심·정의감·공경심·죄책감 등 도덕감정 없이 순수하게 암기와 합리적 추론을 바탕으로 순수이성적 도덕 판단을 내리고 도덕법칙을 수립할 수 있을지라도 이 도덕법칙을 실천적으로 준수하지 못할 것이기 때문이다. 사이코패스들은 예외 없이 구변 좋게 거짓말을 논리적·체계적으로 잘 짜내고 스스로 이 거짓말에 빠져들고, 아무런 죄책감 없이 어린이·병자·여성·노인 등 약자들을 상대로 끊임없이 사기를 치는 군소 협잡꾼들과 상습적 폭력 남편으로부터 샤일록같이 비정한 악덕 장사치, 화이트칼라 범죄자, 살인마같이 냉정한 장군, 합리주의적 망발을 일삼는 철학자, 혁명적 망상가, 각종 철학적·종교적 독단론자, 사이비 종교인을 거쳐 극단적인 경우에 살인, 대량 학살, 인종청소(집단살해), 전쟁을 치밀하게 계획하여 서슴없이 저지르는 폭군·독재자와 연쇄살인범에 이르기까지 스펙트

---

231) Herbert Spencer, *Social Statics: or, The Conditions essential to Happiness specified, and the First of them Developed* (London: John Chapman, 1851), 21쪽 ('The Doctrine of the Moral Sense', §2).

럼이 아주 넓고 다양하다. 칸트 자신과 그가 묘사한 도덕적 인물형은 이 스펙트럼 안에서 아마 합리주의적 망발을 일삼는 사이코패스 철학자에 가까울 것이다.

4.2. 의무론적 동정심 매도의 자가당착성

사랑과 인애의 '대립적' 개념구분은 '말장난'에 지나지 않는 것이다. 사랑은 감정이고, 인애는 사랑과 동정심(측은지심)에 뿌리박은 체득된 습성으로서의 '덕성'일 뿐이기 때문이다. 이 사랑 감정이 본능적이고 또 보편적으로 회피할 수 없이 강렬하다면, 사랑이든 인애든 둘 다 인간적 의무인 것이다. 즉, 감정과 의무, 존재와 당위는 대립물이 아니다.

■ 의무도덕론적 동정심 매도의 문제점들

칸트는 도덕적 의무를 "결코 일어나지 않을지라도 일어나야 할 당위의 것(das, was geschehn soll)의 법칙들"로 정의하고 "일어나는 것(das, was geschieht)"과 대립시켰다.[232] 그러나 어떤 의무적 도덕 행위든 원칙적으로 반드시 이행되어야 하고, 해태나 자연 필연적 외부요인의 저지로 인해 불이행할 시에는 이 불이행에 대한 내외의 제재(타인들의 삿대질이나 보상 요구, 국가의 징벌·배상 또는 양심의 가책)를 반드시 당하는 부정적 방식으로라도 이행된다. 따라서 도덕적 의무는 "결코 일어나지 않는" 경우를 배제한다. 이 점에서 '도덕의무'는 불발할 시에도 아무런 제재를 받지 않는 '자연필연성'과 다르다. 도덕의무에서 존재('일어나는 것')와 당위

---

232) Kant, *Grundlegung zur Metaphysik der Sitten*, BA62쪽. 『실천이성 비판』에서도 "이 이성은 명령, 즉 객관적 자유법칙이고, 결코 일어나지 않을지도 모르지만 일어나야 하는 것(was geschehn soll)을 말하고 이 점에서 일어나는 것(was geschieht)만을 다루는 자연법칙과 구별되는 법칙도 입법한다"고 말한다. Kant, *Kritik der reinen Vernunft* [1781·1787]. Erster und Zweiter Teil, B830쪽.

('일어나야 할 것')는 이런 의미에서 하나다. 그러므로 쇼펜하우어는 칸트와 반대로 "윤리학자는 철학자 일반과 마찬가지로 '주어진 것', '현실적으로 존재하는 것'이나 '발생하는 것'에 대한 이해에 도달하기 위해 '주어진 것', 따라서 현실적으로 존재하는 것이나 발생하는 것에 대한 설명과 해석에 만족해야 한다"고 말한다.[233] "일어나야 할 당위의 것"은 "결코 일어나지 않을지라도 일어나야 할 당위의 것"이 아니라, "일어나는 것"에 속하는 특별한 분과, 즉 "일어나는 것" 중 '도덕의 의미를 띠고 일어나는 일'일 뿐이다.

존재와 당위를 처음 구별한 철학자는 흄인데, 칸트는 이것을 가져다 완전히 왜곡시키고 이 왜곡된 구별을 또다시 교조화했다. 흄은 원래 당위를 논리적으로 존재로부터 연역할 수 없다는 의미에서 이 구별을 사용했고, 그 심층적 의미는 사실로부터 감정을 도출할 수 없다는, 환원하면 이 '사실'을 관념으로 인식하는 '이성'으로부터 이성적 논증을 통해 당위의 감感을 일으키는 특유한 '감정'을 도출할 수 없다는 의미였다. 즉, 존재와 당위의 대립은 곧 이성과 감정의 대립인 것이다. 존재는 이성과 짝하고, 당위는 감정과 짝한다.

또한 이 존재와 당위, 이성과 감정의 대립도 그 관계가 원래대로 정렬된다면 하나의 허상에 지나지 않는다. 가령 '인간적' 존재의 경우에 감정이 성향(감정의 '존재적' 양태)으로서 존재를 채운다면, 그리하여 존재가 감정이 되어 감정에 종속된다면, 존재는 곧 감정이고, 이 감정이 강렬하다면, 존재는 당위와의 대립을 그치고 당위와 하나가 되고, 감정은 의무와 하나가 된다. 의무는 본능적으로 강렬한 어떤 특유한 감정, 즉 인간을 인간답게 하는 정체성 감정의 형식적 표현인 것이다. 따라서 흄은 "이성은 감정의 노예이고 노예이어야만 하며, 감정에 봉사하고 복종하는 것 외

---

233) Schopenhauer, *Preisschrift über die Grundlage der Moral*, §4, 646쪽.

에 감히 다른 직무를 결코 요구할 수 없다"고 말한다.[234] 그렇다면 이성은 감정과 대립하거나 감정에 거역하거나 감정을 이길 수 없다. 이성은 언제나 감정에 굴복하고 봉사함으로써 감정과 조화로운 상태에 있어야 한다.[235]

이성의 직무는 도덕적 감정을 조리 있게 설명하고 정당화하고 체계적으로 정리하는 것일 따름이다. 이런 의미에서 흄은 주장한다.

- 지금까지 내가 만난 모든 도덕성의 이론 체계에서, 내가 '이다', '아니다'의 명제의 보통 계사繫辭 대신에 '이어야 한다(an ought)', '이어서는 아니 된다(an ought not)'와 연결되지 않은 어떤 명제도 만나지 못한다는 것을 발견하고 불현듯 놀랐을 때, 언제나 나는 저자가 잠시 동안 통례적 추리 방식으로 진행하고 신의 존재를 확립하거나 인간사에 관해 관찰하는 것을 간파했다. '이다' 대신 '이어야 한다'는 것으로 이렇게 바꾸는 것은 잘 감지되지 않지만, 최종적 중요성을 지닌 것이다. '이어야 한다'와 '이어서는 아니 된다'가 어떤 새로운 관계나 확인을 표현하는 만큼, 이것들이 관찰되고 설명되어야 하는 것으로부터, 그리고 지각할 수 없을 듯한 것으로부터, 즉 이 새로운 관계가 어떻게 완전히 자기와 상이한 다른 관계들('이다', '아니다')로부터의 연역일 수 있는지에 대해 이유가 제시되어야 한다는 것은 필연적이다. (…) 나는 이 작은 주목이 (…) 덕성과 악덕의 변별이 단순히 객체들의 관계에 기초

---

234) David Hume, *A Treatise of Human Nature*, Book 2: *Of the Passions*, edited by David Fate Norton and Mary J. Norton, with Editor's Introduction by David Fate Norton (Oxford·New York·Melbourne etc.: Oxford University Press, 2001·2007), 266쪽.
235) 존재와 당위의 차이에 대한 흄의 논변은 단순히 이성으로부터 논증을 통해 당위를 도출할 수 없다는 것만을 주장하려고 했다는 새로운 해석에 관해서는 참조: Arnhart, *Darwinian natural Right*, 69-75쪽.

한 것도 아니고, 이성에 의해 지각되는 것도 아니라는 것을 알게 만들어줄 것이라고 확신한다.[236]

이어서 흄은 도덕이 이성에 의해 존재로부터 연역되고 이성적으로 판단되기보다 '느끼는' 감정의 사실이라고 갈파한다.

- 덕성과 악덕이 단지 이성이나 관념들의 비교에 의해 발견될 수 없는 것이기 때문에 우리가 덕성과 악덕 간의 차이를 특징지을 수 있는 것은 이 덕성과 악덕이 야기하는 모종의 인상과 감정에 의거한다고 결론지을 수 있다. (…) 도덕적 바름과 비행에 대한 우리의 판정은 분명 지각이다. 그런데 모든 지각이 인상이 아니면 관념인 만큼, 관념을 배제하면 곧 인상을 지지하는 것이라는 말은 수긍할 만한 논변이다. 그러므로 서로 밀접하게 유사한 모든 것들을 동일한 것으로 여기는 우리의 통상적 관성에 따라 흔히 아주 부드럽고 점잖은 느낌 또는 감정을 우리가 쉽사리 관념으로 착각할지라도, 도덕성은 이성적으로 판단되기보다 더 정확하게는 '느껴지는' 것이다. (…) 우리는 덕으로부터 생겨나는 인상은 기분 좋고 악덕으로부터 일어나는 인상은 불쾌하다고 언명하지 않을 수 없다. 매 순간의 경험은 우리에게 이것을 확신시켜 준다. 고상하고 관대한 행동보다 멋지고 아름다운 광경은 없을 것이다. 또한 잔인하고 반역적인 행동보다 더한 혐오감을 우리에게 주는 것도 없다. 어떤 즐거움도 우리가 사랑하고 존경하는 사람들과 함께 어울리는 것으로부터 우리가 받는 만족과 맞먹는 것은 없다.[237]

---

236) Hume, *A Treatise of Human Nature*, Book 3: *Of Morals*, 302쪽.
237) Hume, *A Treatise of Human Nature*, Book 3: *Of Morals*, 302쪽.

도덕적 선과 악을 알게 만들어주는 상이한 인상들은 다름 아니라 특별한 쾌감과 고통이라는 것이다. 이어서 흄은 이렇게 못 박는다.

- 어떤 행동, 어떤 감정, 어떤 성품은 덕스럽거나 부덕하다. 왜? 그것을 보는 것이 특별한 유형의 쾌감과 불쾌감을 야기하기 때문이다. 그러므로 이 쾌감과 불쾌감의 이유가 제시되면, 덕과 악덕은 이미 충분히 설명된 것이다. 덕성 감각을 가지는 것은 바로 어떤 성품의 관조로부터 특별한 종류의 만족을 느끼는 것 외에 아무것도 아니다. 바로 이 느낌(feeling)이 우리의 칭찬 또는 찬양을 구성한다. 우리는 여기서 이보다 더 이상 나아갈 수 없다. 또한 우리는 만족의 원인을 탐구할 수도 없다.[238]

흄은 존재('이다', '아니다')와 당위('이어야 한다', '이어서는 아니 된다')의 구별로부터 출발하여 일련의 단순한 논변으로 존재와 당위, 감정과 의무를 상하관계 속에, 즉 당위를 존재에 종속된 것으로, 그리고 의무를 감정에 종속된 것으로 통합시키고 있다. 덕성과 악덕의 변별은 단순한 객체들의 관계, 즉 존재의 관계에 기초한 것도 아니고, 이성에 의해 지각되는 것도 아니다. 이 도덕적 당위 또는 의무의 변별은 인간존재에 근거한 특별한 도덕적 감정을 느낌으로써 결정되는 것이다. 흄은 말한다.

- 우리는 자식을 내버린 아비를 비난한다. 왜? 그것은 모든 어버이의 의무인 본성적 친애가 결여된 것을 보여주기 때문이다. 그런데 본성적 친애가 의무가 아니라면, 자식 부양은 의무일 수 없고, 우리가 우리 자식에게 주는 관심 속에서 의무를 우리의 눈 속에 둘 수 없을 것이다. 그

---

[238] Hume, *A Treatise of Human Nature*, Book 3: *Of Morals*, 303쪽.

러므로 이 경우에 모든 사람은 의무감과 판이한 행동의 동기를 상정하는 것이다.[239]

그리고 가령 의무 감각은 실천이성적 정언명령으로부터 생겨나는 것이 아니라 '강렬한' 도덕감정으로부터 생겨나는 것이다.

- 도덕감각과 상이한, 모종의 동기나 강제하는 감정들이 없다면 어떤 행동도 칭찬할 만하거나 비난할 만할 수 없기 때문에, 이 상이한 감정들이 이 도덕감각에 큰 영향력을 가지는 것이 틀림없다. (…) 이것은 우리 인간 본성 속 감정들의 일반적 강렬성(force)에 입각한 것이다. 동물 신체의 미美를 판단하는 데서 우리는 언제나 품종의 체격조건을 염두에 두고, 사지와 생김새가 그 품종에 공통된 비율을 준수하는 경우에 이 신체를 잘생기고 아름답다고 언명한다. 유사한 방식으로 우리는 덕성과 악덕에 대해 판정할 때 언제나 감정들의 본성적·통상적 강렬성을 고려한다. 감정들은 양측에서의 통상적 적도適度를 아주 많이 벗어난다면, 언제나 악덕으로 비난받는다. 모든 것이 동일한 경우에, 사람은 자연적으로 그의 조카보다 자기 자식을 더 좋아하고, 그의 사촌보다 그의 조카를, 낯선 사람보다 그의 사촌을 더 좋아한다. 여기로부터 전자보다 후자를 더 선호하는 의무의 통상적 적도가 나오는 것이다. 우리의 의무 감각은 언제나 우리 감정의 통상적인 본성 추세를 따른다.[240]

이성은 이 통상적 '적도適度'의 친애 감정의 본성적 추세에 복종하여

---

239) Hume, *A Treatise of Human Nature*, Book 3: *Of Morals*, 307-308쪽.
240) Hume, *A Treatise of Human Nature*, Book 3: *Of Morals*, 311쪽.

사후에 이 추세를 따라 생긴 – 불이행 시에 심한 가책을 느낄 정도로 – 강렬한 도덕감정적 이행 의욕을 '의무'라는 관념 범주로 정리할 뿐이다.

다윈에 의하면, 그리고 거의 모든 진화생물학자에 의하면, 도덕감각은 인간에게서 생물학적 본능이 되었다. 따라서 이 본능적 도덕감각은 인간적 실존의 존재론적 일부다. 그리고 이 도덕감각은 우리에게 강한 또는 약한 '당위' 감정을 판정한다. 그렇다면 도덕감정·도덕감각 DNA(유전자)를 품고 있는 우리의 생물학적 존재는 도덕적 당위와 구별될 수 없고, 차라리 이 당위와 의무감을 포함하고 있다. "당위는 존재로부터 도출되거나('Ought' derives from 'is')",[241] "우리는 당위를 존재로부터 얻기" 때문이다.[242] 즉, 본능적 도덕 '존재'와 (이성에 의해 나중에 '의무론'으로 정리될 수 있는) 도덕적 '의무'는 인간 생물학적 통일체다. 그래서 리처드 조이스(Richard Joyce)는 "당위는 존재로부터 도출된다('Ought' derives from 'is')"고 못 박고,[243] 제시 프린즈(Jessi J. Prinz)는 "우리는 당위를 존재로부터 얻는다"고 강조한다.[244] 즉, 본능상 강렬한 무조건적 도덕감정을 품은 인간의 '존재'와 (이성이 사후에 정리하는 관념인) '의무'는 생물학적 통일체다. 자석의 '존재'로부터 '자력磁力'이 방사되듯이 인간의 '존재'로부터 의무의 도덕적 '구속력'이 방출되는 것이다. 자석에서 그 존재와 자력이 불가분적 일자—者이듯이 인간에게 존재와 의무의 도덕적 구속력도 불가분적 일자인 것이다.

다윈은 도덕감정의 의미로 "도덕감각(moral sense)"이라는 용어를 사용해서 (영어 'sense'는 감각과 감정을 둘 다 뜻하기에 이런 혼용은 가능하다) 칸트의 제왕적 의무와 당위(Sollen) 개념을 겨냥해 이렇게 말한다.

---

241) Joyce, *The Evolution of Morality*, 143-160쪽.
242) Jessi J. Prinz, *The Emotional Construction of Morals* (Oxford: Oxford University Press, 2007), 1-5쪽, 175-180쪽, 200-204쪽.
243) Joyce, *The Evolution of Morality*, 143-160쪽.
244) Prinz, *The Emotional Construction of Morals*, 1-5, 175-180, 200-204쪽.

- 이 도덕감각은 짧지만 제왕적인 단어 '해야 한다(ought)', 고도의 의미 심장함으로 가득한 이 단어 속에 종합된다. 이 도덕감각은 인간을 한 순간도 주저 없이 동료 피조물의 생명을 위해 자기의 생명의 위험을 무릅쓰도록, 또는 단순히 정당성이나 의무의 깊은 느낌에 의해 강요되는 마땅한 숙고 뒤에 어떤 위대한 주의 주장 속에서 자기의 생명을 희생하도록 이끄는, 인간의 속성 중 가장 고상한 속성이다. 임마누엘 칸트는 외쳤다: "의무! 그대 고상하고 위대한 이름이여, 그대는 애호 받을 것, 환심을 살 만한 것을 아무것도 그대 안에 포함하고 있지 않으면서 복종을 요구하지만, 의지를 움직이기 위해 자연적인 반감을 영혼 속에서 자극하고 놀라게 하는 것으로 위협하는 것이 아니라 단순히 스스로 심정 속에 들어갈 입구를 발견하는 법칙만을 수립하고 그래도 의지에 반해서 (항상 준수는 아닐지라도) 존경을 얻는다. 그리고 이 법칙 앞에서 모든 정욕은 – 은밀히는 법칙에 반발할망정 – 벙어리가 된다. 그대의 위엄 있는 근원은 어느 것인가?" (…) 이 물음을 건드리는 나의 유일한 핑계는 (…) 내가 아는 한 아무도 이 물음을 배타적으로 자연사 쪽에서 접근하지 않았기 때문이다. (…) 다음 명제, 즉, 아주 뚜렷한 사회적 본능을 부여받은 동물은 무슨 동물이든 그 동물의 지능이 인간만큼 잘 발전되자마자, 또는 거의 그만큼 잘 발전되자마자 불가피하게 도덕감각 또는 양심을 획득할 것이다라는 명제는 내게 고도로 개연적인 듯하다.[245]

의무의 "위엄 있는 근원은 어느 것인가?"라고 묻는 칸트의 이 물음은 그가 양심상의 '의무'를 '강렬한 도덕감정'으로 '느끼지' 못하고 "별이 총

---

245) Darwin, *The Descent of Man*, 97-98쪽. 칸트 인용은 Kant, *Kritik der praktischen Vernunft*, A154쪽이다. 국문 제시문은 독일어 원문 번역이다.

총한 하늘"처럼 멀게 여긴다는 것을 살짝 드러내 주고 있기 때문이다. 그러나 '의무' 감각은 정작 신비로운 것이 아니라 우리가 매일 매 순간 느끼는 우리의 도덕감정, 즉 양심의 일부에 지나지 않는다. 다윈의 말대로 도덕감각 또는 도덕감정이 사회적 본능과 나란히 진화해 온 도덕적 본능이라는 것은 오늘날 제임스 Q. 윌슨, 크리스토퍼 빔(Christopher Boehm), 프랜시스 드발, 데니스 크렙스(Dennis L. Krebs), 안토니오 다마시오, 마르코 야코보니, 리처드 조이스, 조수아 그린(Joshua Greene), 마이클 프레이저(Michael L. Frazer), 래리 안하트와 같은 진화생물학자, 동물행태학자, 사회생물학자, 사회심리학자, 뇌과학자, 철학자, 정치학자 등 거의 모든 학문 분야의 유력한 학자들에 의해 과학·이론적으로 더욱 확실하게 입증되고 지지받고 있다. 칸트가 이성의 도덕법칙에서 도출하는 '의무'는 존재하지 않는 허구다. 따라서 그가 애호하는 감정과 이성의 대립도, 감정적 성향으로서의 존재와 이성적 당위의 대립도 그의 합리론적 '작화(confabulation)'일 뿐이다.

감정과 의무는 대립하지 않는다. 도덕감정의 강렬한 즉각적·무조건적("내부 갈등 없는") 요청으로서의 행동 규칙이 바로 '의무'이기 때문이다. 또 칸트는 다른 곳에서 '사랑(동정심)'은 '의무'가 아니라 '감정(성향)'인 반면, 자선을 추진하는 '인애'는 '감정'이 아니라 '의무'라는 자의적 주장으로서[246] 이 사이비 철학적 궤변을 재차 뒷받침한다. 그러나 인애의 의무는 사랑과 동정심의 강렬한 감정에 기초한 것이다.

칸트의 의무도덕은 자꾸 거꾸로 뒤집힌다. 의무는 실천이성이 입법한 도덕법칙이다. 칸트는 '양심'도 이 실천이성적 '의무'로부터 도출한다. 아니, 양심도 일종의 실천이성이다. 73-74세에 쓴『덕성 이론의 형이상학적 발단 근거』에서 그는 이렇게 외친다. "모든 인간은 도덕적 존재자로서

---

246) Kant, *Metaphysische Anfangsgründe der Tugendlehre*, A39-41쪽.

이러한 양심을 근원적으로 자신 안에 지니고 있다. 양심에 구속되어 있다는 것은 의무들을 인정해야 할 의무를 짊어진다는 것을 뜻할 것이다. 왜냐하면 양심은 법칙의 경우마다 매번 인간의 면전에 사면하거나 유죄로 판결해야 할 인간의 의무를 들이내고 있는 실천이성이기 때문이다."[247]
칸트의 의무 의식(의무감)이 도덕법칙에 대한 존경심으로서 전적으로 실천이성 아래 포섭되듯이, 도덕성의 소인으로서의 '양심'이라는 도덕감정도 경험적 감정이 아니라, 실천이성과 그 법칙에 대한 감수성일 뿐이다.[248] 따라서 칸트는 심정적으로 '양심'이라고 해야 할 대목에서도 '도덕법칙'을 말한다. 그가 "두 가지 것이 숙고가 더 빈번하게, 더 지속적으로 이에 전념하면 전념할수록 늘 새롭고 점증하는 경탄과 경외감으로 심정을 채워주는 것"은 "내 위의 별이 총총한 하늘과 내 안의 도덕법칙(Der bestirnte Himmel über mir, und das moralische Gesetz in mir)이다"라고 했다는 것은 주지의 사실이다.[249] 그런데 칸트가 '내 안의 양심'이라고 해야 할 대목에서 "내 안의 도덕법칙"을 거명한 것은 그의 마음속에 양심이 없다는 것을, 곧 자신이 사이코패스라는 것을 스스로 자백하는 것이다. 양심을 대체한 그의 이 '도덕법칙'도 "내 위의 별이 총총한 하늘"과 나란히 거론될 만큼 사람으로부터 그렇게 아득히 먼 것이다.

우리는 양심(도덕감정)을 일상적으로 느끼고 때로 '양심의 가책'도 느낀다. 그러나 '양심'을 단어로만 알지, '양심의 가책'이나 '양심'을 느끼지 못하는 사이코패스에게는 양심이 필경 "별이 총총한 하늘"만큼 멀고 먼 것

---

247) Kant, *Metaphysische Anfangsgründe der Tugendlehre*, A37-38쪽.
248) 알렌 우드는 칸트의 '양심'과 '실천이성'을 구별한다. "칸트는 양심을 도덕원리 및 도덕판단과 구별했는데, 이 도덕원리와 도덕판단은 양심에 의해 전제되지만, 양심과 동일한 것이라기보다 실천이성과 동일한 것이다." Allen Wood, "Kant on Conscience", allenw@stanford.edu. 그러나 이 해석은 위에서 인용한 "양심은 (…) 실천이성이다"는 칸트 자신의 명제와 배치된다.
249) Kant, *Kritik der praktischen Vernunft*, A288쪽.

일 것이다. 그러므로 칸트가 "내 위의 별이 총총한 하늘과 내 안의 (양심이 아니라) 도덕법칙"을 "경탄과 경외감"의 요인으로 대등하게 병렬시킨 것은 그가 스스로 사이코패스적 인물이라는 것을 자백한 말로밖에 볼 수 없다.

물론 칸트가 말하듯이 인간은 도덕감정적 동기가 부재한 심적 상태에서 단지 의무로 어떤 도덕 행위를 할 수 있다. 그러나 흄은 이것을 본성 속의 이 도덕적 감정 동기의 부재를 실천으로 메우거나 위장하기 위한 도덕 행위에 지나지 않는 것으로 이해한다.

- 도덕성 감각 또는 의무감이 어떤 다른 동기 없이 어떤 행동을 낳는가? 나는 그것이 그럴 수 있다고 답한다. (…) 어떤 도덕적 동기나 소인素因이 인간 본성에 공통될 때, 그의 마음이 이 소인을 결하고 있다고 느끼는 사람은 이 때문에 그 자신을 증오하고, 저 덕스러운 소인을 실천에 의해 달성하기 위해, 그리고 적어도 그가 이것을 결여함을 가능한 한 많이 위장하기 위해 동기 없이, 일정한 의무감에서 그 행동을 수행할 수 있다. 그의 심중에 실제로 아무런 고마움을 느끼지 않는 사람도 감사 행동을 기꺼이 행하고, 이로써 그의 의무를 이행했다고 생각한다. (…) 어떤 경우에 어떤 사람은 단지 도덕적 의무에 대한 존중에서만 어떤 행동을 수행할 수 있을지라도, 이것은 그래도 인간의 본성 안에 이 행동을 낳을 수 있고 이 행동을 가치 있게 만드는 도덕적 아름다움을 지닌 어떤 다른 소인이 있다고 상정한다.[250]

사랑, 동정심 등의 도덕감정적 동기 없이 수행되는 칸트의 의무적 도덕 행위는 도덕감정의 부재를 위장하는 것이고, 이 위장도 궁극적으로 이 도

---

250) Hume, *A Treatise of Human Nature*, Book 3. *Of Morals*, 308쪽.

덕감정의 존재를 남몰래 전제한다는 말이다. 즉, 칸트가 말하는 "도덕적"으로 "최고인 품성의 가치"란 다름 아니라 "도덕적 아름다움을 지닌 도덕감정의 소인素因의 존재"를 슬그머니 상정하는 '비밀 농담'에 지나지 않는다는 말이다. 이는 칸트의 도덕론에 대한 통렬한 비판이 아닐 수 없다.

인간의 정언적 의무가 '도덕감정의 강렬성'에서 기원하는 한에서 '강렬한' 도덕감정이 없다면 의무 개념도 존재할 수 없다. 따라서 칸트가 정상인이 이해할 수 없을 정도로 꼬고 꼬는 장광설로 개발새발 거듭 주장하는, 『순수이성 비판』의 경험적 비판 임무와 반대되는 『실천이성 비판』의 다음과 같은 선험적 비판 임무는 수행 불가능한 임무다.

- 이성의 이론적 사용은 단순한 인식능력의 대상들을 취급하고, 이러한 이론적 사용의 관점에서의 이성의 비판은 본래 순수한 인식능력에만 해당한다. 왜냐하면 이 순수한 인식능력은 쉬 자신의 한계를 넘어 도달할 수 없는 대상들 사이에서 또는 심지어 서로 모순되는 개념들 사이에서 길을 잃고 있다는, 나중에 확인되는 혐의를 일으키기 때문이다. 그러나 이성의 실천적 사용에서는 사정이 다르다. 이 실천적 사용에서는 이성이, 관념에 상응하는 대상들을 산출할 능력, 또는 자신을 스스로 이 대상들을 작용시키는 힘으로 규정하는 능력(신체적 능력이 충분하든, 충분하지 않든), 즉 자기의 인과 작용성을 규정하는 능력인 의지의 규정 근거들을 취급한다. 왜냐하면 여기서는 적어도 이성이 의지 규정에 도달할 수 있고, 의욕만이 중요한 한에서 늘 객관적인 실재성을 얻기 때문이다. 따라서 여기서 첫째 물음은 '순수이성이 자신만으로 의지의 규정에 충분한 것인가', 아니면 '순수이성이 오로지 경험적으로 제약된 이성'으로서만 의지의 규정 근거일 수 있는가'다. 여기

서는 어떤 경험적 진술의 능력도 없을지라도 순수이성의 비판에 의해 정당화된 인과성 개념, 소위 자유 개념이 등장하고, 우리가 지금에 와서 이 자유의 속성이 인간 의지에 (따라서 모든 이성적 존재자의 의지에) 사실상 속하는 것임을 증명할 근거를 발견한다면, 이로써 순수이성이 실천적일 수 있다는 것뿐만 아니라, 경험적으로 한정된 이성이 아니라 순수이성만이 무조건적으로 실천적이라는 것이 개진된다. 따라서 우리는 '순수한 실천이성'의 비판이 아니라 그냥 '실천이성 일반'의 비판만을 작업해야 할 것이다. 왜냐하면 순수이성은 이러한 이성이 존재한다는 것이 맨 먼저 밝혀진다면 그 어떤 비판도 필요하지 않기 때문이다. 순수이성은 그 자체가 모든 이성 사용의 비판을 위한 먹줄을 포함하고 있는 것이다. 따라서 실천이성 일반의 비판은 경험적으로 제약된 이성으로 하여금 배타적으로 자기 혼자만 의지의 규정 근거를 제시하려고 하는 월권을 부리지 못하도록 방지하는 책무를 지녔다. 순수이성의 사용은 이러한 이성이 존재한다는 것이 확정되면 유일하게 내재적이다. 반대로 독재를 월권적으로 요구하는, 경험적으로 제약된 이성의 사용이 되레 초험적이다. 이 경험적 이성의 사용은 이 이성의 영역을 완전히 뛰어넘는 무리한 요구와 계명誡命으로 표현되기 때문이다. 이것은 순수이성이 사변적 사용에서 말할 수 있는 것과 정반대인 상황이다.[251]

"이것은 순수이성이 사변적 사용에서 말할 수 있는 것과 정반대인 상황이다"라는 마지막 구절은, 인식할 수 있는 대상들을 다루는 이론적 영역에서는 순수이성이 경험에 대해 월권을 저지르는 반면, 실천 영역에서는 경험이 순수이성에 대해 월권을 저지른다는 말이다. 따라서 인식론적

---

251) Kant, *Kritik der praktischen Vernunft*, Einleitung, A29-31쪽 각주.

이론 영역에서는 순수이성 비판의 임무가 "순수한 인식능력이 쉬 자신의 한계를 넘어 도달할 수 없는 대상들 사이에서 또는 심지어 서로 모순되는 개념들 사이에서 길을 잃는 것"을 비판하는 것인 반면, 도덕적 실천 영역에서는 실천이성 비판의 임무는 경험적 도덕감정의 꾐에 빠지는 이성을 비판하는 것이다. 간단히 말하면,『순수이성 비판』의 임무가 순수이성의 월권을 경험에 근거하여 비판하는 것이었다면『실천이성 비판』의 임무는 정반대로 경험적 도덕감정(에 종속된 비굴한 경험적 이성)의 월권을 순수한 실천이성의 관점에서 비판하는 것('경험적·도덕감정적으로 한정된 실천이성'의 월권을 '순수한 실천이성'에 의해 비판하는 것)이라고 칸트는 주장하고 있다.

말하자면 칸트의 순수한 실천이성은 여기서 아군에게 총을 쏘는 '머저리 군인' 노릇을 하고 있다. 순수한 실천이성이 '결사옹위'하는 '무조건적으로 실천적인' 의지 규정인 '순수 의무'는 상론했듯이 도덕감정의 강렬성에서 기원하기 때문이다. 따라서 칸트가 저 야릇한 장광설로 거듭 주장하는『실천이성 비판』의 임무는 한 마디로 인간 윤리의 주력(동정심)을 향한 저 '머저리 군인'의 조준사격이다. 칸트는 도덕감정이 경험적으로 획득된 후험적 감정이 아니라, 유전자에 각인된 선험적 도덕감정, 즉 메타도덕이라는 사실을 끝내 몰각했다. 그러나 어떤 순수한, 즉 선험적 실천이성으로 행세하는 사이코패스적 도덕철학이든 이 메타도덕의 비판을 면치 못할 것이다.

한편, 위 인용문에서는 칸트의 도덕철학이 안고 본질적이고 치명적인 문제점이 드러나고 있다. 그가 "자기의 인과 작용성을 규정하는 능력인 의지"를 언급하고, 또 순수한 실천이성에서는 "순수이성의 비판에 의해 정당화된 인과성 개념, 소위 자유 개념이 등장한다"고 언술하는 것에서 알 수 있듯이 칸트는 '원인'과 '이유(Ursache와 Grund; cause와 reason)'

를 구별하지 못하고 있다. 의지는 행위의 원인이 아니라 이유(동기)이고, 의지의 "자유"도 행위의 인과성이 아니라 이유이다. 자연 사물과 운동의 '원인'은 사물의 '속성(성질)'과 '속성관계'이기 때문에 인식할(erkennen) 수 있지만, 이해할(verstehen) 수는 없는 것이다. 반대로 '의지'나 의지의 '자유'는 인간 행동의 '의미'와 '의미관계'이기 때문에 이해할 수 있지만 인식할 수는 없다. 따라서 인간 행동의 의미와 의미관계를 아는 데는 단순히 인식론이 아니라, '공감적 해석학(empathetic hermeneutics)'이 필요한 것이다. 칸트는 사물의 속성과 행동의 의미 차이, 원인과 이유의 차이, 인식과 이해의 차이에 대해 깡그리 몰지각한 까닭에 해석학적 사유와 인식론과 해석학의 차이를 죽을 때까지 깨닫지 못했다.

　이성과 무관한 연민의 감정을 저급하고 취약하고 분별없는 것으로 경멸한 칸트의 동정심 비판과 그 자가당착성에 대한 폭로는 이것으로 족할 것이다. 상론했듯이 오늘날 많은 과학적 연구는 본능적 동정심의 강력한 도덕적 기능을 다각도로 입증했고 또 입증하고 있다. 이와 관련하여 대커 켈트너는 "과학적 연구 덕택에 인간의 선한 본성과 관련된 칸트·니체 (…) 등의 영향력 있는 주장이 힘을 잃었다"고 말한다. 동정심(연민)은 아무에게나 무턱대고 달려가는 분별없는 감정이 아니다. 연민은 타인의 피해 정도와 약한 정도에 따라 미세하게 조절된다. 연민은 사람을 눈물 흘리는 게으름뱅이, 도덕적 약자, 수동적 방관자로 만드는 것이 아니라, 동정을 베풀지 않고 그냥 넘어가더라도 아무도 모를 경우에도 곤경에 처한 타인을 도우러 나서게 만든다. "건강한 공동체를 만드는 인정과 희생, 인仁은 신경다발 속에 깊이 뿌리내리고 있고, 이 신경다발은 지난 1억 년에 걸친 포유류의 진화 과정에서 배려 행동을 낳은 것이다."[252]

---

252) Dacher Keltner, *Born to be Good: The Science of a Meaningful Life* (New York: W. W. Norton & Company, 2009), 240쪽.

■ 칸트의 '사이코패스 도덕론'의 자가당착성

칸트가 동정심을 '고통을 늘리는 병리적 기제'로 논단하는 것은 인간 상식에 반하는 사이코철학적 패언悖言이다. "고통은 나누면 반감되고, 기쁨은 나누면 배가 된다"는 말이 있다. 물론 둘이 고통을 나누면 반감되는 것이 아니다. 그렇다고 고통이 두 배로 증가하는 것도 아니다. 공감으로는 상대의 고통을 5분의 1 정도만 느끼고 따라서 1할 정도만 증가할 뿐이다. 하지만 고통이 이만큼 증가하더라도 고통의 공감을 통해 둘 사이에 맺어진 새로운 연대감 속에서 상대의 고통은 현저히 누그러지는 법이다. 흄은 칸트와 니체의 패언과 대립되는 상식의 논변을 이렇게 열정적으로 쏟아낸다.

- 모든 쾌감은 다 동류와 동떨어져 즐기면 맥없고, 고통은 다 더 잔인해지고 견딜 수 없게 된다. 우리를 움직이게 만들 수 있는 모든 다른 감정, 즉 긍지, 야심, 탐욕, 호기심, 복수심이나 쾌감, 이 모든 감정들의 영혼, 즉 활력화 원리는 공감이다. 또한 우리가 남들의 생각과 감정을 완전히 도외시하게 된다면 이 감정은 아무 힘도 없을 것이다. 태양을 뜨게 만들고 인간의 명령에 따르게 만들어보라. 바다와 강들이 그의 마음대로 구르고 지구가 저절로 그에게 유용하거나 기분 좋은 것이면 무엇이든 공급하게 해보라. 그래도, 당신이 그에게 적어도, 그의 행복을 같이 나누고 그가 즐길 수 있는 존중과 우정을 가진 어떤 한 사람을 보내주기까지 그는 비참할 것이다.[253]

다윈은 『인간과 동물의 감정 표현』의 결론에서 흄이 열정적으로 변호하는 인간의 이런 상식을 이렇게 과학적으로 확증하고 있다.

---

253) Hume, *A Treatise of Human Nature*, Book 2: *Of the Passions*, 234-235쪽.

- 얼굴과 몸에서의 감정 표현의 발동은 이것의 기원이 무엇이든 그 자체로서 우리의 복지에 아주 중요한 것이다. 이 표현의 발동은 엄마와 아기 간의 첫 번째 소통 수단에 이바지한다. 엄마는 미소로 가미 감정을 표하고, 이로써 아이를 바른길로 가도록 북돋우거나, 찡그림으로써 불가피 감정을 표한다. 우리는 타인들의 표정을 보고 이 타인들의 공감을 쉽사리 지각한다. 우리의 괴로움은 이렇게 하여 완화되고, 우리의 기쁨은 증가된다. 상호적 호감은 이렇게 하여 강화된다.[254]

진실이 이러할진대, 칸트가 고통에 대한 공감적 동정을 계속 매도한다면, 그가 스스로 주장한, 공감 감정들(동정심, 안타까움, 동조, 경의, 경탄)과 부정적 교감 감정(반감, 경멸, 혐오)에 기초한 '도덕교육'은 원천적으로 불가능하다. 그는 도덕교육과 관련하여 『실천이성 비판』에서 이렇게 장담한다.

- 교육자들은 훌륭한 행실을 완전한 순수성 속에서 인지하고 이 행실에 갈채를 보내고 반대로 이 행실로부터 조금만 일탈해도 이를 안타까움과 경멸로써 알아채는 빈번한 수련이 (…) 한편으로 존중과, 다른 한편으로 혐오의 지속적인 인상을 남겨놓기를 확실히 바랄 수 있다. 이 존중과 혐오의 인상은 이러한 행위들을 종종 갈채 받을 만한 것이거나, 아니면 나무랄 만한 것으로 간주하는 단순한 습관을 통해 미래의 처신에서의 정직성을 위한 좋은 토대를 이룰 것이다.[255]

또 칸트는 "위대한 비이기적인 동정적 심지와 인간애를 밝게 빛내주

---

254) Charles Darwin, *The Expression of Emotion in Man and Animals* (London: John Murray, 1872·1890), 385-386쪽.
255) Kant, *Kritik der praktischen Vernunft*, A4275-276쪽.

는 행위들을 칭찬하는 것은 전적으로 권장할 만하다"라고도 하고,[256] "나의 젊은 청취자들은 단계적으로 동조에서 경탄으로, 경탄에서 다시 경악으로, 마침내 최대의 경의와, (물론 그의 처지에 놓이지 않을지라도) 자신도 그 사람이 될 수 있기를 바라는 열렬한 소망으로 고양될 것이다"라고도 말한다.[257] 칸트의 도덕교육은 실천이성의 추론 훈련이 아니라 전체적으로 공감 감정과 교감 감정의 함양인데, 다만 칸트가 도덕교육론에 공감과 공감 감정들을 이용하면서도 감정론에 대한 무지로 인해 이 사실을 인지하지 못할 뿐이다.

하지만 칸트는 『도덕형이상학의 정초』나 『실천이성 비판』 등의 주저主著가 아닌 말년(1797·1798)의 『덕성론의 형이상학적 발단 근거』에서 동정심 없이 의무 관념만으로 도덕 행위를 수행할 수 없다는 '비밀 아닌 비밀'을 슬그머니 실토한다.

- 타인에 대한 동정심을 (그리고 또한 동락을) 갖는 것이 즉자적으로 의무가 아닐지라도, 본성적(감성적) 동정 감정들을 자기 안에서 함양하는 것, 그리고 이 동정적 감정들을, 도덕 원칙들과 이에 적합한 감정에서 나온 공감을 위한 수단들로 이용하는 것은 타인들의 운명에 대한 행동적 동참이고 따라서 끝내는 간접적 의무다. 그리하여 가장 필수적인 생필품도 없는 빈자들이 사는 장소를 우회하는 것이 아니라 오히려 그런 곳을 방문하는 것, 병실이나 채무자들의 감옥 등에서 달아나 억제할 수 없는 고통스런 공감을 피하지 않는 것은 의무다. 왜냐하면 동정 감정은 의무 관념이 그 자체만으로는 수행하지 못할 그런 일을 수행하도록 자연이 우리 안에 심어놓은 충동 중의 하나이기 때문이다.[258]

---

256) Kant, *Kritik der praktischen Vernunft*, A4276쪽 각주.
257) Kant, *Kritik der praktischen Vernunft*, A4278쪽.
258) Kant, *Metaphysische Anfangsgründe der Tugendlehre*, §35 (A131-132쪽).

칸트는 동정심을, "'의무가 자력으로 할 수 없는' 일을 할 수 있게 만드는 본성적 충동"으로 자인함으로써 지금까지 계속된 자기 논변의 허리를 분질러버리고 있다. 칸트의 도덕철학 안에서 이러한 은밀한 입장 선회는 모든 감정적 성향을 멸시하는 자신의 실천이성적 근본 입장에 대한 자백적 부분부정이다.

4.3. 칸트의 사이코패스적 성악설: 원죄설을 향하여

칸트는 그간 잘 알려져 있지 않은 원죄설적 성악론자이자, 근거를 날조해 유학과 중국을 비방한 사이코패스적 중국 혐오론자였고, 동시에 인종주의적 반反유대주의자였다. 최근 들끓는 주제인 칸트의 반유대주의·인종주의 문제를 뒤로하고 먼저 그의 성악설을 살피자.

칸트는 오로지 실천이성에 의해 입법된 도덕법칙에 따라 행동하는 것만이 진정으로 도덕적이고, 동정심·인간애·양심 등의 도덕감정에 따라 행동하는 것은 이기심 등의 다른 감정들이 뒤섞이기 때문에 선하더라도 우연적인 것이고, 이런 선행은 '원칙적으로' 부도덕하다고 주장했다. 그리하여 그는 도덕감정 없이 실천이성적 도덕법칙에 따라 행동하는 사이코패스를 '도덕군자'로 둔갑시키고, 동정심·인간애·양심에 따라 행동하는 도덕적 보통 사람들을 '부도덕한 좀비'로 탈바꿈시키는 궤변을 논변했다.

■ 도덕법칙에 따른 삶은 선, 도덕감정에 따른 삶은 악?

칸트는 성선설에 맞서 인간 본성 속에 '악의 성향(Hang)'이 있다고 주장한다. 이 근본악적 성악설은 그가 늙어갈수록 기독교적 원죄설과 동일해진다. 칸트의 이 근본악적 성악설은 마치 의도적으로 공맹유학의 성선론을 거부하려고 그런다는 느낌이 들 정도다. 홉스의 전쟁상태로서의 성악적(性惡的) 자연상태론을 계승한 칸트의 이 성악설은 기독교적 원죄설과 그대로 맞닿는다. 칸트는 『단순한 이성의 경계 안에서의 종교(Die Religion innerhalb der Grenzen der bloßen Vernunft)』(1793)에서 인간의 근본적 성악성(性惡性)에 대해 처음 이렇게 밝힌다.

- 성향(Hang, propensio)을 나는 인간 일반에 대해 우연적인 성향(기질적 욕망 habituelle Begierde, concupiscentia)의 가능성의 주관적 근거로 정의한다. 성향은 타고날 수는 있으나 그 자체로서 관념되어서는 아니 되고, (그것이 선한 경우에) 획득되거나, (그것이 악한 경우에는) 인간 자신에 의해 스스로에게 초래된 것으로 생각될 수 있는 점에서 자질(Anlage)과 구별된다. 그러나 여기서는 본래적 악, 즉 도덕적 악에 대한 성향만을 말하는 것이다. 악의 이 성향이 자유재량으로서의 자유의지(Willkür)의 결정으로서만 가능하지만 이 결정이 자유의지의 준칙에 의해서만 선이나 악으로 판단될 수 있기에 이 성향은 도덕법칙으로부터 준칙들이 벗어날 수 있는 가능성의 주관적 근거에 본질을 두어야 하고, 이 성향이 보편적으로 인간에게 속하는 것으로 상정된다면, 이 악의 성향은 악에의 인간의 본성적 성향으로 불릴 것이다. 우리는 도덕법칙을 자신의 준칙으로 받아들일 수 있거나 받아들일 수 없는, 본성적 성향으로부터 생겨나는 자유의지의 능력 또는 무능은 선한 마음씨나 악한 마음씨라고 불린다고 정할 수 있다.[259]

칸트는 여기서 "악에의 인간의 본성적 성향"을 그야말로 제멋대로 '논증하고 있다.

---

259) Immanuel Kant, *Die Religion innerhalb der Grenzen der bloßen Vernunft* [1793·1794], B20-21쪽. *Kant Werke*, Bd.10 (Darmstadt: Wissenschaftliche Buchgesellschaft, 1983).

이에 잇대서 칸트는 '성악성'을 마음의 허약성·불순성·사악성 등 세 가지로 분류한다. "우리는 성향의 세 가지 상이한 단계를 생각할 수 있다. 첫째, 인간 마음의 취약성 또는 인간 본성의 허약성(Gebrechlichkeit)이다. 둘째, (선한 의도로, 그리고 선의 준칙 아래 벌어지는 경우에도) 비도덕적 동기들과 도덕적 동기들의 혼합에의 성향, 즉 불순성不純性(Unlauter)이다. 셋째, 악한 준칙들의 상정에의 성향, 즉 인성 또는 인간 마음의 사악성 邪惡性(Bösartigkeit)이다."[260]

첫째, "인간 본성의 허약성(fragilitas)은 사도使徒의 하소연 속에서도 표현된다. '나는 의욕했으나 완수가 없었다', 즉 나는 선(법칙)을 나의 자유의지의 준칙 속으로 받아들이지만, 객관적으로 이념 속에서(in thesi) 극복할 수 없는 동기인 이 선은 준칙이 준수되어야 한다면 주관적으로(in hypothesi) (성향과 비교할 때) 더 취약한 동기다."[261] 둘째, "인간 마음의 불순성(impuritas, improbitas)은 목표에 따라 (법칙의 의도된 준수에 따라) 선하고 아마 행사하기에 충분히 강력하기는 하지만, 순수하게 도덕적이지 않다는 데, 즉 마땅히 그래야 하는 것처럼 법칙만을 충분한 동기로 자기 속에 받아들인 것이 아니라, 의무가 요구하는 것에 대한 자유의지를 결정하기 위해서는 대부분 (아마 언제나) 충분한 동기 외에 다른 동기들을 필요로 한다는 데 있다. 환언하면, 의무적인 행위들이 순수하게 의무에서 행해지는 것이 아니라는 데 있다."[262] '불순성'에 대한 이 부연 설명은 앞의 "비도덕적 동기들과 도덕적 동기들의 혼합에의 성향"이라는 개념정의와 불합치한 설명이다. 앞의 정의는 가령 인애의 동기에 비도덕적 이익 동기를 결합한 '이인利仁' 같은 혼합적 덕행을 가리키는 말처럼 읽히는 반면, 마치 실천이성의 입법 산물인 소위 '도덕법칙'의 순수한 이성적 의

---

260) Kant, *Die Religion innerhalb der Grenzen der bloßen Vernunft*, B21-22쪽.
261) Kant, *Die Religion innerhalb der Grenzen der bloßen Vernunft*, B22쪽.
262) Kant, *Die Religion innerhalb der Grenzen der bloßen Vernunft*, B22쪽.

무가 따로 있는 여기에 비非이성적 동정심·정의감 등 강렬한 도덕감정적 동기가 합쳐진 경우를 가리키는 것으로 읽힌다. 후자유의지 부연 설명은 비非이성적 도덕감정을 비하하거나 부정하는 사이코패스적 논변으로서 늘어줄 가치가 없다. 이에 대한 비판은 뒤에 본격적으로 전개된다.

셋째, "사악성(vitiositas, pravitas), 또는 원한다면 인간 마음의 타락(corruptio)은 도덕법칙에서 나오는 동기를 다른(비도덕적) 동기들보다 뒤에 놓는 준칙에 향한 자유의지의 성향이다. 이 사악성은 인간 마음의 도착(perversitas)이라고도 일컬을 수 있다. 왜냐하면 이 사악성은 자유로운 자유의지의 동기들과 관련된 도덕 질서를 거꾸로 뒤집어놓고, 또 언제나 법칙적으로 선한 (적법한) 행위들이 그것과 양립할 수 있더라도 사고방식은 이로 인해 (도덕적 심정에 관한 한) 그 뿌리에서 타락하고, 인간은 이 때문에 악한 것으로 낙인찍힐 수 있다."[263] 이 "인간 마음의 사악성"은 본성이 그렇기 때문에 고칠 수 없다. 고칠 수 없는 사악성은 오늘날 의학에서 '사이코패스적 사악성'이라 한다.

이 사이코패스적 '사악성' 설명에서 칸트는 사악성을 도덕감정의 지나친 탈脫중도적 정도(과소 또는 극단적 과도함)나 과도한 칠정(폭로·탐욕)과 부정적 교감 감정들(미움·적개심·거부감·오만·시기심·경멸감·혐오감·악심 등)의 극단적 과도함(반反인도적 극렬 증오·적개심, 안하무인격으로 무례한 오만, 부적절하게 뒤틀린 시기심, 인간 적대적 극極 경멸·혐오감, 해코지 심리 등)에서 구하거나 도덕감정·도덕감각의 사이코패스적 결여에서 구하지 않고, '사악성'이 무슨 실체적 상태인 양 마음의 "타락"이나 "도착"에서 구하고 있다. 따라서 이것이 그가 말하는 고칠 수 없는 성악성性惡性이다.

단순한 불선不善 또는 악한 행동은 우연적 과오로서 고칠 수 있다. 인

---

263) Kant, *Die Religion innerhalb der Grenzen der bloßen Vernunft*, B23쪽.

간은 실수로 과오를 저지를 수 있기 때문에 그때그때 고쳐야 하는 것이다. 그래서 공자는 군자란 "과오를 범하면 고치기를 꺼리지 않는다"고 말하고(子曰 […] 過則勿憚改),[264] 심지어 "사람의 과오는 각기 그 무리에 따라 정해지는데, 과오를 살피는 것, 이것이 바로 인仁을 아는 것이다"라고도 천명한다(子曰 人之過也 各於其黨. 觀過 斯知仁矣).[265] 그래서 공자는 "과오를 저질렀으나 고치지 않는 것을 일러 과오라 한다"고 말한 것이다(子曰 過而不改 是謂過矣).[266] 과오는 저지르면 일식이나 월식처럼 만인의 눈에 확 띄지만, 그것은 어디까지나 우연적·일시적인 것이기에 고칠 수 있고 과오를 저지른 자가 과오를 고치면 만인은 빛나는 일광과 밝은 월광을 다시 본 듯이 좋아한다. "군자가 과오를 저지르는 것은 일식·월식과 같다. 과오를 저지르면 사람들이 다 그것을 보고, 고치면 사람들이 다 우러른다.(君子之過也 如日月之食焉. 過也 人皆見之 更也 人皆仰之)."[267] 모든 일시적·우연적 과오는 다 고칠 수 있다. 이런 과오는 고치지 않는 경우는 있어도 고치지 못하는 경우는 없다. 그러나 상론했듯이 사이코패스적 사악성은 본성적 결함이므로 고칠 수 없다. 따라서 칸트가 말하는 "인간 마음" 속의 본성적 "사악성", 즉 고칠 수 없는 '성악성性惡性'은 사이코패스적 사악성인 것이다.

칸트는 '성악성'을 선인善人과 덕자를 포함한 모든 인간 안에 잠복해 있는 인간 본성으로 보편화했다. "우리는 악의 성향이 여기서 인간에게 있어서, 또한 (행위상) 가장 선한 인간에게서도 나타난다고 말할 것이다."[268] 그리고 칸트는 자기의 이성적 도덕법칙 명제를 관철시키기 위해 정상적 도덕감정을 가진 사람들 사이에서라면 전혀 불필요한, 머리카락

---

264) 『論語』「學而」(1-8).
265) 『論語』「里仁」(4-7).
266) 『論語』「衛靈公」(15-30).
267) 『論語』「子張」(19-21).
268) Kant, *Die Religion innerhalb der Grenzen der bloßen Vernunft*, B23쪽.

한 가닥을 쪼개는 것 같은 지나친 세분細分, 즉 "선한 도덕의 인간"과 "도덕적으로 선한 인간"의 기이한 구분을 시도한다.

- 행위와 법식의 합치에 관한 한, 선한 도덕의 인간(Mensch von guten Sitten, bene moratus)과 도덕적으로 선한 인간(sittlich guter Mensch, moraliter bonus) 사이에는 아무런 차이도 없다 (적어도 차이가 있어서는 아니 된다). 다만 전자의 인간에게서는 행위가 법칙을 항상 유일한 최상의 동기로 삼지는 않지만, 아마 결코 삼지 않지만, 후자의 인간에게서는 행위가 언제나 법칙을 유일한 최상의 동기로 삼는다. 전자의 인간에 대해서는 그가 법칙을 글자에 따라 (즉, 법칙이 명령하는 행위에 관한 한) 준수한다고 말하고, 후자의 인간에 대해서는 그가 법칙을 정신에 따라 (즉, 도덕법칙의 정신은 이 법칙만 있으면 동기로서 충분하다는 데 있다) 준수한다고 말한다. 이 믿음에서 행하지 않는 행동은 (사고 방식상) 죄악이다. 왜냐하면 법칙적 행위의 자유의지를 결정지을 다른 동기들, 즉 법칙 외에 다른 동기들(가령 명예욕, 자기애 일반, 아니 가령 동정심인 마음씨 좋은 본능)이 필요하다면, 이 동기들이 법칙과 합치되는 것은 단순히 우연적인 것이기 때문이다. 이 다른 동기들은 위반으로 몰아붙일 수 있는 까닭이다. 따라서 자기의 선량함을 기준으로 인격체의 모든 도덕적 가치를 평가하는 이 준칙은 법칙에 위배되고, 인간은 순수하게 선한 행위 시에도 악하다.[269]

칸트는 자기 말에 의하더라도 "아무런 차이도 없는", 그리고 "적어도 차이가 있어서는 아니 되는" 두 종류의 인간들, 즉 "선한 도덕의 인간"과 "도덕적으로 선한 인간"을 구분할 수도, 구분할 필요도 없는데도 구분해

---

269) Kant, *Die Religion innerhalb der Grenzen der bloßen Vernunft*, B23-24쪽.

놓고, 이 "선한 도덕의 인간"을 "순수하게 선한 행위 시에도 악하다"고 폄하한 반면, 이성적 도덕법칙에 따라 도덕적 행위를 하는 인간만을 "도덕적으로 (진짜) 선한 인간"으로 칭송하고 있다.

   도덕감정을 지니고서 일반 사람들의 경험적 덕행 모델로부터 추출·정리·체계화된 도덕법칙이나 도덕률을 찾아보거나 암기하지 않고도 덕행을 잘하는 일반 사람들을 칸트는 "선한 도덕의 인간(Mensch von guten Sitten)"이라 부른다. 반면, 도덕법칙에 따라 행동하는 '도덕적 억지춘향이'는 도덕감정이 없거나 취약해서 단지 암기한 도덕률에 따라서만 행동하는, 또는 단지 그렇게만 도덕적으로 행동할 수 있는 인간을 칸트는 "도덕적으로 선한 인간(sittlich guter Mensch)"이라 부른다. 이런 인간은 오늘날 의학에서 '사이코패스'라 부른다. 칸트는 사이코패스를 "도덕적으로 선한 인간"이라 부르며 진짜 선한 사람이라고 추켜세우고 있다. 칸트의 이 전도된 도착적 주장에 대해서는 동정심 매도에 대한 논의와 관련해 이미 비판적으로 지적했었다. 정상인들은 연민 감정도 없으면서 무슨 군대식 의무 의식에서 남을 돕는 자의 행동을 선행이라고 느끼지 않고, 반대로 도덕법칙이나 무슨 행동 규정규정에 정해진 의무에 대한 아무런 의식도 없이 마음속에서 우러나와서 남을 돕는 사람의 동정적 행동만을 진정한 선행으로 느낀다. 칸트는 바로 이 정상인과 (사이코패스적) 비정상인의 바른 관계를 뒤집어놓고 있다.

   인간들 가운데에는 지능이 박약해도 도덕감정이 정상적이거나 오히려 범재·수재·천재보다 더 강렬해서 도덕 행위에 뛰어난 백치들도 있다. (가령 여러 차례 보도되고 영화까지 만들어진 충남의 효자 '맨발의 기봉' 씨!) 칸트는 이들을 몽땅 '악인'으로 낙인찍어 배제할 수밖에 없다. 반대로 도덕감정은 없으나 이성 능력이 보통 이상인 사이코패스는 도덕군자로 대접해야 한다. 왜냐하면 칸트가 도덕성을 실천이성과 이성적 도덕법칙의 근거지였기 때문이다. 그렇다면 칸트의 합리주의적 도덕론에서 저 도덕적 백치만이 아니라 철없는 어린이, 이성과 감성이 둘 다 훼손된 정신질환자와 치매 환자, (일정한 권력 이성의 견지에서) 이성 능력이 부족한 것으로 간주되는 인종들과 종족들은 사회 세계에서 배제되거나 도덕적 열등분자들로 취급된다. 독일 프랑크푸르트 대학교의 칸트 전문 철학자는 지적한다. "본래적 문제는 (…) 칸트가 인간 존엄과 동등권을 바로 생물학적 종적 귀속성에 연결시킨 것이 아니라 이성과 의지 자유에 연결시킨다는 것이다". 이렇게 되어 "어린이, 정신질환자와 치매 환자 등을 생각할 때, 이것은 이미 문제다. '인종'으로서의 특정한 인간 집단들에게 이성 능력을 제한적으로만 인정한다면 문제는 훨씬 더 심각해진다. 여기에서 칸트의 도덕적 보편주의는 일정한 집단들(비백인, 여성, 유대인 등)을 배제하려는 기도에 그를 말려들게 만드는 취약점을 가진다."[270] 이 논평자 자신이 칸트주의자이기 때문에 완곡하게 표현한 이 비판을 음미해 보면, 유럽 백인 중 사이코패스만 도덕적 정상인이고, 반대로 도덕감정에 따라 사는 보통 사람들, 여성, 어린이, 백치, 정신질환자, 치매 환자, 전 세계의 비非백인 인종과 유대인들은 모두 도덕적 비정상인으로 전락한다. 칸트는 유럽의 사이코패스를 제외한 전 인류를 도덕적 '비정상인'으로 낙인찍은 것이다. 이는 곧 '정상인'을 '비정상인'으로 격하시킨 반면, 사이코패스적 '비정상인들'은 '정상인'으로 둔갑시킨 꼴이다. 그래서 칸트의 합리적 도덕형이상학은 단순한 도덕형이상학이 아니라 사이코패스적 도덕형이상학이라 불러야 하는 것이다. 나아가 필자는 이런 사이코패스적 인간 차별과 인종차별을 정초한 칸트 자체가 사이코패스가 아닌지 의심하는 것이다.

이성이 모자라거나 없는 어린이와, 어린이 수준의 지능을 가진 백치나

---

270) Marcus Willaschek, "War Kant ein Rassist?". Interview mit Uni-Report Goethe Universität Frankfurt am Main (1 Jan. 2021).

정신지체자도 도덕감정이 있으면 존엄한 인간이다. 그러나 도덕감정이 없는 이성적 존재는 미천한 비非인간, 사이코패스다. 74세의 고령에 쓴 『덕성론의 형이상학적 발단 근거』(1798)에서 칸트도 이것을 자인하는 것 같이 들리는 말을 스스로 토설한다.

- 오히려 (도덕적 존재자로서의) 모든 인간은 근원적으로 이 도덕감정을 자신 안에 지니고 있다.[271]

이 명제를 칸트는 아주 정상인인 것처럼 이렇게 힘주어 강변하듯이 다시 부연한다.

- 도덕감정이 일절 없는 인간은 결코 있을 수 없다. 왜냐하면 이 도덕감정에 대한 완전한 무감응의 경우에 인간은 도덕적으로 죽은 것이고, (의사의 언어로 말하자면) 도덕적 생명력은 도덕감정에 더 이상 자극을 일으킬 수 없다면, 인간성은 (마치 화학 법칙에 따르듯이) 단순한 동물성으로 해체되고 다른 자연 존재들의 무리와 돌이킬 수 없이 뒤섞일 것이기 때문이다.[272]

'도덕감정이 인간 본성 속에 본유한다'고 진술하는 이 두 구절은 칸트가 주장하는 근본악적 성악설과 정면으로 상충된다. 인간 역사의 도덕적 진보 여부를 논할 때 칸트는 이때도 도덕적 진보를 인간의 본성적 악성 때문에 부정한다.

---

271) Kant, *Metaphysische Anfangsgründe der Tugendlehre*, A36쪽.
272) Kant, *Metaphysische Anfangsgründe der Tugendlehre*, A37쪽.

- 본성으로 타고난 선과 악의 양이 기질에서 동일하게 남아있고 동일한 개인 안에서 늘려질 수도, 줄여질 수도 없다는 것은 언제나 인정된다. 주체의 자유를 통해 일어나야 하지만 이를 위해서는 다시 더 큰 펀드의 선이 필요하므로 선의 이 양이 어떻게 늘려질 수 있을까? 작용 결과는 작용하는 원인의 능력을 넘어설 수 없는 법이다. 그리하여 인간은 비상해 악의 일정한 양을 뛰어넘어가 언제나 훨씬 더 좋은 상태로도 진보할 수 있지만 인간 안에서 악과 뒤섞인 선의 양은 이 악의 일정한 양을 넘어서지 못한다. 따라서 인간의 낙관적 희망을 담은 (도덕적) 행복설은 견지될 수 없는 것으로 보이고, 그 이상의 항구적 진보와 관련된 예언하는 인간 역사를 위해 선의 행로에서 거의 아무것도 약속해 주지 못할 것으로 보인다.[273]

악의 본성은 선의 본성을 가로막을 정도로 강렬하다. '도덕감정이 인간 본성 속에 본유한다'는 위 두 명제는 이 강한 악성의 인간본성론과도 충돌한다.

그러나 위 두 명제가 가식적이고 위선적인 말이기 때문에 이 '충돌'은 바로 해소된다. 칸트는 도덕감정을 애당초 이성적 도덕법칙에 감응해 나오는 감정으로 격하시키고 있기 때문이다.

- 도덕감정(moralisches Gefühl)은 단순히 우리의 행위가 도덕법칙과 합치됨, 또는 상치됨을 의식하는 데서 나오는 쾌감 또는 불쾌감의 감지 능력(Empfänglichkeit)이다. 그러나 자의의 모든 결정은 가능한 행위의 관념으로부터, 이 관념이나 이 관념의 작용 결과에 대해 관심을

---

[273] Immanuel Kant, *Der Streit der Facultäten in drei Abschnitten* [Königsberg: bey F. Nicolovius, 1798], A136-137쪽. *Kant Werke*, Bd.9 (Darmstadt: Wissenschaftliche Buchgesellschaft, 1983).

갖고 싶어 하는 쾌감 또는 불쾌감의 느낌을 통과하여, 행실에 이른다. 이 경우에 (내감의 촉발의) 감성론적 상태는 정리적情理的 감정이거나 도덕감정이다. 전자의 정리적 감정은 법칙 관념에 앞서 선행하는 감정이고, 후자의 도덕적 감정은 오직 이 도덕법칙 관념에 뒤따르기만 할 수 있는 감정이다.[274]

칸트는 '도덕감정이란 도덕법칙에 대한 감응·감지 능력'이라는 이 주장을 다시 확고히 한다.

- 그러나 우리는 진리에 대해 특별한 감각을 가지지 않은 것처럼 – 더러 그렇게 표현되더라도 – (도덕적) 선악에 대해서도 특별한 감각을 가지고 있지 않다. 오히려 우리는 실천적 순수이성(과 이성 법칙)에 의한 자유로운 자의自意의 작동에 대한 자유로운 자의의 감응 능력을 가지고 있다. 그리고 이것이 우리가 도덕감정이라고 부르는 것이다.[275]

칸트의 도덕감정은 "실천적 순수이성(과 이성 법칙)에 의한 자유로운 자의自意(자유의지)의 작동에 대한 자유로운 자의(자유의지)의 감응 능력"에 지나지 않는 것이다. 칸트가 추상적 동기라고 바꿔 부르기도 하는 이런 '이성적 도덕감정'을 훗날 쇼펜하우어는 이미 아주 적절하게 "나무 쇠(hölzerer Eisen)로 만든 왕홀王笏"이라는 말과 같은 형용모순(contradictio in adiecto)이라[276] 풍자하며 야단쳤다.

그런데 도덕감정을 도덕법칙에 대한 감응으로 보는 이 '이성적 도덕감정' 정의는 "모든 인간은 근원적으로 이 도덕감정을 자신 안에 지니고 있

---

274) Kant, *Metaphysische Anfangsgründe der Tugendlehre*, A35-36쪽.
275) Kant, *Metaphysische Anfangsgründe der Tugendlehre*, A35-36쪽.
276) Schopenhauer, *Kritik der Kantischen Philosophie*, 701쪽.

다"는 명제 속의 "근원적으로 자신 안에 가지고 있다"는 구절과 의미론적으로 상충된다. 도덕감정의 "근원적" 보유란 논리적으로 이성에 대한 "감응 능력"으로서의 제2차적 감정 이전에 보유한다는 말이기 때문이다. 이와 같이 칸트의 도덕감정 개념은 좌충우돌을 거쳐 결국 실천이성 속으로 흡수되어 유야무야되어 버리고 있다. 이것은 도덕감정을 '느끼지' 못하고 도덕감정을 '단어'로만 아는 사이코패스의 오락가락하는 사고방식과 오락가락하는 표현 방식을 그대로 닮았다. 말하자면, 칸트의 도덕법칙적 인간은 공맹과 섀프츠베리·허치슨·스미스가 '도덕성의 원천'으로 주목한 그 본성적(자연적) 도덕감정(natural moral emotions)이 없고 따라서 이 감정을 '느끼지' 못하는 것이다.

본성적 도덕감정 없이 단지 이성적 도덕법칙에 따라서만 사는 사이코패스만이 "도덕적으로 선한 인간", '진정으로 도덕적인 선인善人'인 반면, 도덕감정에 따라서만 사는 보통 사람은 실은 "악한" 사람이라는 명제, 즉 『실천이성 비판』(1788)과 『단순한 이성의 경계 안에서의 종교』(1793)에서 개진된 이 끔찍한 명제는 궁극적으로 원죄적 성악설을 끌어들이기 위해 『실천이성 비판』의 '도덕적 인간' 개념을 첨예화시킨 것이다. 순수이성 비판의 과업이 순수이성이 경험 자료의 근거 없이 경험의 경계를 뛰어넘어 멋대로 뻗쳐나가 판단하지 못하도록 이성을 감시하고 제한하는 것이었다. 그러나 실천이성 비판의 과업은 역으로 실천이성이 자연적(본성적)·경험적 도덕감정과 (경험 속에서 형성된) 관습에 제한당하거나 말려들지 않고 "도덕원칙들을 완전히 선험적으로, 모든 경험적인 것으로부터 완전히 자유롭게, 단적으로 순수한 이성 개념들 속에서만 만날 수 있다면 순수한 실천적 세계 지혜로서의 이 탐구, 또는 (그토록 비난받은 이름을 쓴다면) 도덕의 형이상학으로서의 이 탐구를 완전히 분리시켜 이것을 그 자체만으로 온전한 완벽성으로 끌어올리도록"[277] 이성을 도덕의 단독적 결정자로 격상시켜 완전히 해방하는 것이다. 그리하여 이성은 이제 도덕 문제에서 자기의 과업을 완전히 전도시켜 도덕감정의 동력으로 행동하는 정상인들에 맞서 정상인을 짓밟는 사이코패스적 행패를 부리게 된 것이다.

이런 사색 경로로 이성적 도덕법칙에 따라 사는 사람은 선하고 도덕감정에 따라 사는 사람은 악하다는 칸트의 이 끔찍한 엽기적 논변, 즉 보통 사람의 도덕적 정서를 경멸·배격하는 강변이 탄생한 것이다. 칸트의 주장을 다시 요약해 보면, 어떤 행위든 참으로 선하고 도덕적으로 가치가 있으려면 그 어떤 성향이나 심정, 타인에 대한 호의의 느낌, 마음 약한 동정심, 연민이나 '마음에서 우러나와(herzensaufwallend)' 수행해서는 아니 되고, 오로지 인식된 법칙과 의무 개념에 대한 공경에서, 그리고 이성에 의해 수립되고 추상적으로 의식되는 준칙에 따라서만 수행되어야 한다는 현학적 정관定款이다. 동정, 연민이나 마음에서 우러나오는 감정과 같은 것은 『실천이성 비판』에 의하면[278] 잘 생각하는 사람들에게 이들의 심사숙고된 준칙을 혼동시키는 것으로써 심지어 아주 귀찮은 것이다. 오히려 행위는 내키지 않게, 그리고 자기 강제로 일어나야 한다. 여기에서 그럼에도 대가에 대한 희망이 영향을 미쳐서는 아니 된다는 것이다. 쇼펜하우어는 칸트의 이 요구를 "지독한 부조리"로 비판한다. 왜냐하면 "이 요구가 덕성의 진실한 정신과 정면 배치되기" 때문이다. "행위가 아니라, 기꺼운 행위(Gerntun), 즉 이 행위를 생겨나게 하는 사랑은 (…) 이 행위의 칭찬할 만한 면을 이룬다. 따라서 기독교는 모든 외적 업적은 기꺼이 행하려는 참된 자세(Gernwilligkeit)와 순수한 사랑에 본질을 두는 저 진

---

277) Kant, *Grundlegung zur Metaphysik der Sitten*, BA32쪽.
278) Kant, *Kritik der praktischen Vernunft*, A213쪽.

실한 심정(echte Gesinnung)에서 생겨나지 않는다면 무가치하다고 올바로 가르치고 수행된 (결과적) 업적(opera operata)이 아니라 믿음이 부여하는, 즉 법칙만을 눈앞에 두는, 자유롭고 심사숙고된 의지가 낳는 것이 아니라 성령만이 부여하는 진실한 심정이 사람을 복되게 하고 구원한다고 올바로 가르치고 있는 것이다."[279] 쇼펜하우어는 칸트의 도덕론적 요구가 "어떤 진실한 예술 작품이든 미학적 규칙의 잘 숙고된 적용을 통해 생성되어야 한다고 주장하는 경우와 정황이 똑같다"고 지적하며, 칸트의 이 요구가 이 미학교수의 주장만큼 "거꾸로 된 것"이라고 비판한다.[280]

그런데 『실천이성 비판』(1788)과 『단순한 이성의 경계 안에서의 종교』(1793)에서 논증된 칸트의 도덕적 선 개념은 『도덕형이상학의 정초』(1785)에서 개진된 내용과 자못 상반된 것이었다. 『도덕형이상학의 정초』는 이 책의 「서문」에서 밝히고 있는 것처럼 『순수이성 비판』(1781)의 뒷부분에서 슬그머니 덧붙인 '실천이성 비판'에 담긴 '도덕형이상학'이라는 (보통사람들을 경악하게 만드는) "겁주는" 제목의 내용을 보통 독자들에게 자기의 도덕 이론이 "대단한 정도의 대중성과 상식에 대한 적합성을 발휘할 수 있다"고 안심시키려고[281] 집필한 책이다.

『도덕형이상학의 정초』에서는 거꾸로 정상인의 도덕감각을 철학적 도덕 이성보다 높이 쳤던 반면, 앞의 두 저서에서는 철학적·이성적 도덕 행위를 높이 치고 도덕감정적 도덕 행위를 '악한 행동'으로 깎아내렸다. 『도덕형이상학의 정초』에서 칸트는 말한다.

- 보통 인간 이성을 가진 사람들은 물론 원칙을 일반적 형식으로 분리시켜 생각하지는 않지만, 항상 눈앞에 생생하게 떠올려 지니고 있다가

---

279) Schopenhauer, *Kritik der Kantischen Philosophie*, 704-705쪽.
280) Schopenhauer, *Kritik der Kantischen Philosophie*, 705쪽.
281) Kant, *Grundlegung zur Metaphysik der Sitten*, Vorrede BAXIV쪽.

그들의 판단의 기준으로 사용한다. 우리가 이 보통이성의 인간에게 새로운 것은 조금도 가르쳐주지 않지만 소크라테스가 그랬듯이 보통 인간 이성에게 자신의 고유한 원칙에 주목하도록 만든다면, 이 보통이성이 온갖 발생하는 사례들 속에서 무엇이 선하고, 무엇이 악한지, 무엇이 의무에 합당하고 의무에 위배되는지를 구분하는 것을 이 나침반을 손에 들고 어떻게 아주 잘 알게 되는지는 아주 쉽게 입증될 수 있다. 따라서 진실하고 선하기 위해, 아니 심지어 지혜롭고 덕스럽기 위해서 우리가 무엇을 해야 하는지를 알려면 어떤 과학도, 철학도 필요로 하지 않는다는 것도 아주 쉽게 입증될 수 있다.[282]

그리고 무엇을 해야 하는지, 따라서 또한 무엇을 알아야 하는지에 대한 앎이 모든 인간에게 부과된 의무이고, 모든 사람의, 심지어 가장 평범한 사람의 일이기도 하다는 것은 바로 추정할 수 있는 일일 것이다. "하지만 여기서 우리는 평범한 인간 지성을 지닌 사람들에게서 실천적 판단 능력이 이론적 판단 능력보다 어떻게 아주 많이 앞서는지를 보고 경탄하지 않을 수 없다."[283] 이론적 판단에서 평범한 보통이성(die gemeine Vernunft)은 경험법칙과 감각들의 지각으로부터 이탈하기를 감행한다면 순전한 이해 불가능성과 자기모순에, 적어도 불확실성, 어둠, 비일관성의 카오스에 빠져들 것이다. 하지만,

- 실천적인 것에서 판단력은 보통지성이 모든 감성적 동력을 실천 법칙으로부터 배제한다면(하지 않는다면) 비로소 스스로 진짜 장점을 드러내기 시작한다. 이때 보통지성(der gemeine Verstand)은 심지어 섬세

---

282) Kant, *Grundlegung zur Metaphysik der Sitten*, BA20-21쪽.
283) Kant, *Grundlegung zur Metaphysik der Sitten*, BA21쪽.

해지기까지 한다. 또 보통지성이 무엇이 옳은 것인가와 관련해서 양심이나 다른 요구들을 가지고 괴롭히거나, 또한 행위의 가치를 그 자신의 훈화를 위해 올바로 규정하려고 하고, 그리고 대부분이 그렇지만, 보통지성은 후자(자기 훈화)의 경우에 적중시킬 좋은 희망, 철학자가 스스로에게 늘 약속하는 것과 똑같은 정도로 좋은 희망을 만들 수 있는 것이 있을 수 있다. 아니, 이 점에서는 철학자보다 거의 훨씬 더 확실한 경우도 있을 수 있다. 왜냐하면 철학자는 철학자라도 보통 지성을 가진 사람들과 다른 원칙을 가진 것이 전혀 없지만, 사안에 부적합한 수많은 생경한 숙고들을 일삼아 자신의 판단을 쉽사리 뒤죽박죽으로, 곧은 직선으로부터 벗어나게 만들기 때문이다.[284]

칸트는 여기서 분명하게 보통 사람들이 "무엇이 옳은 것인가"를 판단하는 일과 행위의 가치를 "올바로 규정하는" 일에서 "철학자보다 거의 훨씬 더 확실한 경우도 있을 수 있다"고 말하고 있다. 이에 따라 칸트는 철학의 과업, 즉 실천이성의 과업을 '도덕 체계의 쉬운 서술·정리'에 한정시키고 있다.

- 도덕적인 것들에서는 보통의 이성 판단으로 끝내고 잘해야 철학으로 하여금 도덕 체계를 더욱 완벽하게, 더 이해하기 쉽게 서술하고 동시에 - 실천적 의도에서 보통의 인간 지성을 가진 사람으로부터 그의 운 좋은 단순성을 **빼앗고** 철학을 통해 그를 탐구와 가르침의 새 길로 보내기 위해서가 아니라 - 도덕 규칙들을 사용을 위해 (아마 더 많이 논쟁

---

[284] Kant, *Grundlegung zur Metaphysik der Sitten*, BA21-22쪽. "wenn der gemeine Verstand alle sinnliche Triebfedern von praktischen Gesetzen ausschließt(보통지성이 모든 감성적 동력을 실천 법칙으로부터 배제한다면)"의 문장은 의미맥락상으로 "nicht"가 빠진 것이 틀림없다. 그래서 "보통지성이 모든 감성적 동력을 실천 법칙으로부터 배제하지 않는다면"의 국역문을 나란히 넣어주었다.

을 위해) 더 편이하게 서술하는 것을 위해서만 철학을 처분하는 것이 더 낫지 않겠는가?[285]

보통 사람들은 도덕감정에 따라 자기도 모르게 가령 우물에 빠지는 아이를 구하러 달려가거나(맹자), 내달리는 말들의 말발굽에 밟힐 위험에 처한 들판의 낮 잠꾸러기를 깨우러 뛰쳐나가거나(흄), 정신없이 불난 집에 뛰어들어 불 속에 갇힌 여인을 구하거나(다윈), 길 가다가 쓰러진 노인을 무의식적 PAM(지각·행동 메커니즘)에 따라 일으켜 세우는 경우(드발)처럼 즉각적·무의식적으로 행동하고 의식적으로 행동하더라도 도덕감정에 충실하게 행동한다. 『도덕형이상학의 정초』에서 칸트는 철학의 임무, 같은 말이지만 실천이성의 임무를 보통 사람들의 이 도덕감정적 도덕 행위와 도덕 판단을 뒤따라 "사용과 논쟁"을 위해 "도덕 규칙들을 더 편이하게 서술하는 것"으로 규정하고 있다. 3대 비판서 이전 칸트의 사고는 이처럼 정상적인 것 같다.

그런데 『도덕형이상학의 정초』의 출판 20년 전 칸트의 사고는 이보다 더 정상적이었다. 그는 1765-1766년 겨울학기를 앞두고 멀쩡한 정신을 가진 학생들에게 윤리학 강의 내용을 알리는 강의계획서에서 이 『도덕형이상학의 정초』에서보다 더욱 몸을 낮춘다. 그는 여기서 감성 철학자 바움가르텐(Alexander Gottlieb Baumgarten)과 심지어 섀프츠베리·허치슨·흄의 이름까지 동원해 마치 이들의 도덕감정론을 정밀한 형태로 증보한 도덕 이론을 제공할 것처럼 윤리학 강의를 홍보하고 있다.

- 나는 이제 일반적인 실천적 세계 지혜와 덕성론을 둘 다 바움가르텐에 따라 강의할 것이다. 불완전하고 결함이 있을지라도 모든 도덕성의

---

285) Kant, *Grundlegung zur Metaphysik der Sitten*, BA22쪽.

제1근거들의 파악에서 가장 멀리 도달한 섀프츠베리·허치슨·흄의 시도는 그들에게 결여된 그런 유의 정밀화精密化와 증보를 얻을 것이다. 그리고 나는 덕성론 안에서 응당 일어나야 하는 것을 알리기 전에 일어나는 것을 언제나 역사적·철학적으로 헤아림으로써 (…) 인간을 연구할 때 따라야 하는 방법을 뚜렷하게 만들 것이다.[286]

이 강의 안내서에서 칸트는 마치 도덕감정론을 강의할 것처럼 홍보하고 있다.

그러나 이 강의 홍보로부터 16년 뒤부터 쏟아져 나온 『순수이성 비판』(1781), 『실천이성 비판』(1788), 『단순한 이성의 경계 안에서의 종교』(1793)에서 칸트는 정확히 이와 정반대로 사고했다. 즉, "사안에 부적합한 수많은 생경한 숙고들을 일삼아 자신의 판단을 쉽사리 뒤죽박죽으로, 곧은 직선으로부터 벗어나게 만들고" 실천적 의도에서 "보통의 인간 지성을 가진 사람으로부터 보통 사람의 운 좋은 단순성을 빼앗고 철학을 통해 보통 사람을 탐구와 가르침의 새 길로 보내려고" 한 것이다. 아니, 보통 인간들에게 이성적 도덕법칙을 정언적으로 명령하는 사이코패스적 사고의 길을 제시한 것이다. 따라서 『도덕형이상학의 정초』(1785)와 1765-1766년 겨울학기 강의 안내문에서 한 약속은 사이코패스적 도덕론을 받아들이도록 하기 위해 독자를 기만한 사이코패스적 거짓말이었던 것이다.

내키지 않지만 억지로 실천이성적 도덕법칙에 따라 행동하는 인간을 이상적 도덕인으로 정의하는 칸트의 도덕철학에 대해 뇌과학자, 신경과학자, 사회심리학자, 정치철학자들은 이미 이구동성으로 칸트의 '이상형

---

286) Immanuel Kant, "Nachricht von der Einrichtung seiner Vorlesungen in dem Winterhalbenjahre von 1765-1766", 914쪽(A13쪽). *Kant Werke*, Bd.2 (Darmstadt: Wissenschaftliche Buchgesellschaft, 1983).

인간'을 대뇌의 전전두피질 등에 이상이 있는 사이코패스적 인간형으로 규정지었다. 뇌과학자 안토니오 다마시오는 칸트가 옹호하는 냉철한 이성 전략이 정상인들의 통상적 작업 방법이 아니라 사이코패스들과 '전전두피질 손상 환자들'(후천적 사이코패스)이 추리하고 결정하는 방법이라고 갈파했다.[287]

신경과학자 조수아 그린(Joshua Greene)은 「칸트의 영혼 속의 비밀 농담(The Secret Joke of Kant's Soul)」(2008)에서 이렇게 실험적 연구의 결과들을 "우리의 도덕적 직관을 온전히 수용하는 어떤 합리적으로 수미일관한 규범적 도덕 이론이 있다는 것은 지극히 불가능한 것이고, 더구나 이러한 이론 또는 이러한 이론의 일부라도 가졌다고 주장하는 누구든지 거의 확실하게 그것을 가지지 않았다"는 말로 결론짓고 "그게 아니라 이 사람이 아마 가진 것은 도덕적 정당화일 것이다"고 덧붙였다.[288] 칸트는 규범이론을 도덕적 직관의 '사후 정당화'라고 생각하는 것으로 말하다가 1881년부터 거꾸로 도덕성을 이성적 '연역'의 산물로 규정했다. 정치철학자 래리 안하트는 최근의 사이코패스 연구를 바로 칸트에 대입해 사이코패스의 부도덕성은 칸트가 도덕성의 근거로 보는 바로 그 '이성'의 결여가 아니라 동정심 같은 도덕감정의 결여에 기인한다고 단언한다. 앞서 소개한 그의 논지를 다시 새겨보자. "칸트와 같은 철학자들은 도덕성이 어떤 감정이나 욕구로부터도 자유로운 보편 규칙들의 순수한 합리적 논리를 필요로 한다고 종종 주장한다. 사이코패스들은 이 주장이 참일 수 없다는 것을 보여준다. 사이코패스들이 추상적 합리성이나 순수한 논리의 역량 면에서 어떤 결손이 있다는 증거는 전무하다."[289] 다마시오·그린·

---

287) Damasio, *Descartes' Error*, 172쪽.
288) Joshua Greene, "The Secret Joke of Kant's Soul", 72쪽. W. Sinnott-Armstrong (ed.), *Moral Psychology*, Vol.3: *The Neuroscience of Morality* (Cambridge, Massachusetts: MIT Press, 2008).
289) Arnhart, *Darwinian Natural Right*, 229쪽.

안하트 등의 이런 결론들은 다 칸트의 이상형 인간을 '사이코패스'로 단정하고 있다.

여기서 한 걸음 더 나아가 사이코패스를 도덕군자로 묘사한 임마누엘 칸트 사체가 사이코패스인 것으로 보인다. 데니스 크렙스(Dennis L. Krebs),[290] 리안 영(Liane Young) 팀,[291] 다마시오 팀[292] 등의 연구 보고들은 모두 도덕감정적 동기를 무시하는 도덕법칙적·결과주의적 도덕론은 우반구 측두두정 접합부나 복내측 전전두피질에 선천적 손상을 입은 사람들의 철학일 가능성이 있다고 결론짓고 있기 때문이다.

교사의 회초리를 맞아가며 학교에서 조건반사적으로 배운 도덕률을 암기하고 이에 따라 행동하다가 남들의 눈이 없으면 아무렇게나 부도덕하게 행동하는 "도덕적으로 선한 인간"과 보통 사람으로서의 "선한 도덕의 인간" 사이에는 다른 사람들의 눈에 차이가 없을 수 있다. 그래서 칸트가 양자 사이에는 "아무런 차이도 없다"고 말한 것이다. 그리고 "적어도 차이가 있어서는 아니 된다". 다른 사람들이 그 차이를 눈치챈다면 "도덕적으로 선한 인간"이 실은 사이코패스적 부도덕자임이 들통나기 때문이다.

"도덕적으로 선한 인간"은 "법칙을 정신에 따라 준수하는" 인간이다. 따라서 칸트는 "이 믿음에서 행하지 않는 행동은 사고 방식상 죄악"이라고 말한다. 왜냐하면 "명예욕, 자기애 일반, 아니 가령 동정심인 마음씨

---

290) Dennis Krebs, *The Origins of Morality: An Evolutionary Account* (Oxford: Oxford University Press, 2011), 55쪽.
291) Liane Young, Joan Albert Camprodon, Marc Hauser, Alvaro Pascual-Leone, and Rebecca Saxe, "Disruption of the Right Temporoparietal Junction with Transcranial Magnetic Stimulation Reduces the Role of Beliefs in Moral Judgments", *Proceedings of the National Academy of Sciences of the U.S.A.*, vol. 107, no. 15 (2010): 6753-6758쪽.
292) Liane Young, A. Bechara, D. Tranel, H. Damasio, M. Hauser, A. Damasio, "Damage to Ventromedial Prefrontal Cortex Impairs Judgment of Harmful Intent", *Neuron*, vol.65 (2010), 845-851쪽.

좋은 본능" 등 "법칙 외에 다른 동기들"이 법칙과 합치되는 것은 "단순히 우연적인 것"이고, 같은 동력으로 법칙에 대한 "위반"으로 몰아붙일 수 있기" 때문이다. 그리하여 칸트는 동정심 등 자기의 선량함을 기준으로 인격체의 모든 도덕적 가치를 평가하는 것은 "법칙에 위배되고", 따라서 "인간은 순수하게 선한 행위 시에도 악하다"고 하고 있다.

칸트의 논변은 그 자신의 사이코패스적 정체를 감추기 위해 논리를 꼬고 또 꼰 현학적 궤변이라서 알아듣기 어렵다. 하지만 피히테 윤리학은 칸트 윤리학의 오류들을 더 크게 보여주고 더 크게 들려주는 일종의 '확대경' 겸 '확성기'다. 피히테에 의해 "최상급으로 높여진 칸트의 모든 오류"에서는[293] 칸트의 현학적 궤변의 사이코패스적 성격이 명확하게 드러난다. 피히테는 핏대를 올린다.

- 도덕적 충동(der sittliche Trieb)도 단순한 맹목적 충동으로서 나를 결정해서는 아니 된다. (…) 이 도덕적 충동이 동력(Antrieb)이라면 그것은 단지 자연적 충동일 뿐이다. 그것은 도덕적 충동으로서 자유로울 수 없다. 스스로를 맹목적으로 몰아붙이도록 놓아두는 것은 도덕성과 배치되고, 비도덕적이다. (가령 공감·동정심·인간애의 충동들. 이 충동들이 도덕적 충동의 표출이지만, 도덕적 충동이 늘 뒤섞여 있듯이 자연적 충동과 섞여 있다는 것이 당장 드러날 것이다. 그래도 이 충동들에 따라 행동하는 자는 합법적이기는 하지만 단적으로 도덕적으로 행동하는 것이 아니라, 이런 만큼 도덕에 반해서 행동하는 것이다.)"[294]

칸트는 '공감·동정심·인간애의 도덕감정에 따른 행동은 반反도덕적'이

---

293) Schopenhauer, *Preisschrift über die Grundlage der Moral*, §11, 712쪽.
294) Johann G. Fichte, *Das System der Sittenlehre nach den Principien der Wissenschaftslehre* (Jena und Leipzig: Bei Christian Ernst Gabler, 1798), 192쪽.

라고 말하고 싶은 것을 피히테처럼 이렇게 직설하지 못하고, (사이코패스가 거짓말과 말장난을 밥 먹듯이 하듯이) 현학적 궤변만을 저렇게 늘어놓은 것이다.

    칸트를 추종하는 롤스소자도 도덕감정에 따라 선덕을 행하며 사는 보통 인간을 "순수하게 선한 행위 시에도 악하다"고 폄하한 반면, 도덕법칙에 따라 도덕적 행위를 하는 인간만을 도덕적으로 진짜 선한 인간이라 칭송한 것을 "해명되어야 할 어려운" 문제라고 지적할 정도다. 그는 헨리 시지윅(Henry Sidgwick)의 칸트 비판에 대해 움츠러든다. 시지윅은 '도덕법칙에 따른 삶은 선이고, 본성적 도덕감정에 따른 삶은 악이다'는 칸트의 괴이하고 엽기적인 명제를 "칸트의 윤리학 안에서 가장 충격적인 것"으로 꼽고 그것은 "한 인간이 도덕법칙에 따라 행동할 때 자신의 참된 자아를 실현하는 반면, 이 인간이 자신의 행동을 감성적 욕구나 우연적 목표에 의해 규정되도록 허용하면 자연법칙에 지배당한다는 관념이다"고 논평했다. 시지윅은 칸트의 "이 관념", 이 도식을 "쓸데없는 것(naught)"으로 물리쳤다. 본체와 현상의 이분법 속에서 도덕법칙에 따른 삶과 자연법칙에 따른 삶을 차별해서 전자를 선으로 치고, 후자를 악으로 치더라도, 아니 그렇기 때문에 성인과 사이코패스의 삶이 평준화되어 똑같이 평가받게 되기 때문이다. 시지윅은 "칸트의 견지에서 보면 성인과 악인의 삶이 똑같이 (본체적 자아 쪽에서의) 자유로운 선택의 소산이고, 또 똑같이 (현상적 자아로서의) 인과법칙의 주제다"라고 비판한다. 롤스는 시지윅의 이 비판적 지적을 "이 어려움을 시지윅이 잘 표현했다"고 맞장구친다.[295]

    롤스는 이런 까닭에 앞장서서 칸트의 사이코패스적 논변들을 비판한다.

---

295) John Rawls, *A Theory of Justice* (Cambridge. MA: The Belknap Press of Harvard University Press, 1971, Revised Edition: 1999), §40, 224쪽.

- 칸트는 성자聖者가 선한 생 속에서 자신의 자유 선택된 특징적 자아성(selfhood)을 표현하는 것과 똑같은 방식으로 악한이 왜 사악한 생 속에서 자신의 자유 선택된 특징적 자아성을 표현하지 않는지를 한 번도 설명하지 않았다. 칸트의 설명이 이 추정을 허용하는 것처럼 보이듯이, 본체적 자아는 어떤 수미일관한 원칙 세트든 선택할 수 있고, 또 이 원칙이 무엇이든 이 원칙에 따른 행동은 누군가의 선택을 자유 평등한 이성적 존재자의 선택으로 표현하기에 충분하다고 추정하는 한, 내 생각에 시지윅의 반론은 결정적이다. 칸트의 대답은 어떤 수미일관한 원칙 세트에 따른 행동이든 본체적 자아 쪽에서의 결정의 소산일 수 있을지라도, 현상적 자아에 의한 이 원칙에 따른 모든 행동이 다 이 결정을 자유 평등한 이성적 존재자의 결정으로 표현하는 것이 아니라는 대답이어야 한다. 따라서 어떤 사람이 자신의 참된 자아를 자신의 행동으로 표현함으로써 이 자아를 실현한다면, 그리고 그가 무엇보다도 이 자아를 실현하기를 욕구한다면, 그는 자유 평등한 이성적 존재자로서의 그의 본성을 천명하는 원칙들에 따라 행동하는 것을 선택할 것이다. 이 논변의 아쉬운 부분은 표현(expression)의 개념과 관련된다. 칸트는 도덕법칙에 따른 행동이 상반된 원칙에 따른 행동이 하지 못할 인식 가능한 방식으로 우리의 본성을 표현한다는 것을 보여주지 않았다.[296]

꽤 정확한 이 칸트 비판을 보면 롤스 자신은 비록 칸트를 따라 이기심 조립식 정의 이론을 전개했을지라도 칸트와 달리 사이코패스가 아닌 것으로 보인다.

---

296) Rawls, *A Theory of Justice*, §40, 224쪽.

■ 칸트와 칸트철학의 끔찍한 사이코패스적 특징

칸트가 그린 도덕적 이상형이 사이코패스일 뿐만 아니라 이 이상형을 강변한 칸트가 자체가 사이코패스라는 필자의 명제는 그의 철학을 더 깊이 분석함으로써 입증된다. 칸트는 롤스조차도 비판하는 자신의 사이코패스적 근본 오류를 이해하기 어려운 사이코패스적 말장난과 앞뒤가 맞지 않는 거짓말로 거듭거듭 늘어놓고 있다. 그러나 피히테는 칸트의 이 근본 오류를 저토록 크게 확성擴聲해 들려주었다. 쇼펜하우어는 칸트의 모든 오류를 좀 더 확대해 보여주는 피히테 윤리학을 "칸트철학의 캐리커처"라고 불렀지만,[297] 피히테 윤리학은 칸트 도덕철학의 오류를 왜곡해 보여주는 "캐리커처"이거나 단순한 '난면경'이라기보다 차라리 선명하고 또렷하게 보여주는 '확대경'이거나 '확성기'다. 피히테의 당당한 자신감은 『실천이성 비판』의 뒷부분에 감춰진 칸트 자신의 동정심 비난에 근거하고 있기 때문이다. 이 책 끝부분에서 주지하다시피 칸트는 동정심을 직설적으로 비난하는 사이코패스적 마각을 선명하게 드러내 보인다. "동정심과 인정 어린 연민의 감정조차 무엇이 의무인지를 숙고하기도 전에 앞질러 결정 근거가 된다면 사려 깊은 인물들 자신에게 부담이 되고, 이들의 숙달된 준칙을 혼돈에 빠뜨리고, 이런 감정들을 탈피해서 입법적 이성에만 복종하고 싶은 소망을 불러일으킨다."[298] 과연 사이코패스다운 거짓말이다!

구걸하는 아이들을 지팡이로 쫓아버릴 정도로 가난한 아이들에게 적대적이고 동정심이 없던 무자비한 철학 교수 '임마누엘 칸트'는 지금 사이코패스 처지에서 자기 마음속에 있지도 않은 "동정심과 인정 어린 연민"의 도덕감정을 "탈피해서 입법적 이성에만 복종하고 싶은 소망"이 불

---

297) Schopenhauer, *Preisschrift über die Grundlage der Moral*, §11, 711쪽.
298) Kant, *Kritik der praktischen Vernunft*, A213쪽.

러일으켜진다고 허언하고 있다. 동정심·연민·인간애 등의 도덕감정을 태생적으로 결한 사이코패스는 이 도덕감정들을 오직 단어로만 알고 도덕행위를 암기해서 단지 이성적으로만 결정하기 때문이다.

피히테는 칸트의 이 속 보이는 거짓말과 교언을 그대로 옮기되 철학적 "오의奧義(Tiefsinn)의 가면"을 쓴[299] 뜻밖의 "무절제한 허풍"과 조야한 "난센스(Unsinn)"로 노골화해서 직구直球로 내던지는 '구변 좋은 이성적 야수'일 뿐이다. 따라서 사이코패스는 엽기적이고 이상야릇하고 괴기스럽게 느껴지고, 또 스스로 그런 이야기를 좋아하고, 때로는 스스로도 이런 괴기스러운 엽기적 이야기를 주절댄다. "피히테의 본래적인 철학적 조야성"은 "그가 무차별적 자유의지(liberum arbitrium indifferentiae)를 진지하게 제기하고 가장 천박한 근거들로 공고화한"[300] 구변 좋은 이성적 야수라는 데 있다. 그런데 '구변 좋은 이성적 야수'는 상론했듯이 바로 사이코패스의 개념이다.

스콜라철학이나 합리론적 도덕철학을 대변하는 교수 중에는 동정심을 희화하거나 비난하는 세네카·스피노자·칸트·피히테·니체 등과 같은 합리주의자들이 적지 않다. 칸트는 늦어도 1785년까지 사이코패스 성향을 잘 감추고 있던 때 정상인들을 유혹하기 위해 "무엇이 옳은 것인가"를 판단하는 일과 행위의 가치를 "올바로 규정하는" 일에서 "철학자보다 거의 훨씬 더 확실한 경우도 있을 수 있다"고 말하기도 하고, 도덕철학의 일을 "도덕 체계를 더욱 완벽하게, 더 이해하기 쉽게 서술하고" 동시에 "도덕 규칙들을 사용을 위해 (아마 더 많이 논쟁을 위해) 더 편이하게 서술하는 것"으로 한정하고 보통 사람으로부터 "운 좋은 단순성을 빼앗고 철학을 통해 그를 탐구와 가르침의 새 길로 보내는" 주제넘은 짓을 금했었다.

---

299) Schopenhauer, *Preisschrift über die Grundlage der Moral*, §11, 714쪽.
300) Fichte, *Das System der Sittenlehre nach den Principien der Wissenschaftslehre*, 160, 173, 205, 208, 237, 259, 261쪽.

그러나 칸트는 자유의지로 이 주제넘은 짓으로 넘어가 도덕철학을 망가뜨린 철학자의 대오에 끼었다. 이 때문에 칸트와 거의 같은 시대를 산 미국의 제1국부 토머스 제퍼슨(Thomas Jefferson, 1743-1826)은 18세부터 섀프츠베리·허치슨·흄 등의 스코틀랜드 모럴리스트들을 학습하고 난 뒤 스콜라철학이나 합리론적 도덕철학을 대변하는 교수 중에 사이코패스가 적지 않다는 것을 명확하게 알고 있었다. 이 때문에 그는 건전한 보통 사람들, 아니 '쟁기질하는 농부들'이 교수들보다 더 도덕적으로 낫다고 생각했다. 그는 이 점을 어린 조카에서 보낸 한 편지글에서 이렇게 해명한다.

- 도덕철학. 나는 이 분야의 강좌에 참여하는 것을 시간 낭비라고 생각한다. 우리를 만든 분이 우리의 도덕적 행위의 준칙들을 과학의 문제로 만들었다면 그분은 가련한 엉터리였을 것이다. 과학자 1명 당 과학자가 아닌 사람 수천 명이 있다. 이 수천 명은 어찌 되나? 인간은 사회에로 운명지어졌다. 그러므로 인간의 도덕성은 이 목적에 맞춰 형성되어 있어야 했다. 인간은 단순히 이 도덕성과만 관련된 시비 감각(a sense of right & wrong)을 부여받았다. 이 시비 감각은 듣고 보고 느끼는 감각만큼이나 인간 본성의 일부다. 몽상적 필객들이 상상하듯이 미美(το καλον), 진리 등이 아니라 이 감각이 도덕성의 참된 기초다. 도덕감각, 즉 양심은 그의 팔다리만큼 인간의 일부다. 사지의 힘이 크든 작든 인간들에게 주어진 것처럼 이 도덕감각은 강하든 약하든 인간들에게 부여되어 있다. 도덕감각은 그 행사에 의해 강화될 수 있다. 이 감각은 실로 얼마만큼 이성의 지도에 따르지만, 이성을 필요로 하는 경우는 적다. 심지어 우리가 상식이라고 부르는 것보다 적다. 쟁기질하는 농부와 교수에게 도덕 문제를 말해봐라. 이 농부는 교수만큼 잘

그것을 결정할 것이고 종종 교수보다 더 잘 결정할 것이다. 이 농부는 인공적 규칙들에 의해 길을 잃지 않았기 때문이다."[301]

제퍼슨의 말에 따르면, 칸트가 경멸하는, "법칙을 항상 유일한 최상의 동기로 삼지는 않고" 행동하는 "선한 도덕의 인간"으로서의 보통 사람이 "언제나 법칙을 유일한 최상의 동기로 삼고" 행동하는 "도덕적으로 선한 인간"보다 도덕적으로 더 나은 사람이다. 그러나 상론했듯이 칸트는 반대로 "선한 도덕의 인간"을 두고 "법칙을 글자에 따라 (즉, 법칙이 명령하는 행위에 관한 한) 준수한다"고 말하고, "도덕적으로 선한 인간"을 두고는 "법칙을 정신에 따라 준수한다"고 말하고, "도덕법칙의 정신은 이 법칙만 있으면 동기로서 충분하다는 데 있다"고 덧붙인 바 있다. 이 마지막 말은 도덕감정적 동기를 배제하고 도덕법칙만을 동기로 삼는 것이 "도덕법칙의 정신"이라고 하면서 사이코패스 도덕법칙을 말하고, 도덕감정에 따라 행동하는 "선한 도덕의 인간"을 "도덕법칙의 정신" 없이 "법칙을 글자에 따라 준수한다"고 무고했다.

어느 정도 배운 보통 사람들은 학교에서 도덕률을 글로 배우며 도덕감각이 얼마간 손상되었을지 모르지만 18세기 말의 "쟁기질하는 농부"는 도덕법칙의 "글자"를 몰랐을 것이고 그렇기 때문에 건전한 시비 감각(도덕감각)에 따라서만 도덕적으로 행동했을 것이다. 이런 까닭에 제퍼슨은 어린 조카에게 보낸 저 편지글에 이런 당부의 말을 덧붙이고 있다. "그러므로 이 도덕철학 분야에서 양서들을 읽어라. 양서들은 너의 느낌을 지도하면서 동시에 북돋워 줄 것이기 때문이다."[302] 이 당부는 칸트의 도덕철

---

301) Thomas Jefferson, "To Peter Carr" (August 10, 1787), 323쪽. *The Works of Thomas Jefferson*, vol. 5 in twelve volumes (Notes on Virginia II, Correspondence 1782-1786), Collected and Edited by Paul Leicester Ford』(New York and London: The Knickerbocker Press, 1904. 2019 Liberty Fund).
302) Jefferson, "To Peter Carr" (August 10, 1787), 323쪽:

학서 같은 불량서적을 멀리하라는 말이다. 칸트가 쓴 일련의 도덕철학 저작들은 도덕감정적 동기를 배제하고 도덕법칙만을 동기로 삼는 것을 "도덕법칙의 정신"으로 내세우고 "이 믿음에서", 즉 이 정신에서 "행하지 않는 행동은 (사고 방식상) 죄악"이라고 방발하는 사이코패스의 저작으로서 '전형적' 불량서적들이기 때문이다. 제퍼슨의 '시비 감각(sense of right & wrong)' 개념은 세메도나 존 웹을 통해 맹자의 '시비지심'을 수용한 섀프츠베리의 'sense of right & wrong'이나 허치슨의 "moral sense"처럼 시비 감각(도덕감각)·시비 감정·도덕감정을 다 포괄하는 개념이다. 영어 "sense"가 '감각'과 '감정'을 둘 다 뜻하기 때문이다.

"이 시비 감각은 듣고 보고 느끼는 감각만큼이나 인간 본성의 일부다"라는 인용문 구절은 허치슨의 말을 인용한 것이고, "도덕감각, 즉 양심은 그의 팔다리만큼 인간의 일부다"는 비유적 설명은 맹자의 설명을 따온 것으로 보인다. 맹자는 측은·수오·사양·시비지심(사단)의 본성적 성격을 설명하면서 "사람이 이 사단을 가진 것은 사체(두 팔과 두 다리)를 가진 것과 같다(人之有是四端也, 猶其有四體也)"고 했기[303] 때문이다. 제퍼슨은 『맹자』와 『서경』의 영역·불역본을 읽었을 것으로 추정된다.

칸트는 도덕감정에 따라 행동하는 인간을 악인으로 제쳐두고 도덕률의 주입된 지식에 따라 행동하는(또 이런 도덕법칙에 따른 행동만 할 수 있는) 인간을 유일하게 선인으로 본다. 칸트 도덕론의 이런 끔찍한 사이코패스적 특성은 ① "법칙적 행위의 자유의지를 결정지을 다른 동기들, 즉 법칙 외에 다른 동기들(가령 명예욕, 자기애 일반, 아니 가령 동정심인 마음씨 좋은 본능)이 필요하다면, 이 동기들이 법칙과 합치되는 것은 단순히 우연적인 것이다"는 그의 말, 그리고 ② "동정심인 마음씨 좋은 본능" 같은 "이 다른 동기들은 위반으로 몰아붙일 수 있다"는 그의 망언과, ③ 본

---

303) 『孟子』 「公孫丑上」 (3-6).

성적으로 선량한 보통 사람들, 아니 제퍼슨이 말한 저 '쟁기질하는 상식적 농부들'이 "자기의 선량함을 기준으로 인격체의 모든 도덕적 가치를 평가하는 준칙은 법칙에 위배되고, 인간은 순수하게 선한 행위 시에도 (이 선한 행위가 도덕감정에 의해 동기화된 행위이기 때문에) 악하다"는 그의 망언에 집약되어 있다. 이 망언들은 인간들의 도덕적 공동체 생활이 본능적으로 가능하도록 수십만 년의 유구한 진화 과정을 통해 유전자에 착근된 동정심·자기 사랑·명예욕 등 도덕감정들을 마치 '불순물'처럼 격하·배제하려는 의도가 칸트 특유의 기만적·현학적 말본새로 표현된 것들이다.

따라서 칸트의 성악설은 제퍼슨이 중시하는 '쟁기질하는 농부들'의 시비 감각과 도덕적 상식만을 가지고도 근본적으로 비판할 수 있는 것이다. '쟁기질하는 농부들'의 이 도덕감각과 도덕적 상식은 소크라테스·플라톤·아리스토텔레스의 불량철학을 등지고 도덕적 감정에 따라 살았던 아테네 보통 사람들의 도덕적 상식이나 다름없는 것이다. 고대 아테네의 보통 사람들은 "동정심의 신은 모든 신 중에서 가장 많이 인간적 삶에서, 그리고 삶의 부침 속에서 영향을 미친다"고 생각하며 아고라 제단에 '동정심의 신'을 모셨다.[304] 그리고 고대 아테네의 성공한 정치가 포키온(Phokion)은 "그 동정심 신의 제단을 사원에서 떼어내서도 아니 되고, 동정심을 인간 생활에서 떼어내서도 물론 아니 된다"고 말했다.[305] 공맹을 인용하지 않더라도 인도의 산스크리트어 우화집 『판자탄트라(Pandschatantra)』의 고대 그리스어 번역본 『인도의 지혜』는 "동정심은 모든 덕목의 첫째로 간주된다"고 쓰고 있다.[306]

---

304) Pausanias, *Periegesis*, I, 17[1]; Timon, Silloi, §99; Schopenhauer, *Preisschrift über die Grundlage der Moral*, §19, 785쪽에서 재인용.
305) Stobaios, Florilegium, I, 220쪽. Schopenhauer, *Preisschrift über die Grundlage der Moral*, §19, 785쪽에서 재인용.
306) Sapientia Indorum, sectio 3, 220쪽. Schopenhauer, *Preisschrift über die*

도덕감정에 따라 행동하는 "선한 도덕의 인간"보다 도덕률의 주입된 지식에 따라 행동하는(또 이런 도덕법칙에 따른 행동만 할 수 있는) "도덕적으로 선한 인간"을 중시하는 칸트의 이런 엽기적 도덕론의 끔찍한 사이코패스적 특성은 칸트가 "법칙적 행위의 자유의지를 결정지을 다른 동기들, 즉 법칙 외에 다른 동기들(가령 명예욕, 자기애 일반, 아니 가령 동정심인 마음씨 좋은 본능)이 필요하다면, 이 동기들이 법칙과 합치되는 것은 단순히 우연적인 것이다"는 말에서 폭로된다. 이 말은 인간들의 도덕적 공동체 생활이 본능적으로 가능하도록 수십만 년의 유구한 진화 과정을 통해 유전자에 착근된 동정심·자기 사랑·명예욕 등 도덕감정들을 마치 '불순물'처럼 격하·배제하려는 기괴하고 엽기적인 의도를 칸트 특유의 기만적·현학적 말본새로 표현한 것이다. 이것은 그 뒤에 이어지는 말, "동정심인 마음씨 좋은 본능" 같은 "이 다른 동기들은 위반으로 몰아붙일 수 있다"는 망언, 본성적으로 선량한 보통 사람들, 아니 제퍼슨의 저 '쟁기질하는 농부들'이 "자기의 선량함을 기준으로 인격체의 모든 도덕적 가치를 평가하는 준칙은 법칙에 위배되고, 인간은 순수하게 선한 행위 시에도 (이 선한 행위가 도덕감정에 의해 동기화된 행위이기 때문에) 악하다"고 내뱉는 망언 등에서 노골적으로 명약관화하다.

칸트는 인간이 "악에의 본성적 성향"을 가졌기 때문에 이성적으로 제정되고 주입된 도덕법칙으로 이 "악에의 본성적 성향"을 누르고 이 법칙을 엄격히 준수해서 관철시킴으로써만 인간의 진정한 도덕적 행위가 가능하다고 주장하고 있다. 즉, 이 도덕법칙의 엄격한 준수에 따른 행위만이 올바른 도덕적 행위라는 말이다. 그런데 칸트의 이런저런 기만적·현학적 논변 속에 숨겨진 뜨악한 사실, 즉 칸트 자신이 사이코패스인 것으로 보인다는 끔찍한 사실은 자신의 입으로 "악에의 인간의 본성적 성향"을

Grundlage der Moral, §19, 785쪽에서 재인용.

주장하면서도 이와 모순되게 다시 자신의 입으로 "선한 도덕의 인간"의 "동정심" 등 "마음씨 좋은 본능" 감정을 언급하는 것, 그것도 마치 '불순물'처럼 부정적으로 언급하는 것에서 드러난다.

그리고 칸트의 사고가 사이코패스적이라는 사실은 그가 (그도 인정하듯이 인간이 동정심 등 본성적 도덕감정을 가졌음에도) 인간의 자연성(본성)을 도덕(도덕성)과 대립시키는 엽기적 논변에서 노골화된다. "모든 성향은 자연적(physisch)이거나 도덕적(moralisch)이다. 즉, 모든 성향은 자연본성적 존재(Naturwesen)로서의 인간의 자유의지(의지적 선택; Willkür)에 속하거나 도덕적 존재(moralisches Wesen)로서의 인간의 자유의지에 속한다."[307]

선신과 악신의 실체적 존재를 주장하는 마니교리를 비판한 아우구스티누스의 논법, 그리고 이를 계승한 기독교적 고정관념은 하느님이 인간에게 품부한 자기의 자유를 사용해 인간이 이 행위, 저 행위를 자기 재량으로 선택할 수 있기 때문에 이 행위, 저 행위가 도덕적으로 선하고 악하다고 판단할 수 있고, 그 행위자에게 잘잘못의 죄책을 귀책시킬 수 있다는 것이다. 칸트는 자유의지론을 거듭 배격한 홉스와 반대로 이 자유의지론적 선악 변별과 귀책의 기독교적 고정관념을 슬그머니 받아들인다. 그러나 이 자유 조건적 선악 변별·귀책론의 수용은 그의 근본적 성악설과 심각한 마찰을 일으킨다. 이런 까닭에 칸트는 건강한 감성과 건전한 생각을 가진 사람일수록 알아듣기 힘든 괴이한 기만적·현학적 논단論斷을 개진한다.

- 첫 번째 의미(본성 존재로서의 인간의 자유의지에 속하는 성향)에서는 어떤 도덕적 악의 성향도 존재하지 않는다. 왜냐하면 도덕적 악이란

---

307) Kant, *Die Religion innerhalb der Grenzen der bloßen Vernunft*, B25쪽.

자유로부터 생겨나야 하기 때문이다. 자유의 (감성적 충동에 기초한) 그 어떤 사용(irgendeiner Gebrauch der Freiheit)에의 본성적 성향은 선의 성향이든 악의 성향이든 하나의 모순이다. 따라서 악에의 성향은 오직 도덕적 자유재량 능력(das moralische Vermogen der Willkkür)에만 달라붙어 있는 것이다. 그러나 우리 자신의 행위(Tat)인 것 외의 어떤 것도 도덕적으로 (즉, 귀책 능력 있게) 악하지 않다.[308]

이 구절은 기독교의 자유 조건적 선악 변별·귀책론을 수용하는 대목이다. 그런데 이 구절이 이해하기 힘든 것은 성악설의 전제가 여기서 새로 도입된 기독교적 자유 조건적 선악 변별론과 원리적으로 '마찰'을 일으키고 있기 때문이다. "(감성적 충동에 기초한) 그 어떤 자유사용에의 본성적 성향은 선의 성향이든 악의 성향이든 하나의 모순이다"는 구절의 의미는 "그 어떤 자유사용에의 본성적 성향"이 '자유의 필연성(Notwendigkeit zur Freiheit)'이라는 말이므로 이 말이 바로 '뜨거운 얼음', '네모난 동그라미'와 같은 형용모순(oxymoron)이라는 뜻이다. 어떤 '성향'이든 인간의 의지 자유나 자유의지가 개입할 여지가 없는 "감성적 충동에 기초한" 하나의 '필연'이기 때문이다. 따라서 칸트는 "악의 성향은 오직 도덕적 자유재량 능력에만 달라붙어 있는 것"이라고 하면서 "우리 자신의 행위인 것 외의 어떤 것도", 즉 보통 사람의 경우 소덕과 대덕의 도덕감정에 의해 제어되는, 그러나 사이코패스의 경우에는 멋대로 발동되는 여러 성악性惡한 "감성적 충동"(폭로·탐욕·공포·증오·적개심 등)에서 비롯된 "본성적 성향"의 어떤 행동이든 "도덕적으로 악하지 않다"고 말하고 또 이런 악행에 대해서 행위자에게 "귀책 능력"을 부인함으로써 사이코패스의 악행과 잔학 범죄를 무죄방면하고 있다.

---

[308] Kant, *Die Religion innerhalb der Grenzen der bloßen Vernunft*, B25쪽.

그리하여 칸트의 도덕철학에서 진정 자유를 얻는 자는 사이코패스인 반면, 보통 사람은 자유를 잘못의 경우에 이를 책임지는 '귀책능력'으로서만 얻는다. 이 끔찍한 도덕철학에서 "도덕적 악"은 '본성적 성향으로부터 자유롭다'는 의미에서의 "자유"를 사용해 행동한 사람에 대해서만 추궁할 수 있기 때문이다. 이것을 칸트는 "도덕적 악이란 자유로부터 생겨나야 한다", "악의 성향은 오직 도덕적 자유재량 능력에만 달라붙어 있다"는 어불성설의 망언으로 표현하고 있다. 이 말들이 모두 사이코패스적 '망언'인 것은 행위의 (도덕감정적) 동기를 무시하고 무의식적·본능적 (필연적) 도덕 행위의 도덕성을 몰각하기 때문이다. 사법적司法的 판단의 상식에 의하면, 사망사건의 경우에 '악의惡意'의 유무, 역으로 뒤집어 표현하면 인간애의 유무가 살인과 과실치사를 가르고 형량을 달리한다. 동정심에서 남을 도우려고 했으나 불가항력으로 실패해서 돕는 결과를 얻지 못한 경우에도 그 동정심의 동기를 (사이코패스를 뺀) 전 세계의 모든 인간들은 도덕적으로 평가한다. 또 다윈이 든 사례처럼 동정심 본능에서, 또는 드발이 말하는 무의식적 '지각-행동 기제'(PAM)에 따라 반사적으로 불난 집에 뛰어들어 사람을 구한 보통 사람의 구조 행동, 죄송한 나머지 무의식적으로 낯붉힌 사람의 신체적 감정 표현 등도 모두 도덕적으로 높이 평가받는다.

■ "본성적 근본악": 사이코패스적 성악설

앞서 인용했듯이 칸트는 "본성적 성향", 즉 본성적 도덕감정에 따른 행위를 하는 인간을 자신의 성악설과 모순되게 "선한 도덕의 인간"이라 불렀다. 그럼에도 불구하고 다시 칸트는 도덕감정에 따른 삶을 순수하더라도 '악'이라고 선언한다. 그리고 또다시 그는 이 근본적 성악설에[309] 반해

---

309) Kant, *Die Religion innerhalb der Grenzen der bloßen Vernunft*, B23-24쪽.

서 "본성적 성향"에 따른 행위는 "도덕적으로 (즉, 귀책 능력 있게) 악하지 않다"고 말한다.[310] 그는 경찰 취조 끝에 거짓말의 거짓말이 탄로 나서 궁지에 몰린 사이코패스처럼 갈팡질팡 말을 바꾸고 있다.

칸트는 다시 도덕감정의 본능적 "싱항"에서 행해졌든, 사나운 욕망과 악심의 본능적 "성향"에서 행해졌든 "성향"에서 행해진 모든 행동을 객관성을 결한 "주관적" 행동으로 격하하고, 나아가 '법칙 위배적 악덕'으로 단죄한다. 즉, 도덕법칙(보편타당한 법칙으로 일반화할 수 있는 이성적 행위 준칙과 타인을 목적으로도 대하는 이성적 행위 준칙)에 따른 이지적 행위만이 도덕적으로 선하고, 자유의사에서 이 법칙에 따르지 않은 행위는 "성향"에 따른 모든 행동과 같이 악하다고 주장한다.

- 반면, 성향의 개념은 일체의 행위(Tat)에 앞서는, 따라서 그 자체가 아직 행위가 아닌 자유의지(의지 선택; Willkkür)의 주관적 결정 근거로 정의된다. 악의 단순한 성향이라는 표현(Ausdruck des bloßen Hang zum Bösen)이 가령 자유의 개념과 통합될 수 있는 두 가지 상이한 의미로 받아들여질 수 없다면, 악의 단순한 성향 개념 속에는 하나의 모순이 들어 있기 때문이다. 그러나 행위(Tat)라는 표현 일반은 최고 준칙을 (법칙에 따라, 또는 법칙에 위배되게) 자유의지 속으로 받아들이는 자유의 그런 사용에도 타당하고, 행위들 자체(Handlungen sebst)를 (그 질료에 따라, 즉 자유의지의 객체적 목적과 관련해) 저 준칙에 따라 행사하는 그런 자유 사용에도 타당하다. 악의 성향은 첫 번째 의미에서의 행위(pecatum originarium)임과 동시에, 두 번째 의미로 이해된 모든 법칙 위배적 행위의 형식적 원인(der formale Grund)이다. 이 법칙 위배적 행위는 질료 측면에 보면 저 자유의 사용과 상충되고, 악덕

---

310) Kant, *Die Religion innerhalb der Grenzen der bloßen Vernunft*, B25쪽.

(Laster; peccatum derivativum『파생적 죄악』)이라는 이름으로 불린다.[311]

여기서 칸트는 "행위(Tat)"의 개념을 자유의사에 따른 '이성의 법칙에 입각한 이지적 행위'에서 자유의사가 결여된 '성향에 따른 행위'로까지 확대하고 있다. 그러면서 성향에 따른 행위는 "선한 도덕의 인간"의 행위이더라도 몽땅 '악덕'으로 몰고 있다. '성향'으로부터 자유로운 '자유의사에 따른 이지적 행위'가 이성의 법칙에 따르지 않았을 경우에 그것은 예외 없이 도덕적 악행이고 죄책을 추궁할 수 있다. 그러나 성향에 따른 행위의 경우에 그것은 성악설에도 불구하고 '모조리' 악행인 것은 아니란다. 성향에 따른 행위가 우연히 도덕법칙에 부합될 수 있기 때문이다. 따라서 전자의 죄책 추궁은 예외 없는 반면, 후자의 죄책 추궁은 경험적·발견론적(heuristic)이고 따라서 우연적이다.

- (···) 첫 번째 죄책(Verschuldung)은 (법칙 자체에 근거하지 않는 충동으로부터 나온) 두 번째 죄책이 다각적으로 회피될지라도 그대로 남아 있다. 전자의 죄책은 이지적 행위(intelligible Tat)이고, 즉 단지 이성에 의해서만 일체의 시간 조건 없이 인식가능하다. 후자의 죄책은 감성적(sensibel)·경험적이고, 시간 속에 주어진 것(factum phaenomenon『현상적 사실』)이다. 후자의 죄책은 무엇보다 전자의 죄책과의 비교에서 단순한 성향이라고, 타고난 것이라고 일컬어진다.[312] 그 까닭은 (예컨대 성향을 근절하기 위한 최고 준칙은 선의 준칙일 테지만, 이 선의 준칙이 성향 속에서 그 자체가 악한 것으로 받아들여질 때) 이 성향은 근

---

311) Kant, *Die Religion innerhalb der Grenzen der bloßen Vernunft*, B25-26쪽.
312) 칸트는 여기서 "전자(die erste)"와 "후자(die zweite)"를 혼동하고 있다. 여기 번역에서는 "전자"를 후자로, "후자"를 전자로 바로잡는다.

절할 수 없기 때문이다. 그러나 무엇보다도 그 까닭은 성향과 관련해서 우리는 악이 우리 자신의 행위일지라도 우리 안에서 이 악이 최고 준칙을 왜 타락시켰는지를 밝힐 수 없는 것과 꼭 마찬가지로 성향이 본성에 속한 근본 속성이라는 것 이상의 원인을 밝힐 수 없기 때문이다.[313)]

"후자의 죄책", 즉 "자유의 사용과 상충되는" "법칙 위배적 행위"로서의 "악덕"이 "단순한 성향이고, 타고난 것이다"는 말은 성악설을 말하는 것이다. 성향에 따른 행위가 비록 선하더라도 자유의사로 도덕법칙에 따른 이지적 행위가 아니므로 '악'이라는 이 말만큼 사이코패스적 궤변은 없을 것이다. 칸트는 궤변과 망언에다 "지금 말한 것"이 "도덕적 악의 세 가지 원천을 – (감수성으로서의) 감성을 촉발하는 것이 아니라 – 오직 자유 법칙(Freiheitsgesetze)에 따라 우리의 준칙을 채택하거나 준수하는 최고 이유를 촉발하는 것 안에서만 찾았던 이유"라고 덧붙이고 있다.[314)] 칸트는 자신의 성악설이 인간의 본성이 그 자체로서 악하다는 명제가 아니라, 마치 인간이 본성적으로 도덕법칙으로부터 수시로 일탈하는 것을 준칙으로 삼는 존재라는 명제라고 말하고 있다.

그러나 칸트는 이 논리적·이지적 성악설을 뒤에 슬그머니 감성적·경험적 성악설로 둔갑시킨다. 칸트는 "인간은 본성상 악하다; 아무도 결함 없이 태어나지 않는다(Vitiis nemo sine nascitur – 호라티우스)"라는 소제 하에 일단 이렇게 말한다. "'인간은 악하다'는 명제는 상술한 것에 따라 '인간은 도덕법칙을 의식하고 있지만 이 도덕법칙으로부터의 (빈번한) 일탈(gelegentlche Abweichung)을 준칙 속으로 받아들였다'는 것 외에 다

---

313) Kant, *Die Religion innerhalb der Grenzen der bloßen Vernunft*, B26쪽.
314) Kant, *Die Religion innerhalb der Grenzen der bloßen Vernunft*, B26쪽.

른 어떤 것을 말하지 않는다. '인간이 본성상 악하다'는 것은 이것이 그 유類(Gattung)로 본 인간에 대해 타당하다는 것을 뜻한다."³¹⁵⁾ 여기까지 읽으면 그의 성악설이 이지적 추상의 성악설로 희박해져 버리는 것 같다. 하지만 칸트는 꼬고 비트는 현학적 궤변을 통해 이 이지적 추상의 성악설을 다시 인간 본성에 뿌리박은 성악설로 복원해 놓는다.

- 그런데 이것은 이러한 자질(Qualität)이 마치 인간의 유類 개념(인간 일반의 개념)으로부터 추론될 수 있는 양 타당하다는 뜻이 아니라 (그렇다면 이 자질이 필연적일 것이기 때문이다), 우리가 인간을 경험으로 인식하는 바대로 판단할 수 있고 달리는 판단할 수 없으며, 이것을 주관적으로 필연적인 것으로서 모든 인간 안에, 최선의 인간 안에도 전제할 수 있다는 뜻이다. 왜냐하면 인간의 이 성향은 그 자체가 도덕적으로 악하고, 따라서 이 성향은 본성적 기질(Naturanlage)로서가 아니라 인간에게 귀책시킬 수 있는 것으로서 간주되어질 수 있고, 따라서 자유의지(재량; 의지적 선택)의 법칙 위배적 준칙 속에서 본질을 두어야 하지만, 이 준칙들은 자유 때문에 그 자체로서 우연적인 것으로 간주되어야 하기 때문이다. 그런데 법칙 위배적 준칙을 우연으로 간주하는 이 처사는 모든 준칙의 주관적 최상 근거가 인간성 자체와 어떤 식으로든 얽히고설켜 있고 또 가령 이 인간성 속에 뿌리박혀 있는 경우에만 다시 이 악의 보편성과 합치될 것이다. 이런 까닭에 우리는 이 본성적인 '악의 성향' 자체를, 이것이 늘 자기귀책적일 수밖에 없기 때문에, 인성 속의 근본악, 타고난 (그럼에도 우리들에 의해 초래된) 악이라고 부를 수 있다.³¹⁶⁾

---

315) Kant, *Die Religion innerhalb der Grenzen der bloßen Vernunft*, B26-27쪽.
316) Kant, *Die Religion innerhalb der Grenzen der bloßen Vernunft*, B27쪽.

칸트는 앞서 이지적 추상으로 증발·증류된 성악설을 비틀고 꼬아서 다시 "인간 본성 속의 근본악(ein radikales Böses)"으로, "타고난 (그럼에도 우리들에 의해 초래된) 악"으로 재건해 놓고 있다. "타고난 악"이 "우리들에 의해 초래된" 것이라는 이 표현은 슬그머니 아담과 이브가 에덴동산에서 저질렀다는 신화적 원죄설을 '역사적 사실'로 전제하려는 복선이다. 이를 통해 칸트는 '기독교적 사이코패스'로의 변신을 준비하고 있다.

칸트는 "인간 본성 속의 근본악"으로, "타고난 악"으로 재건된 자신의 성악설을 즉각 그가 사실적·경험적 개념으로 왜곡시킨 홉스의 "만인의 만인에 대한 전쟁상태"로서의 가상적·관념적 자연 상태 개념과 결부시켜[317] 경험적으로 입증하고, 성선설의 오류를 당대 원시 부족의 실태를 들어 반증하고자 한다.

- 이러한 타락한 성향이 인간 안에 뿌리박고 있음에 틀림없다는 것에 대한 의례적 증명은 경험이 인간들의 행적(Tat)으로 우리 눈앞에 제공하는 수많은 엄청난 사례에 의해 생략될 수 있다. 많은 철학자가 인간 본성의 본성적 선성을 두드러지게 보기를 바라는 그런 상태로부터, 즉 소위 자연 상태로부터 이 사례들을 얻으려고 한다면, 토포아(Tofoa), 뉴질랜드, 네비게이터제도諸島에서의 살육 무대에서 보이는 침착한 잔학성의 광경과, 어떤 인간도 선량함의 우수성을 조금도 갖지 않은, (헌『Hearne』선장이 기술하는) 북서부 아메리카의 광대한 사막에서 보이는 끝없는 광경들을 저 가설과 비교하기만 해도 되고, 그러면 이 견해로부터 벗어나는 데 필요한 것보다 조악성의 악덕을 더 많이 만나보게 될 것이다.[318]

---

317) 칸트는 홉스의 자연상태론을 그대로 계승했다. 참조: Kant, *Die Religion innerhalb der Grenzen der bloßen Vernunft*, B134-135쪽.
318) Kant, *Die Religion innerhalb der Grenzen der bloßen Vernunft*, B27-28쪽. 포토

칸트는 성악설을 정당화하기 위해 그야말로 거친 삶을 사는 원시 부족들의 사례만을 편파적으로 골라 일반화하는 오류를 범하고 있다. 그는 "북서부 아메리카의 광대한 사막에서 보이는 끝없는 광경들"에다 다음과 같은 원시 종족들의 항구적 전쟁을 각주로 추가하고 있다.

- 아라타베스카우(Arathavescau) 인디언과 개갈비(Hundsrippe) 인디언 간의 항구적 전쟁이 단순히 때려죽이는 것 외의 다른 의도를 갖지 않는 것처럼 그렇다. 용감성은 야만인들의 의견에 그들의 최고의 덕목이다. 문명화 상태에서도 용감성은 경이의 대상이고, 용감성이 유일한 상점賞點인 그런 신분이 요구하는 탁월한 존경의 근거다. 그리고 이것은 이성 속에 온갖 이유가 들어 있지 않은 것이 아니다. 인간이 어떤 것을 지니고 있고, 모든 이기심을 삼가는, 그의 생명보다 더 높이 평가하는 것(명예)을 자신의 목적으로 삼는다는 것은 그의 자질에서 얼마간의 고상함을 증명한다. 그러나 승자들이 그들의 위대한 업적들(가차 없이 베기, 찌르기 등)을 칭찬하는 데 따르는 유쾌함에서, 단순히 자신들의 우위성과, 이로 인해 야기할 수 있었던 파괴가 다른 목적 없이 그들이 본래 자부하는 것이라는 사실을 본다.[319]

"개 눈에는 뭐만 보인다"는 한국 속담처럼 사이코패스의 눈에는 악덕만 보인다. 전 지구에 존재한 수천·수만 집단의 원시 부족 중에서 영토를 접한 영국·프랑스·독일이 오랫동안 앙숙 관계에서 불화하듯이 지리적으로 경계를 접한 까닭에 천적이 되어 싸우는 항구적 불화 관계에 있거나

아(Tofoa)는 통가왕국의 통가타푸(Tongatapu)를 가리킨다. 네비게이터제도는 사모아제도다. '헌(Hearne) 선장은 북부 캐나다를 횡단해 북극해에 도달한 탐험가 Samuel Hearne이다.
319) Kant, *Die Religion innerhalb der Grenzen der bloßen Vernunft*, B28쪽. B판 추가 보주.

320) 충돌과 불화 속에서 사납게 변질된 이웃 부족들만을 들어 성악설을 '경험적·발견론적'으로 입증하려고 애쓰고 있다.

그러나 칸트가 스승처럼 인용해 대는 토머스 홉스조차도 원시 부족을 예로 들 때 그런 한계 사례들만이 아니라, 반대가 되는 사례들을 너 흔한 사례로 언급했다. "혹시나 이러한 때(잠잘 동안이나 멀리 떠날 경우에 출입문을 잠가야 하는 때)도, 이와 같은 전쟁상태도 결코 존재한 적이 없었다고 생각할 것이다. 나도 그것이 결코 일반적으로, 전 세계에 걸쳐서 그런 것은 아니었다고 믿는다."321) 홉스는 이 믿음을 다시 부정하고 "(그러나) 지금도 인간들이 그렇게(전쟁상태에서) 살고 있는 곳이 많다"고 주장함으로써 전쟁적 자연상태론을 견지한다. 그러나 그는 다시 "아메리카의 많은 곳에 사는 야만적 인민들"이 "본성적 감정에 의존하는 화합에 기초한 작은 가족들의 정부"를 가졌다는 사실을 '그 외'의 사실로 인정한다.322) 그런데 홉스는 "도시와 왕국"도 "더 큰 가족일 뿐"이라고 생각한다.323) 그는 이로써 "본성적 감정에 의거한 화합에 기초한 작은 가족들의 정부"가 성장·발전해 '국가'가 되거나 큰 원시 부족 집단들이 "본성적 감정에 의거해 화합"을 이룬 이 "작은 가족들의 정부"를 모델로 삼아 큰 국가를 건설할

---

320) 이웃과의 잦은 불화와 전쟁은 원시 부족들만의 문제가 아니다. 유럽에서도 마찬가지였다. 라베 드 마블리(L'Abbé de Mably)는 "이웃하는 국가들은 그들의 취약성이 하나의 연방공화국으로 동맹하도록 그들을 강요하지 않는다면 자연적으로 서로의 적들이다"라고 갈파했다. 알렉산더 해밀턴은 13개 북미주의 연방화를 정당화하기 위해 마블리의 이 테제를 인용하면서 13개 주가 각개 약진할 경우에 '상황의 근방성, 또는 근접성이 국가들을 천적(natural enemies)으로 만든다'는 "일종의 공리"에 따라 동족상잔의 전쟁상태에 처할 것임을 논증하고, 동맹을 통해 동족상잔 전쟁을 막는 관점에서 13개 주가 하나의 연방공화국을 이룰 필요성을 주창했다. Alexander Hamilton, "Federalist Paper No. 6. Concerning Dangers from War between the States", 54쪽. Alexander Hamilton, James Madison, and John Jay, *The Federalist Papers* (New York·London: New American Library, 1961·2003).
321) Hobbes, *Leviathan*, 114쪽.
322) Hobbes, *Leviathan*, 114쪽.
323) Hobbes, *Leviathan*, 154쪽.

수 있다고 생각할 여지를 남기고, 이로써 그의 전쟁적 자연상태론과 사회계약론을 분쇄해 버릴 함정을 스스로 파놓고 말았다. 그만큼 홉스는 사이코패스의 늘어놓는 거짓말처럼 논리적 일관성이 부족했다.

칸트는 원시 부족이 보여주는 성악성을 문명사회에서도 마찬가지라고 논증하려 든다. 이를 위해 그는 덕을 원수로 갚는 배은망덕, 사람에 대한 완전한 믿음을 절제하는 사교 원칙, 친구의 불행에서 느껴진 은밀한 쾌감 등 '덕의 허상들' 아래 숨겨진 드문 '악덕'을 개 눈의 뭐처럼 '수많은' 악덕으로 과장한다.

- 그러나 인간 본성이 (인간 본성의 자질이 더 완전하게 전개될 수 있는) 도덕화된 상태(gesitteter Zustand)에서 더 잘 인식될 수 있다는 의견에 찬성한다면, 가장 좋은 친구의 경우에도 상호 개방에 대한 신임을 절제하는 것을 사교에서의 현명의 보편 준칙으로 삼아야 할 정도로 가장 친밀한 우정에도 들어있는 비밀스런 거짓, 선행자善行者들이 언제나 주의해야 하는, 신세 진 사람들을 미워하는 성향, '가장 좋은 친구의 불운 속에 우리에게 완전히 불쾌하지만은 않은 어떤 것이 들어 있다'는 촌평을 허용하는 충심의 인애, 그리고 일반적 부류의 악인이 이미 우리에게 인정하기 때문에 스스로를 전혀 숨기지 않는 그런 악덕들은 말할 것도 없고 덕성의 허상들 아래 숨겨진 수많은 다른 악덕 등에 관해 인간성을 고발하는 길고 우울한 장광설을 들어야 할 것이다.[324]

칸트는 사이코패스들만이 보이는 드문 사례들, 또는 사이코패스 때문에 일반인들이 보이는 행태의 사례를 들어 문명인도 원시인과 마찬가지로 성악性惡하다고 주장하고 있다. 배은망덕, 옆 사람을 완전히 믿지 않

---

324) Kant, *Die Religion innerhalb der Grenzen der bloßen Vernunft*, B28-29쪽.

는 안전·안보의식, 친구의 불행에서 느끼는 고소한 느낌 등 '덕의 허상들' 아래 숨겨진 '악덕들'은 사이코패스의 4% 미만 비율만큼 참으로 드문 것들이다. 전형적 배은망덕자는 사이코패스다. 따라서 그만큼 드문 것이다. 사람을 완전히 믿지 않는 안전의식은 당연한 것이다. 뱀에 대한 공포가 독사 때문에 진화적 적응성을 얻었지만 어떤 뱀이 독사인지 알 수 없기 때문에 인간과 유인원은 일단 모든 뱀을 멀리하고 무서워한다. 이것은 인간의 당연한 본능적 안보의식이다. 사람 중에 사이코패스가 끼어 있기 때문에 친한 사람을 완전히 믿지 않는 저 안전의식은 뱀에 대한 이 안보의식만큼 당연한 것이다. 악인이나 미운 사람의 불행을 고소해하는 사람은 있을 테지만, '친구'나 무관한 사람의 불행을 고소해하는 자는 사이코패스만큼 아주 드물다. 따라서 칸트가 들고 있는 사례들은 모조리 사이코패스의 전형적 행태에 속하는 사례이거나 사이코패스에 대한 인간의 당연한 안보 감정이다. 칸트는 이 드물고 예외적인 사례들을 몇 개 들고 나서 이를 과장해서 "수많은 악덕"을 운위하고 있다. 이 논변은 그야말로 그가 문명사회 안에서 '사이코패스만을 보는 사이코패스'라는 것을 보여주는 한 단면이다.

■ **사이코패스적 이성의 타락과 원죄적 성악설**

칸트는 논의의 방향을 악한 인간 본성에 고정시켜 기독교적 원죄설을 도입하기 위해 성악설을 본성타락설로까지 밀어붙인다.

- 이러한 악의 원인은 1) 흔히 말하는 것과 달리 인간의 감성(Sinnlichkeit) 속에, 그리고 이것으로부터 생겨나는 자연적 성향들 속에 자리잡고 있을 수 없다. 이것은 이 감성과 성향들이 악과 직접적 관계가 없기 때문만이 아니다(오히려 도덕적 심지『Gesinnung』는 자기의 힘으로

보여줄 수 있는 것인 덕성에 기회를 준다). 우리는 이 감성과 성향의 실존(Dasein)에 책임을 물어서는 아니 되지만(우리는 책임을 물을 수도 없다: 왜냐하면 피조된 것으로서의『als anerschaffen』인간의 감성과 성향은 우리를 원작자로 만들지 못하기 때문이다), 물론 주체의 도덕성에 관한 한 자유로이 행동하는 존재로서의 인간의 안에서 나타나는 악의 성향은[325] - 이 악의 성향이 본성상 인간 안에 들어 있다고 말할 수 있을 정도로 의지적 재량에 깊이 뿌리박고 있음에도 불구하고 - 자책自責(selbst verschuldet)으로 보고 인간에게 귀책시킬 수 있어야 하기 때문이다.[326]

칸트는 여기서 자신의 성악설과 본성적 도덕감정 간의 충돌을 피하기 위해 "악의 원인(der Grund des Bösen)"을 "악에의 성향(der Hang zum Bösen)"으로 살짝 돌리고 이 "악에의 성향"을 다시 "의지적 재량(자유의지, Willkür)"으로 돌리는 궤변을 농하고 있다. 칸트의 용어로 자기의 힘으로 덕성에 기회를 주는 "도덕적 심지(moralische Gesinnung)의[327] 존재로 인해 감성에 책임을 묻지 못하고 "의지적 재량" 또는 "자유"를 탓하고 있다. 이것을 보면 칸트는 한 사람의 자유가 자기로부터 시작되어 남의 자유와의 경계에서 끝나는 그런 의미의 진정한 자유가 아니라, '방종'으로 오해한 홉스의 방종적 자유를 뜻하는 것으로 보인다. 칸트는 역시 중대한 논리적 착란에 빠져들고 있다. 앞서 그는 아우구스티누스의 논법

---

325) "den Hang"의 "den"은 문법과 의미의 맥락에서 볼 때 "der"의 오기임이 틀림없다. 그래서 "den Hang"을 주격으로 수정해서 번역했다.
326) Kant, *Die Religion innerhalb der Grenzen der bloßen Vernunft*, B31쪽.
327) '도덕적 심정'의 존재를 들어 '감성'을 탓할 수 없다고 하는 위 구절을 보면, '심정'은 '감성'에 속한다. 그러나 뒤에 칸트는 "심정(Gesinnung)"을 "준칙의 주관적 원칙"으로 정의한다. Kant, *Die Religion innerhalb der Grenzen der bloßen Vernunft*, B36쪽. 이 정의에서는 '심정'이 '준칙의 주관적 원칙'이라는 '이지적' 요소로 둔갑하고 있다.

에 따라 방종적 '자유' 또는 '의지적 재량'을 부도덕한 행위를 저지른 어떤 구체적 행위자에게 죄책을 추궁할 이유로 제시했으면서 여기서는 '악의 원인'으로 지목하고 있다. 그러나 그가 "선한 도덕의 인간"이 도덕법칙에 따라서가 아니라 도덕감정에 따라서 의지적 재량으로 행동한 경우에도 도덕법칙에 따라 행동하는 "도덕적으로 선한 인간"의 행동과 "우연히" 일치하는 경우가 있음을 스스로 인정했다. 따라서 "선한 도덕의 인간"의 자의적 재량이 반드시 악행을 선택하는 것이 아니라, 선행을 선택하게 할 수도 있는 것이다. 그러면 이 "의지적 재량" 또는 "자유"는 "악의 원인"이 아니다. 칸트의 논법을 그대로 따르면, "의지적 재량" 또는 "자유"는 "우연히" '선의 원인'이라고도 말해야 할 것이다. 따라서 그의 이 논법을 어쭙잖은 '논리적 착란'으로, 또는 어리석은 자들을 속이려는 '현학적 궤변의 파탄'으로 배격해야 하는 것이다.

칸트는 감성을 '악의 원인'으로 지탄하는 것으로부터 면해주고 다음은 이성도 '악의 원인'으로부터 면해준다.

- 이 악의 원인은 2) 흡사 이성의 타락(Verderbnis)이 법칙 자체의 권위를 자기 안에서 말살하고 법칙의 구속성을 부정해 버릴 수 있는 양, 도덕법칙을 입법하는 이성의 타락 속에 자리 잡을 수도 없다. 왜냐하면 이것은 단적으로 불가능하기 때문이다. 자신을 자유로이 행동하는 주체로 생각하면서도 이 자유로운 존재자에게 적합한 법칙(도덕법칙)으로부터 면해진 것으로 생각하는 것은 (자연법칙에 입각한 결정은 우리가 여기서 자유 개념을 두고 논하고 있으므로 여기서 배제되기 때문에) 아무런 법칙 없이 작동하는 원인으로 생각하는 것이나 다름없을 것이다. 그러나 이렇게 생각하는 것은 자기모순이다. 감성은 너무 적은 것을 담고 있어서 인간 마음속의 도덕적 악의 원인을 제시해 줄 수 없

다. 왜냐하면 감성은 자유로부터 생길 수 있는 동기들을 제거함으로써 인간을 단지 동물적 인간(tierischer 『Mensch』)으로만 만들기 때문이다. 반면, 도덕법칙으로부터도 면해진 흡사 사악한 이성(boshafte Vernunft; 단적으로 악한 의지)은 너무 많은 것을 담고 있다. 왜냐하면 이를 통해 법칙과의 충돌 또는 모순 자체가 (아무런 동기도 없다면 의지적 재량이 정해질 수 없으니까) 동기로 높여지고, 이로써 주체가 악마적 존재(teuflisches Wesen)로 만들어질 것이기 때문이다. 그러나 둘 중 어떤 것도 인간에게 적용될 수 없다.[328]

이 대목에서 칸트는 앞서 이성적 도덕법칙을 따르지 않으면서도 "우연히" 도덕적 행위를 하는 "선한 도덕의 인간"과, 덕성의 근거인 "도덕적 심지(moralische Gesinnung)"을 인정했으면서도 인간의 "감성" 중에 오감과 단순감정만이 아니라 '도덕적 감성'(도덕감정과 도덕감각)도 들어 있다는 것을 몰각하고 있다. '도덕적 심지'는 도덕감정 외에 다른 것이 아닌데도 그는 이런 눈먼 논변을 펴고 있다.

그렇기 때문에 그는 "감성은 자유로부터 생길 수 있는 동기들을 제거함으로써 인간을 단지 동물적 인간으로만 만든다"고 망발하고 있다. 그러나 인간은 도덕적 감성을 갈고 닦는 진성盡性으로 안정된 도덕 생활을 한다. 그리고 동물도 고등동물은 낮은 수준의 도덕적 행위일지라도 자기 새끼를 알뜰히 기르고 다른 동물을 돕고 불공정 행위에 대해 항의하는 등 도덕적 행위를 한다. 그러므로 "감성은 인간을 동물적 인간으로 만든다"는 칸트의 말은 이중적 망발인 것이다.

그리고 칸트는 '악의 원인'을 아우구스티누스와 반대로 '실체적' 원인으로 전제하고 추적하고 있다. 그러나 '악의 원인'은 '악'과 마찬가지로

---

328) Kant, *Die Religion innerhalb der Grenzen der bloßen Vernunft*, B31-32쪽.

실체가 아니라 단순감정이거나 도덕감정이 중도를 지나치게 벗어난 '과過'일 뿐이다. 욕망도 '너무 적은' 욕망은 치열한 삶의 의지라는 소덕과 배치되는 악이다. 이 소덕은 바로 우리가 '생활력이 강한 사람', '열심히 사는 사람'을 칭찬하고 오뚝이 같은 '칠전팔기 불요불굴의 생명력'을 가진 사람을 칭찬할 때 지목되는 바로 그 '불굴의 생명력과 생존 의지'와 같은 공리적 덕성을 말한다. 반대로 주지하다시피 '너무 많은 욕망', 즉 '탐욕'과 '탐욕의 행동'은 악이다. 그리고 도덕감정조차도 과·불급에 따라 악이 된다. 동정심과 도움도 너무 많이 베풀면 타인의 자립심과 자존심을 해치는 악폐가 될 수 있다. 반대로 너무 적게 베풀면 인심仁心도 '악어의 눈물'처럼 '위선'과 '인색'의 악이 된다. 칸트는 감성에서 실체적 '악의 원인'을 찾을 수 없으니까 난관에 봉착해 갖은 궤변을 직조하고 있다.

위에서 칸트는 "악의 원인"을 "도덕법칙을 입법하는 이성의 타락" 속에서도 찾을 수 없다고 말하고 있다. 그 이유는 "이성의 타락이 법칙 자체의 권위를 자기 안에서 말살하고 법칙의 구속성을 부정해 버릴 수 없기 때문이라는 것이다. 그러나 그는 스스로 "이성의 타락"의 양상을 "도덕법칙으로부터도 면제된 흡사 사악한 이성"으로, "악마적 존재"로 제시하고 있다. 앞서 우리가 살펴본 현대 과학적 실험들은 '이성은 감성의 뒷받침이 없으면 즉각 무력해지거나 타락한다'는 것을 보여준다. 따라서 도덕적 실천이성도 도덕적 감성(도덕감정과 도덕감각)의 안내와 내용적 원조가 없으면 바로 무력해지고 결국 타락한다. 도덕적 감성의 안내와 원조가 없는 이성은 사이코패스의 이성이고, 이 이성은 도덕적으로 무력하고 타락한 이성이다.

상론했듯이 사이코패스는 '높은 지성을 갖춘 맹수', 또는 "악마적 존재"이므로 사이코패스의 이성은 곧 "악마적" 이성이다. 칸트는 자신이 "악의 원인"을 올바로 "이성의 타락"으로 찾아냈음에도 "인간에게 적용될 수 없다"는 말로 옆으로 제쳐놓고 있다. 왜냐하면 칸트 자신의 이성이 바로 도덕적 감성이 없는 사이코패스의 '타락한 이성'이기 때문이다.

칸트는 "악의 원인"을 '죄악의 귀책 근거'로 착각하는 논리적 개념 착란을 계속한다.

- 그러나 인간 본성 속에 악의 성향이 들어있는 것이 인간적 재량 의지의 법칙과의 충돌, 시간적 현실 속에 나타나는 충돌에 대한 경험적 증명을 통해 설명될 수 있더라도, 이 경험적 증명들은 우리에게 이 성향의 본래적 만듦새나 이 충돌의 원인을 가르쳐주는 것이 아니라, 오히려 (그래도 순수한 지성적 개념의) 동기로서의 도덕법칙과 자유로운 재량 의지(freie Willkür), 경험적이지 않은 개념의 재량 의지의 관계가 이 본래적 만듦새와 관련된 한에서, 이 본래적 만듦새는 자유(구속성과 귀책 능력)의 법칙에 따라 가능한 악의 개념으로부터 선험적으로 인식되어야 한다.[329]

"악의 개념"이 "자유(구속성과 귀책 능력)의 법칙에 따라 가능하다"고 하는 구절은 "악의 원인"을 '죄악의 귀책 근거'로 착각하는 논리적 개념 착란의[330] 움직일 수 없는 증거다.

---

329) Kant, *Die Religion innerhalb der Grenzen der bloßen Vernunft*, B32-33쪽. "경험적이지 않은 개념의 재량 의지"는 본래 괄호 속에 들어 있었으나 의미의 이해를 용이하게 하기 위해 괄호를 풀었다.
330) 이 개념 착란은 "자유로운 재량"을 "근본악"으로 보는 착란의 형태로 이후에도 계속 반복된다. Kant, *Die Religion innerhalb der Grenzen der bloßen Vernunft*, B35쪽: "악의 성향이 인간 본성 속에 들어 있다면, 인간 속에는 본성적 악의 성향이 들어있는 것이다. 이 성향 자체는 종국에 자유로운 재량 의지에서 찾아져야 하고 따라서 이것에 귀속시켜야 하기에 도덕적으로 악하다. 이 악은 근본적이다. 왜냐하면 이 악은 모든 준칙의 근거를 타락시키기 때문이다. 동시에 또한 저 악의 성향은, 인력으로 없애는 일이 모든 준칙의 주관적 지상 조건이 타락한 것으로 전제된다면 일어날 수 없기에 인력으로 없앨 수 없는 본성적 성향일지라도 그래도 극복할 수 있다. 왜냐하면 이 성향

따라서 "악의 개념"에 대한 칸트의 "다음 설명"도 논리가 물구나무선 사이코패스의 '견패성犬吠聲'일 것이 뻔하다.

- 인간은 (가장 사악한 인간이라도), 어떤 준칙에서든, 가령 (순종의 해지 통고로써) 반란 방식으로라도 도덕법칙을 포기하지 않는다. 오히려 이 도덕법칙은 도덕적 자질(moralische Anlage)의 힘으로 인간에게 거부할 수 없이 강요된다. 이에 대해 다른 동기가 거슬러 작용하지 않는다면 인간은 이 도덕법칙을 자신의 최고 준칙(seine oberste Maxime) 속으로 받아들일 것이다. 즉, 인간은 도덕적으로 선할 것이다. 그러나 인간은 마찬가지로 죄책 없는 그의 본성적 자질에 의해 감성의 동기들에 달라붙고, (자기애의 주관적 원리에 따라) 이 동기들도 그의 준칙 속으로 받아들인다. 그러나 인간은, (그가 자신 안에 지닌) 도덕법칙에 아랑곳하지 않은 채 이 감성의 동기들을 의지적 재량의 결정에 그 자체만으로 충분한 것으로 여겨 자신의 준칙 속으로 받아들인다면, 도덕적으로 악한 것이다. 인간이 본성적 방식으로 양자를 둘 다 준칙 속으로 받아들이기 때문에, 이 중 각각을 단독이라도 그 자체로서 의지결정에 충분한 것으로 여기기 때문에, 준칙들의 차이가 단순히 동기들(준칙들의 질료)의 차이에, 즉 법칙이 동기를 주는지, 또는 감성 충동이 동기를 주는지에 달려있다면, 인간은 도덕적으로 선함과 동시에 악할 것이다. 그런데 이것은 (서론에 따라) 모순이다. 따라서 인간이 선한지, 또는 악한지의 차이는 인간이 자신의 준칙 속으로 받아들이는 동기들의 차이에 달려있는 것이 아니라(준칙의 질료에 있는 것이 아니라), 상하 질서(준칙의 형식)에, 즉 인간이 둘 중 어느 동기를 다른 동기의 조건으로 삼는지에 달려있다. 따라서 인간은 (가장 선한 인간이라도) 인간이 동기

은 자유롭게 행동하는 존재로서의 인간 안에 등장하는 것이기 때문이다."

들을 준칙으로 받아들이는 데 있어 동기들의 도덕적 상하 질서를 거꾸로 전도시킴으로써만, 즉 자기애의 법칙과 나란히 도덕법칙을 준칙 속으로 받아들임으로써만 악할 뿐이다. 그러나 인간은 자기애의 법칙이 도덕법칙과 나란히 양립할 수 있는 것이 아니라, 자기애가 이것의 지상 조건으로서의 도덕법칙 아래 굴복해야 한다는 것, 인간이 자기애의 동기와 그 성향을 도덕법칙 준수의 조건으로 삼는다는 것을 깨닫게 된다. 왜냐하면 도덕법칙이 오히려 자기애의 동기를 충족시키는 지상 조건(die oberste Bedingung)이라는 지위에서 의지적 재량의 일반적 준칙 속으로 단독 동기로서 받아들여져야 하기 때문이다.[331]

칸트는 '감성의 동기'와 '도덕법칙의 동기' 간의 상하관계를 논하면서 여기서 여러 가지 논리적 착란을 보이고 있다. 일단 그는 도덕법칙이 그 어떤 방식으로도 "포기할 수 없는" 무슨 '원천 계약'인 양 "복종의 해지 통고(Ankündigung des Gehorsams)"를 운위하면서 뒤에 도덕법칙을 인간이 "자신 안에 지닌" 것으로 기술하고 있다. 그리고 모든 '도덕적 자질(moralische Anlage)'을 부정한 칸트가 "도덕법칙은 도덕적 자질의 힘으로 인간에게 거부할 수 없이 강요된다"는 그의 말은 실로 가관이다.

칸트는 앞서 "악의 원인"을 방종적 "자유", "의지적 재량" 탓으로 돌렸으나, 여기서는 감성적 동기와 법칙적 동기 간의 상하관계가 거꾸로 뒤집히는 것, 인간이 두 동기 중 어느 동기를 다른 동기의 조건으로 삼는 전도된 "상하 질서" 탓으로 돌리고 있다. 구체적으로, "자기애(감성의 동기)가 이것의 지상 조건으로서의 도덕법칙 아래 굴복하면", 즉 "인간이 자기애의 동기와 그 성향을 도덕법칙 준수의 조건으로 만들면", 환언하면 "도덕법칙이 오히려 자기애 충족의 지상 조건으로 여겨져 재량 의지의 보편적

---

331) Kant, *Die Religion innerhalb der Grenzen der bloßen Vernunft*, B33-34쪽.

준칙 속으로 단독적 동기로서 받아들여지면" 선하고, 반대로 양자가 "나란히"(대등하게) 양립하는 것으로 받아들여지거나, 거꾸로 감성의 동기가 도덕법칙의 동기 위에 놓인다면 악하다는 것이다. 칸트는 스콜라철학과, 이 철학을 아우구스티누스석(네오플라톤주의적) 버전으로 '신장개업'한 데카르트 철학으로부터 내려오는 합리론적 사이코패스 철학의 '반동적 복원자'답게 "이성은 감정의 노예이고 노예이어야만 하며, 결코 감정에 봉사하고 복종하는 것 외에 감히 다른 직무를 요구할 수 없다"는[332] 흄의 명제와 정반대로, 그리고 흄의 이 명제를 증명한 현대과학의 연구 결과들과 정반대로 사고하고 있다. 이런 사고를 우리는 사이코패스적 사고라 부른다. "자기애의 동기와 그 성향을 도덕법칙 준수의 조건으로 삼다"는 말에서 도덕법칙의 준수를 돕는 "자기애의 동기와 그 성향"은 사이코패스의 경우에 도덕감정이나 각종 공감 감정이 아니라 이기적 욕구·분노·두려움·호오 등 자기중심적 단순 감정일 수밖에 없다. 사이코패스는 도덕감정과 공감 감정을 결하기 때문이다. 따라서 이 자기중심적·이기적 단순 감정들을 "도덕법칙 준수의 조건으로 삼는다는 것을 깨닫는" 인간은 보통 사람이 아니라 사이코패스다. 칸트를 본떠서 롤스도 감정이라고는 이기심밖에 없는, 따라서 "자기애의 동기와 그 성향을 도덕법칙 준수의 조건으로 삼는" 이기주의자들을 '원초적 상황'에 투입했었다.

  칸트는 본성의 실체적 '악'을 찾아 헤매다가 '악'을 자유로운 의지적 재량으로 지목하더니 이제는 '악'을 달리 정의한다. 이제 '악'은 악한 동기에서 악한 것을 자기의 악마적 준칙 속으로 받아들이는 '심정'이다. 그리고 인간 본성의 사악성은 이제 실체적 '악'이 아니라, '마음의 도착성'이다. 이 '도착된 마음'은 결과가 악하기 때문에 '악한 마음'이다. 그리고 이 '악한 마음'은 인간 본성의 허약성으로부터 생겨난다는 것이다.

---

[332] Hume, *A Treatise of Human Nature*, Book 2. *Of the Passions*, 266쪽.

- 따라서 악(Bosheit)이라는 단어를 엄격한 의미로 취한다면, 가령 (자기의 준칙이 악마적이기 때문에) 동기로 쓰기 위해 악한 것을 악한 것으로 자기의 준칙 속에 받아들이는 심지(Gesinnung; 준칙의 주관적 원칙)로 취한다면, 인간 본성의 사악성(Bösartigkeit)은 악이라고 불러야 하는 것이 아니라, 오히려 그 결과 때문에 '악한 마음'이라고 일컫는 마음의 도착성(Verkehrtheit des Herens)이라고 불러야 한다. 악한 마음은 일반적 선善 의지와 양립할 수 있다. 그리고 악한 마음은 자신의 채택된 원칙을 준수할 만큼 충분히 강력하지 않다. 또 악한 마음은 불순성과 결부되어서 (그 자체로서 선한 의도를 가진 행위들의) 동기들을 도덕적 기준에 따라 서로 분리시키지 못하는 인간 본성의 허약성으로부터 생겨난다. 따라서 마침내 높이 올라가도 법칙에 대한 동기의 적합성(Gemäßheit)만을 겨냥하지, 법칙으로부터의 도출을, 즉 단독적 동기로서의 이 법칙을 겨냥하지 않는 인간 본성의 허약성으로부터 생겨난다.[333]

'악'은 악한 동기에서 악한 것을 자기의 악마적 준칙 속으로 받아들이는 '심정'이라고 정의해놓고 "인간 본성의 사악성"은 본성의 "악"이 아니라, "인간 본성의 허약성"에서 생겨난 "마음의 도착성"이라고 말하는 것은 본성은 착했으나 자의적으로 악으로 타락했다는 원죄설을 맞아들이기 위한 일종의 궤변이다. 왜냐하면 이것은 "인간 본성의 사악성"이 결국 "인간 본성의 허약성"에서 생겨난다는 말, 결국 "인간 본성의 사악성"은 '사악성'이 아니라 '악한 마음'을 낳는 '인간 본성의 허약성'이라는 말이기 때문이다. 게다가 칸트는 '악한 마음'의 원인은 '도착된 마음'이 아니라, 오직 '도착된 마음'의 "결과", 그것도 '악한' 결과만이라고 말하고 있

---

333) Kant, *Die Religion innerhalb der Grenzen der bloßen Vernunft*, B35-36쪽.

다. 결국 칸트는 악한 동기에서 수행된 행위가 실패하거나 미수로 그침으로 인해 그 "결과"가 악한 것으로 나타나지 않는다면, '도착된 마음'도 결코 "악한 마음"이 아니라는 '결과주의적' 선악 판단을 의미하고 있다. 그러면서도 칸트는 "의무의 법칙에 대한 심정의 적합성"이 아니라 "법칙의 준수"만을 중시하는 입장을 견지한다. "법칙 위반 행위와 이것의 성향, 즉 악덕(Laster)이 이 허약성으로부터 즉각 생겨나지 않더라도, 악덕의 부재를 이미 스스로에게 의무의 법칙에 대한 심정의 적합성(덕성)으로 개진하는 사고방식은 (여기서는 전혀 준칙 속의 동기를 겨냥하는 것이 아니라, 오직 글자대로의 법칙의 준수만을 주목하기 때문에) 그 자체가 이미 인간 본성 속의 근본적 도착성이라고 불려야 한다."[334] 상론했듯이 행위의 감정적 동기를 중시하지 않고 결과만을 따지는 결과주의적 도덕론자들은 뇌 구조의 이상이나 손상이 있다는 사실이 오늘날 크렙스, 영 팀, 다마시오 팀, 그린 등의 과학적 연구 보고로 나와 있다.[335] 게다가 감정적 동기를 배제하고 합리적 '법칙 준수' 여부만을 따지는 엄숙한 이지적 결과주의 도덕론은 사이코패스적 도덕론이다.

사이코패스 연구를 상기하면 일단 사이코패스는 지성적으로 정상적이고 오히려 지능적으로 보통을 넘는 이지적 정신의 보유자이고, 그의 정신에 대한 '의학적' 소견과 '법적' 판단은 그가 "정신적으로 멀쩡하다, 건강하다(sane)"는 것이다. 그는 신경증이나 정신병을 앓는 사람들의 환각을 전혀 느끼지 않는다. 하지만 이들은 사랑·동정심·죄책감·수치심·후회와

---

334) Kant, *Die Religion innerhalb der Grenzen der bloßen Vernunft*, B36쪽.
335) Krebs, *The Origins of Morality*, 55쪽; Young, Camprodon, Hauser, Pascual-Leone, and Saxe, "Disruption of the Right Temporoparietal Junction with Transcranal Magnetic Stimulation Reduces the Role of Beliefs in Moral Judgments", 6753-6758쪽; Young, Bechara, Tranel, Damasio, Hauser, Damasio, "Damage to Ventromedial Prefrontal Cortex Impairs Judgment of Harmful Intent", 845-851쪽; Greene, "The Secret Joke of Kant's Soul", 47, 72쪽.

같은 사회적·도덕적 공감 감정을 전혀 느낄 수 없고, 이런 까닭에 타인들의 고통에 대한 아무런 걱정도, 공감적 감지도 없이 타인들을 조종하려고 든다. 사이코패스는 잘해야 사회가 요구한다고 느낀 반응을 성찰하도록 그 자신에 의해 프로그램된 '이지적·합리적 로봇'이다. 로버트 헤어의 12개 항목 사이코패스 체크리스트에서 첫 번째 항목은 "구변이 좋지만 피상적이다"는 것이다. 로버트 헤어는 문필가나 철학자의 경우에 '글이 지성적·이성적으로 빼어나지만 그 글의 내용은 기묘하게 피상적이고 정교하게 기계적·기만적·가식적이다'라고 바꿔 볼 수 있다고 말한다. 그리고 사이코패스는 "감정이 얕다"는 것이다. 사이코패스는 느낌의 범위와 깊이를 제한하는 일종의 감정 빈곤을 겪는다. 종종 사이코패스는 냉정하고 무감하게 이지적인 반면, 그 행태는 연극적이고 얕고 느낌의 단기적 연출의 성향이 있다. 연극하는 것 같은 그의 내면을 들여다보기 어렵다. 때로 그들은 강렬한 감정을 경험한다고 주장하지만, 다양한 감정 상태의 미묘성들을 묘사할 능력이 없다. 가령 그들은 사랑을 성적 흥분과, 슬픔을 좌절감과, 분노를 성냄과 동일시한다. 그는 "나는 증오, 분노, 쾌감과 탐욕의 감정들을 '믿는다'"고 말한다. 따라서 그는 정상인들이 느끼는 대부분의 감정들을 느낄 수 없고, 이 감정들을 단지 단어나, 독서와 미숙한 상상력을 통해서만 알고 감정들이 존재한다고 '믿을' 뿐이다. 그들은 이 감정들을 느낀다고 '상상'하지만, 실은 '느끼지' 못한다. 따라서 사이코패스는 "단어들을 알지만 음악을 알지 못한다."[336] 따라서 사이코패스는 다양한 공감감정과 도덕감정들을 느끼지 못한 채 이 감정들을 흉내 낸다. 여기서 간단히 요약된 사이코패스의 특징들은 칸트 자신과, 감정적 동기를 배제하고 결과와 법칙 준수만을 이지적으로 따지는 그의 엄숙한 성악설에 거의 그대로 타당하다.

---

336) Hare, *Without Conscience*, 52-53쪽.

칸트와 그를 따르는 칸트주의적 도덕론자들, 그리고 일부 경제학자·게임이론가·합리적 선택 이론가들이 상상하는 순수한 이기적·합리적·법칙적·타산적 사유자와 행위자의 정체正體는 바로 사이코패스인 것이다.[337] 킨드 같은 사이코패스 설학사의 '실失감성승'은 뇌 구조의 결함에 기인하기 때문에 외부에서 전문적으로 접근할 수도, 치유할 수도 없다.[338]

칸트의 성악설은 죄악이 '자유' 탓이라고 하기도 하고, '인간 본성의 허약성'으로 인해 '도착된 마음'이 악한 결과를 낳는 바람에 '악한 마음'이 되고 이로 인해 애당초 도덕법칙을 준수하지 않은 탓이라고도 하며 오락가락한다. 이 도덕론적 오락가락은 칸트의 다음 논변에서 전형적이다.

- 인간 안에서 자유의 사용이 언제든지 표출되는 만큼 그렇게 일찍이 지각될 수 있고 그럼에도 자유로부터 생겨날 수밖에 없는, 따라서 자유의 탓으로 돌려져야 하기 때문에 이렇게 불리는 이 타고난 죄책(angeborne Sculd; reatus)은 첫 번째 두 단계(허약성과 불순성)에서 고의적이지 않은 것(unvorsätzlich; culpa『과실』)으로 판단되지만, 제3단계에서는 고의적 죄책(vorsätzliche Schuld; dolus『고의』)으로 판단될 수 있고, 그 자신의 선한 심정 또는 악한 심정 때문에 자기를 기만하고, 행위만 그 준칙에 따라 물론 지닐 수 있는 악을 결과로 낳지만 아니한다면 자신의 심정 때문에 스스로 불안해하는 것이 아니라 오히려 법칙 앞에서 정당화되는 것으로 여기려는 인간 마음의 일정한 악의(Tücke; dolus malus)를 성품으로 가진다. 이것으로부터, 만일 법칙이 사용되지 않는, 적어도 가장 많이 통용되지 않는 행위들 한복판에

---

337) Wilson, *The Moral Sense*, 107쪽.
338) 따라서 사이코패스적 실감정증은 '44명의 소년 도둑' 연구로 유명한 존 보울비가 말하는 유아기 분리 공황과 사랑 결손에 기인한 '무감정증(affectionlessness)'과 본질적으로 다르다. 참조: Bowlby, *The Making and Breaking of Affectional Bonds*.

서 인간들이 악한 결과들을 운 좋게 피하기만 했다면, 그 많은 (자기들의 견해에 의하면 양심적인) 인간들의 양심의 평온이 유래하는 것이고, 심지어 그것이 가령 행운의 공적인지, 또는 무능력·기질·교육·시험(유혹)으로 이끌어지는 시간과 장소의 상황(우리에게 귀책될 수 없는 순수한 사물들)이 악덕으로부터 이격되도록 지켜주지 않았다면, 마음만 먹으면 자기들의 속마음에서 발견할 수 있는 사고방식에 따라 동일한 악덕이 그들에 의해 저질러지지 않은 것인지 따져보지 않은 채, 다른 인간들이 사로잡혀 있는 이러한 범행들에 대한 죄책을 저지르지 않았다고 느끼는 공적의 상상까지도 유래하는 것이다. 자기 자신 앞에 푸른 안개를 피우는, 우리 안에서 진정한 도덕적 심정의 창설을 저지하는 이 부정직성은 외적으로 허위와 타인들에 대한 기만으로 확장된다. 이것은 악이라고 부르지 않더라도 적어도 상스런 짓(Nichtswürdigkeit)이라고 부르는 것이 마땅하고, 인간본성의 근본악에 뿌리박은 것이다. 그리고 이 근본악은 (이 악이 한 인간에 대한 의견과 관련해 도덕적 판단력과 어긋나고 귀책을 내적으로나 외적으로 완전히 불확실하게 만듦으로써) 우리의 유類의 썩은 오점을 이루는 것이다. 이 오점은 우리가 꺼내서 버리지 않는 한, 다른 경우라면 선의 맹아가 잘하는 대로 스스로를 전개하는 것을 저지한다.[339]

칸트 주장의 요지는 법칙 준수만을 유일한 "단독적 동기"로 하는 행위만이 참으로 선하고 그렇지 감정적 동기로 수행된 행동은 우연히 선한 것으로 보일 수 있지만 진짜 선한 것이 아니므로 선하다고 착각하지도 말고 "죄책을 저지르지 않았다고 느끼는 공적의 상상"을 하지도 말라는 것이다. "행위만 그 준칙에 따라 물론 지닐 수 있는 악을 결과로 낳지만 아니

---

339) Kant, *Die Religion innerhalb der Grenzen der bloßen Vernunft*, B37-38쪽.

한다면" 오히려 "법칙 앞에서 정당화되는 것으로 여기려는 인간 마음"은 "악의"다. 인간 마음의 이 "악의"는 "앞에 푸른 안개를 피우는 부정직성"이고, 이 부정직성은 "허위와 기만"으로 확장된다. 이것은 "인간 본성의 근본악"에 착근된 "상스런 싯"이요, 인류의 "썩은 오점"이라는 것이다.

그런데 홉스를 음양으로 계승한 칸트는 홉스 이론의 '치명적 오류'도 계승한다. 홉스는 생명과 재산을 잃을 공포심에서 이성을 발휘해 합리적 사회계약을 맺어 자연 상태에서 사회 상태로 빠져나가는 것을 구상했으나, 이 사회계약은 준수할 '신의'라는 도덕감정의 동기 또는 규범적 구속력으로 지켜지는 것이다. 그렇다면 이 '신의도덕'과 도덕감정은 동정심·인애·정의감을 비롯한 다른 도덕범주·도덕감정들과 더불어 자연 상태에서 기존既存해 있어야 한다. 이것을 인정한다면 자연 상태도 순전히 '전쟁상태'만이 아니라 근본적으로 '도덕 상태'라는 것을 인정해야 한다. 이것을 인정하면 홉스의 사회계약론 구조물은 기초부터 붕괴되고 만다. 따라서 홉스는 계약 준수의 구속력으로 신의가 아니라 '검', 즉 '칼의 폭력'을 도입했다. 이것은 사회계약 건축물을 상량부터 붕괴시키는 응급조치다. 프라이팬에서 화덕 속으로 뛰어드는 격이다. 이것은 이 사회계약을 '칼의 폭력'으로 준수하게 강제하는 리바이어던을 바로 사이코패스로 선언하는 것이다.

홉스처럼 칸트도 "법칙 준수"나 "단독적 동기로서의 이 법칙"을 거듭 언급하지만 법칙 준수의 '동기'가 무엇인지를 언급하지 않고 있다. 도덕법칙은 '보편화할 수 있는', 또는 '성공적으로 보편화된' 개인들의 주관적 행위 준칙이다. 다시 말하면, 도덕을 입법 작용으로 '제정'할 수 있는 것으로 착각하는 칸트가 말하는 도덕법칙은 '우리'가 보편적으로 수락·합의해서 입법한 보편법칙이다. 그런데 '우리'가 입법한 도덕법칙을 '우리'가 보편적으로 준수해야 하는 의무적 동기는 역시 서로에 대한 '믿음'의 도덕감정과 '신의' 도덕이다. 이렇게 보면, 믿음·신의 같은 기초적 도덕감정을 배격하는 칸트의 도덕론은 홉스적 사회계약론의 구조처럼 기초로부터 붕괴된다.

칸트가 법칙 준수의 동기를 '신의'로 지목하지 않는다면, 그 진짜 동기는 무엇인가? 아마 홉스가 '칼의 폭력'으로 내뺀 것처럼 칸트의 그것도 폭력, 구체적으로 프리드리히 2세의 사망(1786) 후 18세기 말과 19세기 초 프로이센 관헌국가의 폭력일 것이다. 1780년대 이전까지 100여 년 동안 프리드리히 빌헬름 1세와 프리드리히 2세를 비롯한 프로이센 국왕들은 '유럽판 공자철학으로서의 계몽주의'에[340] 젖어 공자철학에 열광하고 중국 문화를 동경했다. 그러나 칸트가 살던 18세기 말과 19세기 초(프리드리히 2·3세)의 프로이센은 유교문화를 비웃으며 이현령비현령식의 군국주의적 자의로 백성을 다스리는 관헌국가로 전락해 있었다. 이것을 숙고해볼 때 칸트의 도덕철학은 얼마나 가공할 사이코패스 철학인가? 사이코패스는 거짓말에 능한 반면, 칸트는 "누구나 곤경에 처해 있다고 생각한 뒤에 지키지 않으려는 의도로 그에게 떠오르는 것을 약속할 수 있다는 법칙의 보편성은 약속과, 우리가 이 약속으로 얻을 수 있을 목적을 스스로 불가능하게 만든다"고 하면서[341] 곤란한 경우에도 거짓말을 하지 말라는 도덕법칙을 말한 사실을 들어 필자의 '사이코패스 칸트' 테제를 반박하려고 든다면, '곤란한 경우에도 거짓말을 하지 말라는 도덕법칙'에 대한 칸트의 말 자체가 '어리석은 거짓말'이라고 응수할 것이다. 부모나 자식, 벗을 위해 대신 처벌을 자처하는 '거룩한 거짓말', 상대방을 안심시키기 위해 자기의 배고픔·노고·고통 등을 감추는 예의적·도덕적 거짓말, 환자의 투병 의지를 부추기기 위한 '하얀 거짓말', 참말로 입증할 수 없는 '건국

---

340) 서유럽의 계몽주의를 공자철학으로부터 기원한 '유럽판 유학'으로 입증한 논의는 참조: 황태연,『공자철학과 계몽주의의 기원(1-2)』(파주: 청계, 2019).
341) Kant, *Grundlegung zur Metaphysik der Sitten*, BA55쪽.

신화' 등을 포함한 모든 거짓말을 금하는 '거짓말에 관한 칸트의 거짓말' 이론은 어리석음과 오류의 소산인 것이다. 그리고 거짓말 약속의 법칙적 일반화는 "약속과, 이 약속으로 얻을 수 있을 목적을 스스로 불가능하게 만든다"는 명제에 함의된 것은 도덕법칙이 아니라, 얄팍한 공리적 실리타산일 뿐이다.

칸트는 자기의 도덕론적 구조물 안에서 도덕법칙을 준수할 동기가 '폭력'과 이에 대한 '공포' 외에 없음에도 불구하고 도덕법칙의 준수를 어렵게 하고 이것으로부터 이탈하게 하는 자유로운 의지적 재량을 가진 것을 자기귀책적 '악의 성향'으로, 나아가 '본성 속의 근본악'으로 몰았다. "우리는 이 본성적 '악의 성향' 자체를, 이것이 늘 자기귀책적일 수밖에 없기 때문에, 인간 본성 속의 근본악, 타고난 (그럼에도 우리들에 의해 초래된) 악이라고 부를 수 있다"는 구절이 바로 그런 결정적 구절이다. 인간 본성 속의 "근본악"이 "타고났지만", "그럼에도 우리들에 의해 초래된 악"이라는 이 근본악 명제를 통해 칸트는 성악설을 완결한다.

그러나 칸트는 여기서 그치지 않고 이 성악설의 설득력이 부족하다고 느끼면서 '본성 속의 악'의 '기원(Ursprung)'에 대한 논의를 끌어들이면서 대대로 세습되는 기독교 원죄설을 편취해 그것을 보강하고 이 원죄로부터 회복하는 기독교적 논변을 개진한다. "그럼에도 우리들에 의해 초래된" 근본악이라는 구절은 '근원' 논의를 벌이기 위한 복선이다. 칸트의 원죄 논의는 근원 논의로서 이렇게 시작된다.

- (최초의) 기원(Ursprung)은 최초의 원인, 즉 다시 동일한 유형의 다른 원인의 결과가 아닌 그런 원인으로부터 나온 결과의 기원이다. 근원은 이성적 근원이나 시간적 근원으로 고찰될 수 있다. 첫 번째 의미에서는 단순히 결과의 현존만이 고찰되고, 두 번째 의미에서는 결과

가 생기는 것(Geschehen), 즉 시간 속에서의 원인과 관련된 사건으로서의 결과가 고찰된다. 결과가 이것과 자유 법칙에 따라 연결된 원인과 – 도덕적 악의 경우에 그렇듯이 – 관계한다면, 결과의 산출을 위한 자유의지의 결정은 시간 속에서가 아니라 단순히 이성적 관념 속에서만 자유의지의 결정 근거와 연결된 것으로 생각되고, 그 어떤 선행하는 상태로부터 도출될 수 없다. 반면, 악한 행위가 세계 속의 사건(Begebenheit)으로서 자연적(본성적) 원인(Naturursache)과 관계된다면, 저런 도출은 언제나 발생한다. 따라서 자유로운 행위의 시간적 근원을 (마치 자연적 결과『Naturwirkungen』의 시간적 기원인 것처럼) 찾는다면, 이는 모순이다. 따라서 우연적인 것으로 간주되는, 인간의 도덕적 만듦새의 시간적 근원을 찾는 것도 모순이다. 왜냐하면 이 만듦새는, (자유로운 재량 의지 일반의 규정 근거처럼) 다만 이성 관념(이성 표상)들 속에서만 찾아져야 하는, 자유의 사용의 근거를 뜻하기 때문이다.[342]

그러나 칸트는 일단 '선의 근원'이 최초의 조상으로부터 우리에게로 유전되었다는 관념과 더불어 악의 근원이 유전되었다는 관념을 '가장 부적절한 관념 방식'으로 부정한다.

- 그러나 인간 속의 도덕적 악의 근원이 어떤 성질의 것이든, 우리의 유類의 모든 구성원에 의한, 그리고 모든 생식 속에서의 저 도덕적 악의 확산과 계속에 관해 이 악이 최초의 부모로부터 우리에게로의 유전(Anerbung)을 통해 내려온 것으로 관념하는 것은 모든 관념 방식 가운데 가장 부적절한 관념 방식이다. 우리는 그 시인이 "출생과, 선조

---

342) Kant, *Die Religion innerhalb der Grenzen der bloßen Vernunft*, B39-41쪽.

와, 우리 자신이 하지 않은 것을 나는 거의 우리의 것으로 여기지 않는다네(Genus, et proavos, et quae non fecimus ipsi, vix ea nostra puto)"라고 선한 것에 대해 말한 것을 도덕적으로 악한 것에 대해서도 적용하니까. 그래도 덧붙여야 하는 것은 우리가 악의 근원을 추적한다면 시초에는 아직 악의 성향을 (peccatum in potentia『잠재적 죄악』로서) 고려하는 것이 아니라, 주어진 행위들의 현실적 악만을 그 성향의 내적 가능성에 따라, 그리고 의지적 재량에서 그 행위들을 수행하기 위해 모여야 하는 것에 따라 고찰한다는 것이다.[343]

그러나 칸트는 "출생과, 선조와, 우리 자신이 하지 않은 것을 나는 거의 우리의 것으로 여기지 않는다"는 시인의 말을 인용해 악의 유전을 부정하는 듯이 말하는 대목에다 의대·법대·신학대에서 제각기의 논변으로 원죄의 '유전'을 인정하는 취지의 보주補註를 달아두고 있다. 이 보주에서 칸트는 의과대학의 그릇된 이론으로부터 법학적 이론을 거쳐 슬그머니 신학적 원죄론에 접근하고 있다.[344]

---

343) Kant, *Die Religion innerhalb der Grenzen der bloßen Vernunft*, B41-42쪽.
344) Kant, *Die Religion innerhalb der Grenzen der bloßen Vernunft*, B42쪽 보주: "(대학들의) 소위 3개 상급 학부는 각자 나름의 방식대로 이 유전을 이해할 수 있게 만들어 줄 것이다. 즉 유전을 유전병, 또는 유전적 죄과, 또는 원죄로 이해할 수 있게 만들어 줄 것이다. 1) 의과학부는 유전적 악을 촌충처럼 관념할 것이다. 실제로 몇몇 자연과학자들은 촌충에 대해 이것이 우리 바깥의 자연토양 속에서도, (동일한 종으로) 그 어떤 다른 동물 속에서도 만나보지 못하는 것이기 때문에 그것은 최초의 부모로부터 존재했음이 틀림없다는 견해를 가지고 있다. 2) 법학학부는 유전적 악을, 부모들이 우리에게 물려준, 하지만 중범죄로 훼손된 유전자 유산(Erbschaft)의 법적 결과로 간주할 것이다. (왜냐하면 태어난다는 것은 땅의 재화가 우리의 영속에 필수 불가결한 한에서 땅의 재화의 사용권을 획득하는 것 외에 다른 것이 아니기 때문이다.) 따라서 우리는 지불을 이행해야(상실해야) 하고, 결국에는 (죽음으로써) 이 소유로부터 내던져진다. 법리 면에서 얼마나 정당한가! 3) 신학대학은 이 유전적 악을 빌어먹을 선동자의 배반에의 태초의 부모의 개인적 가담으로 간주할 것이다. (지금 이를 의식하지 못할지라도) 우리가 당시 스스로 공동共動했든가, 아니면, 단지 지금 (이승의 군주로서의) 선동자의 치하에서 태어나서 이승의 재물을 천상의 주권자가 명령한 것보다 더 많

그리하여 칸트는 은근슬쩍 "이성적 근원(Vernuftursprung)을 찾는다"는 명분으로 일단 '때 묻지 않은 순진무구의 태초 상태'를 가정하고 인간이 여기로부터 추락해 죄악에 빠지고 그리하여 그것에 대한 책임을 묻고 또 선의 회복을 의무지우는 성서의 '비이성적인' 신화적 창세기 프레임으로 넘어간다.

- 모든 악행은 이것의 이성적 근원을 찾는다면 마치 인간이 직접 순진무구의 상태(Stand der Unschuld)로부터 벗어나 악행에 빠지는 것처럼 고찰되어야 한다. 왜냐하면 인간의 이전 품행이 어떤 것이었든, 그에게 영향을 미치는 자연적(본성적) 원인이 어느 것이든, 이 원인이 인간 안에 들어있든 인간 밖에 있든 관계없이, 인간의 행위는 그래도 자유롭고, 이 자연적(본성적) 원인 중 어떤 원인에 의해서도 결정 당하지 않고, 따라서 늘 그의 의지적 재량의 근원적 사용으로서 판단될 수 있고, 또 판단되어야 한다. 인간은 그가 어떤 시간 상황과 연결 관계 속에 처해있든, 이 자연적(본성적) 원인을 중단시켜야 했을 것이다. 왜냐하면 세계 안의 어떤 원인에 의해서든 인간은 자유로이 행위하는 존재이기를 그칠 수 없기 때문이다. 우리는 '인간의 자유로우나 법칙 위배적이었던 옛 행위들로부터 생겨나는 결과들이 인간 탓으로 돌려져야 한다'고 정당하게 말하기는 하지만, 이 말로써 우리는 다만 '이 탈출구에 관여해 옛 행위들이 자유로운지, 아닌지를 밝힐 필요가 없다'는 말만 하려고 한다. 왜냐하면 이 결과들의 원인이었던, 허심탄회하게(geständlich) 자유로운 행위 속에 이미 귀책의 충분한 근거가 들어있기 때문이다. 그러나 어떤 사람이 당면한 자유 행위까지(다른 성질로

이 받아들이기만 하지, 이 더 많은 재물을 내던질 만큼 충분히 독실한 충성심(Treue)을 품지 않았다는 것이다. 하지만 우리는 그 대가로 미래에 그 선동자의 운명도 그와 같이 나눌 수밖에 없다는 것이다."

서의 습관까지) 악했더라도, 더 선해지는 것은 그의 의무였을 뿐만 아니라, 자신을 개선하는 것은 아직도 그의 의무이고, 이를 할 수 있어야 하고, 이를 하지 않더라도, 꼭 그가 마치 (자유와 불가분적인) 본성적 선의 지질을 품부받아 순진무구의 상태에서 악으로 금을 넘어간 것처럼 (als ob … wäre) 행위의 순간에 그렇게 귀책 능력 있고 이 귀책에 굴복해 있다. 따라서 우리는 이 행실의 시간적 근원을 물을 수 있는 것이 아니라, 단지 이 행실의 이성적 근원만을 묻고, 그다음 성향을, 즉 위반을 우리의 준칙 속에 받아들이는 보편적인 주관적 근거를, 이런 것이 있다면, 규정하고, 가능하다면 해명해야 하는 것이다.[345]

칸트는 홉스처럼 암암리에 "정의는 강자의 이익이다", 즉 '선은 강자가 제정한다(입법한다)'는 트라시마코스적 도식으로 사유하고 있다. "인간의 자유로우나 법칙 위반적이었던 옛 행위들"이라는 구절은 위배할 도덕법칙이 기존했다는 말이다. 그러면 이 구절은 인간이 자유롭게 행동했던 순진무구한 상태에서도 선동자(사탄)의 유혹에 휩쓸리지 않는 순진무구한 옛사람들이 도덕법칙을 제정했다고 말하는 것인가? 칸트 자신이 이 인간들이 살았던 때는 "이성사용이 아직 발전되지 않은 시간대"라고 말한 것에 주목할 때 이 태초의 인간들은[346] "당면한 자유 행위"에서 이성에 의해 도덕법칙을 입법할 능력이 없었을 것이다. 그렇다면 칸트는 제3의 강자(하느님)의 도덕법칙을 전제하는 것이다. 그는 "신적 계명"을 최초의 "도덕법칙"으로 제시한다.[347] 하느님의 이 도덕법칙은 전지전능한 하느님이 제정했으므로 선한 것인가? 그래서 선한 것이라면 트라시마코스적 강자의 도덕제정론이 되고 만다. 최초의 인간 이전에 있었던 사탄도

---

345) Kant, *Die Religion innerhalb der Grenzen der bloßen Vernunft*, B42-43쪽.
346) Kant, *Die Religion innerhalb der Grenzen der bloßen Vernunft*, B46쪽.
347) Kant, *Die Religion innerhalb der Grenzen der bloßen Vernunft*, B44쪽.

본성이 악해서 악한 것이 아니라, 권력욕 때문에 하느님의 명령을 어겼기 때문에 악한 것일 뿐이다. 하느님 명령의 선성善性이든, 명령 위반의 악성惡性이든 둘 다 전지전능한 하느님의 '최강자' 지위에 의해 정해진다. 따라서 창세기의 순진무구한 상태는 트라시마코스적 선악론이 아니라면 진정한 의미에서 선악이 없는 진정한 '선악의 피안'이다. 따라서 하느님의 명령도, 그가 제정한 계명으로서의 도덕법칙도 선이 아니다. 그러므로 선도 아니고 악도 아닌 이 명령과 법칙을 위배하는 것은 전혀 죄악이 아니다.

또 인간들의 도덕적 '지식'의 문제가 개재되었다. 하느님이 이 트라시마코스적 선악 개념조차도 인간에게 '알려주는' 계기가 사전에 설정되지 않는다. 그러므로 하느님의 이 트라시마코스적 도덕법칙을 알지 못하는 인간들이 이 도덕법칙을 어기더라도 이것은 악행이 아니고, 또 벌할 수도 없다. 성서의 창세기에서 아담과 이브도 '선악을 알게 하는 지식의 과일을 따 먹지 말라는 하느님의 명령을 어기는 것은 죄악이다'는 도덕 지식을 하느님으로부터 듣지 못했다. 성경에 의하면 사람들은 '부모에 대한 공경' 의무도 모세의 십계명을 통해 뒤늦게 듣게 된다.

이런 상태에서 도덕성은 인간이 하느님의 트마시코스적 선악론을 모르기 때문에 이것에 오염되지 않은 이 인간 자신의 본성으로 돌아가지 않는다면 실현될 수 없다. 따라서 도덕성 회복은 법칙에 위배된다는 "자연적(본성적) 원인들을 중단시킴"으로써 가능한 것이 아니다. 인간 행위의 "자연적(본성적) 원인들"은 그것들이 본성적 도덕감정의 유전자일 때 존재와 당위를 통일시키는 '당위로서의 존재'의 구속력을 가진다. 도덕적 유전자는 마치 물체를 강제로 당기는 자력을 품은 자석의 존재처럼 그 존재 자체로서 당위의 구속력을 발휘하기 때문이다. 따라서 '도덕성의 회복'은 옳은 기획이라면 "본성적 원인들을 중단시킴"으로써 가능한 것이 아니라, 이 "본성적 원인들"을 풀가동시킴("진성盡性"함)으로써만 가능한 것이다.

　이제 칸트는 본격적으로 성서의 '아담과 이브' 이야기와 원죄설로 넘어간다. "이성적 근원을 찾는 것"은 "성서聖書가 활용하는, 악의 근원을 인간의 유類 안에서의 악의 시작으로 묘사하는 관념 방식과 완전히 잘 합치된다"는 것이다.[348] "이 관념 방식은 이 악의 근원을, (시간 조건에 대한 고려 없이) 사물의 본성(Nature der Sache)에 따라 최초의 것으로 생각되어야 하는 것이 시간에 따라 최초의 것으로 현상하는 하나의 이야기로 상상할 수 있게 만들어 놓고 있기 때문"이라는 것이다.[349]

　이런 전제 아래 칸트는 성서의 창세기 이야기를 대략 압축해 옮겨 놓으면서 아우구스티누스적 '자유죄책론'의 낡은 앵글로 본 해석을 덧붙인다. 상론했듯이 아우구스티누스적 '자유죄책론'은 도덕적 행동과 비도덕적 행동을 선택할 '자유'를 나중에 비도덕적 행위의 악을 추궁할 근거로 제시했었다. 그러나 '자유죄책론'도 행위자가 도덕적 선악과 도덕적 행동과 비도덕적 행동의 구분에 대한 감각적·이지적 지식을 이미 가진 것을 전제하는 이론이다. 칸트는 창세기 이야기를 이렇게 압축한다.

- 이 이야기에 따르면, 악은 원인으로 놓여있는 '악의 성향'에서 시작하지 않는다. 왜냐하면 그렇지 않으면 악의 시작은 자유에서 발생하지 않을 것이기 때문이다. 악의 시작은 (신적 계명으로서의 도덕법칙에 대한 위반으로 정의되는) 죄악(Sünde)으로부터 생긴다. 그러나 인간의 상태, 특히 일체의 악의 성향 이전의 상태는 순진무구 상태라고 일컫는다. 도덕법칙은, 순수한 것이 아니라 성향들에 의해 시험(유혹)당하

---

348) Kant, *Die Religion innerhalb der Grenzen der bloßen Vernunft*, B44쪽.
349) Kant, *Die Religion innerhalb der Grenzen der bloßen Vernunft*, B44쪽.

는 존재자로서의 인간에게서 그것이 어떠하든, 금지(Verbot)로서 선행한다. (I. 모세 II, 16, 17) (유일하게 무조건 선하고 어떤 거리낌도 없는) 충분한 동기로서 이 법칙을 곧바로 준수하는 대신에, 인간은 오직 조건부로(즉, 법칙에 손상이 벌어지지 않는 한에서)만 선할 수 있는 다른 동기들로 둘러싸여 있는 것을 알았고, 행위를 의식적으로 자유로부터 생겨나는 것으로 생각한다면, 의무의 법칙을 의무로부터가 아니라 기껏해야 다른 의도들에 대한 고려로부터도 준수하는 것을 자신의 준칙으로 삼았다. 따라서 이로써 인간은 다른 모든 동기들의 영향력을 배제하는 계명의 엄격성을 의심하고 이에 따라 계명에 대한 순종을 수단의 단지 (자기애의 원칙 아래) 조건부적인 순종으로 격하시키는 궤변을 짜내기 시작했다. 이것으로부터 마침내 법칙으로부터 나온 동기를 능가하는 감성적 충동들의 우위성이 행위준칙 속에 받아들여지고, 그리하여 죄를 짓게 되었다.(III, 6)[350]

칸트는 "계명에 대한 순종을 수단의 조건부적 순종으로 격하시키는 궤변을 짜내는 것"을 보주에서 말을 바꿔 "위선", "내면적 거짓", "도덕법칙 자체에 불리하게 도덕법칙을 해석하는 가운데 자기를 기만하는 성향" 등으로 비난한다.[351]

칸트로부터 100년 전 17세기 후반을 살았던 독실한 기독교도 존 로크도 오늘날에 이르기까지 창세기 이야기가 영속되고 반복되고 있다는 성

---

350) Kant, *Die Religion innerhalb der Grenzen der bloßen Vernunft*, B44-45쪽.
351) Kant, *Die Religion innerhalb der Grenzen der bloßen Vernunft*, B45쪽 보주: "그 자체로서 충분한 동기로서의 도덕법칙에 대해 준칙에서 재량 의지의 모든 다른 결정 근거들을 능가하는 우위성을 인정하지 않는, 도덕법칙에 대한 모든 나타내진 존경 표명은 위선이고, 이런 성향은 내면적 거짓, 도덕법칙 자체에 불리하게 도덕법칙을 해석하는 가운데 자기를 기만하는 성향이다 (III, 3). 이런 까닭에 (그리스도 부분에) 성서도 (우리 자신 안에 들어 있는) 악의 발기자를 '태초의 거짓말쟁이'라고 부르고, 그리하여 인간 안의 악의 주요 근거인 것으로 보이는 것과 관련하여 인간을 특징짓는다."

서의 '불합리한' 신화적 원죄설을 근거 없는 소리로 취급하고 믿지 않았었다. 그러나 칸트는 '불합리한' 신화적 원죄설을 계몽 이전의 유럽인처럼 반복한다.

- "바뀐 이름 아래 설화 속에서 너에 대해 보고되고 있도다(Mutato nomine de te fabula narratur)." 우리는 매일 그것을 똑같이 하고 있다는 것, 따라서 "아담에 있어서 모두가 죄를 지었고" 아직도 죄를 짓고 있다는 것은 위에 말한 것에서 명백하다. 다만 우리에게 타고난 위반의 성향이 태초의 인간 안에서 그렇다는 것이 아니고, 시간에 따른 순진무구성이 전제되었고, 따라서 이 경우에 위반은, 우리에게 있어 우리 본성의 이미 타고난 사악함으로부터 결과한 것으로 관념되는 것이 아니라, 원죄적 타락(Sündenfall)이라고 일컫는다. 그러나 이 성향은 시간적 태초(Zeitanfang)에 따라 악의 해명에 달라붙고자 한다면, 우리가 매번 고의적 위반 때마다 이성사용이 아직 발전되지 않은 시간대로까지 거슬러 올라가는, 따라서 이런 까닭에 타고난 것으로 일컬어지는 악의 (본성적 근거로서의) 성향에까지 거슬러 올라가는 우리 생의 지난 시간대 속에서 원인을, 악의 원천(Quelle)을 추적해야 할 것이다. 그런데 이런 추적은 이미 이성사용의 완전한 능력을 가진 것으로 관념되는 첫 번째 인간에게 불필요하고, 또 실행 불가능하다. 왜냐하면 그렇지 않으면 저 기반(악한 성향)은 심지어 피조被造되었어야 하고, 그의 원죄는 직접 순진무구성에서 산출된 것으로 개진되기 때문이다. 그러나 우리가 도덕적 만듦새의 우연적 현존을 해명하려고 한다면, 시간적 근원을 찾는 것이 아무리 불가피하더라도 (따라서 성서가 이 시간적 근원을 우리의 이 약점에 따라 그토록 상상할 수 있게 만들었더라도) 우리는 우리에게 귀속된다는 그 도덕적 만듦새의 시간적 근원을 찾을 필요

가 없다.[352]

    칸트는 성악설을 태초의 인간 본성에다 적용하면 태초에 하느님이 인간을 잘못 창조했다는 뻔한 비난이 일어날 것을 염려해 '선악과' 또는 '지식의 과일'을 따먹지 말라는 전지전능한 하느님의 "금지" 명령에 대한 위반으로 인한 "원죄적 타락"에 손을 들어주고 있다. 이것은 하느님의 전지전능성만을 믿는 트라시마코스적 선악도덕론이고, 동시에 이를 위해 인간의 "도덕적 만듦새"(도덕감정과 도덕감각)까지 부정하는 기만적 도덕론이다. 그러다 보니 칸트는 태초의 인간의 시간대를 "이성사용이 아직 발전되지 않은 시간대"로 말했다가 반대로 "이성사용의 완전한 능력을 가진 것으로 관념되는 첫 번째 인간"의 시간대로 말하는 둥 갈팡질팡 갈지자걸음을 하고 있다.

    그리고 칸트는 몽매한 사람처럼 원죄설이 지닌 불가해한 논리적 딜레마와 자가당착적 오류를 깨닫지 못하고 있다. 상론했듯이 아담과 이브는 창세기 이야기에 담긴 전제대로 '선악과' 또는 '지식의 과일'을 따 먹은 뒤에야 이 과일을 따 먹지 말라는 하느님의 "금지" 명령에 대한 위반이 죄악인 줄을 비로소 알 수 있게 된다. 따라서 이 과일을 따 먹기 전의 에덴동산은 이 위반이 악이라는 '도덕지식'이 전무한 '선악의 피안'이다. 그러므로 아직 이 도덕지식을 갖추지 못한 시기에 이 '지식의 과일'을 따먹은 행위는 죄악일 수 없고, 도덕적으로 책임을 묻거나 처벌할 수 없다. 그러나 하느님의 처벌은 가혹했고, 매우 남녀 차별적이었다. 지식의 과일을 따지 않으면 도덕 지식이 없어 금지명령을 지킬 수 없고, 따먹으면 도덕지식을 갖추게 되었지만 이미 금지명령을 위반한 상태에 처한다는 이 어리석은 창세기 이야기의 논리적 딜레마와 자가당착적 오류를 칸트는 조

---

352) Kant, *Die Religion innerhalb der Grenzen der bloßen Vernunft*, B45-47쪽.

금도 깨닫지 못한다. 그렇지만 그는 어떻게든 인간을 죄악의 구렁텅이로 빠뜨리려는 못된 창세기 헛소리를 앵무새처럼 되뇌고 있는 것이다.

- 하위의 동기들을 최상위의 준칙 속에 받아들이는 방식과 관련된 우리의 자유재량 의지의 이 부조화(Verstimmung)의 이성적 근원, 즉 악에의 성향은 규명될 수 없는 것으로 남아 있다. 왜냐하면 이 이성적 근원 자체가 우리에게 속하는 것으로 여겨져야 하고, 따라서 모든 준칙의 저 최고 근거가 다시 악한 준칙의 상정을 요구할 것이기 때문이다. 악은 (우리의 본성의 단순한 한계로부터가 아니라) 오직 도덕적 악으로부터만 생겨날 수 있었다. 하지만 (부패가 인간에게 속하는 것으로 여겨져야 한다면, 다름 아닌 인간 자신만이 부패시키는) 근원적 자질은 선의 자질이다. 따라서 우리에게는, 우리 속에 들어 있는 도덕적 악이 맨 먼저 유래했을 수 있는 출처로서의 어떤 이해할 수 있는 근거도 현존하지 않는다. 우리의 유類의 사악성에 대한 상세한 규정과 함께 이 불가해성은 성서가 이야기 구연口演에서, 악을 세계의 태초에 아직 인간 속에 선착先着시키는 것이 아니라 '원래 숭고한' 사명을 띠었던 한 악령(Geist) 속에 선착시킴으로써 표현하고 있다. 따라서 이로 말미암아 모든 악 일반의 최초의 시작은 우리들에게 불가해한 것으로 (저 악령의 경우에 악은 어디서 유래하나?) 관념되지만, 인간은 유혹을 통해 악 속으로 타락한 것으로만, 다시 말하자면 근본으로부터 부패한 것이 아니라, 유혹하는 악령과 반대로, 즉 그의 죄과의 완화를 위해 육욕의 유혹이 달라붙어 있는 것으로 여겨질 수 없는 존재와 반대로 아직도 여전히 개선 가능한 것으로 관념되고, 그리하여 부패한 마음씨에도 늘 선한 의지를 가진 인간에게, 그가 이탈해 있던 선으로 복귀할 희망이 남

아있는 것이다.[353]

칸트는 기독교 신학에 대한 무식한 자처럼 "저 악령의 경우에 악은 어디서 유래하나?"라고 묻고 있다. 악령으로서의 사탄은 천사처럼 원래 하느님의 자식들이었지만 권력욕 때문에 하느님의 명령을 조작하고 잘못 전달함으로써 타락한 천사다. '타락천사'가 바로 악령이고, 이것은 인간의 원죄적 타락과 같은 구조를 가진 것이다. 따라서 이것은 신학에서 불가해한 것도 아니고, "성서가 이야기 구연에서 악을 세계의 태초에 아직 인간 속에 선착시키는 것이 아니라 '원래 숭고한' 사명을 띠었던 한 악령 속에 선착시킨 것"은 그 "불가해성"을 표현하는 것도 아니다. 아무튼 칸트의 성악설은 행동을 선택할 '자유'를 잘못(방종으로) 사용하는 인간 본성의 '본성적' 성악설에서 타락천사에 속아 넘어간 태초 인간의 타락에서 원천적 죄악을 구하는 '원죄적' 성악설로 둔갑한다. 그리고 성서의 이 원죄적 성선설을 "단순한 이성의 권한의 경계" 안에 놓여 있는 "성서 해석"으로 치켜세우고, 창세기 설화를 "역사강연(historischer Vortrag)"으로 착각한다.[354] 신화를 역사로 해석하는 신학 학설을 '유헤메로스설

---

353) Kant, *Die Religion innerhalb der Grenzen der bloßen Vernunft*, B47-48쪽.
354) Kant, *Die Religion innerhalb der Grenzen der bloßen Vernunft*, B47쪽 보주: "여기서 얘기되는 것은 단순한 이성의 권한의 한계 밖에 놓여 있는 성서 해석인 양 간주될 필요가 없다. 저 역사 강연(historischer Vortrag)이 그 자체로서, 아무런 역사적 증거 없이 참이지만, 동시에 우리가 성서 구절로부터 우리에게 - 그렇지 않으면 우리의 역사적 인식의 결실 없는 증대에 지나지 않을 - 개선을 위해 뭔가를 끌어올 수 있는 유일한 이야기라면, 우리는 그것이 성서의 저자의 의미인지, 아니면 우리가 의미를 집어넣은 것인지에 대해 판정함이 없이 역사 이야기를 도덕적으로 유용하게 만드는 방식에 대해 설명할 수 있다. 더 선한 인간이 되는 데 이바지하는 것이 역사적 증거 없이도 인식되고 심지어 이런 증거가 전혀 없이도 인식될 수밖에 없다면, 이렇게 이해되든, 저렇게 이해되든, 더 선한 인간이 되는 데 전혀 이바지하지 않는 것에 대해, 그리고 이런 것의 역사적 권위에 대해 거침없이 논란해서는 아니 된다. 더 선한 인간이 되는 것과 만인에게 타당한 내적인 관계가 있는 역사적 인식은, 각자가 그것을 그 자체로서 교화적이게 느끼는 대로 대해도 될, 가도 아니고 불가도 아닌 것(Adiaphora)에 속한다."

(euhemerism)이라 하는데, 17-18세기 서유럽 계몽주의는 이미 성서 이야기를 역사로 '착각'하는 칸트식의 저런 성서 해석을 '유헤메로스설'로 낙인찍고 쓰레기장으로 보낸 바 있다.

이후 칸트의 논리는 아예 기독교 신학으로 대체된다. 도덕의 임무는 그래서 이제 "근원적 자질을 힘 있는 선으로 회복시키는 것"이고,[355] 이것은 "인간에 대한 지배를 둘러싼 선한 원리의 악과의 투쟁"이라고 논변한다.[356] 그리고 "윤리공동체의 개념"은 곧 "윤리 법칙하에 사는 하느님의 백성의 개념"이기에 "악에 대한 선한 원리의 승리와 지상에서의 신국(하느님의 나라)의 건설"을[357] 위해서는 "하느님의 백성의 이념은 교회의 형태 외에 달리 수행될 수 없다"라고 주장한다.[358] 그리고 주지하다시피 『실천이성 비판』과 『덕성론의 형이상학적 발단 근거』에서는 "덕성이란 투쟁 속에 있는 도덕적 심정이다(Die Tugend ist die moralische Gsinnung im Kampf)"라고,[359] 또는 "덕성이란 인간 속의 악한 원리의 영향에 대한 투쟁, 즉 인간 내부의 적과의 투쟁"이라고 역설한다.[360] 그러나 칸트가 도덕법칙으로서의 "선한 원리"를 준수할 인간들의 신의 감정, 즉 신과의 이 약속을 지킬 신의의 인간적 도덕감정을 이것이 '감정'이라는 이유에서 인정치 않기 때문에 칸트의 이론적 프레임에서는 이 "선한 원리의 악과의 투쟁"이 실은 결코 벌어질 수 없다. 과학적으로 확인되는 경험적 실제 속에서는 '선한 원리와 악 간의 투쟁'이 아니라, '감정 간의 선택을 위한 잠깐의 망설임', 즉 도덕적 공감 감정과 비도덕적 감정 간의 '일시적' 순위

---

355) Kant, *Die Religion innerhalb der Grenzen der bloßen Vernunft*, B49-54쪽.
356) Kant, *Die Religion innerhalb der Grenzen der bloßen Vernunft*, B67-73쪽, B137-136쪽.
357) Kant, *Die Religion innerhalb der Grenzen der bloßen Vernunft*, B126쪽.
358) Kant, *Die Religion innerhalb der Grenzen der bloßen Vernunft*, B141-145쪽.
359) Kant, *Kritik der praktischen Vernunft*, A151쪽.
360) Kant, *Metaphysische Anfangsgründe der Tugendlehre*, §13(A103), §49(A163).

조정이 있을 뿐이다. 아무튼 칸트의 도덕론은 인간의 마음속에서 도덕법칙의 선과 성향의 악이 서로 싸우고 있는 것으로 선악양선설과 유사한 양상으로 변질된다. 그리하여 그의 도덕철학은 궁극적으로 이성적 도덕법칙의 "선한 원리"가 '인간의 고양高揚'이 아니라, "인간에 대한 지배"를 목표로 삼는 '반反인간론'으로 전락하고 있다.

번디·엘리엇·게이지(Phineas P. Gage) 등 선천적·후천적 사이코패스들은 자기의 기괴한 사상과 미학을 먼 나라의 심오한 이야기처럼 제멋대로 개진했다. 번디는 모차르트와 무명 외국영화를 애호했고, 프랑스 요리·백포도주·고급 미식美食을 즐겼다. 그리고 무절제한 감정 방출과 위선적 단어 조작으로 다정다감하고 낭만적인 것처럼 보이려는 시를 썼다. 하지만 그는 실은 사람보다 사물을 더 좋아했고, 고물 물건에서 생명을 느꼈고, 다른 인간에 대해 느끼지 못하는 동정심을 사물들에 대해서 느꼈다. 번디는 정상인의 감정을 이해하지 못한 채 '흉내만 내는' 도덕적 이방인으로 생을 살았다.[361] 칸트도 인간들의 감정을 무시·경멸·배격한 채 감정들을 '흉내만 내는' 합리적 개념 도식의 기괴하고 엽기적인 도덕 이론을 개진하고, 인간들이 경험 세계 안에서 이방인처럼 살며 독실한 기독교적 신앙심으로 지상에 건설할 '하느님의 나라'라는 황당무계한 '기독교 윤리적 사회 상태'의 유토피아 속으로 침몰하고 만 것이다.

침몰은 이것으로 끝나지 않고 칸트의 도덕형이상학 전체가 재再기독교화·재주술화되는 지경까지 곤두박질친다. 『도덕형이상학의 정초』, 『실천이성 비판』, 『이성의 경계 안에서의 종교』에서 칸트가 '도덕성은 종교에 기초하지 않는다'고 말한 것은 유명하다. 그는 신의 존재에 관한 어떤 상정도 하지 않고 이성이 우리에게 도덕성의 온전한 내용을 주기도 하고 우리에게 도덕적이게 하는 동기도 준다고 말했다. 그러나 『실천이성

---

361) Arnhart, *Darwinian Natural Right*, 213쪽.

비판』과 『이성의 경계 안에서의 종교』에서 그는 그럼에도 불구하고 도덕성이 우리를 종교로 이끌어간다고 주장한다.[362] 『실천이성 비판』에서 이 주장을 뒷받침하는 논변(『판단력 비판』의 §87에서도 간략하게 시사되는 논변)은 "당혹스럽게 하는 것(perplexing)"이다.[363] 하지만 이 논변은 우리가 하느님과 사후세계를 믿지 않는다면 '도덕적이다'는 것에 대해 터무니없는 어떤 점이 있다는 주장, 즉 실천이성이 어떤 종류의 도덕적 신앙을 필요로 한다는 주장을 포함하고 있다. 왜 이성이 도덕적 신앙을 필요로 할까? 사후세계에서의 포상의 약속과 처벌의 위협만이 우리를 도덕성에 의식적으로 헌신하도록 지켜주기 때문이라는 것이다. 어느 신학 강의에서 칸트는 우리가 도덕적 신앙을 결한다면 우리는 "악한(Bösewicht)"이 되고 말 것이라고도 말했다. "이것을 부정하는 누구든 실천적 부조리로(ad absurdum practicum) 빠져들 것이기에 우리의 도덕적 신앙은 실천적 요청(Postulat)이다." 이 "실천적 부조리"는 무엇인가? 칸트는 부연한다. "논리적 부조리(absurdum logicum)는 판단에서의 기이함이다. 그러나 실천적 부조리는 이것이나 저것을 부정하는 누구든 악한일 수밖에 없는 것이 입증될 때 나타난다. 그리고 이것은 도덕적 신앙에 대해 바로 그렇다."[364] 하지만 이 논변들은 못지않게 "당혹스런" 주장들이다.

칸트의 이 "당혹스런" 주장들은 도덕적 행위를 하고 싶은, 또는 도덕적 행동으로 내모는 감정적 동기 없이 오직 머리로만 도덕을 알고 있는 사이코패스에 대해서만 타당할 논리일 뿐이다. 이쯤에서 기독교의 원죄설이

---

362) 참조: Allen W. Wood, *Kant's Moral Religion* (London and Ithaca: Cornell University Press, 1970), 16쪽; Merold Westphal, "The Emerge of Modern Philosophy of Religion", 135쪽. Charles Taliaferro, Paul Draper and Philip Quinn (eds.), *A Companion to Philosophy of Religion* (Oxford: Blackwell, 2010).
363) Samuel Fleischacker, "Once More unto the Breach: Kant and Race", *The Southern Journal of Philosophy* (6 April 2023), 각주38 부분.
364) Fleischacker, "Once More unto the Breach: Kant and Race", 각주39 부분에서 재인용.

사이코패스의 온갖 악행을 근원적으로 정당화해 주는 신비설이라는 점이 부각되어 나오고 있다. 기독교의 원죄설적 성악설은 사이코패스의 모든 악행에 대한 일종의 면죄부나 다름없는 것이다. 사이코패스적·원죄적 성악설은 결국 이렇게 도덕형이상학의 '재再주술화'로 치닫고 말았다. 이런 연장선상에서 그는 앞서 상술했듯이 아무런 근거도 제시하지 않고 각종 점술까지도 무차별적으로 인정한다. 이 '재주술화'는 상론했듯이 도덕적 선을 몽땅 "신적인 것"으로 선언한 루트비히 비트겐슈타인에게서 확대 재생산된다.[365]

4.4. 사이코패스적 반反중도론

칸트는 상술했듯이 도덕철학에서 자연상태를 전쟁 상태로 보는 홉스의 사회계약론을 계승하는 점에서, 홉스가 복권시키려는 '절대군주'라는 '죽은 개'를 비판하는 것을[366] 빼면 대단히 홉스주의적인 철학자다. 이것은 아리스토텔레스의 중용론에 대한 그의 비판에서도 다시 입증된다. 그는 홉스의 중도 비판을 계승하되, 홉스보다 훨씬 더 극단적으로 중도 이념을 비판한다. 이 점에서 그는 홉스보다 더 홉스적이다. 사이코패스는 그 사고가 피상적·기계적이고 자기를 거창하게 부풀리고, 후회나 죄책감이 없고 쾌감·증오·분노에 따라 행동하고 충동적으로 단순하게 행동하고, 자기 통제력이 취약하고, 자극과 흥분이 없는 평온한 상태를 쉽사리 지루해한다. 따라서 공감 능력과 도덕감정이 없는 사이코패스는 그 사고와 행동이 중도를 넘어 극단으로 치닫는다. 따라서 중도에 대한 극단적 비판과

---

365) 비트겐슈타인 도덕론의 '재주술화'에 대해서는 참조: 황태연, 『도덕의 일반이론(상·하)』(서울: 한국문화사, 2023), 229-230, 1005-1019쪽.
366) 참조: Immanuel Kant, *Über den Gemeinspruch: Das mag in der Theorie richtig sein, taugt aber nicht für die Praxis* [1793]. *Kant Werke* Bd. 9, Teil 1 (Darmstadt: Wissenschaftliche Buchgesellschaft, 1983), 161쪽.

매도는 사이코패스의 정서와 사고 관행과 잘 부합된다.

칸트는 홉스처럼 아리스토텔레스를 거명하며 중도론을 궤변적 논리로 가차 없이 비판한다.

- 덕성과 악덕의 차이는 일정한 준칙의 준수의 정도(Grad)에서 찾아져야 하는 것이 아니라, 준칙의 특수한 질(법칙과의 관계)에서만 찾아져야 한다. 환언하면, 덕성을 두 악덕 사이의 중간에 정립하는 (아리스토텔레스의) 칭송되는 원칙은 그릇된 것이다. 가령 알뜰한 살림살이는 낭비와 인색이라는 두 악덕 사이의 중간으로 주어진다는 것이다. 알뜰한 살림살이는 두 악덕이 흡사 대립적 방향을 따라가면 알뜰한 살림살이에서 서로 만날 것인 양 두 악덕 중 전자(낭비)의 점차적 축소(절약)를 통해서 생겨나는 것으로도, 또 후자(인색)에 굴복한 자의 지출의 증대를 통해 생겨나는 것으로도 관념될 수 없다. 도리어 두 악덕 중 각 악덕은 다른 악덕과 필연적으로 상치되는 자기의 고유한 준칙을 가지고 있다.[367]

칸트는 자기의 정언명령적 도덕법칙을 살리기 위해 부당전제의 궤변을 펴고 있다. 그는 중도의 개념에 의해 인색과 낭비의 악덕성을 입증하기 전에 중도의 개념보다 먼저 인색과 낭비를 거두절미 악덕으로 부당전제하고 있다. 중도는 선의 습관화로서의 '덕'을 정의하는 것이 아니라, '선'을 정의한다. '중도'는 인색과 낭비를 이 중도로부터 벗어난 만큼 악한 성격을 갖는 것으로 비로소 정의해준다. 따라서 중도 개념에 앞서 인색과 낭비를 악으로 규정하는 것은 논리적 부당전제의 궤변이다. 그러나 '크다 작다'는 말이 늘 본질적으로 어떤 적당한 크기를 기준으로 말하는

---

367) Kant, *Metaphysische Anfangsgründe der Tugendlehre*, A44-45쪽.

비교급 언어이듯이, '인색'이나 '낭비'라는 말도 이미 암암리에 전제되는 중도와의 비교 속에 들어 있고, 이 비교 속에서만 각각 인색으로, 낭비로 이해되는 것이다.

그럼에도 칸트는 여기에 그의 철학적 상식과 능력을 의심케 하는 긴 주석을 달아두고 있다.

- "너는 중간에서 가장 확실하게 걸어갈 것이다", "모든 과다는 악덕으로 바뀐다", "사물에는 중도가 있다" 등, "행복한 자들은 중도를 지켰다", "슬기로운 자는 슬기롭지 않은 자의 이름을 단다"는 등 통상적이고 언어상 윤리적·고전적인 공식들은 확정적 원칙을 갖지 않는 김빠진 지혜를 담고 있다. 두 개의 외적 극단 사이의 중간을 누가 내게 말해줄 것인가? (악덕으로서의) 인색은 절약을 너무 멀리 밀어붙이는 점에서 (덕성으로서의) 절약과 구별되는 것이 아니라, 이 절약이 완전히 다른 원칙(준칙)을 가지고 있는 점에서, 이를테면 가계 관리의 목적을 자기 자산의 향유에 두는 것이 아니라 이 향유를 절제함으로써 단순히 자산의 소유에 두는 원칙을 가지고 있는 점에서 절약과 구별된다. 이것은 낭비의 악덕이 자기의 자산의 향유의 과도함에서가 아니라, 자산의 유지를 고려하지 않은 채 사용을 유일한 목적으로 삼는 나쁜 준칙에서 찾아지는 것과 마찬가지다. 마찬가지로 동일한 이유에서 어떤 악덕도 무릇 합목적적인 것(가령 '낭비는 소비에서의 과도다')보다 더 큰 일정한 의도의 발휘에 의해, 또는 적합한 것보다 더 작은 일정한 의도의 실현(가령 '인색은 부족이다' 등)에 의해서 설명될 수 없다. 왜냐하면 이를 통해 정도程度가 전혀 정해지지 않으므로, 행동이 의무적이든 아니든, 이 정도에 모든 것이 걸려 있기 때문이다. 그러므로 그것은 설명에 기

여할 수 없다.[368)]

    이것은 칸트의 철학적 상식과 사고력을 의심케 하는 여러 극단적 궤변 중의 하나다. 인색, 절약, 활수, 낭비의 개념은 재산의 유시나 증식과 관련된 것이 아니라, 소비지출과 관계된 덕목과 부덕이다. '절약'은 불필요한 낭비적 향유를 절제하는 것이지, 자산의 향유를 절제하는 것이 아니다. '인색'은 재력이 있는 자가 필요한 지출도 꺼리고, 특히 남에게 주어야 할 필요가 있을 때도 지출하기를 거절하는 행태다. 따라서 절약하는 자는 활수할 수 있으나, 인색한 자는 활수할 수 없다. '낭비'는 "자기의 자산의 향유의 과도함"도 아니고, "자산의 유지를 고려하지 않은 채 사용을 유일한 목적으로 삼는 것"도 아니다. 위대한 시인, 예술가, 사회봉사자, 종교인, 군인, 독립투사 등은 대개 "자산의 유지를 고려하지 않은 채 사용을 유일한 목적으로 삼는다". 그러나 이들은 '낭비자'가 아니라, 대개 위인들이다. 또 '낭비'는 지출할 필요가 없는 곳에도 지출하거나 필요 이상으로 지출하는 것을 일삼는 짓을 말한다. '중도'는 능력 범위 안에서 필요한 경우에 지출하고 불필요한 경우에는 지출을 삼가는 '알뜰함'이다. 모든 지출 행위는 이 '중도'의 '알뜰함'으로부터 양쪽 반대 방향으로 이탈하는 정도만큼 악덕하고, 극단적이 되면 '인색'과 '낭비'로 전락한다. 한마디로 인색은 과소 지출이고, 낭비는 과다 지출이다. 이 과소와 과다는 개인적 금전 상황과 사회적 관계의 파탄으로 귀착될 것이다.

    칸트는 저 궤변들을 무기로 홉스처럼 덕성의 '이유'를 그릇된 방향에서 접근한다. 덕성이 덕성인 '이유'는 어떤 선의 경험적·체험적 습관화가 아니라 정언명령적 도덕법칙이라는 것이다.

---

368) Kant, *Metaphysische Anfangsgründe der Tugendlehre*, A44-45쪽 각주.

● 윤리적 의무들은 인간에게 부여된 능력에 따라 법칙을 충족시켜야 하는 것이 아니라, 거꾸로 도덕적 능력이 정언적으로 명령하는 법칙에 따라 평가되어야 한다. 다시 말하자면, 우리가 인간에 대해 가진, 있는 그대로의 경험적 지식이 아니라, 인간성의 이념에 적합한 그대로의 합리적 지식에 따라 평가되어야 한다는 말이다. 덕성론의 과학적 논의의 세 준칙은 다음과 같은 옛 잠언들과 대립된다. ① 오직 하나의 덕성, 하나의 악덕만이 존재한다. ② 덕성은 대립된 악덕 사이의 중도中道 (Mittelstraße)의 준수다. ③ 덕성은 (현명처럼) 경험으로부터 배워져야 한다.[369]

본래의 중도론은 "대립된 악덕 사이의 중도中道의 준수"를 덕성으로 보지 않는다. 공자와 아리스토텔레스의 덕성 개념은 선의 '체험적(수신적) 습관화'이지, 현명처럼 경험으로부터 '배우는' 것이 아니다. 또 중도론은 일정한 행위나 감정의 중도적 표현을 '선'으로 보고 이 중도로부터 이탈한 감정이나 행위를 이탈한 만큼 '악'으로 보는 '양-질 전화'의 입장이지, 이 중도성의 인지 이전에 양극의 '악덕'을 미리 양적 측면을 사상한 '실체적' 범주로 부당전제하고 '덕성'을 이 실체적 악덕들 간의 중간으로 보는 입장이 아니다. 도덕감정으로서의 동정심도 너무 적으면 매정하다고 하고 너무 많으면 동정을 받는 상대에게 해롭다고 한다. 너무 적은 동정과 지나친 동정은 둘 다 선이 아니다. 말하자면 동정심이 인간에게 가장 중요한 도덕감정이지만 적중하지 않으면 선이 아닌 것이다.

한마디로 공자와 아리스토텔레스에게 악은 '실체'가 아니라, 일정한 성질이 일정한 폭의 중도적 양으로부터 이탈하여 처하는 양적 과다·과소의 계기적 상태일 뿐이다. 그리고 상론했듯이 공자의 선이나 덕성은 오직 딱

---

369) Kant, *Metaphysische Anfangsgründe der Tugendlehre*, A44-45쪽.

정해진 하나가 아니라, 일정한 중간 폭(가령 총량 9의 양적 계열 중 4-6) 사이에 위치하는 다양한 정도의 감정·행동들이다. 칸트는 "대립된 악덕 사이의 중도中道의 준수"를 "덕성"으로 보는 잘못 이해한 중도론을 가지고 중도론 자체를 배격하고 있다. 이것을 보면, 순진한 사변에서 세멋내로 도출한 어떤 자의적 원칙을 '정언명령'인 양 내세우고 가차 없이 중도를 능멸하고 파괴한 19-20세기의 '극단의 시대', '극한적 이데올로기 시대'는 칸트에 의해 준비된 것으로 보인다.

칸트는 이 극단·극한의 정언명령적 덕성 개념에서 다시 아리스토텔레스의 중도 개념을 배격하면서 '인색'의 개념을 향락 수단의 향유를 위해서가 아니라 '향유 없는 소유'를 위한 소유욕으로 정의한다. 칸트는 이런 인색을 '자기 자신에 대한 의무'에 어긋나는 것으로 규정한다.

- 나는 인색이라는 이 이름을 (자기의 향락 수단의 획득을 참된 욕구의 경계를 넘어 확대하는) '탐욕적 인색(habsüchtiger Geiz)'으로 정의하지 않는다. 왜냐하면 이 '탐욕적 인색'은 타인들에 대한 (자선) 의무의 단순한 침해로도 간주될 수 있기 때문이다. 또한 욕설적이라면 '수전노 근성' 또는 '구두쇠 근성'이라 불리지만 단순히 타인들에 대한 그의 사랑 의무의 태만에 지나지 않는 '독한 인색(karger Geiz)'으로 정의하지도 않는다. 여기서 '인색'은 복지 수단의 자기 향유를 참된 자기 욕구의 수준 아래로 줄이는 것으로 정의한다. 본래 이 인색이 자기 자신에 대한 의무에 어긋나는, 여기서 의미 되는 인색이다. 이 악덕의 비난에서 우리는 단순한 정도(Grad)에 의한 덕성과 악덕의 온갖 설명이 올바르지 않음의 예를 분명하게 밝히고 덕성의 본질이 두 악덕 사이의 중도中道에 있다는 아리스토텔레스적 원칙의 무용성을 서술할 수 있다. 내가 낭비와 인색 사이의 알뜰한 살림살이를 중간적인 것으로 간주하

고 이것이 정도의 중간이어야 한다면, 한 악덕은 대립적 악덕으로 이행하려면 반드시 덕성을 통하는 경로로만 이행해야 할 것이다. 그리하여 덕성이란 축소된 악덕 또는 오히려 사라지는 악덕일 것이고, 그 결과는 현재의 경우에, 향락 수단을 전혀 쓰지 않는 것이 진정한 덕성적 의무라는 것이다. 악덕이 덕성과 구별되어야 한다면, 도덕적 준칙의 사용의 적도適度가 아니라 그 객관적 원칙이 상이한 것으로 인식되고 진술되어야 한다. (낭비자로서의) '탐욕적 인색'의 준칙은 향유의 의도에서 온갖 향락 수단을 마련하고 보존하는 것이다. 반면, '독한 인색'의 준칙은 온갖 향락 수단의 획득뿐만 아니라 보존이되, 향유의 의도가 없다(즉, 이 향유가 아니라 소유만이 목적일 뿐이다). 따라서 후자의 악덕의 특유한 징표는 온갖 목적을 위한 수단의 소유의 원칙이되, 이 수단들 중 어떤 것도 그 자체로서 사용하지 않고, 그리하여 자기로부터 기분 좋은 생명 향유를 빼앗는다는 유보조항이 달려있다. 이것은 목적과 관련하여 자기 자신에 대한 의무와 정면 대립한다. 따라서 낭비와 인색(Kargheit)은 정도에 의해서가 아니라 대립적 원칙들에 의해 특유하게 상호 구별되는 것이다.[370]

낭비든 인색이든 둘 다 이익과 직결된 소덕 차원의 도덕 범주들이다. 여기에는 전혀 이익을 초월한 대덕의 요소가 없다. 위 설명에서 "향유의 의도에서 온갖 향락 수단을 마련하고 보존하는" '낭비자로서의 탐욕적 인색'의 개념은 '낭비' 개념과 구별되지 않는다. 그리고 '독한 인색' 개념은 축적하는 향락 수단이 단순히 사용하거나 소모하지 않고 보이지 않게 감춰둘 수 있는 작은 화폐나 소량의 먹을 것, 입을 것이 아니라, 소유하면 반드시 사용하거나 향유해야 하는 정원이나 저택, 예술품 등 규모 있

---

370) Kant, *Metaphysische Anfangsgründe der Tugendlehre*, A88-90쪽.

는 시각적 대상으로 바뀌면, 단순한 '소유'는 '향유'와 분리될 수 없다. 즉, '탐욕적 인색'과 '독한 인색'의 개념이 향락 수단의 변화와 규모의 증가 속에서 통합되는 것이다. 결국, 인색의 사회적 차원(응당 동정받아야 할 타인에 대한 시혜의 거부)과 향유 재산의 종류와 규모의 변화를 완선히 부시하고 '인색'을 향락 재산의 '향유 없는' 획득과 소유 개념만으로 정의하려는 칸트의 저 시도는 향락 재산의 종류와 소유 규모의 단순 변화만으로도 다 망가지고 만다. 따라서 우리는 칸트의 이 인색 개념을 내버리고 중도를 벗어난 과도·불급에 본질을 두는 상식적 '인색' 개념으로 돌아가지 않을 수 없다. 상식적 '인색' 개념은 칸트가 말하는 '향유 없는 소유욕'이 아니라, 동정을 베풀어야 할 때도 자기의 재물을 아끼고 자기만 향유하는 '과도한' 이기심일 뿐이다.

그럼에도 칸트는 아리스토텔레스를 향해 계속 말장난 행패를 부린다.

- 어떤 일도 너무 많이 또는 너무 적게 해서는 아니 된다는 명제는 거의 아무것도 뜻하지 않는다. 왜냐하면 그것은 동어반복이기 때문이다. 너무 많은 것은 무엇을 일컫는가? 대답: 좋은 것보다 많은 것이다. 너무 적은 것은 무엇을 일컫는가? 대답: 좋은 것보다 적은 것이다. 내가 의당 (어떤 것을 행하거나 그만두기를) 해야 한다는 것은 무엇인가? 대답: 좋은 것보다 더 많이 하거나 더 적게 하는 것은 좋지 않다(의무에 반한다)는 것이다. 덕성의 본질은 중도中度에 있고 행복한 것들은 이 중도를 따른다. 사물들 안에는 하나의 적도適度가 있다. 간단히 말해서, 어떤 경계의 바깥쪽에서도, 그리고 이 경계 안쪽에서도 정당한 것이 주장될 수 없는바, 이런 확실한 경계가 존재한다. 이것이 바로 원천에 더 가까운 사람들로서의 고대인들(아리스토텔레스)로 돌아가 연구해야 하는 지혜라면, 우리는 그들의 신탁에 귀 기울이는 것을 잘못 선택한

꼴이 되고 말 것이다.[371]

일을 '좋게' 하는 것, 즉 일을 '잘하는' 것이 자기의 체력에 합당한 양의 일을 하는 것이라면, "어떤 일도 너무 많이 또는 너무 적게 해서는 아니 된다"는 명제는 결코 동어반복이 아니다. 그리고 앞에서도 그랬지만 여기서도 '고대인들'을 말하면서 아리스토텔레스만을 거명하는 것을 보면 칸트는 중도를 집중적으로 다룬 플라톤의 후기 저작 『정치가』와 『필레보스』를 읽지 않은 것이 틀림없다.

그러나 칸트의 말장난 행패도 자기의 거짓말 절대 금지론을 완화하려는 '트릭'(참말을 말하지 않고 마음속에 숨기는 것은 거짓말이 아니라고 하는 트릭)이 불가피해지자 수그러든다.

- (모순적 대립자들로서의) 진실성과 거짓말 사이에는 어떤 중도도 없다. 하지만 자신의 의견을 말하는 사람에게 있어서 그가 말하는 모든 것은 참되지만, 그가 진리를 전부 말하지 않기 때문에 (모순적 대립자들로서의) 툭 까놓고 말하는 솔직성과 숨기고 삼가는 것 사이에는 물론 중도가 있다. 따라서 그래도 덕성 교사에게 이 중도를 내게 지정하라고 요구하는 것은 전적으로 자연스럽다. 그러나 그는 이 지정을 할 수 없다. 왜냐하면 두 덕성적 의무(진실성과 솔직성)는 적용의 재량 범위(latitudinem, 광폭)가 있기 때문이다. 무엇을 해야 하는가는 도덕성의 규칙(도덕적 규칙)이 아니라 현명의 규칙(실용적 규칙)에 따르는 판단력에 의해서만, 즉 협의의 의무(officium strictum, 엄격한 의무)로서가 아니라 광의의 의무(officium latum, 광폭의 의무)로서만 결정될 수 있다. 따라서 덕성의 원칙을 준수하는 자는 현명이 규정하는 것보다 더

---

371) Kant, *Metaphysische Anfangsgründe der Tugendlehre*, A90쪽 각주.

많거나 더 적은 것을 행하는 것 속에서 과오(peccatum)를 범할 수 있지만, 이 원칙을 엄격하게 준수하는 것 속에서는 악덕(vitium)을 저지르지 않는다. 그리고 호레이스의 시구 "슬기로운 자(sapiens)는 충분히 깃 이상으로 덕성을 의도하면 슬기롭지 않은 자의 명징을 달고, 정의로운 자는 정의롭지 못한 자의 명칭을 단다"는 말은 글자 그대로 취하면 근본적으로 그릇된 것이다. 여기서 Sapiens는 덕성적 완벽성을 몽환적으로 생각하지 않는 영리한 또는 현명한 사람(prudens)을 뜻한다. 이 덕성적 완벽성은 이상理想으로서 이 목적에 대한 접근을 요구하기는 하지만, 완성을 요구하지 않는다.[372]

칸트는 여기서 자신의 트릭을 살리기 위해 "툭 까놓고 말하는 솔직성과 숨기고 삼가는 것 사이"의 "중도"를 인정하고 활용하고 있다. 그리고 아리스토텔레스의 협의적 중도 개념을 필자가 의도한 상당한 '광폭'의 '중간범위'나 '중간 지대' 방향으로 수정하여 활용하고 있다.

중도에 대한 칸트의 과도한 궤변적 비판은 곧 거짓말로 드러난다. 밥 먹듯이 거짓말하면서도 거짓말을 절대 들키지 않으려는 심리는 사이코패스의 한 특징이다. 각설하고, 칸트는 "자신의 의견을 말하는 사람에게 있어서 그가 말하는 모든 것은 참되지만, 그가 진리를 전부 말하지 않기 때문에 툭 까놓고 말하는 솔직성과 숨기고 삼가는 것 사이에는 물론 중도가 있다"라고 하면서 '중도' 개념을 슬그머니 써먹었다. 그리고 이어서 그는 시기심의 규정에서도 부지불식간에 중도 개념을 활용한다. 칸트는 우리들이 "인간의 본성 속에 들어 있는 시샘의 충동들"과 관련하여 마치 "어떤 사람을 시샘하는 것이 많은 경우에 허용되는" 양, "결혼이나 가정 등에서의 시샘할 만한 화합과 행복이라는 말도 씀"과 동시에 "이 충동의

---

372) Kant, *Metaphysische Anfangsgründe der Tugendlehre*, A91쪽 각주.

폭발만이 이 충동들을, 심통으로 골이 패이고 자기를 고문하는, 적어도 소원에 따라 남들의 행복의 파괴를 겨냥하는 욕정의 혐오스런 악덕으로 만들" 뿐이라고 말하고 있다.[373] 이것은 시기심이란 적당하면 괜찮고 '폭발적'이면, 즉 지나치면 안 좋다는 말에 지나지 않는다. 이것을 더욱 일반화하여 칸트는 "인간 본성을 증오스럽게 만들 모든 악덕은 원칙의 의미에서 (가중적인 것으로) 취하려고 하면 객관적으로 비인간적이지만, 주관적으로 헤아리면, 즉 경험이 우리의 유類를 알도록 우리를 가르치는 바대로 헤아리면 인간적이다"라고까지 논변한다.[374]

칸트는 자기의 논리에 불리하면 중도론을 폭언 수준의 궤변으로 가차 없이 배격하면서도, 자기의 논리에 이로우면 이렇듯 슬그머니 또는 부지불식간에 이용한다. 그는 1781년 『순수이성 비판』의 마지막 페이지에서 비판철학의 전체적 특징을 홍보할 때 자기가 극단적으로 비판한 이 중도 개념을 암암리에 써먹는다.

- 과학적 방법의 준수자들에 관한 한, 그들은 교조적 선택이나 회의적 선택이 있지만, 아무튼 체계적으로 수행해 나갈 의무가 있다. 내가 여기서 전자로 유명한 볼프를, 후자로 데이비드 흄을 거명한다면, 지금의 내 의도에서는 타인들을 거명하지 않고 놓아둬도 될 것이다. 비판적 길만이 그래도 열려있다.[375]

여기서 칸트는 "비판적 길"을 '중도'라고 언명하지 않고 있지만, 볼프와 흄을 양극단으로 놓고 자기의 비판철학의 길을 마치 '중도'인 양 권하고 있다. 칸트기 자기 주저서의 마지막 페이지에서 중도 개념을 암유적暗

---

373) Kant, *Metaphysische Anfangsgründe der Tugendlehre*, A133-134쪽.
374) Kant, *Metaphysische Anfangsgründe der Tugendlehre*, A137-138쪽 『주해』.
375) Kant, *Kritik der reinen Vernunft*, B884쪽.

喩的으로 활용한 것은 자기의 가차 없는 중도비판이 허위라는 것을 자인하는 것이다. 그의 이른바 '비판철학'이 이런 중도의 이름으로 정당성을 구한 셈이다. 그리고 1783년의 『모든 미래 형이상학을 위한 프롤레고메나』에서는 이 비판철학의 길을 '중도'라고 명시한다.

- 유신론有神論에 저항하는 듯한 난관은 이런 방식으로 소멸한다. 이 난관은 이성의 사용을 일체의 가능한 경험의 영역을 넘어 내몰지 않는다는 흄의 원칙을, '가능한 경험의 영역'을 '우리의 이성의 눈 안에 스스로 한정하는 것'으로 보지 않는다는 – 흄이 완전히 간과한 – 또 다른 원칙과 결합시키는 방식으로 소멸한다. 여기서 '이성의 비판'은 흄이 싸운 교조주의와 흄이 도입하고 싶어 한 회의주의 사이의 참된 중도(Mittelweg)를 특징짓는다."[376]

칸트의 말대로 자신의 '비판'이 일종의 '법정'이라면, 그의 '비판철학'은 18세기 공자철학적·경험주의적 계몽철학의 성과를 일거에 무효화시키고 부분적으로 스콜라철학의 형이상학으로 복고하려는 부패한 편파 법정이다. 그의 '비판'이 '부패한' 점은 저렇듯 교부철학적 유신론 체계에 매수되어 '이성의 종교적·이데올로기적 월권'을 '중도의 이름'으로 복권시키는 점이고, '편파적인' 것은 중도 개념을 쓰면 뱉고 달면 삼키는 식으로 자기의 이해타산에 따라 배격했다가 악용했다가 하는 점이다.

공자, 플라톤, 아리스토텔레스, 흄, 스미스의 중도 이념은 칸트의 소위 '비판철학' 안에서 좋은 역을 수행해야 할 기회에서 배제되는 반면, 악역에서는 악용되고 있는 점에서 생각지 못하게 엄청난 '생고생'을 하는 셈이다. 다른 한편으로, 칸트가 소위 비판철학의 정당성을 구하면서 그가

---

376) Kant, *Prolegomena zu einer jeden künftigen Metaphysik*, A180쪽.

무자비하게 비판한 중도 개념에 암유적·명시적 으로 기댄 것은 그의 가차 없는 중도 비판이 모두 '거짓'이라는 것을 자인한 것이다. 이 거짓말을 포함하여 칸트는 그의 저서 안에서 거짓말을 밥 먹듯이 하고 있다. 참으로 사이코패스적이다!

4.5. 거짓말 절대 금지론과 사이코패스적 노이로제

칸트는 정언명령적 거짓말 금지 도덕률을 천명한 것으로 유명하다. 이 절대적 거짓말 금지도덕은 위 인용문에서 "진실성과 거짓말 사이에는 어떤 중도도 없다"는 명제로 환언했다. 그러나 이 반反중도적 거짓말 금지의 정언명령도 '중도의 이름'으로 교정되지 않을 수 없을 것 같다. 살인자가 거짓을 참말처럼 말하여 속이는 것은 '적극적' 거짓말이다. 칸트에 의하면, 이런 적극적 거짓말은 어떤 경우에도, 공익을 위한 선량한 의도에서도 해서는 아니 된다.[377] 따라서 칸트는 가령 어떤 살인자에게 쫓기는 자기의 친구를 집 안에 숨겨준 사람이 살인자로부터 그 친구가 집 안에 있는지를 묻는 질문을 받았을 때에도 친구를 살리는 선량한 의도에서 '선량한' 적극적 거짓말을 해서는 아니 된다고 주장한다.

- 살해욕을 품은 자에게 거짓말을 해서 그의 범행을 저지했다면, 그래도 너는 이것으로부터 생겨날 수 있는 모든 결과에 대해 법적인 방식으로 책임져야 한다.[378]

---

377) Kant, *Grundlegung zur Metaphysik der Sitten*, BA18쪽.
378) 참조: Kant, *Grundlegung zur Metaphysik der Sitten*, BA18쪽; Kant, *Metaphysische Anfangsgründe der Tugendlehre*, §9 (A83-86쪽); Immanuel Kant, "Über ein vermeintes Recht aus Menschenliebe zu lügen" [1797], A306쪽. *Kant Werke*, Bd. 7, *Schriften zur Ethik und Religionsphilosphie*, Zweiter Teil (Darmstadt: Wissenschaftliche Buchgesellschaft, 1983).

살인을 저지른 것을 두고 법적 책임을 운위하는 것도 황당한 언사이지만, 거짓말로 살인을 막아 사람을 살린 사람들을 죄인으로 모는 이 주장은 더욱 황당한 언사다.

주시하나시피 칸트는 자기 집에 숨어 들어온 사람을 보호하기 위해 살인자에게도 거짓말하지 않아야 한다고 주장함으로써 정언명령적 거짓말 금지론을 폈다. 살해당할 위험에 처한 사람의 생명에 대한 아무런 배려 없이 뒤쫓아 들어온 살인자에게도 거짓말하지 않고 솔직해야 한다는 칸트의 이 무자비한 거짓말 금지 요구는 실로 사이코패스적이다. 이 가혹한 요구는 죽음의 위기에 처한 사람에 대한 동정심을 전적으로 배제하고 있기 때문이다.

사이코패스는 밥 먹듯이 거짓말을 하면서도 거짓말하는 것을 결코 들키지 않으려는 강박증이 있다. 칸트의 거짓말 절대 금지 도덕률은 자신이 거짓말을 절대 하지 않는다는 가식적 인상을 유지하려는 사이코패스적 노이로제의 발로임이 틀림없다. 보통 사람은 만우절을 만들어놓을 정도로 거짓말 유희도 즐기지만, 사이코패스는 오로지 참말만 한다는 표리부동한 가식과 위선을 조금도 탄로 나지 않게 유지하려는 심리적 강박 때문에 거짓말 유희도 피한다. 따라서 거짓말을 해서 친구를 살인자로부터 구하는 것도 '악행'이라고 나무랄 정도의 '거짓말 절대 금지 도덕'! 그것은 도덕이 아니다. 그것은 참말만 하는 사람이라는 가면假面을 절대 고수하려는 사이코패스의 노이로제적 강박증일 뿐이다.

그런데 칸트는 쫓기는 사람이 집 안에 숨어있는지를 묻는 살인자의 질문에 집주인이 '그런 사람 없다'고 거짓말하지 않고, '요전에 저 행길에서 그가 지나가는 것을 보았다'고 동문서답하는 것은 괜찮다고 말한다.

칸트는 이 동문서답 트릭을 "툭 까놓고 말하는 솔직성과 숨기고 삼가는 것 사이"의 "중도"로 간주하는 듯하다. 참말을 말하지 않고 마음속에 숨기는 것 자체는 만약 남을 잘못 생각하게 유도하여 속이는 효과를 일으키지 않는다면 거짓말이 아닐 수도 있지만, 남이 묻는 데도 참된 사실을 마음속에 숨기고 동문서답함으로써 남을 속이는 결과를 가져온다면, 이 트릭은 '소극적' 거짓말이 된다. 칸트는 위에서 '중도의 이름'으로 이 '소극적' 거짓말을 허용하고 있다.

그러나 단도직입적으로 툭 까놓고 말하면 '소극적' 거짓말도 거짓말이다. 소극적 거짓말이 허용된다면, 적극적 거짓말이 상황에 따라 절대 필요하면 '정언적으로' 불허되어야 할 도덕적 이유도 없다. 따라서 "진실성과 거짓말 사이에는 어떤 중도도 없다"는 칸트의 도덕법칙, 즉 내외 구별이 없는 보편적 정언명령은 그릇된 것이다. 애당초 '거짓말하지 말라'는 구체적 도덕률은 내외 차별 없는 추상적 보편성 차원에서가 아니라 내외의 구체적 구별 차원에서 가족·친구·애인·동포·우리나라 사람·아군 등 내부의 사람들에게만 적용되는 것이기 때문이다. 이 도덕률이 적군, 살인자, 악한, 거짓말쟁이 등과 같은 절대적 외부의 인간들을 향해서는 중화의 회복을 가져오는 정당방위 차원에서 유보되거나 선택적으로 적용될 수 있다. 그래서 시인 아리스토는 이렇게 읊었다.

- 대부분 속임질이 비난받고 나쁜 의도를 증거하더라도, 아주 많은 경우에 속임질은 손해, 치욕, 죽음을 예방함으로써 눈에 띄게 선한 것을 창설했었다. 시기 질투심으로 가득한 이 생, 밝다기보다 훨씬 더 어둠침침한 이 필멸적 생 속에서 우리는 언제나 친구들과만 말하는 것이 아니기 때문이다.[379]

---

379) Aristo, *Orland furiose*, 4, 1. Schopenhauer, *Preisschrift über die Grundlage der Moral*, §17 (756쪽)에서 재인용.

그리고 불화, 쟁탈, 억압, 절망을 막거나 폐절하고 동고同苦의 폐를 끼치지 않으려는 도덕감정적 중화中和 원칙에서 거짓말하는 것이라면, 내부의 사람 간에도 이런 도덕감정의 거짓말은 도덕적으로 허용되는 것이다. 따라서 밥 짓기를 서두르며 배고픈지를 묻는 모친에게 배가 딱 고픈 자식이 '아직 배고프지 않다'고 거짓말하는 것은 악행이 아니라, 자기의 배고픔을 참고 마음의 중도를 지켜 어머니를 배려하는 효행인 것이다. 이런 까닭에 공자는 주지하다시피 『중용』에서 "일어난 희로애락을 발현하지 않는 것을 중이라 부른다(喜怒哀樂之未發謂之中)"라고 말한 것이다. 또 노자는 공자에게 군자가 겉모습을 바보처럼 꾸며 감추는 것에 관해 이렇게 말했다. "내가 들으니 훌륭한 장사는 아무것도 없는 것처럼 깊이 감추고, 군자는 덕이 성하면 용모가 어리석은 것 같다고 하네(吾聞之 良賈 深藏若虛 君子盛德 容貌若愚)."380) 이 거짓말은 자기기만 없는 '신독愼獨'의 '성의誠意'를 지키는 한에서 '희로애락지미발喜怒哀樂之未發'의 '중中'인 것이다. 그리고 "전투란 속이는 도이므로 능하면 이를 불능으로 보이게 하고 쓰면 안 쓰는 것으로 보이게 하고, 가까우면 이를 멀리 보이게 하고, 멀면 이를 가까이 보이게 한다(兵者詭道也, 故能而視之不能 用而視之不容 近而視之遠 遠而視之近)"는 명제 아래381) 군사적 위계僞計와 기만술만을 논하는 『손자병법』은 인류의 위대한 병법서다. 민중의 해방을 위한 혁명운동에서라면 혁명 전술적 위계도 이런 병법 차원에서 도덕적으로 정당화될 수 있다. 이런 까닭에 1989년 '대학생 한 명이 공산당에 끌려가 고문당해 죽었다'는 거짓말을 퍼트려 벨벳혁명을 격발시킨 한 체코 대학생의 거짓말을 체코 국민은 '위대한 혁명 전술'처럼 감사히 받아들이면서 이 대학생의 공개 사과를 불필요한 것으로 반환했던 것이다.

---

380) 司馬遷, 『史記列傳』「老子·韓非子列傳」.
381) 『孫子兵法』「第一 計篇」.

또 자기의 신분이 노출되거나 비밀이 드러나면 자신의 생명, 재산, 명예 등이 위험에 처할 것이 예상되는 상황에서 동물들의 생존용 위장 행동, 의사擬死, 의태擬態, 카멜레온·도마뱀이나 곤충들의 보호색 등과 같은 거짓도 도덕적으로 가한 것이다. 또한 플라톤은 적이나 시민과 관련된 통치자들의 '공익적' 거짓말과, 건국 신화 같은 "훌륭한 거짓말", 또는 의인들의 삶이 흔히 비참하게 끝나기 마련임에도 불구하고 '너희들이 행복하려면 의인이 되라'고 가르치는 "유익한 거짓말" 등의 정치적 필요성을 역설한다.[382] '동정녀 마리아'의 예수 출산과 같은 황당한, 그러나 '거룩한' 거짓말은 종교적으로 요청되는 '신성한' 거짓말이다. 칸트 자신이 자기의 정언명령적 도덕론의 완결을 위해 실천이성적으로 요청한 '신神' 관념도 실은 이런 종교적 유형의 '신성한' 거짓말에 속한다.

물론 칸트는 이런 말에 화들짝 놀랄 것이다. 그렇기 때문에 그는 단순한 예절에서 나온 비非진실(가령 편지 말미에 'ganz gehorsamster Diener『완전히 가장 순종적인 하인』'이라는 표현)이나, 자신의 독자에게 '당신은 네 작품을 어떻게 느끼는지요?'라고 묻는 작가에 대한 독자의 예의상의 거짓말 대답, 또는 주인이 시킨 거짓말을 제삼자에게 전한 하인의 거짓말 등도 금지되어야 하는지 하는 사소한 문제도 풀지 못하고 사회적 관습이나 법률에 비추어 도덕 문제를 해결하는 '결의론적決疑論的' 문제로 넘겨놓고 있다.[383]

이런 까닭에 쇼펜하우어는 일체의 거짓말을 엄격히 단죄할지라도 정당방위 차원의 '긴급 거짓말(Notlüge)', 자기 보호용 거짓말, '고결한 거짓말' 등의 정당성을 논변하며 칸트를 맹렬하게 비판한다.

---

382) Platon, *Der Staat*, 389a-c, 414b-415e. *Platon Werke*, Bd.III, herausgegeben von G. Eigler. Deutsche Übersetzung von Friedrich Schleiermacher (Darmstadt: Wissenschaftliche Buchgesellschaft, 1977); Platon, *Gesetze*, 663d. *Platon Werke*, Zweiter Teil des Bd.VIII (Darmstadt: Wissenschaftliche Buchgesellschaft, 1977).
383) Kant, *Metaphysische Anfangsgründe der Tugendlehre*, §9 (A87쪽).

- 참말의 단순한 거부, 즉 언표 일반의 단순한 거부는 그 자체로서 전혀 부당 행위가 아니지만, 거짓말을 곧이듣게 하는 어떤 짓이든 물론 부당 행위다. 길 잃은 방랑자에게 바른길을 가리켜 주는 것을 거절하는 자는 그에게 아무런 부당 행위도 저지르는 것이 아니다. 그러나 이 방랑자에게 잘못된 길을 가리켜 주는 자는 물론 부당 행위를 저지르는 것이다. 지금까지 말한 것으로부터 나오는 결론은 어떤 거짓말이든 일체의 폭력행위와 똑같이 그 자체로서 부당행위라는 것이다.[384]

그러나 쇼펜하우어는 부당한 폭력행위에 대한 정당방위가 인정된다면, 남의 폭력에 대항하는 간계와 거짓말도 정당방위 차원의 '권리'로 인정되어야 한다고 주장한다. 그리하여 몸을 뒤지는 노상강도에게 '가진 게 더 이상 없음'을 확언하는 거짓말, 강도를 광에 가두기 위해 그를 꾀는 거짓말, 강도들에 끌려가는 사람들을 구하기 위해 강도들을 살해할 수 있게 해주는 간계의 거짓말, 강탈된 자기 물건을 되찾는 거짓말 등의 "긴급 거짓말"을 정당하다고 말한다.[385]

그리하여 쇼펜하우어는 불법행위에 대한 정당방위로서의 거짓말, 호기심에서 던져지는 주제넘은 질문에 대한 정당방위로서의 거짓말 답변, 안전을 위한 예방적 거짓말 등 여러 가지 "거짓말할" 다양한 권리에 대해 상세하게 논변한다.

- 내가 부당하지 않게, 즉 정당하게 폭력을 폭력으로 추방할 수 있는 것처럼, 나는 내게 폭력이 없거나 내게 더 편할 것 같은 경우에 간계를 통해서도 폭력을 추방할 수 있다. 따라서 내가 폭력에 대한 권리가 있는

---

384) Schopenhauer, *Die Welt als Wille und Vorstellung* I, §62 (462쪽).
385) Schopenhauer, *Die Welt als Wille und Vorstellung* I, §62 (464-466쪽).

경우에는 거짓말할 권리도 있는 것이다. 그리하여 가령 강도와, 정당한 권리 없는 모든 유형의 폭력구사자에 대해 그렇게 할 수 있는데, 나는 이들을 간계로 꾀여 함정에 빠뜨릴 수 있다. 이런 까닭에 폭력으로 강요된 언약은 구속력이 없다. 그러나 거짓말에 대한 권리는 실제로 이보다 더 나아간다. 나의 개인적 용무나 나의 사업 용무와 관계된, 따라서 주제넘은 호기심에서 묻는, 완전히 무자격한 물음이 나올 때마다 이 거짓말의 권리가 발생한다. 이런 물음에 답변하는 것만이 아니라, '나는 말하고 싶지 않다'는 말로써 이 물음을 단순히 물리치는 것도 의심을 일깨우는 것으로써 나를 위험에 빠뜨릴 것이기 때문이다. 여기서 거짓말은 물을 자격이 없는 호기심에 대한 정당방위다. 이런 호기심의 동기는 대부분 호의적 동기인 적이 없다. 왜냐하면 내가 타인들의 전제된 악한 의지와 이에 따라 예상되는 물리적 폭력에 대해 물리적 저항으로 침해자의 위험을 무릅쓰고 미리 맞대응할 권리가 있는 것처럼, 따라서 예방조치로서 나의 정원 담장을 예리한 쇠침들로 방비하고 밤에 나의 마당에 사나운 개를 풀어놓을 권리가 있는 것처럼, 아니 상황에 따라 침입자가 그 나쁜 결과를 스스로에게 돌려야 할 마름쇠와 자동 발사 총을 설치할 권리가 있는 것처럼, 나는 알려지면 내가 타인들의 공격에 발가벗겨질 것을 온갖 방식으로 비밀에 부칠 권리도 있고, 그럴 이유도 있다. 왜냐하면 나는 여기서도 타인들의 악한 의지를 아주 쉽사리 가능한 것으로 가정하고 이에 대한 예방 조처를 미리 취해야 하기 때문이다.[386]

그러므로 "나는 부당성 없이 간계에 의한 단지 예상되는 침해에 미리 간계로 맞대응해도 되고, 따라서 자격 없이 나의 사적 관계 속으로 염탐

---

386) Schopenhauer, *Preisschrift über die Grundlage der Moral*, §17 (755-756쪽).

해 들어오는 자에 대해 해명할 필요도 없고, '나는 이것을 비밀로 지킬 테야'라는 대답으로 내게 위험하고, 그에게 어쩌면 유리할, 아무튼 그에게 나를 지배할 권력을 부여하는 비밀이 놓여 있는 자리를 가르쳐줄 필요도 없다. '사람들은 가공스러워지려고 비밀을 알려고 하는 것이다.'(Juvenal, *Saturae*, 3, 113쪽)" 오히려 "나는 그렇다면 거짓말이 저 염탐하는 자를 해로운 오류 속으로 빠뜨린다면 그에게 위험할 것을 무릅쓰고 그를 거짓말로 처리할 자격이 있다. 왜냐하면 여기서 거짓말은 주제넘게 아는 척 묻고 의심하는 호기심에 대항하는 유일한 수단이기 때문이다. 따라서 나는 정당방위 속에 들어 있다. '내게 아무 질문도 하지 말라, 그러면 나는 네게 아무런 거짓말도 하지 않을 것이다(Ask me no questions, and I'll tell you no lies)'가 여기서 정답 준칙이다. 말하자면 거짓말이라는 비난을 가장 심한 모욕으로 여기고 바로 그런 이유에서 다른 국민들보다 진짜 더 적게 거짓말을 하는 영국인들에게 있어 이에 상응하게 타인의 상황과 관계된 모든 무자격 물음은 'to ask questions'라는 표현이 표시하는 무례함으로 간주된다. 또한 어떤 지각 있는 사람이든 그가 가장 엄격한 정직성으로 무장한 사람이더라도 위에서 제시된 원리에 따라 처신한다." 가령 그가 돈을 수금한 먼 지방으로부터 귀향하고 있는데 면식이 없는 여행자가 그와 길동무가 되어 '어디서 어디로 가는지'를 묻고 그다음 점차 '그가 왜 저 지방으로 이동했었는지'도 묻는다면, 저 사람은 강도의 위험을 예방하기 위해 거짓말로 대답할 것이다. 또 구혼하려는 여성의 집에 도착한 사람이 그 여성의 아버지로부터 '왜 느닷없이 방문했느냐'는 질문을 받으면 '지나가다 들렀다'고 기탄없이 거짓말로 답할 것이다. 그래서 "어떤 이성적인 자도 일체의 양심 가책 없이 거짓말하는 경우들이 아주 많이 발생한다". 그러나 쇼펜하우어는 이 거짓말의 권리를 정당방위의 경우에만 한정한다. "이것에 있어서는, 정당방위가 아닌 그 밖의 경우에 이 학설이 혐오스런 오용에 노정될 것이기 때문에, 상술했듯이 거짓말의 권리를 정당방위의 경우에만 한정하는 것이 엄격히 고수되어야 한다. 왜냐하면 거짓말 그 자체는 아주 위험한 도구이기 때문이다." 그리하여 "국내 평화 상태에도 법률이 각자에게 무기를 소지하고 정당방위 시에 사용하는 것을 허용하듯이, 그런 정당방위의 경우에 대해", 물론 "오직" 폭력이나 간계에 대항하는 "경우에 대해서만" 도덕은 "거짓말의 사용을 허용한다". 하지만 그는 다시 이 조건을 버리지 않을 수 없게 된다. "예외 없고 사물의 본질에 들어 있는 거짓말의 완전 무조건적인 사악성은 이미 이것, 즉 거짓말하는 것이 심지어 의무인, 가령 의사들에게 의무인 경우들이 있다는 사실에 의해 완화된다." 마찬가지로 "일반적으로 어떤 사람이 남의 죄를 자기가 짊어지려고 하는 모든 경우에 있어서의 거짓말 등 같이 고결한 거짓말들이 있다는 사실, 끝으로 예수조차도 한번 의도적으로 허위를 말했다는 사실(요한복음 7:8) 등도 거짓말의 저 사악성을 완화시킨다."[387] 따라서 캄파넬라(Tommaso Campanella)는 "거짓말하는 것이 많은 좋은 것을 창조한다면 그것은 아름답다"고까지 직설했던 것이다.

이어서 쇼펜하우어는 칸트의 보편적이고 무조건적인 정언명령적 거짓말 금지에 대해 신랄한 비판을 가차 없이 퍼붓는다.

- 칸트에 의해 부추겨져서 많은 개론서에 실려 있듯이, 인간의 언어능력으로부터 거짓말의 부당성을 도출하는 것은 아주 천박하고 유치하고 밥맛 떨어져서, 단지 이런 도출을 반박하려는 목적 하나만으로 악마의 품 안에 몸을 던져 탈레랑과 함께 '인간은 자기 생각을 감추기 위해 언

---

387) Schopenhauer, *Preisschrift über die Grundlage der Moral*, §17 (757-758쪽). 요한복음 7장 8절의 예수의 거짓말이란 제자들에게 "내 때가 아직 이르지 아니하였다"고 하면서 초막절(유대인의 명절)에는 위험한 유대 땅으로 올라가지 않고 갈릴리에 남아 있겠다고 말해놓고 초막절에 은밀히 올라간 일을 가리킨다.

어를 만들어냈다'라고 말하려고 시도해 볼 수도 있을 것이다. 어떤 기회에서든 분명히 드러내 보인, 거짓말에 대한 칸트의 무한한 무조건적 혐오는 잘난 척하는 가식이나 편견에 근거한다. 그의 『덕성론의 형이상학적 발단 근거』의 '거짓밀' 질에서 그는 서짓말을 온갖 명예훼손적 술어들로 꾸짖고 있지만, 거짓말의 사악성에 대한 어떤 본래적 근거도 제시하지 못하고 있다.[388]

결론적으로, 칸트가 '중도의 이름'으로 이 '소극적' 거짓말을 허용한다면, 그는 '정당한', 또는 '고결한' 적극적 거짓말의 권리도 온갖 '비非중화(불균형, 부조화)'의 죄악·범죄·무례를 방지거나 해소하고 건설적인 일을 하려는 의도에서라면 인정해야 한다는 것이다. 그리고 지금까지 논의를 통해 거짓말 일반에 관해 얻을 수 있는 결론은 본질적·일반적으로 거짓말 자체는 도덕성과 관계가 없고 선한 또는 악한 목적으로 쓰임에 따라 거짓말의 도덕성이 결정된다는 것이다.

---

388) Schopenhauer, *Preisschrift über die Grundlage der Moral*, §17 (758-759쪽).

제5절

도덕형이상학의 종교적 주술화와 반反계몽

 공맹은 인류 최초의 경험론적 방법을 수립하고 경험과학으로서 본성론적 인간과학과 도덕과학을 거의 완벽한 형태로 창설했다. 서구는 공맹철학과 극동 제국의 과학기술을 받아들임으로써 17세기 초반부터 자연철학을 '경험 과학화' 함으로써 메타과학으로 근대적 '자연과학'을 창조했다. 프랜시스 베이컨은 1620년 서구에서 경험론적 자연과학을 개창했고, 아이작 뉴턴은 베이컨의 경험론적 방법을 계승해서 근대적 자연과학의 대로大路를 타개했다.

 서구의 도덕 이론은 17세기 말엽부터 기독교로부터 해방되어 '(경험)과학화'되었다. 도덕 이론의 과학화는 '억압·무지·미신(주술)·궁핍으로부터의 해방'을 이념으로 삼는 '계몽의 길'이었다. 섀프츠베리는 맹자의 시비지심론을 받아들이고 베이컨의 경험론적 방법을 인간의 도덕 행위에 적용해 도덕감각론적 도덕과학의 발단을 만들었고, 프랜시스 허치슨과 조지프 버틀러는 이를 계승해서 더욱 발전시켰다. 데이비드 흄은 섀프츠베리·허치슨·버틀러의 연구를 발판으로 삼아 베이컨의 경험론적 방법을 인간의 연구에 적용해 메타과학으로 본성론적 인간과학과 도덕감정론적 도덕과학을 완성했다. 애덤 스미스는 이를 계승해서 도덕감정론적·공감론적 도덕이론을 발전시켰다. 토머스 레이드(Thomas Reid, 1710-1796)는 섀프츠베리와 허치슨의 도덕감각론을 계승·옹호하고 더욱 발전시켰다.[389] 19세기에는 허버트 스펜서와 찰스 다윈이 칸트를 비판하며 옆으로 제쳐두고 도덕감각론과 도덕감정론을 더욱 발전시키고 도덕감정과 도덕감각의 진화론으로 도덕과학을 과학적으로 뒷받침하는 진화론적 메타도덕 이론의 길을 열었다.[390]

그러나 섀프츠베리·허치슨·버틀러·흄·스미스 등이 개창하고 발전시킨 경험론적 인간과학과 도덕과학에 대해서는 18세기 말과 19세기 초에 칸트가 반동적 역기도를 개시했고, 이어서 20세기 초에는 비트겐슈타인이 도덕을 재再주술화하고, 20세기 말엽에는 롤스가 칸트를 계승해 도덕론을 반反과학적·정의형이상학적 '위학僞學'으로 되돌려 놓고 말았다.

칸트는 도덕형이상학을 재再기독교화·주술화함으로써 백성을 주술적 미신으로부터 해방하려는 계몽 이념을 배반하는 '반反계몽의 길'을 텄다. 18세기 섀프츠베리·허치슨·흄·스미스 등의 도덕감각론적·도덕감정론적 도덕과학에 대한 반동으로 칸트는 스콜라철학을 '신장개업'해서 도덕형이상학을 수립했기 때문이다. 칸트철학에 충성을 바친 존 롤스는 칸트를 계승해 정의 도덕을 다시 형이상학화했다.

주지하다시피 칸트의 『실천이성 비판』과 『도덕형이상학』은 스콜라철

---

389) Thomas Reid, *Essays on the Active Powers of the Human Mind* [1788] (Cambridge, MS: MIT Press, 1969).
390) 이에 대한 본격적 논의는 참조: 황태연, 『도덕의 일반이론(상·하)』, 15-443, 1026-1179쪽; 황태연, 『서양 경험론과 정치철학: 베이컨에서 홉스까지』; 『로크에서 섀프츠베리까지』; 『데이비드 흄에서 다윈까지』 (서울: 생각굽기, 2024).

학을 되살린 합리론적 도덕형이상학이다. 칸트는 도덕의 근거를 이성에 의해 입법되는 '도덕법칙'으로 규정하고 이 도덕법칙을 '정언명령'으로 삼음으로써 새로운 합리론적 도덕형이상학을 전개하는 듯했으나 도덕론을 종교회히고 민다. 신국개념, 사후상벌, 종교와 교회 등 신학석 상치가 없으면 원죄로 인해 성악性惡한 인간들은 도덕 생활을 영위할 수 없다는 것이다.

5.1. 칸트의 기독교적 성악론과 도덕의 재再주술화

칸트는 "도덕은 불가불 종교에 이른다"고 생각했다. 이 말은 도덕은 주술화 되어야 한다는 말이다.[391] 성악한 인간들의 윤리 세계는 만인의 만인에 대한 전쟁상태이기 때문이다. 그는 홉스의 '전쟁적 자연 상태' 개념을 그대로 수용했다.[392] 그는 인간들의 윤리 세계도 자연 상태와 마찬가지로 윤리적 전쟁상태라고 생각했다. 칸트는 도덕론이 이 윤리적 전쟁상태로부터 빠져나오는 길을 알려줘야 한다고 생각하고 일단 홉스의 '전쟁적 자연 상태' 개념을 끌어들여 윤리적 전쟁상태를 이론적으로 설정한 것이다.

- 법적 자연 상태가 만인에 대한 만인의 전쟁상태(ein Zustand des Krieges von jedermann gegen jedermann)인 것처럼, 윤리적 자연 상태도 자기 안에, 그리고 동시에 각기 다른 사람 속에 나타나는 악惡

---

391) 종교는 어떤 종교든 '주술'이다. 기독교·이슬람교·힌두교 등은 '큰 주술'이다. 기독교와 개신교를 주술이 아니라 '탈脫주술'로 특대하는 막스 베버의 주술·탈주술 관점은 기독교 중심주의적 종교관이다. 그러나 기독교와 개신교도 규모만 클 뿐인 '주술'이다. 따라서 도덕 이론을 '신학화·종교화'하는 것은 도덕 이론을 '주술화'하는 것과 등치된다.

392) Kant, *Die Religion innerhalb der Grenzen der bloßen Vernunft*, B134-135쪽 각주.

에 의한 부단한 분규 상태이고, 이런 상태에서 이들은 (…) 자기들의 도덕적 자질을 교호적으로 망가뜨리고, 그 자체가 저 개별자들이 선한 의지를 가졌음에도 이들을 단결시키는 원리의 결여로 말미암아 꼭 악의 도구인 것처럼 불일치를 통해 선의 공동 목적으로부터 서로를 이격시키고, 악의 지배권의 손아귀에 굴러떨어질 위험 속으로 서로를 밀어 넣는다. 나아가 법 없는 (난폭한) 외적 자유와 강제 법칙으로부터의 독립의 상태가 정치적 시민 상태로 진입하기 위해 인간이 빠져나와야 하는 만인에 대한 만인의 불의와 전쟁의 상태인 것처럼, 윤리적 자연 상태도 덕성 원리들의 교호적인 공적 분규요, 자연적 인간이 가능한 한 부지런히 빠져나와야 하는 내적 무도덕 상태다."[393]

칸트는 이 "내적 무도덕 상태"로부터 빠져나오는 논리적·합리적·본성적 방법을 찾지 못하고 스콜라 철학적 기독교 신학을 '신장개업'하듯 이 윤리적 전쟁상태로부터 빠져나오는 유일한 방법을 '볼 수 있는 교회'와 '볼 수 없는 교회'를 통해 지상에 신국을 건설하고 사후세계에서의 포상의 희망과 처벌의 위협을 장치하는 것이라고 천명한다. 그리하여 칸트의 도덕형이상학은 그 궁극 단계에서 '철학의 죽음', '신학의 부활'로 종결된다. 그는 그의 도덕형이상학의 마지막 단계를 "지상의 신국", "신의 백성(Volk Gottes)", "신적 도덕 입법 아래의 윤리 공동체"로서의 "교회", "신적 세계정부"("볼 수 없는 교회"), "지상의 도덕적 신국"("볼 수 있는 교회")을 표현하는 "교회", 사후 상벌의 "약속과 협박" 등을 "요청"하는[394] 스콜라 철학적·기독교 신학으로 장식한다. 이로써 칸트는 반동적으로 과학적

---

393) Kant, *Die Religion innerhalb der Grenzen der bloßen Vernunft*, B134-135쪽.
394) Kant, *Kritik der reinen Vernunft*, B839쪽; Kant, *Kritik der praktischen Vernunft*, A125, A230-232, 235, 247쪽; Kant, *Die Religion innerhalb der Grenzen der bloßen Vernunft*, B131-134, B137-138쪽.

이었던 도덕 이론을 재再신비화·재再주술화·반계몽화(몽매화)했다.

어떤 이들은 칸트의 종교관을 두고 그가 이신론에 동조적인 것으로 해석하여[395] 이 이신론적 해석의 연장선상에서 『단순한 이성의 경계 안에서의 종교』를 칸트가 종교성을 합리성으로, 종교를 도덕성으로, 기독교를 윤리학으로 환원한 책으로 보기도 한다. 그러나 이런 해석은 기독교적 유신론을 내용으로 담은 『단순한 이성의 경계 안에서의 종교』라는 책의 제목에 속은, 또는 이 제목만 읽은 해석에 불과하다. 이 책은 이신론적 제목 아래 실은 기독교적 유신론을 설파하고 있다.

대부분의 학자는 칸트의 도덕관이 이신론(deism)에서 도덕적 유신론(theism)으로 이동한다고 해석하거나,[396] 그의 도덕관을 도덕성의 종교적 '격상'으로 이해한다.[397] 다수의견은 칸트가 도덕을 재再종교화(재기독화)·재再주술화했다는 것이다. 따라서 『단순한 이성의 경계 안에서의 종교』는 제목으로 보면 이신론으로 비치지만 내용은 유신론인, 한 마디로 제목과 내용이 상반된 신학 서적이다.

나아가 칸트는 노경으로 갈수록 기독교 성서의 창세기 신화에서 기원하는 원죄설적 성악설을 전적으로 받아들였다. 이 원죄적 성악설은 윤리적 전쟁상태 개념에 더 적합하다. 그리고 그는 각종 점술을 믿음으로써 도덕 이론과 인간학을 더욱더 주술화했다.

칸트는 신神을 이성의 테두리 안에 가두면서도 신의 전능함을 인정하

---

395) 가령 참조: Peter Byrne, *Kant on God* (London: Ashgate, 2007), 159쪽.
396) 참조: Wood, *Kant's Moral Religion*, 16쪽; Westphal, "The Emerge of Modern Philosophy of Religion", 135쪽. Charl9es Taliaferro, Paul Draper and Philip Quinn (eds.), *A Companion to Philosophy of Religion* (Oxford: Blackwell, 2010).
397) Allen W. Wood, *Kant and Religion* (Cambridge: Cambridge University Press, 2020), 2쪽; Lawrence Pasternack, *Routledge Philosophy Guidebook to Kant on Religion within the Boundaries of Mere Reason* (New York: Routledge, 2014), 239-240쪽; Stephen Palmquist, "Does Kant Reduce Religion to Morality?", *Kant-Studien*, 83.2 (1992), 129-148쪽.

는 '엽기적' 신학서 『단순한 이성의 경계 안에서의 종교에 관하여』(1793) 에서 성서와 스콜라 신학의 '원죄적 성악설'을 그대로 반복하고, "금욕적 전쟁 종교"로서의 기독교(막스 베버)의 호전성을 그대로 계승해서 "인간에 대한 지배"를 둘러싼 "선 원리의 악 원리에 대한 도덕적 투쟁", "지상에서의 신국神國의 창설"을 위한 "선 원리"의 "악 원리"에 대한 "승리" 등 전쟁 용어들을 남발하며 반反계몽주의적·몽매주의적 네오스콜라 신학을 '개업'했다.

칸트는 특히 제목과 내용이 상충되는 『단순한 이성의 경계 안에서의 종교에 관하여』에서 실로 선 원리와 악 원리의 도덕적 "투쟁"과, 지상에서 신국을 창설하기 위한 선 원리의 "승리" 등 전쟁 개념들만 엽기적으로 반복한다.[398] 또 그는 섀프츠베리·허치슨·흄·스미스가 강조해 온 선한 본성적 도덕감정을 도외시하고 "인간은 본성으로부터 악하다(Der ist von Natur böse)"는 테제로 성악설을 대변하는 것으로 그치지 않는다.[399] 그는 기독교적 원죄 타락설로 방향을 돌려 "우리는 매일 그것을 똑같이 하고 있다는 것, 따라서 아담에 있어서 모두가 죄를 지었고 아직도 죄를 짓고 있다는 것은 (…) 명백하다"고 천명함으로써 '타고난' 성악설을 다시 부정하고 성서 창세기의 '원죄적' 성악설을 그대로 수용한다.

- 다만 우리에게 있어서 타고난 위반의 성향이 최초의 인간 안에서 전혀 그런 것이 아니라, 시간에 따라 순진무구성이 전제되었고, 따라서 이 경우에 위반은, 우리에게 있어 우리 본성의 이미 타고난 성악성性惡性으로부터 결과한 것으로 관념되어지는 것이 아니라, 원죄적 타락

---

398) Kant, *Die Religion innerhalb der Grenzen der bloßen Vernunft* [1793·1794], B67, B127쪽.
399) Kant, *Die Religion innerhalb der Grenzen der bloßen Vernunft* [1793·1794], B26쪽.

(Sündenfall)이라고 일컫는다. 그러나 이 성향은 다름 아니라 우리가 시간적 태초에 따라 악의 해명에 달라붙고자 한다면, 우리가 매번 고의적 위반 때마다 이성사용이 아직 발전되지 않은 시간대까지 거슬러 올라가는, 따라서 이런 까닭에 타고난 것으로 일컬어지는 (본성적 근거로서의) 악의 성향에까지 거슬러 올라가는 우리 생의 지난 시간대 속에서 원인을, 악의 원천을 추적해야 한다는 것을 뜻한다.[400]

바로 여기서 칸트는 "우리 본성의 이미 타고난 성악성(schon angebornen Bösartigkeit unserer Natur)"을 부정하고 원죄적 타락설을 택해서 기독교의 지금도 매일 반복된다는 원죄적 성악설로 넘어가고 있다. 왜냐하면 "우리에게 있어서 타고난 위반의 성향"은 "최초의 인간"(아담과 이브)의 경우에 전혀 악한 것이 아니라, 태초의 시간상 "순진무구한" 것으로 전제되기 때문이다. 원죄적 타락 이전의 아담과 이브가 피조被造될 당시부터 순진무구한 것이 아니라 사악했다고 주장한다면, 이 주장은 여호와의 모독으로 통할 것이다. 왜냐하면 이 주장은 여호와가 그들의 사악성까지 창조했다는 뜻을 함의하기 때문이다.[401]

'타고난 성악설'은 '성선性善을 타고난 보통 사람들'이 경험적으로 아주 많기 때문에 설득력이 약하다. 그러나 창세기 이야기처럼 겉으로 선하게 보이는 사람들까지도 선한 본성이 타락해서 악해졌고 그것을 대대로 이어온다는 신비스런 원죄설은 서양 세계를 지배하는 기독교의 종교적 권위와 더불어 이 세계에 만연되어 있다. 따라서 적어도 서양 세계에서

---

400) Kant, *Die Religion innerhalb der Grenzen der bloßen Vernunft* [1793·94], B46쪽.
401) Kant, *Die Religion innerhalb der Grenzen der bloßen Vernunft* [1793·94], B46쪽: "이것(우리 생의 지난 시간대 속에서 악의 원천을 추적하는 것)은 이미 이성사용의 완전한 능력을 가졌던 것으로 관념되는 최초의 인간에게서 불필요하고, 또 실행 불가하다. 왜냐하면 그렇지 않으면 저 기반(악한 성향)이 정작 피조되었어야 하고, 그 인간의 죄악이 직접 순진무구성에서 산출된 것으로 제시되기 때문이다."

원죄적 성악설은 만인을 성악한 자라고 믿도록 만들 수 있다. 만인은 누구나 성악하여 죄악을 저지를 수 있는 것이다. 따라서 사이코패스도 특별한 이상 인간이 아니라, 죄악을 저지르는 이 성악한 만인의 동등한 일원에 불과하다. 이제 사이코패스의 악행과 만행도 다른 범죄자들의 범행처럼 원죄 탓으로 돌릴 수 있다. 그리하여 칸트가 다시 대변·옹호하는 기독교의 원죄적 성악론은 사이코패스들에게 그들의 특별한 죄악성을 경감해주거나 면하게 해준다. 기독교에서는 원죄를 이어받은 만인은 죄인이고, 원죄는 속죄와 구원을 통해 면죄된다. 기독교의 원죄적 성악론은 속죄한다면 누구나 면죄해 주는 사赦함과 구원의 교설을 동반한다. 따라서 기독교의 원죄설적 성악설은 '나는 내 죄를 뉘우치고 속죄합니다'는 거짓말을 '밥 먹듯이' 할 수 있는 사이코패스에게 가장 효과적인 면죄부인 것이다. 그러므로 칸트가 기독교의 이 원죄적 성악설을 되살린 것은 사이코패스적인 자기를 위한 것일 수도 있다.

한편, 원죄 신화적 성악설을 독실하게 믿는 이런 수준의 강변을 뜯어보면, 칸트의 도덕론은 합리론으로 변복한 네오스콜라적 기독교 신학의 연장선상에 있는 '주술적 도덕형이상학'에 불과한 것으로 드러난다. 대부분의 칸트주의자와 단순한 칸트 독서가들은 이 사실을 알지 못한다. 왜냐하면 『단순한 이성의 경계 안에서의 종교에 관하여』와 후기의 신학 저서 등 '엽기적' 신학서들을 다 읽고 천착하지 않았기 때문이다.

5.2. 칸트의 주술 신앙

칸트는 『학부들의 갈등(*Der Streit der Facultäten*)』(1798)에서 '인간의 역사는 도덕적으로 진보하는가 퇴보하는가'를 묻는 물음과 관련하여 점술적 예언(Weisesage)을 전적으로 인정하고 역사학을 통한 '역사적 예견'

을 '점술적 예언'과 동일시하면서 양자를 뒤섞어 논한다.

- 우리는 한 조각의 인간 역사를 요구하는데, 그것도 지난 시기의 역사가 아니라 미래 시기의 역사를, 따라서 예견하는 역사를 욕구한다. 이 예견적 역사는 (일·월식 같이) 알려진 자연법칙에 따라 펼쳐지는 것이 아니라면, 점을 보아 예언하되 자연스러운 것(wahrsagend und doch natürlich)이라 일컬어지는 역사, 하지만 초자연적 고지告知와 미래 시기로의 전망의 확대를 통해서만 획득될 수 있다면 예언적(prophetisch)이라 일컬어지는 역사다.[402]

그리고 여기에다 이런 각주를 붙이고 있다. "점을 보는 데(Wahrsagen) 날림 일하듯 하는(지식이나 정성도 없이 하는) 사람에 대해 이렇게 말한다. 그는 점을 친다(wahrsagert)고 한다. 피티아(Pythia)에서 집시까지."[403] 플라톤 장章에서 상론했듯이 피티아는 고대 그리스에서 일자무식의 시골 아낙네 중에서 뽑아 델피의 아폴로 신전에 세운 무녀다. 이어서 칸트는 말한다.

- 게다가 인류가 (대체로) 더 좋은 상태로 끊임없이 진보하는지를 묻는 것이라면 여기서 주제는 인간의 자연사(가령 미래에 새로운 인종이 생길 수 있는지)가 아니라 도덕 역사(Sittengeschichte), 그것도 유類 개념(singulorum)에 따른 것이 아니라 지상에서 사회적으로 통합되고 민족들로 나뉜 인간들 전체(universorum)에 따른 도덕 역사다.[404]

---

402) Kant, *Der Streit der Facultäten in drei Abschnitten*, A132쪽.
403) Kant, *Der Streit der Facultäten*, A132쪽 각주.
404) Kant, *Der Streit der Facultäten*, A132쪽.

이 도덕 역사의 미래를 어떻게 알 수 있는가? 칸트는 이렇게 자문하고 이 역사를 "미래 시기에 앞에 있는 일들의 예언적 역사 이야기로서, 따라서 다가올 사건들의 선험적으로 가능한 서술로서의" 도덕 역사로 한정한다. 그리고 다시 "그런데 선험적 역사(Geschichte a priori)가 어떻게 가능한가?"라고 자문하고, "점쟁이가 미리 알린 사건들을 스스로 만들고 주최한다면" 가능하다고 자답한다.[405] 그리고 나서 그는 예언자를 유대 시대의 예언가, 정치인, 성직자로 제시하고 설명한다. 그는 성경의 기록을 역사 기록으로 믿고 이렇게 말한다.

- 유대의 예언가들(Propheten)은 자기들의 국가에 쇠락만이 아니라 완전히 해체가 조만간 닥칠 것이라고 잘 예언했었다. 그들은 스스로가 자기들의 이런 운명의 원작자들이었기 때문이다. 그들은 백성 지도자로 자기들의 헌정 체제를 아주 많은 교회적 부담과 이로부터 나오는 시민적 부담으로 무겁게 만들어서 그들의 국가가 독력으로는 특히 이웃 민족들과 더불어 존립할 능력을 완전히 상실할 정도였고, 따라서 그들의 성직자들의 비탄이 당연히 공중으로 헛되어 울려 퍼져 사라졌다. 왜냐하면 이들은 유지할 수 없는, 그들이 만든 헌정 체제를 완고하게 고집했고 그리하여 그들 자신들로부터 결말이 틀림없이 예견될 수 있었기 때문이다.[406]

칸트는 유대 시대 예언가들에 대해 자못 비판적이다. 그런데 그는 예언가들이 자기 나라의 미래를 점칠 수 있었던 이유가 마치 그들이 미리 예언한 것을 스스로 실행했기 때문이라고 말하고 있다.

---

405) Kant, *Der Streit der Facultäten*, A132쪽.
406) Kant, *Der Streit der Facultäten*, A132-133쪽.

칸트는 유대 시대의 예언가들에 대해서는 이런 설명으로 그치고 정치인들을 예언자로 취급한다.

- 우리의 정치인들은 그들의 영향력이 닿는 데까지 (유대 시대의 예언가들처럼) 바로 그렇게 하고, 예언에서도 바로 그렇게 운이 좋다. 정치인들은 인간들을 세상에 무지한 현학자나 선량한 공상가들이 '그들은 이럴 거야'라고 꿈꾸듯 말하는 대로가 아니라 '있는 그대로' 받아들여야 한다고 말한다. 그러나 그들이 '있는 그대로'라는 뜻은 우리가 인간들을 부당한 강제를 통해, 정부가 손에 쥔 반역적 타격을 통해 만든 그 무엇, 즉 완고하고 봉기 성향을 가진 그 무엇일 것이다. 그런 곳에서는 그들이 고삐를 조금 늦춘다면 당연히 저 언필칭 현명한 정치가들의 예언을 진실로 만들어주는 비극적 결과가 일어난다.[407]

칸트는 공권력의 반역적 사용으로 인간들을 봉기로 내모는 정치인들의 예언 능력을 풍자조로 기술하고 있다.

그리고 이어서 칸트는 성직자들의 예언 능력에 대해 이렇게 논한다.

- 성직자들도 종종 종교의 완전한 쇠락과 적그리스도의 가까운 출현을 예언하고, 그러는 동안에 적그리스도를 끌어들이는 데 필요한 바로 그런 짓을 한다. 말하자면 그들은 그들의 평신도들에게 바로 더 좋은 것으로 통하는 도덕적 원칙들을 명심하게 하는 것이 아니라, 시민적 헌정 체제에서와 같은 기계적 일치를 자라게 하기는 하지만 도덕적 심정에서의 일치는 전혀 자라게 할 수 없는 교단의 엄격한 규칙과 역사적 신앙을 본질적 의무로 만드는 것을 염두에 둔다. 그런데 그러고는 그

---

407) Kant, *Der Streit der Facultäten*, A132-133쪽.

들이 스스로 만든, 따라서 특별한 점술적 재능이 없이도 예고할 수 있는 비종교성에 대해 하소연한다.[408]

칸트는 성직자들이 입에 달고 살면서 예언하는 교회의 쇠락과 적敵그리스도(Anti-Christ)의 임박한 출현을 점술 능력 없이도 예견할 수 있는 성직자들의 자업자득으로 설명하고 있다. 이것도 자기들이 예언하는 것을 자기들이 실행하기 때문에 이 예언이 맞아떨어진다는 식의 설명이다.

이런 예언가적·정치적·성직자적 예언에 대한 칸트의 이런 식의 설명은 앞서 시사했듯이 피티아와 집시 점쟁이까지 언급한 마당에 어불성설의 논변이다. 하지만 칸트는 역사를 보다 나은 도덕적 상태로 진보한다고 '예언'한다면 이 예언도 적중할 수 있다고 설명하는 이 사례들을 활용한다. 그는 인간들이 이 진보 예언에 맞게 이 예언을 실행한다면 이 예언도 적중하기 마련이라고 설명하기 위한 화두로 이 사례들에 대한 억지 설명을 이용한다.

그러나 1798년 『학부들의 갈등』과 거의 동시에 출간한 『실용적 관점에서의 인간학(Anthropologie in pragmatischer Hinsicht)』에서는 칸트 자신이 모든 점술을 풍자조가 아니라 적극적으로 인정한다. 이럼으로써 그는 자기의 철학을 더욱더 주술화 한다. 그는 먼저 '점술적 예언'을 정의한다.

- 예보豫報(Vorhersagen), 예언(Wahrsagen), 예지豫知(Weissagen)는 다음과 같은 점에서 구분된다. 첫 번째 '예보'는 경험법칙에 따른 예견(Vorhersehen)이고(따라서 자연스럽다), 두 번째 '예언'은 알려진 경험법칙과 대립된(자연법칙에 반하는) 예견이다. 그러나 세 번째 '예지'는

---

408) Kant, *Der Streit der Facultäten*, A132-133쪽.

자연과 구별되는 원인의 영감(초超자연적)이거나 이런 것으로 간주되는 것이다. 이 예지의 능력은 신神의 영향으로부터 유래하는 것처럼 보이기 때문에 본래의 신점神占 능력(Divinationsvermögen)이라 불린다(왜냐하면 전의적轉義的으로 미래를 예리하게 알아맞히는 어떤 행위든 '신점神占'이라 불리기도 하기 때문이다). 누군가에 대해, 그가 이 또는 저 운명을 예언한다(er wahrsagt)고 하면, 이것은 완전히 자연적인 재주(ganz natürliche Geschicklichkeit)일 수 있다. 그러나 이 안에서 초자연적인 직관(übernatürliche Einsicht)을 구실로 삼는 자에 대해서는 '그가 점친다(er wahrsagert)'고 한다. 가령 손을 보고 예언을 하는 것을 '행성 읽기(Planetenlesen)'라고 부르는 힌두 혈통의 집시 또는 점성술사와 보물 찾는 자가 있고, 여기에는 금을 만드는 자도 포함된다.[409]

칸트는 아무런 비판 없이 신점, 점술적 예지, 점치기를 인정하고, 손금보기, 보물찾기, 연금술사까지 싸잡아 점쟁이로 간주하고 있다.

나아가 칸트는 아무런 근거도 제시하지 않고 모든 점술을 무차별적으로 인정한다.

- 이들 위로 그리스 시대에는 피티아가 이 모든 점쟁이보다 걸출했고, 우리 시대에는 누더기를 걸친 시베리아 샤먼이 걸출하다.[410]

74세의 늙은 칸트는 소크라테스와 플라톤처럼 고대 그리스의 아폴론 신전의 피티아 신탁을 믿고, 심지어 한국에 오늘날도 남아 있는 시베리아

---

409) Kant, *Anthropologie in pragmatischer Hinsicht* [1798], 493쪽.
410) Kant, *Anthropologie in pragmatischer Hinsicht* [1798], 493쪽.

무당의 점괘도 이의 없이 믿는 것처럼 언명하고 있다. 그런데 그는 로마 시대의 신탁 기록도 신뢰한다.

- 로마인들의 전조·징후의 예언은 세계 사건의 진행 중에 숨겨진 것의 발견과, 그들이 자신들의 종교에 따라 순응해야 했던 신들의 의지의 발견을 의도하지 않았다. 그러나 어떻게 하여 시인들도 스스로를 영감 靈感을 얻은 것(신들린 것)으로, 그리고 예언적인 것으로 간주하는 것과 시적詩的 발작에서 영감을 얻는 것을 자랑하는 상황에 이르렀는지는, 오로지 시인이 산문 연설가처럼 주문받은 작품을 힘들여 만드는 것이 아니라, 생동하고 강력한 시상과 감흥이 저절로 쇄도하고 흡사 이때 고통스러운 행태를 보이는, 그를 발작시키는 감각적 기분의 유리한 순간을 낚아채야 하는 사실에 의해서만 설명될 수 있을 뿐이다. 천재에게도 일정량의 광기가 부여되어 있다는 옛말도 이와 유사한 것이다. (흡사 영감에 의해 내몰리는) 유명한 시인들의 무작위로 뽑은 시 구절에서 추정되는 신탁에 대한 믿음, 하늘의 의지를 발견하는, 최근 독신자의 보물 상자와 닮은 수단, 로마인들에게 국가 운명을 예고해 주었다는 신비의 책 『시빌린 서책들(Sibyllinsche Bcher)』 - 안타깝게도 그들은 너무 접어대서 이 책들을 잃고 말았다 - 의 해석 등도 다 여기에 근거한다.[411)]

칸트는 로마 시대에 시구절의 무작위 선택으로 보던 신탁 점괘, 하늘의 뜻을 얻는 기타 점술 수단, 그리고 시빌린 서책들의 점술적 예언력을 시인적 "영감"이나 "천재의 광기"와 동일시하며 믿음을 표명하고 있다. *Sibylline Books*(라틴: *Lifri Sibyllini*, 시빌린 서책들)는 육언절구 시

---

411) Kant, *Anthropologie in pragmatischer Hinsicht* [1798], 493-494쪽.

구로 표현된 무녀들의 신탁 점사占辭 모음집이다. '시빌(sibyl)'은 그리스·로마 시대의 무녀(여자 점쟁이)를 가리킨다. 전설에 의하면 이『시빌린 서책들』은 로마의 마지막 왕 수페르부스(Lucius Tarquinius Superbus)가 한 무녀로부터 구입했다고 전한다. 로마는 공화국과 제국 시대를 관통해서 중대한 국기 위기 시에 이 책에서 점괘를 얻었다. 칸트는 "너무 접어대서 이 책들을 잃고 말았다"고 말하지만, 일부만 유실되거나 고의로 파괴되었고, 일부 단편들은 오늘날도 현존한다. 이『시빌린 서책들』, 즉 무녀들의 점사들은 12책의 예언들을 담은 유대교-기독교 기원의『시빌 신탁(Sibylline Oracles)』과는 다른 것이다. 아무튼 칸트는 그 책이 유실된 것을 "안타까워할" 정도로 로마 시대 신비의 책『시빌린 서책들』을 신뢰하고 있다.

칸트는 이와 같이 피티아·샤먼·로마 무녀의 신비적 예지와 예언의 점술을 인간학적으로 가감 없이 인정하고 있다.[412] 칸트는 흄의 '인간 과학(science of man)'을 '인간학(anthropology)'으로 격하·축소시켜 '재再주술화'하여 재생산한 것이다. 이것은 주역의 역괘에 대한 믿음을 제한하고 제사의 의미를 일종의 '가례 의식儀式'으로 현실화·인간화·현세화·철학화한 공자의 길과 상반된 길이다.

칸트의 3대 비판서만 읽은 얼뜨기 철학자들, 또는『순수이성 비판』끝부분의 주술신학적 신국론 및 '사후 상벌의 유인과 협박 요청' 테제와『실천이성 비판』의 반反이성적·경험론적·공감론적 도덕교육론 부분을 읽지 않거나 또는 중시하지 않고 도외시하는 칸트 독자들과 아직도 잔존하는 기독교 신앙 속에서 당연시하는 독자들은 칸트철학을 단순한 합리론적 도덕형이상학으로만 간주한다. 그러나 칸트의 후기 저작들까지 전모

---

412) 칸트의 점술론에 대한 더 상세한 비교분석은 참조: 황태연,『공자의 인식론과 역학』(파주: 청계, 2018), 389-391쪽.

를 살피면 칸트의 인간학과 도덕철학은 기독교 신학적·주술적 형이상학으로 드러난다.

칸트는 좀 전까지 '계몽주의의 비판적 종합자'로 우대받았다. 그러나 알고 보면 그가 수행한 작업의 진상은 1783년 이미 이성 비판적·세계 변혁적 '계몽' 개념을 "자기귀책적 미성년성으로부터 벗어날 용기"로 변조함으로써[413] 외적 억압·착취·궁핍, 그리고 외인적外因的 미신·무지·몽매를 '자기책임'으로 돌리고, 이를 통해 계몽주의적(이성 비판적·세계 비판적) 인간과학과 도덕철학을 반反계몽적으로 재再형이상학화·재再주술화·몽매화한 것이다.

칸트의 도덕철학은 전체적·궁극적으로 인간 세계와 학문 전체를 다시 '몽매화'하는 '반反계몽'의 '위학僞學', 즉 '반反과학'으로 전락하고 말았다. 그간 칸트에게 매료되어 그의 일부 저서들을 읽고 가르쳐온 거의 모든 철학자는 칸트의 전서全書에 펼쳐진 그의 진면목을 살피지 않은 채 사변 철학적 겉멋만 좇는 '얼뜨기·머저리 합리론자들'이거나 사이코패스 철학자들뿐이었다.

---

413) Immanuel Kant, "Beantwortung der Frage: Was ist Aufklärung?"[1784]. *Kant Werke*, Bd.9, Erster Teil (Darmstadt: Wissenschaftliche Buchgesellschaft, 1983).

제6절

미美와 미감을 등진
반反중도 미학

    플라톤은 예술미를 교란하는 모방술을 비판함과 동시에 이 예술미의 본질, 즉 모든 예술의 아름다움의 본질을 궁극적으로 예술 소재들과 그 배열의 '중화'라는 '객관적' 존재 양태에서 구했다. 아리스토텔레스는 대체로 모방(미메시스)이라는 '객관적' 표현술에서만 아름다움을 찾았지만, 약간의 중화의 요소를 인정했다. 허치슨은 '다양성 속의 일률성'이라는 '객관적' 존재 양태와 모방이라는 '객관적' 표현술에서 미를 구하고자 했으나 중화의 요소들(비율과 조화)도 언급했다. 흄은 이 전통을 부분적으로 계승했지만 이익이나 편의성을 미의 원인으로 착각했고, 스미스는 허치슨 쪽으로 경도되는 경향 속에서 허치슨과 흄을 뒤섞어 계승하면서 부차적 논변에서 미의 바른 객관적 근거를 '균형'으로 언급하고 있다.
    그러나 임마누엘 칸트는 이 모든 '주객관적' 미학의 흐름과 단절해 아름다움에 대해 일체의 객관성을 부정하고 '주관적' 일반성만을 인정함으로써 '주관주의 미학'을, 그것도 철학적 궤변으로 수립한다. 20세기에 들어 칸트의 '주관주의 미학'은 니체의 정치적 사이비 미학과 함께 결국 '미에 대한 혐오감'을 유발하는 원천이 되었다.

칸트의 이 주관주의적 미 개념은 그가 공감의 외감적 직관과 시간의 내감적 직관을 뺀 내·외감의 모든 감각적 지각에 대해 객관성을 부정하는 것과, 그가 외감적 오각五覺, 내감적 쾌감, 내감적 미감을 구체적 사례들에서 혼동하는 것에 기인한다. 따라서 그에게 당연히 이론적 자가당착과 횡설수설을 강제하는 그의 미학적 편향과 궤변적 오류는 그의 감각론의 오류와 맞닿아 있다.

6.1. 객관적 미감을 부정하는 주관주의 미학

칸트의 감성론(Ästhetik; 미학)의 기본 입장은 외감의 공간 직관, 내감의 시간 직관, 그리고 미감을 제외한 모든 감각에 '객관성'과 주관적 '일반성'을 둘 다 부정하는 반면, 내감의 미감에는 객관성을 부정할지라도 '주관적 일반성'을 인정하는 것이다. 모든 감각에 '객관성'과 주관적 '일반성'을 둘 다 부정하는 유형의 감성론은 이미 『순수이성 비판』에서부터 시작된다. 여기서 그는 "단순한 감각적 맛의 판단"과 같은 외감적 오감의 판단은 "원리가 전무한" 것으로 보고,[414] 1차 속성들(공간, 시간, 운동 등)을 제외한 감각 판단(색깔, 소리, 맛, 냄새, 촉감)이 사람마다 상이하다는 것을 들어 이 2차 속성을 지각하는 감각들의 객관성을 부정한다.

- 공간 외에는, 선험적으로 객관적이라고 할 수 있을, 외적인 사물과 관

---

414) Immanuel Kant, *Kritik der Urteilskraft* (A1790·B1793), B63쪽. *Kant Werke*, Bd. 8 (Darmstadt: Wissenschaftliche Buchgesellschaft, 1983).

련된 다른 주관적 관념도 없다. 왜냐하면 우리는 공간 속의 직관으로부터 도출하듯이 외적 사물과 관련된 관념 중 어떤 관념으로부터도 선험적 종합명제를 도출할 수 없기 때문이다. 따라서 가령 색깔, 소리, 온기의 느낌들이 직관이 아니라 단순히 느낌이기 때문에 외적 사물과 관련된 이런 관념들이 즉자적으로 아무런 객체도 선험적으로 인식하게 할 수 없는 시각, 청각, 촉각 등 감각 종류의 주관적 성질에 속한다는 점에서, 이 관념들이 공간의 관념과 부합될지라도 이런 관념들에게는 정확히 말하자면 전혀 어떤 관념성(Idealität)도 귀속되지 않는다. 이 주석을 다는 의도는 가령 색깔, 맛 등이 정당하게 사물들의 속성으로 간주되는 것이 아니라, 심지어 상이한 사람들에게서 상이할 수 있는 우리의 주체의 변화들로 간주되기 때문에 사람들이 주장되는 공간의 이상성을 아주 불충분한 사례들을 통해 해명하려는 생각이 떠오르지 않게 막는 데까지만 타당하다. 왜냐하면 이 경우에는 경험적 이해 속에서 원래 그 자체가 현상에 불과한 것이, 가령 장미가 물자체物自體로 행세하기 때문이다. 하지만 이런 식으로 행세하는 물자체는 색깔과 관련해 각자의 눈에 달리 현상할 수 있다.[415]

여기서 칸트는 색깔·맛 등을 내·외감의 선험적 형식인 공간·시간과 달리 각 개인의 상이한 '감각적 관점'에 따라 달리(가령 빨강이 주홍, 주황, 분홍 등으로) 현상할 수 있는, 즉 객관성도 일반성도 없는 일종의 주관적 '환각'으로 보고 있다.

그러나 우리가 경험하듯이 미각적味覺的 지각조차도 일정한 개인차에도 불구하고 범인류적 '보편성'을 갖는다. 왜냐하면 미각 심상들도 하늘이 내린 선험적 심상('天垂象')이기 때문이다. 동시에 이 미각적 지각은 이

---

415) Kant, *Kritik der reinen Vernunft*, B45쪽.

지각이 이 미각의 맛에 상응하는 특정한 물질적 속성에 의해 촉발되는 한에서 '객관성'도 갖는다. 미각의 맛은 주관적인 것이면서 물체의 객관적 속성과 필연적 연관성을 갖고 있다. 여기서 칸트가 너무 지나치게 강조하는 '감각적 개인차'는 분명 인정된다. 이것은 상이한 경험을 제할 때 개인 간의 감수성의 양적·질적 상이성에 기인한다. 그러나 이 '감각적 개인차'는 '지성적 개인차'에 비하면 약소한 것이다. 이 '지성적 개인차'는 천치에서 천재까지 천양지차를 보인다. 반면, 생후 2주 된 신생아는 지능이 '전무'할지라도 젖 빠는 감각, 젖 냄새를 맡는 감각, 배부르고 배고픈 감각, 자기의 배설물을 언짢게 느끼는 인간의 공통적 감각을 본능으로 보유한다. 신생아와 천치를 포함한 깨어 있는 모든 인간은 누구나 '유사한' 감각을 지니는 것이다. 그래서 공자는 "본성은 서로 가깝고 서로를 가깝게 해준다(性相近)"고 갈파했던 것이다.

그러나 칸트는 색깔·맛·소리·냄새·감촉 등 2차 속성의 감각적 지각의 객관성을 일괄 부정하고 있다. 그런데 이 견해는 그의 우연한 말실수가 아니라, 『순수이성 비판』의 초판과 재판을 관통하는 칸트의 근본입장에 속한다. 그는 인식론적 맥락에서 한번 인용했듯이 초판에서 이렇게 말한다.

- 포도주의 좋은 맛은 포도주의 객관적 규정, 따라서 현상으로 여겨지는 객체의 객관적 규정에 속하는 것이 아니라, 이것을 즐기는 주체에 있는 감관의 특수한 성질에 속하는 것이다. 색깔들은 그것들이 물체의 직관에 의존하는 물체의 성질들이 아니라, 단지 빛에 의해 일정한 방식으로 촉발되는 시각의 양상 변화일 따름이다. 반면, 객관의 조건으로서의 공간은 반드시 객체의 현상 또는 직관에 속한다. 맛과 색깔은 대상이 우리에 대해 감관의 객체가 될 수 있는 그런 필수적 조건이 전혀 아니다. 맛과 색깔은 특수한 조직의 우연히 부가된 효과들로서 현

상과 결합된 것이다. 따라서 맛과 색깔은 전혀 선험적 관념이 아니라, 감각에 기초한 것이지만, 좋은 맛은 감각의 효과로서의 느낌(쾌·불쾌감)에 기초해 있다. 또한 아무도 색깔 관념이나 그 어떤 맛 관념을 선험적으로 가질 수 없다.[416]

칸트는 여기서도 특이하게 공간 감각에 대해서만 객관성과 보편성을 인정하고 이른바 2차 성질들(색깔, 맛, 소리, 냄새, 감촉)에 대한 감각들에 대해서는 주관성과 특수성만을 인정한다. 물론 우리는 "아무도 색깔 관념이나 그 어떤 맛 관념을 선험적으로 가질 수 없다"는 칸트의 이런 뚱딴지같은 견해를 공자의 '재천성상在天成象' 또는 '천수상天垂象(하늘이 심상을 내림)'의 이론과 흄의 본유인상론에 의거해 단연코 부정하고, 1·2차 성질을 가리지 않고 모든 성질에 감각적 심상들의 인간 보편적 '선험성'과 객관성을 둘 다 인정해야 할 것이다.

■ 미각味覺과 미감美感의 혼동

칸트는 위 인용문에서 포도주의 "좋은 맛은 감각의 효과로서의 느낌(쾌·불쾌감)"이 선험적 객관성이 없는 것으로 말함으로써 이중적 불철저성, 또는 이중적 오류를 노정하고 있다. '좋은 맛'은 쓴맛·단맛·짠맛·신맛·매운맛에 대한 외감적 미각味覺과 욕구 충족에 대한 위장 감각(배부름)에서 나온 '쾌감'이 아니라, 내감적 미감美感으로 느낀 '맛있는' 맛, 즉 '아름다운 맛'(美味)이다. 따라서 "좋은 맛은 감각의 효과로서의 느낌(쾌·불쾌감)에 기초해 있는" 것이 아니라, 즉 외감적 미각味覺에 속하는 것이 아니라, 내감적 미감에 속하는 것이다. 짜고 싱겁다는 느낌은 외감적 미각에 속하는 반면, 포도주의 '좋은 맛'과 '나쁜 맛', 즉 '맛있음'과 '맛없음'을 판

---

416) Kant, *Kritik der reinen Vernunft*, A28쪽.

단하는 것은 미감의 미추 판단이기 때문이다. 포도주의 '좋은 맛'의 미감 판단은 "원리가 전무한" 것이 아니고 칸트의 '미감 판단' 일반과 마찬가지로 판단의 '보편적 원리'가 있는 것이다. 또한 짜고 싱겁다는 외감적 미각도 인간 보편적인 것이다. 왜냐하면 상술했듯이 단순한 감각 판단도 저 일정한 개인차에도 불구하고 대체로 보편적이고 객관적이기 때문이다.

포도주의 '좋은 맛'을 단순한 외감적 미각으로 착각하는 칸트의 이 실수 또는 오류는 그의 사유가 겪고 있는 중요한 개념적 혼란상과 자가당착성을 보여주고 있다. 그는 포도주의 미감 판단 사례에서 다른 단순 감각들의 주관적 특수성을 도출하고 있기 때문이다. 이 실수는 그가 외감들이나 욕구 충족과 관련된 내감적 쾌감도 포도주의 미감 판단만큼 주관적으로 보편적이고, 동시에 이 미감 판단도 외감이나 쾌감과 마찬가지로 주관적 특수성의 개인차를 가지고 있다고 암암리에 자인하고 있음을 폭로해 준다. 그렇다면 모든 내외의 감각적 기능들은 평등한 것이다. 문제는 (가령 적절한 조명도의 빛이 주는) 외감적 시각의 쾌감, 욕구 충족의 양적 적절성에서 느끼는 내감의 쾌감, 유형적 사물들의 구성·배열·색상·소리·움직임(동세)의 객관적 중화(균형·조화·비율)에서 느끼는 미감을 명확하게 구분하는 것만이 요구된다. 그러나 미감 판단에만 주관적 보편성을 인정하는 '특대'의 이유는 없는 것이다. 필자가 저 한 번의 실수를 지나치게 우려먹는 것인가?

우리는 단호하게 세 배 힘을 주어 '그렇지 않다'고 답한다. 칸트는 미감 판단 사례에서 다른 단순 감각들의 주관적 특수성을 도출하는 동일한 실수를 『판단력 비판』에서도 되풀이하기 때문이다. 칸트는 일단 "기분 좋은 것(das Angehneme)과 양호한 것(das Gute)은 둘 다 욕구 능력과 관계를 갖고, 이런 한에서 전자는 정리적情理的으로(pathologisch) 산출된 쾌

감을, 후자는 순수한 실천적 쾌감을 동반한다"고 말한다.[417]

그리고 그에게 "기분 좋은 것은 느낌 속에서 감각들을 기쁘게 하는 것이다". 그런데 여기서 그는 이 '느낌(Empfindung)'이라는 단어의 중의성 때문에 신경을 쓴다. "여기서 즉각 느낌이라는 단어가 가질 수 있는 이중적 의미의 아주 흔한 혼동을 나무라고 이에 유의하게 만들 기회가 보인다. 모든 쾌감은 (이것을 말하든 생각하든) 그 자체가 (쾌락의) 느낌이다. 따라서 마음에 드는 모든 것은 바로 마음이 든다는 바로 그 사실에서 기분 좋다. 그리고 상이한 정도로, 또는 다른 기분 좋은 느낌들과 관계에 따라 우아하고(anmutig), 곱고(lieblich), 흥겹고(ergötzend), 기쁘다(erfreulich)."[418] 여기서 본인의 말로도 '욕구 능력과 관계를 갖는' 기분 좋은 것이 '우아하고' '고울' 수 있다는 것이 선뜻 이해되지도 않지만, 이 '우아함'과 '고움'은 미학적 아름다움으로서 욕구 충족의 쾌감에 속하는 것이 아니라 미감 판단에 속하는 것이다. 저 포도주의 '좋은 맛'처럼 '우아함'이나 '고움'과 같은 미감 판단의 '아름다움'을 제시하고 이를 쾌감의 주관적 특수성으로 착각하는 실수는 『판단력 비판』에서도 이렇게 계속 반복된다.

- 기분 좋은 것의 관점에서는 누구나 자기가 사적 가정에 근거시키는 자기의 판단, 그리고 그가 어떤 대상에 관해 이것이 자기의 마음에 든다고 말하는 판단이 단순히 자기 개인에 한정된다는 것을 수긍한다. 따라서 그가 '카나리아산 샴페인이 기분 좋다'라고 말한다면 다른 사람이 그 표현을 그에게 개선해주고 그가 '그 샴페인이 나에게 기분좋다'고 말해야 한다고 그에게 상기시켜 주는 것에 그는 기꺼이 만족한다.

---

417) Kant, *Kritik der Urteilskraft* (A1790·B1793), B14쪽.
418) Kant, *Kritik der Urteilskraft*, B7-8쪽.

이것은 혀, 구강, 목구멍의 미각에서만이 아니라, 눈과 귀에서 누구나에게 기분 좋을 수 있는 것에서도 그렇다. 이 사람에게 보라색이 부드럽고 고운 색이지만, 저 사람에게는 죽어 있는 색, 죽은 색이다. 이 사람은 취주악기의 음색을 애호하고, 저 사람은 현악기의 음색을 애호한다. 우리의 판단과 다른 타인들의 판단을 우리의 판단이 이 판단에 논리적으로 대립되는 것처럼 마치 옳지 않은 것으로 꾸짖을 의도로 저것에 관해 다투는 것은 어리석은 짓일 것이다. 따라서 기분 좋은 것의 관점에서는 각자가 각자의 (감각적) 입맛을 가졌다는 원칙이 통한다. 그러나 아름다운 것에서는 사정이 완전히 다르다.[419]

이 인용문에서 "카나리아산 샴페인이 기분 좋은 것", "보라색이 부드럽고 고운 색"인 것, "취주악기의 음색과 현악기의 음색을 애호하는 것" 등은 모두 다 '아름다운 것들'과 관련된 미감 판단이다. "욕구 능력"과 관계를 갖는 "기분 좋은 것"은 욕구 충족의 양적 중도(너무 적지도, 너무 많지도 않은 정도)에 대한 쾌감 판단이어야 한다. 그러나 칸트는 '기분 좋은 것들'의 사례로 거의 다 미감 판단의 사례들을 들이대고 있다. 아, 안타깝도다! 그는 이것으로써 "아름다운 것에서는 사정이 완전히 다르다"는 마지막 말을 스스로 무력화시키고 있다. 그가 '아름다운 것들'을 사례로 들이대고 "기분 좋은 것의 관점에서는 각자가 각자의 입맛을 가졌다"는 개인적 특수성·차이성의 원칙을 통하게 하려고 한다면, 이 원칙은 '아름다운 것들'에도 꼭 그만큼 통하는 것이다. 그리고 "아름다운 것에서는 사정이 완전히 다르다"는 말로 함의된 일반성·보편성 원칙은 역으로 '기분 좋은 것들'에도 꼭 그만큼 적용되는 것이다. 오감도 미감만큼 보편적이고, 미감도 개인차가 외적 오감만큼 엄존儼存하기 때문이다.

---

419) Kant, *Kritik der Urteilskraft*, B18-19쪽.

욕망의 충족에서 나오는 '쾌감'과, 유형적 중화성을 아름답게 느끼는 '미감'은 둘 다 개인차에도 불구하고 인간 간에 '보편성' 또는 '보편적 유사성'이 있다. 또 이 쾌감과 미감은 유형적有形的 대상의 구성·배열·색상·소리·움직임(동세)의 색관석 중화성에 조응하는 객관성도 띠고 있다. 따라서 이 유형적 대상을 잘 조작하고 조리하고 미식美食, 미성美聲, 미색美色 등의 요리·제조·보유 면에서 탁월한 유명한 사람, 즉 요리사·음악가·미남미녀 등이 있는 것이다. 맹자는 말한다.

- 입은 맛에 대해 동일한 기호를 가진다. 역아易牙(제환공 때 최고 요리사)는 우리 입이 좋아하는 것을 먼저 알았다. 만약 맛과 관련해 그 입의 본성이 남들과 다름이 개와 말이 우리와 부동한 것과 같을 정도로 다르다면 천하 사람들이 어찌 맛과 관련해 다 역아를 좋아서 추종하겠는가? 맛에 있어서는 천하가 역아에 기대하는데, 이것은 천하의 입이 서로 비슷하기 때문이다. 귀도 역시 그렇다. 소리에 있어서는 사광師曠(진晉평공 때 뛰어난 음악가)에 기대하는데 이것은 천하의 귀가 서로 비슷하기 때문이다. 눈도 역시 그렇다. 자도子都(정나라 소공 때 미남자)에 있어서는 천하에서 그 미색을 모르는 사람이 아무도 없다. 자도의 미색을 모르는 자는 눈이 없는 자다. 그러므로 맹자는 말한다. 입은 맛과 관련해 동일한 기호가 있고, 귀는 소리와 관련해 동일한 청각이 있고, 눈은 색과 관련해 이것을 동일하게 아름답게 여기는 것이 있다.[420]

---

420) 『孟子』「告子上」(11-7). "口之於味 有同耆也. 易牙先得我口之所耆者也. 如使口之於味也 其性與人殊 若犬馬之與我不同類也. 則天下何耆皆從易牙之於味也. 至於味 天下期於易牙 是天下之口相似也. 惟耳亦然. 至於聲 天下期於師曠 是天下之耳相似也. 惟目亦然. 至於子都 天下莫不知其姣也. 不知子都之姣者 無目者也. 故曰 口之於味也, 有同耆焉 耳之於聲也 有同聽焉 目之於色也, 有同美焉." 국역문의 괄호는 인용자.

맹자는 칸트와 정반대로 이와 같이 미미美味를 미성·미색과 차별하지 않고 이 세 가지 미에 대해 미감적으로 동일한 객관적 동일성(보편성)을 말하고 있다. 즉, 그는 미의 범세계적 동일성과 유형적有形的 객관성(역아가 만드는 미식, 사광이 연주하는 미성, 자도의 타고난 미색 등의 외형적 객관성)을 동시에 인정하고 있다. 만인이 알아주는 요리사·음악가·미남미녀가 있다는 것은 미가 유형적 객관성도 가졌다는 것을 가장 확실히 보여준다.

필자는 미감을 "유형적 대상의 외적 구성·배열·움직임의 객관적 중화성을 지각해 '아름답다'는 평가 감정으로 변별해 낼 수 있는 내감의 한 감각기능"으로 정의했다. 반면, 칸트는 '미감(Geschmack)'을 동어반복적으로 단순히 "아름다운 것을 판단할 능력"으로[421] 정의한다. 이런 전제 아래서 그는 "아름다운 것에서는 사정이 완전히 다르다"는 보편성 원칙의 내용을 이렇게 미감 판단의 '주관적 보편성'으로 설명한다.

- 자기의 미감을 얼마간 자부하는 누군가가 '이 대상(우리가 보는 건축물, 저 사람이 걸친 옷, 우리가 듣는 콘서트, 평가를 위해 제시된 시문)이 내게는 아름답다'라는 말로 자신을 정당화한다고 생각한다면 이것은 (기분 좋은 것과 정반대로) 우스울 것이다. 왜냐하면 그는 그것이 단순히 그의 마음에만 들 뿐이라면 그것을 '아름답다'고 표현할 필요가 없기 때문이다. 많은 것이 그에게 자극과 쾌락을 줄 수 있고, 아무도 이것에 대해 신경 쓰지 않을 것이다. 그러나 그가 무언가를 아름다운 것으로 주장한다면, 그는 타인들도 바로 동일한 쾌감(Wohlgefallen)을 가질 것으로 추정한다. 그는 그 자신을 위해서뿐만 아니라 모든 사람을 대신해서 판단하고, 바로 이럴 때 아름다움에 관해 마치 이 아름다움

---

421) Kant, *Kritik der Urteilskraft*, B3쪽 각주.

이 사물들의 속성인 것처럼 언급한다. 그리하여 그는 '그 물건이 아름답다'고 말한다. 그리고 가령 타인들이 여러 번 그의 판단과 합치된다고 인정하기 때문에 타인들의 합치를 그의 쾌감 판단 속으로 계산해 넣는 것이 아니라, 타인들에게 이 동일한 판단을 '요구한다'. 그는 타인들이 달리 판단한다면 타인들을 탓하고, 미감이 그들에게 없다고 부인하고, 이에 관해 타인들이 동일한 미감을 마땅히 가져야 한다고 요구한다. 이런 한에서 우리는 '각자가 각자의 특별한 미감을 가졌다'고 말할 수 없다. 왜냐하면 이렇게 말하는 것은 어떤 미감도 지니고 있지 않다는, 즉 만인의 동조에 대해 정당한 요구를 제기할 수 있는 아무런 감성적 판단도 없다는 것을 뜻할 것이기 때문이다.[422]

남에게 요구하는 유사한 미감 판단은 여기서 인간 간의 주관적 보편 타당성을 추구한다. 따라서 칸트는 이 논변을 바탕으로 "그 쾌감의 일반성은 미감 판단에서 오로지 주관적인 것으로서만 관념된다"는 명제를 수립한다.[423] 즉, 미감의 '유형적 객관성'을 부정하는 것이다.

칸트는 위 인용문에서 도덕적 행위에 대해 인정해야 할 보편성 추정과 당위를 무례하게 미감 판단에 대해서도 요구하고 있다. "타인들이 달리 판단한다면 타인들을 탓하고 타인들이 동일한 미감을 가져야 한다고 요구하는" 무례한 미학을 주장하는 칸트의 모습은 그야말로 니체의 '미학 독재'의 선구자 같다! 미감 판단은 시비 판단처럼 보편적이지만 시비 판단에 비해 미감적 감수성에서 개인차가 더 크기 때문에 도덕적 당위나 법적 당위처럼 '강렬할 수 없다. 따라서 '의무적'일 수 없는 것이다.

가령 스타일과 색상이 멋진 옷에 대한 여성들의 미학적 취향은 개인차

---

422) Kant, *Kritik der Urteilskraft*, B19-20쪽.
423) Kant, *Kritik der Urteilskraft*, B21쪽.

가 매우 심하고 시공적으로 매우 큰 편차를 보인다. 미감 판단은 도덕 행위와 달리 대체적 경향에서만 인간 간에 일치하고 그것도 일시적으로만 일치한다. 따라서 미감 판단은 심하게 유행을 타는 것이다. 그러므로 미감 판단과 관련된 우리의 열성은 보통 미감이 뛰어난 사람을 찬미하는 데 쓰이는 반면, 남의 미감 판단이 우리와 다르거나 우리보다 못할 때 우리는 남에게 동일한 판단을 요구하거나 동일한 미감을 마땅히 가질 것을 강요하는 데 쓰이지 않는다. 사람들은 서로 낯설수록 더욱 이런 요구를 꺼리고 조심스러워한다. 우리는 이런 요구를 하기보다 차라리 미감적 취향이 비슷한 사람들끼리 동호회를 만들어 몰려다니며 '끼리끼리' 즐긴다. 미감적 감수성·강도·방향의 통일성에 대한 바람과 새로운 미감을 배우라는 요구는 아주 친한 사람끼리만 할 수 있을 뿐이다.

  마찬가지로 '기분 좋은 것들'에 대한 쾌감 판단도 경향적으로 일치성과 일반성을 보인다. 그렇기 때문에 우리는 그 많은 기분 좋은 '상품들'을 생산해 판매하는 상공업을 영위할 수 있는 것이다. 또한 쾌감의 통일에 대한 바람과 새로운 미감을 배우라는 요구도 아주 친한 사람끼리는 할 수 있다. 배가 고프지 않아 미감적 음식 타박을 하는 아이들에게 보통 엄마들은 '굶어 봐야 밥 귀한 줄 안다'고 나무라고 군소리 없이 밥을 먹을 것을 요청하는가 하면, 심하면 밥그릇을 뺏어버린다.

  칸트는 논변 중에 '기분 좋은 것'에 대한 쾌감 판단도 '아름다운 것'에 대한 미감 판단과 마찬가지로 유사한 '일반성'을 가졌을 것이라는 꺼림칙함을 느꼈을 것이다. 미상불 칸트는 지금까지의 주장과 자가당착에 빠짐을 무릅쓰고 쾌감 판단의 일반성을 인정한다.

- 그럼에도 불구하고 우리는 기분 좋은 것과 관련해서도 이 기분 좋은 것의 판단에서 사람 간에 일치성이 나타나고, 이 일치성의 관점에서

우리가 어떤 사람들에게 미각味覺을 부정하고 다른 사람들에게는 미각을 인정하는 것을, 그것도 기분좋은 것 일반의 관점에서 감관感官으로서의 의미가 아니라 판단 능력으로서의 의미에서 인정하는 것을 발견한다. 그리하여 우리는 자기 손님들의 마음에 다 들도록 (모든 감각을 통해 향유하도록) 기분 좋게 이 손님들을 만들 줄 아는 아무개를 두고 '그는 미각(Geschmack)이 있다'고 말한다.[424]

여기서 칸트는 마침내 쾌·통감을 판단 능력으로 인정하고 있다. 그러나 그는 자기가 순수이성 비판에서 독단적 합리론의 근대적 거두로 비판해 마지않는 라이프니츠의 낡은 개념들을 동원해 저 쾌감 판단의 이 일반성을 미감 판단의 일반성과 차별한다.

- 그러나 여기서(기분 좋은 것의 판단에서) 일반성(Allgemeinheit)은 단지 비교적 의미로 취해지는 것이다. 그리고 여기에는 '보편적' 규칙들(universale Regeln)이 아니라, ('경험적 규칙들이 모두 다 그렇듯이') 다만 '일반적(general)' 규칙들만이 있을 뿐이다. 보편적 규칙들은 아름다운 것들에 대한 미감 판단이 스스로에게 꾀하거나, 이것에 대해 요구하는 것이다. 기분 좋은 것의 판단은 경험적 규칙들에 기초하는 사회성(Geselligkeit)과 관련된 판단이다.[425]

칸트는 'universal(보편적)'이라는 낱말을 'general(일반적)'과 구별하는 라이프니츠 식 말장난을 통해 기분 좋은 것에 대한 쾌감 판단의 일반성에 대한 자가당착적 인정에 대해 구차한 변명으로 횡설수설하고 있다.

---

424) Kant, *Kritik der Urteilskraft*, B20쪽.
425) Kant, *Kritik der Urteilskraft*, B20-21쪽.

이 두 낱말의 구별은 원래 라이프니츠로부터 유래한다. 오래전 라이프니츠는 선험적·이성적 본유관념에 기초해 연역된 '필연적 진리'와, 경험 사례들의 누적에 기초해 귀납된 '사실의 진리'를 차별하고, 다시 '필연적 진리'를 '보편적(universal) 필연성'의 진리라고 바꿔 부르고 '사실의 진리'를 '일반적(general) 진리'라고 바꿔 부르며 '보편적'과 '일반적'을 차별했었다.[426] 전자는 이성적·선험적 진리이고 후자는 감성적·경험적 진리인 셈이다. 그런데 칸트는 "미감 판단은 감성적이다"라는 명제를[427] 전제하고 있다. 따라서 아름다운 것에 대한 미감 판단은 '감성적'임에도 '보편적' 규칙을 요구하는 반면, 기분 좋은 것에 대한 쾌감 판단은 '일반적' 규칙만을 갖는다는 칸트의 차별적 이중 잣대 명제는 자가당착적 말장난이다. 미감 판단과 쾌감 판단은 둘 다 감성적이고 따라서 둘 다 똑같이 일반적이다. 라이프니츠적 의미의 '보편적'이라는 술어는 감성적인 것에 적용할 수 없기 때문이다. 미감이 감성적이면서도 선험적 능력이라면, 쾌감도 감성적이면서도 선험적인 내감 능력인 것이다.

■ 미감의 주관적 일반성 명제와 주관주의 미학

쾌감에 대한 차별의 문제점에 대해서는 이쯤 해두자. 이제 미와 미감의

---

426) 라이프니츠는 말한다. "이것(영혼 속 빛의 섬광)은 특히 필연적 진리의 경우에 나타난다. (…) 감각들은 우리의 모든 현실적 지식에 필수적인 것일지라도, 그 모든 것을 제공하기 충분치 않다. 왜냐하면 감각들은 사례들 외에, 즉 개별적 또는 단독적 진리들 외에 어떤 것도 우리에게 주지 않기 때문이다. 그러나 많은 사례의 열거는 일반적(general) 진리를 확증해 줄지라도 보편적(universal) 필연성을 확립해 주기에 충분하지 않다. (…) 우리가 순수수학과, 특히 산술과 기하학에서 발견하는 것과 같은 필연적 진리가 사례들에도, 결과적으로 (…) 감각들의 증언에도 그 증명이 달려있지 않는 원리들이 있어야 한다. (…) 논리학도 이러한 필연적 진리들로 풍부하고, 형이상학과 윤리학도 각각의 그 생산물들인 자연신학과 자연법학과 함께 그렇다. 그리하여 이 진리들의 증명은 '본유적' 원리라고 기술되는 내적 원리로부터만 온다. (…) 이성의 이 영원한 법칙을 (…) 주의력의 집중을 통해 우리 영혼 안에서 충분히 '발견'할 수 있다." Leibniz, *New Essays on Human Understanding* [1705], "Preface", 49-50쪽.
427) Kant, *Kritik der Urteilskraft*, B3쪽.

'주관적 일반성'에 대한 칸트의 이론을 살펴볼 차례다. 그는 우리가 미감 판단에서 상상력에 의해 표상을 주체의 쾌·불쾌감과 관련시킨다고 하면서 미감 판단을 감성적인 것, 주관적인 것으로 규정하지만, 이 쾌·불쾌감의 느낌 간의 '관계'는 객관적일 수 있다고 말한다.

- 어떤 것이 아름다운지 여부를 판별하기 위해서 우리는 지성을 통해 표상을 인식 대상과 관련시키는 것이 아니라, (아마 지성과 결합된) 상상력을 통해 주체와 관계시키고 이 주체의 쾌·불쾌감과 관계시킨다. 따라서 미감 판단은 인식 판단이 아니고, 그래서 논리적이 아니라 감성적(ästhetisch)이다. 이 '감성적'은 그 규정 근거가 '주관적인 것과 다를 수 없는 것'으로 정의된다. 그러나 모든 표상들의 관계는, 심지어 느낌들의 관계조차도 객관적일 수 있다. (그리고 이때 이 관계는 경험적 표상의 실재적 측면을 뜻한다.) 오직 쾌·불쾌의 느낌과의 관계만은 객관적일 수 없다. 이 느낌을 통해서는 객체 속의 아무것도 기술되지 않고, 이 관계 속에서는 주체가 표상에 의해 촉발되는 것처럼 자기 자신을 느낀다.[428]

아름다움을 변별하기 위해서는 아름다움과 추함의 감정 범주가 쓰여야 함에도 칸트는 '쾌·불쾌(Lust oder Unlust)의 느낌' 범주를 쓰고 있다. 칸트에게서는 아직 쾌감과 미감, 기쁨과 아름다움이 미분화되어 있다. (이 문제는 뒤에 다시 살펴보자.) 아무튼 그는 위 인용문에서 이 미학적 쾌·불쾌감 자체의 객관성을 부정하는 반면, 미감적 느낌(쾌·불쾌감) 간의 '관계(Beziehung)'에 대해서만 객관성을 인정하고 있다. 따라서 이 '객관성'은 실은 '대상적' 객관성이 아니라, '상호주관성' 또는 인간 간의 '상호주

---

428) Kant, *Kritik der Urteilskraft*, B3쪽.

관적 보편성'을 뜻한다.

■ 'Interesse'의 다의성과 '목적 없는 합목적성'

칸트는 미감 판단의 느낌에 대해 객관성을 부정한 데에 이어 "미감 판단이 규정하는 쾌감은 어떤 이익상의 관심(Interesse)도 없다"고 논변한다.

- 이익 또는 이익상의 관심은 우리가 대상의 현존의 표상과 연결시키는 쾌감이라고 불린다. 따라서 이런 이익 관심은 자기의 규정 근거로서, 아니면 자기의 규정 근거와 필연적으로 연결된 것으로서 언제나 동시에 욕구 능력과 관계를 갖는다. 그러나 물음이 '어떤 것이 아름다운가'라면, 물건의 현존에서 그 어떤 것이 우리에게, 또는 그 어떤 사람에게 중요한지, 또는 한낱 중요할 수 있을 뿐인지가 아니라, 우리는 사물을 단순한 관찰(직관이나 반성) 속에서 어떻게 판단하는지를 알려고 할 것이다. (…) 사람들은 표상하는(=관념하는) 대상의 존재가 내게 아무래도 상관없을지라도 단지 대상의 단순한 표상(=관념+인상)이 내 안에서 쾌감을 일으키는지만 알려고 한다. 사람들은 대상이 아름답다고 말하기 위해, 그리고 내가 미감을 가졌다는 것을 입증하기 위해, 나를 대상의 현존에 좌지우지되게 만드는 것이 아니라, 이 표상으로부터 내 자신 안에서 만들어내는 것이 중요하다는 것을 쉽사리 본다. 누구나 이익 관심이 조금이라도 섞여 있는 미에 관한 판단은 아주 편파적이라고, 그리고 순수한 미감 판단이 아니라고 자인하지 않을 수 없다. 미감의 물건 속에서 판관 노릇을 하기 위해서는 물건의 현존에 조금도 사로잡혀서는 아니 되고, 그 현존의 관점에 완전히 무심해야 한다.[429]

---

429) Kant, *Kritik der Urteilskraft*, B5-7쪽. 괄호는 인용자.

칸트는 이 명제를, "미감 판단 속의 순수한, 이익 관심 없는 쾌감에 이익 관심과 결합된 쾌감을 대립시킴으로써", 그리고 "바로 지금 거명되어야 하는 것 이상의 종류의 이익 관심이 존재하지 않는다고 확신할 수 있다"는 시실로씨 해명할 수 있다고 말한다.[430] 여기서 '바로 지금 거명되어야 하는 것'은 '미 자체에 대한 이익 관심'을 말한다. 칸트와 서양철학은 이처럼 독일어 'Interesse' 또는 영어 'interest' 또는 프랑스어 'intérêt'의 모호한 다의성(관심, 흥미, 이익, 이해관계, 이자 등의 다의성) 때문에 곤란을 겪는다. 미감 판단으로부터 이익 관심을 떼어내려고 하는데 다시 '미 자체에 대한 Interesse(관심)'를 거론해야 하는 곤경에 처하는 것이다. '미 자체에 대한 이익 관심'은 '미 자체에 대한 관심'이라는 의미로 쓰인 것이다. 미를 이익으로부터 분리시키는 칸트의 이 결단은 『필레보스』의 후기 플라톤·허치슨 등의 동일한 결단처럼 올바른 것이고 흄과 스미스를 뛰어넘는 측면이다.

하지만 칸트는 'Interesse' 단어의 의미론적 모호성(관심, 흥미, 이익, 이해관계, 이자 등의 다의성)을 역이용해 이렇게 말한다.

- (미적) 쾌감의 대상에 대한 판단은 완전히 이해관계(Interesse)가 없지만 그래도 아주 이해 관계적일 수 있다. 즉, 그것은 어떤 이해관계에도 근거해 있지 않지만, 이해관계를 산출한다. 모든 순수한 도덕 판단이 그렇다. 그러나 미감 판단도 전혀 즉자적으로 전혀 이익 관심을 정초하지 않는다. 그러나 사회 안에서는 미감을 갖는 것이 이익 관심이 있는 일이다.[431]

---

430) Kant, *Kritik der Urteilskraft*, B7쪽.
431) Kant, *Kritik der Urteilskraft*, B7쪽 각주.

칸트는 여기서 미감 판단만이 아니라 도덕 판단조차 'Interesse'(관심)의 대상이라고 말하고 있다. 이렇게 하여 칸트는 미감 판단을 이익과 열심히 분리시켰지만 이 'Interesse'라는 단어의 '관심' 의미를 이용해 다시 '이익'을 끌어들여 공리주의로 전락하고 있다. 칸트의 이런 공리주의적 추락은 아름다움을 '쾌감'으로 보는 공리주의적 미 개념의 자가당착성과 'Interesse'라는 단어의 모호한 다의성 때문에 빚어지고 있다. 미美를 Interesse와 분리시켰다가 다시 결합시키는 칸트의 미 개념의 자가당착성은 '목적 없는 합목적성' 명제에서 절정에 이른다. 이 명제는 미를 '이익 없는 이익 적합성'으로 정의하는 꼴이기 때문이다.

칸트의 말대로 'Interesse'는 "대상의 현존의 표상과 연결된 쾌감"이다. 그럼에도 불구하고 칸트가 한편으로 미감 판단의 내용을 이익 관심의 근거인 주관적 '쾌감'으로 규정하고 다른 한편으로는 미감 판단을 열정적으로 이익 관심과 구별하는 것은 이 구별을 다시 무효화하는 것이다. 구별 노력을 '도루묵'으로 만드는 칸트의 이 시지포스식 논변은 비단옷(미감)을 무명옷(이익)과 열심히 구별해놓고 다시 비단옷이 무명(이익 관심의 주관적 근거인 쾌감)으로 짜여 있다고 주장하는 '바보 논법'으로 인해 야기되는 것이다. 흄과 공리주의자들이 말하듯이 이익은 쾌감의 수단적 표현, 또는 쾌감(기쁨)을 일으킬 물질적(수단적) 가용성에 지나지 않는다. 비단옷과 무명옷이 둘 다 '옷'이지만 비단옷이 무명으로 직조되는 것은 아니듯이, 미감과 (쾌감을 낳는) 이익이 둘 다 '기분 좋은 느낌'을 줄 수 있지만, 미감이 쾌감으로 구성되는 것은 아닌 것이다.

미감 판단을 이해관계와 분리시키려는 칸트의 원래 의도는 그래도 원칙적으로 옳은 시도다. 칸트는 저렇게 인구어의 모호성을 오용하기도 하지만, 원래 단어의 기본적 의미를 무시해서 문제가 생기기도 한다. 그가 '미감美感'의 뜻으로 쓰는 독일어 'Geschmack'은 영어 'taste'나 프랑스어 'goût'와 마찬가지로 원래 '미각味覺'에서 유래했다. 그러나 칸트의 미감 개념은 '시각적·관상적觀賞的' 미감으로 편향되어 있어서, 맛있는 것을 입으로 씹고 삼킴으로써만 맛볼 수 있고 또 먹고 싶은 욕구와 분리될 수 없는 '미각적 미감'을 도외시하거나 격하한다. 일반적으로 욕구는 아름다운 것을 지향해서도 일어날 수 있다. 그러나 그는 상술했듯이 기분 좋은 것과 도덕적으로 양호한 것만을 욕구와 관계되는 것으로 인정하고 미감과 관련해서는 욕구 관련성을 인정하지 않는다. 그리하여 '기분 좋은 것'과 '양호한 것'에 대한 '정리적情理的 쾌감'과 '순수한 실천적 쾌감'은 둘 다 욕구능력과 관계되어 있기에 "이익관심과 결부되고", 따라서 "대상의 표상을 통해서만이 아니라, 동시에 주체와 대상의 현존의 표상된 연결을 통해서도 규정된다"는 것이다. 즉, "단순히 대상만이 아니라, 대상의 현존도 심적으로 기쁘다". 반면, "미감 판단은 단순히 관상적觀賞的(kontemplativ)이다. 즉, 미감 판단은 대상의 현존에 대해 무관심하고 대상의 속성(Beschaffenheit)만을 쾌·불쾌감과 결합시키는 판단이다. 그러나 이 관상 자체도 또한 개념들을 지향하지 않는다. 왜냐하면 미감 판단은 (이론적으로도, 실천적으로도) 인식 판단이 아니고, 따라서 개념들 위에 정초 되거나 이 개념들을 목적으로 삼지 않기" 때문이다.[432] 여기서 칸트의 미감이 '시각적·관상적' 미감으로 편향되어 있고 물질적 섭생과 관련된 미각적·후각적·청각적 미감과 단절되어 있는 것이 분명하게 드러난다.

한편, 칸트의 인식 판단은 (속성의) 인식과 (의미의) 이해를 포괄하는 필자의 '인지認知' 개념이나 다름없는 미분화된 개념이다. 그런데 칸트는 위 인용문에서 처음으로 대상의 '표상'이 아니라, 대상의 '속성'을 언급하고 있다. 이것은 칸트의 미학이 객관성을 띨 수도 있는 가능성을 보여주는 대목이다. 그러나 그는 대상의 '속성'과 관련된 미감 판단을 다루면서

---

432) Kant, *Kritik der Urteilskraft*, B14쪽.

도 이 판단이 '인식 판단'이 아니라고 바로 부인하고 있다. 그러나 미감 판단은 쾌감·재미·시비판단과 더불어 엄연히 '이해'(칸트식으로 말하면 '인식 판단')에 속하는 것이다. 미감 판단은 해석학적 차원에서 미학적 지식을 낳는다. 그러나 속성의 '인식'밖에 모르는 칸트에게 이런 수준의 지식 개념은 애당초 체계적으로 불가능했다.

이 논의의 상식적 전제로서 말해 두자면, 사물의 '속성'은 '인식하고 설명(해명)하는 것'(Eekennen+Erklären)인 반면, 사람의 사회적 행위의 '의미'(공리적·유희적·미학적·도덕적 감정 또는 감정적 동기)는 '이해하고 해석하는 것'(Verstehen+Deuten)이다. 사물적 '속성들'의 '인식과 설명'은 외감과 지성으로 가능한 반면, 사회 행위적 '의미들'의 '이해와 해석'은 내감의 쾌통 감각·재미 감각·미추 감각·시비 감각의 4대 판단과 공감에 의해 가능하다. 전자는 인식론(Epistemologie)에 속하는 반면, 후자는 해석학(Hermeneutik)에 속한다. 칸트에게는 인간의 행위·사회·역사와 관련된 '해석학'이 없고, 오직 사물과 관련된 '인식론'만 있을 뿐이다.

6.2. 칸트의 미 개념의 모호성

칸트의 아름다움은 어떤 흡족함인지 모호하다. 그는 '기분 좋은(angenehm) 것'이나 '양호한(gut) 것'과 구별해 '아름다운(schön) 것'을 이렇게 규정한다.

- 누군가를 흡족하게 하는 것(vergnügen)은 이 누군가에게 기분 좋다고 일컫는다. 단순히 그의 마음에 드는 것(gefallen)은 아름답다고 일컫는다. 평가되고 인정되는 것, 즉 객관적 가치가 그에 의해 정립되는 것은 양호하다고 일컫는다. (…) 따라서 쾌감에 관해 우리는 쾌감은 거명된

세 가지 경우에 각각 성향·애호·존경과 관련된다고 말할 수 있을 것이다.[433]

칸트는 여기서 '흡족하게 하는 것(기분 좋은 것)'과 '마음에 드는 것'을 구별하는 불가능한 시도를 하고 있다. 미도 때로 욕구의 대상이 될 수 있는 한에서 양자, 즉 '기분 좋은 것'과 '마음에 드는 것'의 의미는 구별되지 않는다. 따라서 그도 이 세 가지를 '쾌감(Wohlgefallen)'으로 뭉뚱그려 포착하고 이 세 쾌감 가운데 "아름다운 것에 대한 미감의 쾌감"만을 "유일하게 자유롭고 이익 관심 없는 쾌감"으로 분리해 낸다. "어떤 감각들의 쾌감도, 어떤 이성의 쾌감도 갈채를 강요하지 않기" 때문이라는 것이다.[434]

이 불가능한 개념 조작으로부터 칸트가 도출하는 "아름다운 것의 해명"은 이렇다.

- 미감은 쾌·불쾌감(Gefallen, oder Mißfallen)에 의한, 어떤 이익 관심도 없는, 대상이나 표상유형의 판단 능력이다. 이러한 쾌감의 대상은 아

---

433) Kant, *Kritik der Urteilskraft*, B16쪽. 칸트는 여기서 '양호'를 "평가되고 인정되는 것, 즉 객관적 가치가 그에 의해 정립되는 것"으로 정의하고 '존경(Achtung)'의 대상으로 규정하고 있다. '양호'의 이런 정의는 거의 '선善'을 뜻하는 것으로 보인다. 그러나 그는 다른 곳에서 '양호'의 정의를 완전히 다른 개념, 즉 '이성적 이익'으로 바꿔 놓는다. "이성을 매개로, 단순한 개념을 통해서 마음에 드는 것은 양호하다. 우리는 수단으로만 마음에 드는 이런 것들을 '무엇에 좋은 것'(이로운 것)이라고 부른다. 그러나 그 자체로서 마음에 드는 다른 것(아름다운 것 - 인용자)은 '즉자적으로 좋은 것'이라고 부른다. 양자 속에는 언제나 목적 개념이, 따라서 (적어도 가능한) 의욕에 대한 이성의 관계가, 그러므로 객체 또는 행위의 현존재에 대한 쾌감, 즉 이익 관심(Interesse)이 포함되어 있다." Kant, *Kritik der Urteilskraft*, B10쪽. 따라서 '양호한 것'은 '이성적'이고 '이로운 것'이고 따라서 '이익(관심)'을 포함한다. 이 점에서 '양호한 것'은 허치슨의 '합리적 이익 관점(rational Views of Interest)'과 상통한다. 참조: Hutcheson, *An Inquiry into the Original of Our Ideas of Beauty and Virtue*, 'Preface', 9쪽. 그러나 필자는 '이익'을 '이성적인 것'이 아니라, 욕망 충족에서 생기는 '쾌락'의 대상적 수단성을 표현하는 것으로 규정한다.
434) Kant, *Kritik der Urteilskraft*, B16쪽.

름답다고 한다.[435]

　미감은 이익으로부터 자유롭다는 점에서만 쾌감과 다르다. 그렇다면 이 미감은 재미 감각과 구별되지 않을 것이다. 상론했듯이 유희적 희열인 '재미'도 이익으로부터 자유롭기 때문이다. 칸트의 미美 개념은 유희적 재미도 미로 보는 아리스토텔레스의 미메시스 미학적 오류와 유사한 오류가 잠재되어 있다. 재미를 미로 착각하는 니체의 사이비 미학의 원천이 아마 바로 여기에 있는 것이다. 칸트의 이 펑퍼짐한 '미' 개념에 의하면, '재미'도 즉각 '미'로 위조될 수 있기 때문이다.

　우리는 '미'를 '재미'와 개념적으로 분리하려는 플라톤의 치열한 노력을 위에서 상론했다. 그리고 필자는 재미를, 물적 욕망을 충족시키는 쾌락·이익 추구 또는 미와 도덕성의 추구로부터 자유로운 절대 질서 또는 순수공간에서 생명력과 심신 능력의 자유분방한 분출과 표현을 향유하는 유희 행위의 중화적 구성으로부터 생겨나는 좋은 기분으로 정의한 바 있다. 이런 것들을 바탕으로 칸트의 다른 명제들을 고찰하면 그의 미 개념은 더욱 재미 쪽으로 기울어지고 만다. 다음의 말들을 음미해 보라. "규칙 바른 합목적적 건축물을 자기의 인식능력으로 (뚜렷한 표상 종류로든, 뒤엉킨 표상 종류로든) 포착하는 것은 이 표상을 쾌감의 느낌으로 의식하는 것과 완전히 다르다. 여기에서는 표상이 전적으로 주체와 관계되는데, 그것도 주체의 생명감과 쾌·통감의 이름으로 관계된다."[436] 또한 그는 "미학적 의미에서의 정신", 즉 미학적 정신을 "마음속의 활력화 원리"라고 말한다. "이 원리가 영혼을 활력화하는 수단, 즉 이 원리가 이 활력화를 위해 활용하는 소재는 심적 능력들을 합목적적으로 활기 속으로 집어

---

435) Kant, *Kritik der Urteilskraft*, B16쪽.
436) Kant, *Kritik der Urteilskraft*, B3쪽.

넣는, 즉 스스로 자기보존하고 이를 위한 힘들도 강화하는 이런 유희 속으로 집어넣는 그것이다."[437] 칸트의 저 미 개념은 이 '주체의 생명감', '활성화 원리', '심적 능력들의 합목적적 활기화·자기보존·강화·유희' 등과 함께 겹쳐 읽으면 필사가 성의한 '유희적 재미' 개념과 완전히 같아지고 만다.

따라서 '아름다움'을 그렇게 펑퍼짐한 쾌감으로 간주해서는 아니 되는 것이다. 그것은 유형적有形的 사물의 여러 속성의 외적 구성 또는 그 짜임새와 배열·움직임에서 '대칭과 비례의 멋과 맵시로 보기 좋은 것', '구성져서 듣기 좋은 것', '절제된 묘미妙味로 맛있는 것', '절묘한 배합으로 구수하고 향기로운 것', '조탁된 언어적 형상화와 형상들의 구성진 짜임새로 읽기 좋은 것' 등처럼 명확한 것이다. 칸트는 아름다움을 욕구 충족적 쾌감·이익 판단과 구분하는 데 비교적 성공했으나, 유희적 '재미'와 구별하는 것에서는 완전히 실패하고 있다. 아니, 이 실패를 피하는 문제는 생각조차 하지 못하고 있다. 훗날 이 실패가 바로 니체의 괴기스런 사이비 미학으로 가는 '개구멍'이었다는 것이 백일하에 드러나게 될 것이다.

허치슨은 동물도 인간의 미감과 상이하지만 그래도 미감이 있다고 말했고, 다윈은 조류鳥類 이상의 고등동물들이 인간의 미감과 얼마간 공통된 미감을 가졌다는 것을 확인했다. 그리고 아무리 합리주의적인 철학자라도 미감을 감성적인 것으로 규정한 합리주의 철학자라면 동물의 미감도 인정해야만 일관성 있게 논변하는 것이 될 것이다. 그러나 칸트는 미감을 감성적인 것으로 규정했으면서도 동물의 미감을 부정한다. "기분 좋음은 이성 없는 동물들에게도 타당하다. (그러나) 아름다움은 오로지 인간에게만, 즉 동물적이지만 그래도 이성적인 존재자, 그러나 이성적 존

---

437) Kant, *Kritik der Urteilskraft*, B192쪽.

재자 자체로서가 아니라 동시에 동물적 존재자들에게만 타당하다."[438] 칸트는 여기서 이성만이 아니라 미감도 인간에게만 귀속된 것으로 만듦으로써 '합리주의적 인간 파시즘'을 넘어 그야말로 '미학적 인간 파시즘'도 추구하고 있다.

■ 주관적 일반성으로서의 미 개념

칸트의 미 규정은 아름다운 것의 '주관적 일반성'에 대한 논의로 점철된다. "아름다운 것은 개념 없이 일반적 쾌감의 객체로서 표상되는 것이다." 그런데 "누군가 대상에 대한 쾌감이 그 자신에게서 아무런 이익관심도 없다는 사실을 스스로 의식하는 사실, 이 사실을 그는 이 사실이 모든 사람에 대해서도 쾌감의 근거를 포함하고 있어야 한다는 식 외에 달리 판단할 수 없다. 이 사실이 주체의 그 어떤 기호嗜好(숙고된 그 어떤 다른 이익 관심)에도 근거한 것이 아니라, 여기서 판단하는 자가 그가 대상에 바치는 쾌감과 관련해 완전히 자유롭게 느끼기 때문에 그는 쾌감의 주체만이 홀로 좇는 쾌감의 근거로서 어떤 사적 조건도 발견할 수 없고, 이 쾌감을 그가 모든 다른 사람들에게서도 전제할 수 있는 것에 근거한 것으로 간주해야 한다. 따라서 그는 만인에게 유사한 쾌감이 있다고 추정할 근거를 가진다고 믿는다. 따라서 그는 아름다운 것에 대해 마치 아름다움이 대상의 속성이고 판단이 논리적인(객체 개념을 통해 객체의 인식을 이루는) 것처럼 말할 것이다. 이 말은 이 판단이 단지 감성적일 뿐이고 단순히 주체와 대상 표상 간의 관계만을 내포할지라도, 사람들이 이것에서 만인에 대한 이 판단의 타당성을 전제하는 것이 논리적인 것과 유사성을 가지고 있기 때문에 하는 말이다."[439] 칸트는 일반성의 추정 근거를 유형적 객체

---

438) Kant, *Kritik der Urteilskraft*, B15쪽.
439) Kant, *Kritik der Urteilskraft*, B18쪽.

의 객관적 '중화성'과, 이에 대한 선험적 변별능력으로서의 인간 보편적 '미감'이 아니라, 주관적 '믿음', 즉 주관적 '착각'으로 보고 있다.

■ 공통감각과 미감의 연결 시도

칸트는 미학적 일반성의 추정 근거를 주관적 믿음으로 오인하는 이 '착각'을 '만인의 상호착각론'에 지나지 않는 '공통감각(Gemeinsinn)'의 이론으로 뒷받침하려고 한다. 이어서 그는 이 상호주관적 '착각'으로부터 개념적 객관성을 박탈한다. "그러나 이 일반성은 개념들로부터 생겨날 수도 없다. 왜냐하면 개념들로부터는 (이익을 반드시 동반하고 동시에 순수한 미감 판단과 연결되어 있지 않는 순수한 실천적 법칙들을 빼놓으면) 쾌·불쾌감으로의 어떤 이행 통로도 없기 때문이다." 여기까지의 논변을 근거로 그는 최종적으로 미감 판단과 아름다움의 '주관적 일반성'을 도출한다. "따라서 자기 안에서 일체의 이익 관심으로부터 이격되는 의식을 가진 미감 판단에는 객체들을 지향하는 일반성 없이 만인에 대한 타당성 요구가 따라다닐 수밖에 없다. 즉, 미감 판단과는 주관적 일반성의 요구가 결부될 수밖에 없다."440) 미감 판단 안에서 '쾌감의 일반성'은 오직 '주관적인 것'으로서만 표상된다.

칸트는 감성적 판단의 이 '주관적 일반성'의 "특별한" 규정이 스스로에게도 의아스러워서, "논리학자에게 이상한 것은 아니지만 선험 철학자에게는 이상한 것"이라고 말한다. "이것은 이 일반성의 원천을 발견하기 위해 철학자의 적잖은 노력을 요구하는 것"이기 때문이다.441) 칸트는 맨 먼저 이 미감 판단의 객관성을 부정하는 다짐을 다시 강조한다. "(단지 경험적인 개념들일지라도) 객체들의 개념들에 기초하지 않은 일반성은 전혀

---

440) Kant, *Kritik der Urteilskraft*, B18쪽.
441) Kant, *Kritik der Urteilskraft*, B21쪽.

논리적이지 않고 감성적이다. 즉, 아무런 객관적 양이 아니고, 단지 주관적 양만을 포함한다. 이것에 대해 나는 인식능력에 대한 표상의 관계로부터가 아니라 모든 주체에서의 쾌·불쾌감에 대한 표상의 관계로부터 타당성을 나타내는 공통 타당성(*Gemeingültigkeit*)이라는 표현을 사용한다."[442] 칸트는 선험적·개념적 "보편 타당성(*Allgemeingültigkeit*)"과 구별하기 위해 이 경험적·감성적 "공통 타당성(*Gemeingültigkeit*)"이라는 용어를 쓰고 있다. "어떤 개념에도 기초하지 않는 주관적 일반성으로부터는, 즉 감성적 일반성으로부터는 논리적 일반성이 도출될 수 없기" 때문이라는 것이다. 여기서 칸트는 아름다움의 본질이 유형적 대상의 외적 구성·배열·색상·소리·움직임(동세)의 객관적 중화성에서 느끼는 미적 감정이라는 것을 모르기 때문에 미적 판단을 객관과 완전히 단절시키는 결정적 언명을 한다. "저런 유형의 판단은 객체를 향하지 않는다".[443] 바로 이 때문에 "어떤 판단에 부여된 감성적 일반성은 아름다움의 술어가 그 논리적 영역 전체로 고찰된 객체의 개념과 결합되지 않는다".[444] 하지만 그는 근거 없는 말로나마 바로 급하게 무마한다. 이 "감성적 일반성"은 "그래도 바로 동일한 술어가 판단하는 자들의 전 영역으로 확장되기 때문에 특별한 종류의 것이다".[445] 간단히 요약하면, "개념들을 통해 무엇이 아름다운지를 결정할 어떤 객관적 미감 규칙도 존재할 수 없다. 왜냐하면 이 미감 원천으로부터 나오는 모든 판단은 감성적이기 때문이다. 즉, 객체의 개념이 아니라, 주체의 감정이 판단의 규정 근거다. 아름다운 것의 일반적 기준을 일정한 개념들에 의해 진술할 미감 원칙을 찾는 것은 결실 없는 노력이다. 찾는 것은 존재할 수 없는 것이고 즉자적으로 모순

---

442) Kant, *Kritik der Urteilskraft*, B23쪽.
443) Kant, *Kritik der Urteilskraft*, B23-24쪽.
444) Kant, *Kritik der Urteilskraft*, B23-24쪽.
445) Kant, *Kritik der Urteilskraft*, B23-24쪽.

된 것이기 때문이다."⁴⁴⁶⁾ 이렇게 하여 칸트는 미감 판단으로부터 일체의 객관성을 부인한다. 칸트는 미의 주객관성에서 객관성을 제거해 버리고 주관성만을 취하고 있다. 즉, "유형적 대상의 외적 구성·배열·색상·소리·움직임(동세)의 객관적 중화성에서 느끼는 주관적 미美 감정"에서 "유형적 대상의 외형적 구성의 객관적 중화성"을 제거하고 "주관적 미 감정"만을 분리해 내고 있다. 실로 일장의 코미디 같은 논변이다.

자기 논변의 이 코미디 같은 측면을 완화하기 위해 칸트는 객관성 대신 미를 대상의 '합목적성'과 관련시킨다. 그는 "아름다움은 목적의 표상 없이 대상에서 지각되는 한에서 대상의 합목적성의 형식이다"라고 말한다.⁴⁴⁷⁾ 칸트는 이 명제를 다음과 같이 설명한다.

- 목적을 인식함이 없이 합목적적 형식을 보는 일들이 존재한다는 사실을, 가령 종종 옛 무덤으로부터 출토된, 손잡이 용도로 쓰인 구멍을 하나 가진 석제石製 도구들은 우리가 그 목적을 알지 못하는 합목적성을 그 형태에서 분명하게 보여줄지라도 이 때문에 아름다운 것으로 인정되지 않는다는 사실을 사람들은 이 설명에 반대되는 심급으로 끌어댈 수 있을 것이다. 그러나 우리가 이 도구들을 인공적 제작품으로 간주하고 있다는 사실은 이미 우리가 그 형상을 그 어떤 의도나 일정한 목적에 관련시키고 있다고 고백하기에 충분하다. 따라서 이 형상의 직관에서 전혀 어떤 직접적 쾌감도 없다. 이와 반대로 한 송이 꽃, 가령 튤립은 우리가 이것을 판단하는 바대로 전혀 아무 목적과도 관계없는 일정한 합목적성을 이 튤립의 지각 속에서 만나기 때문에 아름다운 것으로 간주된다.⁴⁴⁸⁾

---

446) Kant, *Kritik der Urteilskraft*, B53쪽.
447) Kant, *Kritik der Urteilskraft*, B61쪽.
448) Kant, *Kritik der Urteilskraft*, B62쪽 주석.

그러나 칸트의 이 해설도 아름다움을 '목적 없는 합목적성(zwecklose Zweckmäßigkeit)'으로 규정한 그의 미 개념의 모호성을 해소해 주지 못하고 이 규정을 "아무 목적과도 관계없는 일정한 합목적성"이라는 표현으로 살짝 바꿔 반복하고 있을 뿐이다. "목적 없는 합목적성"은 아름다움의 정의에 합당한 것이 아니라, 특정한 목적 없이 뭔가 발견하기를 바라며 정글을 헤매던 19세기 아프리카 탐험가의 탐험 행위에나 적합할 것이다.

아름다움은 목적 합리적(공리적) 행위로부터 쾌통 감각으로 느끼는 것이 아니라, 목적과 전혀 무관한 미학적(예술적) 행위로부터 미추 감각으로 느끼는 것이다. 따라서 아름다움은 '어떤 목적에 대한 수단적 적합성'을 뜻하는 그 어떤 '합목적성'도 없다. 아름다움은 외적 목적이 전무하기에 외부의 어떤 것을 위한 수단이 될 수 없고, 따라서 목적·수단 관계로는 도저히 포착할 수 없는 것이다. 굳이 목적-수단 범주를 쓴다면 인간 자체가 자기의 수단이고 자기의 목적이듯이 아름다움은 '자기 목적(Selbstzweck)'이다. 도덕성 자체가 다른 어떤 목적을 위해 적합한 수단이 아닌 '자기 목적'이듯이, 아름다움 자체도 다른 어떤 목적을 위한 수단이 아닌 '자기 목적'이라는 말이다. 저 튤립은 사람 유혹의 목적에 쓰이지 않더라도 그 자체로서 아름답다는 말이다.

따라서 '자기 목적'은 '목적 없는 합목적성'과 의미론적으로 다르다. '합목적성'은 어떤 수단이 목적에 합당한 성질을 말하는 것이기 때문이다. 따라서 칸트처럼 튤립의 아름다움을 '목적 없는 합목적성'으로 표현할 때, '목적 없는 합목적성'은 튤립이 "존재하지 않는 목적에 수단적으로 적합하다"는 말로서 어불성설이 되고 만다. 즉, '목적 없는 합목적성'은 "화살이 과녁 없이도 과녁의 정곡에 적중했다"는 말처럼 부조리한 궤변적 표현으로서 철학적 미학 이론 안에서 실로 전혀 용납할 수 없는 용어다.

다만 '목적 없는 합목적성'이라는 표현이 내재적 '자기 목적성'을 뜻하는 미숙한 표현으로 봐주는 경우에만 우리는 이 표현을 겨우 용납할 수 있을 뿐이다.

칸트 미학의 진정한 문젯거리, 또는 미 개념을 파괴하는 성격은 그가 내감적 '미감'을 내감 범주가 아니라 '엉뚱하게도' 감성 스펙트럼 안에서 소재가 모호한 주거 부정의 '공통감각'의 범주로 파악한 것이다. 따라서 이 공통감각의 영혼적 소재지를 끝까지 추적해 봐야 할 것이다. 칸트는 그가 "목적 관념 없이 대상에서 지각되는 대상의 합목적성의 형식"으로 이해하는 "아름다움"을 목적 관념 없이 대상에서 지각되는 대상의 합목적성의 형식"에 대한 "미감 판단(Geschmacksurteil)의 양상"으로 규정한다. 그것은 대상의 "쾌감(Wohlgefallen)과의 모범적 필연성 관계", [449] 즉 쾌감적 대상 판단에 대한 만인의 동조의 필연성이다. 칸트는 모든 인식 관념이 "하나의 쾌락(Lust)과 결합되어 있다"고 본다. "내가 기분 좋다(angenehm)라고 하는 것에 대해 나는 그것이 내 안에서 현실적으로 쾌감을 일으킨다고 말한다"는 것이다. "아름다운 것에 관해 사람들은 이것이 쾌감과 필연적 관계가 있다고 생각한다". 그런데 이 필연성 관계는 "특별한 종류의" 필연성 관계다. 이 필연성은 다만 "미적(ästhetisch) 판단에서 생각되는 필연성", "모범적(exemplarisch)" 필연성일 뿐이다. 그런데 여기서부터 칸트는 이질적 요소('만인의 동조')를 슬쩍 집어넣어 말을 바꾼다. 미적 판단에서 생각되는 이 모범적 필연성이란? "그것은 사람들이 말로 표현할 수 없는 보편 규칙의 실제 사례처럼 간주되는 어떤 판단에 대한 만인의 동조의 필연성이다. 미학적 판단은 객관적 인식 판단이 아니다. 따라서 만인의 동조의 이 필연성은 특정한 개념들로부터 도출될 수 없다." 그러므로 이 필연성은 "명증적이지 않다". 칸트는 이 필연성에

---

449) Kant, *Kritik der Urteilskraft*, B68-69쪽.

대해 "경험의 보편성(일정한 대상의 아름다움에 대한 판단들의 일괄적 일치성)으로부터의 추리될 수 있는" 가능성도, 경험적 증거들의 충분성도 둘 다 부정한다.[450]

따라서 칸트는 이 판단에 대한 동조의 '당위성(Sollen)'을 인정하지만, "우리가 미적 판단에 부여하는 주관적 필연성"은 '만인에게 공통된 근거'에 대한 "조건부"라고 말한다.

- 미감 판단은 만인에게 막무가내로 동조를 요구한다. 그리고 어떤 것을 아름다운 것으로 선언하는 사람은 앞에 놓인 대상에 만인이 갈채를 보내고 이 대상을 마찬가지로 아름다운 것으로 선언할 것을 바란다. 따라서 미적 판단에서의 이 당위성은 판단에 요구되는 모든 자료에 입각해 언명되어도 오직 조건부로만 언명된다. 우리는 만인에게 공통된 근거를 가지고 있기 때문에 다른 모든 사람의 동조를 구하는 것이다. 우리가 어떤 동조를 기대하든, 개별사례가 갈채의 규칙으로서의 저 근거 아래 올바로 포섭되는 것을 확신하기만 한다면 저러한 동조를 구한다.[451]

'미적 판단의 주관적 필연성의 조건'과 아무런 관계가 없는, 또는 '아름다움'의 감정과 본질적으로 무관한 저 '당위', '동조', '만인에게 공통된' 근거 등의 이질적 개념 요소들로써 칸트는 '공통감각' 개념을 도입해 미감으로 둔갑시킬 빌미를 마련한다.

미상불 요지는 "미감 판단이 내거는 필연성의 조건은 미감의 공통감각(Gemeinsinn)의 이념이다"는 내용이다.

---

450) Kant, *Kritik der Urteilskraft*, B62-63쪽.
451) Kant, *Kritik der Urteilskraft*, B63-64쪽.

- 만약 미감 판단이 (인식적 판단과 똑같이) 일정한 객관적 원리를 가졌다면, 이 객관적 원리에 따라 판단을 내리는 사람은 자신의 판단의 무조건적 필연성을 주장할 것이다. 만약 미감 판단이 단순한 감각적 미각味覺의 판단처럼 원리가 전무하다면, 우리는 미감 판단들의 어떤 필연성도 생각할 수 없을 것이다. 그래서 미감 판단은 주관적 원리를 보유해야 한다. 이 주관적 원리는 무엇이 마음에 드는지, 아니면 불쾌한지를 개념을 통해서가 아니라 감정을 통해서만 그래도 보편타당하게 결정한다. 이 주관적 원리는 오직 공통감각으로만 간주될 수 있을 것이다. 이 공통감각(Gemeinsinn)은 사람들이 저간에 또한 '공통감각(sensus communis)'이라고 부르는 '상식(gemeiner Verstand)'과 본질적으로 다른 것이다. 상식은 감정에 따라서가 아니라, 비록 흔히 단지 모호하게 관념된 원리에만 입각한 개념일지라도 언제나 개념들에 따라 판단하기 때문이다. 따라서 (우리가 어떤 외감이 아니라 우리의 인식능력들의 자유로운 유희에서 생겨나는 결과로서 정의하는) 공통감각이 존재한다는 전제 아래서만, 정말이지 오직 이러한 공통감각의 전제 아래서만 미감 판단이 내려질 수 있다.[452]

칸트는 여기서 'sensus communis'로서의 이 '공통감각'이 '상식과 본질적으로 다르다고 말하고 있지만, 뒤에 가서는 입장을 바꿔 '상식'도 '공통감각'의 한 유형으로 인정하는 등 오락가락한다.

■ 보편적 전달가능성으로서의 공통감각

미감 판단의 조건으로 '공통감각'을 활용할 근거가 있는가? 칸트는 판단의 보편적 전달 가능성을 빌미로 미감에 당치 않는 '공통감각'을 미감

---

452) Kant, *Kritik der Urteilskraft*, B63-64쪽.

의 근거로 끌어댄다. 칸트는 인식과 판단이 일차적으로 자기를 위해 필요한 것이 아니라 마치 일차적으로 전달을 위해 생겨난 것이고, 회의론을 박멸하기 위해 생겨난 것인 양, "인식과 판단은 이것들을 동반하는 확신과 함께 보편적으로 전달될 수 있어야 한다"고 주장한다. 그렇지 않으면, "회의론이 요구하는 것처럼", 인식과 판단은 객체와의 어떤 합치성도 획득할 수 없을 것이고, 그것들은 모조리 "관념 능력들의 단순한 주관적 유희"로 전락할 것이기 때문이라는 것이다. 따라서 그는 인식이 전달될 수 있어야 한다면, "심적 상태"도, 즉 "인식 일반에 대한 인식 능력들의 조율"도, 한 관념이 인식을 만들어내는 데에 합당한 "비율"도 "보편적으로 전달될" 수 있어야 한다고 주장한다. '이해(Verstehen)'라 말해야 할 곳에서 자꾸만 "인식(Erkennen)"이라 하는 것은 앞서 시사했듯이 칸트가 인식론(Epitemologie)만 알고 '해석학(Hermeneutik)'은 전혀 모르기 때문이다.

아무튼 '인식 작용'의 주관적 조건으로서의 이 조율이 없다면 결과로서의 인식도 생겨날 수 없을 것이기 때문이라는 것이다. 이 논변으로부터 칸트는 공통감각을 도출한다.

- 주어진 대상이 다양태의 통합을 위해 감각들을 매개로 상상력을 작동시키고, 이 상상력이 다시 개념들 속에서의 다양태의 통일성을 위해 지성을 작동시키는 경우에도, 저런 일은 현실적으로 언제나 일어난다. 그러나 인식능력들의 조율은 주어진 객체들의 상이성에 따라 상이한 비율을 지닌다. 그럼에도 (이 능력을 통한 저 능력의) 활력화를 위한 이 내적 관계가 … 인식 일반을 의도하는 두 심적 능력에 가장 알맞은 조율인 그런 조율이 존재함이 틀림없다. 그리고 이 조율은 (…) 다름 아닌 감정을 통해서만 규정될 수 있다. 이 조율 자체가 (…) 이 조율의 감정

과 함께 보편적으로 전달될 수 있어야 하기 때문에, 그리고 감정의 이 보편적 전달 가능성이 공통감각을 전제하기 때문에, 이 공통감각은 근거 있게 상정될 수 있을 것이다.[453]

이 논변을 보면, 칸트의 '공통감각'은 필자의 교감이나 공감과 유사한 개념이다. 우리는 이 교감·공감 능력은 일단 '미감'(내감의 미추 판단력)과 무관한 것이라는 것을 알고 있다. 필자가 다른 곳에서 상론한 '공감적 해석학'에[454] 의하면, 교감과 공감은 우리에게 속성의 '인식'이 아니라, 의미(일단 여기서는 미감적 의미)의 '이해'를 가능케 한다. 한 마디로, 인식과 설명은 사물의 '속성'을 대상으로 하는 반면, 이해와 해석은 사람·행위·제도의 '의미'를 대상으로 삼는다. '속성'은 물성物性, 즉 물형物形인 반면, '의미'는 인간적 '감정'이다. 그러나 칸트는 줄곧 '속성'과 '의미'의 차이, 따라서 '인식'과 '이해'의 차이를 몰각하고 미감과 미적 판단의 문제에 단지 '인식론적'으로만 접근하고 있다. 인식과 이해의 이런 혼동은 "공통감각 모든 논리학과 – 회의적이지 않은 – 모든 인식 원리 속에 전제되어야 하는 우리의 인식의 보편적 전달 가능성의 필연적 조건으로서 상정될 수 있다"는[455] 시퍼런 장담 속에 명확하게 표현되고 있다. 칸트는 인식은 지성적으로 전달 가능하지만, 감정은 지성적으로 전달할 수 없고 오직 공감적으로만 가능하다는 사실을 전혀 모르고 있다. 물론 감정이 언어적 '관념'으로 전환된다면 이 관념도 지성적으로 전달될 수 있다. 따라서 공통감각을 미적 판단만이 아니라 모든 논리학과 모든 인식 원리의 '보편적 전달 가능성의 필연적 조건'으로 상정하는 저 장담은 '공통감각'을 슬그머니 '감각'에서 지성 능력으로 바꿔치기하는 요술, 즉 '공통감각'을 지성

---

453) Kant, *Kritik der Urteilskraft*, B65-66쪽.
454) 황태연, 『감정과 공감의 해석학(2)』, 1911-2201쪽.
455) Kant, *Kritik der Urteilskraft*, B66쪽.

적(상상적) '역지사지易地思之' 능력으로 둔갑시키는 트릭에 근거한다. 그리고 그는 나중에 '공통감각' 개념을 만지작거리다가 슬쩍 '역지사지'로 바꿔놓는다.

위 인용문에서 칸트는 아리스토텔레스가 사물들의 감각적 속성들(색깔, 소리, 맛, 냄새, 감촉) 속에 공히 들어 있는 1차 속성들(운동, 정지, 형태, 크기, 수, 통일성)의 공통성을 뜻하던 공통감각의 '공통성'을, 이것을 인간 간의 감각 능력적 공통성으로 오해하고 다양성의 통합 기능과 뒤섞는 혼돈스런 개념 조작을 통해 어느덧 '보편적 전달 가능성'으로 둔갑시키고 있다. 그리고 "주어진 대상이 다양태의 통합을 위해 감각들을 매개로 상상력을 작동시키고, 이 상상력이 다시 개념들 속에서의 다양태의 통일성을 위해 지성을 작동시킨다"는 구절은 저『순수이성 비판』에서의 자신의 논변과 본질적으로 상충되는 것이다. 그곳에서 칸트는 말하기를, 내감은 지성에 의해 촉발되어 경험적 다양태의 종합을 기하는 경험적 통각으로 기능한다고 한다.[456] 또한 지성도 상상력에 의해 촉발 당하는 것이 아니라, 스스로 촉발하는 '자발성'이라고 말한다.[457] 따라서『순수이성 비판』은 '상상력의 종합'도, '지성의 종합'도 둘 다 '초험적 종합'이라고 못 박는다.[458] 그리고 상상력도 감각에 의해서가 아니라 스스로 작동하는 '자발

---

[456] Kant, *Kritik der reinen Vernunft*, B155쪽. "지성은 이 내감 속에서 가령 다양태의 그러한 결합을 이미 있는 것으로 발견하는 것이 아니라, 내감을 촉발함으로써 이 결합을 산출하는 것이다."

[457] Kant, *Kritik der reinen Vernunft*, B150-151쪽. "우리 안에서, 관념 능력의 감수성에 기초한 감성적 직관의 일정한 형식이 선험적으로 근저에 놓여있기에, 지성은 자발성으로서, 주어진 관념들의 다양태를 통해 내감을 통각의 종합적 통일성에 따라 규정할 수 있고, 이럼으로써 통각에 의한 감성적 직관의 다양태의 선험적인 종합적 통일성을 선험적으로, 우리의 필연적 방식의 (인간적) 직관의 모든 대상들이 처해 있을 수밖에 없는 조건으로 사유할 수 있고, 이를 통해 단순한 사유형식들로서의 범주는 객관적 실재성을, 즉 직관 속에서 우리에게 소여될 수 있는 대상들에 대한 적용을 현상으로서만 얻는다."

[458] Kant, *Kritik der reinen Vernunft*, B151쪽. "선험적으로 가능하고 필연적인, 감성적 직관의 다양태의 이 종합은 직관 일반의 다양태와 관련하여 단순 범주로 사유될 것이

성'을 지닌 것이라고 말한다.[459] 그렇다면 '상상력'과 '지성'은 감성이 주도하는 미감 판단을 감당할 수 없어야 할 것이다. 감각에 의한 상상력의 '활력화'와, 상상력에 의한 지성의 '활력화'라는 연쇄적 '활력화'는 있을 수 없고, 조율이나 비율 문제는 "감정을 통해 규정될 수" 없을 것이기 때문이다.

더 주목해야 하는 것은 여기서 문제는 결코 감각과 상상력, 상상력과 지성이라는 두 심적 능력 간의 비율의 문제가 아니라는 것이다. 미학적 문제의 조율과 비율의 문제는 대상의 구성에 있어서의 구성 부분들 간의 비율(균형과 조화)과 이 비율에 대한 미감적 이해의 문제다. 그러나 칸트는 이 비율(중화)을 변별하는 본능적 미감을 몰각하고 엉뚱하게도 미감을 '상상력의 자유로운 합법칙성과 관계하는 대상 판단 능력'으로 이해한다. 그러나 본능적 미감은 상상력과 아무런 관계가 없는 본성 능력이다. 이 능력에 대한 몰각 때문에 칸트의 이 상상력 개념은 더 천착 되어야 한다. 칸트는 미감을 낳는 이 '생산적 상상력'에다 감각과 무관하게 스스로 작동하여 지성을 촉발하는 '자발성'을 부여하고 '미'를 '목적 없는 합목적성', '법칙 없는 합법칙성', '객관적 일치 없는 지성과 상상력의 주관적 일치' 등의 궤변으로 신비화시키기 때문이다. 칸트는 『순수이성 비판』에서 '생산적 상상력'의 자발성에 관해 말한다.

- 형상적 종합은 단적인 지성적 결합과 구별하기 위해 상상력의 초험적 종합이라고 불러야 한다. 상상력은 대상의 현재성 없이도 대상을 직관 속에서 관념하는 능력이다. (…) 상상력의 종합이 감각과 달리, 단순히 규정당하는 것이 아니라 규정하는 것(bestimmend)인 한에서, 따라서

고, 지성적 종합(synthesis intellectualis)이라고 일컬어지는 종합과 구별하여, 형상적 종합(synthese speciosa)이라고 불릴 수 있다. 양자는 둘 다 초험적이다."
459) Kant, *Kritik der reinen Vernunft*, B151-152쪽.

선험적으로 감각을 통각의 통일에 입각한 그 형식에 따라 규정할 수 있는 자발성의 발휘인 한에서, 상상력은 감성을 선험적으로 규정할 수 있는 능력이고, 상상력에 의한 범주들에 따른 직관들의 종합은 상상력의 초험적 종합일 수밖에 없다. 이것은 감성에 대한 지성의 작용이고, 우리에게 가능한 직관의 대상들에 대한 지성의 첫 번째 적용(동시에 기타 모든 적용의 근거)이다. 형상적 종합으로서의 이 상상력의 종합은 일체의 상상력 없이 단순히 지성에 의거하는 지성적 종합과 구별된다. 자발성인 한에서의 이 상상력을 나는 때때로 생산적 상상력이라고 부르다.[460]

물론 칸트는 이 자발적인 '생산적 상상력'과 구별되는, 경험에 속한 '재생적 상상력(reproduktive Einbildungskraft)' 개념도 언급한다. "재생적 상상력의 종합은 단지 경험적 법칙, 즉 연상의 법칙에 굴복해 있다. 따라서 재생적 상상력은 선험적 인식의 가능성의 해명에 아무런 기여를 하지 않는다. 이 때문에 이 상상력은 초험철학에 속하는 것이 아니라 심리학에 속한다."[461] 따라서 그의 미학적 상상력을 이 '재생적 상상력'으로 간주해서 살려낼 탈출구가 남아 있다.

하지만 칸트는 이러한 탈출구도 "개념 없이 필연적 쾌감의 대상으로 인식되는 것은 아름답다"는 합리론적·지성주의적 궤변의 슬로건과 함께 스스로 제거해 버린다.

- 모든 것은 미감의 개념으로 모아진다. 미감은 상상력의 자유로운 합법칙성과 관계하는, 대상에 대한 판단 능력이다. 미적 판단에서 상상력

---

460) Kant, *Kritik der reinen Vernunft*, B151-152쪽.
461) Kant, *Kritik der reinen Vernunft*, B152쪽.

이 그 자유에 있어서 고찰되어야 한다면, 상상력은 먼저 연상 법칙에 굴복하는 것처럼 재생적인 것이 아니라, (가능한 직관의 자의적 형식의 발기자로서) 생산적이고 자율활동적인 것으로 상정된다. 그리고 상상력이 감관들의 주어진 대상의 파악 시에 이 객체의 일정한 형식에 구속되어 있고 이런 만큼 (시작에서처럼) 전혀 자유로운 유희를 갖지 못할지라도, 대상이 상상력에다 바로 다양태의 종합이 내포하는 이러한 형식, 즉 상상력이 스스로에게 자유롭게 내맡겨지면 지성의 합법칙성 일반과 일치되게 기안하는 형식을 넘겨줄 수 있다.[462]

여기서 칸트는 미감을 낳는 상상력을 '재생적 상상력'이 아니라 자유로운 자율활동의 '생산적 상상력'으로 규정하고 있다. 이로써 칸트의 미학적 상상력은 자유로우면서도 감각에 의해 촉발 당하는, 즉 "다양태의 통합을 위해 감각들을 매개로" 작동 당하는 모순을 피할 수 없다. 칸트의 사유체계에 입각할 때, 상상력이 감각을 따르면 법칙이 없고, 상상력이 법칙을 입법하는 지성을 따르면 법칙은 있지만 '미'가 없다. 이리하여 칸트의 '아름다움'은 자꾸만 '법칙 없는 법칙성'이다는 궤변 속으로 신비화되어 달아나는 것이다.

- 상상력이 자유롭다는 것과, 그래도 상상력이 절로 합법칙적이라는 것은 하나의 모순이다. 지성만이 법칙을 입법하기 때문이다. 그러나 상상력이 일정한 법칙에 따라 처리한다면 상상력의 산물은 형식상 당연히 그래야 하는 바대로 개념들에 의해 규정된다. 그러면 쾌감은 위에서 입증했듯이 미에 대한 쾌감이 아니라 좋음(기껏해야 단순히 형식적인 완벽성)에 대한 쾌감이고, 판단은 미감에 의한 판단이 아니다. 따라

---

[462] Kant, *Kritik der Urteilskraft*, B68-69쪽.

서 관념이 대상에 대한 일정한 개념과 관계되기 때문에, 법칙 없는 합법칙성과, 객관적 일치 없는, 지성에 대한 상상력의 주관적 일치는 (목적 없는 합목적성으로도 불린) 지성의 자유로운 합법칙성 및 미감 판단의 특유성과만 양립할 수 있을 것이다.[463]

미학적인 것만 추출하면 요지는 미각적 판단의 특유성은 '법칙 없는 합법칙성', 또는 '객관적 일치 없는, 상상과 지성의 주관적 일치'라는 말이다. 또 칸트는 "아름다움은 목적 관념 없이 대상에서 지각되는 대상의 합목적성의 형식이다"라고도 말하고,[464] "미감 판단은 순수하다면 사용이나 목적에 대한 고려 없이 쾌감이나 불쾌감을 대상의 단순한 관찰과 직결시킨다"라고도 말한다.[465]

목적이 사용 목적, 즉 물질적 이익을 뜻한다면, 미는 이런 사용 목적이나 이익과 다른 것이다. 또한 미는 쾌락이나 쾌감을 주는 것이 아니다. 쾌락이나 쾌감은 미가 아니라, 이익이나 사용 목적이 주는 것이기 때문이다. 따라서 "미감 판단은 사용이나 목적에 대한 고려 없이 쾌감이나 불쾌감을 대상의 단순한 관찰과 직결시킨다"는 칸트의 저 주장은 마치 '미감 판단이 쾌락 없이 쾌락을 준다'는 투의 자가당착적 언표다. '미'는 감지될 때 쾌락이나 쾌감을 주는 것이 아니라, '아름다움'의 감정을 줄 따름이다. 즉, '아름답게 느낄' 따름이다. 상술했듯이 내감은 욕구를 충족시키는 이익이나, 여기서 나오는 오감과 칠정에다 그 '양'이나 '정도'가 중화中和로울 때 쾌락의 판단을 내리고 '기분 좋게 느끼는' 감정을 유발하는 반면, 유형물의 객관적 '구성·배열·소리·색상·움직임'이 중화적일(균형·비례적이고 조화로울) 때 미의 판단을 내려 '아름답게 느끼는' 감정을 유발하고, 도덕

---

463) Kant, *Kritik der Urteilskraft*, B69쪽.
464) Kant, *Kritik der Urteilskraft*, B61쪽.
465) Kant, *Kritik der Urteilskraft*, B71쪽.

행동을 낳는 도덕감정이 중화로울 때 '선함'의 판단을 내리고 '선하게 느끼는' 감정을 유발한다. 우리는 '기분 좋은 느낌'(쾌감), '재미있는 느낌'(재미 감각), '아름다운 느낌'(미적 감각), '선한 느낌'(도덕감각)의 이 네 범주를 서로 뒤섞어서는 아니 된다. 칸트처럼 아름다움을 '기분 좋은 느낌', 즉 '쾌감'으로 환원하든, 이 네 범주를 다 쾌락의 첫 번째 범주로 환원하든, 그것은 공리주의로의 추락이다. 이런 까닭에 존 스튜어트 밀(John Stuart Mill)은 명령적 도덕법칙의 보편성의 허울 아래 기껏 '보편적 상호 이익', 즉 '보편적 역지사지'의 '개명된 이기주의'나 추구하는 칸트의 도덕철학을 '결과적(consequential)' 공리주의로 낙인찍었던 것이다.[466]

아무튼 칸트는 우격다짐으로 미감 판단을 보편적 전달 가능성 또는 동조의 필연성을 보증하는 '공통감각'에 근거한 것으로 단정한다. 즉, "미적 판단에서 생각되는 보편적 동조의 필연성은 공통감각의 전제하에 객관적인 것으로 관념되는 주관적 필연성"이라는 것이다. 이렇게 보면 공통감각은 미추 감각이 아니라, 이 미추 감각의 인간적 공통성에서 나오는 인간의 감정적 공동성 또는 공동성(Gemeinschaftlichkeit)을 뜻한다. 이 공동적 사회성은 사적 성격과 대립된다.

- 우리가 어떤 것을 아름다운 것으로 언표하는 모든 판단에서 우리는 아무에게도 다른 의견을 갖는 것을 허용하지 않는다. 그럼에도 우리의 판단은 개념에 기초하는 것이 아니라 우리의 감정에만 기초한다. 따라서 우리는 이것을 사적 감정으로가 아니라 공동감정(gemeinschaftliches Gefühl)으로 정초한다. 그래서 이 공통감각은 이를 위해 경험에 정초 될 수 없다. 왜냐하면 이 공통감각은 당위(ein

---

466) John Stuart Mill, *Utilitarianism* [1861; 1863], Ch.I, 207쪽. John Stuart Mill, *Essays on Ethics, Religion and Society*, edited by J. M. Robinson (Toronto·London: University of Toronto Press·Routlege & Kegen Paul, 1969).

Sollen)를 포함하는 판단들을 내릴 권리를 준다. 공통감각은 만인이 우리의 판단과 일치할 것이라고 말하는 것이 아니라, 당연히 합치되어야 한다(soll)고 말한다. 따라서 내가 나의 미적 판단을 여기서 공통감각의 판단의 한 사례로 제시하고 이런 까닭에 내가 나의 이 미적 판단에다 모범적 타당성을 부여하는바, 이 공통감각은 관념적 형식과 합치되는 판단을 하고 판단 속에 표현되는 어떤 객체에 대한 호감을 만인에 대해 정당하게 규칙으로 삼을 수 있을 때 전제하는 단순한 이상적理想的 형식이다. 왜냐하면 원리가 단지 주관적일 뿐이기는 하지만 그럼에도 주관적으로 보편적인 것(만인에게 필연적인 이념)으로 상정되기 때문이다. 그 원리 아래 올바로 포섭했다는 것을 확신하기만 한다면, 이것은, 상이한 판단자들의 의견일치에 관한 한, 객관적 원리와 같이 보편적 동조를 요청할 수 있을 것이다. 공통감각의 이 무규정적 규범은 우리에 의해 현실적으로 전제된다. 이것은 미적 판단을 내릴 우리의 월권(Anmaßung)을 증명한다.[467]

칸트는 여기서도 자기 기만적 개념 혼동 속에서 개념적 트릭을 부리고 있다. 일단 미추 감각, 즉 미감은 인간의 한 본성이다. 따라서 가령 우리의 미감에 어긋나는 색상의 옷, 가령 추한 색상의 옷은 우리의 마음으로 하여금 추하게 느끼게 만든다. 즉, 우리를 미학적으로 좋지 않게, 불편하게 만든다. 그러므로 우리는 마음속으로 이런 옷을 입은 사람을 '색상 테러리스트'로 여긴다. 따라서 칸트의 말대로 우리는 종종 강제로 그 옷을 다른 옷으로 갈아입히고 싶은 '월권적' 충동을 느낀다. 그는 그런 옷을 입어서는 아니 되는 것(Sollen-Nicht, Darf-Nicht)이다. 반대로, 고운 색상의 옷을 입은 사람은 내 마음을 곱게 느끼게 만든다. 그러나 이것은 당위적

---

467) Kant, *Kritik der Urteilskraft*, B66-67쪽.

으로 내가 이런 색상의 옷을 입어야 한다(sollen)는 것을 뜻하지 않는다. 이런 고운 색상의 옷은 칸트의 말대로 '모범적인 것'이고, 또 모범적인 것에 지나지 않고, 동시에 무수한 모범사례의 '하나'일 뿐이기 때문이다. 또한 모든 사람은 미학적 개성이 있기 때문이다. 그러므로 추한 경우를 제외하면 우리는 미학적으로 결코 당위적·월권적이지 않고, 오히려 매우 관대하고 심적으로 너그럽다. 미감 판단과 관련해서 칸트가 저렇게 엉터리 공통감각 개념을 남용해 '당위'와 '월권'을 남발하는 것은 옳지 않다. 차라리 칸트가 『실천이성 비판』에서 운위하는 이성의 자기 입법으로서의 '도덕법칙'의 명령 형식적 당위성을 제거하고, 그 대신에 여기서 그가 말하고 있는 미감적 당위와 유사한 새로운 도덕적 당위와 – 남을 제재할 수 있는 – 도덕적 '월권'을 대입했다면, 이것은 우리가 어느 정도 용납해 줄 만했을 것이다. 왜냐하면 본능적 감각 능력으로서의 미감과 도덕감각은 고래로 '하는 짓이 밉다, 예쁘다', '미담', '미풍양속' 등 보통 사람들의 말에서, 그리고 공자와 맹자, 섀프츠베리와 흄의 글에서 자연스럽게, 또는 의식적으로 자주 결합해서 사용되어 왔고, 또 뒤에 상론하겠지만 그럴 만한 충분한 이유가 있기 때문이다.

따라서 미감이 도덕감각과 더불어 본성 능력인지, 그리고 이 두 감각, 아니 쾌통 감각, 재미 감각, 미추 감각, 시비 감각의 네 감각이 서로 어떤 관계에 있는지는 선결되어야 할 중차대한 문제다. 그러나 칸트는 이 네 감각이 이성적으로 해명할 수 없는 본성에 속할 것이라는 예감에서인지 알 수 없지만 이 문제를 무책임하게 논의에서 배제한다.

- 실은 경험의 가능성의 구성적 원리로서의 이러한 공통감각이 존재하는 것인지, 아니면 보다 고차적인 이성 원리가 맨 먼저 공통감각을 보다 고차적인 목적을 위해 우리 안에서 산출하는 것을 단지 우리의 규

제적 원리로만 삼는 것인지, 다시 말하자면, 미감이 근원적 본성 능력인지, 아니면 단지 미감 판단이 보편적 동조의 부당한 요구와 함께 실은 감각 양식의 일치를 산출하라는 이성적 요구에 불과하다는 식의 이제 획득되어야 하는 인공적 능력의 이념에 지나지 않는 것인지, 따라서 하나의 당위성, 즉 만인의 감정과 각자의 감정의 합치의 객관적 필연성이 단지 이 감정에서 합치될 수 있는 가능성만을 뜻하고, 따라서 미감 판단이 이 원리의 적용으로부터만 한 사례를 내세우는 식의 인공적 능력의 이념에 지나지 않는 것인지는, 여기서 우리가 연구하려고 하거나 연구할 수 있는 것이 아니고, 지금으로서는 미감 능력을 그 요소들로 분해하고 궁극적으로 공통감각의 이념 속에 통합하기만 하면 된다.[468]

여기서 칸트는 미감의 본성적 본질에 대한 논의를 배제하는 척하고 있지만, 실은 그의 마음은 "경험의 가능성의 구성적 원리로서의 이러한 공통감각이 존재한다", 즉 "미감이 근원적 본성 능력이다"라는 명제에 있지 않다. 진정으로 그의 마음은 "보다 고차적인 이성 원리가 맨 먼저 공통감각을 보다 고차적인 목적을 위해 우리 안에서 산출하는 것을 단지 우리의 규제적 원리로만 삼는다"는 명제, 즉 "단지 미감 판단이 보편적 동조의 부당한 요구와 함께 실은 감각 양식의 일치를 산출하라는 이성적 요구에 불과하다는 식의 이제 획득되어야 하는 인공적 능력의 이념에 지나지 않는다", 따라서 "하나의 당위성, 즉 만인의 감정과 각자의 감정의 합치의 객관적 필연성이 단지 이 감정에서 합치될 수 있는 가능성만을 뜻하고, 따라서 미감 판단이 이 원리의 적용으로부터만 한 사례를 내세우는 식의 인공적 능력의 이념에 지나지 않는다"는 명제에 있다. 그리고 그는

---

468) Kant, *Kritik der Urteilskraft*, B67-68쪽.

실제로 논의를 이런 명제로 몰아간다.

6.3. '일종의 공통감각'으로서의 미감?

칸트는 "상상력의 자유로운 합법칙성과 관계하는, 대상에 대한 판단 능력"이라는 앞의 미감 정의를 제쳐놓고, 다시 '미감'을 "일종의 공통감각(eine Art von sensus communis)"으로 규정한다. 동시에 그는 '상식'도 – 내키지 않지만 – 공통감각으로 인정한다. 그의 이 '파격적' 행보는 다음과 같은 중대한 오류가 뒷받침하고 있다.

- 우리는 판단력의 반성이 아니라 단순히 판단력의 결과가 찰지察知될 수 있는 경우에 판단력에다 종종 감感 또는 감각이라는 명칭을 부여하고 진리 감각, 예절 감각, 정의감 등에 관해 얘기한다. 그렇지만 우리는 진리, 예절, 정의 등의 이 개념들이 그 발원지를 두는 곳이 감각이 아니라는 것을 알고, 더욱이 감각이 보편적 규칙의 언표에 대한 최소한의 능력도 가지고 있지 않다는 것, 오히려 우리가 감각들을 넘어 보다 고차적인 인식능력으로 올라가지 못한다면, 우리는 진리, 예의 바름, 아름다움이나 정의에 관해 저런 보편적 유형의 관념을 전혀 생각하지 못한다는 것을 알고, 적어도 당연히 알아야 할 것이다.[469]

여기서 칸트는 "진리, 예절, 정의 등의 이 개념들이 그 발원지를 두는 곳이 감각이 아니다"라고 말하고 있다. 그러나 상술했듯이 진리는 '진리욕' 또는 '호기심'이라는 단순 감정에 그 근거를 두고, 예절은 공경지심에 근거를 두고, 정의는 본능적 '수오지심(정의감)' 또는 (개·원숭이·침팬지도

---

469) Kant, *Kritik der Urteilskraft*, B156쪽.

가지고 있는) 공평성 감각에 근거를 두고, 아름다움은 미감에 근거를 둔다. 진리욕(지식욕·호기심), 공경지심·수오지심의 도덕감정과 도덕감각, 미추 감각 등은 추구의 공리적 행위, 도덕 행위, 판단의 기본 원리이기에 개인과 사회의 물질적·문화적 생활 과정에서 근본적으로 중요하고, 따라서 모두 다 뇌의 진화 과정에서 유전자로 착근되어 있다. 따라서 호모 사피엔스 사피엔스의 유전자 풀에 침착된 이 감정과 감각들의 유전자 및 이에 근거한 뇌 메커니즘과 마찬가지로 이 감정과 감각들도 동서고금으로 보편적이다. 따라서 "감각이 보편적 규칙의 언표에 대한 최소한의 능력도 가지고 있지 않다"는 칸트의 논변도 순전한 반反과학적 허언이다. 에드워드 윌슨은 "인간의 사회적 진화가 유전적이라기보다 명백히 더 문화적이다"라는 것을 전제하더라도 "잠재적으로 모든 인간 사회 안에서 강력하게 표명되는 사회적 진화의 근저에 놓인 감정은 유전자를 통해 진화하는 것으로 여겨진다"고 갈파한다.[470] 또한 그는 "보다 고차적인 윤리적 가치들의 문화적 진화가 독자적으로 방향과 운동량을 얻고 유전자적 진화를 완전히 대체할 수 있는가?"라는 자문에 대해 단코 "나는 그럴 수 없다고 생각한다"고 자답한다. "유전자들이 문화를 줄로 매어 조종하기" 때문이라는 것이다. "이 줄은 아주 길지만, 문화가치들은 이 문화가치들이 인간의 유전자 풀에 가하는 영향에 의해 불가피하게 제약당할 것이다. 뇌는 진화의 산물이다. 인간의 행동은 – 이 행동을 추동하고 지도하는 가장 심오한 감정적 반응 능력들과 마찬가지로 – 인간의 유전 자료를 훼손 없이 고스란히 보존해 왔고 앞으로 보존해 갈 우회적 기량이다."[471]

그러나 칸트는 위 인용문에서 '진리, 예절, 정의'의 '발원지'를, 보편적 규칙과 보편적 유형의 관념을 만드는 "보다 고차적인 인식능력", 즉 '지

---

470) Edward O. Wilson, *On Human Nature* (Cambridge, Massachusetts: Harvard University Press, 1978·2004), 153쪽.
471) Wilson, *On Human Nature*, 167쪽.

성'이라는 '정신의 정점'으로 끌어올리고 이 지성을 '이상비대화'시키는 합리론의 반과학적 허언들을 쏟아놓고 있다. 칸트는 지성을 최대로 과잉비대화시키는 반과학적 허언들을 바탕으로 '상식'도 보편적 '지성'의 사돈네 필촌, 즉 '방계 지성'으로 재발견해서 이것에 '논리적 공통감각'이라는 형용모순의 가짜 직함을 수여한다.

- 단순히 건강한 (미개발의) 지성으로서, 우리가 인간이라는 이름을 요구하는 자에 대해 기대할 수 있는 것의 최소한으로 간주하는 공통적 인간 지성, 즉 상식(gemeiner Menschenverstand)도 '공통감각'(Gemeinsinn; sensus communis)의 명칭이 붙여지는, 마음 상하게 하는 영예가 있다.[472]

그러나 칸트는 "마음이 상하기"는커녕 한술 더 떠서 "미감을 미학적 공통감각(sensus communis aestheticus)이라고 명명하고, 상식적 인간 지성을 논리적 공통감각(sensus communis logicus)이라고 명명한다".[473] 이렇게 하여 '상식'으로서의 '건전한 인간 지성'이 공통'감각'으로 탈바꿈되는 배리背理가 벌어진다. '상식적 인간 지성'에 '논리적 공통감각'이라는 영예로운 가짜 직함을 수여하는 것은 우리의 이해력의 한계를 넘는다. '논리적 공통감각'은 그야말로 '차디찬 불길'이나 '논리적 비논리'와 같은 형용모순의 그로테스크한 개념이기 때문이다. 물론 '미감'을 '미학적 공통감각'이라고 칭하는 것도 우리의 건전한 이해력을 갉는다. 미감은 정의에 따라 '유형적有形的' 대상들의 객관적 '구성·배열·소리·색상·움직임'의 중화성中和性 여부에 대한 변별 감각이다. 따라서 미감은 결코 '전달 가

---

472) Kant, *Kritik der Urteilskraft*, B156-157쪽.
473) Kant, *Kritik der Urteilskraft*, B160쪽.

능성'에 목을 거는 공통감각일 수 없는 것이다. 이쯤이면 아리스토텔레스의 모호한 '감각적 공통 능력'에서 변형된 '공통감각(κοινὴ αἴσθησις)'이라는 중세철학적 개념이 칸트의 『판단력 비판』에서 또 어떻게 오용될지 그 끝을 알 수가 없다.

■ 역지사지적 판단력으로서의 공통감각

칸트는 공통감각을 '공동감각(gemeinschaftlicher Sinn)의 이념'으로 바꾼 엉뚱한 논변을 밑천 삼아 공통감각을, "모든 타인의 관념 방식(Vorstellungsart)"을 '선험적'으로 고려하는 '역지사지'의 판단 능력으로 둔갑시킨다.

- 우리는 sensus communis를 공동감각의 이념으로 정의해야 한다. 공통감각은 흡사 전체적 인간 이성에다 우리의 판단을 붙들어 매는 것처럼 하기 위해, 그리고 이를 통해, 쉽사리 객관적인 것으로 여겨질 수 있는 주관적 사적 조건으로부터 판단에 대해 불리한 영향을 미치게 될 환상을 탈피하기 위해, 자신의 반성을 통해 모든 타인의 관념 방식을 (선험적) 사유 속에서 고려하는 판단 능력이다. 이것은 우리가 우리의 판단을 타인들의 현실적이 아니라 오히려 가능한 판단들에 붙들어 매고, 우연적 방식의 우리 자신의 판단에 달라붙는 한정들을 단순히 추상함으로써 모든 타인의 입장으로 옮겨감을 통해 일어난다. 이런 추상은 다시, 관념 상태 속에서 질료, 즉 느낌인 것을 가급적 많이 털어내고 이것의 관념 또는 관념 상태의 형식적 특유성에만 유의함으로써 실현된다. 이 반성 작용은 아마 너무 인공적인 것으로 보여서, 우리가 공통적 감각(gemeiner Sinn)이라고 부르는 능력에다 이 반성 작용을 부여할 수 없다. 그러나 이 반성 작용은 우리가 이 작용을 추상적 공식으로

표현하는 경우에만 인공적으로 보일 따름이다. 우리가 보편적 규칙으로 쓰여야 할 판단을 찾는다면, 자극과 감흥을 추상하는 것은 그 자체로서 가장 자연스러운 일이다.[474]

여기서 '공통감각'은 갈 데까지 갔다. 칸트는 '공통감각'을 보편적 전달 능력을 넘어 아예 "자신의 반성 안에서 모든 타인의 관념 방식을 (선험적) 사유 속에서 고려하는", 즉 "모든 타인의 입장으로 옮겨가는" 역지사지의 "판단 능력"으로 변질시키고 있다. 그러나 미각은 인간들에게 보편적인 것이지만, "자신의 반성 안에서 모든 타인의 관념 방식을 (선험적) 사유 속에서 고려하는" 역지사지 판단 능력 때문에 보편성을 갖춘 것이 아니다. 미감은 인간의 본능이고 따라서 이 본능을 가진 모든 인간에게 보편적이다. 미감적 보편성은 보편적 역지사지 능력을 발휘해 '제조'해 낼 필요가 전혀 없는 것이다. 여기서 이성이 할 일은 '제조'가 아니라 '정리'일 뿐이다. 하늘이 부여한 미감적 본능과 미감적 보편성은 더 이상 설명할 수도, 더 이상 설명할 필요도 없다. 이것을 설명하려다가 보면 본능적 느낌·자극·감흥 등의 감성적 요소들을 다 '털어내는' 칸트식의 합리적 추상화 조작만이 있을 뿐이다. 이렇게 보면 칸트의 공통감각은 이제 이성적 역지사지의 보편적 '입장 바꾸기'로서, 감각적·감정적 본능을 다 털어낸 이 보편적 추상화 능력으로 전락한다. 이런 합리화된 의미의 그로테스크한 공통감각 개념으로는 미감을, 자유로운 생산적 상상력에 의해 일깨워지고 또 역으로 이 상상력을 작동시키는 지성(이성)의 선험적인 보편적 역지사지를 통한 감정의 보편적 전달 가능성에 대한 선험적 판단의 능력으로 만들 수 있고, 나아가 미감을 이성적 판단력이라고 변조할 수 있다. 그러면 '감성의 사실'인 아름다움이 '이성의 사실'로까지 둔갑하고 말 것

---

474) Kant, *Kritik der Urteilskraft*, B157-158쪽.

이다. 칸트에 의하면 "우리가 보편적 규칙으로 쓰여야 할 판단을 찾는다면, 자극과 감흥을 추상하는 것은 그 자체로서 가장 자연스러운 일이기" 때문이다.

그리하여 칸트는 미감을 최종적으로 모든 타인의 입장에서 생각하는 역지사지의 '확장적 사유 방법'과 관련시킨다. 여기서 미감 비판의 요지, 즉 판단력 비판의 핵심 요지는 자신의 미적 감정의 편협성을 비판함으로써 그 고루함을 떨쳐내고 이 감정의 보편적 전달 가능성을 선험적으로 판단하는 공통 감각적 능력을 제고하는 것으로 드러난다. 이를 위해 칸트는 일단 공통적 인간 지성의 준칙들을 설명하고 이것을 미감에 적용하려고 한다.

- 통상적(공통적) 인간 지성(즉, '논리적 공통감각' - 인용자)의 다음 준칙은 여기에 속하는 것은 아니지만, 미감 비판의 일부로서, 이 미감 비판의 원칙의 해명에 기여할 수 있다. 그 준칙들은 1. 자율 사고, 2. 모든 타인의 입장에서 생각하기, 3. 언제나 자기 자신과 일치하게 생각하기다. 제1준칙은 편견 없는 사유 방법의 준칙이고, 제2준칙은 확장적 사유 방법이고, 제3준칙은 일관된 사유 방법이다. 제1준칙은 전혀 수동적이지 않은 이성의 준칙이다. 수동적 이성의 성향, 따라서 이성의 타율의 성향은 편견이라고 일컫는다. 그리고 모든 편견 중에서 최대의 편견은 자연 본성을, 지성이 그 자신의 본질적 법칙을 통해 자연 본성을 정초하는 규칙들에 굴복하지 않는 것으로 관념하는 것, 즉 미신이다. 미신으로부터의 해방은 계몽이라고 한다. 왜냐하면 이 명칭이 편견 일반으로부터의 해방에 속할지라도, 미신이 빠뜨리는 맹목성, 아니 미신이 심지어 의무로서 요구하는 맹목성이 타인에 의해 지도받고 싶은 욕구를, 따라서 수동적 이성의 상태를 특히 인지할 수 있게 만들

어주는 점에서 저 미신은 특히 (현저한 의미에서) 편견이라고 불릴 만하기 때문이다. 사유 방법의 제2준칙에 관한 한, 우리는 그렇지 않으면 자신의 재능을 크게 사용하지 않는 사람을 편협한 ('확장적'과 반대인 '고루한') 사람이리고 부르는 데 익숙하다. 그러나 여기서 말하는 것은 인식의 능력이 아니라, 이 인식능력을 합목적적으로 사용하는 사유 방법이다. 이 사유 방법은 인간의 본성적 재능이 도달하는 범위와 정도가 아무리 작더라도 인간이 그토록 많은 타인이 괄호 속에 묶인 것처럼 처해 있는 판단의 주관적 사적 조건들을 초월하여 (그가 타인의 관점으로 옮겨감으로써만 규정할 수 있는) 보편적 입지점으로부터 그 자신의 판단에 대해 반성한다면, 확장적 사고 풍의 인물을 적시해 준다. 제3준칙, 즉 일관된 사유 방법의 준칙은 이루기에 가장 어렵고, 앞선 두 준칙의 결합을 통해서만, 그리고 이 두 준칙의 능숙해진 빈번한 준수에 입각해서만 이룰 수 있다. 제1준칙은 지성의 준칙이고, 제2준칙은 판단력의 준칙이고, 제3준칙은 이성의 준칙이라고 말할 수 있다.[475]

'자연(본성)을 정복할 수 있다고 믿는 편견'으로서의 '이성의 미신과 광신'의 어둠으로부터 경험적 실사구시의 빛으로 자신과 세상을 '해방'하는 것을 '계몽'이라고 말하는 것이 아니라, 지성의 자연(본성) 정복 능력을 믿지 않는 '편견'으로서의 '미신'으로부터의 '해방'을 '계몽'이라고 말하는 그로테스크한 계몽 개념에 대해서는 여기서 논하지 않기로 한다. 우리의 본 주제와 관련해 중요한 것은 제2준칙에서 미감 비판의 요지가 자기의 감정적 편협성을 비판하고 미감을 역지사지의 보편 관점으로부터 자기의 판단을 반성하는 '확장적' 사유 방법으로 교체하는 것임이 드러난다는

---

475) Kant, *Kritik der Urteilskraft*, §40, B158-160쪽.

점이다. 왜냐하면 그는 제2준칙을 '판단력의 준칙'이라고 말하고 있기 때문이다. 주지하다시피 『판단력 비판』에서 '판단력'은 미감의 별명이다.

"모든 타인의 입장"에서 생각하는 "확장적 사유 방법"으로서의 이 판단력을 미감에 적용하면 미감은 보편적 전달 가능성의 선험적 판단력으로 탈바꿈된다.

- 나는 이 에피소드를 통해 떠났던 실마리를 다시 들어 올려, 미감이 건전한 지성보다 더 많은 권리로 sensus communis(공통감각)라고 불릴 수 있다고 말한다. 그리고 우리가 감 또는 감각이라는 단어를 마음에 대한 단순한 반성의 작용에 사용하고자 한다면 미학적 판단력은 지성적 판단력보다 먼저 공통감각의 명칭을 달 수 있다고 말한다. 왜냐하면 우리는 감각을 쾌감의 감정으로 정의하기 때문이다. 우리는 심지어 미감을, 개념의 매개 없는 일정한 관념에 대한 우리의 감정을 보편적으로 전달 가능하게 만드는 것의 판단 능력으로 정의할 수도 있다.[476]

미감은 '감성적 공통감각(sensus communis)'이라는 것이다. 그런데 여기서 '쾌감의 감정'은 자연적 감정이 아니라, 이 쾌감의 목적을 가진 합목적적 상태의 '관념적' 감정이다. (그러나 자연은 인간을 향한 쾌감의 목적을 전혀 품지 않고 있어도 '아름답다'!) 칸트는 미적 감정을 감정 자체로서 중시하는 것이 아니라, 상상력과 지성의 상호작용에 의해 관념으로부터 만들어진 합목적적 감정만을 미감의 대상으로 규정한다. "상상력이 그 자유 속에서 지성을 일깨우는 곳에서만, 그리고 이 지성이 개념 없이 이 상상력을 규칙적 유희 속으로 옮겨 놓는 곳에서만, 관념은 생각으로서가

---

476) Kant, *Kritik der Urteilskraft*, §40, B160쪽.

아니라 마음의 합목적적 상태의 내적 감정으로서 전달된다."[477] 이렇게 하여 감정이 아니라, 지성과 상상력의 상호작용으로 감정화된 것으로 오인되는 관념이 전달되고, 미감적 전달 능력의 논제에서 '모든' 타인들과 입장을 바꾸는 '확장적 사고'의 보편적 역지사지만이 유일하게 무대를 지배하고, '미감'과 '공감'의 역할은 말끔하게 청소된다.

그리하여 미감은 물적 대상의 구성적·배열적·색상적·음성적 '형식'의 중화성中和性을 기준으로 미추를 직관적으로 판단하는 내감 능력이 아니라, 엉뚱하게도 남에게 '의무'로 강요될 수 있다는, '관념적' 감정(아니, 감정적 '관념')의 보편적 전달 가능성에 대한 선험적 판단 능력으로 변질되어 미의 세계에 작별을 고한다.

- 따라서 미감은 (개념의 매개 없는) 주어진 관념들과 결합된 감정들의 전달가능성을 선험적으로 판단하는 능력이다. 감정 자체의 단순한 보편적 전달 가능성은 '우리에 대한 관심을 수반할 수밖에 없다'라고 여겨도 된다면 (그러나 이 관심을 단순한 반성적 판단력의 속성으로부터 도출하는 것은 정당하지 않다), 사람들은 미적 판단 속의 감정이 어디로부터 마치 의무처럼 모든 사람에게 요구되는지를 설명할 수 있을 것이다.[478]

"일종의 공통감각으로서의 미감", "상상력의 자유로운 합법칙성과 관계하는, 대상에 대한 판단 능력"으로서의 미감, "(개념의 매개 없는) 주어진 관념들과 결합된 감정들의 전달 가능성을 선험적으로 판단하는 능력"으로서의 미감, 이 중 어느 미감의 정의도 필자가 보기에 진정한 미감과

---

477) Kant, *Kritik der Urteilskraft*, §40, B161쪽.
478) Kant, *Kritik der Urteilskraft*, §40, B161쪽.

무관한 것이다. 따라서 칸트의 『판단력 비판』을 '미학'이라고 불러야 한다면, 그것은 '유사類似 미학'일 것이다.

필자는 칸트가 말하는 '미감적 공통감각'이 앞서 논한 '교감 미감'의 그릇된 이해라고 추정한다. 그리고 그의 '논리적 공통감각'은 단순히 '공감' 메커니즘을 오해한 것이라고 추정한다. 그런데 칸트는 교감과 공감에 무지하기 때문에 교부철학으로부터 무용지물의 '공통감각' 개념을 무비판적으로 물려받았다. 그는 '미학적 비밀의 문'을 이 '공통감각'이라는 엉터리 열쇠를 가지고 헛되이 열려고 했지만 끝내 열 수 없었던 것이다.

칸트의 공통감각론에 대한 필자의 이 비판적 논의는 실로 득이 없어 허무한 것으로 보이지만, 그렇다고 아무런 득도 없는 것은 아니다. 우리는 칸트의 판단력 비판과 공통감각 개념을 몽땅 우리의 논의에서 영구히 추방해 '사이四夷의 땅'으로 유배 보낼 수 있는 정당한 권리를 얻었기 때문이다. 칸트의 그릇된 지성적 공통감각이라는 형용모순의 개념과 역지사지로서의 공통감각 개념은 그의 '주관주의 미학'을 감성적 요소들이 모조리 박멸된 '지성적 주관주의 미학'으로 둔갑시키는 핵심 개념들이다. 일체의 객관성 없이 '끼리끼리만' 미감을 주고받는 이 '주관주의 미학'은 미 개념을 이론화한 것이 아니라 차라리 철저히 파괴한 것이다.

위 논의 과정에서 틈나는 대로 필자는 미가 객관적 근거가 있고, 주관적 감각에서 나오는 감정이라는 주·객관적 양면성을 강조해 왔다. 아름다움의 객관적 근거는 유형적 존재자의 외적 구성·배열·색상·소리·움직임(동세)의 객관적 중화(균형과 조화)다. 주관적 미 감정은 이 중화를 감지해 변별하는 내감으로서의 미감이 아름답게 느끼는 것이다. 따라서 아름다움은 주관적이면서 객관적인 것이다.

아름다움이 단지 객관적이기만 하다면, 아름다움을 우리는 느낄 수 없다. 반면, 아름다움이 주관적이기만 하다면 아름다움은 유형적 사물들의 외적 구성과 배열 또는 언어로 형상화된 구성·배열·색상·소리·움직임(동세)의 객관적 중화성과 무관한 내적 느낌, 즉 '몽환'으로 전락한다. 이 '몽환'이 개인의 것이 아니라 인류의 것이라 하더라도 그것은 인류의 '집단적 몽환'인 것이고, 그 주관주의적 본질은 달라질 것이 없다.

그러므로 칸트의 '주관주의 미학'은 이런 '몽환적 착각의 미학'이다. 객관성이 없는 아름다움은 유형적 객관성의 통제 중심 없는 아나키즘적 아름다움이다. 따라서 물적 대상(자연과 예술 작품)의 유형적有形的 객관성을 잃은 이런 미학은 한마디로 아나키즘적 미학이다. 또한 유형적 객관성을 결한 이 미학은 무형적 인간 행위인 유희적 행위의 중화적 구성에서 느끼는 재미도 아름다움으로 착각하면서 인간의 사회적 행위 일반을 미학적 창작 대상으로 조작·통제·관리하려는 유희적 사이비 미학을 낳는다. 칸트로부터 유래하는 미학적 아나키즘과 유희적 사이비 미학은 무솔리니·히틀러와 나치들처럼 정치를 "불가능의 예술"로 호도·신비화하고 대大정치를 "절망하지 않기 위해 절망하는 것"으로 허무주의화하는 사이비 정치 미학으로 전락하는 지름길이다.

칸트는 미학에서 중화中和 개념을 철저히 배제했다. 그럼으로써 미美와 미감을 등졌다. 그러나 아름다움의 본질은 "유형적有形的 대상의 외적 구성·배열·색상·소리·움직임(동세)의 객관적 중화中和(균형·조화·비율)에 대해 인간과 동물이 주관적 미추 감각(미감)으로 느끼는 호감好感"이다. 여기서 '호감'은 '좋게 여기는 감정'이다. 간단히 다시 말하면, 미의 본질은 "유형물有形物의 중화적中和的 구성·배열·색상·소리·움직임(동세)에 대한 우리의 호감"이다. 여기서 "유형적 대상"은 물체의 연장·운동·속성, 기체·공기·빛의 색상, 광파와 음파, 인간과 동물의 육체적 외형·동작·목소리(울음소리), 이 모든 것들의 언어적 형상물形像物 등을 포괄한다. 따라서 인간의 사회적 '행위', 조직 체계, 심리 현상, 심중 감정 및 생각과 같은

'무형無形의 현상들'에 대해서는 이것들이 객관적으로 유형화有形化 되지 않는 한 아직 아름다움을 느낄 수도, 논할 수도 없다. 미감이란 유형물의 중화中和 여부를 판단하는 내감이다.

그러나 칸트는 미학에서 중화 이념을 철저히 우회했다. 칸트는 심지어 애덤 스미스가 강조하는 동물 종자의 평균적 '정상 이념'도 미의 근거로서 부인했다. "정상 이념의 묘사는 아름다움 때문에 마음에 드는 것이 아니라, 단순히 유일하게 이 종류의 한 개체가 아름다울 수 있는 조건과 모순되지 않기 때문에 마음에 드는 것이다. 이 묘사는 단지 규율 바른 것일 뿐이다."[479] 그야말로 중도 이념을 '철저히' 등진 것이다. 칸트는 미학에서도 '중도의 적敵'으로 굴었다.

결론적으로, 칸트는 '중도의 적'다운 철학자로서 미학 이론에서 끝까지 유형有形의 객관적 중화 이념을 철저히 등지고 주관주의적 몽환을 좇음으로써 미의 본질 개념을 철저히 파괴하고 말았다. 미美 개념의 파괴는 칸트를 암암리에 따르는 니체에 이르러 극점에 도달한다.

---

479) Kant, *Kritik der Urteilskraft* (A1790·B1793), B59쪽.

제7절

칸트의 중국혐오와 반反중국주의

니체는 엉뚱하게도 칸트를 "쾨니히스베르크의 중국인"이라고 조롱했다. 하지만 정작 칸트는 공자 숭배적·중국 열광적이고 보편주의적·세계주의적이었던 18세기와 19세기 초의 유럽에 어울리지 않게 사이코패스다운 반反공자·반反중국주의자·중국 혐오주의자였다.

7.1. 칸트의 자연지리학과 사이코패스적 중국 비방

중국 문화와 공자의 도덕철학은 철두철미 본성적 도덕감정의 경험·관찰과 발양·확충과 진성盡性·수신에 근본을 둔 경험론적 도덕과학에 근거했다. 따라서 공자의 이 도덕과학은 칸트의 엽기적 도덕형이상학 및 실천이성적 도덕법칙과 대극對極을 이루는 도덕론이었다. 따라서 칸트의 중국 문화 비방과 공자철학 비판은 예정된 것이었다. 따라서 1781년 『순수이성 비판』과 1788년 『실천이성 비판』을 통해 사이패스적 도덕형이상학이 완성되기 전에는 칸트의 중국관은 비교적 객관적이었으나, 이 두 비판서가 완성되고 나서부터는 그의 중국관은 부정 일변도의 중국 혐오로 치달았다.

칸트는 그가 '자연지리학(Physicalische Geography)'이라 이름 붙인 학과목을 쾨니히스베르크 대학에서 매년 여름학기마다[480] 1756년부터 (그의 퇴직 1년 전인) 1796년까지 40년간 대학생들에게 가르쳤다. 그간 공간된 그 강의록과 강의 노트의[481] 중국 관련 부분을 보면 이상하고 괴이한 엽기적 내용이 가득 채워져 있다. 중국 관련 강의들은 그 내용이 학기마다 다르거나 심지어 상반되고 그릇된 것들이었지만 칸트는 오류를 정정한다는 말도 없이 그냥 그다음 학기에는 반대되는 내용을 가르쳤다. 그는 교육자적 양심도, 학자적 양심도 없이 그야말로 아무렇게나 가르친 것이다. 그런데 '양심 없는 것'과 '이상하고 괴이하고 엽기적인' 것은 사이코패스의 특징이 아니던가!

■ 초기 강의에서 중국 찬양과 중립적 평가

아드리안 시아(Adrian Hsia, 1938-2010)의 요약 논문에 따라 칸트의 중국 관련 내용을 간추려보자. 칸트의 자연지리학 강의는 당시에 그가 접한 자료원에 따라 중구난방으로 춤을 추었는데, 그래도 대체적 경향을 보면 예수회 선교사들의 서적들을 읽었을 때는 중국을 좀 객관적으로 기술하고, 군인과 상인들의 여행기들을 읽었을 때는 내용이 험담과 왜곡으로 흘렀다. 특히 1783년 독역獨譯되어 나온 피에르 소네라(Pierre Sonnerat, 1748-1814)의 인도·중국 여행기를 읽고 나서는 아예 중국 비방으로 일관

---

480) Kant, *Anthropologie in pragmatischer Hinsicht* [1798], 402쪽 (각주).
481) 참조: Helmut von Glasenapp, *Kant und die Religionen des Ostens* (Kitzengen amd Main: Holzner Verlag, 1954).

했다.[482] 소네라의 반反중국적 여행기의 독역판(1783)은 저 두 비판서의 출판연도(1781·1788) 사이에 출간됨으로써 반反중국적 자연지리학의 자료원이 되었다. 칸트는 다양한 자료를 모으고 종합해 객관적 중국 사실을 학생들에게 가르친 것이 아니라, 편향된 몇 개의 특정 자료원에 따라 그릇된 강의를 널뛰며 칼춤 추듯 이어간 것이다. 이런 왜곡되고 그릇된 내용은 중국 관련 자료가 유럽에 엄청나게 쌓이고 널려있었기 때문에 자료부족으로 인한 것이 아니라, 칸트가 편향된 소수의 자료를 골라 읽었기 때문이었다. 이것은 그가 흄의 『인간본성론』 원본을 읽지 않은 것을 알 수 있듯이 다른 분야의 강의와 저술에서 보이는 것처럼 그의 독서 부족과, 공자의 철저히 경험론적인 도덕감정론적 도덕과학과 대극을 이루는 두 비판서의 엽기적 실천이성·도덕법칙 때문이었다.

1770년대 초 칸트가 예수회 선교사들의 저서들을 읽은 뒤 두 비판서가 나오는 1781·1788년 이전에 진행한 강의들은 중국과 중국인들에 대해 "심적으로 개방적이었다".[483] 그러나 그 강의에도 많은 오류와 허위 사실이 끼어 있었다. 그는 중국인을 백인과 황인의 혼합 인종으로 보았는데, 중국인들에 대한 판단도 혼합된 것이었다. 그는 주저 없이 중국을 "세계에서 가장 문명화된 나라"라 부르고, 만리장성, 대운하, 아치 교량, 남경의 파고다, 광활하게 뻗은 수로, 기하학적 도시계획과 같은 기적들에 대해 강의했다. 그는 중국인들이 남을 저주하지 않고 거친 표현을 일절 쓰지 않는다는 대중적 믿음에 동조했다. 하지만 '말도 안 되는 소리'도 많이 했다. "중국에서 만사는 의식화되어 있다." "주인과 손님은 대화 내내 예법 서책에 규정되어 있지 않은 문장을 한 구절도 입 밖에 내지 않으려고 했다." "식사 시에 만인은 일제히 움직였다. 모두는 정확히 주인의 예

---

482) Adrian Hsia, "The far east as the philosophers' 'other': Immanuel Kant and Johann Gottfried Herder", *Revue de littérature comparée* 2001/1 (no.297), 14쪽.
483) Hsia, "The far east as the philosophers' 'other'", 12쪽.

를 따라서 여러 조각의 음식을 모아 입속에 동시에 집어넣기 위해 '젓가락(Gabelstöckchen)'을 사용했다." "그들은 컵을 들고 일제히 마셨다. 술을 포함한 모든 음료는 따뜻하게 제공된 반면, 음식은 차게 먹었다." "공식 정찬은 약 세 시간 지속되었고, 아무도 한마디 말도 하지 않았다." "식사 후에, 그리고 정해진 정원 산책 후에 광대들이 들어와 어리석은 공연을 했다."[484] 이런 것들이 칸트가 강의한 중국 예법과 풍속의 내용이었다.

칸트는 수십 년 동안 학생들에게 중국인들이 잘생겼다고 가르쳤다. 그러나 '말도 안 되는 이야기'도 계속 끼어들었다. "그러나 그들은 얼굴 쪽 머리카락을 뽑고 몇 가닥 머리카락만 자라게 했고, 학자들은 왼손의 손톱을 전혀 깎지 않았다." "중국인들은 복수심이 가득하지만, 복수를 실행하는 데 아주 참을성이 있었다. 그러나 그들은 모두 겁쟁이들이라서 결투를 하지 않았다." "그들은 노름에 열정적이지만, 근면하기도 했다." "여성들은 어린 시절부터 묶인 작은 발을 가졌고, 언제나 아래를 보고, 결코 손을 보여주지 않았다." "그녀들은 충분히 하얗고 아름다웠다."[485]

다른 한편, 칸트는 중국인을 "본성상 사기스럽다"고 생각했다. "중국인들은 깨진 접시나 찢어진 옷과 같은 망가진 물건들을 완벽하게 수선해서 새것으로 팔았다." "그들은 무게를 더 나가게 하기 위해 죽은 닭의 목에 모래를 집어넣어 팔았고, 돼지도 무게가 더 나가도록 익사시켜 잡았다." "속임수는 생활양식이고 완벽 수준으로 세련되었다." "중국인은 속이다가 발각되면 부끄러워했는데, 부끄러운 이유는 그의 트릭이 덜 완벽해서였다."[486]

칸트는 중국이 오랜 천문학의 전통이 있지만 일식과 월식의 예측은 "아주 결함이 많다"고 판단했다. "보통 그들은 일·월식 발생 날짜를 예측

---

484) Hsia, "The far east as the philosophers' 'other'", 12쪽.
485) Hsia, "The far east as the philosophers' 'other'", 13쪽.
486) Hsia, "The far east as the philosophers' 'other'", 13쪽.

할 수 있었지만 시간을 정확하게 예측하지 못했다." 그런데 칸트를 당황시킨 것은 구식례救食禮였다. 그는 중국인들이 일·월식을 예측할 줄 알고 구식례가 난센스라는 것을 알면서도 이 미신을 믿는 이 역설의 이유를 그들이 전통을 중시하는 깃에서 찾았다. 이 추리법을 보면 칸트가 이때까지 중국을 적대하거나 으레 자동으로 나쁜 관점에서 보려고 한 것은 아닌 것처럼 보인다. 그러나 전체적으로 긍정적 묘사와 부정적 묘사가 뒤죽박죽이다. "그가 다양한 중국인 특징을 묘사하면서 이용한 자료원에 따라 그의 판단은 춤추었다. 경험상 긍정적 중국 성격의 묘사는 대부분 예수회 자료원에서 유래하고, 부정적 묘사는 여행가들로부터 유래했다."[487]

중국의 종교 상황에 대한 기술은 그럴싸하다. "많은 중국인이 무신론자이고 다른 이들은 신을 믿지만 신을 다소 홀로 놓아둔다." 그러나 바로 허언으로 직통한다. 그는 대부분의 중국 백성은 부처의 가르침을 따른다고 말하면서 부처를 사후 환생한 라싸의 달라이라마와 같은 사람으로 소개했다. 그는 학생들에게 불교의 구체적 종교의식을 증거로 들며 "예수회 자료들이 불교가 이교로 변한 타락한 기독교라는 점을 시사한다"고 가르쳤다.[488]

칸트는 공자를 알았고, 공자의 인물에 대한 생각을 많이 놓치지 않았거나 공자를 "중국의 소크라테스"라 부르는 것과 다른 것을 가르치지는 않았다.[489] 노자에 대해서는 「만물의 종말(Das Ende aller Dinge)」이라는 짧은 논고에서[490] 이상한 논평을 하고 있다. 이 글에서 그는 "만물의 종말"을 (1) 신적 지혜에 따른 도덕적 목적의 이해 가능한 질서 속에서의 자연적 종말, (2) 이해할 수 없는 신비적 종말, (3) 우리 자신에 의해 야기되는

---

487) Hsia, "The far east as the philosophers' 'other'", 14쪽.
488) Hsia, "The far east as the philosophers' 'other'", 14쪽.
489) Hsia, "The far east as the philosophers' 'other'", 14쪽.
490) Immanuel Kant, "Das Ende aller Dinge", 175-190쪽. *Kant Werke*, Bd.9 (Darmstadt: Wissenschaftliche Buchgesellschaft, 1970).

부자연스런 종말로 삼분했다. 「만물의 종말」에서 칸트는 노자를 우리 세계 안에서 "지성적 거주자"로 기능하지 않는 종류의 신비가의 사례로 제시하고, 노자 철학 체계의 특징을 괴물처럼 기괴한 것으로 기술하고 있다. 그 이유는 최고선이 무無에, 즉 노자가 자기 몸을 파괴하고 신의 몸을 취함으로써 "신의 심연"과 하나라고 느끼는 것 속에 있다고 주장하기 때문이라는 것이다.[491] 이 마지막 단계를 준비하기 위해 중국 철학자들은 눈을 꼭 감고 무無를 생각하고 느끼려고 어두운 방 안에 자신을 가두었다. 칸트는 이 목적에서 노자의 추종자들이 "티베트 사람들과 기타 동방 민족들의 범신론"과 "스피노자주의"를 닮았다고 논평했다. 그는 "영원한 고요"의 감각 단계가 만물의 종말이 아니라 생각의 종말일 뿐이라고 강조함으로써 "영원한 고요"는 도덕적 관점에서 오로지 기독교를 통해서만 도달할 수 있을 뿐이라고 말했다.[492]

■ 중국 비방으로의 급선회

시아는 칸트의 중국관이 1783년 취리히에서 독역·출판된 피에르 소네라의 "중국에 대해 얼마간 환멸을 느낀 반反예수회적" 여행기 『동인도와 중국으로의 항해(*Voyage aux Indes Orientales et à la Chine*)』(1782)를 읽고 나서 급히 태도를 바꿔서 그의 개방적 마음이 부정적 스테레오타입으로 바뀌었다고 분석했다.[493] 그러나 필자가 보기에 그의 입장의 이러한 변화는 칸트가 소네라의 이 책 한 권을 읽고 '급격히' 벌어졌다기보다 더 깊은 배경이 있었다. 그 배경은 이 여행기의 공간을 전후해서 1781년과 1788년에 탈고·출판된 저 두 비판서에 있었다. 칸트의 괴이한 사이코패스적 실천이성·도덕법칙·정언명령은 공맹의 철두철미 본성론적·도덕

---

491) Kant, "Das Ende aller Dinge", 185쪽.
492) Hsia, "The far east as the philosophers' 'other'", 15쪽.
493) Hsia, "The far east as the philosophers' 'other'", 16쪽.

감정론적 도덕과학과 이에 기초한 중국의 도덕률·예법과 정확히 상반된 것이었다. 따라서 추상적 도덕법칙에 따라 사는 합리적 인간을 선인善人으로, 도덕감정에 따라 사는 보통 인간을 악인으로 낙인찍는 사이코패스적 선악 분류 도식을 수립한 간트의 윤리관은 이미 추상적·합리적 유럽인종을 도덕적 이상형으로 특대하고 그렇지 않은 다른 인종들을 모두 열등한 것으로 간주하는 정신상태에서 조만간 중국과 공자를 비방하도록 되어 있었고, 우연히도 때맞춰 나온 소네라의 저 책은 이 준비된 '중국 비방의 불씨'를 완전 발화하게 하는 석유 기름에 불과했다.

칸트는 중국인들이 결코 어떤 명백한 개념으로도 과학을 진보시킬 수 없다는 의견을 피력했다.[494] 그는 중국인들의 네 가지 지적 결손을 적시했다. 중국의 초상화와 건축물 그림이 그림자가 없는 것이 첫 번째 증거다. 두 번째 증거는 유럽의 알파벳은 24개 자에 불과하지만 중국인들은 8만 자의 한자를 필요로 한다는 것이다. 1770년대 강의에서는 중국어와 한자에 대해 가치판단 없이 사실 기술만 제공했었다. 칸트는 중국인들이 다른 나라로 여행하지 않는다는 것, 그리고 달라이라마를 뜻하는 중국 종교의 수장이 중국 바깥에 거주한다는 것도 비판했다.[495] 그는 중국인들이 아프리카와 마다가스카르까지 항해한 사실을 모르고 동남아시아가 중국인들의 앞마당이라는 사실도 모르고서 함부로 말하고 있고, 또 달라이라마의 중국불교의 교주로 잘못 알고 허언을 늘어놓고 있다

중국어와 한자에 대한 칸트의 견해는 그야말로 널뛰듯 했다. 그는 소네라의 여행기를 읽기 전에 그는 중국어 한자가 총 5만 3,000자에 불과하고 학자는 그 가운데 2만 자만 알면 된다고 말했다. 그리고 한번은 중국 한자의 발명자를 영리한 사람으로 칭송하고 베트남 민족이 한자를 읽을 수 있

---

494) Glasenapp, *Kant und die Religionen des Ostens*, 97쪽.
495) Glasenapp, *Kant und die Religionen des Ostens*, 97쪽.

는 것을 가치 있는 것으로 평가했었다. 하지만 그는 새로운 관점에서 학자들이 치매에 걸릴 때까지 한자를 학습해야 한다고 조롱했다.[496]

아드리안 시아는 초기 강의들에서 칸트가 "기독교에 근거한 계몽 철학자"이고 그릇된 지식들에도 불구하고 "너무 많은 편견과 가치판단 없이 중국을 인식하기에 충분히 심적으로 개방적"이었다고 평한다. 그러나 예수회가 1770년대 초 해체되었을 때 중국은 실제적으로 모든 변호인을 다 잃었다. 19세기 새로운 세상 흐름이 이미 시작되었고 예수회 신부들이 그린 "문화적 중국"을 쓸어가 버렸다는 것이다. 칸트는 이제 중국인들을 "덕성 개념에 완전히 낯선 자들"로 간주하고 "공자를 포함한 전 중국 민족"을 "자신들을 고귀성과 의무로 고양시킬 능력이 없는" 자들로 규정했다. 환언하면, "이 나라에서는 정언명령이 결코 발전할 수 없었다"는 것이다.[497] 필자가 보기에 칸트는 마침내 중국이 『순수이성 비판』과 『실천이성 비판』에서 수립된 자기의 사이코패스적 도덕법칙과 실천이성적 정언명령 도식에 가장 전형적으로 반립反立해 있는 방대한 국가임을 간파하고 중국에 대해 모진 비방을 쏟아 놓았다. 그 비방의 지료들을 때마침 피에르 소네라의 여행기에서 발견한 것이다. 그러나 칸트는 그의 도덕형이상학 못지않게 사이코패스적인 삼강오륜의 정언명령과 주리론적主理論的 사단칠정론을 수립해 조선과 중국에서 각종 정치 풍파와 사회적 병폐를 야기하며 백성을 괴롭히다가 실패한 '성리학'이 있었다는 사실도 몰랐던 것으로 보인다.

■ 유교적 '효도'에 대한 칸트의 한참 빗나간 비방

지금까지 칸트의 괴기스러운 중국관과 엽기적 중국 비방을 추상적·일

---

496) Glasenapp, *Kant und die Religionen des Ostens*, 97쪽.
497) Hsia, "The far east as the philosophers' 'other'", 16쪽.

반적으로 약술했다. 그러나 이것으로는 중국의 도덕철학에 대한 그의 무지막지한 무지와 사이코패스적 막말의 진면목을 알 수 없다. 이제 그의 중국 비방의 한 대목에 대한 구체적 분석으로 그의 진면목을 구체적으로 드러내보자. 칸트는 가령 중국 황제가 신하들에 대해 생사여탈권을 가졌고 신하들은 부모에게처럼 법률상 관청에 대해서도 순종과 공손의 의무가 있다고 말했다. 이것이 중국인들의 최고의 법률이라는 것이다. 1764년 칸트는 부모에 대한 자식들의 순종의 예법은 "정치적으로 황제에 대한 순종을 공고화하기 위한 것"이라고 말하고, "부모에 대한 자식들의 이 굴복은 관청에 대한 예종으로 직통한다"고 단언한다. 또 그는 이 단언을 이렇게 부연한다.

- 중국인들의 법에 관한 한, 그것은 백성이 조용하게, 그리고 황제에게 복종하게 만드는 목적에만 기여하고, 그것에서 아무런 도덕성도 볼 수 없다. (⋯) 자식들은 부모에게 순종하는데 도덕성 때문이 아니다. 부모는 자식들에 대해 절대권력을 가지고 있고, 자식들을 내버려 죽일 수 있거나 그밖에 마음대로 할 수 있다. (⋯) 이 권력은 부모들이 자식들을 전제적 지배의 시대에 익숙해지게 만들기 위해, 그리고 부분적으로는 황제가 자기 제국의 인구를 늘리고 싶기 때문에 혼인 상태를 용이하게 만들기 위해 관청에 의해 부모에게 주어진 것이다.[498]

유학적 관점에서 부모에 대한 자식의 효도(치사랑)와 자식에 대한 부모의 자애(내리사랑), 그리고 군왕에 대한 백성의 충성과 백성에 대한 군왕의 인정은 쌍무적인 것이다. 공자의 『효경』과 『충경』에 의하면, 이 쌍무

---

498) Kant, *Physische Geogarphie* [Vorlesungs-Manuskripte zwischen 1756-1796]. Lee Eun-Jeong, *Anti-Europa*, 270-271쪽에서 재인용.

적 관계에 어긋날 때 자식은 부모에게 간언하고 항의할 수 있고, 백성과 신하는 군왕에게 간언하고 간언해도 듣지 않으면 목숨을 내놓고 군왕을 가로막을 수 있다. 그래도 군왕이 물러서지 않으면 공맹의 반정·혁명론에 따라 군왕과 사직을 갈아치울 수 있고 또 갈아치워야 한다. 그래서 17세기 이래 계몽주의자들은 중국의 효孝 개념과 간쟁·혁명론을 그토록 찬양해 마지않았던 것이다.

따라서 칸트의 저런 중국 비방, 아니 유교 국가 일반에 대한 이 비방은 실로 '무식'의 극치로서 사이코패스적 악취가 느껴질 정도다. 가령 유가儒家에서 "부모가 자식들에 대해 절대권력을 가지고 있고, 자식들을 내버려 죽일 수 있거나 그밖에 마음대로 할 수 있다", 또는 "중국 황제가 신하들에 대해 생사여탈권을 가졌다"는 칸트의 비방은 부모와 왕의 잘못에 대한 자식들과 신하의 간쟁諫諍 의무와 신하와 백성들의 반정·역성혁명의 권리·의무를 모르고 뱉는 무식한 말이다. 또한 부모에 대한 자식들의 순종 의무가 "정치적으로 황제에 대한 순종을 공고화하기 위한 것"이라는 말도, "부모에 대한 자식들의 굴복이 관청에 대한 예종으로 직통한다"는 말도 완전히 그릇된 음해 비방이다. 왕을 '아버지'로 의제擬制하는 것은 어디까지나 비유적 의제일 뿐이고 사실이 아니기 때문이다. 부모에 대한 효도 의무와 왕에 대한 충성의무는 실제에서 정면 배치될 수 있고, 그럴 때면 으레 효도 의무가 충성의무에 앞선다. 중국·조선 등 극동 유교 국가에서 가령 어떤 관리가 부모의 상喪을 당하면 그 관리는 국왕에 대한 충성을 그치고 삼년상을 치르러 즉시 낙향해야 하고, 이것을 허락하지 않는 군주는 신하들로부터 간쟁 당해 왔기 때문이다.

이런 중국적 사실은 이미 볼리냐노·산데의 『로마교황청 방문 일본사절단』이 공간된 1590년 이래 유럽에도 잘 알려져 있었다. 발리냐노와 산데는 부모에 대한 중국인들의 '효'를 정확히 설명했었다. 부모의 초상을 당하면 아들들은 칙칙한 상복을 입고 그들의 부모를 만 3년 동안 애도해야 한다.[499] 그리고 이 관습은 백성들에 의해서만이 아니라 모든 치자에 의해서도 정확하게 준수된다. 모두가 전적으로 이 일에 헌신하기 위해 중국인들은 가장 엄격한 예법에 따라 그늘의 부모가 죽으면 관직에서 즉각 사임하고 부모를 위한 장례를 치르기 위해 만 3년 동안 사적으로 살아야 한다. 그리고 이 규정은 만인에 의해, 심지어 최고 부서장들과 내각 각료들에 의해서도 가장 부지런히 이행된다." 한 번은 황제가 이 관습과 배치되게 초상을 당한 한 내각 각료를 사임하지 못하게 했을 때, 중국의 관습법에 정통한 한 사람이 이에 대해 간언했고, 황제가 이에 대해 화를 내며 그를 직결 처형으로 위협했다. 그래도 그는 이에 겁박당하지 않고 간언을 멈추지 않았고, 왕은 결심을 바꾸고 상을 당한 그 각료를 아버지의 상례에 보냈다. 그리고 황제는 "그 간언자를 더 높은 서열로 승진시켰다."[500] 결국 황제도 관습을 따른 것이다. 그렇지 않아도 발리냐노와 산데는 중국 황제들이 "중국의 법과 관습을 엄히 준수한다"고 말한다.[501] 말하자면, 중국 황제는 법과 관습을 준수하는 '법치적·왕도적 군주'인 것이다.

부모의 상례를 둘러싼 황제와 신하 간의 갈등에서 황제가 패배한 이 사례에서 보듯이 중국에서 효도의 의무는 군주에 대한 충성의무를 비유적으로 강화해 주는 측면이 있을 수 있었지만, 경우에 따라 효도 의무는 충성의무로 "직통"하기는커녕 이렇게 왕권을 제한하는 요소가 되기도 했던 것이다. 따라서 유교 국가에서 '전제정'은 효도 의무론의 관점에서도

---

499) Alessandro Valignano, and Duarte de Sande, *De Missione Legatorum Iaponesium ad Romanum Curiam*. 영역본: *Japanese Travellers in Sixteenth-Century Europe: A Dialogue Concerning the Mission of the Japanese Ambassador to the Roman Curia* [1590], edited and annotated with introduction by Derek Massarella. Translated by J. F. Moran (London: Ashgate Publishing Ltd. for The Hakluyt Society, 2012), 431쪽.
500) Valignano & Sande, *Japanese Travellers in Sixteenth-Century Europe*, 431쪽.
501) Valignano & Sande, *Japanese Travellers in Sixteenth-Century Europe*, 430쪽.

근원적으로 불가능한 것이었다.

칸트의 저 효도론적 중국 전제정 비난은 실로 '무식의 극치'라 아니할 수 없는 것이다. 동시에 그것은 일종의 '사이코패스적 언동'이다. 이 효도 비난의 '사이코패스적' 특징은 17-18세기 계몽 철학자들이 그토록 칭송해 마지않은 중국의 '효' 개념, 즉 자식의 부모 사랑을 칸트가 십계명의 부모 공경 계명을 어기면서까지 저런 식으로 먹칠하는 것 하나만 봐도 확연하게 드러난다.

이런 이유에서 독일 철학자 마르틴 쇤펠드(Martin Schönfeld)는 칸트의 이 비방에 대해 이렇게 지적한다. 가령 "그들은 확실히 대립적 모습을 그린다. 공자는 옛 동방의 우월한 이교적 훈계자인 한편, 칸트는 근대 서양의 유사 기독교적 비판자였다. 칸트는 유교를 좋아하지도 않았다. 중국인들과 그들의 '소크라테스'(공자)에 대한 그의 판결은 냉혹하고 철두철미한 배격이다".[502] 쇤펠드는 독일의 칸트주의자들을 의식해 아주 미적지근하고 아주 애매모호하게 말하고 있지만, 『순수이성 비판』이 인쇄되는 중이던 시점까지 칸트의 청년기 철학을 천착한 바 있는 이 철학자의[503] 평가는 실은 칸트에 대한 "냉혹하고 철두철미한 배격"을 은닉하고 있는 비판이다.

7.2. 칸트와 상반된 헤르더와 모스의 중국관

요한 헤르더(Johann Gottfried von Herder, 1744-1803)와 미국 지리학자 제디디어 모스(Jedidiah Morse, 1761-1826)는 칸트의 중국관과 상반

---

502) Martin Schönfeld, "From Socrates to Kant - The Question of Information Transfer", *Journal of Chinese Philosophy*, 67-69 (2006), 33쪽.
503) Martin Schönfeld, *The Philosophy of the Young Kant: the Precritical Project* (New York: Oxford University Press, 2000).

된 견해를 표명했다. 헤르더는 칸트의 직계 제자였고, 모스는 칸트와 동시대인이었다.

■ 요한 헤르더의 긍정적 중국관

요한 헤르더는 칸트의 제자임에도 불구하고 칸트의 저런 반시대적 역주행 행보와 정반대되는 길을 갔다. 헤르더는 처음에 칸트의 영향으로 평생 중국 문화를 "유치한 노예 문화"로 깎아내리고 그 문화의 진수를 "순종"으로 격하하고 중국 제국을 "미라"라고 불렀었다. 그러나 말년에 헤르더의 입장은 중국 경멸에서 중국 찬양으로 급변한다.

1780-90년경(36-46세 무렵) 헤르더는 칸트에 의해 주입된 사이코패스적 미몽을 완전히 다 떨쳐버리고, 칸트의 합리론에 격렬하게 저항하며 이성보다 감정과 공감을 중시하고 역사와 사회를 공감적 이해와 해석의 방법으로 탐구하는 반反칸트주의 노선을 취했다.[504] 1774년 벌써 그는 독일 철학계에서 최초로 '공감(Mitfühlen)'이라는 개념을 사용하며 역사 연구에 대해 이렇게 논한다. "아무래도 좋은 무관한 행위들도 공감하기(mitfühlen) 위해 색칠하는 영혼의 전체적 본성은 말을 근거로 대답하는

---

504) 헤르더는 자연과 사회를 유사한 대상으로 동일시하는 칸트의 인식론을 거부하고 역사와 사회를 아는 방법을 인식 대신 이해와 해석으로 규정했다. 그리고 그는 이 이해·해석의 해석학 방법을 (슐라이어마허와 달리) '언어'가 아니라 '공감'으로 제시했다. "모든 것을 통해 지배하는, 나머지 모든 성향과 영혼적 힘을 자기의 모양으로 모델화하고 아무래도 좋은 무관한 행위들도 공감하기(mitfühlen) 위해 색칠하는 영혼의 전체적 본성은 말을 근거로 대답하는 것이 아니라, 시대 속으로, 그 방향으로, 전 역사 속으로 들어가 모든 것 속으로 감정 이입해 너를 느낀다(hineinfühlen). 이제 너 홀로 단어를 이해하는 중이다. 그러나 이제 사유도 '너도 그 모든 것을 개별적으로 또는 몽땅 모아서 보는 양' 사라질 것이다." Johann G. Herder, *Auch eine Philosophie der Geschichte zur Bildung der Menschheit* [1774], 503쪽. *Herders Sämmtliche Werke*, Bd.5 (Berlin: Weidmannsche Buchhandlung, 1891). 여기서 헤르더는 '공감'을 '감정이입'과 동일시하면서 공감을 통해 말과 사유를 둘 다 뛰어넘고 있다. 이것은 당시로서는 실로 놀라운 착상이었다. 해석학의 역사에 대한 상론은 참조: 황태연, 『감정과 공감의 해석학(2)』, 1,972-1,989쪽.

것이 아니라, 시대 속으로, 그 방향으로, 전 역사 속으로 들어가 모든 것 속으로 감정 이입하여 너를 느낀다(hineinfühlen)."[505] 이후 헤르더는 공자 경전『중용』을 번역하기도 하고, 프랑스어로 발간된 중국 에피소드 몇 개를 발췌·독역하기도 했다. 또 강희·옹정·건륭제를 자의적 전제군주가 아니라 합리적 군주로 재평가했다. 그리고 그는 그간 비방하던 예수회 선교사들을 "배운 만다린"이라 부름으로써 그들의 업적을 인정했다. 나아가 중국 선교 실패의 이유를 중국 정부의 기독교 박해가 아니라 탁발수도회와 교황의 무지·질투·편협성으로 지목했다.[506] 나아가 1802년 세상을 떠나기 직전 헤르더는 예수회의 선교 노력에 예를 표하기까지 했다.[507]

한마디로, 칸트의 제자 중 유일하게 세계적 명성을 얻은 헤르더는 '멀쩡한 정신의 가면'을 쓴 그의 엽기적 스승을 과감하게 등짐으로써 역주행을 멈췄다. 그리고 죽을 때까지 진짜 멀쩡한 정신으로 정주행을 개시했던 것이다.

■ 동시대 미국 지리학자 모스의 대조적 중국관

칸트의 '자연지리학'을 동시대 미국 지리학의 태두이자 저명한 지리학자 제디디어 모스의 긍정적 중국관과 대조해 보자. 그러면 칸트의 중국관에 대한 아드리안 시아의 기술과 총평이 놓친 다른 엽기적 요소들과 사이코패스적 관념들이 칸트의 중국 비방 안에 담긴 것을 포착할 수 있다. 칸트가 중국과 공자를 비방하던 때와 같은 시기인 1790년대에 공간되어 미국에서 가장 널리 읽힌 모스의 세계 지리서『미국 보편 지리(*American*

---

505) Herder, *Auch eine Philosophie der Geschichte zur Bildung der Menschiheit* [1774], 503쪽.
506) Hsia, "The far east as the philosophers' 'other'", 28쪽.
507) *Adrastea*에 실린 글에서. Hsia, "The far east as the philosophers' 'other'", 28쪽에서 재인용.

Universal Geography)』는[508] 근대 지리학의 기원이 된 지리서다.

제디디어 모스는 1770년대 이전 기독교 우월주의에 사로잡혀 중국을 좋지 않게 생각했으나 『대학·중용』의 1776년 불역본을 읽고, 입장을 정반대로 바꿔 공자친양자가 된 지리학사나. 칸트가 긍정적 중국관에서 비방으로 돌아선 것과 비교하면 모스는 정반대로 '흑칠'에서 '찬양'으로 바뀌는 변화의 길을 간 것이다. 모스가 『대학·중용』의 불역본을 읽은 뒤 1793년에 공간한 『미국 보편 지리』는 그의 이 극적 입장변화를 뚜렷이 보여준다. 『미국 보편 지리』에서 중국과 공자 묘사는 아주 자세한데, 논조는 찬양조로 일관한다.

모스는 먼저 중국인의 학문과 예술을 찬양한다. "중국인들의 재능은 그들 자신에 특유한 것으로 얘기된다. 필기의 아름다움, 건축의 규칙성, 또는 그림의 자연스러움에 대해 아무런 개념이 없다. 하지만 그들의 조원造園과 대지의 설계에서 참으로 고상한 아름다움을 적중시킨다."[509] 모스는 명대 계성計成(1582-1642)의 세계역사상 초유의 자연 모방적 조원 이론서 『원야園冶』(1631)와 붓글씨의 미학을 전혀 몰랐지만, 중국의 미감을 저렇게 찬미하고 있다.

한편, 제디디어 모스는 중국적 재능과 학문에 대해서 이렇게 설명한다.

- 그들은 산술의 모든 계산을 경이로울 정도로 신속하게 수행하지만, 유럽인들과 다르게 수행한다. (…) 그들 사이에 존재하는 형이상학은 오직 그들의 철학자들에게만 알려져 있었다. (…) 그들이 유럽인들보다 먼저 인쇄를 인식했다는 것은 일반적으로 얘기된다. 이 이야기는 오직

---

508) Jedidiah Morse, *The American Universal Geography, A View of the Present State of all the Empires, Kingdoms, States and Republics in the Word, and of the United States of America in Particular*, Part I-II in Two Parts (Boston: By Isaiah Thomas and Ebenezer T. Andrews, 1793, 3th Edition, 1801).
509) Morse, The American Universal Geography, II, 511쪽.

목판인쇄에만 적용될 수 있다. (…) 하지만 인쇄가 유럽에 발견되기 전에 중국인들은 금속판이나 목판으로 찍은 달력을 가지고 있었다."510)

이 글은 찬양과 오류가 뒤섞여 있다. 이 글에서 뽑아 따로 모아본 어처구니없는 오류는 이런 것들이다. "유럽인들이 중국인들에게 도래할 때까지 그들은 수학적 학문과 이에 딸린 기술들을 몰랐다", "그들은 적절한 천문관측 기구도 없었다", "심지어 예수회 신부들이 도입한 기술들도 그들 사이에서 수명이 아주 짧았는데, 그것은 영국의 찰스 2세와 동시대인이었던 강희제 치세보다 오래 지속되지 않았다", "그리고 그것이 언젠가 소생할 것이라는 것도 큰 개연성이 없다", "녹여 만드는 활자는 의심할 바 없이 네덜란드나 독일인들의 발명이다" 등등이다.

화약의 발명에 대해서는 약간의 오류와 함께 대체로 옳게 말하고 있다. "화약의 발명은 그것을 칭기즈칸과 티무르에 대항해 사용한 중국인들이 정당하게 자기 것으로 주장한다. 그들은 소형화기에 대해서 전혀 몰랐고, 그들이 화로(fire-pan)라고 부른 대포만 알았던 것으로 보인다."511) 그러나 기타 산업기술을 올바로 찬양한다. "섬유·도자기·칠기의 제조와 기타 정주定住 산업은 경이롭고, 들녘에서 농경하고 운하를 파고 산을 판판하게 만들고 정원을 세우고 정크선과 선박을 항해시키는 것에서의 그들의 노동에 의해서만 맞먹을 수 있다."512)

그리고 중국은 세계의 어느 나라보다 배움을 추구하고 선비가 나라를 다스리고 세습 귀족이 존재하지 않는다는 사실을 제대로 찬양한다.

● 그러나 배움이 이와 같은 영예와 보상으로 보살펴지고 학문을 도야·추

---

510) Morse, *The American Universal Geography*, II, 511쪽.
511) Morse, *The American Universal Geography*, II, 512쪽.
512) Morse, *The American Universal Geography*, II, 512쪽.

구하는 더 강력한 유인이 존재하는 지구의 어느 지역도 없다. 선비들은 또 다른 종류의 인간들로 존숭 되고 중국에서 알려진 유일한 귀족이다. 그들의 출생이 아무리 미천하고 낮을지라도 그들은 배움의 정도에 비례해서 최고 수순의 만다린이 된다. 다른 한편으로, 그들의 출생이 아무리 높았더라도 그들은 그들의 아버지를 일으킨 그 학습을 게을리하면 순식간에 빈곤과 낮은 신분으로 가라앉는다. 국가의 첫 번째 영예가 백성의 가장 낮은 사람들에게도 그토록 개방되어 있고 세습적 고귀성이 여기보다 더 적은 나라는 세계에서 존재하지 않는다고 얘기되어 왔다.[513]

모스가 다른 책들에서 언급된 것을 인용한 이 대목의 찬양과 그 내용은 정확하다.

모스는 특이하게도 중국의 문헌 분류법도 자세히 소개한다. 모스는 이 설명에서 송대 이전에 아랍 아리스토텔레스주의자들과 오랫동안 가진 교류로 인해 중국 자연철학의 진보가 "유럽인들보다 훨씬 열등하다"고 말하는데 이 설명은 우습지만 그 나머지는 제대로다.[514]

---

513) Morse, *The American Universal Geography*, II, 512쪽.
514) Morse, *The American Universal Geography*, II, 512쪽: "중국인들은 그들의 모든 문헌 저작을 네 범주로 분류한다. 첫 번째는 왕의 범주, 또는 중국 종교·도덕·통치와, 이 중요한 주제들과 관련된 여러 신기하고 알기 어려운 기록들을 담는 신성한 책의 범주다. 역사는 별도의 한 부류를 이루지만, 이 첫 번째 범주 안에는 그들의 종교·통치에 대한 관계를 설명하는 모종의 역사적 기념물들이 들어있다. 여기에는 무엇보다도 공자의 고국인 노나라의 12명의 왕들의 연대기를 담은 이 저명한 현자의 저작『춘추』가 들어 있다. 제2범주는 사史(Su, or Che), 사서(史書)와 사가들의 범주다. 추(Tsu) 또는 체(Tse)라고 불리는 제3범주는 철학과 철학자들을 포괄하고, 중국 선비들의 모든 저작들, 또한 중국인들이 오직 철학적 견해의 관점에서만 고찰할 뿐인 외국 종파와 종교들의 생산물, 그리고 수학, 천문, 물리학, 병법, 점술, 농업, 그리고 기술과학 일반을 담고 있다. 제4범주는 잡(雜; Tcie), 또는 잡서(雜書)라고 불리고, 중국인들이 모든 시문서적들, 연설문, 노래, 소설, 비극과 희극을 포함하고 있다. 중국 선비들은 왕조의 모든 기간에 자연의 학습과 자연철학의 탐구에 전념하기보다 도덕적 탐색, 삶의 실천 과학, 대내적 정체와 예(禮)에 전념했다."

모스는 그간 중국의 상공업이 "산업의 본산(the native land of industry)"이라 부를 만큼 세계 최고의 수준이었고, 그리고 이 상공업과 도자기·비단 산업이 중국에 엄청난 부를 가져다주었다고 기술한다.

- 중국은 산업의 본산이라 얘기될 수 있는 정도로 행복한 위치를 차지하고 제조업을 위한 그런 다양한 원자재를 산출한다. 그리고 산업은 굉장히 기술적으로, 그리고 훌륭하게 운영된다. 중국인들은 대나무와 기타 나무들의 껍질과 목재로 종이를 만들지만, 기록과 인쇄 면에서 유럽 종이와 비교할 수 없다. 그림을 그리는 데 쓰는 잉크(먹)는 영국에서 잘 알려져 있고, 기름과 램프 검댕으로 만들어진다고 한다. 우리는 이미 목판 위에 글자를 새김으로써 인쇄하는 그들의 인쇄술의 유구성을 언급했다. 차이나(China)라는 이름으로 일반적으로 알려진 저 토기의 제조는 유럽에서 오랜 비밀이었고, 그 나라에 엄청난 액수를 가져다주었다. 고대인들은 토기를 도자기라는 이름으로 높이 쳤지만, 그것은 현대 도자기보다 훨씬 더 나은 구성을 가지고 있었다. 그 제조를 여전히 비밀로 지키는 체할지라도 주된 재료가 준비된 가루 흙이고, 여러 유럽 제국이 이 상품의 제조에서 중국인들을 훨씬 능가한다는 것은 잘 알려 있다. 중국 비단은 일반적으로 무지와 꽃무늬 천이고, 양잠술이 처음 발견된 그 나라에서 원래 제조되었던 것으로 얘기된다. 그들은 마찬가지로 보다 질긴 유형의 비단을 제조하고, 그들의 면화와 다른 섬유들은 가벼운 내의를 공급하는 것으로 유명하다.[515]

모스는 "여러 유럽 제국이 이 상품(도자기)의 제조에서 중국인들을 훨씬 능가한다"는 구절에다 모스는 이런 각주를 달고 있다. "특히 영국인들

---

515) Morse, *The American Universal Geography*, II, 516-517쪽.

은 최근 유럽의 여러 군주로부터 받은 커미션으로부터 밝혀지는 것처럼 이 분야를 고도의 완벽 수준으로 끌어올렸다. 그리고 우리는 그렇게 일반적으로 유용한 제조업이 원재료가 발견되는 모든 나라의 모든 참된 애국지들로부터 고무를 받을 것이나."[516) 1720년대 독일에서 재再발명된 고열성 경질자기 제조술은 10년 안팎에 유럽 전역으로 퍼져나갔고, 유럽의 모조품 도자기는 1780-90년대에는 중국의 도자기 품질을 능가한 것으로 알려졌다.

그리고 놀랍게도 모스는 1793년 유럽 제국의 수입대체산업으로 인한 중국 상품의 수출 감소 추세를 당대의 눈으로 본 귀중한 정보를 제공하고 있다.

- 중국인들의 무역은 중국인들이 현금(은화 - 인용자)을 얻기 위해 미국인들에게, 그리고 모든 유럽 제국에 대해 개방되어 있다. 왜냐하면 그들이 어떤 매뉴팩처도 그들의 매뉴팩처와 대등하지 않다고 생각하는 것은 중국인들의 긍지이고 욕심이기 때문이다. 그러나 도자기 제조법의 발견과 유럽인들이 방직 분야에서 이룬 방대한 개선 이래 중국의 무역이 하강해 왔다는 것은 확실하다.[517)

모스는 "도자기 제조법의 발견", "방직 분야의 방대한 개선" 등을 통한 유럽의 수입대체 산업의 성장으로 인해 중국의 무역과 대외상업이 중국 매뉴팩처에 대한 중국인들의 긍지에도 불구하고 계속 하강해 온 사실을 당대 기록함으로써 1770년대부터 1870년대까지 계속된 중국의 100년 장기 불황의 원인을 현장감 있게 말해주고 있다.

---

516) Morse, *The American Universal Geography*, II, 517쪽 각주.
517) Morse, *The American Universal Geography*, II, 517쪽.

모스는 중국의 헌정 체제와 통치제도에 대해서도 비교적 자세히 언급한다.

- 중국 정부의 원래 계획은 단어의 거의 엄격한 의미에서 '가부장제적'이다. 각 가정의 부모에 대한 의무와 복종은 지극히 엄한 방식으로 권장되고 강요된다. 그러나 동시에 황제는 전체의 아버지로 간주된다. 그의 만다린, 즉 국가의 큰 관리들은 대리인으로 간주되고, 열등한 지위로부터 우월 지위로 바쳐져야 할 순종의 정도는 지극히 빈틈없는 정밀성으로, 그리고 우리에게 고도로 우스꽝스럽게 보이는 방식으로 정해지고 준수된다. 이 단순한 복종 요구는 그것을 효과적으로 만들 인간 본성의 큰 능란성과 지식을 요한다. 그리고 중국 입법자들, 특히 공자는 경이로운 능력을 보유했던 것으로 보인다. 그들은 백성들에게 경외감의 충격을 줄 정도로 수많은 신비적 현상 속에서 그들의 명령을 감쌌다. 만다린은 다른 신민들과 다른 어법과 필법을 가졌고, 백성들은 그들의 군주들이 (…) 신성을 가진 것이라고 믿도록 가르쳐졌다."[518]

모스는 "부모에 대한 의무와 복종은 지극히 엄한 방식으로 권장되고 강요되고" 또 "동시에 황제는 전체의 아버지로 간주된다"는 점을 적시하고, 특히 공자를 "경이로운 능력을 보유했던" 입법자로 찬미하고 있다. 그리고 "중국 입법자들"을 "경이로운 능력"을 발휘해 "백성들에게 경외감의 충격을 줄 정도로 수많은 신비적 현상 속에서 그들의 명령을 감쌌다"고 극구 찬양하고 있다. 모스는 칸트와 정반대로 부모에 대한 중국인들의 효도를 비방의 소재로 삼은 것이 아니라 찬양의 소재로 삼고 있다.

---

518) Morse, *The American Universal Geography*, II, 517쪽.

모스는 프랑스에 체류한 중국인 청년 신부 고류사高類思(Kao Lei-se, 1733-1780)·양덕망楊德望(Yang Teh-wang)과 튀르고(Jacques Turgot) 간의 유명한 교류 관계도 알고 이들 간의 오래 지속된 교신 속에서 출판된 빙대한 중국 경세 서석 시리즈도 언급하고 있다.[519] 그리고 모스는 이 시리즈의 일환으로 새로 번역되어 나온 『대학·중용』과 공자에 대해 "가장 탁월한 가르침", "위대한 철학자", "명료성에서 소크라테스의 설교를 훨씬 뛰어넘는 문장" 등의 표현을 동원해서 극력 찬양한다. 중요하기 때문에 길게 인용한다.

- 같은 볼륨의 책은 아주 오래된 두 권의 책의 번역을 담고 있는데 하나는 전문前文과 주석을 곁들인 『대학』이고, 다른 하나는 『중용』이다. 도덕성에 관한 이 두 책은 가장 설득력 있고 가장 우아하고 가장 정밀하게 표현된 지혜와 덕성의 가장 탁월한 가르침을 담고 있다. 이 두 책의 머리글에서 우리는 이 책들이 저 위대한 철학자의 가르침을 바탕으로 공자의 손자와 한 공자 제자에 의해 집필되었다는 것을 읽는다. 그렇다면 이 책들은 정말로 비상하게 진기하고, 그리스 고대의 가장 고상한 철학적 유물과 맞먹는데, 이 두 책은 여러 군데에서 그리스 유물과 아주 강한 유사성을 보이고 있다. 그러나 아주 현저히 눈에 띄는, 명료성에서 소크라테스의 설교를 훨씬 뛰어넘는 문장 중의 하나는 다음과 같은 것이다. "거룩한 일자一者(the Holy One)의 길은 얼마나 숭고한가! 그의 덕성은 우주를 채우고, 만물을 활성화하고, 높은 계층으로, 또는 최고신으로 올라간다. 이 얼마나 고상한 행로가 우리의 시야에 열리고 있는가! 이 얼마나 새로운 법률과 책무인가! 이 얼마나 존엄한 의례와 신성한 장엄함인가!" 그러나 거룩한 일자가 먼저 숙명적 존

---

519) Morse, *The American Universal Geography*, II, 520쪽.

재자들에게 본보기를 주지 않는다면 그들은 그것들을 준수하겠는가? 그분의 도래만이 이 고상한 의무의 이행에 우리를 준비시킬 수 있다. 그리하여 "완벽화의 길들은 거룩한 일자의 탁월성을 경로로 그 자신의 발자국에 의해 그 길들을 성축할 때까지 결코 오가지 않을 것이다"는, 모든 시대에 알려지고 반복되는 저 격언이 나온 것이다. 이것은 확실히 특히 만약 그것이 정밀하게, 그리고 충실하게 공자의 시대만큼 이른 시기의 인증된 생산물을 바탕으로 번역된다면 놀랄만한 구절이다.[520]

모스는 『대학·중용』을 "가장 설득력 있고 가장 우아하고 가장 정밀하게 표현된 지혜와 덕성의 가장 탁월한 지침을 담은(the most excellent precepts of wisdom and virtue, expressed with the greatest eloquence, elegance and precision)" 책이라 칭송하고 있다. 그리고 그는 "여러 군데에서 그리스 유물과 아주 강한 유사성을 보이고 있다"는 구절로써 공자의 "대학大學"과 플라톤의 "큰 학문(the Great Learning)"과 같은 표현의 유사성을 간파한 것 같기도 하다. 또한 『대학·중용』의 한 문장을 길게 인용하며 이 문장을 "명료성에서 소크라테스의 설교를 훨씬 뛰어넘는 문장"으로 예시함으로써 공자를 소크라테스 위로 격상시키고 있다. 그러나 『대학』과 『중용』의 한 구절의 번역이라고 제시한 저 문장은 무슨 구절을 번역했는지 알 길이 없다. 이 두 책에는 "거룩한 일자—者"라는 표현은 없기 때문이다. "천天"을 가리킨 것이 아닌가 짐작해 본다.

물론 모스는 중국의 어두운 면도 놓치지 않고 기술한다. 그는 중국 정부가 생산한 추정치를 참고해서 중국 인구를 약 2억 명으로 산출하고, 중국인들이 부지런함에도 불구하고 이 거대한 인구 규모 때문에 재난과 빈

---

520) Morse, *The American Universal Geography*, II, 520-521쪽.

부격차로 때때로 궁핍에 시달린다고 말한다. 그리하여 "여아를 부양할 수 없는 부모들은 물 위에 뜨도록 아이를 조롱박에 묶어 강 속에 내던진다. 그러면 측은지심이 있는 부자들은 아이의 울음소리에 마음이 움직여 아이를 궁핍으로부터 구한다."[521] 가난한 부모가 조롱박을 달아 여아를 강물에 띄워 보내는 것에 대한 이 기술은 애덤 스미스가 중국인들이 유아를 낳자마자 강물에 빠뜨려 죽이고 이것을 대행해 주는 사람들까지 있다고[522] 쓴 거짓 기술과 본질적으로 다르다.

알프레드 알드리지(Alfred O. Aldridge)는 『용과 독수리: 미국 계몽주의 속의 중국의 존재』(1993)라는 책에서 모스가 특히 미국의 젊은이들을 염두에 두고 『미국 보편 지리』를 집필했고, 이 책을 학생들에게 애국심과 도덕성을 가르치는 수단으로 간주했기 때문에 이 공자찬양은 매우 의미심장한 것이라고 지적한다.[523] 그리고 모스의 『미국 보편 지리』는 미국에서 단연 가장 유명하고 가장 널리, 가장 오래 익힌 지리서라고 한다. 그러나 칸트는 이런 책을 몰랐고 알았더라도 영어 실력 부족으로 읽지 못했을 것이다. 객관적·긍정적 중국·공자 묘사가 『순수이성 비판』(1781)과 『실천이성 비판』(1788)이 나온 1780년대의 중간 시점부터 부정적 묘사로 돌변한 칸트의 40년 자연지리학 강의를 동시대인 모스의 이 지리서와 비교해 보면 칸트가 자행한 반시대적·돈키호테적·사이코패스적 역주행을 실감할 수 있다.

---

521) Morse, *The American Universal Geography*, 509쪽.
522) 참조: Adam Smith, *An Inquiry into the Nature and Causes of the Wealth of Nations*, textually edited by W. B. Todd (Glasgow·New York: Oxford University Press, 1976), viii. 24-25 (89-90쪽).
523) Alfred O. Aldridge, *The Dragon and the Eagle: The Presence of China in the American Enlightenment* (Detroit: Wayne State University Press, 1993), 37쪽.

제8절

칸트의
인종주의와 반유대주의

칸트는 사이코패스다운 반反공자·반反중국주의자임과 동시에 그는 사이코패스적 도덕형이상학을 인종론에 적용해서 백인종을 특대하고 흑인을 위시한 비유럽 인종들을 다 천시한 지독한 근본적·체계적 인종주의자이고, 사이코패스다운 반유대주의자였다.

8.1. '체계적' 인종주의와 지독한 흑인 경멸

칸트는 자연지리학과 인간학을 통해 체계적으로 비유럽 인종을 격하하고 천시하는 악독한 체계적 인종주의 이론을 전개했다. 외적 본성을 연구하는 칸트의 자연지리학은 피부색·얼굴 특징 등의 외적 신체로서의 인간의 지식을 제공하는 한편, 그의 '실용적 관점에서의 인간학'은 인간의 도덕적 내면구조의 지식을 제공한다. 비판 이전에 나온 지리학적·인간학적 책자 『아름다운 것과 숭고한 것의 감정에 관한 관찰(Beobachtungen über das Gefühl des Schönen und Erhabenen)』(1764)이 싣고 있는 한 절節「숭고한 것과 아름다운 것의 상이한 감정에 근거한 국민 성격에 관하여」에서 칸트는 히포크라테스의 기질론을 원용해 인간의 지리학적·심리학적·도덕적 분류를 개략했다.

  동물들이 가축과 야수, 지상·공중·수서 종류 등으로 나뉘는 다른 생물학적 현상들과 똑같이 지리적 관점으로부터 상이한 인종들도 지리적으로 분포되는, 생물학적으로 원천적인, 그리고 상이한 부류들을 나타내 보이는 것으로 간주한다.[524] 칸트는 피부색을 인종 부류의 증거로 채택해 인간을 백인(유럽인)·황인(아시아인)·흑인(아프리카인)·홍인(구리적색인; 아메리칸 인디언)으로 분류한다.[525] '문화적' 지리학이라 불릴 수도 있을 '도덕적' 지리학은 이 인종·부류·집단들이 각각 집단적으로 보유하는 관습과 도덕적 풍기風紀를 연구한다. 가령 칸트가 가르친 "도덕적 지리학"에서의 몇몇 요소들은 여러 지역의 문화적 현상도 포함한다. 마지막으로, 무반성적 도덕 풍습, 관습, 자연 본성적 충돌("악에의 성향"), "권위의 명령"에 기초한 이러한 행위들이 "윤리적 원칙"을 결하고 그러므로 정확하게 (본질적으로) 인간적이지 않다는 것을 입증하는 것이 도덕철학의 영역이다. 임마누엘 에제(Emmanuel Chukwudi Eze)의 해석에 의하면, 비유럽 인종들의 무반성적 도덕 풍습과 관습은 이 사람들은 "성품" 개발 능력도 결여하기 때문에 윤리적 원칙이 없고, 적절한 자기의식과 합리적 의지를 결하므로 성품도 결한다. 그 이유는 도덕적 성품의 형성을 가능하게 만드는 것은 자기반성, 자기성찰("자아개념")과 합리적 원칙의 의지이기 때문

---

524) Immanuel Kant, *Beobachtungen über das Gefühl des Schönen und Erhabenen*, A80-83쪽. Kant Werke, Bd.2 (Darmstadt: Wissenschaftliche Buchgesellschaft, 1983).
525) Immanuel Kant, *Bestimmung des Begriffs einer Menschenrasse* [1785], A394-395쪽. Kant Werke, Bd.9 (Darmstadt: Wissenschaftliche Buchgesellschaft, 1983).

이라는 것이다.[526)]

심리적 관점 또는 도덕적 관점으로부터 칸트의 분류 안에서 미주 인디언, 아프리카인, 인도인은 자연 본성의 선물인 재능을 결하기 때문에 도덕적으로 성숙할 수 없는 것으로 나타난다. 칸트는 "상이한 민족 간의 자연 자질의 차이가 외적·육체적·풍토적 원인들에 의해 완전히 설명될 수 있는 것이 아니라 인간 자체의 (도덕적) 본성에 있는 것이 틀림없다"고 설명한 뒤에 계속해서 모태의 본성이 제공하거나 부정하는 비천한 재능으로부터 다양한 인종으로 자신을 "고양시킬" 합리적 능력과 고양시키지 못할 무능력의 토대 위에서의 '차이들'에 관한 심리학적·도덕적 설명을 제공한다.[527)] 칸트의 도덕 분류표에서 미주 인디언이 "감정과 정열"을 결해서 완전히 교육 불가능한 한편, 아프리카인들은 그러한 불행을 피하지만 노예와 하인으로 "훈련 당할" 수 없을 뿐이다. "미주 인디언 민족은 교육을 받아들이지 못한다(Das Volk der Amerikaner nimmt keine Bildung an). 이 민족은 감정과 정열(Affekt und Leidenschaft)의 동력이 전혀 없다. 그들은 사랑에 빠지지도 않고(nicht verliebt), 따라서 두려워하지도 않는다. 그들은 거의 말이 없고, 서로 애무하지도 않고 아무것도 걱정하지 않고, 게으르다(faul)." 그러나 "흑인종은 미주 인디언과 완전히 반대다. 흑인들은 감정과 정열이 가득하고 아주 활기차고 수다 떨고 허영스럽다. 그들은 교육을 받지만 단지 하인의 교육(Bildung der Knechte)만

---

526) Emmanuel Chukwudi Eze, "The Color of Reason: The Idea of 'Race' in Kant's Anthropology", *The Bucknell Review*, 38-2(Jan 1, 1995), 214쪽.

527) 칸트는 말한다. "어떤 민족이 수 세기 동안 어떤 식으로든 자신을 완벽화하지 못한다면, 극복할 수 없는 일정한 본성적 기질(eine gewisse Naturanlage)이 그 민족 안에 이미 들어있다고 가정되어야 한다." *Immanuel Kants Menschenkunde, oder philosophische Anthropologie. Nach handschriftlichen Vorlesungen*, herausgegeben von Friedrich Christian Starke (Leipzig, 1831), 352쪽. Eze, "The Color of Reason: The Idea of 'Race' in Kant's Anthropology", 215쪽과 각주71에서 재인용.

을 받는다. 즉, 그들은 길들일(훈련될; abrichten) 수 있다. 그들은 많은 동력이 있고 예민하고 매 맞는 것을 두려워하고 영예심에서도 많은 것을 한다."528)

칸트가 "자기 자신을 교육하고 교육받을 수 있는 능력"과 "길들여질 능력"을 구별하는 의미는 더 깊은 데 있다. "길들이는 것"은 순수하게 물리적 강제와 체벌로 구성되는 것으로 보인다. 아프리카 흑인 하인과 노예를 매질하는 방법에 관한 글에서 그는 "무어인들은 두꺼운 피부를 가지고 있으므로 그들을 훈육하는 경우에 피가 출구를 찾아 나가서 피부 아래서 곪지 않도록 채찍 대신에 쪼개 만든 대나무매(gespaltene Röhren)를 가지고 때리라고 조언한다." 그러면 "흑인이 아주 큰 고통을 느낄 것"이라는 것이다. 북아프리카 무어 흑인들은 피부가 두꺼워서 채찍으로는 충분한 고통으로 괴롭힐 수 없다는 것이다. 칸트에 의하면 아프리카 흑인은 "극히 게으르고", 주저하고 질투하는 성향이 있기 때문에 일종의 "길들임"을 받아야 한다. 그들은 모두 풍토와 인간학적 이유에서 참된 성품을 결하기 때문에 그렇다.529) 풍토를 들먹이는 것은 데이비드 흄이 50년 전에 이미 공감적 국민성 이론으로 비판·해체한 몽테스키외의 풍토 결정론을 수용한 것이다. 칸트는 말한다. "상상력은 거주자가 종종 뭔가를 하는 것을 기도하는 효과를 가진다. 그러나 더위는 곧 지나가고, 내키지 않는 마음이 곧 더위의 자리를 차지한다."530)

---

528) Immanuel Kant, *Menschenkunde, oder philosophische Anthropologie*, 353쪽. Eze, "The Color of Reason: The Idea of 'Race' in Kant's Anthropology", 215쪽과 각주72에서 재인용.
529) Kant, *Menschenkunde, oder philosophische Anthropologie*, 353쪽. Eze, "The Color of Reason: The Idea of 'Race' in Kant's Anthropology", 215쪽과 각주74에서 재인용.
530) Kant, *Menschenkunde, oder philosophische Anthropologie*, 353쪽. Eze, "The Color of Reason: The Idea of 'Race' in Kant's Anthropology", 215-216쪽과 각주75에서 재인용.

지금까지 논의로부터 분명한 것은 칸트가 대서양 횡단 노예무역 덕택에 아프리카 노예들이 매를 맞고, 그의 말로 표현하면 유럽의 노동력으로 "길들여지는" 것을 보고 알았기 때문에 아프리카 흑인종에 대한 견해를 가질 수 있있다는 것이다. 보다 일반화하여 철학석으로 말하면, 칸트의 입장은 다른 것, 특히 검은 것은 나쁘고 악하고 열등하거나 "백색", 광명과 선의 도덕적 부정이라고 상정하는 사유체계에 대한 말 없는 동의를 표명하고 있다. 칸트의 이론적 인간학 구조물은 다양한 (무)의식적 이데올로기 기능과 유용성에 더해 유럽적 실존의 특수성이 경험적·이상적 인간 모델이고 다른 인종들이 이 유럽적 이상형에 접근함에 따라 많건 적건 인간적이 된다고 무비판적으로 상정한 것이다.[531]

칸트는 아시아인들도 자기의 체계 속으로 이른바 사이드의 '오리엔탈리즘'에 따라 쑤셔 넣기 위해 인도인들에 대해서도 논한다.

- 인도인들은 동력(Triebfedern)을 가지고 있기는 하지만 고도의 느긋함(starker Grad vo Gelassenheit)을 지니고, 모두 철학자처럼 보인다. 그럼에도 불구하고 인도인들은 분노와 사랑에 빠지는 성향이 있다. 따라서 그들은 최고도로 교육을 받지만, 오직 예술·공예의 교육만 그럴 뿐이고 과학(Wissenchaften) 교육에서는 그렇지 못하다. 그들은 그것을 결코 추상적 개념들로까지 발전시키지 못한다. 힌두의 위대한 사람은 기만술에 제대로 뛰어나서 돈을 많이 가진 사람이다. 힌두인은 언제나 그들이 있던 곳에 머물러 있고 결코 더 이상 나아가지 못한다. (⋯) 거기에는 힌두인, 페르시아인, 중국인, 터키인, 일반적으로 모든 동방 민족(überhaupt alle orien talischen Völker)이 속한다.[532]

---

531) 참조: Eze, "The Color of Reason: The Idea of 'Race' in Kant's Anthropology", 216쪽.
532) Kant, *Menschenkunde, oder philosophische Anthropologie*, 353쪽. Eze, "The

마지막 구절은 동방 민족 전체를 도덕 분야에서라면 실천이성·도덕법칙·정언명령 등의 "추상적 개념들"을 만들어 사용하지 못하는 지적 열등 인종으로 격하시키는 문장이다.

그러므로 칸트가 교육 가능할 뿐만 아니라 기술과 과학의 교육과정에서 진보할 수 있는 인종으로 인정하는 유일한 인종은 백인 유럽인이라는 것은 어느 정도 예견할 수 있는 일이다. 중요한 단일 문장으로 칸트는 말한다. "백인종은 모든 동력과 재능을 자기 안에 포지抱持하고 있다. 따라서 약간 더 정밀하게(etwas genauer) 고찰해야 할 것이다."[533] 그의 자연지리학 강의와 인간학에서 칸트의 정신을 사로잡은 것은 인간 자체로서의 유럽적 인간성에 대한 호의적·동조적 연구의 실습과, 이 참된 "이상적 인간성"이 어떻게 자연 본성적으로, 그리고 질적으로(정신적·도덕적·합리적으로), 또 양적으로(신체적·자연적·풍토적으로) 모든 인종에 대해 우월한 지에 대한 증명으로 종합될 수 있다. 그리고 강의와 인간학에서 칸트가 취한 비유럽인들의 심리적·도덕적 지위에 관한 입장은 다른 저작들에서 개진된 보다 더 명시적으로 피부색적·인종적 기술들과 일관적으로 부합된다.[534]

그런데 칸트는 『인간의 상이한 인종들에 관하여(Von den Vetschiedenen Rassen der Menschen)』(1777)에서 풍토의 지리적 요소를 명시적으로 만듦으로써 『아름다운 것과 숭고한 것의 감정에 관한 관찰』(1764)에서 나누었던 인종 분류를 조금 바꾸지만, 여기서 지배적인 변수는 피부색

Color of Reason: The Idea of 'Race' in Kant's Anthropology", 216쪽과 각주76에서 재인용.
533) Kant, *Menschenkunde, oder philosophische Anthropologie*, 353쪽. Eze, "The Color of Reason: The Idea of 'Race' in Kant's Anthropology", 216쪽과 각주77에서 재인용.
534) Eze, "The Color of Reason: The Idea of 'Race' in Kant's Anthropology", 216-217쪽.

이다. 피부의 열등한 색조보다 우월적인 색조와 관련해 칸트가 그린 위계적 차트는 다음과 같다.[535]

줄기 인류(Stammgattung)
거무스름한 백색 인간(Weiße von brünetter Farbe)

제1인종(Erste Rasse)
습한 냉기의 고도의 연軟황금색(Hochblonde) (북구)

제2인종
건조한 냉기의 구리홍색 (미주인디언)

제3인종
습한 열기의 흑색 (세네감비아)

제4인종
건조한 열기의 황색 (인도인)

『인간의 상이한 인종들에 관하여』의 제2절에서는 간단하게 네 인종을 백인종(die Rasse der Weißen), 흑인종(die Negerrasse), 훈인종(die hunnische Rasse), 힌두인종(die hinduische Rasse)으로 나누었다.[536] 이 오락가락하는 인종 분류 속에서 칸트는 "부드러운 흰색 피부, 붉은 머리털, 백청색 눈"을[537] 가진 "고도의 블론디(연황금색)"인 "제1인종"은 북유럽인만을 가리키지 않는다. 칸트는 말한다. "나는 유럽에 가장 탁월한 자리를 가진 제1인종에 모렌(Mohren; 아프리카 무어인), 아랍인(니부르의 분류에 따른), 터키-타타르인 종족들, 그리고 페르시아 사람들, 그리고 동

---

535) Immanuell Kant, *Von den Vetschiedenen Rassen der Menschen* [1775], B160쪽. Kant Werke, Bd.9 (Darmstadt: Wissenschaftliche Buchgesellschaft, 1983).
536) Kant, *Von den Vetschiedenen Rassen der Menschen* [1775], B133쪽.
537) Kant, *Von den Vetschiedenen Rassen der Menschen* [1775], B158쪽.

시에 가령 기타 분류들에 의해 아시아로부터 제외되지 않은, 아시아의 모든 다른 민족들을 귀속시킨다."[538]

인종주의적 인종 개념은 두 종류가 있는데 하나는 원형이 퇴화해서 여러 인종이 발생했다는 '퇴화 이론(degeneracy theory)'이고, 다른 하나는 네 종류의 인간이 각각 따로 창조되었다는 '다多창조론(polygenesis)'이다. 이 중 칸트는 퇴화 이론을 택했다. 아마 퇴화 이론은 원형에 가까운 백인종과 기타 인종 간에 위계를 세우기 용이한 반면, '다多창조론'은 네 인종이 다 동등하게 하느님의 작품이므로 인종 위계를 불가능하게 만들 위험을 안고 있기 때문일 것이다. 그러나 자연사적으로 원형으로부터 분화될 때마다 단계적으로 퇴화해서 이·삼등 인종이 생겨났다는 이 퇴화론적 인종주의는 진보와 퇴보를 논한 칸트의 역사론에 따르면 인간 역사를 "테러리즘적 상상 방식"으로 보는 것이다. 그러나 칸트는 "더 나쁜 것으로의 타락이 인류 안에서 항상 지속적일 수 없다"고 잘라 말한다.[539] 따라서 칸트의 퇴화론적 인종 위계 차트는 자가당착의 인종주의적 테러리즘이다.

이런 자가당착적·테러리즘적 퇴화 이론에 따라 그려진 저 차트의 배열과 순서 아래에 깔려있는 칸트의 생각은 정확히 이상적 피부색이 백색(거무스름한 흰색)이고 다른 피부색들은 백색에 접근하는 것에 따라 우월하거나 열등하다는 믿음이다. 다른 모든 피부색은 단지 오리지널 백색으로부터 퇴화 양상들일 뿐이다. 칸트는 이 아이디어를 독일 자연 박물지 학자 요한 블루멘바흐(Johann F. Blumenbach, 1752-1840)로부터 얻었을 것이다. 칸트는 그와 개인적 관계를 맺고 있었고, 흑인 등의 두개골을 설

---

538) Kant, *Von den Vetschiedenen Rassen der Menschen* [1775], B133쪽. 칸트에게 백인은 유럽인과 등치되지 않는다는 점은 일깨워주었다. Dieter Schönecker, "How White Is Kant's White Race, after All?", *Telos – Critical Theory of the Contemporary* (February 23, 2021).
539) Kant, *Der Streit der Facultäten*, A135-136쪽.

명하면서 그를 『실용적 관점에서의 인간학』에서 인용하고 있다.[540] 그의 1775년 판 저서의 영역본 *On the Natural Variety of Mankind*(1865)에서 피부색을 인종을 나누는 최고의 범주로 삼은 블루멘바흐에 따르면, 다섯 인종이 있지만 여기서 오직 셋만이 기본적이다. 코카시언은 "최고 탁월성이 속하는 가장 아름다운 인종"이다. 몽골과 에티오피아 인종은 "인류(즉, 백인종)의 극단적 퇴화형"이다. 나머지 두 인종, "미주 인디언"과 "말레이인"은 단순히 백인으로부터 말레이인과 에티오피아 사람으로 퇴화하는 이행 단계다.[541]

칸트는 백색 피부가 흑색으로 변하는 과정에 대해 그가 설명하는 이야기에서 이것이 입증될 수 있다고 진지하게 확신했다. 자연지리학 강의에서 칸트는 태어날 때 모든 인종의 아기의 피부색은 하얀색이지만 몇 주가 지나면서 점차 하얀 아기의 몸이 흑색(또는 홍색이나 황색)으로 변한다고 말한다.

- 흑인은 흑색인 생식기와 배꼽 주변 부위를 빼고 하얗게 태어난다(weißgeboren). 흑색은 첫 1개월에 이 부위들로부터 온몸으로 퍼진다.[542]

칸트는 보다 '과학적인' 이론을 무두질해 내서 10여 년 뒤에 이 이론으로부터 비유럽인들의 피부색이 백색이 아니라 빨강·깜장·노랑인지를 설명하는 다른 이론들로 입장을 바꾼다. 1775년 그는 빨강·깜장·노랑의 피부색을 몸의 피하 부위에 철분 축적물의 존재 탓으로 돌린다.

---

540) Kant, *Anthropologie in pragmatischer Hinsicht* [1798], 643쪽.
541) Eze, "The Color of Reason: The Idea of 'Race' in Kant's Anthropology", 217쪽 각주81에서 재인용.
542) Eze, "The Color of Reason: The Idea of 'Race' in Kant's Anthropology", 217쪽에서 재인용.

- 우리는 이제 근거 있게 식물들의 다양한 색상을 상이한 액즙에 침전된 철분 탓으로 돌린다. 모든 동물 혈액이 철분을 포함하고 있기 때문에 이 인종들의 상이한 색깔을 바로 이 원인으로 돌리는 데 가로막는 아무것도 없다. 이런 식으로 가령 피부의 염산이나 황산, 또는 피부의 유도 용기 세포의 묽은 알카리 성분이 철분을 망상조직에 붉게, 검게, 노랗게 침착시킬 것이다. 그러나 백색인종에서는 체액 속에서 녹아있는 철분이 전혀 침착되지 않고 이를 통해 동시에 이 인종의 체액과 철분 성분의 완벽한 혼합이 나머지 인종에 앞서 입증될 것이다.[543]

그다음 그는 1785년경부터 피부색을 검게 만드는 것은 아프리카인들이 혈액 속의 불가연성 물질 플로지스톤(燃素)의 존재라고 주장하고, 다른 인종들도 그럴 것이라고 유추한다.[544] 칸트는 그가 피부색의 차이를 어떤 원인 탓으로 돌리든 이 피부색 차이의 위계적 해석을 줄곧 견지한다. 칸트는 인종의 우월성과 열등성을 피부색에서 인종의 특징으로 마크되고 전시되는 참된 "재능", 즉 자연의 천부적 재능의 존부 탓으로 돌리기 때문이다.

칸트는 네 범주의 인종 분류(유럽인·아시아인·아프리카인·미주 인디언)를 유지하면서 이것을 이렇게 설명한다.

- 열대 지방에서 인간은 모든 부위에서 조숙하지만, 온대 지방의 완벽성에 도달하지 못한다. 가장 큰 완벽성에 이른 인간성은 백인종에 있다

---

543) Kant, *Von den Vetschiedenen Rassen der Menschen* [1775], 26-27쪽(B156-157쪽).
544) Immanuel Kant, "Von den Racen der Menschen", 150쪽. Schultze, *Kant und Darwin: Ein Beitrag zur Geschichte der Entwicklungslehre* (Jena: Dufft, 1875). Eze, "The Color of Reason: The Idea of 'Race' in Kant's Anthropology", 218쪽에서 재인용.

(Die Menschheit ist in ihrer größten Vollkommenheit in der Rasse der Weißen). 황색 인도인은 이미 훨씬 더 적은 재능을 가지고 있다. 흑인은 더 깊이 있고, 미주 일부 지역의 주민들은 가장 깊이 서 있다.[545]

피부색에 따른 칸트의 이 위계적 인종 이론은 명백하게 '재능의 차이'에 기초해 있다. "선교사 데마네(Demanet)는 그가 세네감비아에 한동안 체류했기 때문에 흑인의 검은색에 관해 자기만이 올바로 판단할 수 있는 척하면서 이에 대한 그의 동포들, 즉 프랑스인들의 모든 판단을 부정했다. 이에 맞서 나는 프랑스에서 오랫동안 체류한, 아니 차라리 거기서 태어난 흑인들의 피부색에 대해 – 흑인과 다른 인간 간의 범주적 차이를 피부색에 따라 규정하려고 하는 한에서 – 흑인들의 고국에서보다 프랑스에서 훨씬 더 올바로 판단할 수 있다고 주장한다. 왜냐하면 아프리카에서 태양이 흑인의 피부에 각인하는 것과, 따라서 흑인에게 우연적일 뿐 것은 프랑스에서라면 사라져 없고, 검은색만이 남을 아 있을 수밖에 없기 때문이다. 그래서 이 검은색은 태어나면서부터 흑인의 일부가 되어 그가 계속 번식시키는, 따라서 그것만으로도 범주적 구별(Klassenunterschied)에 쓰일 수 있는 것이다."[546]

칸트의 이 위계적 인종 이론에 대해 프랑크푸르트 대학의 칸트 전문가 마르쿠스 빌라섹(Marcus Willaschek)은 정오正誤·진위 판단을 내린다. "칸트의 시간·공간 학설은 아인슈타인의 상대성 이론에 의해 기각되었다. 그의 인종 이론도 정확하게 그런 상태다. 오늘날의 시각에서 이 이론

---

545) Immanuel Kant, *Physische Geographie*, 316쪽. *Kants gesammelte Schriften*, Band IX, hers v. Königlichen Preußischen Akademie der Wissenschaften (Berlin und Leipzig: Walter de Grunter, 1923).
546) Kant, *Bestimmung des Begriffs einer Menschenrasse* [1785], 66쪽(A392-393쪽).

은 허위이고, 이 허위성은 칸트가 대변한 백인을 정상에 놓는 인종 위계에 대해 비로소 제대로 적용된다. 이제 우리는 분명하게 말해야 한다. 여기서 칸트가 틀렸다고!(Hier irrte Kant!)"[547]

"재능"은 "자연"에 의해, 칸트의 합리적·도덕적 인종 질서 안에서 백인에게 황색·흑색·홍색 순으로 뒤서는 모든 피조물 위의 최고 지위를 보장하는 것이다. 피부색은 우열의 증거이거나, 교육을 통한 이성과 합리적-도덕적 완벽성을 구현할 역량이 있는가, 또는 천부적 "재능"이 없는 것에 대한 증거다. 칸트는 피부가 "범주적 구별(Klassenunterschied)"로서의 "인종"의 징표요, "자연 본성적 성격의 상이성의 흔적(die Spur dieser Verschiedenheit des Naturcharakters)"이라고 쓰고 있다.[548] 칸트에게 피부색은 이성과 합리적 재능을 위한 "본성적" 인간 역량을 "암호화"하고 "요약화"한다.[549]

합리적 우열성의 "암호화"하는 것으로서만이 아니라 이러한 "요약화"하는 것으로서의 피부색의 중요성에 대한 칸트의 주장은 흑인의 이성적 추리능력을 주제로 그가 개진한 주석에서 명백하다. 그는 한 아프리카인이 한 진술을 평가하면서 다음과 같은 코멘트로 이 진술을 기각했다. "이 녀석은 머리에서부터 발끝까지 완전히 새까맣은데, 이는 그가 말한 것이 멍청한 소리였다는 것에 대한 명백한 증거다(dieser Kerl war Kopf bis auf die Füße ganz schwarz, ein deutlicher Beweis, daß das was er sagte dumm war)."[550] 그러므로 칸트가 피부색을 단지 자연적 특징으로 간주했다는 주장은 불가능한 것이다. 그것은 변하지 않고 변할 수 없는

---

547) Marcus Willaschek, "War Kant ein Rassist?". Interview mit Uni-Report Goethe Universität Frankfurt am Main (1 Jan. 2021).
548) Kant, *Bestimmung des Begriffs einer Menschenrasse* [1785], 68쪽(A395쪽).
549) Eze, "The Color of Reason: The Idea of 'Race' in Kant's Anthropology", 218쪽.
550) Kant, *Beobachtungen über das Gefühl des Schönen und Erhabenen*, A106-107쪽.

도덕적 자질의 증거다. 칸트의 관점에서 "인종"은 이성(이념)과 도덕법칙의 무無역사적 원리에 기초해 있는 것이다.[551] 그것은 "본유적 본성 성격(angebirener Naturcharakter)"의[552] 선험적 개념이다.

지금까지 요약·복원된 칸트의 역겨운 인종 이론은 간간이 비판했지만, 그 밖의 측면에서도 비판하지 않을 수 없다. 칸트는 "인간 본성(human nature)" 개념을 자의적으로 악용하고 있다. 가령 특유하게 도덕적인 본질을 인간 본성에 귀속시키고 선명하게 드러내기 위해 루소가 전형적으로 대비시키는 "자연 상태의 (원시적) 인간"과 문명화된 유럽의 "인간 본성의 상태" 간의 구분을 칸트도 받아들인다. 이와 함께 칸트는 루소의 자의적이고 모호한 이중적 개념 사용도 같이 받아들인다.

루소는 자연적 인간과 유럽의 문명인 간의 구분이 사실에 근거한지 여부에 관해 분명히 한 적이 없고, 적어도 일관성을 결하고 있다. 한 곳에서는 루소는 "자연적 인간"의 개념이 단순히 현재 "개명된" 유럽 사회를 비판할 도구로서 과거의 이상理想을 구성하려고 인지할 수 있는 사실을 뛰어넘는 상상의 고안물이라고 쓰고 있다. 『인간 불평등 기원론』에 따르면, "인간의 자연 상태" 개념은 상상의 산물이다. 우리는 "순수한 자연 상태"에 사는 인간들을 관찰할 수 없기 때문이다. 그러한 인간 상태는 단적으로 존재하지 않는다. 우리가 언제나 사회 속의 인간들을 알았고 그러한 인간들만을 관찰할 수 있기 때문이다. 이것이 사실이라면 여기서 나오는 결론은 원시 상태가 경험적 탐사를 면하고 그러므로 상상되어야 하며, 가공적 "원시인" 명제로부터 도출되는 인간 본성의 해석은 필연적으로 단지 '가설'일 뿐이다. 루소는 말한다. "사실들이 문제와 무관한 만큼 사실

---

551) Eze, "The Color of Reason: The Idea of 'Race' in Kant's Anthropology", 218-219쪽.
552) Kant, "Von den Racen der Menschen", 150쪽. Eze, "The Color of Reason: The Idea of 'Race' in Kant's Anthropology", 각주85(235쪽)에서 재인용.

을 옆으로 제쳐놓고 시작하자. 우리가 착수하는 조사는 이 주제를 취급하면서 역사적 진리로서가 아니라, 오직 물리학자들이 매일 세계의 형성에 관해 짜는 가설과 똑같이 사물들의 본성을 설명하기 위해, 차라리 사물들의 실제적 기원을 확인하기 위해 의도된, 단순한 조건적·가설적 추리로서만 간주되어야 한다."553) 루소는 자기가 사용하는 자연 상태나 원시 상태가 실재하지 않는다는 것을 잘 알고 단순히 유럽의 인간이 자기의 현재 문명을 해석하는 데 도움을 줄 수 있는 아이디어를 제시한 것이다.

그러나 또 다른 루소가 있다. 이 루소는 인류의 변화 발전에 대해 과학적·사실적史實的 기술을 제공하는 자연사가自然史家이기를 요구한다. 그는 "오, 인간이여 그대가 어느 나라에 속하든, 그대의 의견이 무엇이든 귀 기울여라. 거짓말쟁이들인 그대 친구들의 책 안에서가 아니라 결코 그저 누워있지 않는 자연 안에서 그대의 역사를 내가 읽으려고 애써온 바 대로 보라. 자연으로부터 오는 모든 것은 참이다. 내가 의도치 않게 나 자신의 어떤 것을 집어넣지 않았다면 그대는 허위의 어떤 것도 만나지 않을 것이다."554) 루소는 여기서 그가 자연사가(the natural historian)로서 "자연(본성)"의 과학적 기술을, 즉 자본의 역사를 쓰고 있다고 시사하고 있다. 나아가 그의 인생 말년에 루소는 자기 자신을 최초의 충실한 "인간 본성 역사가"로 기술할 때 자연사가의 이 지위를 명시적으로 주장하고 있다.555)

---

553) Jean-Jacques Rousseau, *A Discourse on the Origin of Inequality* [1755], 50-51쪽. Jean-Jacques Rousseau. *The Social Contract and Discourses*. Translated and introduced by G. D. H. Cole. Revised and augmented by J. H. Brumfitt and John C. Hall. Updated by P. D. Jimack. (London: J. M. Dent Orion Publishing Group, 1993).
554) Rousseau, *A Discourse on the Origin of Inequality* [1755], 51쪽.
555) Ernst Cassirer, *Rousseau, Kant and Goethe*, trans. James Gutmann et al. (New York: Harper, 1963), 24쪽. Eze, "The Color of Reason: The Idea of 'Race' in Kant's Anthropology", 224쪽에서 재인용.

칸트가 이러한 역사적 "가치"를 루소의 인간 본성 기원론에 "귀속시킨 적이 없다"는 에른스트 카시러(Ernst Cassirer)의 주장은 사실과 부합되지 않는다. 카시러가 "칸트가 인류의 기원적 상태에 관한 어떤 가설도 짜지 않았다"고 주장한다면, 칸트가 그의 인간학과 인종학에서 그런 가설을 사용하지 않았다는 증거도 전무하다. 임마누엘 에제는 칸트가 첫 번째 루소와 두 번째 루소를 둘 다 사용했다고 주장한다.[556] 나아가 칸트는 카시러의 주장과 정반대로 도덕형이상학에서 홉스의 전쟁적 자연 상태 가설을 거의 그대로 수용하고 홉스보다 더 세게 주장했다는 사실도[557] 잊지 말아야 할 것이다.

에제는 1786년 칸트가 「인간 역사의 추정적 발단(Mutmasslicher Anfang der Menschengeschichte)」에서 추정적 논변을 말하면서 역사 기술을 하는 모순을 범하고 있는 점을 들추어낸다.[558] 칸트는 「인간 역사의 추정적 발단」의 첫 쪽에서 이렇게 말한다.

- (…) 나는 여기서 유람 여행(Lustreise)을 감행하고 있기 때문에 여기서 성스런 문서(성서)를 지도로서 이용하고 동시에 내가 상상력의 날개를 타고 - 이성에 의해 경험과 연결된 단서가 없지 않을지라도 - 밟아가는 나의 행정이 저 문서가 역사적으로 정해진 것으로 담고 있는 것과 똑같은 노선을 밟는다고 공상하는 것이 내게는 허용되는 호의를 내게 약속해도 된다.[559]

---

556) Eze, "The Color of Reason: The Idea of 'Race' in Kant's Anthropology", 224쪽.
557) Kant, *Die Religion innerhalb der Grenzen der bloßen Vernunft* [1893], B134-135쪽 각주.
558) Eze, "The Color of Reason: The Idea of 'Race' in Kant's Anthropology", 224쪽.
559) Immanuel Kant, "Mutmasslicher Anfang der Menschengeschichte", 85-86쪽 (A2-3쪽). Kant Werke, Band 9 (Darmstadt: Wissenschaftliche Buchgesellschaft, 1983).

칸트의 이 구절은 자기의 글이 상상력의 "유람 여행"이라고 하면서 성서를 역사로 들먹일 정도로 모호하다. 그런데 다음 구절은 더 헷갈리게 한다. "이런 식으로 우리는 유명한 J. J. 루소의 그리 자주 잘못 해석되고 겉보기에 서로 모순되는 것 같은 주장들을 서로 합치시키고 이성과 합치시킬 수도 있다. 루소는 과학의 영향과 인간들의 불평등에 관한 그의 논고에서 각 개인이 자기의 규정을 완전히 달성해야 하는 자연적 유類로서의 인간적 유의 본성과 문화 간의 불가피한 갈등을 전적으로 올바르게 입증하고 있다."560) 칸트의 저작들은 루소의 저작들처럼 이 이성적 추정과 역사적 사실 기술 사이에서 명확하지도, 일관되지도 않다. 그의 이론적 고찰들이 역사와 인간의 기원과 발전에 대한 칸트와 루소의 설명은 "추정적·억측적"이라면, 칸트가 동일한 이론을 실제 사용하는 것은 "추정적인 것"과 "사실적인 것" 사이의 이러한 구분을 철저히 무시하고 호도한다. 루소와 칸트는 둘 다 사회 비평이나 인간학적·지리학적 지식생산의 화용론話用論과 긴급상황으로 이론적·방법론적 분별을 신속하게 유린해버린다. 가령 「인간 역사의 추정적 발단」에서 주의 표시를 달았음에도 칸트 자신에 의해 그의 지리학과 인간학에서 추정된 가설적 사변들(이성적 상상력의 "단순한 유람 여행")이 "인종"의 상정된 증거성(the supposed evidentiality)을 선험적·역사적 범주 구분 개념으로 확정하는 자료원으로 쓰이고 있다. 이와 같이 선험적 개념으로서의 "인종"은 자연 본성에 정초되고, 여기에서 "본성"이 "법칙 아래에서의 사물들의 실존"으로 정의되는 것이다.561)

칸트는 자기모순에 처해있다. 한편으로 그는 "인간 역사"의 발단과 발전에 관한 그의 추정적 이야기가 그것이 '추정적'이라고 요구하는 것이지

---

560) Kant, "Mutmasslicher Anfang der Menschengeschichte", 93쪽(A14쪽).
561) Eze, "The Color of Reason: The Idea of 'Race' in Kant's Anthropology", 224-225쪽.

만, 다른 한편으로는 인종학 안에서 칸트가 본격적 인간성을 유럽적 생활구성체(정확히는 백인 유럽 남성의 존재) 속에서만 구현되는 것으로 규정하고 미주 인디언·흑인·아시아인을 인간성의 열등한 "원시적" 단계들로 서열화하기 때문이다. 칸트가 어떻게 피부색을 기준으로 한 인송과 인종 구분에 따른 인간의 이 분류가 "자연본성에 의해 불가피하게 유전되는" 아이디어, 즉 초월적으로 정초되고 변할 수 없는 선험적 관념에 기초한다고 상정할 수 있었을까? 만약 "인종"이 칸트의 말대로 본성의 원리, 자연법이라면, 미주인디언·아프리카인·아시아인들의 소위 하위인간적·원시적·성격론적 열등성은 생물학적으로, 그리고 형이상학적으로 유전된 유형(원형)이다.[562]

에제는 칸트가 "인종" 개념을 그의 3대 비판의 내부구조로부터 도출된 선험적 개념으로 격상시키는 것을 일관성 있게 정당화할 수 없다는 크리스티안 노위바우어(Christian Neugebauer)의 비판적 논변을 인용한다. 노위바우어는 칸트의 인종학이 잘해야 그의 인종 개념이 선험적으로 실체적인지 여부에 관한 물음에 "애매모호하다"고 주장한다. "인종이라는 술어가 이념(idea)인 것은 선험적으로 불가능하고, 원리나 법칙인 것은 더욱 불가능하다. 그것이 이념이라면 칸트는 이념을 실체화하는 오류를 범했다. 결론적으로, 인종은 칸트의 이론적 구조물과 관련된 모호성 없이 이성 속에 잘 확립된 술어일 수 없다."[563] 루소가 "자연 상태 속의 인간"의 가설적 성격을 인정했지만 이 선을 넘어가 이 인간 위에 역사·사회·정치 과학을 구축하는 대로 전진했듯이 칸트도 이 모순과 혼돈의 전통 위에 자리를 펴고 자기의 해명된 원리들을 비유럽적 인종들과 문화들에 대한

---

562) Eze, "The Color of Reason: The Idea of 'Race' in Kant's Anthropology", 225쪽.
563) Christian Neugebauer, "The Racism of Kant", *Sage Philosophy* (1990), 265쪽. Eze, "The Color of Reason: The Idea of 'Race' in Kant's Anthropology", 225쪽에서 재인용.

명백히 편파적·편향적 해석을 통해 무너뜨려 버렸다. 이런 비일관성과 모순 때문에 칸트주의자들조차도 더 이상 흑인과 다른 인종들에 대한 칸트의 발언들을 추종할 수 없는 것이다.[564]

물론 칸트의 인종주의에 대한 비판은 이런 방법론적 모순과 혼동을 비판하는 것으로 그칠 수 없다. 칸트가 더 많은 편견을 쏟아 놓았고, 그의 실천이성·도덕법칙·정언명령으로의 추상적 의무 개념으로부터 도출하여 인종차별을 정당화하고, 여기로부터 거꾸로 감각과 감정의 발단 수준을 기준으로 해서 인종차별을 논증하려 들고, 반유대주의까지 설파하기 때문이다.

칸트는 그의 선험철학에서부터 공간 속에서 지리적으로, 시공 속에서 수학적으로, 그리고 다른 종류의 일관된 전체 속으로 시간·공간 범주의 구조화해 넣는 것 속에서 류논리적으로 정위하는 방법을 기술한다. 『아름다운 것과 숭고한 것의 감정에 관한 관찰』(1764)에서 칸트는 특수한 감정(도덕감정)이 인간과 일반적으로 어떻게 관계하는지, 그리고 그 감정이 남성과 여성 간에, 그리고 다른 인종 간에 어떻게 다른지를 밝혀내고 확정하려 기도할 때 작동하는 이론적 선험철학 입장을 보여주고 있다.[565] 가령 제목에 나타나는 "감정"은 보편적으로 정확하게 인간적인 성격, 즉 인간 본성 자체에 속하는 성격의 특별한 세련과 관련된 것이다. 칸트가 보기에 "인간 본성"은 합리적·도덕적 "성격"의 개발적 표현 속에 들어있다.

인간 본성의 특유성을 구성하는 것은 성격이기 때문에 "본래적 인간 본성"은 개인이 무슨 존엄성이나 도덕적 가치를 지니고 있든 사람이 자기의 성격, 또는 자기의 인간성을 개발하려고 애쓴다는 사실로부터 도출

---

564) Eze, "The Color of Reason: The Idea of 'Race' in Kant's Anthropology", 226쪽.
565) Kant, *Beobachtungen über das Gefühl des Schönen und Erhabenen*, A1-2쪽.

된다. 『실용적 관점의 인간학』에서 칸트는 말한다. "따라서 인간에게 산 자연의 체계 속에서 그의 부류를 배정하고 인간을 그렇게 특징짓기 위해 우리에게 남은 것은 인간이 인간 자신이 세운 목적들에 따라 스스로를 완벽화할 능력을 가짐으로써 자기 자신에게 마련하는 성격을 갖추는 것이다. 이를 통해 인간은 이성 능력을 품부 받은 동물(animal rationalibe)로서 자기 자신을 이성적 동물(animal rationale)로 만들 수 있다."[566] 여기서 "완벽화(Perfektionieren)"라는 개념은 1687년 쿠플레 등이 『중국 철학자 공자(Confucius Sinarum Philosophus)』에서 『대학·중용』의 '수신' 개념을 라틴어로 번역하는 것으로부터 서양철학에 일반화되었는데, 칸트는 이 사실을 모르고 그대로 사용하고 있다. "인간은 이성 능력을 품부받은 동물로서 자기 자신을 이성적 동물로 만들 수 있다"는 명제는 본성적 도덕감정의 발단의 교육적 확충을 통한 덕성의 수덕·진성盡性 모델과 구조적으로 일치하는데, 칸트는 인간 본성의 발단을 "이성 능력"으로 협소화·왜곡시키고 있다. 인간 본성의 이 합리주의적 협소화는 본성적 도덕감정을 배제하고 도덕철학을 형이상학화해서 실천이성적 도덕법칙으로 왜곡하기에 이른다. 그리하여 칸트는 이성적 도덕법칙과 정언명령에 따른 삶을 도덕적 선으로 규정한 반면, 도덕감정에 따라 사는 보통 사람의 삶을 저급한 것, 나아가 "악"으로 규정했다. 합리적 인간과 보통 사람의 이러한 도덕철학적 차별 범주는 합리적 삶을 영위한다고 전제하는 유럽 백인종을 우월 인종으로 격상시키고 합리적 추상개념들을 구성할 능력 없이 도덕감정에 따라 사는 나머지 비유럽적 인종들을 열등 인종으로 멸시하는 인종차별의 범주로 전환된다.

"성격", 또는 "성품"은 도덕적 인격 구성체로서 인간이 가치와 존엄을 얻는 기반이다. 그리고 이것의 한 귀결은 칸트가 최소의 합리적·도덕적

---

566) Kant, *Anthropologie in pragmatischer Hinsicht* [1798], 673쪽

능력 또는 유사 합리적·도덕적 능력을 할당하는 나머지 세 인종은 더 높은 합리적 달성의 "재능"을 지닌 유럽 백인종들보다 심각하게 본성적으로 또는 본유적으로 열등하다는 것이다. 백인종의 "재능"과 우월성에 대한 증거는 하얀 피부색과 우월한 유럽 문명에서 분명히 보인다는 것이다.[567] 비유럽인들이 "가격"을 가질 수 있을지 모르겠으나, 그들이 참된 "가치(존엄성)"를 가졌다는 것은 확실치 않다. 칸트는 북아프리카 흑인들의 성격이 이성이라기보다 상상으로 구성되어 있다고 생각했다. (『자연지리학』) 따라서 비유럽인들은 참된 합리적 성격을 결여하고 그러므로 참된 감정과 도덕감각도 결여한다. 칸트는 "흑인 피부 조직과 우리의 피부 조직의 상이성은 감정 측면에서도 이미 현격하다"고 말한다.[568] 따라서 그들은 참된 "가치와 존엄"을 가지고 있지 않다. 완전하고 참된 인간성이 오로지 백색 유럽인에게만 생기기 때문에 흑인들에 대해서는 가령 완전한 인간성이 부정될 수 있다. 칸트에게 유럽적 인간성이 완벽한 인간성이다.[569] 이런 관점에서 보면 칸트는 '체계적' 인종주의자다.

1785년 칸트가 「인종 개념의 규정(Bestimmung des Begriffs einer Menschenrasse)」을 월간지 *Die Berlinischen Monatsschrift*에 발표했을 때 결코 모든 독자가 동의하는 반응을 보였던 것이 아니다. 특히 18세기에 가장 여행을 많이 한 독일인, 즉 유명한 민속학자이자 여행기 작가이고 혁명가인 32세의 게오르그 포르스터(Georg Forster)는 혹독한 비판을 가했다. 그는 1786년 *Der Teutschee Merkur*에 칸트에 대한 자기의 응답을 공표해 칸트의 글을 비난했다. 포르스터는 모든 인종이 공동 인종으로부터의 유래를 공유한다는 칸트의 주장(단일 창조론) 뒤에 신학적으로 전해지는 사상이 숨겨져 있다고 짐작하고 이에 대해 적어도 두 가지

---

567) Eze, "The Color of Reason: The Idea of 'Race' in Kant's Anthropology", 221쪽.
568) Kant, *Bestimmung des Begriffs einer Menschenrasse*, 79쪽.
569) Eze, "The Color of Reason: The Idea of 'Race' in Kant's Anthropology", 221쪽.

기원 명제(다多창조론)을 대립시켰다. 이 청년을 특히 자극한 것은 잠에 취한 쾨니히스베르크를 벗어난 적이 없는 칸트가 여러 다른 대륙의 인간들에 대해 설교한 독단이었다. 그는 칸트가 "자기 영역을 벗어나" 자기가 이해하지 못하는 문제에 간섭했다고 비난했다. 게다가 칸트가 "남양제도 사람들의 피부색"에 대해 어떤 관념도 떠올릴 수 없다고 말한, 그것도 포르스터가 최근 저작에서 현장 조사를 통째로 그와 같은 것을 기술한 뒤에 그렇게 말한 것은 포르스터를 더 아프게 했다. 칸트는 인종 이론에서 발견자들의 보고서들을 단지 선택적으로만 채택했고 첫째로 이 경우에도 우리의 인식 기제가 어떻게 자기가 관여하는 현실을 구조화하고 체계화하는지를 파악하려는 선험적 철학자로 발언했다. 포르스터는 칸트의 "지성의 소산"에 대해 직관·경험·체험을 옹호했다. 칸트는 「인종 개념의 규정」에서 자주 "우리 백인들"이라는 말을 씀으로써 유럽 중심주의적 관점을 노정했다. 그리고 칸트가 발표한 가설과 인식은 인종주의라 비난하기 뭐하지만, 오늘날 수준에서 보면 거의 다 오류다. 이것을 별도로 치면 그는 이 1785년의 글에 머물렀더라면 인종주의자라 비난받지 않을 것이다. 그러나 그는 여기서 더 나아갔다.[570]

3년 뒤인 1788년 칸트는 「철학에서 목적론적 원리의 사용에 관하여(Über den Gebrauch teleologischer Prinzipien in der Philosophie)」에서 인종 개념의 인식 이론적 필수성만이 아니라, 새롭게 다시 인종주의적 가치 서열을 제기했다. 이번에는 인종 위계에서 가장 아래에 위치한 부류는 "중노동에 너무 취약하고 부지런한 노동에 무관심하며 어떤 문화도 발전시킬 능력 없고 (…) 모든 나머지 단계 중 가장 낮은 단계를 차지하는 흑인 자체보다 더 아래에 위치해 있는(noch tief unter dem Neger selbst

---

[570] Mariana Lieder, "Kant und der Rassismus", *Philosophie Magazin* (Nr.55, Januar 2021).

steht)" 미주 원주민들이었다.[571] 따라서 마리아나 리더(Mariana Lieder)는 "그가 수십 년에 걸쳐 다른 피부색의 인간들에 대해 경멸적 말을 공언했을 뿐만 아니라 그가 바로 임마누엘 칸트였기 때문에 칸트를 인종주의자로 지칭하는 것은 의심할 바 없이 정당화된다"고 결론짓는다.[572] 1788년경에 이 논고 외에도 인종주의적 논고들이 줄줄이 나왔다. 따라서 전기 칸트와 후기 칸트를 가를 것이 없이 칸트는 인종주의자였다.

8.2. 흄을 원용한 칸트의 인종주의적 흑인 비하

칸트는 자신의 사이코패스적 도덕철학 저서들에서 철저히 배제했던 "감정"을 『실용적 관점에서의 인간학』(1798)에서 "실용적 관점"이라는 명목하에 중시하며 인종차별에 동원한다. 본질 구성적인 인간학적 감정에 대한 칸트의 관념은 "인간성 그 자체"의 실재성에 대한 그의 생각으로부터 생겨났다. "감정"이 인간 본질의 특유한 보편적 성격을 드러내 준다는 것이다. 그런데 분류하자면 인간학에 속하는 1764년의 『아름다운 것과 숭고한 것의 감정에 관한 관찰』에서 칸트는 도덕감정과 기타 감정들을 완전히 인정하고 사변적 이성과 이성적 사고를 멀리했었다. "(따라서) 참된 덕성은 오직 그것이 일반적이면 일반적일수록 더 숭고하고 더 고귀하다는 원칙과만 접목될 수 있다. 이 원칙은 사변적 규칙이 아니라, 모든 인간적 가슴속에 들어 살아서 동정심과 호감의 특수한 기초에로 뻗어나가는 것보다 훨씬 더 멀리 뻗어나가는 감정에 대한 의식이다. 내가 숭고한 것의 감정이 인간 본성의 아름다움과 존엄의 감정이라고 말한다면 나

---

571) Immanuel Kant, "Über den Gebrauch teleologischer Prinzipien in der Philosophie", A121쪽. Kant Werke, Bd.8 (Darmstadt: Wissenschaftliche Buchgesellschaft, 1983).
572) Lieder, "Kant und der Rassismus".

는 내가 모든 것을 종합한다고 생각한다. 전자(아름다움)는 일반적 호의의 근거이고, 후자(존엄)는 일반적 존경의 근거이고, 또 이 감정이 그 어떤 인간적 심장 속에서 최대의 완벽성을 가졌다면 이 인간은 자기 자신을 사랑하고 평가하기는 하지만 그가 그의 넓어지고 고귀한 감정이 확장되어 영향받는 만인 중의 한 명인 한에서만 그렇다."[573] 따라서 칸트는 그가 "아프리카의 흑인들은 졸렬한 것을 넘어가는 감정을 본성상 가지지 않았다(Die Negers von Afrika haben von der Natur kein Gefühl, welches über das Läppische stiege)"고 말할 때,[574] 인종 분류에서 그의 이전 이론과 일치되게 아프리카인들이 거의 "성품"이라는 것을 지니지 않았고, 거의 도덕 행위를 할 수 없고, 그러므로 '덜떨어진 인간'이라고 시사하고 있다. 칸트는 데이비드 흄으로부터 이 열등 인간 지위를 흑인에게 배정하기 위한 "증거"를 인용한다.

- 흄 씨는 모든 사람에게 흑인이 재능을 보인 단 하나의 사례를 대보라고 요청하면서 이렇게 주장한다. 자기들의 나라들로부터 다른 곳으로 이송되는 수십만 명의 흑인 중에서 그들 중 아무리 많은 흑인이 해방되어 자유상태에서 살게 될지라도 예술이나 학문 또는 그 어떤 다른 훌륭한 성품에서 위대한 것을 연출한 자가 단 한 명도 발견되지 않았다. 반면, 백인들 사이에서는 누군가 가장 미천한 천민으로부터 출세해서 특출난 재능으로 세계에서 명성을 얻는다.[575]

칸트는 이것을 흄의 인용문으로 제시하고 이것을 다음과 같은 해설로 '극악화'하고 있다.

---

573) Kant, *Beobachtungen über das Gefühl des Schönen und Erhabenen*, A22-23쪽.
574) Kant, *Beobachtungen über das Gefühl des Schönen und Erhabenen*, A102쪽.
575) Kant, *Beobachtungen über das Gefühl des Schönen und Erhabenen*, A102쪽.

- 이 두 인종 간의 차이는 이토록 본질적이고 정서 능력과 관련해서도 피부색에 따라 다른 만큼 큰 것으로 보인다. 그들 사이에 널리 확산되어 있는 물신物神 종교는 아마 졸렬한 것 속으로 인간 본성상 언제나 가능한 것으로 보이는 만큼 깊이 침몰하는 일종의 우상숭배일 것이다. 새털, 소뿔, 조개껍데기, 또는 모든 기타 사물이 몇 마디 말로 성축聖祝되자마자 숭배와 선서 탄원(Anrufung in Eidschwüren)의 대상이 된다. 흑인은 아주 허영심이 많지만, 흑인 방식으로 그렇고, 아주 수다스러워서 몽둥이질로 쫓아서 떼어놓아야 할 정도다.[576]

지독한 안종주의자 칸트가 인용하고 있는 흄의 「국민성에 관하여(Of National Characters)」(1748)에 5년 뒤인 1753년 판에 붙인 각주인데, 흄의 이 각주 원문은 칸트가 인용한 글과 좀 다르다. 국역해서 소개하면 다음과 같다.

- 나는 흑인, 그리고 일반적으로 모든 다른 인간종류들(네댓 이종異種들이 있다)이 백인보다 본성적으로(naturally) 열등한 것이 아닌지 의심하고 싶은 기분이 든다. 백인과 다른 용모를 가진 어떤 문명화된 국민도 존재한 적이 없었고, 행동이나 사변에서 탁월한 개인도 존재한 적이 없었다. 그들 사이에는 어떤 독창적 제조업도, 어떤 예술도, 학문도 없다. 다른 한편, 게르만인과 같은 백인의 가장 거칠고 야만적인 부류, 그리고 현재의 타타르인들은 용맹, 통치 형태, 또는 기타 어떤 세부 사항에서 그들에 관한 탁월한 것을 여전히 가지고 있다. 이러한 획일적이고 불변적인 차이는 자연이 이 인간 종자들 간에 원천적 구분을 만들지 않았다면 그 많은 나라와 그 많은 시대에 나타날 수 없을 것이다.

---

576) Kant, *Beobachtungen über das Gefühl des Schönen und Erhabenen*, A102쪽.

우리의 식민지를 언급하지 않더라도 유럽 전역에 흑인 노예가 퍼져 있는데 그중 아무도 그 어떤 창의적 재능도 보여주지 않았다. 우리들 사이에는 교육받지 못한 하층 백성들이라도 튀어 일어나서 모든 직업 분야에서 득출나고자 한다. 자메이카에서 정말로 한 흑인을 재능과 배움을 갖춘 사람으로 얘기를 한다. 그러나 그가 찬미 되는 것은 단순히 몇 마디 말을 하는 앵무새처럼 빈약한 재능 때문으로 보인다.[577]

흄은 흑인의 재능을 흉내 내는 앵무새 수준으로 봄으로써 흑인을 인종주의적으로 모독하고 있다. 하지만 그는 흑인들이 "아주 수다스러워서 몽둥이질로 쫓아서 떼어놓아야 할 정도다"라고까지 흑인에 대한 폭력을 정당화하는 말까지는 하지 않았다.

흄은 "흑인, 그리고 일반적으로 모든 다른 인간종류들(네댓 이종異種들이 있다)이 백인보다 본성적으로 열등하다"는 의심에서 이 "다른 인간 부류"에서 중국과 조선 등 극동 유교 제국은 제외된다. 중간에 "현재의 타타르인들은 용맹, 통치 형태, 또는 기타 어떤 세부 사항에서 그들에 관한 탁월한 것을 여전히 가지고 있다"는 말이 나오는데, 여기의 "타타르인들"은 당시에 중국인·만주인·몽골인 등을 싸잡아 부르던 명칭이기 때문이다. 그리고 본문에서는 공자와 중국 문명을 찬양조로 거론하고 스페인 사람과 중국인들을 함께 거론하면서 "스페인 사람, 튀르키예인, 중국인은 장중함과 진지한 행동거지로 유명하다"고 호평하고,[578] 또 "중국인들은 저 방대한 영역의 상이한 부분들에서 공기와 기후가 아주 대단한 변화를 나타낼지라도 상상할 수 있는 최대의 제일성을 지닌다"고[579] 논평하

---

577) David Hume, "Of National Characters", 86쪽 각주. David Hume, *Essays Moral, Political, and Literrary*, editedand with a Forward, Notes and Glossary by Eugene Miller (Indianapolis: Liberty Fund, 1985·1987).
578) Hume, "Of National Characters", 86쪽.
579) Hume, "Of National Characters", 83쪽.

고 있기 때문이다. 또 흄은 「예술과 과학의 흥기와 진보」(1742)에서 "중국은 예의범절과 학문이 상당히 축적된 것으로 보이고, 이 비축고는 수많은 세기를 거쳐 지금까지 생겨난 것들보다 더 완벽하고 완결적인 어떤 것 속으로 숙성되어 갔을 것으로 당연히 기대할 수 있을 것이다"라고 평가하고[580] 중국 정부를 "중도와 자유"가 보장되는 "모든 정부 중 최선의 정부"로 극찬하고 있다.[581] 또 흄은 「미신과 광신에 관하여」(1741)에서 "중국의 유생들, 또는 공자의 제자들"을 "우주 안에서 유일한 진짜 이신론자 단체"로 극찬하고,[582] "중국 유생들은 사제들도, 교회 조직도 없다"는 주석을 달면서[583] 종교 교단으로부터 자유로운 유자들의 삶을 칭송하고 부러워했다. 따라서 저 "다른 인간 부류"에서 중국과 극동 제국은 제외된다.

그리고 흄은 칸트의 해석처럼 단정적으로 말하지 않고 "나는 흑인, 그리고 일반적으로 모든 다른 인간 부류들(…)이 백인보다 본성적으로 열등한 것이 아닌지 의심하고(suspect) 싶은 기분이 든다"고 "suspect([…] 아닌지 의심하다, 어렴풋이 느끼다)"라는 단어를 써서 꽤 조심스럽게 말하고 있다. 따라서 "타타르인들"을 제외시킨 저 문구만을 놓고 볼 때도 흄은 심각한 '체계적' 인종주의자라 할 수 없다. 게다가 그는 저 문구를 수정했다.[584]

이 수정은 이 각주에 드러난 흄의 인종주의에 대한 제임스 비티(James Beaattie, 1735-1803)의 비판 때문에 이루어졌다. 비티는 "흄이 여기서

---

580) Hume, "Of the Rise and Progress of the Arts and Science" [1742], 66쪽. David Hume, *Political Essays* (Cambridge·New York: Cambridge University Press, 1994·2006).
581) Hume, "Of the Rise and Progress of the Arts and Science", 66쪽 각주c.
582) Hume, "Of Superstition and Enthusiasm" [1741], 49쪽. David Hume, *Political Essays* (Cambridge·New York: Cambridge University Press, 1994·2006).
583) Hume, "Of Superstition and Enthusiasm", 49쪽 각주.
584) John Immerwahr, "Hume's Revised Racism", *Journal of the History of Ideas*, 53-53 (Jul. Sep., 1992) [481-486쪽].

주장한 사실들에 대해 어떤 사람도 지금 지구상에 현존하거나 현존했던 모든 흑인에 대한 개인적 면식 외에 충분한 증거를 가지고 있지 못할 것이다. 저 사람들은 역사를 쓰지 않는다. 그들을 방문한 적이 있는 모든 여행가의 보고들은 여기 이 자리에서 확증되는 것에 대한 증명과 같은 것에 이르지 못할 것이다."[585] 그리고 비티는 반대되는 사례들을 제시했다. "페루와 멕시코의 제국들은 '행동과 사변'의 탁월한 사람들이 없다면 통치되지도, 후자(멕시코 제국)의 수도가 호수 한복판에 그토록 비범한 양식으로 지어질 수 없었을 것이다. 모든 사람은 고대 페루 사람들의 장엄함, 훌륭한 정부, 독창성에 대해 들어왔다. 아프리카인(흑인)들과 미주 인디언들은 그들 사이에 유럽인들도 그것을 모방하는 것을 쉬운 일로 보지 못할 많은 독창적 제조업과 수공예 기술을 가진 것으로 알려져 있다."[586] 그리고 비티는 아프리카 출신 흑인 노예들이 "그들의 불행한 사정에도 불구하고 독창적 재능의 징후"를 보여주고 있고, "우수한 장인들과 실용적 음악인들"이 될 수 있다고 말한다.[587] 이 공격에 흄은 과녁을 "흑인, 그리고 일반적으로 모든 다른 인간종류들"이라는 구절에서 흑인 하나로 좁히는 방향에서 수정을 가한다. 이 수정은 사후 오랜 시간이 지난 후 1978년 판에야 반영되었다. 저 각주는 그 첫 부분만 이렇게 수정되었다. 실선이 그어진 부분은 삭제·수정된 부분이고, 이탤릭체는 삽입된 글자다. "I am apt to suspect the negroes ~~and in general all other species of men (fo there are four or five different kinds)~~ *to be naturally*

---

585) James Beattie, *An Essay on the Nature and Immutability of Truth in opposition to Sophistry and Scepticism* (Edinburgh, 1770), 480-481쪽. Immerwahr, "Hume's Revised Racism", 484쪽에서 재인용.
586) Beattie, *An Essay on the Nature and Immutability of Truth*, 482쪽. Immerwahr, "Hume's Revised Racism", 484쪽에서 재인용.
587) Beattie, *An Essay on the Nature and Immutability of Truth*, 481쪽. Immerwahr, "Hume's Revised Racism", 484쪽에서 재인용.

inferior to the whites. There never scarcely ever was a civilized nation of any other that complexion ~~than white~~, nor even any individual eminent either in action or speculation."[588] 삭제와 삽입으로 수정된 문장으로 읽으면 이렇다. "나는 흑인이 백인보다 본성적으로 열등한 것이 아닌지 의심하고 싶은 기분이 든다. 그 용모를 가진 어떤 문명화된 국민도 존재한 적이 없었고, 행동이나 사변에서 탁월한 개인도 존재한 적이 없었다." 흄은 이렇게 비난의 표적을 흑인으로 한정·단일화했고, 이로써 인종주의 비판의 예봉을 피해 가려고 했다.

그러면 흑인만을 겨냥한 이 특칭적 흑인종 비방은 당대라 하더라도 정당화될 수 있었는가? 헨리 게이츠(Henry L. Gates, Jr.)는 당대에도 흄에게 알 만한 모임들 안에서 활동한 수많은 배운 유능 흑인들이 존재한 사실을 입증했다. 그중 한 사람으로 케임브리지 대학교를 졸업한 뒤 라틴어와 수학을 가르치고 라틴어 시집을 출판했던 프랜시스 윌리엄스(Francis Williams)를 들었다.[589] 윌리엄스는 흄의 저 기술을 보고 깊이 기분 나빠했고 공개적 항의를 했다. 그러나 흄은 인지하지 못했다.[590] 흄은 만약 그의 입장을 부정하는 증거에 진지하게 관심을 가졌더라면 그것을 어렵지 않게 발견했을 것이다. 저 각주에서 정말로 "재능과 배움을 갖춘" 자메이카 흑인을 "앵무새"로 기각하고 있다. 리처드 팝킨(Richard H. Popkin)은 흄이 증거를 보는 것을 거부한 것을 두고 그가 "서푼짜리 경험 과학자(lousy empirical scientist)"이자, "자기의 주장을 부인하는 사실들을 인

---

588) David Hume, "Of National Characters", 208쪽 각주. David Hume, *Essays Moral, Political, and Literrary*, editedand with a Forward, Notes and Glossary by Eugene Miller (Indianapolis: Liberty Fund, 1985·1987).
589) Henry Louis Gates, Jr., *Figures in Black. Words, Signs, and 'Racial' Self*, (Oxford: Oxford University Press, 1988). Immerwahr, "Hume's Revised Racism", 485쪽에서 재인용.
590) Richard H. Popkin, "Hume's Racism Revisited", 71쪽. Immerwahr, "Hume's Revised Racism", 485쪽에서 재인용.

지하는 것을 피하려고 용쓴 부정직한 연구자"임을 보여준 것으로 해석했다.[591]

내막이야 어찌 되었든 흄의 저 각주는 백인 외의 모든 비유럽 인종을 비하하는 인종주의 명세로 읽히면서 19-20세기 유럽 정치에 치명적인 악영향을 끼쳤다. 흄의 명성과 영향력 때문에 그의 이 짧은 언명은 인종주의 역사 안에서 놀랄만한 부정적 역할을 했다. 게이츠는 "이 주제에 대한 흄의 견해는 우리가 기대할 수 있듯이 규정적規程的이 되었다"고 논평했다.[592] 19세기의 초반에 걸쳐 흄의 이 인종주의적 코멘트는 인종주의자들과 노예제 옹호자들에 의해 광범하게 인용되었고, 반인종주의자들에 의해 무던히도 공격당했다.[593]

일각에서는 흄이 「고대 국가들의 인구 많음에 관하여(Of the Populousness of Ancient Nations)」에서 노예제에 대해 "강력하게 반대했다"는 사실을 들어 인종주의 비난을 덮어보려는 시도도 보이지만,[594] 이것으로 이 비난을 덮을 수 없을 것이다. 왜냐하면 그 논고에서 흄은 주인과 가사 노예가 서로 견제해 둘 다 나빠진다(주인은 가혹해지고, 가사 노예는 불행해진다)는 논거로 단지 가사 노예제(domestic slavery)만 비판하고 있기[595] 때문이다. 그리고 토머스 제퍼슨처럼 흑인을 열등 인종으로 본 인종

---

591) Richard H. Popkin, "Hume's Racism Revisited", 73쪽. Immerwahr, "Hume's Revised Racism", 485쪽에서 재인용.
592) Gates, *Figures in Black*, 18쪽. Immerwahr, "Hume's Revised Racism", 483쪽에서 재인용.
593) Immerwahr, "Hume's Revised Racism", 483쪽.
594) Hume, "Of National Characters", 208쪽 각주에 붙인 편집자 주. Hume, *Essays Moral, Political, and Literrary*, editedand with a Forward, Notes and Glossary by Eugene Miller, Revised Edition (Indianapolis: Liberty Fund, 1985).
595) David Hume, "Of the Populousness of Ancient Nations", 384-385쪽. David Hume, *Essays Moral, Political, and Literrary*, editedand with a Forward, Notes and Glossary by Eugene Miller (Indianapolis: Liberty Fund, 1985·1987).

주의자라도 노예제를 반대할[596] 수 있기 때문에 흄의 가사 노예제 비판은 그의 인종주의를 덮을 수 없다. 흄의 정서는 흑인을 이성·상상력 등 정신적 능력 측면에서 백인보다 열등한 인종으로 규정하고 당시 시인으로 명성을 날리던 흑인 여성 필리스 웨이틀리(Phyllis Whately, 1753-1784)와 흑인 남성 이그나티우스 산초(Ignatius Sancho, 1729-1780) 등 흑인 문필가조차도 근거 없이 깎아내리며 인정하고 싶어 하지 않았던 제퍼슨과 유사한 심리였던 것으로 보인다. 흄도 제퍼슨처럼 컴퓨터가 없는 1950-60년대에 흑인 여성 수학 천재 집단만이 '히든 피겨스(Hidden Figures; 2017년 개봉 영화제목)'로서 마치 컴퓨터처럼 NASA의 인공위성 발사와 관련된 극히 복잡한 초超고등 수학을 계산해 낼 줄을 꿈에도 상상하지 못했던 것이다.

흄을 단순히 '흑인 특칭 인종주의자'로도 몰 수 없는 유일한 근거는 "(…) 아닌지 의심한다(suspect)"는 조심스런 표현이다. 이 표현 하나가 바로 그의 흑인 멸시가 단정도 아니고, 규정도 아니라는 것을 보여준다. 그러나 칸트는 이 각주를 인용해 흑인 멸시를 인종주의적 단정과 선험적 교조의 근거로 삼았다. 흄과 달리 칸트는 단순한 정서를 뛰어넘는 '선험적' 인종주의에 사로잡혀 경험적 '진실'을 외면했고, 유럽의 백인을 제외한 나머지 모든 인종을 경멸했다. 칸트가 살던 당대 독일에도 안톤 빌헬름 아모(Anton Wilhelm Amo, 1703-1759)라는 가나 출신 독일 국적의 흑인 해방 노예가 1729년 독일 할레 대학 철학·법학박사 학위를 받고 수많은 언어를 익히고, 라틴어로 쓴 4종의 철학 저서를 출판하고 할레·예나 대학교 철학 교수로서 활약했었다. 17세기부터 유입된 독일 흑인은 당시

---

596) Thomas Jefferson, *Notes on Virginia* (continued II), "QUERY XIV", 252-258쪽. *The Works of Thomas Jefferson*, vol. 4 (Notes on Virginia II, Correspondence 1782-1786). 이에 대한 상론은 참조: 황태연, 『공자와 미국의 건국(상)』(서울: 한국문화사, 2023), 451-457쪽.

수십만 명에 달했고, 현재는 100만 명을 상회한다. 당시에도 아모 외에도 흑인 유명 인사가 많았고, 현재도 학자·예술가·축구선수 등 흑인 유명 인사가 30여 명을[597] 넘는다.[598] 쾨니히스베르크 촌구석에 살던 칸트는 이런 사실을 몰랐거나 알았어도 인정하고 싶지 않았을 것이다. 이런 사실은 그의 '선험적 인종주의' 이론을 위태롭게 하기 때문이다. 바로 그렇기 때문에 흄의 저 각주를 저토록 반기며 '악용'한 것이다.

칸트는 흑인에 대한 흄의 문예적·정치적 억측을 철학으로 격상시키고 이 억측에 "선험적 정당화(transcendental justifications)"를 제공함으로써 흄의 견해에다 변화의 스핀을 가했다. 가령 흄은 흑인이 "본성적으로" 백인보다 열등하다고 주장하면서도 "본성"이나 "인간 본성"을 선험적으로 정초하려는 시도를 하지 않은 반면, 칸트는 이런 선험적 정초 기도를 하고 있다. 칸트는 인종적 차이와 인종적 분류가 선험적으로 자연과학자의 이성에 근거할 수 있도록 "인간 본성"을 종種 부류(species-class)의 불변적 패턴으로 만들었다.[599] 칸트는 그래야만 실천이성과 도덕 법칙적 정언명령을 적용해서 비유럽 인종들을 확실히 차별할 수 있기 때문이다. 그러나 이것은 겉으로 그렇게 보일 뿐이고, 자연과학적으로 확정되는 인간본성론은 경험적 사실 요소들에 근거한 것으로서 실은 모든 본성적 도덕감정을 일절 배격하는 선험적 실천이성·도덕법칙·정언명령으로 짜진 칸트의 도덕형이상학을 완전 폭파·붕괴시키는 다이너마이트다.

칸트의 인종주의는 근거 없이 선험적·체계적이다. 따라서 그것은 지금

---

[597] 가령 게랄드 아사모아, 베냐민 헨릭스, 다비 젤케, 데니스 아오고, 데니스 슈뢰더, 다비드 오돈코어, 디나 드누아르, 레로이 자네, 롭 필라투스, 로빈 졸코비, 세르지 나브리, 시드니 샘안토니오 뤼디거, 유수파 무코코, 자지 비츠, 저메인 존스, 제롬 보아텡, 조나단 타, 존 브룩스, 티머시 챈들러, 틸로 케러, 파비안 존슨, 애런 알테어, 빌 모 등.

[598] 참고로, 베를린 시는 2020년 8월 미테(Mitte) 지역의 식민주의적 냄새를 풍기는 "Mohrenstraße"를 "Anton-Wilhelm-Amostraße"로 변경했다.

[599] Eze, "The Color of Reason: The Idea of 'Race' in Kant's Anthropology", 222-223쪽.

까지 등장한 인종주의 가운데 '가장 지독한' 인종주의다. 백인 외의 인종들에 대한 도덕론적 멸시는 도덕법칙에 따라 사는 합리적 인간들은 선한 반면, 정언명령도, 도덕법칙도 없이 도덕감정에 따라 사는 인간들은 악하다는 실천이성적·사이코패스적 도덕형이상학의 이분법에 근거한 것이다. 비유럽 인종은 정언명령도, 도덕법칙도 없이 도덕감정에 따라 사는 "악한" 인간들이다. 따라서 칸트의 인종주의는 그 깊은 본질에서 사이코패스적인 것이고, 그의 인종주의는 그의 도덕형이상학 성립 이후 더욱 근본주의적으로 심화되었다.

이런 사이코패스적 인종주의를 두고 칸트가 노예제와 식민주의를 반대했으니까, 비난을 감해주어야 한다는 변호론은 흑인 노예제를 반대한 흄과 제퍼슨의 인종주의를 보듯이 부적절하다. 또 극단으로 가서 인종주의가 "계몽주의의 산물"이라고 일괄 비판을 택해 계몽 철학자 전체가 인종주의자였다고 계몽주의 자체를 버리는[600] 자포자기도 부적절하다. 미국 계몽주의와 '미국 정신'을 대표하는 '흄의 벗' 벤저민 프랭클린과 프랑스 백과전서파는 인종주의에도 반대하고 노예제도에도 반대했고, 제임스 비티도 그러했고, 흑인을 점찍어 싫어하는 흄의 개인적 정서를 들어 그를 원칙적 인종주의자로 몰기도 어렵고, 인종주의적 혐의와 일절 무관한 피에르 벨, 섀프츠베리, 허치슨, 애덤 스미스, 그리고 케네와 중농주의자 등 많은 계몽 철학자가 있기 때문이다. 또 칸트는 헤겔과 마찬가지로 흔히 오해하듯이 계몽주의자가 아니라, 앞서 누차 논증했듯이 계몽철학과 도덕과학을 파괴하고 주술적 형이상학으로 되돌려 놓은 반反계몽·반근대적·반동적 몽매주의자(Obscurantist)이기 때문이다.

한편, 『도덕형이상학의 정초』를 발표한 시점부터 칸트에게 그의 인종

---

600) Jamelle Bouie, "The Enlightenment's Dark Side. How the Enlightenment created modern race thinking, and why we should confront it", *Slate Magazine* (June 5, 2018); Avram Alpert, "Philosophy's systemic racism", *aeon.co* (2020. 9. 24.).

주의를 철회할 이유를 준 – "그가 실제로 철회했든 안 했든" – 칸트의 철학적 발전 요소들을 끌어들여 칸트를 변호하려는 칸트주의적 기도는[601] 칸트의 사이코패스적 도덕형이상학 성립 이후 체계적 인종주의가 갈수록 더 심화된 상황을 거꾸로 이해하는 변호론적 허언이다. 칸트가 1790년대에, 특히 『영구평화론』(1795)에서 유럽 식민주의에 반대하면서부터 인종 개념의 역할을 제한하고 인종들의 위계적 설명을 버리고 평등주의적·세계주의적 관점을 취했다고 해석하는 칸트주의적 변호 시도도[602] 마찬가지로 사태를 거꾸로 이해하는 허언이다. 칸트의 인종주의는 "단지 이른 시기에 저지른 과오에 불과한 것"이 결코 아니다.[603] 또 흄과 제퍼슨이 노예제에 반대하면서도 인종주의를 견지했듯이 칸트가 식민주의에 반대했어도 그의 인종주의는 그대로 유지할 수 있는 것이기 때문이다.

또 칸트가 후기에 "인간성의 단일함(unity of humanity)"을 지지하는 방향으로 논변했다는 것도[604] 군대에서 '군인성의 단일함(unity of soldier quality)'이 군軍 내의 계급 위계를 부정하지 않듯이 논리적으로 그의 지독한 위계적 인종주의를 전혀 덮어주지 못한다. 칸트가 정년 직전 1796년까지 강의한 『자연지리학』을 보라. 여기서 칸트는 앞서 분석했듯이 중국인들까지도 정언명령 하나를 수립하지 못한다고 헐뜯을 정도로 그 지독한 인종주의를 강하게 표출하고 있다. 또 인종주의적 인종 위계를 정언적으로 언명한 칸트의 말을 『자연지리학』(1802년 출판)으로부터 다시 인용해 보자.

---

601) Samuel Fleischaker, "Once More unto the Breach: Kant and Race", *The Southern Journal of Philosophy*, 61-1 (March 2023)
602) Pauline Kleingeld, "Kant' Second Thoughts on Race", *The Philosophical Quarterly*, 57-229 (October 2007).
603) Lieder, "Kant und der Rassismus", *Philosophie Magazin* (Nr.55, Januar 2021).
604) Daniel Zorn, "Kant - a Racist? Kant - ein Rassist?" *Public History Weekly* (August 21, 2020).

- 가장 큰 완벽성에 이른 인간성은 백인종에 있다. 황색 인도인은 이미 훨씬 더 적은 재능을 가지고 있다. 흑인은 더 깊이 있고, 미주 일부 지역의 주민들은 가장 깊이 서 있다.[605]

이 구절은 칸트가 뷔퐁(Georges-Louis Leclerc de Buffon)의 이름을 밝히지 않고 그의 말을 인용한 것이라고 변명해도[606] 소용없다. 이 구절을 쓴 사람은 칸트 자신이고, 부정할 수 없는 여러 인종주의적 문장들이 줄을 잇기 때문이다. 한편, 칸트로부터 차라리 인종주의를 개념적으로 학습하자는 또 다른 칸트주의적 제안은[607] 엉뚱하다 못해 실로 가증스럽다.

논란은 빌라섹의 말로 정리될 수 있다. "내 보기에 가장 중요한 문제는 상이한 인종과 그들의 상이한 문화 능력에 관한 칸트의 언표들이 모든 인간이 절대적 존엄과 동등권을 가졌다는 그의 도덕적 보편주의와 통합될 수 있는지 하는 물음이다. 몇몇 칸트 연구자들은 여기서 아무런 문제를 보지 못한다. 왜냐하면 칸트가 모든 인간을 공동의 기원으로 환원시키고 비非백인 인종들에게도 인간임을 부정하지 않기 때문이다. 이 말은 옳기는 하지만 칸트가 인간 존엄과 동등권을 바로 생물학적 종種 귀속성에 연결시킨 것이 아니라 이성과 의지 자유에 연결시킨다는 것에 개재된 본래적 문제를 풀지 못한다. 어린이, 정신질환자와 치매 환자 등을 생각할 때, 이것은 이미 문제다. '인종'으로서의 특정한 인간 집단들에게 이성 능력을 제한적으로만 인정한다면 문제는 훨씬 더 심각해진다. 여기에서 칸트

---

605) Kant, *Physische Geographie*, 316쪽: "Die Menschheit ist in ihrer größten Vollkommenheit in der Rasse der Weißen. Die gelben Indianer haben schon ein geringeres Talent. Die Neger sind weit tiefer, und am tiefsten steht ein Teil der amerikanischen Völkerschaften."
606) Michael Wolff, "Kant war eine Anti-Rassist," *Frankfurter Allgemeine Zeitung* (July 9, 2020).
607) Lucy Allais, "Kant's Racism", *Philosophical Papers*, 45-1·2 (March and July 2016): 1-36쪽.

의 도덕적 보편주의는 일정한 집단들(비백인, 여성, 유대인 등)을 배제하려는 기도에 그를 말려들게 만드는 취약점을 가진다."[608] 칸트의 도덕성 기준에 따르면, 도덕감정에 따라 사는 보통 사람들, 백치, 여성, 어린이, 정신질환자, 치매 환자, 전 세계의 비非백인 인종과 유대인들은 모두 도덕적 비정상인으로 취급될 위험이 있고, 칸트는 실제로 저런 위계적 인종주의를 대변했다. 칸트의 기준에 따를 때 유일한 도덕적 정상인은 도덕감정을 결하고 평균 이상의 지성 능력을 가진 '유럽의 사이코패스 백인 성인 남성'뿐이다. 칸트는 유럽의 사이코패스를 제외한 전 인류를 도덕적 비정상인으로 몰아 '정상인'을 '비정상인'으로 만들고, 반대로 사이코패스적 '비정상인들'을 '정상인'으로 둔갑시켜 놓았다. 칸트의 인종주의는 그의 도덕형이상학과 모순되는 것도[609] 아니고, 그의 도덕형이상학, 특히 정언명령에 영향을 미친 것도[610] 아니다. 칸트의 "보편주의적 도덕철학과 법철학" 유산 덕택에 칸트의 인종주의를 비판할 수 있는 것도[611] 아니다. 칸트와 사이코패스를 제외한 세계의 모든 보통 사람에게는 건전한 본유적 도덕감정이 있기 때문이다. 칸트의 인종주의는 빌라셱이 정확하게 파악했듯이 그의 (사이코패스적) 도덕형이상학의 필연적 산물이다. 이런 의미에서 그의 인종주의를 '일관된 체계적 인종주의(consistent systemic racism)'라 부를 수 있다. 그래서 칸트의 인종주의는 단순한 인종주의가 아니라 사이코패스적 인종주의인 것이다. 나아가 또한 이런 사이코패스적 분류를 정초한 칸트 자신이 사이코패스일 개연성이 높은 것이다.

---

608) Willaschek, "War Kant ein Rassist?" (1 Jan. 2021).
609) Pauline Kleingeld, "On Dealing with Kant's Sexism and Racism", *SGIR Review* 2-2(2019), 16쪽; Lieder, "Kant und der Rassismus".
610) Chikwado Ejeh, "Kant's Racial Views and the Categorical Imperative", *Philosophy International Journal*, 5-2 (August 2022).
611) Lieder, "Kant und der Rassismus".

8.3. 유대인은 뱀파이어다, 유대교에 안락사를!

칸트는 극악한 체계적 인종주의자였고, 동시에 유대인들이 도덕질서가 요구하는 물질적 힘들의 초월을 해낼 수 없다고 생각하는 반유대주의자였다. 유대인은 그래서 윤리적 기독교사회 속으로 통합될 수 없는, 자율적·합리적 기독교인의 반대상으로 그려진다. 『실용적 관점에서의 인간학』에서 칸트는 말한다.

- 우리들 사이에 사는 팔레스타인 사람들은 해외 망명 이래 그들의 최대 다수에 관한 한 고리대금업 때문에 근거가 없지 않은 사기의 명성(Ruf des Betruges) 속에 들어 있다. 사기꾼 민족(Nation von Betrügern)을 생각하는 것은 낯설기는 하지만 순수한 상인들의 민족을 생각하는 것도 낯설다. 그들의 최대 부분은 그들이 사는 국가에 의해 승인된 고대적 미신에 구속되어 어떤 시민적 존엄도 추구하지 않고 그들이 피난처를 찾은 민족을 속이고 심지어 서로를 속여 얻는 이익으로 그들의 이러한 손실을 메우려고 노력한다. 이것은 비생산적 사회성원들(가령 폴란드의 유대인)로서의 순수한 상인 민족의 경우에 다를 수 없을 것이다.[612]

칸트는 유대인들을 "사기꾼 민족"이라 부르고 유대교를 "고대적 미신"으로 비하하고 있다. 그리고 어디에선가 칸트는 유대인들의 초상을 "선험적 자유의 길이 아니라 물질세계에 대한 노예적 예속의 길을 따라온 집단"으로 그렸다. 그리고 또 칸트는 이렇게 유대인의 민족적 이산離散을

---

612) Kant, *Anthropologie in pragmatischer Hinsicht* [1798], B130 Amerkung(517-518쪽).

'축복'이라 부른다.

- 유대인들의 전 세계적 이산은 언어와 종교 안에서의 그들의 단합과 더불어 이 민족에게 가해진 서주의 셰산서로 놀려져야 하는 것이 아니라 오히려 축복으로 간주되어야 한다. 특히 유대인들의 부는 개인들로 평가하면 아마 지금 동일한 사람 수의 다른 모든 민족의 부를 능가할 것이기 때문이다.[613]

칸트는 자기 자신이 오히려 유대인들의 물질적 부 축적에 "노예로 예속되어" 그들의 "민족적 이산"의 아픔을 도외시하고 이 아픔을 '축복'이라 비아냥대고 있다.

칸트는 전언에 의하면 유대인들을 사회의 '뱀파이어'로 비방하기도 했다고 한다. "유대인이 유대인이고 할례를 받는 한, 그들은 시민사회 안에서 결코 해로운 것보다 더 유용해지지 않을 것이다. 이제 그들은 사회 안에서 뱀파이어다."[614] 유명한 칸트 전문가이자 전기 작가인 칼 포어랜더(Karl Vorländer, 1860-1928)조차도 칸트의 이 유대인 비방을 반유대적 비방의 최고봉이라 평했다고 한다.[615]

나아가 칸트는 『학부들의 갈등』(1798)에서 유대교 또는 유대민족의 안락사를 위한 논리를 마련한다.

- 계몽된 가톨릭과 개신교는 서로 혼합되지 않고도 서로를 신앙 형제로

---

613) Kant, *Anthropologie in pragmatischer Hinsicht* [1798], B131 Amerkung(519쪽).
614) Walter Kaufmann, *Goethe, Kant, and Hegel: Discovering the Mind*, with a new introduction by. Ivan Soll, vol.1 (New Brunswick, NJ: Transaction; Cambridge: Cambridge University Press, 2009), 124쪽. 다음도 참조: Wojciech Kozyra, "Kant on the Jews and their Religion", Diametros (2020), 6쪽에서 재인용.
615) Karl Vorländer. Kozyra, "Kant on the Jews and their Religion", 6쪽에서 재인용.

간주할 수 있을 것이다. 둘 다는 시간이 정부의 장려 하에서 점차 신앙 (…)의 형식적 절차들을 양자의 목적의 존엄한 지위, 말하자면 종교 자체에 접근시켜 줄 것이라는 기대(와 이 목적의 개정) 속에서 그럴 수 있다. 심지어 유대인과 관련해서도 유대인들 사이에서 지금 일어나고 있듯이 개명된 종교 개념들이 각성하고 이에 아무짝에도 쓸데없는, 오히려 모든 참된 종교적 심정을 추방하는 낡은 의전의 옷을 내던진다면 이것은 유대인들이 (인간적 신앙으로서의 기독교로) 일반적으로 개종하는 것을 꿈꾸지 않고도 가능하다.[616]

칸트는 여기에다 각주를 달아 유대인들의 전반적 기독교 개종을 주장하는 모제스 멘델스존(Moses Mendelssohn)의 기도를 소개하고[617] 이로써 자기의 요구가 과격하지 않음을 은근히 시사하고 있다. 그러면서도 칸트는 기독교만을 "인간적 신앙"으로 격상시키고 유대교는 비인간적 신앙임을 암시하고 있다. 그는 대여섯 쪽 앞에서 기독교를 "신앙의 이성적 가르침(Vernunftlehren des Glaubens)", 즉 "순수한 종교 신앙(reiner Religionsglauben)"으로 기술한 반면, 유대교는 "도덕적 본질을 결여한", "종교의 비본질적인 것을 종교 조각으로 삼는" "미신이거나 이교異敎"라고 비하했었다.[618]

따라서 유대교는 미신 또는 이교로서 사라져야만 한다. 그리하여 칸트는 제2절에서 (미국을 이어 '종교의 자유'와 '종교로부터의 자유'를 선언한) 프랑스혁명을 역사적 진보로 환호하는 입장을 취하면서도 근대적 종교 다원주의를 위배하며 유대인들의 종교자유를 말살하는 황당한 제안을

---

616) Immanuel Kant, *Der Streit der Facultäten*, A79쪽. *Kant Werke*, Bd.10 (Darmstadt: Wissenschaftliche Buchgesellschaft, 1983).
617) Kant, Der Streit der Facultäten, A79쪽 각주.
618) Kant, *Der Streit der Facultäten*, A72-73쪽.

한다.

- 그들이 그렇게 오랫동안 사람 없는 옷(Kleid ohne Mann, 종교 없는 교회)을 가지고 있었고 그럼에도 옷 없는 사람(Mann ohne Kleid, 교회 없는 종교)도 잘 보존하지 못했고 따라서 그들의 지금 상태에서 궁극 목적에 가장 적합한 교회의 일정한 형식적 절차를 필요로 하기 때문에, 예수의 종교를 (추정컨대 이 종교의 운송수단인 복음과 함께) 받아들이는 이 민족의 한 아주 머리 좋은 사람, 가령 벤다비드(Bendavid)의 생각을 아주 행복한 것으로만 아니라 유일한 제안으로 간주할 수 있을 것이다. 이 제안을 완수하면 이 민족은 신앙 문제에서 다른 민족과 뒤섞이지 않고도 곧 학식 있는, 도덕적으로 잘 다듬어진, 시민적 상태의 모든 권리의 자격을 가진 민족으로서 알아차리도록 만들 수 있을 것이다. 그러면 이 민족의 신앙은 정부로부터도 재가받을 수 있을 것이다.[619]

유대인 철학 교수 벤다비드(Lazarus Bendavid, 1762-1832)는 당대에 칸트철학의 해설과 강의로 알려진 독일 철학자이자 수학자였다. 칸트는 자기의 문도를 내세워 '유대교의 안락사(Euthanasie)'를 권하고자 한다. 칸트는 유대인들에게 그 미신적 예식 절차를 버리고, 예수와 12사도의 복음을 받아들여 유대교도로서 안락사하라고 권하려고 하고 있다.

그런데 중국의 의관과 풍습을 받아들이지 않고, 자기들의 관습과 의관을 지키는 중국의 40개 소수민족은 오늘날도 중국 내에 독자적 문화를 유지하며 살아있는 반면, 자기의 의관과 전통문화를 버리고 중국 의관과 중화문화를 받아들인 수많은 소수민족은 흔적 없이 사라졌다. 종교적·비종

---

619) Kant, *Der Streit der Facultäten*, A79-81쪽.

교적 전통문화의 유지와 포기는 민족의 존부를 결정하는 것이다. 예수를 받아들여 유대교와 그 형식적 예배 절차를 버리면 유대민족은 기독교도들 속으로 소멸하고 말 것이다. 칸트는 유대교의 포기를 유도함으로써 유대민족의 안락사를 권하려고 한다.

칸트가 계몽의 이념에 따라 법적으로 인정된 종교적 다원주의와 종교적 관용을 결하고 있는 것은 그의 반유대주의를 초래한 종교적 근본악에 속한다. 그는 기독교에 고착된 '순수한 도덕 종교론'에 빠져 이런 목표에 이를 수 있는 가능성을 가진 유대교를 배제했다. 이 배제는 "자의적"인 것이다. 그가 조금만 주의를 기울였더라면 기독교 안에서와 거의 동일한 그 도덕성을 발견했을 터인데 그러지 않고 유대교를 도덕 종교의 가능성으로부터 간단히 배제했기 때문이다.[620]

이런 까닭에 칸트는 '유대민족의 흔적 없는 소멸'과 동의어인 '유대교의 종교적 안락사'를 강력하게 요구한다.

- 이 경우에 물론 (모세오경과 복음서의) 성서 해석은 예수가 유대인으로서 유대인들에게 그랬듯이 유대인들에게 말했던 방식을 예수가 도덕 교사로서 인간 일반에게 말한 방식과 구별하기 위해 자유 방임되어야 할 것이다. 유대교의 안락사(Euthanasie des Judenthums)는 모든 옛 정관의 가르침을 떠난 순수한 도덕적 종교다. 하지만 이 정관의 가르침 중 몇 가지는 (메시아 종교로서의) 기독교 안에 남아있어야 할 것이다. 그러나 그러한 종파 구분도 마침내 사라져야 하고, 그리하여 지상에서 일어난 종교 변경의 거대한 드라마의 결정이라 부르는 것(만물의 반환)이 적어도 정신 속에서 일어난다. 왜냐하면 이제 한 명의 목자와

---

620) Kozyra, "Kant on the Jews and their Religion", 20쪽.

한 무리의 양 떼만 존재하기 때문이다.[621]

칸트는 정확히 유대인들을 기독교 속으로 동화시키려고 획책하는 반유대주의자로서의 면모를 여기서 유감없이 보여주고 있다. 유대교의 해체는 유대민족의 소멸이기 때문이다. '유대교의 안락사'는 곧 '유대민족의 소멸'이다.

무섭고 끔찍한 것은 유대민족을 "사기꾼 민족"으로 비하하는 칸트의 이 논변이 깔고 있는, 근대적 종교의 자유를 부정하는 무언의 반유대주의적 정서다. 그의 유대인 멸시 심리는 사신私信에서 잘 나타난다. 1789년 그의 철학적 대변자 라인홀트(Karl L. Reinhold)에게 보낸 한 편지에서 자기의 초상화를 그린 유대인 화가를 두고 "유대인들은 사람들을 유대인처럼 보이게 그리는데 이것의 증거는 코에서 발견된다"고 그 화가를 비난한다.[622] 또 그는 1794년 라인홀트에게 보낸 또 다른 편지에서 칸트철학을 비판적으로 개선하려는 마이몬(Maimon)이라는 유대인 학자에 대해 "유대인들은 언제나 남을 희생해서 자신들의 중요성의 분위기를 만들기를 좋아한다"고 과도하게 일반화하여 비방하면서 "그림을 좀 아는 어떤 사람"에게서 이 말을 들었다고 부연한다.[623]

이 유대인 혐오 정서에 강렬하게 동조한 19세기의 노골적 반유대주의자들과 나치스에게 칸트의 "유대교의 안락사"라는 정식定式은 즉시 '유대인의 섬멸'을 뜻하게 된다. 히틀러와 나치스들은 신체적·정신적 장애인과 유대인들을 죽인다는 뜻의 은어로 이 '안락사'라는 말을 사용했다. "유대교의 안락사"라는 칸트의 조심스럽지 않은 표현을 두고 칸트가 '안락

---

621) Kant, *Der Streit der Facultäten*, A81쪽.
622) *Briefwechsel* 11:33. Kozyra, "Kant on the Jews and their Religion", 5쪽에서 재이용.
623) *Briefwechsel* 11:494-495. Kozyra, "Kant on the Jews and their Religion", 5쪽에서 재이용.

사'라는 말을 순수이성·도덕성·철학·신념·자연과학 등 여러 방면에서 사용했고 따라서 이때 "안락사"라는 말은 "외적 행위자나 행위자들이 근절하거나 파괴할 것을 요청하는 것이 아니다"라고 변명해 봤자[624] 역사 현실의 흐름은 이 변명을 소용없는 거짓말로 처벌했다. 칸트가 "사기꾼 민족"이라 비하한 유대민족이 신봉하는 외부 종교인 "유대교"의 "안락사"라는 구체적 표현은 (그가 비하하는 외적 대상이 아니라 그가 중시하는 내적 대상인) '순수이성·도덕성·철학·역사적 신념·자연과학' 등의 "안락사"라는 추상적 표현과 본질적으로 다르기 때문이다.

독일 민족의 반유대주의와 나치스의 유대인 대학살의 책임을 궁극적으로 칸트에게 귀책시키는 비판을 칸트의 전 저작에 대한 '정교하고 치밀한' 해석에 의해 완전히 무력화시키려는 기도는 마르크스·엥겔스 저작들에 대한 정교한 해석을 통해 그의 사회주의적 소유가 실은 생산수단의 국가 소유제가 아니고 "생산수단의 공동'점유'에 기초한 개인적 '소유'제" 임을 밝혀냄으로써 구舊소련과 공산권의 국가 소유제 사회주의 체제에 대한 마르크스·엥겔스의 책임을 완전히 면제하려는 시도보다 더 어려운 것이다. 마르크스와 (특히) 엥겔스의 저작 안에는 마르크스의 저 명제와 상충되게 사회주의적 '국가 소유제'를 주장하는 다른 여러 글이 여기저기 산재한다. 이 글들을 읽어보면 마르크스의 저 한 구절은 무력화되고 만다. 마찬가지로 칸트 저작 안에도 유대인과 유대교를 비하하는 여러 글들이 여기저기 산재한다. "사기꾼 민족"과 "뱀파이어" 비난을 비롯한 여러 글의 반유대적 맥락에서 "유대교의 안락사" 명제를 다시 읽어본다면 이 명제의 변호론적·구제적救濟的 독해는 즉각 무력화되고 말 것이다.

히틀러 독일은 1939년 7월 24일 최초로 장애 아동을 살해하고 이를

---

624) Douglas R. Mcgaughey, "Was Kant Anti-Semitic? with an 'Addendum on Duty'", *ResearchGate* (Febrary 2020), 26쪽.

"안락사"라 불렀다. 이 첫 사례는 부모의 요청과 동의로 자행되었다. 그러나 그 뒤에는 5,000-8,000명의 장애 아동을 동의 없이 학살하고 '안락사'라 칭했다. 대량 학살의 "안락사 전투(euthanasia campaign)"는 7만 명의 성인 장애인들을 가스실과 살해 센터에서 살해한 1940년 1월 14일 정점을 찍었다. 이 장애인 제거 프로그램은 "T4"라 불렸는데 이 명칭은 이 일을 주관하는 관청이 베를린의 "Tiergarten(동물원) 4번지"에 소재한 데서 나왔다. 이 안락사 프로그램은 최종적으로 유대인들을 겨냥했다. 이를 통해 칸트의 "유대교의 안락사" 명제는 히틀러의 '유대민족의 안락사'로 간단히 둔갑해서 유럽 전역에서 잡아들인 유대인들에게 대규모로 적용되었다. 오늘날의 용어로 나치스와 T4의 연관 속에서 '안락사'라는 말은 "장애인, 종교적 신앙 문제, 불합치한 개인적 가치관" 때문에 사람을 살해하는 집단살해 프로그램을 은폐하는 완곡어로 인식된다.[625]

나치스 프로그램은 어떤 자비도 없었고, 환자들에게 질환 증세가 있으나 없으나 집행되었다. "나치스 안락사의 기원은 제3제국보다 앞서고 우생학과 사회다윈주의의 역사와 뒤엉키고 전통적 도덕성과 윤리를 격하시키려는 노력과도 뒤엉켰다."[626] 도덕감정과 미풍양속에 따른 "전통적 도덕성과 윤리를 격하시키라"는 명제는 바로 '초超철인(Überphilosoph)' 칸트의 정언명령이 아니던가!

유럽인들은 나치스에 의한 유대인 대학살(Shoah)을 겪은 뒤 칸트의 반유대주의적 안락사 이론을 발견하고 이것을 소름 끼치는 것으로 받아 들

---

625) Andrej Michalsen & Konrad Reinhart (September 2006). "'Euthanasia': A confusing term, abused under the Nazi regime and misused in present end-of-life debate", *Intensive Care Medicine*, 32-9(July 2006), 1304-1310쪽.

626) Ian Dowbiggin, *A Merciful End: the Euthanasia Movement in Modern America* (Oxford: Oxford University Press, 2003), 10-13쪽. 다음도 보라: Oluyemisi Bamgbose, "Euthanasia: Another Face of Murder", *International Journal of Offender Therapy and Comparative Criminology*, 48-1(2004): 111-121쪽.

이며 지극히 혼란스러워했다. 상론한 바와 같이 면밀한 칸트 독해를 통해 그의 모든 반유대적 발언들과 명제들은 오늘날 다 드러났다. 칸트는 유대교의 "부드러운 죽음"으로서의 "유대교의 안락사"와[627] 유대민족의 소멸을 – 종교적 죽음의 형태로 – 획책했다. 그러나 독일에서 '대철인'을 넘어 '초超철인'으로 추앙받던 칸트의 이런 '유대교의 안락사' 프로그램은 반유대주의가 미만한 패전 상황에서 곧 '유대인의 물리적 섬멸'의 정언명령적 신호탄으로 읽혔던 것이다.

칸트가 인종주의자일 뿐만 아니라, 특히 반유대주의자였다는 것에 대해서는 그간 광범한 동의가 형성되었다. 2019년 5월 27-29일 베를린·브란덴부르크 학술원의 후원으로 개최된 "임마누엘 칸트 1724-1804. 유럽 사상가" 학술대회에서도 '칸트가 인종주의자이자 반유대주의자였다'는 마르쿠스 빌라섹의 테제에 대해 아무도 반박하지 못했다. 칸트의 소문난 반유대주의에 대한 비판은 "그의 시대의 산물"이라는 단순한 이해로부터 유대인 대학살을 위한 기반을 마련한 것으로, 유대인의 섬멸을 설교한 것으로 상승한다. 하지만 거론될 수 있는 해석 대안 중에서 칸트의 인종주의를 그의 시대 정황의 관점에서 "자명한" 인종주의였던 양 묘사함으로써 칸트를 "그의 시대의 불가피한 산물"로 바라보는 하버마스의 첫 번째 해석 대안(2001)은[628] 안이하고 얄팍한 해석으로 논외로 제쳐놓아야 할 것이다. 반유대주의자 칸트가 단순히 "시대의 불가피한 산물"일 뿐이라는 이런 해석은 '보편적' 도덕법칙과 비판적 이상주의를 설파한 칸트의 초超철인적 지위를 전혀 고려치 않는 것이기 때문이다.[629]

두 번째 해석 대안은 칸트를 유대인 대학살을 위한 근거를 마련하는 데

---

627) "Euthanasie(der sanfte Tod)". Kant, *Metaphisische Anfangsgründe der Tugendlehre*, "Vorede", AIX쪽.
628) Jürgen Habermas, *Der gespaltene Westen. Kleine Politische Schriften X* (Frankfurt am Main: Suhrkamp, 2004), 144, 164쪽.
629) Mcgaughey, "Was Kant Anti-Semitic? with an 'Addendum on Duty'", 5쪽.

도움을 준 사람으로 읽는 것이다. 발터 옌스(Walter Jens)는 나치스에 의한 유대인 대학살 이전에 독일인들 사이에 만연된 유대인 제거의 일반적 욕망을 지적하기 위해 바로 칸트의 '유대교의 안락사' 메타포를 인용했나.[630] 헬무트 호른보겐(Helmut Hornbogen)도 유대인 대학살의 끔찍한 잔학행위로 직통한 어두운 구름의 형성을 표식하기 위해 그의 1989년 저서 *Tübinger Dichterhäuser*에서 '유대교의 안락사' 메타포를 인용했다.[631]

세 번째 해석 대안은 칸트를 유대인 말살의 설교자로 읽는 것이다. 프란츠 로젠츠바이크(Franz Rosenzweig)와 미하엘 마크(Michael Mack)는 칸트가 유대인의 물리적 제거를 의미하는 안락사를 요구했다고까지 해석을 높이 밀어 올린다.[632]

이 세 가지 해석 대안 중에는 옌스와 호른보겐의 해석이 사실에 더 적합한 것 같다. 로젠츠바이크와 마크의 해석은 "유대교의 안락사"라는 칸트의 표현에 담긴 종교 문화적 의미와 반유대주의 정서를 지나치게 직설적으로 '유대인의 안락사'로 해석한 것이다. 그러나 '칸트'는 아무런 조치를 추가하지 않는다면 그냥 '니체'가 되지 않는다. '칸트'를 '니체'로 만들려면 칸트에게서 사이코패스가 잘하는 '합리적 추상', 아니 사이코패스에게 도덕 행위로서 유일하게 가능한 도덕법칙 또는 '정언명령'이라는 시건 施鍵장치 하나쯤은 제거해야 하기 때문이다.

지금까지 칸트의 성악설을 사이코패스 프레임의 관점에서 분석했다. 사이코패스 프레임에 입각한 이 분석은 획기적으로 적합한 분석이라고

---

630) Mcgaughey, "Was Kant Anti-Semitic? with an 'Addendum on Duty'", 2쪽.
631) Helmut Hornbogen, *Tübinger Dichterhäuser. Literaturgeschichten aus Schwaben* (Verlag Schwäbisches Tageblatt: Tübingen Verlag, 1989), 305-313쪽.
632) Michael Mack, *German Idealism and the Jew: The inner Anti-Semitism of Philosophy and German Jewish Responses* (Chicago: The University of Chicago Press, 2003), 109쪽.

해야 할 것이다. 분석 결과의 관점에서 볼 때 도법 법칙적 행동만을 선행으로 보고 도덕감정에 따라 행동하는 보통 사람과 여성, 중국인을 비롯한 타 문화권의 비유럽 인종들, 이교도, 유대인 등을 모두 '악인'으로 바라보는 칸트의 '순수한'(공감·도덕감정의 완전한 결여라는 의미에서 '순수한') 합리적 도덕형이상학도 사이코패스의 행동 패턴에 적확하게 들어맞고, 칸트가 이 사이코패스적 도덕형이상학의 적용으로 도출한 그의 위계적 인종주의와 반유대주의도 둘 다 사이코패스의 '순수한' 합리적 사고패턴에 그대로 들어맞는다. 유대교와 기독교를 비교하는 대목에서조차도 잠정적으로 기독교를 "선험적으로(순수하게) 인식가능한 이성적 가르침의 신앙", 즉 "순수한 종교 신앙"으로 추켜세우고 유대교를 "우연적" 가르침으로 비하했기 때문이다. 이런 관점에서 칸트의 성악설에 대한 사이코패스 인식 패러다임은 적중하고 유효하다고 할 것이다. 칸트의 실천이성적·도덕형이상학적 관점에서는 이성적으로 뛰어났던 이지적 사이코패스 히틀러는 도덕적으로 비판받아야 하는 것이 아니라 오히려 정당화되어야 할 것이다.

― 그럼 공자의 하이夏夷구분은 인종주의가 아닌가?

칸트주의자들 중에는 상론한 바와 같이 도덕감정론적 관점에서 칸트를 인종주의자로 폭로·비판하면 시대를 무시한 비판으로 일축하면서 도덕감정론의 원조인 공자를 인종주의자로 모는 역공을 취하면서 공자의 '하이관夏夷觀'을 증거로 들이댈 수 있을 것이다. 말이 나온 김에 예상되는 비판에 대한 선취적 반론으로 공자의 하이관이 인종주의와 아무런 관계가 없다는 점을 밝히고자 한다.

공자 경전에서는 중심 국가라는 뜻의 '중국'을 '제하諸夏'라 부른다. 이에 대립하는 개념은 '이적夷狄'이다. 공자는 일단 『춘추』에서 제하와 이적을 '내하외이內夏外夷'로 구분하는 이중적 천하관으로부터 출발하고 있다. '내하외이'는 안은 제하이고 밖은 이적夷狄(오랑캐)라는 것을 뜻한다. 공자는 천하를 중국과 오랑캐(夏夷)로 구분했으나 제하諸夏의 예문화의 영향으로 이적이 제하로 교화·편입되어 들어오는 '하이통일' 관점을 견지했다. 태평세에는 이적이 작위를 받고 천하 원근의 국가들이 모두 하나가 된다. 따라서 제하와 이적의 구분은 인종에 따른 것이 아니라 예문화의 높낮이에 따른 것이었다.

무릇 왕자王者는 제하와 이적을 망라하는 천하통일의 비전 아래 일단 내외를 구분하되 통일을 가까운 안쪽의 제하로부터 시작해 바깥의 이적으로 멀리 확장해나가야 한다. 맹자는 이를 "제하로써 이적을 변화시킨다"는 뜻의 "용하변이用夏變夷"로 표현했다. 그러나 공자는 춘추시대에 '높은 나무에서 내려와 깊은 골짝으로 들어가듯이' 거꾸로 제하가 이적으로 전락하는 현상을 보면서 '하·이夏夷의 상호전화'도 말했다.

제하와 이적의 구분은 유전적으로 고정된 인종적 구분이 아니라 예문화의 높낮이에 따라 가변적인 구분이었다. 원래 공자의 천하 개념 자체가 정치적 예문화(윤리도덕)의 수준에 따라서 가변적·유동적이고, 세계주의적으로 열려 있다. 『춘추』에 의하면, 태평세에는 이적이 작위를 받고 천하의 멀고 가까운 대소大小국가가 모두 하나가 되기 때문에 종족 차이와 풍토지리의 차이를 무시한다. 따라서 방면에 따라 대체로 동이東夷·서융西戎·북적北狄·남만南蠻으로 달리 불리는 오랑캐도[633] 문화적으로 교화되면 언제든 제하에 편입될 수 있었다.

다시 분명히 하자면 공자의 '하이' 경계는 예문화의 수준에 따라 본질적으로 가변적·유동적인 개념이다. 가령 축발문신祝髮文身을 했던 오나라와 같은 남만南蠻 국가도 예문화로 교화되고 제하와 맺은 신의를 지켜

---

633) 『禮記』「曲禮下第二」.

제하로 편입되었고, 제하도 인의의 예도禮道를 잃으면 이적으로 전락했다. 오나라의 부차夫差는 제하의 채蔡나라를 돕고 중국을 걱정하고 왕의 칭호를 사양하고 천자에게 조공을 바치는 등 예를 알기 때문에 자작子爵의 칭호를 받았다. 공자는 『춘추』 경문에서 "(노나라 정공 4년) 겨울 12월 채나라 후작이 오나라 자작을 거느리고 초나라 사람들과 백거柏擧에서 싸워 초나라 군사를 연패시켰다(冬十有一月 庚午 蔡侯以吳子及楚人戰 楚師敗績)"라고 기록하면서[634] 남만 오나라의 왕을 '오나라 자작'이라고 칭했다. 이에 대해 『춘추공양전』은 "왜 오나라를 자작이라고 칭했는가? 이적이면서도 중국을 걱정하기 때문이다"라고 주석하고 있다.[635]

그러나 공자는 원래 제하에 속한 나라도 예도를 버리면 오랑캐로 규정했다. 노나라 은공隱公 7년 위衛나라가 천자의 사자를 친 사건을 두고 공자는 『춘추』에서 위나라를 오랑캐로 칭했다. "겨울, 천왕이 범백凡百을 (노나라에) 사자로 보내 내빙來聘하게 했다. 그런데 오랑캐(戎)가 초구楚丘에서 범백을 벌伐하고 돌아갔다."[636] 공자는 경문에서 범백이라는 개인을 국가기관으로 높여 '벌했다'고 기술하고 위나라를 오랑캐라고 칭하고 있다. 왜인가? 이에 대해 『춘추곡량전』은 이렇게 주석한다. "범백이 누구인가? 천자의 대부다. 국가라면 '벌伐한다'고 하는데 이 일인一人을 벌한다고 한 것은 왜인가? 천자의 명을 중시했기 때문이다. 여기서 오랑캐는 위나라다. 위나라가 천자의 사자를 벌했기 때문에 폄하해 '오랑캐'라 칭한 것이다."[637] 공자는 이렇듯 위나라가 제하의 나라라도 무도한 짓을 하면 '오랑캐'라 부르고 오랑캐라도 예도를 따르면 공·후·백·자·남 등

---

634) 文璇圭 譯著, 『春秋左氏傳(하)』(서울: 명문당, 2002), 춘추경문, 定公4년 겨울(340쪽).
635) 『春秋公羊傳』, 定公4년. 『곡량전』도 참조: 『春秋穀梁傳』 哀公13년.
636) 文璇圭 譯著, 『春秋左氏傳(상), 춘추경문, 隱公7년 겨울(72쪽)."冬 天王使凡伯來聘 戎伐凡伯于楚丘以歸."
637) 『春秋穀梁傳』, 隱公7년. "凡伯者何也 天子之大夫也 國而曰伐 此一人而曰伐 何也 大天子之命也 戎者衛也. 戎衛者爲其伐天子之使 貶而戎之也."

제후의 관작명官爵名으로 칭술했다.

공자는 교화되어 제하에 편입되었던 나라라도 무례·무도하면 다시 오랑캐로 내쫓았다. 『춘추곡량전』은 이를 자세히 밝히고 있다. "'오가 초나라에 침입했다(吳入楚).'[638] (…) 왜 이렇게('자작' 칭호 없이 그냥 '오'라고) 부르는가? 오는 오랑캐(狄)이기 때문이다. 왜 오랑캐라고 하는가? 임금이 초나라 임금의 침실에 들어가 살면서 그 임금의 처를 제 여자로 만들었고 대부들은 대부들의 침실에 들어가 살면서 그 처를 제 여자로 만들었기 때문이다. 어찌 초왕의 어미를 저들의 여자로 만들려는 자들이 없었겠는가? (…) 그러므로 오는 오랑캐의 도로 돌아갔다."[639] 『공양전』은 더 날카롭게 논변한다. "'오가 초에 침입했다'고 하면서 왜 오를 자작으로 칭하지 않는가? 이적으로 되돌아갔기 때문이다. 이적으로 되돌아갔음은 왜인가? 임금이 임금의 방에 살고 대부가 대부의 방에 살았다. 어찌 초왕의 어미를 제 처로 삼지 않았겠는가?"[640] 공자는 전승국 오나라의 이 무도한 행동을 보고 오를 다시 오랑캐로 격하시켰던 것이다.

'하이'는 단순히 안과 밖을 나타내는 상대적 개념이었다. 제하와 이적은 원래 '안'과 '밖'의 중·외中外 또는 표리表裏 개념이기 때문이다. 공자는 '안·밖'으로서의 하·이夏夷의 분명한 개념구분과 동시에 이적도 천하통일의 대상으로 설정해 천하의 일부로 이해했다. 그러나 공자는 자국(노나라)을 '안'으로, 자국 외의 제하를 '밖'으로 설정하기도 했다. 이렇게 되면 '밖'으로서의 '이적'의 고정된 관념은 완전히 상대화되고, '안'은 '제하'로서 천하통일을 추구하는 '자기 나라'로 자임 된다. 이것은 모든 나라의

---

638) 춘추경문은 "오나라가 초나라를 침입했다"고 쓰고 있는 것이 아니라 "오나라가 (초나라 수도) 영을 침입했다(吳入郢)"라고 쓰고 있다. 『春秋穀梁傳(하)』, 定公4年 겨울 11월 경진.

639) 『春秋穀梁傳』, 定公4年 11月 경진. 괄호는 인용자.

640) 『春秋公羊傳』, 定公4年 11月 경진: "'吳入楚', 吳何以不稱子? 反夷狄也. 其反夷狄奈何? 君舍于君室 大夫舍于大夫室 蓋妻楚王之母也."

제후들이 자국 중심으로 움직여 감히 왕을 칭하고 너도나도 천하통일에 나선 춘추시대의 현상을 반영한 것이다.

『춘추공양전』은 노나라 성공 15년 겨울 여러 대부들이 오나라와 회동한 것과 관련해 '내하외이론內夏外夷論'의 내외內外 개념이 일단 예문화의 상하 차이가 아니라 단순히 천하통일 과정에서 자국으로부터 가까운 곳을 먼저 통일하고 먼 곳을 뒤에 통일하는 선근후원先近後遠 개념임을 밝히고 있다. 『공양전』은 "겨울 11월, 숙손교여가 진나라 사섭, 제나라 고무구, 송나라 화원, 위나라 손임보, 정나라 공자 추, 주나라 여러 사람들과 회동했고, 오나라와는 종리에서 회동했다(冬 十有一月, 叔孫僑如 會晉士燮 齊高無咎 宋華元 衛孫林父 鄭公子鰌 邾婁人, 會吳于鍾離)"라는 공자의 춘추경문經文에 대해 이런 해설을 붙이고 있다.

- 왜 오나라와는 따로 회동했는가? 오나라를 밖으로 여기기 때문이다. 왜 오나라를 밖으로 여기는가? 춘추시대에는 자기 나라를 안으로 여기고 제하를 밖으로 여기기 때문이고, 또 제하를 안으로 대하고 이적을 밖으로 대하기 때문이다. 왕은 천하를 통일하고 싶어 한다. 그런데 왜 내외(안팎)라는 술어로 그것을 말하는가? 가까운 곳부터 천하통일을 시작하는 것을 말하기 때문이다.[641]

오나라는 이전에 이적이었다가 이미 자작 칭호를 받고 제하에 들어왔지만 노나라 재상 숙손교여 입장에서는 오나라가 자기 나라도 아니고 전통적 제하의 고토에 세워진 나라도 아니라서 '밖'으로 여기고 종리에서 '따로' 만난 것이다. 그런데 진·제·송·위·정·주나라는 왜 '밖'으로 보지 않

---

641) 『春秋公羊傳』, 魯成公15년 겨울 11월: "曷爲殊會吳? 外吳也. 曷爲外也? 春秋 內其國而外諸夏 內諸夏而外夷狄. 王者欲一乎天下 曷爲以外內之辭言之? 言自近者始也."

고 '함께' 만났는가? 이 나라들이 자기 나라가 아니기 때문에 이 나라들도 '밖'이지만, 노나라 주변의 가까운 전통적 제하 우방들이기 때문에 제하를 '안'으로 여기는 관념에 따라 자기 나라와 다름없는 '안'의 제하로 대함으로써 오나라와 구분한 것이다. 그런데 중요한 것은 "춘주시대에는 자기나라를 안으로 여기고 제하를 밖으로 여긴다"는 대목일 것이다. 이 대목에서 자국중심주의가 나타나고 있기 때문이다.

춘추시대에 '자기 나라'가 노나라라면, 일단 노나라는 '안'이다. 이렇게 되면 노나라 주변의 모든 제하 국가들도 노나라의 '밖'이고, 또 도덕적으로 정당한 이유도 없이 노나라를 침범한 적이 있고 또 여전히 노나라를 호시탐탐 노리는 '밖'의 제하로 간주된다. 자국을 호시탐탐 노리는 '밖'의 제하 국가(가령 노나라에 대해 제나라)는 뒤에 상론할 '신新이적들'이나 다름없다. 하물며 이전에 제하 '밖'의 이적이었던 오나라는 두말할 것 없는 것이다. 춘추시대에 기존의 하이구별이 모호해지고 자국 중심의 새로운 하이구별이 생겨난 것이다. 춘추시대에는 각국이 천하통일의 천명을 받았다고 자임하고 각국이 제각기 '안'이고, 사분오열하는 기존의 제하는 '밖'의 이적들로 대하는 것이다. 이런 시대에 만약 오나라 입장에서 본다면, 오나라는 '바깥'의 나머지 제하 국가들을 모두 '이적'으로 간주했을 것이다.

『공양전』이 "왜 내외(안팎)라는 술어로 그것을 말하는가?"라고 묻고 "가까운 곳부터 천하통일을 시작하는 것을 말하기 때문이다"라고 자답하듯이, 다투어 스스로 왕을 칭하고 천하통일을 추구하는 춘추시대에 '안'과 '밖'의 구분은 이와 같이 천하통일의 천명을 받았다고 자임하는 자기 나라에서 가까운 곳부터 천하통일을 먼저 시작한 다음에 더 먼 곳으로 차츰 확대해 가는 '선근후원의 천하통일 원칙'에 따른 구분으로 변했다. 『공양전』이 말하는 공자의 이 천하관에서 제하와 이적은 공히 천하에 속하고 이 천하가 하나의 예법에 대한 평화적 동화 과정이나 (제환공 같은) 패자霸者의 평화적 주도권 행사를 통해 통일될 경우에 먼저 통일이 될 곳은 천명을 받은 천자가 사는 곳인 '안'과 그 근방이고 그다음 통일이 될 곳은 먼 곳으로서의 '밖'이다.

그리하여 자기 나라의 '안'은 중화이고 자기 나라의 '밖'은 이적이다. 제하와 이적의 개념이 먼저 나오는 것이 아니라 평화적 천하통일의 선근후원 원칙에 따른 내외·안팎의 개념이 먼저 나오고, 제하와 이적의 관념은 그다음에 생겨나는 식이다. 즉, 제하와 이적은 천하통일의 선근후원 원칙에 따른 내외개념으로부터 도출된 이차적 구분이 된다. 각국이 다투어 왕을 칭하는 통에 각국의 지위가 상대화된 춘추시대를 떠나 좀 더 원칙적인 도리로 정식화하면, 순임금의 경우처럼 동이에서 천하통일의 천명을 받은 천자가 나오면 동이가 사는 곳이 '안'이고 '제하'인 반면, 서이西夷는 '밖'의 '이적'이다. 거꾸로 문왕·무왕의 경우처럼 서이에서 천자가 나오면 서이가 사는 곳(기주·서주)이 '안'의 '제하'이고, 이때 동이는 '밖'이고 '이적'이 되는 것이다. 따라서 이전에 멸망한 제국帝國의 기준에 따를 때 '밖'에 해당하는 지역(이전의 이적 땅)을 다스리는 군주가 나라를 도덕 문화적으로 향상시켜 이전 제국의 천자 지위를 유일하게 '계승'한 경우도 천하통일의 천명을 받은 천자가 나온 경우와 같이 취급할 수밖에 없다. 내외·하이의 개념 또는 '내하외이론內夏外夷論'은 이렇게 왕이 도덕 문화적 천하통일의 천명을 받거나 계승한 곳이 어디냐에 따라 본질적으로 상대적·가변적·유동적인 것이다.

나아가 공자는 주실周室을 무시하는 춘추시대의 제하 '전체'를 몽땅 예도禮道 면에서 이적보다도 못한 것으로 격하했다. 그는 "이적들이 임금을 모시는 것이 제하가 임금을 업신여기는 것과 같지 않다(子曰 夷狄之有

君 不如諸夏之亡也)"고 비판했다.[642] 또 공자는 "오나라가 계보에서 돈頓·호胡·심沈·채蔡·진陳·허許나라의 군대를 패퇴시켰는데 호나라 자작 곤髡과 심나라 자작 영逞은 죽었고(滅), 진나라 하설夏齧은 붙잡았다(獲)"고 기술함으로써[643] '멸滅'·'획獲' 등의 비어를 써서 정당한 공전公戰의 성격을 부정해 오나라만이 아니라 이 여섯 나라를 싸잡아 격하시켰다. 이와 관련해 『춘추공양전』은 예도를 잃은 제하 '전체'를 심지어 "신新이적"으로 규정함으로써 공자의 의도를 설명하고 있다. "이것은 편전偏戰(정위치에서 당당히 싸우는 정규전)인데 왜 사전詐戰(사기 전투, 유격전)의 언어로 말하는가? 이적이 중국의 주인 노릇을 하는 것을 허용하지 않기 때문이다. 그러면 왜 중국으로 하여금 중국의 주인 노릇을 하도록 하지 않는가? 중국도 역시 신新이적이기 때문이다(中國亦新夷狄也)."[644] 서로 싸우는 중국의 제하 전체가 '신이적'으로 전락한 것이다. 중국의 모든 나라가 '신이적'인 춘추시대에 각국은 상술했듯이 자기 나라를 '안'으로 여기고, 자기나라를 뺀 모든 제하 나라를 자기나라의 '밖'으로 대하며, 또 제하를 무도하게 자기 나라를 침범한 적이 있고 또 자기 나라를 노리는 '신新이적'으로 간주할 수밖에 없는 것이다.

그러나 제하와 이적 간의 상호전화와 혼합, 그리고 자국 중심의 새로운 '상대주의적' 하이 구분은 대동 시대 이래, 그리고 춘추시대 이래 중국의 오랜 전통이었다. 요순시대에는 이적 출신도 중국을 다스리는 천자에 등극했다. 바로 순임금이 동이 출신이었고 문왕은 서이西夷 출신이었다. 맹자는 말한다. "순임금은 제풍(현재 하북성의 북경 이북 내몽골 접경지역에

---

642) 『論語』 「八佾」(3-5).
643) 『春秋左氏傳(하)』, 춘추경문, 昭公23年 가을 7월 무진(233쪽). "吳敗頓胡沈蔡陳許之師于雞父 胡子髡沈子逞滅 獲陳夏齧."
644) 『春秋公羊傳』, 昭公23年: "此偏戰也. 曷爲以詐戰之辭言之 不與夷狄之主中國也. 然則曷爲不使中國主之 中國亦新夷狄也." '偏戰'은 정위치에서 싸우는 당당한 정규전이고, '詐戰'은 속임수 전투로서 오늘날의 게릴라전에 해당한다.

위치한 도시 기주冀州)에서 나서 부하(지금의 호남성 낙양)로 옮겼다가 명조(산서성 평양부 안읍현 서쪽 땅)에서 죽었으니 동이 사람이다(舜生於諸馮 遷於負夏 卒於鳴條 東夷之人也). 문왕은 기주에서 태어나서 필영(섬서성 서안부 함양현)에서 죽었으니 서이 사람이다(文王生於岐周 卒於畢郢 西夷之人也)."645) 그리고『사기』도 "순舜은 기주에서 난 사람이고 역산歷山(현재 서안 임동구에 소재한 산)에서 농사짓고 뇌택雷澤(산동성 하택)에서 고기 잡고 하빈河濱에서 옹기를 굽고 수구(산동성 곡부)에서 집기를 만들고 부하에서 장사를 했다(舜 冀州之人也. 舜耕歷山 漁雷澤 陶河濱 作什器 於壽丘 就時於負夏)"고 쓰고 있다.646) 이런 까닭에 공맹은 요순의 대동시대와 관련해서 하이차별夏夷差別 의식이 없었고, 공자는 대동시대로부터 수천 년 세월이 흐른 춘추시대에도 하이차별 없이 "이적들이 임금을 모시는 것이 제하가 임금을 무시하는 것과 같지 않다"고 이적을 칭송하고 순임금이 살았던 동이족의 땅으로 가서 몸소 살고 싶어 했던 것이다. 이에 관해『논어』「자한」편은 "공자가 (동쪽) 구이九夷족에 가서 살고 싶어 했는데, 혹자가 '누추할 텐데, 이를 어찌합니까?'라고 말하니 공자가 '군자가 살았는데 어찌 누추하겠느냐'라고 답했다(子欲居九夷 或曰 陋 如之何? 子曰 君子居之 何陋之有?)"고 전하고 있다.647) 또『사기』에 의하면 기자箕子는 은나라 왕족이면서 주초에 동이로 건너갔었다. 맹자의 말과 『사기』의 기록들을 중시하면, 공자가 구족 땅에 살았다고 한 저 '군자'는 순임금이나 기자를 가리키는 것으로 보이지만, 공맹 경전으로만 보면 순임금을 의미한 것이 분명하다.648) 이런 기록들에 의하면, 대동시대에 애

---

645)『孟子』「離婁下」(8-1). 조기는 '부하'가 "동방 夷服"에 있어서 "동이 사람이라고 한 것이다"라고 풀이한다. 趙岐 注(孫奭 疏),『孟子注疏』. 十三經注疏整理本(北京: 北京大學出版社, 2000), 252쪽.
646) 司馬遷,『史記』「五帝本紀」.
647)『論語』「子罕」(9-14).
648) 송시열은 이 군자를 '기자'로 풀이했다. "우리 동국은 본래 기자의 나라다. 기자가 시

당초 상대적 하이'구별'이 없지 않았지만 엄연한 예문화적 하이전화夏夷轉化 현상들로 말미암아 하이'차별' 또는 하이'적대'는 존재하지 않았음을 알 수 있다.

쌍방향의 하이전화가 일어난 것이 역사적으로 사실이지만, 제하가 예문화적으로 타락하는, 즉 역동지기逆動之氣로 '신新이적'이 되는 경우를 제외한다면 순동지기順動之氣의 예문화적 하이전화는 오직 예문화 수준이 낮은 이적이 높은 예문화를 배워 제하로 올라서는 평화적·우호적·발전적 진화 방향의 변화만이 가능할 것이다. 이런 의미에서 맹자는 말한다. "나는 제하를 써서 이적을 바꿨다는 말(用夏變夷)은 들었지만 제하가 이적에 의해 바뀌었다는 말은 아직 듣지 못했다(吾聞用夏變夷者 未聞變於夷者也). (…) 나는 깊은 골짝에서 나와서 높은 나무로 올라갔다는 말은 들었지만 높은 나무에서 내려와 깊은 골짝으로 들어갔다는 말은 아직 듣지 못했다(吾聞出於幽谷遷於喬木者 未聞下喬木而入於幽谷者)."[649] 맹자의 이 하이전화론에서 '제하'는 예도가 높은 문화국가를 뜻하고, '이적'은 예도가 낮은 미개국을 뜻한다. 동시에 그는 도덕 문화적 미개국(이적)도 문화국가의 문화적 영향으로 문화국가 또는 예의지국(제하)으로 바뀔 수 있다고 갈파하고 있다. 이 하이개념에는 일체의 인종적·종족적·풍토 지리적 의미가 들어 있지 않고 예문화 수준의 높낮이만을 뜻한다는 것은 '높은 나무'와 '깊은 골짝'의 비유를 보면 명약관화하다.[650]

행한 8조는 홍범에 근본을 두고 대법이 행해진 것이 실로 주나라 황실과 동시였다. 공자가 와서 살고 싶어 한 것도 역시 이것이 어찌 아니겠는가?" 宋時烈, 「雜著·雜錄」, 75쪽. 『송자대전(VII)』(서울: 민족문화추진위원회, 1983). 그러나 이 해석은 사마천의 '기자동래설' 기록을 과신한 결과다. 공자 경전에는 그 어디에도 기자동래설이 없다.

649) 『孟子』「滕文公上」(5-4).
650) 그러나 계승범은 맹자의 이 논변과 관련해 "맹자의 이 말에서 '하'와 '이'를 인종과 무관한 문명 상태로만 해석해야 할 근거는 어디에도 없다"고 말한다. 계승범, 「조선 후기 중화론의 이면과 그 유산」, 『한국사학보』 19(2009. 6.), 245쪽. 이런 단언은 도덕 문화의 높낮이를 선명히 표현하려는 맹자의 '높은 나무'와 '깊은 골짝'의 비유를 무시한 속단일 뿐이다.

대동시대 이후에도 사람들이 하이차별 없이 정치문화를 인적으로 공유하고 교류하는 전통은 종종 이어진다. 동이 사람 순임금과 서이 사람 문왕이 이적의 수장에서 중국의 임금으로 올라선 반면, 주나라의 열국 가운데에는 이적으로 전락한 나라도 있다. 또 오·월·진秦·초나라는 제하와 이적의 중간으로 떨어졌다가 중국으로 복귀했다. 또한 주나라 성왕은 무왕의 아들 당숙唐叔을 하나라 고토에 봉해 진晉나라를 창업케 하고 내린 「당고唐誥」에 따라 "계도啓導는 하나라의 정치로 하되, 토지의 구획은 융적戎狄의 줄자로 정하기(啓以夏政 疆以戎索)"도 했다.[651] 심지어 초나라 웅거熊渠는 황제黃帝의 후손(황제의 손자인 전욱顓頊의 후예)이면서도 "나는 만이이니 (신하와 정복지에) 중국의 시호를 수여치 않을 것이다(我蠻夷也, 不與中國之號諡)"라고 선언함으로써 당당하게 '이적'을 자칭自稱했다.[652] 이렇게 황제 자손이 이적을 자칭하는 것을 보면, '이적'은 단순히 인정이나 종족 개념이 아님은 말할 것도 없지만, 반드시 예문화가 낮은 나라를 뜻하는 것이 아니라, 중국의 예도와 '다른' 길을 가려는 자문화自文化 지향의 독립 국가를 가리키는 것임을 알 수 있다. 그리고 '제하'도 특정 종족이나 특정 인종을 가리키는 개념이 아니라 인의예지의 예도를 지키는 '예의지국禮儀之國'과 같은 것을 뜻했었다. 말하자면 '하이구분'은 순전히 정치적 원근, 상대적 내외·안팎의 개념, 심지어 스스로 선택하는 개념에 불과한 것이다. 이렇기 때문에 통일천하의 관점에서 하이관계란 문화적 교화를 가까운 근방부터 시작해 점차 원방으로 나아가는 선근후원의 천하통일의 실행원칙이었던 것이다.

그리고 공자의 정치철학에 담긴 핵심 개념인 인·의·예·지·군자 등의 도덕 철학적 개념들은 애당초 보편주의적·세계주의적이어서 이미 '하이차

---

651) 『春秋左氏傳(하)』, 定公4年 봄 3월(344쪽).
652) 司馬遷, 『史記』「楚世家」.

별'을 부정하는 소지를 안고 있다. 이런 까닭에 "다른 사람들은 다 형제가 있는데 나 홀로 형제가 없다(司馬牛憂曰 人皆有兄弟 我獨亡)"고 말하는 사마우司馬牛에게 자하는 스승의 가르침에 충실하게 예문화적 사해형제론四海兄弟論을 대변했다.

- 나, 상商은 '생사에는 천명이 있고 부귀는 하늘에 달렸다'고 들었다. 군자가 공경스럽고 과실이 없고 다른 사람들에게 공손하고 예를 갖췄다면 사해가 다 형제다. 군자가 왜 형제가 없음을 걱정하는가?(商聞之矣 死生有命 富貴在天. 君子敬而無失 與人恭而有禮 四海之內 皆兄弟也. 君子何患乎無兄弟也.)"653)

자하는 여기서 예禮 개념과 사해형제라는 범인汎仁 개념으로 논리의 시종始終을 완성하고 있다. '극기복례克己復禮'가 바로 '인의 실천(爲仁)'이기 때문에 자하가 사해동포의 매체로 '예'를 내세우는 것은 범애汎愛·범인의 실천을 말하기 위함이다. 실은 '예'의 내용과 목적은 '예법'이 아니라 '범인', 즉 사람 사랑의 세계주의적 추은推恩인 것이다. 그래서 공자는 "하루 자신을 잘 닦아 예를 회복하면 천하가 인으로 돌아온다(一日克己復禮 天下歸仁焉)"고 했던 것이다.654) 나라를 뛰어넘고 '하이차이'와 종족 차이, 그리고 풍토 지리적 차이도 뛰어넘는 『춘추』의 관점은 바로 이런 초국가·초민족적·초인종적 범인·범애의 예문화적 관점이다.

예를 바탕으로 사해를 형제로 보는 범인적 세계주의가 공자철학적 천하 개념의 중핵인 것이다. '천하위공天下爲公'의 대동천하는 이런 세계주의적 의미에서의 하이가 같지 않으면서도 화합하는, 즉 '부동이화不同而

---

653) 『論語』「顔淵」(12-5).
654) 『論語』「顔淵」(12-1).

和'하는 '범인적 평화천하'였다. 대동시대 하이관계는 적대관계가 아니라 평화교류 관계였던 것이다. 공자는 "계모計謀가 폐색되어 일어나지 않고 절도와 난적이 일어나지 않는 고로 바깥문을 닫지 않았는데 이를 일러 '대동'이라 했다(謀閉而不興 盜竊亂賊而不作 故外戶而不閉 是謂大同)"고 논했다.655) 대동천하는 국제적으로 안정되고 평화로운 세계인 것이다. 이런 반反인종주의적·세계주의적 국제질서까지 포함한 '대동'이 바로 공자의 이상국가였다.

반면, 소강 시대에는 우·탕·문·무·성왕·주공의 여섯 군자들의 치세에서도 유혈의 탕무혁명, 내란과 반란, 이적에 대한 정벌, 이적의 내침來侵 등 전쟁이 빈발했다. 개성이 부인되고 각국의 다른 문화가 존중되지 않고 동일성과 통일을 추구하며 차이를 적대시하는 시대였다. 다르지 않으면 평화가 유지되는 '불이이화不異而和'의 시대이면서, 동시에 동전의 양면으로서 다르면 불화와 전쟁이 그치지 않는 '이이불화異而不和'의 시대였다. 이 시대의 하이관계는 잘해야 – 평화 교류가 어려운 – '평화공존' 관계다. 따라서 소강의 원리에는 주나라 유왕幽王 이후 전개될 춘추전국시대의 맹아가 들어 있었다. 춘추전국시대는 제하의 나라들이 동일한 제하이면서도 천하통일을 기치로 내걸고 아이러니하게도 동족상잔을 일삼아서 제하가 전통적 이적만도 못한 '신이적'으로 전락했다.

이상적 대동천하 개념은 예덕의 관점에서, 그리고 상대적 원근·안팎의 관점에서 하이를 '구분'하지만 이 구분을 지리적으로 또는 인종적으로 고착시켜 하이를 차별·적대하지 않는다. 공자는 덕德을 논할 때 심지어 인간과 동물의 차이도 무시했다. 공자는 동물의 덕, 즉 천리마의 덕도 말하기656) 때문이다. 결론적으로, 공자의 하이구분은 인종주의와 전혀 무관한

---

655) 『禮記』「禮運 第九」.
656) 『論語』「憲問」(14-33): "천리마(驥)는 그 힘을 칭송하는 것이 아니라, 그 덕을 칭송하는 것이다(子曰 驥不稱其力 稱其德也)."

가변적 예禮문화의 구분이었다. 공자를 인종주의자로 모는 것과 동시에 하버마스처럼 칸트를 "그의 시대의 불가피한 산물"로 해석해 그를 살려내 보려는 '있을 범한' 칸트주의적 기도는 어불성설인 것이다.

제9절

영구평화론과 전쟁의 정당화

칸트의 철학에서 계몽의 정신을 제대로 반영한 부분이 있다면 그의 국제연합적 영구평화론이다. 그는 자기보다 앞선 시대에 활동했던 계몽 사상가들의 전쟁 비판과 영구평화론들을 수용하여 『영구평화론(Zum ewigen Frieden)』(1795·1796)을 집필하여 공간했다. 그러나 그가 다른 한편으로 홉스의 전쟁 상태적 자연상태론을 옹호하기 때문에 그의 영구평화론은 이 자연상태론과 이론적으로 갈등을 보인다. 나아가 그가 영구평화론을 전쟁 상태적 자연상태론으로부터 출발할 수밖에 없기 때문에 '전쟁'을 국가들이 영구평화를 위해 국제연합을 결성하는 국제적 합의로 나아가는 동력 또는 이송 수단으로 제시한다. 이것은 불가피하게 전쟁을 영구평화로 가는 수단으로 정당화하는 측면을 내포한다.

9.1. 전쟁과 국제연합적 영구평화론

칸트는 일국의 완전한 시민 체제의 실현을 위해서는 세계시민적 국제 체제가 필수불가결한 것으로 생각했다.[657] 전쟁은 인민의 생명과 재산을 파괴하고 시민 질서의 발전과 안정을 저해하기 때문이다. 동시에 역으로 전쟁이 종식되고 영구평화를 가능케 하는 세계시민적 법질서가 보장되기 위해서는 모든 나라가 '공화제적(republikanisch)'일 것을 전제한다. 이 '공화제적'은 군주국과 대립하는 공화국을 뜻하는 것이 아니라. 단지 백성의 의사가 정부에 반영되는 대의제도를 갖춘 것만을 뜻한다. 칸트에 의하면 각국의 시민 체제의 발전과 국제적 영구평화 체제의 발전은 상관관계에 있는 것이다. 칸트의 이 기본 관점은 계몽사상가들의 특유한 전쟁관을 반영한 관점이다.

■ **계몽사상가들의 반전론反戰論과 영구평화론**

계몽주의자들은 인간 자유, 시민, 공화제적 조국 등의 개념을 바탕으로 특유한 반전론反戰論과 영구평화 이념을 발전시켰다. 계몽주의자들의 맹렬한 전쟁 비판은 절대군주의 파멸적 전쟁정책과 끊임없는 정복 정책으로 인해 야기되었다. 페늘롱((François Fénelon, 1651-1715)은 전쟁을 비판하는 『텔레마크(Telemach)』(1699)를 썼고, 생피에르(Abbé de Saint-Pierre, 1658-1743)는 『유럽 평화를 영구적으로 만들기 위한 기획 (Le Projet pour rendre la paix perpétuelle en Europe)』(1-2권 1713, 3권 1717)를 공간했다. 이들로부터 볼테르와 돌바흐(D'holbach)에 이르는 계몽주의자들은 모두 다 한결같이 전쟁을 격렬히 비판했다. 이들은 전쟁의 원인을 시민들의 이익과 완전히 유리된 절대군주의 개인적 정복욕과 긴밀히 관련된 것으로 규정했다. 이런 반전론은 전쟁을 오직 방어 전쟁만을

---

657) 조: Immanuel Kant, *Idee zu einer allgemeinen Geschichte in weltbürgerlicher Absicht* [1784], 41쪽. Kant Werke, Bd.9, Teil 1 (Darmstadt: Wissenschaftliche Buchgesellschaft, 1983).

허용하는 논리로 발전한다. 그리하여 전쟁의 일반적 종식, 즉 영구평화를 절대주의적 주권 체제와 양립할 수 없는 것으로 이해했다.

이러한 계몽주의적 전쟁 비판은 '요꾸르(Jaocourt)'라는 필명의 계몽사상가가 쓴『백과전서』의 '전쟁' 항목에 잘 요약되어 있다. 요꾸르는 전쟁을 "무기로 수행되는 지배자 간의 투쟁"으로 정의하고 전쟁의 비인간적 폐해와 그 원인으로서 군주의 허영을 지목하고 비판한다. 그는 전쟁의 이 "재앙적 반反인도성"으로 인해 새로운 정의로운 전쟁 개념, 말하자면 정전正戰, 즉 정의로운 전쟁(bellum iustum) 개념을 재도입한다. 그러나 '정전正戰'을 중세 때의 그것과[658] 달리 정의한다. 전쟁은 "정의롭고" 공공복리를 위해 "불가피"하면서 동시에 그것이 "실失보다 득得을 더 많이 가져다준다고 확신하는 경우"에만 "제한적으로 허용된다". 인민의 피는 이 인민을 "극단적 긴급상황"으로부터 구제하기 위해서만 흘려져야 한다. 이 준칙을 따르는 것은 지배자의 불가결한 의무다. 지혜와 종교의 원칙만이 아니라 선린과 평화애호의 법칙도 이것 외에 다른 준칙을 허용하지 않는다. 통치 체제의 정의는 본성상 그리고 이 지배자들에게 위임된 권력의 목적으로 인해 지배자들에게 그것을 강요한다. 지배자들은 인민의 재산과 생명을 보살필 의무가 있기 때문이다. 그러나 애석하게도 절대군주들은 간신姦臣들의 속삭임과 권고, 그릇된 명예욕, 하찮은 질투와 탐욕, 동맹의무 등에 빠져 늘 전쟁에 매료된다.[659] 말하자면 전쟁의 근본 원인은 항상 절대군주정에 내재하는 것이다. 하지만 전쟁이 야기하는 모든 재앙적 결과의 부담은 인민이 짊어진다. 군주는 패전 시에도 직접적인 손해를 보지 않는다. 전쟁에 책임 없는 인민은 승전 시든 패전 시든 모든 결과를 짊어진다.

---

658) 중세 때는 기독교국가가 이교국가와 싸우는 전쟁만을 '정전'으로 규정했다.
659) Jean Le Rond d'Alembert/Denis Diderot u.a., *Enzyklopädie. Eine Auswahl* (Frankfurt am Main: Fischer Verlag, 1989), 158-159쪽.

"극단적인 긴급상황"에서만 수행되는 정전(正戰)은 정당방위와 긴급피난 목적의 전쟁 외에 없다. 따라서 요꾸르는 이 정전을 오로지 "자기보존을 위한 전쟁", 즉 방어 전쟁으로 한정한다.[660] 절대주의적 무차별 전쟁관을 타파하려는 이 새로운 계몽주의적 정전론(正戰論)의 국제법적 실현은 19세기 반동 세력에 의한 프랑스 혁명의 국제적 진압, 빈 반동복고 체제의 수립, 민족주의적 주권 국가의 출현으로 다시 무차별 전쟁관이 전면적으로 관철되면서 유보된다. 그러나 이 정전론은 제1차 세계대전 후에 부활하여 1928년 부전조약不戰條約을 통해 처음 국제법으로 도입되고 제2차 세계대전의 종결과 더불어 침략전쟁을 불법화하고 방어 전쟁만을 합법화하는 '평화에 대한 범죄(crime against peace)'라는 새로운 국제법규로 확립됨으로써 전쟁의 합법성을 따지는 합법전쟁관으로 법제화된다. 오늘날 국제법적으로는 오직 방어 전쟁만이 합법이고 침략전쟁과 국제분쟁의 해결을 위한 무력 사용은 불법이다. 이것은 그간 지체된 계몽 기획의 실현에 해당한다.

나아가 요꾸르는 이 정의로운 방어 전쟁을 수행하는 기간에도 전쟁행위는 정의의 테두리, 말하자면 '전쟁 안에서의 법(ius in bellum)'을 지켜야 한다고 주장한다. 따라서 전쟁 수행을 위한 적대행위는 "불가피한 필요 범위"를 넘어 확대해서는 안 된다.[661]

그러나 정의의 전쟁과 불의의 전쟁을 가리지 않는 '무차별적 전쟁관'을 산생産生시킨 절대군주 시대에는 "무기의 소음이 들리면 법은 침묵해야 한다"고 하는 소리가 지배적이었다. 이에 대항하여 요꾸르는 전쟁 중에 시민법은 침묵하는 반면, 모든 시대, 모든 인민을 위해 규정된 자연의 영원법은 침묵하지 않는다고 주장한다. 그러나 그칠 새 없는 전쟁은 바

---

660) d'Alembert/Diderot u.a., *Enzyklopädie*, 159쪽.
661) d'Alembert/Diderot u.a., *Enzyklopädie*, 159쪽.

로 이 자연·정의·인간 본성 소리를 틀어막는다.[662] 따라서 사소한 이유에서 인민에 대한 의무를 져버리고 전쟁을 야기하는 절대군주정과 항구적 전쟁상태는 인간의 자연권·정의·인본 본성의 실현과 양립할 수 없는 것이다.

전쟁과 관련하여 절대군주의 이익과 인민의 이익이 상반된다는 관점에서 전쟁을 비판하고 이 전쟁의 원인을 절대왕정의 '전제성專制性'에서 찾는 계몽 전통의 이러한 전쟁 이론은 칸트의 영구평화 기획에 그대로 집약된다. 계몽주의적 전쟁관의 핵심은 군주는 전쟁을 원하고 인민은 평화를 원한다는 것이다. 군주는 비록 전쟁에서 패하더라도 아무것도 잃는 것이 없다. 반면, 전쟁으로 야기된 피해와 생명 손실은 전쟁의 승패를 떠나 모두 인민이 짊어져야 하기 때문이다. 칸트는 "신민臣民이 시민이 아닌, 따라서 공화제적이지 않은 헌정 체제", 말하자면 절대군주정에서는 전쟁을 개시하는 것이 "거리낄 것 없는 세사世事"라고 지적한다. "원수가 국가의 일원이 아니라 국가의 소유권자이고 전쟁으로 인해 자신의 연회, 사냥, 호화 성채, 궁궐 축제 등을 조금도 상실하지 않기 때문이다." 이런 이유에서 "국가원수元首는 일종의 야유회처럼 사소한 이유에서 전쟁을 결정하고 이 전쟁을 정당화하는 문제는 점잖게 이를 위해 늘 대기 중인 외교단에 무심히 떠넘긴다."[663]

■ 영구평화의 대내외적 전제로서의 공화제와 국제연합

따라서 국내 시민사회의 정착과 국가 간의 세계시민 사회적 법 상태의 출현을 앞당기는 영구평화 계획은 전쟁을 둘러싼 전제군주와 인민의 정치적 이해대립에 근거하여 현실주의적으로 기획되어야 한다. 자연스럽

---

662) d'Alembert/Diderot u.a., *Enzyklopädie*, 160쪽.
663) mmanuel Kant, *Zum ewigen Frieden* [1795], 206쪽. *Kant Werke*, Bd.9, Teil 1 (Darmstadt: Wissenschaftliche Buchgesellschaft, 1983).

게 도출되는 결론은 공화제가 영구평화의 국내적 전제라는 것이다. 공화제는 평화를 원하는 인민이 개전開戰, 종전終戰 등 전쟁과 관련된 정치적 결정을 내릴 수 있는 인민 자치의 정체이기 때문이다. 영구평화의 국제적 전제는 "보편적 인간국가(allgemeiner Menschenstaat)"와 "세계정부(Weltregierung)"를 (현실적 목표로 삼는 것이 아니라 다만) "규제적 원리(regulative Prinzip)"로 삼는 영구평화의 '국가연합(der Staatenbund)'의 수립이다.[664]

칸트는 세계적 국가연합(국제연합)을 보편사적 이념으로써 요청한다. 프랑스 혁명 직전에 집필된 『세계시민적 관점에서 본 보편사의 이념』(1784)에서 칸트는 세계시민 이념과 국가연합적 평화 체제 구상을 처음 선보인다.

- 완전한 시민 체제의 수립 문제는 합법적 대외 국제관계에 달려 있고 후자가 없다면 해결될 수 없다.[665]

그러나 칸트는 이성적·공법적 국제 체제의 출현이 개인의 경건한 도덕심에서 가능할 것이라고 보는 종교적 이상주의자가 아니었지만, 인간 간의 적대적 투쟁과 전쟁의 비극적 고통과 힘겨운 부담에 대한 비판적 반성에서 가능할 것이라고 믿었다. 그러나 그의 이 믿음은 인간 본성을 "비非사회적 사회성(ungesellige Geselligkeit)"으로 이해하는 그의 비관적 인간 개념과[666] 충돌한다. 인간은 한편으로 타인과 더불어 살고 싶어 할 정

---

664) 여기서 '연방국가(Bundesstaat)'와 '국가연합(Staatenbund)'은 명확하게 구분되어야 한다. 전자는 단일한 연방정부와 여러 지방정부로 구성되는 반면, 후자는 중앙정부가 없고 연합가맹 국가들이 다 독립정부를 두는 국가들 간 연합체로서의 국제연합이다.
665) Kant, *Idee zu einer allgemeinen Geschichte in weltbürgerlicher Absicht* [1784], 41쪽.
666) Kant, *Idee zu einer allgemeinen Geschichte in weltbürgerlicher Absicht* [1784],

도로 '사회적'이면서도 동시에 서로 다투며 상호 적대·갈등할 정도로 '비사회적'이다는 것이다. 본성이 단지 '비사회적'이기만 하거나 '사회적'이기만 하다면 적대적으로 갈등하지 않을 것이지만, 비사회성과 사회성이 결합된 모순적 본성이라면 같이 살면서 서로 으르렁대며 서로 투쟁할 수밖에 없을 것이다. 그리하여 칸트의 사고방식에 따르면, 국가들은 자연상태에서 단순한 병존竝存만으로도 서로 손상을 입는 인간 개체들과 유사하다. 홉스의 '전쟁적 자연상태'론에 전적으로 동의하는 칸트가 인간 본성으로 언명한 "비사회적 사회성" 테제는 곧 "만인의 만인에 대한 전쟁" 상태라는 홉스 테제의 다른 표현이다. 그러나 인간의 본성이 "비사회적 사회성"이라면 홉스도 그 존재를 부정하지 못한 가족 사회와 가족의 확대판으로서의 자연발생적 원시공동체도 존재할 수 없었을 것이다.

칸트는 이 비사회성과 대립성이 인간들을 시민적 공법 체제로 내몰았던 동력이었다고 생각한다. 따라서 그는 이 동일한 비사회성과 대립성은 다시 국제관계에서도 국가들이 야만적 자유상태에 처해 있도록 하는 원인이 될 것이라고 기대한다. 따라서 각국은 타국으로부터 악행을 예상할 수밖에 없다. 그런데 타국의 악행에 대한 이 불안한 예상이 바로 개인적 인간들을 짓누르고 강요하여 합법적 시민 상태로 들어서도록 하는 원인이 된다는 것이다. 말하자면 국제정치의 자연적 과정은 커다란 사회 간 "불화"와 국가 간 "불화"를 이들 간의 "불가피한 적대성" 속에서 "안녕과 안전의 상태를 찾아내도록 하는 수단"으로 다시 사용한다는 것이다.[667] 그러나 칸트의 이론 구도에서는 국가들이 국제적 불화 때문에 "안녕과 안전의 상태"를 찾았다고 하더라도 "비사회적 사회성"이라는 부정적·비관적 인간 본성 때문에 이 "안녕과 안전의 상태"는 다시 깨지고 다시 깨

37쪽.
667) Kant, *Idee zu einer allgemeinen Geschichte in weltbürgerlicher Absicht* [1784], 37쪽 및 passim.

질 것이다. 그는 비사회성과 대립성이 대내적으로 인간들을 시민적 공법 체제로 내몰았던 동력이었다고 생각하는데, 그가 국제적 시민 상태(국가 간 "안녕과 안전의 상태")의 도래를 믿게 하기 위해 사용한 이 대내적 예증은 적합지 않다. 대내적 국가권력은 합법적·불법적으로 수시로 정복되고 가장 민주적인 국가에서도 정권은 수시로 교체된다. 대내적으로 시민적 공법 체제는 칸트가 말하는 "비사회적 사회성"의 비관적 인간 본성 때문이 아니더라도 여러 가지 이유와 원인에서 '불안정한 상태'에서 언제나 혁명적으로 요동치고, 그가 말하듯이 인간 본성이 그렇게 비관적인 것이라면 더욱더 요동칠 것이다. 그러나 국내 정치는 오랜 갈등과 발전 끝에 정권교체가 평화적 선거 경쟁의 승패에 의해 가능하도록 혁명을 제도화했다. 그러나 국제정치에서는 국제연합 체제가 확립되더라도 강대국들이 이 체제 확립 이전처럼 국제관계를 쥐락펴락할 것이므로 소국들이 단합하여 강대국들로부터 평화적으로 권력을 빼앗는 혁명의 제도화는 불가능하다. 따라서 칸트의 국제연합 식 영구평화론은 이 문제를 풀지 못하는 한 공염불이 될 것이다. "비사회적 사회성"이라는 그의 홉스적인 부정적·비관적 인간관 때문에 이 문제를 결코 풀지 못할 것이다. 인간 본성은 "비사회적 사회성"이 아니라, 실은 '인애적 사회성'이다. 따라서 자연 상태도 홉스가 주장한 '만인의 만인에 대한 전쟁상태'가 아니라, 컴벌랜드가 홉스에 대항해서 천명한 "만인의 만인에 대한 인애 상태"다.[668]

그러나 "비사회적 사회성"으로 인한 국가 간의 필연적 충돌과 적대적 대립에 관한 칸트의 논변대로라면 인류를 평화 체제에 합의하도록 밀어붙일 유인誘因과 동력은 처절한 전쟁밖에 없다. 아니나 다를까 칸트는 "비사회적 사회성"이라는 인간 본성 테제에 따라 인간들을 국제연합으

---

668) 컴벌랜드의 "만인의 만인에 대한 인애상태"로서의 자연상태 개념은 참조: 황태연, 『근대 영국의 공자 숭배와 모럴리스트들(하)』(서울: 한국문화사, 2023), 763-791쪽; 황태연, 『도덕의 일반이론(상)』(서울: 한국문화사, 2023), 291-307쪽.

로 실어다 줄 이송 수단을 전쟁으로 지목한다. 이렇게 하여 전쟁은 인류에게 평화를 실어다 줄 수단으로 과정적으로 정당화된다.

- 자연은 여러 전쟁을 통하여, 그리고 이 전쟁을 위한 과도히 긴장되고 결코 늦출 수 없는 군비증강을 통하여, 이로 인해 각국이 심지어 평화 속에서도 국내적으로 느낄 수밖에 없는 고통을 통하여 맹아적이고 불완전한 시도로 내몰고, 하지만 종국에는 수많은 황폐화, 전복, 대내적 국력의 철저한 소진 후에 이성이 그러한 비극적 체험 없이도 지목해 줄 수 있었던 상태로 내몰 것이다. 즉, 야만적 무법상태에서 벗어나, 각국이 자신의 안전과 권리를 자기의 권력이나 자기의 법적 판단에서가 아니라 오로지 커다란 국가연합(Foedua Amphictyonum), 즉 통합된 권력과 통합된 의지의 법률에 입각한 결정으로부터 기대할 수 있는 국제연합(Völkerbund)으로 들어서도록 내몰 것이다.[669]

칸트의 이 역설적 논변대로라면 전쟁으로 인한 황폐화·전복·국력 소진·무법상태가 처절하면 처절할수록 국제연합의 도래는 그만큼 빨리 다가 온다? 칸트의 논변이 초래하는 이런 어처구니없는 역리와 배리背理는 궁극적으로 그가 전제로서 제시한 "비사회적 사회성"이라는 홉스적 인간본성론에 기인한다.

처절한 전쟁 후의 국제연합과 영구평화의 도래에 대한 칸트의 예측은 칸트 이후 전개된 세계사에서 계속된 살인적 군비경쟁, 무장평화, 1·2차 세계대전의 천문학적 전화戰禍, 만행, 나치스와 일본군의 홀로코스트를 겪고 난 후 수립된 LN과 UN의 창설로 입증되는 것 같았다. 그러나 LN은

---

669) Kant, *Idee zu einer allgemeinen Geschichte in weltbürgerlicher Absicht* [1784], 42쪽.

이탈리아 파시즘·독일 나치즘·일본 군국주의의 침략적 준동에 맥없이 붕괴되었고, 오늘날 UN 체제도 전쟁을 막기에 너무 무력하다. UN 체제에서도 국제적 테러리즘, 레바논 전쟁, 걸프만 전쟁, 이라크 전쟁, 아프가니스탄 전쟁, 이라크-이란 전쟁, 시리아 전쟁, 아프리카 내전들, 구舊공산권 국가 간 전쟁(구유고슬라비아 지역에서 전쟁과 아제르바이잔-아르메니아 전쟁, 체첸 전쟁 등), 러시아-우크라이나 전쟁 등 '야만적 전쟁상태'가 계속되어 왔다. 지금 세계대전을 막는 것은 UN 체제가 아니라 핵무기에 의한 '공포의 균형'일 것이다. 세계의 영구평화는 "비사회적 사회성"이라는 비관적 교설과 처절한 전쟁을 통한 영구평화 체제 수립론의 주입이 아니라, '인애적 사회성'에 기초한 반전反戰·평화주의의 도덕률의 반복적 교육을 통해서만 확립될 수 있을 것이다. 이 영구평화의 현실은 유교적 반전 평화주의를 신봉하고 국민들에게 가르친 명·청 대 중국·조선·유구琉球 등이 단 한 차례도 타국을 침략하지 않은 수백 년의 역사에서 확증될 수 있을 것이다. 유교적 반전 평화주의가 '인애적 사회성'의 인간 본성을 일깨워 강화·전성盡性했기 때문이다.

다시 칸트의 말에 귀를 기울이면, 그는 세계적 국가연합의 이념을 그렇게 가까운 장래에 달성할 것으로 기대한 것이 아니라 장구한 자연법적 운행을 거치는 보편사적 이념으로 제시하고 있다. 따라서 당대 현실주의자들이 이 이념을 몽상으로 간주, 평화 체제의 도래를 너무 가까이 잡았던 생피에르의 평화기획처럼 비웃을 수도 있음을 잘 알고 있었다. 그러나 칸트는 야만적 인간이 자신의 난폭한 자유를 포기하고 합법적 상태에서 평안을 찾도록 그렇게 마지못해 강제되었던 국내적 시민 체제 수립으로 가는 동학動學을 다시 상기시키면서 국가들을 바로 이러한 결단으로 내모는 것은 "인간들이 처하는 고통의 불가피한 결과"라고 주장한다. "따라서 모든 전쟁은 (인간의 의도에서가 아니라 자연의 의도에서) 국가 간의 새로운 관계를 수립하려는 기도인 셈이고, 파괴와 적어도 모든 체제의 해체를 통해 새로운 체제들을 구성하려는 기도이다. 하지만 이 새로운 체제도 다시 자기 내부에서든, 병렬적으로든 유지될 수 없고 따라서 새로운 유사한 혁명을 겪지 않을 수 없을 것이다. 이 혁명은 종국에 한편으로 국내적인 시민 체제의 가장 가능한 수립을 통해 내외적인 공동체적 약정과 입법에 의해 시민적 공동체와 유사하게 자동 기제처럼 자기 유지될 수 있는 공동체 상태가 수립될 때까지 반복되지 않을 수 없을 것이다."[670] 국가 간의 야만적 자유상태의 고통과 만행은 일단 "균형의 법칙"을 고안하도록 강요하고 나아가 이 법칙에 힘을 더하는 통합된 권력, 즉 "공적 국가안전의 세계시민적 상태"를 도입하도록 단계적으로 강제할 것이라는 것이다. 그런데 이 세계시민적 국제 체제를 보증하는 국가연합이라는 최종 단계가 도래하기 전에는, 즉 이 국가연합이 "반쯤 완성된 상태"에서는 인간적 본성은 "대외 복지라는 가상 하에 저질러지는 가장 가혹한 만행"을 겪게 된다. 인간이 예술과 학문에 의해 도야 되고 사회적 품위를 갖도록 문명화되었을지라도 국가들이 모든 힘을 허영스런 폭력적 국가 팽창에 사용하고 따라서 시민적 사고방식의 내적 형성을 위한 점진적 노력을 끊임없이 저지하는 한, 시민적 사고방식의 형성은 기대될 수 없다는 것이다.[671]

하지만 칸트에 의하면 이제 시민적 자유의 침해는 반드시 모든 상공업 분야에서의 손실을, 따라서 대외 관계에서 국력 약화를 초래하게 된다. 따라서 자유의 제한은 점차 제거되지 않을 수 없고 결국 종교의 일반적 자유도 용인될 것이다. 그리하여 광적 망상이 늘 침윤해 들어오더라도 "인류가 심지어 지배자들의 이기적인 팽창욕에서도 끌어 낼 수 있는 큰

---

670) Kant, *Idee zu einer allgemeinen Geschichte in weltbürgerlicher Absicht* [1784], 42-43쪽.
671) Kant, *Idee zu einer allgemeinen Geschichte in weltbürgerlicher Absicht* [1784], 44쪽.

자산으로서 계몽이 점차 생성되어 나온다". 이 계몽은 점차 왕권에도 치올라가 심지어 통치 원칙에도 영향을 미치게 된다. 칸트에 의하면, 가령 세계 지배자들이 모든 돈을 전쟁 준비에 처박느라 시민의 공교육과 세계선世界善을 위해서는 한 푼도 낼 돈이 없지만, 이들도 인민의 취약하지만 점진적인 노력을 적어도 방해하지 않는 것이 자신의 이익이라는 것을 알고 있다는 것이다. 결국 전쟁 자체가 양편의 결과에서 보면 그렇게 불확실한 기도이고 국가가 갚을 길 없는 점증하는 채무부담의 형태로 느끼고 있는 사후 고통으로 인해 내키지 않는 기도라면, 게다가 전쟁이 상업 관계의 네트워크를 통해 타국들에도 미치게 되는 부정적 영향이 커지면, 이 타국들은 중재자로 나설 수밖에 없고 "미래의 커다란 국가체제"를 수립하는 데 착수하게 된다는 것이다.[672] 종합하면, 칸트는 전쟁, 전쟁 부채, 전쟁 고통, 자유에 대한 시민의 계몽, 세계적 상업네트워크의 압박 등을 세계정부에 이르는 세계사적 추동 수단으로 간주하고 있다.

칸트는 이 "미래의 커다란 국가체제"의 기미가 당대에 비록 조야한 기안에 불과할지라도 모든 국가 안에서 이미 감지되기 시작했다고 주장한다. 이 기미는 수많은 "혁명" 후에 인간들의 모든 본래적 소질이 발전되는 "세계시민적 상태"가 "자연의 최고 의도"로서 마침내 언젠가 성립할 것이라는 "희망"이라는 것이다. 그러나 칸트의 이 '희망'도 '비사회적 사회성'(만인의 만인에 대한 전쟁)이라는 그의 그릇된 홉스적 인간 본성 테제와 모순된다. 하지만 이 희망이 망실된 것은 이 잘못된 홉스적 인간본성 때문이 아니라, 계몽주의와 시민혁명에 적대적인 낭만주의와 헤겔이 국제정치와 세계사 철학으로 정당화하고 부추긴 민족주의적 광풍 때문이었다. 헤겔은 칸트의 국가연합적 영구평화 구상을 "우연성에 사로잡힌",

---

672) Kant, *Idee zu einer allgemeinen Geschichte in weltbürgerlicher Absicht* [1784], 47쪽.

즉 어떤 필연성도, 어떤 현실성도 없는 '단순한 당위'에 지나지 않는 것으로 냉소할 뿐 아니라, 공화제적 국가들의 국제연합을 빈 체제나 다름없는 "군주동맹"으로 깎아내렸다.[673] 헤겔에 의하면 국제정치적 필연성은 국가 간의 평화 연합이 아니라 오히려 전쟁이라는 더욱 원칙적으로 홉스적인 견해를 표방한 것이다. 독일과 동유럽의 민족주의와 민족국가들은 계몽과 프랑스 혁명 이념에 대항하는 '정치적 낭만주의'의 신新봉건적 변형물에 불과한 것이다. 헤겔은 역사적 안목에서 보면 유한한 단계에 불과한 민족국가들의 야만적 분방 상태를 영구적일 것으로 속단하고 일반화·정당화했다.

그러나 칸트는 도처에서 전측면적 폭력행위와 이것에서 생겨나는 고통이 드디어 인민을 마침내 이성적 공법에 굴복시켜 공민적 헌정 체제에 들어서게 하듯이 국제관계에서도 주권 국가 간의 전쟁 참화가 세계시민적 헌정 체제로 나아가도록 강제할 것으로 확신했다.

세계시민 체제와 관련하여 칸트가 우려한 유일한 문제는 지금까지 그랬듯이 초강대국들이 주도하는 "보편적 평화" 체제가 "가장 경악스런 전제 체제"를 초래함으로써 자유에 훨씬 더 위협적인 체제로 변질되는 것이다.[674] 이런 이유에서 칸트는 "세계국가(Weltstaat)"가 아니라 국가연합, 즉 "세계적 국가연합(Staatenbund)"을 거듭 강조한다. '세계국가', "세계정부'의 전제적 독재 위험 때문에 국가들은 "한 원수 하의 세계시민적 공동체"가 아니라 "공동체적으로 약정된 국제법에 입각한 국가연합(Föderation)의 법적 상태"로 나아가도록 강제된다는 것이다.[675]

---

673) Georg W. F. Hegel, *Hegel, Grundlinien der Philosophie des Rechts*, 500쪽. Hegel Werke, Bd.7 (Frankfurt am Main: Suhrkamp, 1986).
674) Kant, *Idee zu einer allgemeinen Geschichte in weltbürgerlicher Absicht* [1784], 169쪽.
675) Kant, *Idee zu einer allgemeinen Geschichte in weltbürgerlicher Absicht* [1784], 169-170쪽.

인간 본성이 국제관계에서보다 험악한 모양을 취하는 곳은 없다. 국제관계에서는 상호 굴복시키려는 의지가 항상 존재한다. 이런 이유에서 "평화를 전쟁 자체보다 더 부담스럽고 국내 복지에 더 파괴적인 것으로 만드는 방어 군비"는[676] 결코 줄어들 수 없다. 이에 대항하는 수단은 권력으로 장착된 공법적 국제법에 외에 다른 수단이 없다. 이런 관점에서는 칸트는 30년 종교전쟁 중에 태동하여 베스트팔렌 종교화약(1648)에서 법적으로 확인되고 프로이센과 오스트리아 간의 '7년 전쟁'을 종결하는 후베르투스부르크(Hubertusburg) 조약(1763)에서 재확인된 저 기계론적 세력균형론을 비판한다. "참새 한 마리가 앉더라도 즉각 무너질 정도로 완벽하게 균형 법칙에 따라 지어진 주택"처럼 "이른바 유럽의 세력균형에 의한 항구적인 보편적 평화란 순전한 공상이다."[677] 따라서 칸트에 의하면 영구평화에 이르는 길은 법 원칙에 기초한 보편적 국가연합밖에 없다.

9.2. 영구평화의 제1·2·3조건

칸트는 1795년의 『영구평화론』에서 영구평화의 조건을 제1조건, 제2조건, 제3조건으로 나누어 설명한다. 제1조건은 각국의 '공화제적' 헌정체제를 말하고, 제2조건은 국제연합 체제를 뜻한다. 제3조건은 외국의 방문·여행과 이에 따른 외국에서의 숙박·체류의 보편적 권리에 관한 세계시민법을 말한다.

---

676) Kant, *Idee zu einer allgemeinen Geschichte in weltbürgerlicher Absicht* [1784], 171쪽.
677) Kant, *Idee zu einer allgemeinen Geschichte in weltbürgerlicher Absicht* [1784], 172쪽.

■ **영구평화의 제1조건**

칸트는 법체제를 세 가지로 구분한다. 1) 한 인민 단위 안에서의 인간 간의 시민법(ius civitatis), 2) 국가 간의 국제법(ius gentium), 3) 세계시민법(ius cosmopoliticum).[678] 이 '세계시민법'은 인간과 국가를 둘 다 규제하는 법으로서 이들 상호 관계에서 모든 인간과 국가를 "일반적 인간 국가"의 시민과 법인으로 간주하는 법[679], 말하자면 오늘날 국제조약으로 확립된 '인권법'이다. 칸트는 법체제의 이러한 분화를 당대의 법 상태로 간주한 것이 아니라 "영구평화의 이념"과의 관계 속에서 필수적 당위로 추론하고 있다. 오늘날 국제법은 '국제법'(국가 간의 법)과 '인권법'을 다 포함하고 있기 때문에 칸트가 나열한 "국제법"과 "세계시민법"은 혼동될 수 있다. 그러나 인권법은 개인적 인간의 인권과 시민권을 전 세계적·초국가적 차원에서 보호하기 위한 법이기 때문에 국가 간의 관계만을 규제하는 국제법과 구별될 수 있고 또 구별되어야 한다. 국가를 권리·의무의 주체로 보고 국가 간의 관계를 규제하는 통상적 국제법과 달리 가령 전통 국제법상의 해적海賊 법규와 하이재킹 금지법도 개인·단체·국가를 가리지 않고 처벌하는 강행법규였다. 또한 제2차 세계대전 후의 새로운 국제법규인 '집단 살해죄(genocide)' 등 '인도에 반한 죄(crime against humanity)'와 '평화에 대한 범죄(crime against peace)'도 이에 책임이 있는 국가·개인·단체를 가리지 않고 처벌하는 법규이다. 그밖에 국제법적 차원에서 국가에 의무를 지워 (국가의 권리가 아니라) 개인의 권리를 국제적 차원에서 보장하는 UN 헌장의 인권 조항, 세계인권선언, 세계인권협약, 유럽인권협약 등이 있다. 개인의 세계시민적 권리와 관련하여 초국가적 효력을 갖는 이 법규들은 모두 칸트의 '세계시민법'에 속하는 것이다.

---

678) Kant, *Zum ewigen Frieden* [1795], 203쪽.
679) Kant, *Zum ewigen Frieden* [1795], 203쪽 각주.

칸트는 이 세 법 체제에 따라 국내 사회, 국제사회, 세계 시민사회를 영구평화를 위하여 개편할 것을 제안한다. 이를 위해 첫째로 요구되는 국내적 전제는 "모든 국가의 시민적 헌정 체제는 공화제적(republikanisch)이어야 한다"는 것이다.[680] 칸트의 이 '공화제'라는 표현은 군주가 없는 '공화정(공화국)'을 의미하는 것이 아니다. '공화제'는 원래 라틴어 '공공적인 것(res publica)'에서 기원했다. 따라서 이 어원적 의미에 따라 여기서 '공화제적'은 오늘날의 용어로 (군주 1인이 사유私有하는 절대군주국과 대립되는 의미의) '공공적' 또는 '민주적'이라는 용어와 동의어다.

칸트는 원초적 사회계약으로부터 유래하는 "유일한" 원리는 공화제 원리라고 생각한다. 이 공화제 원리는 국내적으로 전쟁을 억제하고 평화를 촉진시키는 부대附帶 효과를 낳는다.

- 공화제적 헌정 체제는 법개념의 순수한 원천으로부터 유래한다는 그 기원의 순수성 외에 원하는 결과, 즉 영구평화에 대한 전망을 갖는다. '전쟁이 나야 하는지 아닌지'를 결정하는 것에 대한 시민들의 동의가 (이 헌정 체제에서는 달리 다른 방도가 없듯이) 요구된다면, 시민들이 그렇게 좋지 않은 게임을 시작하는 것에 매우 신중할 것이라는 사실보다 더 자연스러운 것은 없다.[681]

전쟁이 나면 시민들은 "몸소 싸워야 하고, 자기의 재산에서 전쟁 비용을 지출해야 하고 전쟁이 남기는 폐허를 애써 복구해야 하고 지나친 전쟁만행에 더하여 가까운 새 전쟁으로 인해 평화를 무참하게 만드는, 변제할 길 없는 전비戰費 채무 자체를 떠맡아야 하기" 때문이다.[682] 따라서 모든

---

680) Kant, *Zum ewigen Frieden* [1795], 204쪽.
681) Kant, *Zum ewigen Frieden* [1795], 205-206쪽.
682) Kant, *Zum ewigen Frieden* [1795], 206쪽.

국가는 군주가 전쟁을 '타인의 비용'(인민의 비용)으로 치르기 때문에 전쟁 때문에 본래 아무런 손실도 입지 않는 군주가 전쟁 여부에 관한 결정권을 갖지 않는 식으로 조직되어야 한다. 이를 위해서는 저 "원초적 사회계약 이념의 실현", 즉 공화제가 물본 필수적으로 전제된다. 인민은 군주처럼 단순히 영토 팽창을 하거나 단순한 설욕을 하기 위해 고통스런 전쟁을 일으키는 짓을 하지 않을 것이다.[683] 당시 프랑스혁명에 적대적인 프러시아 군주국 안에서 칸트는 공화제적의 의미를 행정권과 입법권이 분립된 입헌군주정처럼 설명한다.

이 공화제적 입헌군주국은 당대는 말할 것도 없고 오늘날도 개인 독재와 군부독재 체제의 등장으로 실현하기에 어렵다. 시민의 자치가 구현되는 이 공화제의 관철은 전제군주를 없애고 공화정 또는 입헌군주정을 세워야 할 뿐만 아니라 이 공화제적 국가가 독재체제로 전락하는 것을 막을 수 있어야 한다. 그러나 최근까지 유럽에서는 중동 유럽의 반동, 군주정의 존속, 나치즘과 파시즘 전제 체제, 공산당 전제 체제, 이탈리아와 동유럽 제국諸國의 네오나치스 정권 등 독재체제의 연이은 출현으로 칸트가 제시한 영구평화의 제1조건이 전일적全一的으로 실현될 수 없었다. 이러한 조건의 진정한 실현은 개도국을 포함하는 세계적 차원에서 보면 오늘날도 요원한 일이다. 또한 이 공화제 국가가 원래의 시민 기획에 따라 시민공동체에 대한 소속 자격이 이동 가능한 주거지의 지연성地緣性에 의해 정해지는 '국민국가'가 아니라 지연과 무관한 숙명적 혈통에 의해 정해지는 '민족국가'가 중유럽과 동유럽에 여전히 존속할 뿐 아니라 다시 우후죽순처럼 생겨나고 있는 한, 계몽주의적 공화제 기획은 유럽에서도 아직 '미완의 기획'인 것이다. 구舊유고 지역과 구소련 지역의 신생 민족국가 간의 유혈 전쟁과 인권 유린적 만행은 혈통과 종교를 초월하는 지연

---

683) 참조: Kant, *Zum ewigen Frieden* [1795], 170쪽..

적 시민 개념과 칸트의 공화제 테제를 구현하는 데 따르는 어려움을 명증해 준다.

■ 영구평화의 제2조건

영구평화를 위해 칸트가 제시하는 두 번째 조건은 "국제법은 자유로운 국가들의 국가연합 체제에 기초해야 한다"는 것이다.[684] 인간 본성의 "비사회적 사회성"으로 인해 국가들은 자연 상태에서 단순한 병존竝存만으로도 서로 손상을 입는 인간 개체들과 유사하다. 이런 이유에서 각국이 자국의 안전을 위하여 타국과 함께 시민적 공법 체제와 유사하게 각자에게 자기들의 법을 보장하는 체제에 들어갈 것을 타국에 요구할 수 있고 또 요구해야 한다. 그러나 이 보장 체제는 "국제연합(Völkerbund)일 것이고, 연방국가(Völkerstaat)일 필요가 없다".[685] 물론 이 국가연합 체제는 불완전한 것이라서 자체 내에 "모순"을 안고 있다. 이 안에서는 여러 국가로 나뉘어 나타나는 복수의 인민 단위들(Völker)이 동시에 일국적 형태로 '단일' 인민을 이루어야 하기 때문이다. 인민 집단들이 한 국가 안에 융해되는 것이 아니라 여러 상이한 국가들을 이루는 복수의 인민 집단들의 상호 권리를 전제하는 한에서 '단일' 인민의 개념은 이 전제에 모순되는 것이다.

이 모순에도 불구하고 칸트는 국가연합을 선택한다. 그는 주권 국가와 복수적 인민 단위들이 해소되어 전지구적 단일국가로 융합되는 세계정부, 즉 연방국가(Völkerstaat)로서의 세계국가(Weltrepublik)의 적극적 이념을 이성의 유토피아적 지향으로 간직하지만, 주권국가적 현실의 단순한 고려를 넘어 세계국가는 전제주의로 타락할 위험이 크기 때문에 주

---

684) Kant, *Zum ewigen Frieden* [1795], 208.
685) Kant, *Zum ewigen Frieden* [1795], 209쪽.

권의 일정한 자기제한만을 요구하는 '국가연합'이라는 소극적 이념으로 만족해야 한다. "국가 간의 관계에서 순수하게 전쟁만 잉태하고 있는 무법상태에서 벗어나는 방식은 이성에 따라 무법적 자유를 포기하고 공법적 강행법규에 순응하여 최종적으로 지상의 모든 인민 집단을 포괄하는 (물론 점증하는) 연방국가(civitas gentium)를 형성하는 것 외에 다른 방식이 있을 수 없다."[686] 이와 같은 세계적 연방국가가 성립하면 국가의 자유독립 정신에 기반을 둔 '국제법'은 필요 없을 것이지만 국가와 민족들은 결코 이 국가적 자유·독립을 포기하지 않을 것이다.

- 그러나 인민 집단들이 국제법의 이념에 따라 이것을 결코 원하지 않을 것이기 때문에, 즉 테제에서 올바른 것을 가정에서 팽개치는 것이기 때문에, 세계공화국의 적극적 이념 대신에 전쟁을 막고 이겨내는, 끊임없이 자신을 확대해 나가는 국가연합이라는 소극적 대안만이 법을 꺼리는 적대적 성향의 분류噴流를 그 항구적인 폭발 위험과 함께 품어 안고 억제할 수 있다.[687]

'세계국가' 이념은 인류의 꿈으로서 '규제적 원리'일 뿐, 장기적으로도 실현 불가능할 뿐 아니라 자유의 관점에서 실현해서는 아니 되는 위험한 공상인 반면, '국가연합'은 실현 가능한 기획이라는 것이다.

국제법의 이념은 수많은 주권국가들의 독립적 "분리"를 전제한다. 이 분리 상태는 국가연합이 출현하여 적대의 폭발을 막지 않는다면 그 자체 전쟁상태일지라도, 칸트에 의하면 이성의 이념에 따라 타국들보다 점점 강대해져 "보편군주국(Universalmonarchie)"으로 발전한 한 강대국

---

686) Kant, *Zum ewigen Frieden* [1795], 213쪽.
687) Kant, *Zum ewigen Frieden* [1795], 213쪽.

에 의한 여러 국가의 통합보다 나은 상태이다.[688] 칸트의 이 추가 설명은 이미 노발리스·슐레겔 등 낭만주의자들의 반동적 이데올로기 안에서 나폴레옹의 혁명적 대大국민(Grand Nation) 이념에 대한 등가물로서 떠돌던 "보편군주국" 이념을 미리 배격하고 있을 뿐만 아니라 강대국에 의한 정복적 국가 병합을 거부하고 있다. 칸트에 의하면, 법률이란 통치의 규모가 최대로 확대될수록 점점 힘을 잃기 마련이고 이 "영혼 없는 전제 체제"는 모든 선善의 씨앗을 박멸한 후에 "무정부 상태"로 전락할 것이기 때문이다. 그럼에도 불구하고 모든 전제군주국은 들끓는 팽창욕 때문에 세계정복의 방식으로 영구평화 상태에 도달하기를 갈망한다.

그러나 칸트에 의하면 "자연은 다른 방식으로 나가기를 원한다." 자연은 "언어와 종교의 차이"라는 두 가지 수단을 이용하여 인민들이 섞이는 것을 막고 분리시켰다. 이 언어와 종교의 차이는 일단 상호 증오의 성향과 전쟁의 구실을 초래할지라도 문화가 성숙하고 인간들이 점차 가까워지면 "원칙의 보다 큰 합의"로 이끌어진다. 그리하여 (자유의 묘지에서 들어선) 저 전제 체제에서처럼 모든 힘의 약화를 통해서가 아니라 힘의 균형을 통해 "가장 생동감 있는 힘들의 경쟁" 속에서 산출되고 확보되는 국가연합적 "평화의 합의"로 이끌어진다는 것이다.[689] 칸트는 여기서 그가 부정하고 비판한 세력균형론에 의지해서 "평화와 합의"를 기대하는 점에서 자가당착적이다.

"모든 전쟁"을 영구히 종식시킬 "평화동맹(Friedensbund)"은 "한" 전쟁을 종식시키려는 "강화조약"과 질적으로 다른 것이다. 이 평화동맹은 국가권력의 증대를 목표로 하는 것이 아니라 다만 국가의 "자유의 유지와 보장"이다. "점차 모든 국가에 확산되어 영구평화에 이르러야 하는 이

---

688) Kant, *Zum ewigen Frieden* [1795], 225쪽.
689) Kant, *Zum ewigen Frieden* [1795], 225-226쪽.

국가연합 이념의 실행 가능성(객관적 현실성)"과 관련하여 칸트는 한 강력한 공화국이 중심 역할을 할 것으로 기대한다. "계몽된 강력한 인민이 요행으로 자신을 (본성에 따라 영구평화의 성향을 가질 수밖에 없는) 공화국으로 개편된다면, 이 공화국은 다른 국가들을 위한 국가연합적 결속의 중심점을 제공하게 될 것이다. 이리하여 이 공화국이 다른 국가들을 동화해 나가고 그리하여 국제법의 이념에 따라 국가들의 자유상태를 보장하는 가운데 이런 종류의 여러 결속을 통하여 점차 확대되는 것이다."[690] 여기서 칸트가 이런 중심 국가의 역할을 기대한 공화국은 1776년 7월 3일 독립을 선언하고 1787년 민주공화국 헌법을 채택한 미국이 아니었나 생각된다.

■ 영구평화의 제3조건

칸트가 제시하는 세 번째 영구평화의 조건은 "보편적 체류숙박(Hospitaltät)의 조건"을 세계시민법으로 삼는 것이다.[691] 그러나 이 세계시민적 '체류숙박권'은 "타인의 땅에 도착했다는 이유에서 이 타인에 의해 적대적으로 대우받지 않을 타지인他地人의 권리"를 뜻한다. 칸트는 이 국제적 인간 교류가 박애주의적 의미에서가 아니라 법적 권리의 의미에서 실현되어야 한다고 주장한다. 따라서 이 세계시민적 '체류숙박권'은 국가를 초월하여 보편적으로 법적 효과를 발휘하는 인권에 속한다. 외국인이 내국인의 장소에서 평화롭게 행동하고 내국인을 적대하지 않는다면, 내국인은 친절을 베풀어야 한다. 이것은 "손님의 권리(Gastrecht)"가 아니라, 인간들이 지구 표면에서 무한히 흩어지지 않고 한 곳에 병존하는 것을 용인해야 하고 아무도 한 장소에 있을 권리를 타인보다 더 가지고

---

690) Kant, *Zum ewigen Frieden* [1795], 211-212쪽.
691) Kant, *Zum ewigen Frieden* [1795], 213쪽..

있지 않은 "대지 표면의 공동점유권" 덕택에 "만인"에게 허용되는 "사교를 위한 방문의 권리"다. 이런 방식으로 멀리 떨어진 지역들도 상호 평화적인 관계에 들어서고 최종적으로 이 관계는 공법화公法化되어야 한다. 이를 통해 인류는 "세계시민적 헌정 체제"에 접근해 간다.[692] 지상의 모든 인민 사이에서 일반적으로 우월한 타당성을 확보한 세계공동체가 "한 곳에서의 권리침해가 모두에게 침해로 느껴질 정도로" 성장했기 때문에 세계시민법의 이념은 결코 법의 환상적, 과장적 관념이 아니라 "공적 인권에 관한, 따라서 영구평화에 관한 국법과 국제법의 불문법전에 대한 필수적 보충물"인 것이다.[693]

■ 상업의 평화 기능에 대한 과신

한편, 매우 현실주의적인 관점에서 칸트는 이 세계시민적 인권이라는 자연법적 이념을 주권 국가들의 상호 독립과 분리 속에서 필연적으로 관철시키는 현실적 매개 기제를 국가들의 상업적 이기심으로 파악한다. 각국이 팽창욕에서 간지奸智와 강권으로 기꺼이 정복·합병하고 싶은 인민들을 '자연'이 슬기롭게 분리시킨 반면, '자연'은 또한 세계시민법의 이념도 폭력과 전쟁에 대하여 보호하지 못하는 인민들을 "상호적 이기심"으로써 통합한다.

- 상업 정신은 전쟁과 양립할 수 없는 정신이다.[694]

칸트는 17세기 이래 우후죽순처럼 자라난 '전쟁 산업'과 '전쟁 자본주의'를 몰각한 채 상업 정신이 조만간 모든 나라의 인민들을 정복할 것이

---

692) Kant, *Zum ewigen Frieden* [1795], 214쪽.
693) Kant, *Zum ewigen Frieden* [1795], 216쪽.
694) Kant, *Zum ewigen Frieden* [1795], 226쪽.

라고 장담한다. 그리하여 그는 제국주의적 화폐 권력을 몰각한 채 국권에 종속된 모든 권력 중에서 "화폐권력"은 가장 신뢰할 만한 권력이라고 말한다. 이 때문에 제諸국가는 도덕의 추동력에서가 아니라 이 상업적 이기심에서 "숭고한 평화"를 촉진시키고 선생이 어디서 발발하던 중재를 통해 전쟁을 막지 않을 수 없게 된다는 것이다. 이런 방식으로 "자연은 인간적 성향 자체 속의 메커니즘을 통하여" 영구평화를 보장한다. 물론 이 보장은 "(이론적으로) 영구평화의 미래를 점칠 정도로 충분한 확실성은 아니지만", "실천적 의도에서 충분하고 이 (순전히 가공적이지만은 않은) 목적을 위해 노력하는 것을 의무로 삼는 확실성"이다.[695] 칸트는 앞에서도 여기에서도 그렇고 이 모든 변화 발전의 주체를 "자연"으로 내세우고 있다. 그러나 이 "자연"의 정체는 모호하다. 자연스런 과정을 뜻하는가, 아니면 필연적 역사 흐름을 뜻하는가? 아니면 인간과 역사의 "본성"을 뜻하는가? 실로 무책임한 개념이다. 칸트의 "자연"이 인간과 역사의 "본성"을 뜻한다면 그것은 그의 "비사회적 사회성"이라는 인간 본성 테제와 충돌한다.

'상업 정신'의 평화 촉진성에 관한 칸트의 이 논의는 전쟁 산업, 전쟁 자본주의, 식민주의적 자본축적 메커니즘의 전쟁 유발성 등에 대한 당대의 인식을 전혀 담고 있지 못하다. 그러나 칸트는 전쟁의 제거와 영구평화의 보장을 겨냥한 국가연합 체제가 국가들의 '주권적 자유'의 유지 상태에서 가능한 유일한 공법 체제라고 확신한다. 정치와 도덕의 일치도 이 국가연합적 상태에서만 가능하다는 것이다.

■ 국제관계의 공개성 원칙

칸트는 국가연합의 형성을 '야기'할 현실적 동력을 경제의 상업적 세계

---

695) Kant, *Zum ewigen Frieden* [1795], 226쪽.

화로 보고 있는 한편, 국가연합 체제를 받쳐주는 국제 공법적 원리를 저 계몽의 이념에 따라 다시 공개성과 공론성과 결부시키고 있다. 공법의 모든 소재를 추상하면, 남는 것은 공개성의 형식(Form der Publizität)뿐이라는 것이다. 이 공개성의 능력은 모든 권리주장이 내포하고 있는 것이다. 공개성이 없다면 오직 "공개적으로 발표할 수 있는 것"으로 간주될 뿐인 정의正義도 존재하지 않을 것이고, 따라서 이 정의에 의해 부여될 수 있는 법적 권리도 존재하지 않을 것이기 때문이다. 따라서 "공법의 선험적 공식"은 다음과 같다.

- 다른 인간들의 권리와 관련되는 모든 행위는 이 행위의 준칙이 공개성과 부합되지 않는다면 불법이다.[696]

이 공식은 단순히 윤리적일 뿐만 아니라 법적인 것이다. 이와 같이 칸트는 계몽 기획의 완성자로서 공법과 관련하여 공개성(공론성)에 실용적 가치를 넘어 선험적인 "본질 구성적 의의"를 부여하고 있는 것이다.[697] 행위 의도가 공개되자마자 무력화되는 준칙, 즉 공론적으로 공개하면 불가피하게 이 의도에 대한 만인의 항의가 야기되는 행위 준칙은 만인의 이 필연적·일반적 저항을 바로 불의不義 때문에 받는 것이다.

이 소극적 공식으로부터 한 걸음 더 나아가 칸트는 국제공법의 적극적인 선험적 원리를 도출한다. "(목적 달성에 실패하지 않기 위해) 공개성을 필요로 하는 모든 준칙은 법 및 정치와 부합된다."[698] 모든 국제정치와 국제법적 행위는 이것이 정의롭다면 성공을 위하여 항상 공개적으로 이루

---

696) Kant, *Zum ewigen Frieden* [1795], 245쪽.
697) Jürgen Habermas, *Strukturwandel der Öffentlichkeit* [1962] (Frankfurt am Main, Suhrkamp, 1990), 185쪽.
698) Kant, *Zum ewigen Frieden* [1795], 250쪽.

어져야 하고 세계 시민사회의 세계 공론의 지원과 비판적 논의에 의존해야 하는 것이다. 국제 정치적 행위의 세계 공론적 논의는 세계 시민사회의 발전을 전제한다. 공개를 통해서만 자신의 목적을 달성할 수 있는 준칙은 세계 공중의 일반적 목석(행복)과 합치되지 않을 수 없다. 공중의 행복이 본래 정치의 과업이 아니던가! 그러나 이 목적이 오로지 공론성을 통해서만, 즉 준칙에 대한 모든 불신의 제거를 통해서만 달성될 수 있다면, 국제정치의 이 행위준칙은 공중의 권리와도 합치되지 않을 수 없는 것이다.

시민 공화제의 확산, 유럽 국제연합의 창설, 세계시민적 체류숙박권에 기초한 칸트의 이 영구평화 기획은 프랑스대혁명의 실패, 독일과 동유럽의 정치적 낭만주의, 혈통 민족주의, 민족국가의 출현 등으로 유린된다. 세계시민적 계몽 기획의 이러한 유린은 앞서 상술한 바와 같이 헤겔의 국제정치 사상에서 전형화된다. 그러나 중유럽과 동유럽을 휩쓴 혈통 민족주의와 민족국가의 광포한 유혈 갈등과 요동치는 급류의 한복판에서도 유럽 국제연합의 계몽주의적 꿈은 1차 세계대전의 발발에 직면하여 프롤레타리아 국제주의에 입각한 '유럽합중국(United States of Europe)'[699]을 요구한 서유럽 사회주의자들 사이에서 다시 부활했고, 인종주의에 급속히 부식腐蝕되어 가던 19세기 독일 사상계에서도 소생한다. 그리고 칸트의 국제연합식 영구평화 기획은 실패한 LN을 거쳐 UN과 EU의 성립으로 오늘날 좀 더 확장된 실현 기회를 얻은 것으로 보인다. 그러나 LN·UN·EU 체제에서 일어난 무수한 전쟁(제2차 세계대전, 소련과 미국의 번갈은 아프간 전쟁, 코소보 전쟁, 걸프만 전쟁, 이라크 전쟁, 이란-이라크 전

---

[699] 그러나 레닌은 이 유럽 자본주의 국가들의 국제연합을 요구하는 유럽 사회주의자들의 이 '유럽합중국론'을 '기회주의'로 규탄했다. 그는 제1차 세계대전의 원인을 제국주의의 내재적 속성으로 간주하고 전쟁 방지를 위해 국내적 혁명을 우선시했기 때문이다. 참조: Wladimir I. Lenin, "Über die Losung der Vereinigten Staaten von Europa", 758-761쪽. Lenin, *Ausgewählte Werke*, Bd.1 (Berlin: Dietz Verlag, 1970).

쟁, 아르메니아-아제르바이잔 전쟁, 러시아-우크라이나 전쟁 등)을 생각하면 그의 꿈이 한낱 '백일몽'처럼 느껴지기도 한다. 그는 『영구평화론』의 마지막 부분에서 자신의 꿈을 이렇게 요약한다.

- 비록 무한히 접근하는 근사치에서지만 공법 상태를 현실로 만드는 것이 의무이며 동시에 근거 있는 희망이라면, 지금까지 잘못 영구평화로 불려 온 강화조약 체결(실은 휴전 상태)을 대체할 진정한 영구평화는 공허한 이념이 아니라 점점 해결되어 (바라건대 진보가 성취되는 시간이 점점 더 단축되기 때문에) 자신의 목표에 끊임없이 접근해 나가는 과업인 것이다.[700]

그러나 이 꿈은 칸트 자신에 제기한 "비사회적 사회성" 테제와 전쟁의 정당화 논변을 떠올리면 더욱 '백일몽' 같다. 이 테제와 전쟁 정당화 논변 아래에서는 칸트의 이 꿈을 앞으로 확대·강화고자 노력하는 것이 세계시민으로서의 인간의 의무일 수 없고, 동시에 근대적 세계 운행의 필연적 방향일 수 없는 것이다. 그리고 "비사회적 사회성" 테제와 전쟁 정당화 논변을 폐기하지 않는 한, 이 꿈에 관한 그의 모든 논변은 낡은 견폐성犬吠聲일 것이다.

9.3. 홉스주의적 국제정치관과 영구평화론의 모순

칸트는 국가원수가 지배 계약에 따라 인민에 대한 어떤 의무도 없고 따라서 시민에게 어떤 짓을 해도 불법을 행할 수 없다는 홉스의 명제를 "경

---

700) Kant, *Zum ewigen Frieden* [1795], 251쪽.

악스러운" 것으로 비판했다.[701] 그러나 그는 국제정치 및 인간본성론과 관련해서는 그의 성악설과 전쟁적 자연상태론을 추종했다. "비사회적 사회성"을 인간 본성으로 보는 그의 인간관도 상론했듯이 홉스적인 것이다. "비사회석 사회성" 테제는 홉스의 "만인의 만인에 대한 전쟁" 테제의 다른 버전이기 때문이다. 이 때문에 그는 전쟁을 영구평화로 가는 과도기적 이송수단으로 정당화할 수밖에 없었다. 그러면 칸트의 국제정치관은 과연 얼마나 홉스적이고, 그의 전쟁 정당화는 어떤 필연적 양상의 논변인가?

■ 전쟁적 자연 상태론

칸트는 홉스의 자연 상태론을 그대로 계승했다. 그의 논변은 법적·윤리적 사태도 "자연 상태"로 보고 '법적 자연 상태'와 '윤리적 자연 상태'조차도 "전쟁상태"로 보는 점에서 노골적으로 홉스주의적이다. 『이성의 한계 내에서의 종교』에서 이렇게 말한다.

- 법적 자연 상태가 만인에 대한 만인의 전쟁상태(ein Zustand des Krieges von jedermann gegen jedermann)인 것처럼, 윤리적 자연 상태도 자기 안에, 그리고 동시에 각기 다른 사람 속에 나타나는 악惡에 의한 부단한 분규 상태이고, 이런 상태에서 사람들은 (…) 자기들의 도덕적 자질을 교호적으로 망가뜨리고, 그 자체가 저 개별자들이 선한 의지를 가졌음에도 이들을 단결시키는 원리의 결여로 말미암아 꼭 악의 도구인 것처럼 불일치를 통해 선의 공동 목적으로부터 서로를 이격시키고, 악의 지배권의 손아귀에 굴러떨어질 위험 속으로 서로를 밀어

---

701) Immanuel Kant, *Über den Gemeinspruch: Das mag in der Theorie richtig sein, taugt aber nicht für die Praxis* [1793], 161쪽. *Kant Werke*, Bd.9, Teil 1 (Darmstadt: Wissenschaftliche Buchgesellschaft, 1983).

넣는다. 나아가 법 없는 (난폭한) 외적 자유와 강제 법칙으로부터의 독립의 상태가 정치적 시민 상태로 진입하기 위해 인간이 빠져나와야 하는 만인에 대한 만인의 불의와 전쟁의 상태인 것처럼, 윤리적 자연 상태도 덕성 원리들의 교호적인 공적 분규요, 자연적 인간이 가능한 한 부지런히 빠져나와야 하는 내적 무도덕 상태다.[702]

이 글은 종교를 끌어들이려는 중간 단계의 논변이 아니라면 법적·윤리적 자연 상태로부터 빠져나오는 것을 포기하라는 말인지, "부지런히" 빠져나오라는 말인지 헷갈리게 한다.

그리고 칸트는 이 글 밑에다 홉스를 직접 인용하는 다음과 같은 살벌한 보주補註를 달아두고 있다:

- "*status hominum naturalis est bellum omnoum in omnes*"(인간들의 자연 상태는 만인의 만인에 대한 전쟁이다)라는 홉스의 명제는 "est status belli"(…) (전쟁상태다)라고 했어야 하는 것 외에 오류가 없다. 왜냐하면 대외적 법과 공법 아래 사는 인간들 사이에 언제나 현실적 적대성이 지배한다는 것을 인정하더라도 공법 상태(status iuridicus), 즉 인간들이 (획득과 자기보존의) 권리에 대한 능력이 있는 관계는 각자가 그 자체로서, 타인들에 대해 그가 정당하다고 여기는 것에 대한 재판관이고자 하지만, 각자가 자기의 힘을 가진 것 외에 이 자가 재판에 대한 아무런 안정성을 타인들로부터 얻거나 타인들에게 부여하지 않는 그런 상태다. 이것은 만인이 만인에 대해 끊임없이 무장하고 있어야 하는 전쟁상태다. "*exeundum esse e statu naturali*"(자연 상태에서 빠져나와야 한다)는 그의 제2명제는 제1명제의 귀결이다. 왜냐

---

702) Kant, *Die Religion innerhalb der Grenzen der bloßen Vernunft*, B134-135쪽.

하면 이 상태는 자기의 사건에서 자기가 재판관이고 다른 인간들에게 단지 자기 자신의 자유의지 외에 그들의 것들에 대한 어떤 안전도 허용하지 않는다는 부당한 주장을 통한 모든 타인의 권리들의 지속적인 침해이기 때문이다.[703]

"법적 자연 상태"도, "윤리적 자연 상태"도 둘 다 "만인의 만인에 대한 전쟁상태" 테제는 정확히 하면 홉스의 테제가 아니라 홉스의 테제보다 더 극악한 홉스주의 테제다. 홉스는 "법적 자연 상태"나 "윤리적 자연 상태"라는 표현을 사용한 적도 없고, 법적·윤리적 상태를 자연 상태로 여긴 적도 없기 때문이다. 칸트의 더 극악한 홉스주의 테제에서는 탈출구가 전혀 보이지 않기 때문에 "자연 상태에서 빠져나와야 한다"는 제2명제는 결코 "제1명제의 귀결"일 수가 없다. 또한 그의 극악한 홉스주의 테제를 국제관계에 적용하면 국제연합에 의한 확립된 공법적 국제관계도 "만인의 만인에 대한 전쟁상태"일 수밖에 없다. 따라서 영구평화는 국제연합 이전과 마찬가지로 이후에도 불가능하다.

칸트는 원시 부족사회에서든, 문명사회에서든 예외 없이 한계 사례들만 보는 점에서 홉스보다 더 사이코패스적이다. 칸트는 홉스의 전쟁상태론을 극악하게 확대해서 국제관계에 적용했다. 칸트는 적어도 제국의 초기에 시차를 두고 각각 수백 년 동안 '유럽 평화'를 보장한 로마제국과 신성로마제국의 안정된 국제질서가 힘을 떨쳤던 역사를 망각한 채 홉스의 논변을 더 극화시킨다. 1793년과 1794년에 쓰고 고친 같은 책 『이성의 한계 내에서의 종교』에서 칸트는 말한다.

- 인간은 다른 악덕, 즉 인간 혐오를 초래하지 않도록 인간들의 거동에

---

703) Kant, *Die Religion innerhalb der Grenzen der bloßen Vernunft*, B134-135쪽 각주.

서 차라리 눈을 떼기에 충분히 많은, 문화와 문명화의 악덕들(온갖 악덕 중 가장 고통스러운 악덕들)을 지닐 것이다. 그러나 이것으로 만족스럽지 않다면, 경이로운 방식으로 둘(문화의 악덕과 인간 혐오의 악덕)로 구성된 국제 상황, 이를테면 대외적 국제 상황을 고찰하기만 하면 된다. 왜냐하면 문명화된 민족들이 서로에 대해 야생적 자연 상태(항구적 전쟁 체제의 상태)의 관계에 처해 있고, 여기로부터 빠져나가지 않을 것을 머릿속에 확고하게 굳혔기 때문이다. 그리고 인간은 공적 지표와 정면 모순되고 그래도 부정될 수 없는, 국가라고 불리는 커다란 사회의 제諸원칙을 알게 될 것이다. 어떤 철학자도 국가의 이 제원칙을 도덕과 합치시킬 수 없었고, 그래도 (유감이지만) 인간 본성과 부합될 수 있는 어떤 더 나은 원칙도 제안할 수 없었다. 그리하여 세계국가의 국제연합(Völkerbund der Weltrepublik)에 기초한 영구평화의 상태를 바라는 철학적 천년왕국설(philosophischer Chiliasm)은 전 인류의 완벽화 된 도덕적 향상을 견지하는 신학적 천년왕국설과 마찬가지로 몽환(Schwärmerei)으로 비웃어진다.[704]

칸트는 『영구평화론』(1795)을 저술하여 국제연합을 설파하기 1-2년 전 자기의 국제연합적 영구평화 구상을 "몽환"으로 비웃는 현실을 자인하고 있다. 제민족이 이 구상을 비웃는 것은 칸트 자신이 국제관계를 "문명화된 민족들이 서로에 대해 야생적 자연 상태(항구적 전쟁 체제의 상태)의 관계에 처해 있는 것"으로 규정하고, 현실을 "문명화된 제민족"이 "여기로부터 빠져나가지 않을 것을 머릿속에 확고하게 굳힌" 것으로 못박는 사고방식과 동일한 정서가 서양 세계에 만연되어 있었기 때문이다. 이 비웃음의 근본적 원인은 "만인의 만인에 대한 인애 상태"(컴벌랜드)를

---

[704] Kant, *Die Religion innerhalb der Grenzen der bloßen Vernunft*, B29-31쪽.

"만인의 만인에 대한 전쟁상태"로 뒤집은 그릇된 자연 상태나 홉스주의적 국제관계에 있는 것이 아니라 서양에 고유한 호전적 "투쟁유일주의(Kampfsingularismus)"에 있다. 역사와 문명 진보의 동력을 유일하게 투쟁과 전쟁으로 보는 '투쟁유일주의'는 서양문명과 서양철학에 만연되어 있다. 홉스의 전쟁적 자연상태관과 국제정치관, 그리고 칸트의 더 극악한 전쟁적 자연상태관과 국제정치관은 이 서양적 투쟁유일주의의 전형적 표현이다.

서양철학에서 투쟁유일주의는 칸트와 홉스 이전과 이후에도 계속되어 왔고, 또 계속되고 있는 호전주의적 사조다. 서양 도덕과 서양철학에서는 자아와 타아 간의 '간접적·교호적·인애적' 대등성을 인정치 않고, 서로 투쟁할 때처럼 '직접적' 대등성만을 논한다. 헤겔이 자기의식과 자기의식의 첫 만남을 목숨을 건 "인정투쟁"으로 그렸듯이 막스 셸러와 존 롤스의 주장을 통해 알 수 있듯이 현대에도 서양 철학자들은 자아와 타아 사이에 촌치의 공경지심도 없는 직접적 대등성만을 주장한다.[705] 따라서 서양에서 인간관계는 투쟁이나 경쟁, 그리고 전쟁이다. 헤겔은 "자기의식과 자기의식 첫 조우가 사활을 건 인정투쟁이다"는 정식을 넘어 "바람의 움직임이 바다를 나태로부터 지켜주듯이, 전쟁은 제민족의 인륜적 건강을 지켜준다", 전쟁으로 점철된 "세계사는 세계 심판이다"고 전쟁을 홉스처럼 정당화했다.[706] 쇼펜하우어조차도 "인간적 의식 속에서 이기심이 최상등급에 도달함이 틀림없고, 이기심에 의해 야기되는 개인들의 갈등도

---

705) Max Scheler, *Wesen und Formen der Sympathie* [증보판, 1922], hrg. v. Manfred S. Frings (Bern·München: Francke Verlag, 1973 [6. Aufl.]), 88쪽; John Rawls, *A Theory of Justice* (Cambridge, Massachusetts: The Belknap Press of Harvard University Press, 1971, Revised Edition: 1999), §73(424쪽).
706) Georg W. F. Hegel, *Phänomenologie des Geistes*, 137-154쪽. *Hegel Werke*, Bd. 3, (Frankfurt am Main: Suhrkamp, 1986); Hegel, *Grundlinien der Philosophie des Rechts*, §324, §340; Hegel, *Über die wissenschaftliche Behandlungsart des Naturrechts*, 428쪽. Hegel Werke Bd.2.

가장 경악스럽게 출현함이 틀림없고", 또 이곳에서 "홉스가(『리바이어던』I, 13의) 제1절 '시민에 관하여(De cive)'에서 정확하게 묘사한 'bellum omnium contra omnes'가 즉각 가장 선명하게 드러난다"고 했다.[707] 니체도 "만인의 만인에 대한 전쟁"을 읊조렸고,[708] 마르크스는 "지금까지의 사회의 역사는 계급투쟁의 역사다"라고 공언했다. 베버는 "정치의 본질은 권력투쟁이다"라고 설파하고, 푸코는 "정치는 다른 수단에 의한 전쟁의 연속이다"라고 정치를 '전쟁'으로 만들었다. 근세 초에서 현재까지 면면히 이어진 서양 정치철학 테제들이 거듭거듭 충동질하듯이 투쟁과 전쟁과 대학살의 역사였다. 셸러는 '투쟁유일주의'가 자연과 사회를 원자들의 충돌로 환원하는 데모크리토스, 에피쿠로스 등으로까지 거슬러 올라간다고 본다.[709] 또 흄에 의하면, 키케로도 전쟁상태 가설을 "확실한 것", "보편적으로 인정된 것"으로 상정했다. 그 증거로 흄은 "한때 자연법도 시민법도 아직 정의되지 않았던 시기가 있었는데", 이때는 인간들이 "자기 손과 힘으로 움켜쥐고 보유할 수 있는 것 이상의 것을 소유하지 못했고 상해와 학살을 자행했던" 시기였다고 한 키케로의 언명을 제시한다.[710] 또한 칸트에 영향을 미친 스피노자도 홉스의 전쟁 상태적 자연관에 동조했고, 푸펜도르프도 컴벌랜드를 읽기 전에 잠시 그랬다.[711]

---

707) Schopenhauer, *Die Welt als Wille und Vorstellung* I, §61 (455-456쪽).
708) 니체는 홉스를 대변한다. "개인이 다른 개인들에 대해 자신을 보존하고자 하는 한에서, 개인은 사물들의 자연 상태에서 지성을 대부분 변조를 위해서만 이용한다. 그러나 인간이 동시에 궁핍과 권태에서 사회적으로 그리고 군서방식으로 살고자 하기 때문에, 그는 강화(講和)를 필요로 하고 적어도 가장 거친 '만인의 만인에 대한 투쟁'이 세상에서 사라지게 하는 것을 기도한다." Friedrich Nietzsche, "Ueber Wahrheit und Lüge im aussermoralischen Sinne," 371쪽. *Nietzsche Werke*, V-I, hg. v. G. Colli und M. Montarinari (Berlin: Walter de Gruyer, 1973).
709) Scheler, *Wesen und Formen der Sympathie*, 209-228쪽.
710) David Hume, *An Enquiry concerning the Principles of Morals* [1751], edited by Tom L. Beauchamp (Oxford·New York: Oxford University Press, 1998·2010), 17쪽 각주.
711) Benedict de Spinoza, *Tractatus Theologoco-Politicus* [1670], 201-202쪽. The

서양의 철학자들은 이렇게 한결같이 '사회'의 전쟁상태를 '자연'에 투사하여 '자연'을 전쟁상태로 이해했다. 공자의 '무위이치無爲而治'와 '자연지도自然之道', 맹자와 사마천의 무위無爲시장의 '자연지험自然之驗' 이념이 서양으로 전해지기 전에는 서양 철학자들이 무위자연의 조화이념을 몰랐기 때문이다.[712]

셸러는 서양철학의 이 "투쟁유일주의"를 비판하면서 다윈도 이에 말려들었다고 비판했다.[713] 다윈은 『종의 기원』(1859)에서 '생존 투쟁'을 자연선택의 원인으로 설정했다. 하지만 뒤에 그는 상호 투쟁보다 '환경과의 투쟁'을 중시하고, 『인간의 유래』(1871)에서는 상호부조와 공감도 진화의 원인이라고 말한다.[714] 미상불 크로포트킨은 다윈의 '투쟁'을 '환경과의 투쟁'으로 해석하고, 생명체들이 혹독한 환경에서 살아남기 위해 경쟁을

Chief Works of Benedict de Spinoza, Vol. I (London: George Bell and Sons, 1891); Samuel von Pufendorf, The Whole Duty of Man According to the Law of Nature [1673] (Indianapolis: Liberty Fund, 2003), 114쪽 및 115-117쪽 곳곳.

712) 이에 관해서는 참조: 황태연, 「서구 자유시장론과 복지국가론에 대한 공맹과 사마천의 무위시장 이념과 양민철학의 영향」, 『정신문화연구』 2012년 여름호 제35권 제2호 [316-410쪽]; 황태연, 『유교 제국의 충격과 서구 근대국가의 탄생 (제2권): 중국 자유시장의 충격과 서구 시장경제의 탄생』(서울: 솔과학, 2022).

713) Scheler, Wesen und Formen der Sympathie, 139, 226쪽. 지난 세기의 군소 사회다윈주의자들도 거의 다 다윈의 입장을 '투쟁주의'로 해석했다. 참조: Mike Hawkins, Social Darwinism in Europe and American Thought 1860-1945 (Cambridge: Cambridge University Press, 1997).

714) Darwin, The Descent of Man, 98, 100, 107, 129-130쪽, 611쪽. 『종의 기원』에서 다윈은 '생존 투쟁'을 동종 간 투쟁, 이종 간 투쟁, 환경과의 투쟁을 망라하는 "광의의 비유적 의미"로 "편의상" 사용했다. Charles Darwin, The Origin of Species by means of natural selection or the preservation of favored races in the struggle for life [1859] (New York: D. Appleton & Company, 1896 six and last ed. Vol.1 in 2 Volumes), 78-79쪽. 그러나 그는 이미 『인간의 유래』에서 자신이 생존 투쟁 또는 적자생존에 "너무 많이" 기울어졌다고 고백한다. Darwin, The Descent of Man, 61쪽. 또 한 서한에서는 "내가 범한 최대의 오류는 (…) 환경의 (…) 직접 작용에 충분한 비중을 허용하지 않았던 것"이라고 자인한다. "Darwin to Wagner (13 Oct. 1897)". Mike Hawkins, Social Darwinism in Europe and American Thought 1860-1945 (Cambridge: Cambridge University Press, 1997), 26쪽에서 재인용.

피하고 오히려 서로 돕고 지적하고 '상호부조'를 진화의 주요 원인으로 규정했다.[715] 현대 생태학자 유진 오덤(Eugene P. Odum)도 자연 상태에서 맺어지는 생명체 간의 관계를 경쟁·포식·기생·공서共棲·협력·공생으로 열거하고, 경쟁·포식·기생은 자연에서 드문 반면, 공서·협력·공생이 널리 확산되어 있고, 특히 '공생'은 극히 광범하게 퍼져 있다고 확인하며 크로포트킨에 동조한다.[716] 이점에서도 이제 다윈을 투쟁유일주의로부터 풀어주는 것이 그의 바뀐 뜻에 맞을 것이다.

서양의 투쟁유일주의는 서양 철학자들이 성서의 원죄설적 성악설에 사로잡혀 또는 이 원죄설을 빌미로 본유감정으로서의 사양·공경지심을 제쳐두고 자아의 원시적 욕망을 앞세우는 병리적 심리를 보편 명제로 격상시키기 때문에 빚어진 것이다. 사양지심(공경지심)만이 싸움의 도발을 막을 수 있다. 따라서 공자는 일찍이 "사양을 숭상하여 쟁탈을 없앤다"고 갈파했다.[717] 또 '존양尊讓'과 '결경潔敬'이 투쟁을 없애준다고 말한다. "존양과 결경이라는 것은 군자가 상접하는 방도다. 군자가 존양하면 다투지 않고, 결경하면 오만하지 않다. 오만하지 않고 다투지 않으면, 싸우고 폄하하는 것과 멀어진다. 싸우고 폄하하지 않으면, 폭란의 화禍가 없어진다."[718] 나아가 맹자는 공경지심을 인간의 본유감정으로 규정한다. "공경지심은 사람이 다 가지고 있는 것"이므로[719] 그는 "사양지심이 없으면 인간이 아니다"라고 천명한다.[720] 공맹의 이 관점에서 보면, 셸러와

---

715) Pyotr A. Kropotkin, *Mutual Aid: A Factor of Evolution* (London: William Heinemann, 1902·1919), 11-62쪽, 63-117쪽.
716) Eugene P. Odum, *Ecology: A Bridge Between Science and Society* (Sunderland: Sinauer Associates, 1997), 187-205쪽.
717) 『禮記』「禮運 第九」: "尙辭讓 去爭奪".
718) 『禮記』「鄉飮酒義 第四十五」. "尊讓絜敬也者 君子之所以相接也. 君子尊讓則不爭, 絜敬則不慢. 不慢不爭 則遠於鬪辨矣. 不鬪辨 則無暴亂之禍矣. 斯君子所以免於人禍也.."
719) 『孟子』「告子上」(11-6): "恭敬之心 人皆有之".
720) 『孟子』「公孫丑上」(3-6): "無辭讓之心 非人也".

롤스의 직접적 자타대등론이나 저 기라성 같은 서양 철학자의 투쟁유일주의는 다 '비인간적' 주장인 셈이다.

동아시아에서도 양보 없는 투쟁을 부추기는 이런 병리적 철학이 춘추·전국시대 같은 시기에는 유행한 적이 있었다. 그러나 공맹은 이 시대에 맞서 '사양지심'과 '예'를 역설했다. 공자는 예의 회복을 '인의 실천' 방도로 이해했기 때문이다.

- 자기를 잘 다스리고 예를 회복하는 것이 인의 실천이니, 하루 자기를 다스리고 예를 회복하면 천하가 인으로 돌아온다. (…) 예가 아니면 보지 말고, 예가 아니면 듣지 말고, 예가 아니면 말하지 말고, 예가 아니면 움직이지 말라.[721]

또 유자有子는 "공경이 예에 가까우면 치욕을 멀리한다"고 하고,[722] 증자도 "예를 아는 데에는 공경이 있을 따름이다"라고 말했다.[723] 맹자도 "사양지심은 예의 단초다"라고 갈파했다.[724] 이런 예법적 교화론 가운데서 나온 유교적 반전·평화주의("君子不爭"『공자』, "君子有不戰"『맹자』)는 국제정치에서 지혜로운 외천자畏天者의 사대주의와 인애로운 낙천자樂天者의 사소주의事小主義의 국제 정치적 상호 결합 원칙과[725] 더불어 극동 제국 간의 항구 평화를 지켜주었다. 사대·사소주의와 반전·평화주의의

---

721) 『論語』「顔淵」(12-1): "克己復禮爲仁, 一日克己復禮 天下歸仁焉. … 非禮勿視 非禮勿聽 非禮勿言 非禮勿動".
722) 『論語』「學而」(1-13): "恭近於禮 遠恥辱也".
723) 『禮記』「檀弓下 第四」: "晏子可謂知禮也已 恭敬之有焉."
724) 『孟子』「公孫丑上」(3-6): "辭讓之心 禮之端也." 또 「告子上」(11-6)의 "恭敬之心 禮也"도 보라.
725) 『孟子』「梁惠王下」(2-3): "齊宣王問曰 交鄰國有道乎? 孟子對曰 有. 惟仁者爲能以大事小 是故湯事葛 文王事昆夷. 惟智者爲能以小事大 故太王事獯鬻 句踐事吳. 以大事小者 樂天者也 以小事大者 畏天者也. 樂天者保天下 畏天者保其國. 詩云 畏天之威 于時保之."

원칙이 진정으로 도덕감정적 인간 본성의 표현이기 때문이다. 1780-90년대에도 중국·조선 등 극동 유교 국가들은 공맹의 가르침에 따라 역사적 발전 동력과 문명적 발전 수준을 '예법적 교화教化'로 보고 침략전쟁을 배제하고 반전·평화주의를 신봉했기 때문에 항구 평화를 유지할 수 있었던 것이다.

칸트는 『이성의 한계 내에서의 종교』를 출간한 지 1-2년 뒤 1년도 앞을 내다보지 못하고 "국가의 제원칙을 도덕과 합치시키기" 위해 『영구평화론』(1795)을 출간했다. 홉스보다 홉스적으로 사고하는 『단순한 이성의 경계 안에서의 종교』와 『영구평화론』은 상호모순이다. 후자는 전자에 의해 부정된다. 그리하여 영구평화의 방책으로 구상한 '국제연합' 이념도 "신학적 천년왕국설"과 같은 급의 "몽환"으로 조소당할 수밖에 없는 것이다.

그러나 18세기에도 중국 제국과 유학의 정치적·철학적 영향으로 국가 원칙과 도덕의 합치를 추구한 계몽 군주들이 많았다. 영국 휘그당의 중요 정치인 섀프츠베리, 휘그당 지도자 존 트렝커드와 토머스 고든(John Trenchard & Thomas Gordon), 오스트리아의 요제프 2세, 러시아의 예카테리나 여제, 프로이센의 프리드리히 2세, 미국의 프랭클린·제퍼슨·매디슨 등이 그들이다. 1740년 프리드리히 2세는 정치를 도덕과 무관한 것으로 만든 마키아벨리를 공자의 논법으로 비판하는 『반反마키아벨리론(Anti-Machiavelli)』을 불어(1740)·영어(1741)·독일어 등 각국 언어로 공간했었다. 칸트는 자기 국왕의 정치철학과 배치되는 홉스주의를 죽을 때까지 고수하며 모순되게도 영구평화론을 운위했던 것이다.

외진 소도시 쾨니히스베르크의 칸트는 자기 나라의 왕, 프로이센의 프리드리히 2세가 마키아벨리에 대항해 이런 '덕치'를 주창한 사실을 모르고, 당대의 정치와 국제관계를 사이코패스답게 홉스적·마키아벨리적 색안경을 쓰고 흑칠에 흑칠을 거듭한 것이다. 칸트는 교통수단의 발달로 인류역사상 최초로 전후지구적 국제사회가 등장했으나 아직 '세계공동체'·'세계시민' 의식이 성숙하기 전 초창기의 국제 관계적 혼돈상을 인간의 악한 본성에서 빚어진 영원한 국제석 현실로 착각했다. 그러나 국제사회는 칸트로부터 200여 년의 세월이 흐른 오늘날 전쟁이 없지는 않지만 낮은 수준으로나마 '세계공동체'가[726) 되었다. 이것은 국제연합 덕택이 아니라 기술·경제발전에 따른 국제 교류의 증가, 반전·평화주의교육, 국제예양과 국제법적 교화 덕택이다. 칸트는 이런 요소들에 대해 전혀 감도 잡지 못했다.

또 칸트는 제諸민족이 자유롭게 살던 여러 영토를 덮고 가려주는 '지붕' 또는 '우산' 노릇을 했던 로마제국이나 신성로마제국 또는 중국 제국·몽골제국과 같은 '보편군주정'을 망각하거나 무시한 채 '자유의 무덤'으로 폄하한다. 그는 18세기 중반 이래 흥기하기 시작한 민족주의 이데올로기와 주권 국가 관념에 그만큼 꽉 사로잡혀 있었던 것이다. 당대나 오늘날 '보편군주정'은 또다시 추구할 것이 아니지만, 마치 그렇게 '괴물'이었던 것처럼 폄하하기만 할 일도 아니었다. 칸트는 『단순한 이성의 경계 안에서의 종교』에서 보편군주정을 이렇게 폄하한다.

- 우리가 이것들(커다란 국가 사회들)에서 이 사회들의 역사를 단지 우리에게 대부분 숨겨진 인간성(Menschheit)의 내적 자질의 현상으로만 바라보면, 그들(제민족)의 목적이 아니라 자연의 목적에 따른 자연의 얼마간 기계적인 행정(einigerßen maschinenmäßiger Gang der

---

726) 2022년부터 우크라이나 전쟁이 계속되던 2023년 튀르키예에서 대규모 지진이 발생했는데, 전 세계에서 130여 개국이 튀르키예 재난지역에 구호지원팀을 파견했고, 이보다 많은 수의 국가가 구호물자의 무상 공급에 나섰다. 이것은 국제사회의 대단히 끈끈한 세계시민적 '공동체화' 수준을 보여준다.

Natur)을 알 수 있게 된다. 각국은 강제하기를 바라는 타국을 옆에 가진 한에서 이렇게 굴복시킴으로써 스스로를 확대하려고 기를 쓰고, 따라서 보편군주정(Universalmonarchie), 즉 모든 자유와 이와 함께 덕성(이 자유의 결과인 것)·취향·학문이 말살될 수밖에 없게 될 체제를 추구한다. 그러나 (법률이 점차 힘을 잃을) 이 괴물은 모든 이웃나라들을 집어삼킨 후에 마침내 저절로 해체되고, 부분적으로는 봉기와 분열을 통해 수많은 소국으로 쪼개진다. 그러면 이 소국들은 국가연합(Staatenverrein, 자유로운 연합된 제민족의 공화제국가)을 추구하는 대신에 다시 각자 나름으로 새로이 동일한 게임을 시작해 전쟁이란 것이 보편적 단독지배의 무덤(또는 어떤 국가에서도 전제정이 약화되지 않도록 하기 위한 국제연합『Völkerbund』)만큼 치유할 수 없이 악한 것은 아닐지라도, 한 고대인이 말했듯이 악인을 없애는 것보다 더 많은 악인을 만들어내는 전쟁(인류의 이 채찍)을 끝나게 만들지는 않는다.[727]

칸트는 여기서 '보편군주국'을 자유·덕성·취향·학문을 말살하는 "괴물"로 그리지만 로마제국·몽골제국·중국 제국에서는 자유·덕성·취향·학문이 만개했었다. 역사상 '제국'으로 나타난 '보편군주국'은 대개 전쟁을 막고 평화와 안전을 보장하는 제민족의 '지붕'이나 '우산' 노릇을 하는 것에 불과했다. 이것이 실제의 역사였다. 그리하여 제국의 지붕이 붕괴되더라도 "수많은 소국으로 쪼개진" 나라들이 얼마 지나지 않아 다시 통일천하를 이루는 것을 반복해 왔다. 칸트는 당대 민족국가들의 국제적 난무와 혼돈을 악한 인간 본성에 의해 산출된 영원한 국제관계로 봄으로써 이 역사적 '반복'을 보지 않고 있다.

---

727) Kant, *Die Religion innerhalb der Grenzen der bloßen Vernunft*, B31쪽. B판 보주.

■ 전쟁의 정당화

칸트의 극악한 국제 정치적 홉스주의는 그가 역설한 영구평화론과 결합 속에서 전쟁을 간접적·과도기적으로 정당화할 수밖에 없다. 서양 전통에는 전쟁을 역사의 유일한 동력으로 보는 투생유일수의 간접적 전쟁 정당화만이 아니라 '직접적' 전쟁 정당화론도 많았다. 홉스는 전쟁상태를 '근면' 요인으로 찬양하고 있다.

- 그러나 그들이 이럼으로써(전쟁 태세를 늘 유지함으로써) 그 신민들의 근면을 유지시키기 때문에 이런 자세로부터는 개별적 인간들의 자유가 초래하는 참화가 생겨나지는 않는다.[728]

홉스는 "전쟁 태세"를 "그 신민들의 근면을 유지시키는" 요소로 봄으로써 헤브라이즘·헬레니즘 전통의 호전주의적 '투쟁유일론'을 노정하며 찬양하고 있다. 전쟁과 전쟁 태세가 국민의 정신적 건강과 근면을 지키는 요소라면, 홉스의 기본 논지는 부지불식간에 다시 자가당착으로 인해 파괴되고 만다. 홉스의 전쟁상태가 국민의 정신적 건강에 이토록 좋은 것이

---

[728] Thomas Hobbes, *Leviathan or The Matter, Form, and Power of a Commonwealth Ecclesiastical and Civil*, 114-115쪽. *The Collected Works of Thomas Hobbes*. Vol. III. Part I and II, collected and edited by Sir William Molesworth (London: Routledge/Thoemmes Press, 1992). 전쟁상태로서의 국제적 자연 상태에 대해서는 다른 곳에서도 언급한다: "사람들이 작은 가족 단위로 사는 모든 곳에서 서로서로 빼앗고 약탈하는 것은 생업이었고 자연법에 반하는 것으로 여겨지는 것과 아주 거리가 멀어서 더 많은 약탈품을 얻으면 얻을수록, 그의 영예는 더 컸다. 그리고 사람들은 그 안에서 '영예의 법' 외에, 즉, 잔학행위를 삼가고 자기의 생명과 생계 수단을 다른 사람들에게 맡기는 영예의 법 외에 어떤 다른 법도 준수하지 않았다. 작은 가족들이 그때 그랬던 것처럼, 더 큰 가족일 뿐인 도시와 왕국이 이제는 그들 자신의 안전을 위해, 위험, 침략의 공포, 침략자에게 주어질 수 있는 지원 등 온갖 구실로 지배 영역을 확대하고, 힘닿는 데까지, 공공연한 힘과 비밀스런 기술에 의해, 다른 보장이 없다는 이유에서 정당하게 이웃 나라를 정복하거나 약화시키려고 기도한다." Hobbes, *Leviathan*, 154쪽.

라면 전쟁상태로서의 '자연 상태'를 끝내고 '사회 상태'로 넘어가야 한다는 그의 주장은 어리석은 주장이 되고 말기 때문이다.

헤겔은 홉스의 이 전쟁의 정당화 논변을 따라서 전쟁을 아예 노골적으로 찬양한다.

- 바람의 움직임이 바다를 나태로부터 지켜주듯이, 전쟁은 제민족의 인륜적 건강을 지켜준다.[729]

또 헤겔은 전쟁으로 점철된 "세계사"를 "세계 심판"으로 추켜세웠다.[730] 그리고 마르크스는 "지금까지 사회의 역사는 계급투쟁의 역사다"라고 '사실적史實的'으로 기술한 것만이 아니고 폭력투쟁에 도덕적 한계를 세우지 않고 폭력적 계급투쟁을 정당화하고 부추겼다. 이후 폭력과 폭력혁명은 소렐, 레닌, 스탈린, 모택동 등에 의해 찬양되었다.

칸트는 폭력과 전쟁을 이렇게 '직접적'으로까지 정당화하지는 않았다. 그러나 그는 자신의 홉스주의로 인해 전쟁을 인류를 영구평화로 실어다 주는 과도기적 이송 수단으로 인정함으로써 부지불식간에 '간접적'으로 정당화했다. 칸트는 "비사회적 사회성" 테제로 홉스의 "만인의 만인에 대한 전쟁" 상태의 자연 상태를 표현했다. 그리고 이 상태로부터 영구평화 체제로 진보하는 과정에서 그 진보적 동력을 바로 처절한 고통과 참화, 그리고 손실과 전비 부담을 초래하는 '전쟁'으로 보았다. 전쟁이 처절하면 처절할수록 영구평화에 대한 염원과 합의 압박은 더 절박해지고 결국 국제 연합적 영구평화 체제의 성립이 촉진된다. 홉스주의의 틀 안에서는 전쟁이 영구평화로 가는 과도기에 이를 추동하는 동력으로 정당화될

---

729) Hegel, *Grundlinien der Philosophie des Rechts*, §324.
730) Hegel, *Grundlinien der Philosophie des Rechts*, §340.

수밖에 없는 것이다.

　따라서 칸트가 성악론과 "비사회적 사회성"이라는 홉스주의적 인간관을 버리지 않는다면 이런 간접적 전쟁 정당화는 필연적일 수밖에 없고, 자기의 극악한 홉스주의와 영구평화론 간의 모순도 피할 수 없는 것이다. 오직 인간의 도덕감정적 본성을 반영하는 인의仁義예법적 사대·사소주의와 결합된 반전·평화주의 정책과 교육만이 인간 본성을 진성盡性케 하고 세계평화를 확립할 것이다.

제10절

계몽 이념의 주관화와 파괴

칸트는 흔히 오해하듯이 계몽주의자가 아니라 앞서 누차 논증했듯이 계몽철학과 도덕과학을 파괴하고 '주술적 형이상학'으로 되돌려 놓은 반反계몽·반근대적·반동적 몽매주의자(Obscurantist)였다. 칸트철학 가운데 계몽주의를 제대로 반영한 부분은 유일하게 영구평화론이었으나 이 영구평화론은 계몽 이전 시대의 홉스철학을 극화시킨 그의 홉스주의와 모순을 일으키며 이론적으로 좌초했다. 그러나 그는 「계몽이란 무엇인가 묻는 질문에 대한 답변(Beantwortung der Frage: Was ist Aufklärung)」이라는 1784년의 잡지 투고 에세이에서 '계몽'을 '자기귀책적' 미성년성을 탈피할 '결단과 용기'로 둔갑시켜 '내면화·주관화·자책화'함으로써 18세기 계몽에 최후의 조종弔鐘을 울린다. 이것으로 객관적 억압·궁핍·무지·미신(주술)로부터의 정치 사회적·경제적 해방으로 이해되어 온 '계몽'은 적어도 유럽 대륙에서 종식되었다. 칸트가 이렇게 계몽을 왜곡하고 종식 시킨 것은 프로이센의 프리드리히 2세가 오스트리아의 마리아 테레지아 여제와 7년전쟁(1756-1763)을 치르면서 중국 지향의 유교적 국가 개혁으로부터 군국주의적 관헌국가로 퇴락한 것과 시간적 궤적을 같이한다.

10.1. 자기귀책적 미성년성을 탈피할 용기로서의 계몽?

호르크하이머와 아도르노, 푸코와 하버마스가 별것이나 되는 것처럼 중시하여 분석한 에세이 「계몽이란 무엇인가 묻는 질문에 대한 답변」에서 칸트는 단도직입적으로 "계몽"을 "인간이 자기귀책적 미성년성으로부터 탈피하는 것"으로 정의한다. 그는 이어서 미성년성(Unmündigkeit)을 "타인의 지도가 없으면 자신의 지성(Verstand)을 사용할 줄 모르는 무능력"으로 정의하고, 자기귀책성은 저 무능력의 원인이 "지성의 결여에 있는 것이 아니라 타인의 지도 없이는 지성을 사용할 결단과 용기(Entschließung und Mut)의 결여에 있는" 경우로 정의한다.[731] 따라서 계몽이란 일단 인간이 결단과 용기의 덕성을 발휘, 정치 사회적 미성년 상태(피지도와 피지배)로부터 탈피하여 자유로운 성년成年이 되는 것을 뜻한다. 여기서 계몽과 관련된 '성년성(Mündigkeit)'이란 타인의 지도 없이 자유롭게 자기의 지성을 사용할 자율 능력을 의미한다. 따라서 궁극적으로 계몽이란 타인의 지도 없이도 자기의 결단과 용기를 발휘하여 자기책임 하에 지성을 사용할 자율적 능력을 갖춘 성인이 되는 것이다.

여기서 '지성'은 사물을 인식하고 손익을 타산하는 이지理智 능력인 '도구적 이성'의 능력을 뜻한다. 이 지성은 스스로 쓰일 수 없다. 지성을 지휘하고 지성의 사용을 결정하는 것은 감정이다. 순수이성도 이성인 한

---

731) Immanuel Kant, "Beantwortung der Frage: Was ist Aufklärung"[1784], 53쪽. *Kant Werke*, Bd.9, Teil 1, hrsg. v. Wilhelm Weischedel (Darmstadt: Wissenschaftliche Buchgesellschsft, 1983).

에서 '지성의 배치'를 대상으로 삼지만, 논리적 분류와 형식적 서열에 따른 체계화에 그칠 뿐이고 지성의 실제적 사용을 결정하지 못한다. 이성은 감정의 노예일 뿐이다. 실제적 사용을 지도하기 위해서는 자유와 자율(타율 지도가 없는 상태), 책임, 선善의 자각과 이 선의 목적을 위해 지성을 사용할 도덕적 결단의 의지와 용기의 감정적 덕성이 필요한 것이다. 이런 까닭에 칸트는 여기서 실천이성의 요소로서 자기귀책성, '타인의 지도 없는' 자율성, 결단, 용기 등 언급하고 있는 것이다.[732] 말하자면 계몽이란 자기귀책적 미성년성을 자각하고 자기의 지성을 사용할 자율적 '결단과 용기'를 발휘, 타율지도 체제와 미성년성으로부터 탈피하여 스스로 자유롭고 기개 있는 성인이 되는 것을 가리킨다.

이런 관점에서 칸트는 "계몽의 슬로건"을 "너 자신의 지성을 사용할 용기를 가져라!"로 제시한다. 반대로 "자연이 인간들에게 타율 지도로부터의 자유를 선언한 뒤에도 그렇게 많은 대다수의 사람이 기꺼이 평생 미성년으로 남아있는" 것은 "나태와 비겁" 때문이다"고 천명한다.[733]

칸트의 이 계몽의 재再정의는 종래의 계몽 이념을 파괴하고 계몽주의 시대의 조종을 울리는 정의다. 종래의 계몽 이념은 억압과 억압을 통한 착취·궁핍·무지·미신(주술)·몽매로부터의 인간의 해방이다. 이 인간의 해방을 위해 구체적으로 (1) 정치를 민주화하여(정치적 자유와 평등 체제를 수립하고 백성[the people]을 참정하는 국민『nation』으로 해방하고) 인간을 억압으로부터 해방하고 (2) 민주적으로 입법된 법률에 의한 법치를 확립

---

732) 그러나 호르크하이머와 아도르노는 칸트의 계몽개념의 정의에서 이 자기귀책성, 자율성, 결단, 용기 등의 계기를 완전히 무시하고 지성을 사용하는 이성을 단순히 체계화하는 "형식적" 순수이성과 "계산적 사고"로 피상환함으로써 이성을 '도구적 이성'으로 속단하고 있다. 참조: Max Horkheimer und Theodor W. Adorno, *Dialektik der Aufklärung* (Frankfurt am Main: Fischer Verlag, 1969), 74-76쪽. 바로 이러한 속단은 그들이 계몽이념을 신화와 나치즘적 야만으로 둔갑시키는 신비스런 변증법적 전도의 출발토대다.
733) Kant, "Beantwortung der Frage: Was ist Aufklärung"[1784], 53쪽.

하고 (3) 정치와 종교를 분립시키고 (4) 경제를 시장화·산업화하여 국민을 궁핍으로부터 해방하고 (5) 학문을 형이상학으로부터 탈피시켜 과학화하고 보통교육을 실시하여 국민을 무지로부터 해방하고 (6) 문화와 예술을 대중화하고 (7) 사회를 탈脫주술화(탈종교화)하고 도덕을 인간 본성으로 귀인歸因시켜 탈종교화·과학화하여 인간을 미신으로부터 해방하고 (8) 사법제도와 행형行刑을 인간화하고 (9) 군대를 정예화하는 것이다. 이러한 인간해방을 위해서는 기존의 앙시앵 레짐(절대주의 체제와 관헌국가)을 전복·타파하는 것이 불가피하고 이를 전복·타파하기 위해서는 혁명과 개혁이 필수적이다. 계몽 이념에는 바로 이 개혁과 혁명이 포함된다.

칸트는 여기서 '몽매'를 '미성년성'으로 바꿔 부르고 이것을 '자기귀책적'이라고 하고 있다. 그러나 이 '몽매'는 정치적·종교적 압제에 의해 강요된 것이지, 자기로부터 말미암은 '자기귀책적' 상태가 아니다. 따라서 '몽매' 또는 '미성년성'은 "타인의 지도가 없으면 자신의 지성을 사용할 줄 모르는 무능력"이 아니라, 권력을 가진 타인이 다른 인간들을 미성년자로 만들고 인간 자신의 본성적 지성을 개발하고 사용하지 못하도록 강요하여 조성된 무지와 무능력을 말한다. 따라서 '자기귀책성'은 자유의지가 배제된 이 강요된 무지상태에서 운위할 것이 못 되고 운위해서도 아니 되는 것이다. 따라서 몽매의 원인은 "타인의 지도 없이는 지성을 사용할 결단과 용기의 결여"가 아니라 바로 "타인의 지도"인 것이다. 따라서 계몽은 인간해방을 위해 이 타인의 압제적 지도 체제를 혁명적으로 타파하는 것으로 귀결된다. 그러므로 이 상황에서 "자기귀책성"이나 "결단과 용기"를 운위하며 계몽을 주관화하는 것은 바로 계몽 이념을 파괴하는 것이다.

"자기귀책성"이나 "결단과 용기"를 운위하다가 보면 몽매의 탓을 엉뚱하게 자기로 돌리고 그러면서도 자기귀책적 몽매로부터 탈피할 결단력과 용기를 가진 사람은 소수일 수밖에 없다. 왜냐하면 압제에 불만을 가진 대중 가운데 몽매를 제 탓으로 돌릴 사람도 소수이지만 눈앞의 압제자를 계몽시킬 실력도, 공격할 용기도 없는 자가 스스로 몽매로부터 탈피할 용기를 발휘할 것이라는 기대는 난센스이기 때문이다.

칸트는 외부 세계에 실재하는 프로이센 관헌국가의 압제를 분쇄할 혁명적 기도가 초래할 죽음의 위험을 본능적으로 느끼고 한껏 위축되었다. 그는 프로이센 관헌국가에 대항해 혁명을 일으킬 용기가 없었다. 그는 정치적으로 노예 같은 처지에서 죽음의 공포에 내면으로 '떠밀려 든 의식(zurückgedrängtes Bbewußtsein)' 상태에 처해 있었던 것으로 보인다. 헤겔이 잘 분석한 이 '떠밀려 든 의식' 상태에서는 감옥에 갇혀있으면서도 자기는 자유롭다고 허세를 부리고 안과 바깥이나 감옥이고 감옥의 크기만 다를 뿐이라고 흰소리를 늘어놓으면서 자기를 감옥에 처넣은 외부의 억압 체제를 외면한다. 그리고 억압의 원인을 자기 탓으로 돌리고 모든 의미를 내면에서 찾는다. 칸트는 이런 '떠밀려 든 의식' 상태에서 혁명에 반대하고 계몽의 방향을 외부에서 내면으로 돌렸다. 따라서 공론장에서 한참 토론하다가도 '멈추라'는 관헌국가의 명령이 떨어지면 이에 즉각 복종하여 입을 닫을 반혁명적 비겁자인 칸트는 그 자신의 계몽 개념("자기귀책적 미성년성을 탈피할 용기")에 입각하더라도 그 자신의 '자기귀책적 미성년성'도 탈피하지 못한 반反계몽적 몽매주의자다. 왜냐하면 그의 새로운 계몽 파괴적 계몽 개념 자체가 이미 용기 없는 자의 비겁한 위축감과 죽음의 공포를 바탕으로 깔고 있고, 동시에 그 자신의 '자기귀책적 미성년성'의 표현이기 때문이다.

10.2. 자유공론을 통한 계몽? 혁명의 부정과 체제부역

칸트는 거의 자신의 천성이 되어버린 자기귀책적 미성년 상태로부터의 탈피가 개개 인간들에게는 어려운 일이라고 본다. 그래서 몽매와 굴종이 지배하는 현실 속에서 저 결단력과 용기를 지닌 사람은 오직 소수일 뿐이라는 것이다. 칸트는 몽매한 대중과 각성된 소수의 이러한 모순을 자유 공론의 이념으로 해결코자 한다. 칸트는 루소와 정반대로 공론적 이성 활용을 계몽의 유일한 방법으로 오인하고 이 공론을 계몽주의적 근대 기획의 근본 요소로 정립한다.

- 미성년으로 남아 있는 것은 차라리 마음이 편한 면이 있다. 개인적 인간들이 거의 자신의 천성이 되어 버린 미성년성으로부터 스스로 탈피하는 것은 어렵다. (…) 자기 정신을 스스로 가공함으로써 스스로 미성년성으로부터 탈피하여 확실한 행로를 가는 데 성공한 사람들은 오직 소수일 뿐이다.[734]

그러나 칸트는 용기 있게 자신의 지성을 사용할 용기를 발휘하는 소수의 사람의 공론 활동에 주목함으로써 루소에게서 망실된 공론의 계몽적 기능을 강조한다.

- 차라리 공중이 스스로를 계몽하는 것은 가능하다. 아니, 공중에게 자유만 주어진다면 그것은 거의 불가피하다. 미성년의 굴레를 스스로 벗어던지고 난 뒤 각 인간의 고유한 가치에 대한, 그리고 자율사고(Selbstdenken)의 사명에 대한 이성적 존중의 정신을 자기 주변으로 확산시키는 몇몇 자율적 사색가들이 심지어 대중의 후견인들 가운데

---

734) Kant, "Beantwortung der Frage: Was ist Aufklärung"[1784], 54쪽.

에서도 늘 존재하게 될 것이기 때문이다."[735)]

여기서 특기할 만한 것은 칸트가 공중의 오류나 편견은 공중의 무지에서 생기는 것이 아니라 그릇된 지도자들의 오도와 선동으로 주입된 것이라고 보는 점이다. 이전에 후견인들에 의해 미성년성의 굴레 아래 들어가게 된 공중은 "그 어떤 계몽에도 무능한 후견인들"에 의해 선동되는 경우에는 나중에 다시 이 후견인들을 굴레 아래로 들어가도록 강요함으로써 보복한다. 따라서 "편견을 심는 것은 아주 유해한 것"이다. "편견은 나중에 이 편견의 원작자 또는 이 자의 후손에 복수한다".[736)]

칸트는 이 논변에서 부당전제의 오류를 범함으로써 '혁명'의 사명을 건너뛰고 있다. 공중에게 자유를 허용하려면 바로 '혁명' 또는 '혁명 수준의 개혁'이 필요하기 때문이다. 아무튼 칸트는 대중을 계몽하는 실천을 스스로 계몽된 소수의 선각자가 인간의 자격으로서 "이성을 공론적으로 활용하여" 대중의 계몽을 촉진하는 것으로 기안함으로써 계몽의 실천 이론 속에서 계몽 이념과 자유 공론의 이념을 상호 전제로 결합시킨다.[737)]

칸트에 의하면, 공중은 "오직 서서히" 계몽된다. 그는 급격한 "혁명"을 통하면 아마 개인적 전제와 압제로부터 이탈은 이룩되겠지만, "사고방식의 진정한 개혁"은 이루어지지 않는다고 말함으로써 계몽 과정에서 혁명을 배제한다. 그는 "혁명"을 통해 생겨난 새로운 편견들이 오히려 낡은 편견과 함께 "사려 없는 거대한 무리"의 행동 지침이 되고 말 것이라고 단정한다.[738)] 이 문장은 칸트가 1784년 이미 마치 자코뱅당의 광신적 혁명 테러를 예견한 것같이 읽힐지도 모르겠다. 그러나 「계몽이란 무엇인

---

735) Kant, "Beantwortung der Frage: Was ist Aufklärung"[1784], 54쪽.
736) Kant, "Beantwortung der Frage: Was ist Aufklärung"[1784], 54쪽.
737) Kant, "Beantwortung der Frage: Was ist Aufklärung"[1784], 55쪽.
738) Kant, "Beantwortung der Frage: Was ist Aufklärung"[1784], 55쪽.

가 묻는 질문에 대한 답변」을 베를린 월간 잡지에 기고한 1784년은 미국의 혁명적 독립전쟁이 1783년 파리조약으로 막 종전된 시점이었다. 칸트는 '반인도적' 테러를 수반하지 않았던 미국 혁명까지도 거부한 것이라고 봐야 할 것이다. 따라서 미국 혁명의 성공으로 한창 무르익어가던 유럽 혁명도 거부한 것이다. 따라서 그는 '떠밀려 든 의식' 상태에서 용기를 잃고 모든 계몽주의적 근대화 혁명을 부정하고 비방하는 공개 발언을 하여 '체제 부역'을 한 것이다.

칸트는 모든 혁명을 거부하면서도 모순되게 "이 계몽을 위해서는 자유, 그것도 자유라고 부를 수 있는 모든 것들 가운데 가장 무해한 것, 즉 자신의 이성을 모든 부분에서 공론적으로 사용할 자유 외에 다른 것이 필요치 않다"고 주장한다. 그러나 그도 자유를 제한하는 압제를 느낀다. 모든 측면으로부터 들리는 소리는 "떠들고 따지지 말아라!(räsonniert nicht!)"라는 경고라는 것이다. 장교는 따지지 말고 훈련하라!, 성직자는 따지지 말고 믿어라!, 이른바 계몽 군주 프리드리히 대왕은 "맘대로 떠들고 따져라, 그러나 복종하라!"고 말한다. 칸트는 이와 같이 "도처에 자유의 제한"이 있다고 자인한다.[739]

칸트는 이 맥락에서 계몽을 가로막는 제한과 계몽을 가로막지 않는 제한을 가르고, 계몽을 위해서 "이성의 공론적 사용"은 "언제든" 자유로워야 하고 오직 이성의 이 자유로운 공론적 사용만이 사람들에게 계몽을 가져다줄 수 있다고 말한다. 반면, "이성의 사적 사용"은 종종 매우 협소하게 제한되어도 계몽의 진보에 특별한 지장을 초래하지 않는다고 생각한다. "이성의 공론적 사용"은 임의의 인간이 "식자로서" 독자 공중 전체를 상대로 이성을 사용하는 것인 반면, "이성의 사적 사용"은 그에게 위임된 시민적 "직책" 또는 "직위"에서 자신의 이성을 사용하도록 허용되는 것

---

739) Kant, "Beantwortung der Frage: Was ist Aufklärung"[1784], 55-56쪽.

을 뜻한다. 이 직책과 직위가 공공목적을 수행하는 필수적인 기제의 한 부분인 한에서 지시에 수동적으로 응해야 하는 이 자리에서 떠들고 따지는 것은 물론 허용되지 않는다. 이 자리에 있는 한 복종해야 한다. 그러나 기제의 한 부분인 직책자도 자신을 선술 공농체, 아니 "세계 시민사회의 성원"으로 간주하는 한에서, "자기의 이성적 정신"에서 공중을 글로 대하는 "식자의 자질"에 따라 자신의 직무를 교란하지 않으면서 물론 말하고 따질 수 있다.[740] 칸트는 여기서 이성적 정신에서 공익을 사심 없이 논하는 '식자의 자질'을 세계시민의 지위와 결합시키고 있다. 말하자면 계몽은 자유 공론적 메커니즘을 통해 세계시민의 추상적 지위를 논리적으로 전제하는 것이다.

그러나 혁명을 부정하고 갈지자걸음을 걷는 칸트의 사고방식은 여기서 완전히 도착되고 있다. 18세기 상황에서 이성의 자유로운 공론적 사용을 보장해 줄 자유언론과 자유로운 공론장은 이성의 공론적 사용을 통해서 주어지는 것이 아니라 과감한 정치 사회적 투쟁과 혁명을 통해서만 쟁취될 수 있었다. 그러나 그는 자유 공론을 가져다줄 혁명을 부정하면서도 자유 공론의 장에서 이성의 공론적 사용을 통해 계몽을 할 수 있다고 말하고 있다. 그는 이성의 공론적 사용에 관한 논변에서 '언론의 자유'를 부당하게 전제하는 부당전제의 오류를 범하고 있다. 당시에 이성의 공론적 사용은 자유언론의 존부에 달려 있고, 다시 자유언론의 존부는 언론의 자유에 적대적인 앙시앵레짐을 분쇄할 정치·사회혁명에 달려있었기 때문이다.

1780년대 당시 프로이센에서 언론의 자유는 지극히 협소했고 모든 언론과 저술 활동은 철저히 검열당하고 있었다. 칸트 자신도 일련의 종교 관련 저서와 에세이를 발표한 뒤 프리드리히 빌헬름 2세로부터 종교 관

---

740) Kant, "Beantwortung der Frage: Was ist Aufklärung"[1784], 55-56쪽.

련 발언을 금하라는 협박성 명령을 받았다. 그는 이 협박에 굴복하여 앞으로 종교철학 책을 더 이상 출판하지 않겠다는 서약서를 써내고 종교 관련 발언을 중지해야 했다. 또 영국에서도 언론의 자유는 크게 제약당해 있었고 이 때문에 오랜 세월 갈등이 계속되었다.

유학을 국학으로 삼은 송·원·명·청대 중국에서는 역대 정부들이 공자의 '언로言路와 사상의 자유' 명제들에 충실하게 사상·학문·양심·종교·언론의 자유를 폭넓게 보장해 왔다. 공자는 "이단을 공격하는 것은 나라에 재해다(攻乎異端 斯害也耳)"라고 천명하고,[741] "자기의 악을 공격하고 남의 악을 공격하지 않는 것이 사특함을 고치는 것이 아니겠느냐?(攻其惡 無攻人之惡 非脩慝與)"라고 갈파하고,[742] 또한 "천하에 무엇을 근심하고 무엇을 걱정하랴! 천하는 같은 데로 돌아와도 길을 달리하고 일치해도 생각을 백 가지로 하는데 천하에 무엇을 근심하고 무엇을 걱정하랴!"라고 선언했다.(子曰 天下何思何慮! 天下同歸而殊塗 一致而百慮 天下何思何慮!)[743] 따라서 공자철학을 국학으로 삼은 청대 중국에서도 언론자유 수준은 당시 영국보다 나았고,[744] 종교와 관련된 언론의 자유 측면에서는 영국을 완전히 능가했다. (당대 영국에서는 무신론과 가톨릭을 옹호하거나 성공회를 부정하는 언론은 법적으로 용납되지 않았고, 국교회 신앙에 선서하지 않는 사람들은 공무원에 임지하지 않았고 옥스퍼드·케임브리지 대학 입학을 불허했다.) 영국인들은 언론자유를 위해 부단히 투쟁했고 이를 위해 피를 흘리기도 했다. 그러나 칸트는 이런 역사적 사실도 몰각하고 프로이센

---

741) 『論語』「爲政」(2-16).
742) 『論語』「顔淵」(12-21).
743) 『易經』「繫辭下傳」(5).
744) 언론·출판 검열이 없는 청대 언론자유와 중국과 영국 간 언론자유의 비교에 대해서는 1793년 매카트니 특사단의 일원으로 중국을 방문한 존 배로(John Barrow) 경의 보고를 참조: John Barow, *Travels in China* (London: Printed by A. Strahan, Printers-Street. For T. Cadell and W. Davies, 1804·1806), 392, 395, 397-398쪽.

의 언론 현실도 몰각한 채 "자기의 이성적 정신"에서 공중을 글로 대하는 "식자의 자질"에 따라 자신의 직무를 교란하지 않으면서 말하고 따질 수 있다고 공언하고 나서 곧이어 이성을 공론적으로 사용할 "무제한적 자유"를 운위하게 된다. 그러나 19세기 말까지 녹일에서 언론의 자유는 거의 없었다. 19세기 중반 칼 마르크스는 신문기자를 하다가 신문사가 폐간당해 두 번이나 해외로 망명해야 했고, 죽을 때까지 독일로 돌아오지 못했다.

칸트는 이런저런 부당전제의 오류를 범하면서 논변을 이어간다. 가령 직책에 임명된 교사가 자신의 학부모 앞에서 자신의 이성을 사용하는 것은 한낱 사적 사용에 불과하고 이 앞에서 자유롭지 못하다. 이것은 성직자도 마찬가지다. 이에 반해 이 성직자도 "본래적 공중, 즉 세상에 대고 글로써 말하는 식자로서" 자신의 이성의 공론적 사용에서 있어 자신의 이성을 사용하고 자신의 명의로 말할 "무제한적 자유"를 향유한다.[745] 여기서 공중으로 구성되는 "세상"이란 공론장公論場을 의미한다. 칸트는 다른 글에서 가끔 세계 인식 및 세계인에 관해 언급한다. 이것은 나중에 칸트의 세계시민 이념으로 표현된다. 하버마스에 의하면 세계는 이성적 인간들의 의사소통 과정에서 가장 순수하게 개창開創된다.[746] 아무튼 여기서도 진정한 용기를 요하는 혁명과 개혁의 사명을 내동댕이친 '비겁한' 칸트는 혁명을 이성의 공론적 사용으로 대체하고 자신의 명의로 말할 "무제한적 자유"를 부당전제하고 있다.

종교는 어떤가? 칸트는 성직聖職 문제에서 "인민의 후견인들 자신이 다시 미성년자로 남아 있어야 한다면, 이것은 부조리의 영구화로 치닫는 부조리"라고 말한다.[747] 게다가 성직자 사회가 각 구성원에게 고위 후

---

745) Kant, "Beantwortung der Frage: Was ist Aufklärung"[1784], 57쪽.
746) 참조: Habermas, *Strukturwandel der Öffentlichkeit*, 182-183쪽.
747) Kant, "Beantwortung der Frage: Was ist Aufklärung"[1784], 57쪽.

견 체제를 운용하고, 이것을 매개로 인민에 대해서도 후견 체제를 운용하기로, 그리고 이것을 영구화하기로 맹약하는 것은 전적으로 불가능하다. 영원히 가일층적 계몽을 인류로부터 이격시키기 위해 체결된 이 계약은 "단적으로 무효"라는 것이다. 칸트는 이것을 "인간적 본성에 반하는 범죄행위"로 본다. 인간 본성의 본래적 규정은 "계몽의 진보"에 있기 때문이다.[748] 그리고 칸트는 군주가 공론을 감독함으로써 이것에 간섭하든, 또는 군주가 '황제는 문법학자보다 높지 않다'는 비난에 봉착할 문제에 대해 이러한 감독을 자신의 최고 통찰에서 행하거나 자신의 나라 안에서 자신의 신민들에 대한 몇몇 폭군들의 성직적 전제주의를 지원할 정도로 자신의 최고 권력을 낮추든 군주는 존엄성을 잃고 만다고 단언한다.[749]

칸트는 이와 관련하여 시대사적 질문을 던진다. 우리는 지금 "계몽된 시대"에 살고 있는가? 이에 대해 그는 "아니다"라고 자답한다. 우리는 "계몽된" 시대가 아니라 "계몽 중"의 시대에 살고 있다는 것이다.[750] 아직 프랑스혁명 직전이므로 "계몽 중"이라는 말은 맞지만, 일반적 계몽(자신의 자기귀책적 미성년성으로부터의 탈피)을 가로막는 권력적·제도적 장애물들을 제거하는 '혁명'이나 '혁명적 개혁'을 부정하고 '언론'에만 매달리는 칸트의 비겁한, 용기 없는 길은 독일을 계속 "계몽 중"에 머무르게 할 것이다. 프로이센의 계몽주의적 개혁(1807-1815년의 슈타인-하르덴베르크 개혁)은 나폴레옹 혁명전쟁과 정치적 억압에 떠밀려 비로소 관철되었다.

칸트는 당대를 진단한다. "사태가 현재 인간들이 그렇듯이 전체적으로 보면 (종교 문제 있어서) 타인의 지도 없이 자기의 오성을 안전하게 잘 사용할 위치에 있거나 이 위치에 있을 수 있기에는 너무 미흡한 상황"이다.

---

748) Kant, "Beantwortung der Frage: Was ist Aufklärung"[1784], 58쪽.
749) Kant, "Beantwortung der Frage: Was ist Aufklärung"[1784], 59쪽.
750) Kant, "Beantwortung der Frage: Was ist Aufklärung"[1784], 59쪽.

그러나 이 상태에까지 자유로이 작업할 영역이 이제 열리고 있고, 명백한 것은 "일반적 계몽 또는 자신의 자기귀책적 미성년성으로부터 탈피하는 것을 막는 장애들이 점차 적어지고 있는 것"이다. 이런 관점에서 그는 당대를 "계몽의 시대" 또는 "프리드리히의 세기"라고 선언한다. 칸트는 이미 계몽을 중단하고 군국주의·관헌국가 노선으로 돌아선 프리드리히 대왕을 저런 따뜻한 아부로 북돋운다. 종교 문제에 있어서 인간들에게 완전한 자유를 허용하는 것을 자신의 "의무"로 간주하는 프리드리히 대왕은 그 자신이 계몽되었고, 세상과 후세로부터 인류를 미성년성으로부터 탈피시키고 각 개인이 양심 문제 있어서 자기의 이성을 사용하도록 각 개인을 해방한 인물로 칭송받을 자격이 있다는 것이다.[751]

칸트에 의하면, 학문과 예술 분야에서의 계몽에는 어떤 지배자도 후견하려고 하려는 "관심"이 없다. 이 때문에 칸트는 계몽 논의를 종교 문제와 관련시킨 것이다. 그러나 그는 갑작스레 주제를 전환하여 당대의 핵심적 정치문제를 건드린다. 종교 문제에서의 계몽을 촉진하는 국가원수의 사고방식은 더 전진하여 "자신의 입법과 관련해서도 신민들이 그들의 이성을 공론적으로 사용하는 것, 입법의 보다 나은 채택에 관해 자신의 생각들을, 심지어 이미 주어진 입법의 허심탄회한 비판과 함께 세상에 공개적으로 제시하는 것을 허용하는 것이 위험하지 않다는 것을 깨닫게 되는 것"이다.[752]

칸트는 혁명 또는 근본적 국가 개혁의 계몽주의 노선을 부정하고 공론적 논의를 통한 '느린' 점진적 변화를 추구했다. 각종 국가 제도와 권력관계의 혁명적 개혁을 우회하는 이 노선 자체가 바로 '계몽의 파괴', '계몽의 종식'이다. 그러나 칸트 이후의 세계사는 공론을 통한 느린 점진적 변

---

751) Kant, "Beantwortung der Frage: Was ist Aufklärung"[1784], 59-60쪽.
752) Kant, "Beantwortung der Frage: Was ist Aufklärung"[1784], 60쪽.

화가 아니라 1789년 프랑스혁명에서 1807-1815년 슈타인-하르덴베르크의 혁명적 국가 개혁을 거쳐 1830년 프랑스의 7월혁명, 1848년 유럽 각국의 3월혁명에 이르기까지 혁명적 국가 개혁으로 점철되었다. 칸트가 저지하려고 한 '혁명적 계몽'은 "자기귀책적 미성년성으로부터의 탈피"라는 칸트의 자기파괴·자기 기만적 '계몽'개념을 도처에서 분쇄했다.

칸트가 인간해방의 계몽을 위한 혁명을 부정하고 프로이센의 관헌국가적 억압 체제에 부화附和·부역한 것은 그가 뷰캐넌, 그로티우스, 밀턴, 푸펜도르프, 로크, 라이프니츠, 프랭클린, 제퍼슨 등이 이미 줄줄이 인정한 저항권(혁명권)을 부정한 데서 극명하게 드러난다. 이미 1776년 미국의 「독립선언문」에도 명시된 혁명권(저항권)은 뷰캐넌·벨라르민·수아레스 등이 공맹의 폭군방벌론과 역성혁명론으로부터 수용했던 것이다. 칸트는 저항권의 합법화에 반대한다. 그는 저항권을 헌법에 규정함으로써 법적 권리로 만들자는 주장은 기존의 국가원수와 저항 세력의 지도자인 잠재적 국가원수, 즉 적어도 두 명 이상의 국가원수를 법적으로 인정하는 것이기 때문에 법리상의 문제가 있음을 지적한다. 그래서 저항권이 법제화될 수는 없다는 것이다. 그러나 그는 그래도 저항권이 불가양의 천부인권임을 인정하지 않을 수 없는 상황에서 이 저항권을 국가원수에 대한 강권적 저항이 아니라 이성적 반대와 비판의 언론자유로 변질시킨다.

칸트는 이 점에서 어떤 형태의 저항권도 부인하는 홉스를 탄핵하는 제스처로 그 자신이 지금 체제에 부화하고 있다는 사실을 호도하려고 든다. 국가원수는 지배계약에 따라 인민에 대한 어떤 의무도 없고 따라서 시민에게 어떤 짓을 해도 불법을 행할 수 없다는, 즉 시민을 마음대로 할 수 있다는 홉스의 명제는 "경악스럽다"는 것이다.[753] 그러나 저항권의 법제화

---

753) Kant, *Über den Gemeinspruch: Das mag in der Theorie richtig sein, taugt aber nicht für die Praxis* [1793], 161쪽.

에 반대하고 저항권을 언론적 비판권리로 변질시키는 자체가 바로 저항권을 부정하는 홉스를 따르는 것이다.

    칸트는 시민들이 지배자가 "시민에게 불법을 저지르려고 하지 않는다"는 것을 가정할 수 있어야 한다고 말한다. 그는 지배자들이 틈나는 대로 불법을 저지르는 세상에서 시민들에게 거꾸로 된 가정을 요구하고 있다. 모든 인간이 "포기하려 해도 포기할 수 없는 불가양의 권리", 즉 "자신의 의견에 의하면 자신에게 가해지는, 저 전제에 따라 오류 또는 최고 권력의 법률로 인해 생겨나는 일정한 결과의 무지에서 일어나는 불법을 판단할 권리"를 갖는다는 것이다. 이런 이유에서 시민은 통치자의 처분들 가운데 공동체에 대한 불법으로 보이는 사항에 관한 의견을 "공론적으로 발표할 권리"를 갖고 이것은 통치자 자신을 위해서도 유익한 것이다. 원수가 실수하지 않는다고 가정하거나 사실에 무지할 수 없다고 가정하는 것은 원수를 "천상적 영감으로 은총 받은" 존재요 "인류를 초월한" 존재로 망상하는 것이다. 따라서 "펜의 자유"는 "인민 권리의 유일한 수호신"이다.[754] 이 "펜의 자유"마저 부정하려고 하는 것은 최고 명령권자의 관점에서 시민으로부터 모든 권리 요구를 박탈하는 것일 뿐만 아니라, 일반적 인민 의사를 대의한다는 전제에 따라 통치자가 시민에게 명령을 내릴 수 있다는 원리에도 불구하고 통치자가 안다면 결코 저지르지 않을 불법에 관한 정보를 통치자에게서 박탈하여 그를 자기모순에 빠뜨리게 하는 것이라는 것이다.[755] 하지만 칸트는 "자율사고와 요란한 사고(Sebst- und Lautdenken)"가 나라를 소란스럽게 만들 것이라는 염려를 국가원수에게 주입하는 것은 원수에게 "자기의 권력에 대한 불신"과 "자기 인

---

754) Kant, *Über den Gemeinspruch: Das mag in der Theorie richtig sein, taugt aber nicht für die Praxis* [1793], 161쪽.
755) Kant, *Über den Gemeinspruch: Das mag in der Theorie richtig sein, taugt aber nicht für die Praxis* [1793], 162쪽.

민에 대한 증오"를 일깨우는 짓이라고 생각한다.[756] 그러나 칸트의 이 논변도 역사적으로 유혈·무혈혁명을 통해 쟁취한 "펜의 자유"(언론의 자유)를 부당전제하고 있다.

칸트는 원리적 전제에 따라 원수의 불법을 공중을 향해, 아니 세계 시민사회를 향해 공론적으로 비판하는 언론의 자유와 자유 공론은 불가양의 자연법적 천부인권이며 근대 시민정치의 근본원리라고 주장한다.

- 각 공동체에는 (전체를 겨냥하는) 강제 법률에 입각한 국가 헌정 기제로의 복종이 있어야 하고 동시에 자유의 정신이 있어야 한다. 각자는 일반적 인간 의무와 관련되는 사항에서 이 강제가 자기모순에 빠지지 않도록 적법하다는 사실을 이성에 의해 확신하게 될 것을 요구하기 때문이다.[757]

칸트는 자유의 정신을 금한 채 단순한 복종만을 강요하면 이것이 프리메이슨 같은 "모든 비밀결사를 유인하는 원인"이 된다고 말한다. 왜냐하면 "특히 인간 일반과 관련된 사항에 관해 서로 알리는 것은 인류의 자연적 소명(Naturberuf)이기 때문"이라는 것이다. 따라서 서로 알리고 의견을 나눌 "자유"가 장려되면 저 비밀결사는 저절로 사라질 것이다. 정부가 기원과 결과에 있어서 그렇게 존중할 만한 "자유의 정신"이 표명되도록 하는 것은 정부도 자신의 고유한 본질적 의도를 촉진하는 정보를 얻게 되는 길이다.[758] 그러나 주지하다시피 지구상의 어떤 나라도 혁명적 국가

---

756) Kant, *Über den Gemeinspruch: Das mag in der Theorie richtig sein, taugt aber nicht für die Praxis* [1793], 162쪽.
757) Kant, *Über den Gemeinspruch: Das mag in der Theorie richtig sein, taugt aber nicht für die Praxis* [1793], 163쪽.
758) Kant, *Über den Gemeinspruch: Das mag in der Theorie richtig sein, taugt aber nicht für die Praxis* [1793], 163쪽.

개조 없이 이런 순조로운 길을 따라 자유를 얻지 않았다.

칸트는 이 계몽의 공론적 이념을 프로이센 같은 특정 국가와 특정 민족에 국한하여 기안하고 있는 것이 아니라, 공론적으로 투입되는 인간 이성의 자연법적 보편성에 입각하여 세계시민적으로 정초하고 있다. 따라서 논리 필연적으로 계몽과 공론은 일국적―國的 계몽과 공론뿐만 아니라 세계적 계몽과 세계 공론을 지향한다. 칸트는 이러한 논리적 필연성 위에서 시민사회의 일국적 특수성과 주권국가적 자연상태를 뛰어넘는 국가 간의 세계시민적 평화 연합 체제를 기획한 것이다.

그러나 칸트에 의하면 보다 고도의 시민적 자유는 인민 정신의 자유에 유익한 것처럼 보이지만, 이 자유에 극복할 수 없는 제한을 가한다. 이에 반해 더 낮은 수준의 시민적 자유는 자신을 모든 능력에 따라 발전시킬 여유 공간을 인민 정신에 마련해 준다. 그는 자유로운 사유의 성향과 소명은 자연스럽게 싹텄다면 점차 인민의 감수성에 작용하고 종국에는 인간을 그 존엄성에 맞춰 대우하는 것을 유익한 것으로 간주하는 통치의 원칙도 발전되어 나온다고 생각했다.[759] 인민의 정신 속에서 조심스럽게 싹튼 자유로운 사유의 시작은 판단의 근거를 자신의 이성에서 구하는 한에서 계몽의 시작을 뜻한다는 것이다. 칸트에게 공론은 바로 인민의 계몽을 촉진시키기 위한 계몽의 정치 기획이었다.

이로써 인간해방을 위한 국가·사회의 변혁적 개조라는 종래의 계몽 이념은 파괴되었고, 미국 혁명·프랑스혁명 등의 계몽주의 혁명은 부정되었다. 칸트는 계몽주의의 비판적 종합자가 아니었다. 그는 압제로 강요된 몽매를 개인 탓으로 돌리고 이 압제와 몽매를 타파하는 계몽을 내면적 '결심과 용기'의 일로 변조함으로써 계몽 이념을 '개인화·주관화'한 '계몽 이념의 파괴자'였고, 계몽에 조종弔鐘을 울린 철학자였다. 그러나 칸트

---

759) 참조: Kant, "Beantwortung der Frage: Was ist Aufklärung"[1784], 61쪽.

이후의 역사는 인간해방을 위해 국가와 사회를 변혁하는 혁명의 역사였다.

제11절

공허하고 위험한 철학자
칸트

11.1. 데이비드 흄에 대한 칸트의 빗나간 비판

칸트의 철학 체계는 라이프니츠·볼프를 한 극단의 독단론으로 몰고 흄을 다른 극단의 회의론으로 몰아 자신이 중도를 차지하는 수사법을 구사하면서도 흄 자신의 반反비판이 불가능한 시점에서 흄을 주요 스파링 상대로 삼아 일방적으로 승리하는 체계다. 그러므로 흄에 대한 칸트의 직접 비판을 정밀 검토해 보지 않을 수 없을 것이다.

칸트는 형이상학과 이성에 대한 데이비드 흄의 비판의 위력을 한편으로 인정한다. "형이상학의 발생이래" 흄이 "이 학문에 가한 공격보다 더 결정적이었던 사건이 벌어진 적이 없었다." 흄은 "약한 불을 조심스럽게 보존하고 키워낼 발화용 점화물을 만난다면 당연히 빛을 피울 수 있는 섬광을 일으켰다".760) 이런 의미에서 그는 "솔직히 고백한다". "데이비드 흄의 기억은 여러 해 전에 나의 독단론적 단잠(dogmatischer Schlummer)을 깨워준 바로 그것이었고, 사변철학 분야에서의 나의 연구에 완전히 다른 방향을 부여해 준 것이었다."761) 그리고 그는 자신의 '순수이성 비판'을 "가능한 최대한의 확장으로서의 흄의 문제의 완성"으로 이해했다.762)

그러나 칸트는 바로 흄의 한계를 지적하고 그를 비판한다. 흄의 "결론"은 "아주 조급하고 바르지 않다"는 것이다.763) 칸트에 의하면 "흄은 자기의 과업을 전체적으로 제시한 것이 아니라 과업의 일부에만 쏠렸던 것으로부터 유래하는 결론들"을 제시했고, 따라서 칸트는 이런 부분적 결론들의 관점에서 "그에게 귀를 기울이는 것과 거리가 멀었다." 칸트가 과업의 일부에 치우쳐 도출된 결론들을 멀리했다는 말이다. 왜냐하면 "그 과업 일부는 전체를 고려하지 않으면 어떤 정보도 줄 수 없는 것이기" 때문이라는 것이다.764) 흄은 "사변적 이성의 과장된 요구의 완화가 인류를 혼돈케 하는, 무한히 물고 늘어지는 논란을 몽땅 폐기함으로써 가져오는 소극적 이익에만 주목했다". 하지만 "의지에 그 모든 노력의 최고 목표를 내걸 수 있는 가장 중요한 전망을 이성에게서 박탈하는 경우에 여기서 발생하는 적극적 손해를 그는 시야에서 놓쳤다." 여기서부터 칸트는 슬슬 합리주의적 독단론을 다시 준비하겠다는 복선을 깔고 있다.

이어서 칸트는 도덕철학에서 자신이 비판해 마지않았던 '중도'를 진리의 시금석인 양 표방하면서 자신의 이성비판을 교조주의와 회의주의 사이의 '참된 중도'라 부르고 흄을 회의주의자로 규정짓는다.

---

760) Kant, *Prolegomena zu einer jeden künftigen Metaphysik* [1783], A7쪽.
761) Kant, *Prolegomena zu einer jeden künftigen Metaphysik* [1783], A13쪽.
762) Kant, *Prolegomena zu einer jeden künftigen Metaphysik* [1783], A15.
763) Kant, *Prolegomena zu einer jeden künftigen Metaphysik* [1783], A9.
764) Kant, *Prolegomena zu einer jeden künftigen Metaphysik* [1783], A13쪽.

- 이성의 사용을 일체의 가능한 경험의 영역을 넘어 내몰지 않는다는 흄의 원칙을, '가능한 경험의 영역'을 '우리의 이성의 시야 안에 스스로 한정하는 것'보다 앞세우지 않는다는 – 흄이 완전히 간과한 – 또 다른 원칙과 결합시키는 방식으로 이성 비판은 흄이 싸운 교조주의와 흄이 도입하고 싶어 한 회의주의 사이의 참된 중도(Mittelweg)를 특징짓는다".[765]

"가능한 경험의 영역을 우리의 이성의 시야 안에 스스로 한정하는 것'보다 앞세우지 않는다는 또 다른 원칙"이란 경험을 '지성화'하는 12개 범주 적용 원칙을 말한다. 그런데 '참된 중도'는 오히려 독단적 합리론과 극단적 회의론(피로니즘) 사이의 경험론, 즉 중도적 회의주의(아카데미아 회의론)에 기초한 흄의 '비판적 경험론'일 것이다. 칸트의 '중도'는 중도가 아니라, '주학이종사主學而從思·선사이후학先思而後學'의 편향된 합리론, 즉 베이컨의 꿀벌(비판적 경험론)을 해치운 왕거미(위험한 합리론)다. 따라서 칸트의 흄에 대한 비판은 실로 '중도'를 넘는 '과도'다. 흄이 철학과 수학의 파괴자인가?

- 순수이성의 본래적 과제에 가장 접근했지만, 이 과제를 충분히 확정적으로 그리고 이 과제의 보편성에서 생각하지 못했고, 단지 결과를 그것의 원인들과 연결하는 종합명제(인과율)에만 머물러 있었던 데이비드 흄은 그러한 선험적 종합명제가 전적으로 불가능함을 밝혀냈다고 믿었다. 그의 추리에 의하면, 우리가 형이상학이라고 부르는 일체의 것은 사실상 단순히 경험으로부터 빌려와 습관을 통해 필연성의 가상假像을 넘겨받는 것에 대한 소위 이성적 통찰의 단순한 망상으로 귀

---

765) Kant, *Prolegomena zu einer jeden künftigen Metaphysik* [1783], A180쪽.

결될 것이다. 그러나 그가 우리의 과제를 그 보편성에서 주목했더라면 그는 일체의 순수철학을 파괴하는 이러한 주장에 결코 빠져들지 않았을 것이다. 왜냐하면 그는 그의 논변에 따르면 순수수학도 있을 수 없다고 실토했을 것이기 때문이다. 또 확실히 이 순수수학은 선험적 종합명제들을 포함하고 있고, 그의 훌륭한 지성은 이러한 주장을 하도록 그를 지켜주었을 것이기 때문이다.[766]

그러나 흄은 『인간지성론』에서 다음과 같이 단언한다. "기하학·대수학·산술의 과학"은 "직관적으로 또는 논증적으로 확실한 모든 주장"이다. 따라서

- '직각삼각형 빗변의 제곱은 다른 두 변의 제곱과 같다'는 것은 이 도형 간의 표현하는 명제다. '3 곱하기 5는 30의 절반과 같다'는 것은 이 수 간의 관계를 표현한다. 이런 종류의 명제들은 우주 안 어디에 실존하는 것에 대한 의존 없이 단순한 사유 작용에 의해 발견될 수 있다. 원이나 삼각형이 자연 안에 존재한 적이 없다 할지라도, 유클리드에 의해 논증된 진리들은 그 확실성과 명증성을 영원히 보유한다.[767]

이런 한에서 이 수학과 기타 논리학을 뒷받침해 주는 철학적 진리 이론도 감성적 직관과 논증의 근거 위에서 유지될 수 있다. 따라서 칸트의 비판은 '비판'이 아니라 순전히 '비난'일 뿐이다. 그는 흄의 『인간지성론』(1748)을 읽지 않은 것이 틀림없다. 그리고 '지식에 근거한 명증성'(순수수학과 순수기하학)을 '증명에 근거한 명증성' 및 '개연성에 근거한 명증

---

766) Kant, *Kritik der reinen Vernunft*, B19-20.
767) Hume, *An Enquiry concerning Human Understanding*, 28쪽.

성'과 구별·특대하는 『인간본성론』(1739)의 86쪽도 읽지 않은 것이 틀림없다.

물론 우리도 로크의 비일관적이고 미흡한 일부 주장(인상과 관념의 혼동, 논증적 도덕론 등)을 비판했듯이 칸트도 로크의 철학적 비일관성을 비판한다.

- 에피쿠로스는 적어도 자기 나름대로 자기의 감성 체계에서 아리스토텔레스와 로크(특히 이 후자)보다 훨씬 더 일관성이 있었다. 로크는 모든 개념과 원칙들을 경험으로부터 도출한 뒤에 이것들의 사용에서, 신의 현존과 영혼의 불멸성을 그 어떤 수학적 공리처럼 명증적으로 증명할 수 있다고 주장할 정도로 아주 멀리 나갔다.[768]

칸트의 이 로크 비판은 정당하다. 그러나 로크의 이 잘못은 그의 전체 인식 이론 안에서 '논증적' 도덕론과 마찬가지로 지엽적인 내용이다.

칸트는 흄을 계속 비판한다. 흄은 "지성이 지성 속에서 그 자체로서 결합되어 있지 않은 개념들을 그래도 대상 속에서 필연적으로 결합되어 있는 것으로 사유해야 하는 것이 어떻게 가능한지를 스스로에게 설명할 수 없었고 지성이 혹시 스스로 이 개념들을 통해, 자신 안에 대상들을 등장시키는 경험의 창조자일 수 있다는 것에 생각이 미치지 못했기 때문에, 어쩔 수 없이 이 개념들을 경험으로부터(경험 속에서의 잦은 연합으로부터 생겨나는 주관적 필연성, 즉 습관으로부터) 도출했지만, 이에 따라 아주 일관성 있게 작업했다". 그는 "이 개념들과 – 이 개념들이 유도하는 – 원칙

---

[768] Kant, *Kritik der reinen Vernunft*, B882쪽. 유사한 비판은 이미 앞서 있었다: "저명한 로크는 (⋯) 이 개념들을 경험으로부터 도출해지만, 모든 경험의 경계를 훌쩍 뛰어넘는 인식 기도들을 감행할 정도로 일관성 없이 작업했다." Kant, *Kritik der reinen Vernunft*, B127쪽.

들을 가지고 경험의 경계를 넘어서는 것을 불가능한 것으로 선언했기 때문이다." 그러나 그의 생각이 미쳤던 "경험적 도출"은 "우리가 가진 선험적인 과학적 인식, 즉 순수수학과 보편적 자연과학의 현실과 부합되지 않고, 따라서 사실에 의해 반박되었다". 흄은 "자신을 회의론에 전적으로 맡겨 버렸다". 그는 "일단 한번 우리의 인식능력의 - 이성으로 간주되는 - 아주 보편적인 자기기만을 발견했다고 믿었기 때문이다".[769]

그러나 흄은 칸트의 주장과 정반대로 지성이 대상 속에서 필연적으로 결합되어 있지 않은 것을 지성 속에서 그 자체로서 결합되어 있는 개념들로 사유해야 하는 것이 어떻게 가능한지를 인상들의 반복에서 생기는 정신적 '관성' 개념에 의해 스스로에게 설명할 수 있었다. 하지만 칸트는 이렇게 묘사해야 할 대목에서 거꾸로 "그는 지성이 지성 속에서 그 자체로서 결합되어 있지 않은 개념들을 그래도 대상 속에서 필연적으로 결합되어 있는 것으로 사유해야 하는 것이 어떻게 가능한지를 스스로에게 설명할 수 없었다"고 거꾸로 뒤집어 말하고 있다. 또한 수학과 자연과학의 현실을 들먹이며 흄을 비판하는 것은 설득력이 없다. 칸트는 과학주의적 독단화의 관점에서 현실적 수학과 자연과학을 '순수과학'으로 숭배하는 반면, 흄은 미적분을 창시한 위대한 수학자이자 자연철학자였던 뉴턴과 그의 절친한 친구 로크처럼 회의론적 관점에서 수학과 자연과학을 '주관적·추상적' 수학과 자연'철학'으로 격하시켜 보기 때문이다. 흄의 경험적 도출이 "사실에 의해 반박되었다"는 칸트의 판정은 그의 아전인수격의 현실 인식이다. 칸트 이전이나 이후나 수학은 그 자체로서 현실적 타당성(유용성)을 갖지 않는 순수주관적 학식(불완전한 진리)에 불과하고, 지금까지 믿을 만한 이유가 있고 믿음에 반대되는 것은 없는 증명의 경험적 진리를 담은 자연'과학'이란 실은 경험의 경계를 넘어서 셀 수 없이 많은 헛

---

769) Kant, *Kritik der reinen Vernunft*, B127-28쪽.

소리를 쏟아내며 변하고 또 변하는 '과학혁명의 드라마'에 지나지 않기 때문이다.

'이성비판'을 "중도"로 가장한 칸트의 '흄 비판'은 결국 제국주의적 지식욕을 충족시키는 세계성복용의 이론적 '군용도로'로 정체를 드러낸다.

- 과학적 방법의 준수자들에 관한 한, 그들은 교조적 또는 회의적 선택이 있지만, 아무튼 체계적으로 수행해 나갈 의무가 있다. 내가 여기서 전자로 유명한 볼프를, 후자로 데이비드 흄을 거명한다면, 지금의 내 의도에서는 타인들을 거명하지 않고 놓아둬도 될 것이다. 비판적 길만이 그래도 열려있다. 독자가 이 길을 나의 동반 속에서 끝까지 답파할 호의와 인내심을 가졌다면, 이 독자는 이 소로를 군용도로로 만들기 위해 제 몫을 바치는 것을 마다하지 않으면 수 세기 동안 해내지 못한 것이 금세기가 다 가기 전에도 달성될 수 있지 않을지 여부를 이제 판단해도 될 것이다. 그것은 인간 이성의 지식욕이 항시 종사했지만, 지금껏 헛되었던 것에서 이 이성을 완전히 만족시키는 것이다.[770]

이성의 지식욕은 이제 사변적 이성의 공상으로 인해 '이성의 지식욕'을 충분히 충족시키기에 무능했던 독단적 합리론을 내버리고 칸트의 비판노선으로 재무장함으로써 득의양양하게 자연 세계와 인간세계의 정복을 향해 '군용도로'를 탄다.

칸트는 '순수이성 비판'을, "이성이 하는 일 중에서도 가장 어려운 일인 자기 인식의 일을 새로이 떠맡아 정당한 주장을 펼 시에 이성을 안전하게 지키는 한편, 근거 없는 모든 월권에 대해서는 권력의 말에 의해서가 아니라 영원하고 불변적인 '이성의 법'에 입각해 퇴짜 놓을 수 있는 법정"으

---

770) Kant, *Kritik der reinen Vernunft*, B884쪽.

로 이해했다.[771] 그러나 '이성 비판'은 앞서 칸트가 흄을 비판하면서 복선을 깔았듯이 이 소극적 일에서 그치지 않는다. 따라서 칸트는 의기양양하게 회고한다.

- 나는 형이상학의 수數를 확실히 하려고 시도했고, 소망대로 하려는, 즉 유일한 원리로부터 확실히 하려는 이 시도가 성공했을 때, 나는 이 개념들의 연역에 착수했는데, 나는 흄이 걱정한 것처럼 이 수 개념들이 경험으로부터 도출된 것이 아니라 순수한 지성으로부터 생겨났다는 것을 확신했다. 나는 하나의 특수한 경우에서만이 아니라 순수이성의 전 능력에 대한 관점에서 흄의 문제를 해결하는 데 성공했다. 이런 까닭에 나는 마침내 순수이성의 전 범위를 그 한계와 함께 그 내용에서 완전히 그리고 일반적 원리에 따라 규정할 수 있었다.[772]

쉽게 말하면, 감성의 형식(시간·공간)과 지성의 범주들의 연역(경험의 지성주의적 구성), 순수이성의 소극적 역할(월권적 오류의 방지)과 적극적 역할(순수 도덕철학의 구축) 등을 완결했다는 말이다. 그러나 칸트도 이미 범주들을 연역할 때부터 들리는 버거운 흄의 '걱정'을 느꼈다. 이런 마당에 흄이 칸트의 순수도덕론을 보았다면 경기驚氣를 했을 것이다. 결국 칸트의 '비판'은 '법정'이 아니라 온갖 나치스·공산당의 선험적 지성·이성개념들과 같은 갖은 '불한당들'을 다 실어 나르는 '군용도로'였다. 그것이 '법정'이라면, 아마 교부·스콜라철학과 형이상학의 뇌물과 세뇌에 의해 부패하고 편향된 법정일 것이다. '부패'는 '실천이성 비판'의 이름으로 이성의 월권을 복권시키는 것이고, '편향'은 윤리철학에서 감정의 역할을 실천이

---

771) Kant, *Kritik der reinen Vernunft*, AXII쪽.
772) Kant, *Prolegomena zu einer jeden künftigen Metaphysik* [1783], A14-15쪽.

성의 역할로 대체하고 실천이성의 비판 과업은 감정이 순수한 도덕철학 속으로 스며들거나 넘어오는 것을 배격하는 것이다.

칸트의 공언대로, 금세기(18세기)가 다 가기 전에 실제로 유럽인들은 타 문명권의 종교·풍속 문화를 이성의 '형이상학석 월권'으로 비판하고 기독 미신에 사로잡힌 유럽적 실천이성의 계율을 강요하는 무제한적 지식욕과 이른바 '새롭고 순수한' 비판적 자연·도덕 지식으로 무장하고 19세기의 제국주의시대를 위한 세계적 비판의 '군용도로'를 전지구적으로 깔았다. 그러나 칸트는 '군용도로'를 오가는 '육전陸戰'만 기획한 것이 아니라 세계일주의 항해와 함포사격을 통한 세계적 '해전'도 기획했다.

- 흄은 넘어져 썩을지도 모르기 때문에 그의 배를 안전하게 하려고 해안(회의주의) 위에 정착시켜 놓았다. 그러나 이것이 아니라 내게는 지구의 지식으로부터 얻어진 조타 기술의 확실한 원리에 따라 완벽한 항해지도와 나침반을 갖추고, 그가 좋다고 생각하는 방향으로 배를 확실히 몰 수 있는 항해사를 배에 배치하는 것이 중요하다.[773]

흄은 제한된 경험적 능력으로라도 '세계일주'를 완수하려는 결심을 버린 적이 없으나 칸트를 이렇게 무고하고 있는 것이다. 다만 흄은 인간의 지성을 "물이 새고 비바람에 시달린" 연안 탐험선의 처지에 비유했을 뿐이다.

- 나는 사주砂洲 위에 좌초되고 작은 강구江口를 지나면서 난파를 가까스로 면했으나 물이 새고 비바람에 시달린 동일한 함선을 타고 바다로 출항하는 무모함을 발휘하여 이 불리한 여건에서도 지구를 일주하려

---

773) Kant, *Prolegomena zu einer jeden künftigen Metaphysik* [1783], A17쪽.

고까지 생각할 정도로 야심을 품고 있는 사람 같다.[774]

흄의 이 배는 중도적 회의주의에 의해 많이 망가진, 그래서 겸손한, 그러나 항해가 가능한 배다.

흄의 망가진 배는 제민족과 지식을 나누고 친교를 맺기 위한 세계일주용 '연안 탐험선'인 반면, 칸트의 배는 새로운 지리 지식, 확실한 조타 기술, 완벽한 항해지도와 나침반을 갖추고, 허황된 선험적 '범주 개념', 공허하고 위험한 '선험적 종합판단'의 합리론적 이데올로기로 부풀려진 허영스런 이성과 광적 지식욕, 새로운 과학무기와 살기가 등등한 침략군대를 실은 기고만장한 세계정복용 대양 횡단 전함이었다. 합리론적 인간 파시즘(자연 정복주의)·서구 중심적 도덕법칙·제국주의적 세계주의를 실은 이 칸트주의 전함은 그러나 '인간학적 단잠'(푸코), 즉 자아도취적 자만에 빠진 항해사가 조종한다. 이로써 인간과 자연과 비非서방세계 제민족에 대한 칸트의 육전과 해전은 준비되었다. 당시에 공중전이 있었더라면, 칸트는 공중전도 준비했을 것이다.

11.2. 칸트철학의 '공허하고 위험한' 본질

칸트철학의 본질은 무엇인가? 칸트의 인식 이론은 "내용 없는 사유는 공허하다"는 말로써 감성적 직관과 경험의 내용을 중시하는 듯하다. 하지만 이 감성과 경험은 부실하고 불량한 데다 감각적 '관점주의'와 경험적 '주관주의'에 빠져 있다. 여기에 자연을 멋대로 조작하려는 위험한 자연 지배욕이 들어있다. 그러면서도 그의 이론은 그릇된 초험적 감성론과 그릇된 선험적 지성 범주들의 연역에만 집착한다. 따라서 제대로 된 경험

---

774) Hume, *A Treatise of Human Nature*, Book 1, 172쪽.

내용이 없이 그릇된 사유에만 매달리기 때문에 그의 인식 이론은 전체적으로 그 화려한 현학적 화법에도 불구하고 내용 없이 '공허하기' 짝이 없다. 수학과 자연과학의 발전에 넋을 잃은 그의 인식 이론은 한낱 단순한 자연 지식 또는 자연과학을 '선험적·절대적 과학'으로 격상시켜 독단화하고 이 독단적 '과학'을 맹신하는 '과학주의 이데올로기'의 철학, 또는 질풍처럼 발전하는 자연과학을 숭배하여 자연과학을 거짓으로 흉내 내는 자기 기만적 리플리 증후군의 철학이다.

한편, 그의 순수한 도덕철학은 아예 도덕감정·경험·덕성론을 경멸적으로 배제하고 행복욕에 들떠 함부로 자연적 물자체의 세계를 자유의지로 조작하고 철인치자로서 인간세계의 도덕법칙을 멋대로 기획·입법하는 '순수한 순수이성적 공리주의 도덕론'이다. 따라서 그의 도덕철학은 사변적 장광설에도 불구하고 '공허하고', 동시에 '위험하기' 짝이 없다. 그의 두 단계 인식론에는 "경험에서 배우기만 하고 생각하지 않는 것은 공허하고(學而不思則罔), 생각하기만 하고 경험에서 배우지 않는 것은 위태롭다(思而不學則殆)"고 갈파한 공자의 두 갈래 비판이 둘 다 그대로 적중한다. 칸트의 인식 이론과 도덕 이론은 둘 다 허무맹랑한 지식욕과 권력욕에 눈이 멀었다. 따라서 칸트의 철학은 정확하게 "지혜를 좋아하면서 경험에서 배우는 것을 좋아하지 않으면 그 폐단은 지혜가 방탕해지는 것이다(好知不好學 其蔽也蕩)"는 공자의 명제에[775] 딱 들어맞는 철학이다. 칸트철학은 인식론에서 경험을 인식의 출발점에서 들러리로 세울 뿐이고 본질적으로는 '사이불학思而不學'하고, 도덕 이론에서는 도덕감정을 들러리로도 인정치 않고 도덕감정의 영향이 순수이성에 삼투하는 것을 절대 저지한다. "지혜를 좋아하면서 경험에서 배우는 것을 좋아하지 않는" 칸트의 지혜 사랑은 '방탕하게 천단擅斷하는 지혜'에 대한 사랑이라는 말

---

775) 『論語』「陽貨」(17-7).

이다.

 결론적으로, 칸트의 철학은 내용 면에서 공허하고 맹목적이고 위험한 철학이자, 스타일 면에서 가장 현학적이고 가장 도식적인 장광설의 철학이다. '사이불학思而不學'이나 거의 다름없는 '주사이종학主思而從學'의 칸트철학과 그 추종 사조들이 지금도 진지한 현학을 떤다면, 우리는 공자와 더불어, 그리고 흄과 함께 푸코의 그 '철학적 웃음(philosophisches Lachen)'을 다시 지어 보일 따름이다.

 칸트 이후 칸트주의 패러다임 속에서 피히테로부터 헤겔과 니체에 이르기까지 전개된 독일의 관념론적 합리주의는 칸트주의의 공허성과 위험성을 더욱 극화시키는 극단으로 치달아, 칸트의 '주사이종학'을 다시 독단적 합리론의 '사이불학'으로 되돌려 놓았다. 루트비히 포이어바흐(Ludwig Andreas Feuerbach, 1804-1872)로부터 마르크스까지 전개된 유물론적 합리주의는 이 사이불학의 독단적 합리론의 '정신'(관념·이성·의지)을 '물질'로, 도덕을 계급 이익으로, 철인치자와 민족·국민국가를 각각 '철인혁명가'와 '계급국가'로, 개인 주체를 집단 주체로 대체했을 뿐이고, 합리론적 천단擅斷을 그대로 답습했다. 혁명 의지로 무장된 철인의 '사이불학'적 공상과 자의적 미래기획으로 사회와 자연을 개조하고, 합리적 전지全知(omniscience)와 수리적 계산에 기초한 과학적 기획 및 합리적 기획 도덕과 도덕 입법으로 경제와 사회를 운영하려고 했던 것은 마르크스주의적 합리주의·과학주의·전지주의의 '극단성'을 잘 보여준다. 그리하여 덕성과 도덕을 인간의 이기적 본성과 욕구를 억압하는 지자의 정치적 기획·입법·상벌 지도의 산물로 규정한 맨드빌의 정치적·합리적 '도덕제정론'을 계승한 루소의 신적·천재적 '철인입법자'의 '인성人性개조론'과 칸트의 자기입법적 이성도덕론은 인간으로부터 '이기적' 본성을 박탈하고 인간을 '사회주의적 인간'으로 뜯어고치려는 '인간개조론'에서 극적 표현을 얻었다.

그러므로 칸트 이후에 전개된 합리주의적 관념론과 유물론은 본질적 관점에서 궁극 단계로 치달은 칸트철학의 아류들이었다. 이런 아류들의 확대재생산이 반복될수록 칸트의 합리주의적 허풍과 위험은 더욱 극화되기만 했다. 따라서 과학주의 이데올로기로서의 칸트철학의 완성 형태이자 데카당스 형태들인, 헤겔의 절대 관념론적 이성주의와 세계사적 게르만주의, 마르크스의 합리적 유물사관과 '과학적 사회주의', 니체의 '육체적 합리주의'와 '과학적 인종주의'는 다음 장휘들에서 논의된다. 막스 베버의 그 오만한 '서구 합리주의(okzidentaler Rationalismus)'는 여러 곳에서 충분히 논파되었으므로[776] 여기서는 거론할 필요가 없을 것이다.

---

776) 베버의 '서구 합리주의'에 대한 비판은 참조: 황태연, 『유교적 근대의 일반이론(상)』 (서울: 한국문화사, 2023), 169-397, 461-575쪽; Tai-Youn Hwang, *Herrschaft und Arbeit im neueren technischem Wandel* (Frankfurt am Main·Bern·New York·Paris: Peter Lang, 1992), 94쪽 각주17, 205-206쪽; 황태연, 『지배와 이성』 (서울: 창작과비평사, 1996), 162-164쪽.

백세시대를 위한 서양철학사 시리즈 · 7

13

헤겔의 이성숭배와 관념철학

제1절/
의식과 자기의식의 투쟁
제2절/
헤겔의 국가론과 정치철학
제3절/
헤겔의 민족국가론과 국제정치관

제13장
헤겔의 이성숭배와 관념철학

　게오르크 헤겔(Georg Wilhelm Friedrich Hegel, 1770-1831)은 독일 관념론의 완성자라 불리는 독일 프로이센 왕국의 합리주의 철학자다. 그는 사변적 사유 능력에 불과한 이성을 의인화할 뿐만 아니라 신격화하여 숭배했고, 알지 못하는 것을 작화하는 합리적 공리공담의 공언무실空言無實한 형이상학을 칸트처럼 '과학(Wissenschaft)'으로 간주했다. 그는 칸트의 존재(Sein)와 당위(Sollen), 현실과 이념의 이원론을 변증법적으로 일원론으로 만들고, 정신이 변증법적 과정을 통해 자연·역사·사회·국가의 현실로 전개되는 철학 체계를 구축했다.

　1770년 독일 바덴뷔르템베르크주의 주도인 슈투트가르트에서 태어난 헤겔은 1778년부터 1792년까지 튀빙겐 신학교에서 셸링, 횔더린 등과 함께 수학했다. 수학 후 그는 1793년부터 1800년까지 스위스의 수도인 베른과 독일 헤센주 프랑크푸르트에서 가정교사 생활을 했다. 이 시기에 청년 헤겔의 사상을 보여주는 종교와 정치에 관한 여러 미간행 논고들을 집필했다. 그는 예나 대학교에서 강사를 하면서 1801년 첫 저술 『피히테와 셸링의 철학 체계의 차이』를 발표했고, 강사를 그만둔 직후 1807년에는 그의 주저에 속하는 『정신현상학』을 공간했다. 그 후 그는 잠시 바이에른주 밤베르크시에서 신문 편집 일을 했고, 1808년부터 1816년까지 독일 바이에른주 뉘른베르크에서 김나지움 교장 노릇을 했다. 그리고 2년간 독일 바덴뷔르템베르크주 하이델베르크시의 하이델베르크 대학에서 교수직에 임용되었다. 그리고 1818년에는 베를린 대학교의 철학 교수로 초빙되었고 여기서 철학적 연구를 마쳤다.

  헤겔의 주요 저서는 『정신현상학』, 『대大논리학』, 『엔치클로페디』, 『법철학 강요』, 『미학 강의』, 『역사철학 강의』 등이 있다. 그는 1831년 만 60세에 콜레라로 사망했고, 그의 유언대로 피히테의 묘지 옆에 묻혔다.

제1절

의식과 자기의식의 투쟁

헤겔 특유의 관념 철학은 그가 37세에 집필한 『정신현상학(*Phänomenologie des Geistes*)』(1807)에서 태동했다. 이 저작에서 형성된 기본 개념들은 그의 최후의 저서인 『엔치클로페디』와 『법철학 강요』에까지 줄곧 영향을 미친다. 독일 낭만주의의 영향도 스며들어 있는 『정신현상학』에서 중요한 개념들은 의식(Bewußtsein), 자기의식(Selbstbewußtsein), 인정투쟁(Kampf um Anerkennung), 외화外化(Entäußerung) 등이다. 헤겔에 의하면, '의식'은 '감성적 확신(sinnliche Gewißheit)', '지각(Wahrnehmen)', '지성(Verstand)'의 세 단계로 발전한다.

1.1. 의식: 감성적 확신·지각·지성

헤겔은 인간의 의식이 자기의식(자기에 대한 의식)에 도달하기 전의 '의식' 단계를 감성적 확신(대상의 존재를 감성적으로 확신하는 의식), 지각(대상의 성질[속성]들을 지각하는 의식), 지성(대상 세계의 법칙을 인식하는 의식)의 3단계로 전개하고 있다. 이 세 개의 '의식' 형태는 모두 자기의식이 아니라 대상에 대한 의식(대상 의식)이다. 헤겔은 이 대상 의식을 단순히 '의식'이라고 부른다. 따라서 이 의식(대상 의식)은 관심이 대상에 사로잡혀 자기를 의식하지 못하는 감성적 대상 몰입 상태의 의식이다.

■ 감성적 확신(sinnliche Gewißheit)

『정신현상학』에서 대상에 몰입된 '의식'의 첫 단계는 '감성적 확신(sinnliche Gewißheit)'이다. 그런데 『엔치클로페디』에서는 '감성적 확신'을 '감성적 의식(sinnliche Bewußtsein)'으로 바꿔 부른다. "의식은 일단 직접적 의식이고, 따라서 의식의 대상과의 관계는 대상에 대한 단순한 무매개적 확신이다. 대상 자체도 직접적인 것, 존재하는 것, 자신 속으로 반성된 것, 나아가 직접적으로 개별적인 것으로 규정된다. (이 단계가) 감성적 의식이다."[777]

지금까지 헤겔 독자들은 이 '감성적 확신' 절에서 "극복할 수 없는 해석상의 난해성"을 호소하곤 했다.[778] 그러나 이 절은 그리 이해하기 어려운 절이 아니다. 보통 사람들은 "지금이 무엇인가(Was ist das Jetzt)"라는 물음에 "지금은 밤이다"라고 답한다. 이 답은 지금이 틀림없이 밤이기 때문에 '절대적 진리'로 보인다. 그러나 이 답을 기록해 두었다가 다음 날 정오에 다시 본다면 이 기록상의 답은 "진부하고 김빠진 것"으로 변해있

---

777) Georg W. F. Hegel, *Enzyklopädie der philosophischen Wissenschaften*, §418. *Hegel Werke*, Bd.10 (Frankfurt am Main: Suhrkamp, 1986).
778) W. Wieland, "Hegels Dialektik der sinnlichen Gewißheit", *Orbis scripptus* (1966). 국역본: 「감성적 확신의 변증법」, 57쪽. 황태연 편저, 『헤겔 精神現象學 해설』(서울: 이삭, 1983).

다.[779] 또 "(눈앞의) 여기는 무엇인가?"라는 물음에 대한 답도 마찬가지다. 답으로 '여기는 가령 동쪽이다'라고 기록해 두고 내가 몸을 다른 방향으로 살짝만 틀어도 '여기'는 다른 곳이 되고 만다. '절대 지금(das absolute Jetzt)'과 '절내 여기(das absolute Hier)'의 절대 진리는 허상인 것이다.

우리는 '지금' '여기서' 눈앞의 "어떤 것(etwas)"을 보고 느끼면서 이 '어떤 것'의 순수한 존재를 확신한다. 우리는 이 '어떤 것'을 지금 밤에 여기 동쪽에서 보고 느끼면서 이 어떤 것의 순수한 존재를 확실하게 포착했다고 확신한다. 그러나 실은 우리는 이 어떤 것에 그것이 '존재한다'는 것을 밤의 어둠 속에서 희미하게 알 뿐이고 이것 외에 아는 것이 아무것도 없다. 밤에 동쪽에서 본 그 어떤 것은 내가 다음 날 임의의 장소로 가서 다른 관점에서 다음날 낮에 보고 느낀 그 어떤 것과 다르다. 후자는 다른 관점에서 보고 느끼기에 다른 모습으로 나타나고 또 낮에 보기 때문에 그것의 존재가 선명하게 나타난다. 따라서 눈앞의 어떤 것이라서 그것을 절대적으로 아는 것인 줄 알았지만, 실은 그 무엇으로 자꾸 바뀌는 모호한 것이 되고 만다. 따라서 '감성적 확신'은 그 확신이 무너지고 만다. 손에 잡힐 듯이 확실했던 그 어떤 것의 절대 진리는 절대 진리가 아니고 그 어떤 것의 확실한 이름은 확실한 이름이 아니다. 여기서 의식 주체가 깨달은 것은 『도덕경』의 "도가도비상도道可道非常道 명가명비상명名可名非常名"과 거의 같다. "도를 말할 수 있으면 그것은 상도常道가 아니고, 이름을 이를 수 있으면 상명常命이 아니다."

감성적 확신의 붕괴에 당황한 의식 주체는 그 어떤 것에서 변치 않는, 고정된 고유한 것에 주목한다. 그리하여 '여기'를 고정된 '여기'(이 공간) 그대로, '지금'을 고정된 '지금'(이 시간) 그대로 받아들인다.

---

[779] Georg W. F. Hegel, *Phänomenologie des Geistes*, hersg. v. Johannes Hoffmeister (Hamburg: Felix Meiner, 1952), 81쪽.

■ **지각(Wahrnehmen)**

　헤겔은 말한다. "나는 그것을 다른 여러 '여기들' 가운데 한 '여기'인 그런 '여기'로서 받아들인다. 나는 그것을 있는 그대로의 참된 형태로 받아들이게 되거니와, 이렇게 해서 결국 나는 어떤 직접적인 것을 인식하려고 하는 대신에 그것을 참되게 받아들게 된다(지각하게 된다)."[780] 그리하여 감성적 확신의 의식은 지각으로 고양된다. 특정된 '지금 여기'(이 시간과 공간 속)의 그 '어떤 것'은 그 속성(성질)을 포착하여 손에 쥘(파악把握할) 수 있다. 그래야만 그 어떤 것은 불변적으로 고정시킬 수 있다. 지각하는 의식 주체는 그 어떤 사물의 속성들을 '있는 그대로' 참되게 지각한다(wahrnehmen). 가령 여기 눈앞의 소금을 (맛)보고 느껴 보자. 소금은 네모지고 단단하고 (문지르면) 사각거리고 빛나고 짜고 냄새는 없고 물에 녹는다. 소금은 사각형·고체성·광택·염도·사각 소리·수용성水溶性 등의 성질을 가졌다. 의식 주체는 이것을 다섯 가지 외적 감각(시각·미각·청각·후각·촉각)으로 지각했다.

　의식 주체는 네모지고 단단하고 (문지르면) 사각거리고 빛나고 짜고 냄새는 없고 물에 녹는 성질을 지각적으로 파악함으로써 '소금'을 참으로 알게 되었다. 그런데 소금을 참으로 지각하자마자 바로 모순이 돌출된다. 사각형·고체성·광택·염도·사각 소리·수용성 등의 성질들은 이 소금만의 성질이 아니라서 바로 이 소금을 고정시킬 수 없다는 것이고, 또 눈앞의 이 소금만이 소금인 것이 아니라는 것이다.

　사각형은 이 소금에만 타당한 것이 아니라 지구상의 모든 네모진 물건들에 일반적으로 타당하고, 고체성은 지상의 모든 고체 사물에 일반적으로 타당하고, 광택은 빛나는 모든 사물에 일반적으로 타당하고, 짠 것도 사각 소리도 물에 녹는 수용성도 일반적으로 타당하다. 사각형·고체성·

---

780) Hegel, *Phänomenologie des Geistes*, 85쪽.

광택·염도·사각 소리·수용성 등의 성질은 눈앞의 이 특정하고 특수한 소금(특수자)을 규정하기에는 널리 타당한 일반적 규정(일반자)들인 것이다. 이 소금은 이 일반자들을 따라서 갈기갈기 분해되어 버릴 위험에 처해 있다. 그리고 이것은 이 소금만이 아니라 다른 소금들도 마찬가지다. 따라서 '이' 소금은 '저' 소금들과의 관계 속에서만 '이' 소금일 수 있다는 것이다.

이 소금은 특수자이면서 일반자들이어야 하고, 또 이 소금은 저 소금들과의 관계 속에서만 이 소금이어야 한다는 것은 모순 자체다. 이 모순과 분해의 위험 앞에서 지각의 의식은 무너지면서 이 소금이 다양한 일반자들을 묶어서 고정시킬 수 있는 '힘(Kraft)'이라는 것을 간취한다. 이 '힘들(Kräfte)'의 작용 양상이 바로 '법칙'이라는 것을 알게 된다. 그런데 의식 주체는 이 힘들과 법칙을 물자체(Ding an sich)로 여기는 것이 아니라 속성들과 더불어 '현상'으로 인식한다. 그리하여 힘과 법칙을 대상으로 삼는 지각의 의식 주체는 '오성'으로 고양된다.

■ **지성(Verstand)**

헤겔의 지성이 대상으로 삼는 '힘'과 '법칙'은 대상의 속성들이 아니라 지성의 '관념들'이다.[781] 소금의 다양한 속성들을 묶어 세워 소금을 소금으로 고정시키는 것은 이 '힘'이고 '법칙'이다. 이 속성들을 표상(관념)들로 지각하여 이 표상들을 묶어 하나로 통일시키는 의식 주체의 기능을 아우구스티누스는 '내부감각'이라 불렀는데, 칸트는 이것을 지성의 선험적 '통각統覺(Apperzeption)'이라 했다. 헤겔도 '통각'이라 했다.

그런데 헤겔은 칸트가 놓친 사물의 '힘'을 간파했다. 그러나 그는 '힘'을 칸트의 '물자체'의 진리로 파악하지 '못했다'. 그것은 두 가지 이유 때문

---

781) Hegel, *Phänomenologie des Geistes*, 110-121쪽.

으로 보인다. 하나는 칸트가 인식할 수는 없어도 사유할 수는 있어야 할, 인과관계 바깥의 물자체를 한번은 넌지시 인과성으로부터 자유로운 '의지'로 암시하기도 하고, 다른 한 번은 "물자체의 원형"을 "순수이성의 개념들"로서의 "이데아(이념)"로 규정했기 때문이다. (그러나 쇼펜하우어는 사물들의 힘을 물자체로 언명했다.) 둘째는 헤겔에게는 칸트처럼 사물의 힘을 느낄 수 있는 '근감각' 개념이[782] 없었기 때문이다. 따라서 힘과 법칙은 오직 지성의 표상(관념)일 뿐이다.

따라서 사물은 지성의 관념적 현상으로 변하여 의식 주체 속으로 반성되어 들어간다. 이제 대상은 바깥의 대상이 아니라 이 바깥 대상과 다르지 않은 내 안의 자기 자신이다. 의식 주체는 이제 내 안의 자기를 의식하는 주체, 자기의식이다. 헤겔은 말한다. "법칙은 일단 일반적·불변적 규정들의 관계이고, 그것의 구별이 내적인 한에서 필연성을 즉자卽自로서 가지고 있다. 즉, 규정들이 서로 구별된다는 것은 외적으로 그렇다는 것이 아니기 때문에 한 규정은 그 자체가 다른 규정을 직접적으로 담고 있다. 그러나 이 내적 구별은 이런 방식으로 자신의 본질이 참으로 드러난 것이고, 즉자적 구별이요, 전혀 구별 아닌 구별이다. 이러한 형식 규정 일반에서 그 자체가 주체와 객체의 상호 대립적 자립성을 가지고 있던 의식은 즉자적으로 사라져 버린 상태다. 자아는 판단하는 자로서 '자기 자신'을 객체와 구별되지 않는 하나의 대상으로 가지고 있다. 이것이 '자기의식'이다."[783]

---

782) 근감각(muscle sense[muscular sense]; myesthesia; kinaesthesia)은 근육의 수축과 긴장의 내적 변화와 자극을 느끼는 근육의 감각이다. 근감각의 수용기(受容器)는 근방추(筋紡錘)와 건방추(腱紡錘)로 이루어져 있다. 근방추는 가로무늬근의 수축 상태를 감지하는 방추 모양[물레 모양]의 근육 속 신경기관이고, 건방추는 힘줄이 당겨지거나 근육이 수축할 때 자극을 받아들이는 힘줄 신경의 말단이다. 이 두 기관은 근육의 수동적 신장이나 능동적 수축을 검지하는 장력수용기이며 힘을 느낄 수 있게 한다.
783) Hegel, *Enzyklopädie der philosophischen Wissenschaften*, §423.

1.2. 추상적 자기의식

헤겔은 인간의 의식이 자기의식 즉, 자기에 대한 의식에 도달하기 전의 의식 단계를 감성적 확신, 지각, 지성의 3단계로 전개하고 있다. 그런데 이 세 개의 의식 형태는 모두 자기에 관한 의식(즉, 자기의식)이 아니라 대상에 대한 의식이다. 따라서 이 의식, 즉 대상 의식은 자기를 의식하지 못하고 있는 대상 지향적 의식이다. 인간에게 있어서 모순된 것으로서 내재해 있는, 의식과 자기의식의 이 두 측면은 두 측면의 통일의 문제와 더불어 헤겔 정신현상학의 일관된 최대 논제가 되고 있다고 해도 과언이 아니다. 이것은 의식이 자기의식으로 고양되는 필연적 논리의 확보라는 문제와, 이 두 가지 의식의 현실적 통일이 어떤 과정을 거쳐 이루어지게 되는가 하는 문제를 내포하고 있다.

■ 자기의식의 이론적 구조

(대상)의식과 자기의식의 대립이란 사실 주체의 측면에서 고찰한 주체 내부의 대상 지향성과 자기 지향성의 대립의 다른 표현에 지나지 않는다. 하지만 주체의 이 대상 지향성을 촉발하는 실체적 대상 세계 일반(객체 세계)을 상기할 때, 주체와 객체의 대립, 더 나아가서는 사유와 존재, 인간과 자연, 부분과 전체, 사실 판단과 가치판단 등 철학사상 빈번히 등장하는 모든 이원론적 상대雙對 개념의 대립 문제를 함축하고 있다. 따라서 의식과 자기의식의 통일 문제는 헤겔철학 전반의 문제일 뿐만 아니라 철학사 전체의 문제를 포괄한다. 먼저 의식의 자기의식으로의 고양의 문제를 고찰하면 – 『정신현상학』에서 헤겔이 복잡하고 신비스럽게 전개하고 있는 논리를 잠깐 도외시하더라도 – 해답은 의식 자체에 내재해 있는 것이다. 왜냐하면 주체가 원래 대상을 지향하는 까닭은 대상을 자기 것으로 구성

하려는 자기에 대한 궁극적 욕구와 의식을 바탕에 깔고 있기 때문이다. 헤겔은 이러한 의식의 기체基體로서의 자기의식을 『엔치클로패디』에서 다음과 같이 규정하고 있다. "의식의 진리는 자기의식이며, 이 자기의식이 의식의 근거다. 즉, 나는 대상을 나의 것으로 (…) 알고, 따라서 동시에 나는 나에 대해서 안다."[784) 다시 말하면 대상을 지향하는 어떤 의식이든 실은 자기의식에 의해 추동되는 것이고, 따라서 이 의식의 측면은 자기의식 속으로 복귀하여 자기의식과 통일되지 않을 수 없는 것이다. 이와 같이 이론적으로 산출된 자기의식은 그와 같은 통일을 이룩하지만, 그것은 어디까지나 우리들에 의해서 산출된 통일이지, 그 자기의식 자체가 경험한 통일은 아니다. 그러나 아무튼 이렇게 산출된 자기의식은 그 논리적 필연성에 따라 자신의 이론적 구성을 촉구하게 된다. 헤겔은 이러한 자기의식을 '추상적 자기의식'이라 불렀다.

　이것은 데카르트적 자아 또는 칸트의 선험적 자아와 상통하는 것이지만, 동시에 이것을 넘어서는 것이기 때문에, 헤겔 자기의식 이론의 전모를 미리 개관하는 의미에서 반드시 고찰될 필요가 있다. 이러한 '추상적 자기의식'에 대한 고찰은 헤겔에 의해서도 미리 취급되고 있는 것으로서, 이후의 논리적 전개의 이해에 커다란 도움을 주며, 헤겔 이전 철학에 대한 포괄 관계를 규명할 수 있는 계기로서도 기능할 수 있다.

　데카르트적 "코기토(cogito)", "나는 생각한다"에서 얻어질 수 있는 사변적 인식 결과를 재검토하는 것은 추상적 자기의식의 구조를 이해하는 데 유익한 지침이 된다. 데카르트에 의하면 내가 나를 포함한 모든 것의 존재를 의심할 경우에도, 이 '의심하는 나', '사유하는 나'가 의심의 대상이 될 수 없음은 주지하다시피 '명석하고 판명한' 사실이다. 이것은 "내가 사유한다"는 사유 작용에서 '나의 존재'를 도출해 내는 것으로서, 이 경

---

784) Hegel, *Enzyklopädie der philosophischen Wissenschaften*, §424.

우의 존재는 순수사유적(사변적) 존재이다. 이때 사유의 대상은 외부 세계에 실재하는 대상이 아니라, 나의 내부에 들어 있는 '나'라는 대상이다. 따라서 지금 나는 나를 대상으로 하고 있다. 즉, 나는 나를 의식하고 있다. 이것은 지기가 자기를 대상으로 의식하는 사기의식이다. 동시에 이러한 원리 속에는 추상적이지만 절대 자유의 원리가 언표되고 있는 것이다.

여기서 '나'란 나의 '사유'와 동일한 것이고, 따라서 나의 존재가 순수사유 그 자체인 까닭에, 나는 나의 사유의 결과로 존재하게 된다는 원리가 언표되고 있는 것이 아니라, 나는 사유하면서 동시에 필연적으로 존재한다는 원리, 즉 나는 사유이면서 존재라는 원리가 언표되고 있다. 따라서 우리는 여기에 추상적이지만 시원적인, 존재와 사유의 통일의 논리가 깃들어 있음을 목도하게 된다. 이것은 달리 표현하면 내가 나의 존재를 확립하는 작업이 실재하는 대상 세계와 관계하지 않고 또는 이 대상 세계의 도움 없이, 즉 자율적으로 대상 세계로부터 자유롭게 이루어졌다는 것, 다시 말하면 나는 어떤 것에 의해서 매개되거나 의존함이 없이 자율적으로 존재한다. 말하자면 '나는 나이기 때문에 나다', '나=나', '나는 절대 자유다'라는 원리로 바꿔 쓸 수 있다.

데카르트적 자아가 자기를 제외한 만물을 의심스러운 것, 따라서 사유 대상이 될 수 없는 것으로 본다면, 자아는 데카르트적 자아가 펼치는 사유의 유일한 대상이 된다. 따라서 자기가 자기를 의식함, 즉 추상적 자기의식의 원리는 '자아=자아(Ich=Ich)'다.

그러나 이 추상적 자기의식은 동시에 모순 자체다. 왜냐하면 추상적 자기의식의 유일무이한 대상이 바로 자기이기 때문에 이 자기란 전혀 실재성이 없는 자아이기 때문이다. 코기토(cogito)에서 "총알을 쏘듯" 직접적으로 도출된 존재는 공허한 것, 형식적인 것, 실재적 내용이 없는 것, 어느 때라도 — 사유가 지닌 구심력에 이끌리어 — 모두 사유로 환원되어 버릴 수 있는 순수사변적 자아에 불과하기 때문이다. 따라서 『엔치클로페디』에서 헤겔은 다음과 같이 비판한다. "자기의식의 표현은 자아=자아로서 추상적 자유, 관념성이다. 따라서 이 자기의식은 실재성(Realität)이 없다. 왜냐하면 자신의 대상인 자기 자신은 이 대상과 자기 자신 사이에 아무런 구별이 현존하지 않으므로 실은 대상일 수가 없기 때문이다."[785] 『정신현상학』에서 헤겔은 "자기의식의 개념이 대상으로 삼는 자아는 사실에 있어서 대상이 아니다."[786]

헤겔은 이 명제를 다시 상세하게 부연한다. "자아=자아의 표현 속에는 절대 이성과 절대 자유의 원리가 표명되고 있다. (…) 자유와 이성은 내가 자아와 세계를 하나의 동일한 의식 속에 간직한다는 것, 즉 세계 속에서 나 자신을 재발견하고 거꾸로 나의 의식 속에 존재하는 것, 객관성을 지닌 것을 간직한다는 것이다. 그러나 (…) 자아와 객체의 이러한 통일은 이것을 고찰하고 있는 우리들에 의해서만 인식되고 있고 아직 추상적 자기의식 자체에 의해서는 인식되고 있지 않다. (…) 즉 직접적(추상적 - 인용자) 자기의식은 아직 (…)참으로 현실적인 자유를 갖고 있는 것은 아니다."[787] 따라서 여기에서 추상적 자기의식이 봉착하는 모순은 필연적으로 자기를 유일한 대상으로 정립하는 것과 이 대상이 실은 대상이 아니라고 하는 판정 사이의 모순이다. 이 모순이 해소되지 않으면 지금까지 구축해 온 자기의식의 구조 전체가 붕괴될 뿐만 아니라 자기의식이 추체(자아)이면서 객체(대상)라는 전체성(Totalität)의 원리, 절대성의 원리가 파멸에 봉착하게 될 것이다. '추상적 자기의식'은 (대상)의식에 대한 부정, 즉 외부의 대상을 지향하는 자기 태도에 대한 지양止揚으로서, 어떤 외부

---

785) Hegel, *Enzyklopädie der philosophischen Wissenschaften*, §424.
786) Hegel, *Phänomenologie des Geistes*, 246쪽. 이 쪽수는 임석진 국역본의 쪽수다. 헤겔 저(임석진 역), 『정신현상학』(서울: 지식산업사, 1988).
787) Hegel, *Enzyklopädie der philosophischen Wissenschaften*, §424 Zusarz.

의 것의 개입 없이 독존적으로 자기를 수립했으나, 다른 측면에서 좀 더 깊이 따져 보면 변증법적 자기모순에 빠져 있다는 것을 알게 된다. 즉, 자기의식은 대상 세계를 부정하고 자기로 복귀하는 의식으로서 일면 대상에 대해 절대 사유로운 의식이지만, 또 다른 면에서 대상 세계에 대해 절대 예속적인 의식이다. 왜냐하면 자기의식은 이 대상에 대한 부정이 없다면 자기 정립을 완수하지 못했을 것이고, 이 대상이 없었다면 이러한 부정도 있을 수 없기 때문이다. 즉, "추상적 자기의식은 의식에 대한 최초의 부정이며, 따라서 또한 그 외적 객체와, 즉 형식적으로 볼 때 그 객체의 부정과도 결부되어 있다."[788] "왜냐하면 바로 이러한 지양이 행해지기 위해서는 반드시 이 타자(대상 – 인용자)가 존재해야 하기 때문이다."[789] 따라서 추상적 자기의식은 두 개의 대상을 필연적으로 수락할 수밖에 없는바, 하나는 자아이고 하나는 외부의 대상이다. 이러한 단계에서 자기의식은 자기에 대한 의식과 대상에 대한 의식, 즉 자기의식과 의식이라는 두 가지 태도로 이중화(Verdopplung)된다. 추상적 자기의식이 봉착한 모순은 이와 같이 자기의식의 이중화로 파악되었다. 즉, "그러므로 자기의식은 (자기의식이면서 – 인용자) 동시에 이전의 단계인 의식이기도 하며, 따라서 추상적 자기의식이란 자기의식으로서의 자신과 의식으로서의 자신의 모순이다."[790]

이러한 모순은 자아의 활동을 촉발하고, 이 활동성은 이 모순을 지양하려는 충동에 의해 야기된다. 그런데 자아=자아라는 절대성의 원리는 자기의식 자체에 대해서 완성된 지知가 아니라, 우리가 앞에서 이론적으로 산출했듯이, 이 자기의식에 내재하는 즉자적 진리이므로, 상술된 충동이란 실은 자기의식이 자신의 즉자태(자아=자아)를 다시 절대적으로 정립하

---

788) Hegel, *Enzyklopädie der philosophischen Wissenschaften*, §425.
789) Hegel, *Phänomenologie des Geistes*, 246쪽.
790) Hegel, *Enzyklopädie der philosophischen Wissenschaften*, §425.

려는 이론적 충동이요 욕구다. 즉, 이것은 자기의식의 추상성에 객관성·구체성·내용을 부여하고자 하는 충동이요, 소여된 객체를 지양하여 이것을 자기 자신과 일치시킴으로써 자신을 감성으로부터 해방시키려는, 즉 절대자유를 추구하려는 부정적 충동이다. 이런 단계에서 자기의식은 전적으로 충동, 욕구, 부정적 본질로 나타난다. "결국 단순한 자아는 이상과 같이 유類 혹은 단순한 일반자일 뿐더러, 특히 그 단순한 자아는 다양하게 형태화된 자립적 계기를 부정하는 부정적 본질인 까닭에, 어떠한 구별도 실재하는 것으로 인정할 수 없다. 그리하여 자기의식은 바로 자기에 대해서 자립적인 생으로 나타나는 이 구별자로서의 타자(대상 세계)를 지양함으로써만 자기 자신에 대한 확신을 얻게 되는바, 여기서 자기의식은 욕구가 된다."[791] 이 '욕구' 개념으로써 우리는 그것이 비록 이론적 욕구에 지나지 않을지라도 데카르트의 코기토를 이미 훨씬 넘어서 있다. 따라서 자기의식은 욕구의 형태를 취함으로써, 자기가 단순히 주체와 객체로 구별되는 추상적 구별을 실재하는 구별로 발전시켜 자신의 일면적인 추상성을 지양하고 객관성, 실재성을 얻으려는 구체적 운동을 펼치게 된다. 다시 말하면 '나=나'라는 동어반복적 자기 확신에 객관성을 부여하려는 절대적 운동의 동인으로서의 욕구는, 자기 외에 자립적인 것으로 나타나는 일체의 타자를 부정함으로써 자기를 절대적으로 충족시키려는 천상천하유아독존天上天下唯我獨存식의 욕구요, 불교적 제1각覺이 도달한 자기의식과 유사하다. 따라서 이러한 자기의식은 자기 이외의 만물을 자기를 위한 것, 그 자체로서는 아무것도 아닌 것(Nichtigkeit)으로 확신한다. 이러한 양 측면에 대한 두 가지 확신, 즉 자기에 대한 확신과 타자의 무력성, 무의미성에 대한 확신을 지니고 실재성을 얻는 구체적 부정행위를 펼침으로써 욕구의 자기의식은 욕구의 충족에 도달한다.

---

791) Hegel, *Phänomenologie des Geistes*, 244쪽.

- 이러한 타자의 무력성을 확신하는 자기의식은 대자적 태도로서 그 무력성을 타자의 진리로 정립함으로써 자립적인 대상을 말살할뿐더러, 마침내 그는 여기서 바로 그 자신의 확신을 참된 확신으로, 즉 그 자신에게 어느넛 대상 방식으로 주어진 확신으로 획득하게 된다.[792]

즉,

- 자기의식은 마치 자립적인 것처럼 보이는 대상을 점취하고 이것을 소화함으로써 자신을 충족시키며 그는 자기 목적이기 때문에 이러한 과정 속에서 자신을 유지하기 위해 대상을 지양止揚하게 된다. 이때 붕괴되어야 하는 것은 객체다. 왜냐하면 (…) 자아가 없는 객체의 직접성이 부정되는 식 외에 이 양자(주체와 객체)가 달리 통일되는 수는 없기 때문이다.[793]

그러나 이러한 욕구와 충족의 운동 속에서 자기의식은 대상의 자립성을 감지하게 된다. 왜냐하면 자기의식은 이러한 충족을 위해서 대상의 자립성을 인정하지 않을 수 없기 때문이다. 즉, 대상이 자립적으로 존재하지 않으면 대상의 부정성이 있을 수 없고, 이 부정이 없으면 충족이 없기 때문이다. 대상 부정이 대상 긍정으로 뒤바뀌는 이러한 과정은 변증법적 반전反轉이라 불리는 것이다. 자기의식은 이러한 반전 속에서 욕구 발동 시의 확신, 즉 대상의 무력성에 대한 확신을 대상의 자립성에 대한 인정으로 수정하지 않을 수 없게 된다. 다시 말하면 "이와 같은 충족 속에서 자기의식은 자기의 대상이 지니고 있는 자립성에 대한 경험을 얻게 된

---

792) Hegel, *Phänomenologie des Geistes*, 244쪽.
793) Hegel, *Enzyklopädie der philosophischen Wissenschaften*, §427 Zusatz.

다. 즉, 욕구와 이 욕구의 충족 속에서 성취된 자기 확신은 이러한 대상에 의해 제약당해 있다. 왜냐하면 이러한 확신은 오직 이 타자의 지양을 통해서만 가능하며, 이 지양이 있기 위해서는 반드시 이 타자가 존재해야만 하기 때문이다."[794]

이리하여 전술된 추상적 자기의식이 봉착했던 의식과 자기의식의 '추상적' 모순은 이것을 지양하려는 욕구의 대상 지향적 운동 속에서 하나의 '구체적' 모순으로 정립되었다. 여기에서 욕구와 충족이 대상에 의해 제약당해(be-*ding*-t) 있다는 것, 즉 대상에 의해 물화物化되어(ver-*ding*-licht) 있다는 것이 의미하는 바는 바로 자기의식이 대상 세계에 예속되어 있다는 것인 까닭에, 이러한 예속적 측면은 바로 자기의식이 지닌 의식 측면이다. 따라서 자기의식의 전술된 추상적 이중화는 여기에서 구체적 형태를 얻었다. 그러나 여기서 논의를 더욱 심화시키면 대상 세계는 자기의식을 제약하는 자립적 대상이라는 것으로 그치는 것이 아니라, 이 자기의식과 대등한 또 다른 자기의식으로 자기의 면모를 일신한다. 즉, 여기서 대상이란 추상적 자기의식의 관념태에 그 대상적·실재적 충족을 줄 수 있는 모든 것을 지닌 대등한 동일자로서 긍정되지 않을 수 없다. 다시 말하면 대상세계는 자기의식의 대응상對應相으로서 자기의식이 자기의식이기 위해 필요로 하는 모든 것을 구비한 반대편의 동일자인 것이다. 이런 관점에서 보면 그것은 자기의식의 진상, 본질, 진면목이다. 즉, 이것은 자기의식이 자신의 진리에 도달하기 위해서는, 단순히 부정하는 욕구의 부정적 행위를 통해서 반복되는 가상적假像的이고 헛된, 끊임없는 악惡무한적 부정, 즉 악무한적 욕구와 충족의 반복이 아니라, 이 타자의 무력성만을 확신하고 자신을 절대적으로, 그러나 주관적으로 정립하는 부정 행위가 아니라, 타자의 존재에 대한 인식과 긍정을 통해서 그 타자로부터

---

794) Hegel, *Phänomenologie des Geistes*, 244쪽.

자신의 존재를 인정받는 식의 주객 관계가 설정되어야 한다는 것을 뜻한다. 헤겔은 말한다.

- 결국 사기의식은 대상에 대한 부정적 관계를 유지하는 한 결코 이 타자를 지양할 수 없다. 다만 자기의식은 (무한히 재산출되는 – 인용자) 욕구와 마찬가지로 이 타자를 재산출할 따름이다. 이렇게 볼 때 결국 욕구의 대상은 자기의식으로서의 타자, 즉 욕구의 본질이라고 하겠거니와, 바로 이러한 경험을 통하여 자기의식은 이러한 진리를 스스로 깨닫게 된다.[795]

이와 같이 파괴적·부정적·비생산적·주인적 행위는 이러한 반복에만 빠져들어 있는 것이 아니라, 자기의 폭력에 무너지는 무력한 타자로 보이는 것 자체가 실은 자립적 적수敵手라는, 즉 자기가 실은 그것에 예속되어 있다는 깨달음을 얻는데, 이러한 깨달음은 "최후의 정점에까지 추동되어 자신 속에서 완전히 지칠 대로 지친, 이로 말미암아 자기 자신의 충족 및 휴식을 기필코 획득해 보려는 그러한 욕구를 통해서만 가능한 것이다."[796]

'욕구의 대상이 자기의식으로서의 타자이고 욕구의 본질'이라는 헤겔의 표현을 통하여 우리는 자기의식이 자기의 대상 세계를 자기와 동등한 것, 즉 자신의 대등한 라이벌로 정립하게 됨을 인지하게 된다. 즉 "(…) 자기의식은 그의 주관성과 외적 대상의 지양을 통하여 그 자신의 직접적 태도, 즉 욕구의 관점을 부정하고 자신을 타자의 규정으로써 자기 자신에 대하여 정립하고, 타자를 자아로써 채우고, 자아 없는 대상을 자유로운

---

795) Hegel, *Phänomenologie des Geistes*, 244쪽.
796) 임석진(이을호·황태연 역), 『헤겔에 있어서의 노동의 개념』(서울: 지학사, 1980), 81쪽.

자아적 객체, 즉 다른 자아로 만들었다. 이리하여 자기의식은 (또 다른 - 인용자) 자아를 자기 자신에게 대립시켰고, 이럼으로써 단순히 파괴할 뿐인 욕구의 아욕성我慾性을 넘어선 것이다."[797]

그리하여 하나의 자기의식에 대하여 또 하나의 자기의식이 있게 된다. 이럼으로써 추상적 자기의식은 완전한 형태로 이중화되었다. 이 이중화의 완성은 곧 '중복된 이중화(die zweifache Verdopplung)'로서 두 자기의식의 '중첩된 이중운동(zweifache Doppelbewegung)'을[798] 통해서만 규명될 수 있을 것이다. 이러한 중첩된 이중운동을 유지함으로써만 자기의식은 비로소 실체적으로 존재하게 된다. 즉 파괴적·주인적 욕구가 생산적·노예적 욕구로 전개되고, 이것이 다시 지양되면서 두 자기의식이 각기 자신 속으로 재복귀하는 4중적 운동 속에서만 변증법적 통일개념은 지탱될 수 있는 것이라 하겠다. 이에 관해서는 다음 절에서 상세히 논구될 것이다.

■ 두 자기의식의 이론적 통일

두 자기의식의 대립적 존재를 통해서만 자기의식이 실체적으로 존재하게 된다는 것은, 자기의식이 타자를 자기와 대등한 자기의식으로 인정하고 또 인정받는 속에서만 진정으로 자기의식일 수 있다는 것을 뜻한다. 즉, 나의 완전무결한 존재는 욕구의 대상과 같이 무력한 것이 아니라 나와 완전히 대등한 또 다른 자기의식에 의해 인정됨으로써만 보장된다. 즉, "자기의식은 다른 자기의식에 대해서 즉자대자적으로 존재한다는 사실에 있어서 그리고 이 사실에 의해서 즉자대자적으로 존재한다. 즉 자기의식은 오직 인정된 자로서만 존재한다는 것을 뜻한다."[799]

---

797) Hegel, *Enzyklopädie der philosophischen Wissenschaften*, §429 Zusatz.
798) 이 '중복된 이중운동'은 임석진에 의해 거듭 강조되는 그 특유의 변증법이론에 속한다.
799) Hegel, *Phänomenologie des Geistes*, 247쪽.

그런데 이 두 자기의식이 펼치는 상호 운동은 한 자기의식의 내적 측면과 이 내적 측면이 다시 다른 자기의식의 내적 측면과 외적으로 관련되는 측면의 복합 운동으로서, 중복된 이중 운동, 다시 말하면 "다면적·다의적 교차(vielseitige und vieldeutige Verschränkung)"의 운동이다. "자기의식의 이러한 이중화 속의 통일의 개념, 또는 자기의식에 있어서 실재화되는 무한성의 개념은 다면적·다의적 교차인데, 이 교차의 계기들은 한편으로 정확히 분리되어야 하지만, 다른 한편으로는 이러한 구별 속에서도 여전히 구별되지 않는 것, 더 나아가서는 오히려 구별이 뜻하는 것과 대립되는 의미로 받아들여지고 인식되어야 한다."[800] 헤겔의 포괄적 규정의 의미를 명확히 하기 위해 두 자기의식의 중첩된 이중화 상황을 도식화해 보면 다음과 같다.

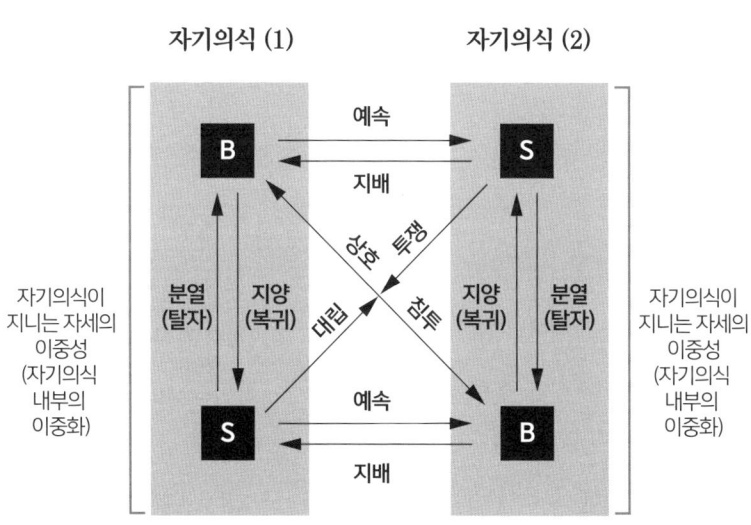

B(Bewußtsein): 의식   S(Selbstbewußtsein): 자기의식

---

800) Hegel, *Phänomenologie des Geistes*, 244쪽.

이 4극極 도식에 따라 『정신현상학』의 매 구절을 주석해 보고자 한다. "이제 자기의식은 다른 또 하나의 자기의식을 마주 보는 과정에서 어느덧 탈자脫自상태에 빠지고 말았다. 즉, 이 말은 이중적인 뜻을 지니고 있으니, 첫째 자기의식은 바로 자기 자신을 상실한 것이다. 왜냐하면 그는 여기에서 자신을 마치 외타적 존재인 듯이 여기고 있기 때문이다."[801] 이것은 도식에서 B⇌S 또는 S⇌B 관계에 해당한다. 즉, 자기의식이 자기의 추상성을 지양하기 위해 타자에 관심을 돌릴 경우, 이 자기의식의 본질은 바로 그 타자에 달려 있게 되어, 바로 그 타자가 이 자기의식을 지배하는 자로 나타나게 된다. 따라서 본래의 자기의식은 자기를 상실하고 탈자 된다(außer sich werden). 즉, 원래의 자기의식은 의식 차원으로 되떨어지고 타자에 예속되게 된다. 따라서 B⇌S 관계는 자기의식(1)이 자기의식(2)에게 넋이 빠진 채(탈자된 채) 예속된 반면, 자기의식(2)는 (1)을 지배하는 관계다. S⇌B 관계는 (1)과 (2)가 지위를 맞바꾼 관계이다. 넋을 잃은 (1)과 (2)의 심리적 상황은 도식에서 분열(탈자)로 나타난다.

"둘째 이와 같은 과정에서 모름지기 자기의식은 타자적 요소를 지양하게 된다. 왜냐하면 실은 그가 여기서 타자를 본질로 취급하는 것이 아니라 도리어 타자 속에서 자기 자신을 발견할 뿐이기 때문이다."[802] 자기의식이 넋을 잃고 타자를 응시하는 근본 이유는 실은 그 타자를 통하여 자기의 추상성, 형식성을 지양하려는 목적 때문이었다. 따라서 자기의식은 탈자 되는가 싶은 순간 그 타자를 지양하여 자기화한다. 이것은 자기의식이 의식 차원에 되떨어졌던 자기의 자세를 지양하고 다시 자기 확립하는 계기로서, 도식에서는 지양(복귀)으로 나타나고 있다. 다시 말하면 자기의식은 타자 속에서 실은 자기 자신의 존립 기반을 추구하고 있고, 이 타

---

801) Hegel, *Phänomenologie des Geistes*, 247쪽.
802) Hegel, *Phänomenologie des Geistes*, 247쪽.

자를 자기의 존재를 위한 수단으로 간주하는 것이다.

그런데 여기서 자기의식은 이중적 의미를 지닌 '그의 타재(他在; sein Anderssein)'로 나타나는바, 이 그의 타재는 자기의식의 다른 존재상이라는 귀환·복귀적 의미와 타자로 나타나는 자기의식의 존재상이라는 소외된 의미를 동시에 지닌 것이다. 여기서 두 자기의식이 모두 대등한 라이벌이고 서로가 서로의 존재를 자립적인 것으로 인정하지 않으면 공히 실체적 존립을 잃을 수밖에 없다는 측면에서 볼 때, 한 자기의식의 일방적인 타자 지양이란 도저히 있을 수 없다는 점을 우리는 잘 알게 된다. 따라서 자기의식은 타자를 폐기하는 것이 아니라, 단어 그대로의 의미에서 '변증법적으로 지양하여' 타자를 고스란히 돌려주고, 그리하여 타자도 타자 자신 속으로 안전하게 귀환할 수 있도록 보장하지 않을 수 없다. 주인은 자기를 위해 대타적으로 존재하는 노예를 해방함으로써만 진정으로 자유로울 수 있는 것이다. 즉, 주인은 주인으로서의 자신의 존재론적 편협성을 지양하여 보편적 측면을 갖추지 않고는 자기에게 예속된 바로 자기의 노예에게 역으로 예속당하는 진정한 의미에서의 노예로 전락하고 만다. "왜냐하면 참된 자유는 나와 타자와의 동일성에 바탕을 두고 있음으로 나는, 타자가 나와 마찬가지로 자유롭고 또 나에 의해서 자유로운 것으로 인정되는 경우에만 참으로 자유롭기 때문이다."[803]

따라서 다른 자기의식을 그의 다른 존재상으로 주장하는 일방적, 귀환적 측면의 지양은 자기 자신의 편협된 직접성의 지양이 되고, 타자로 나타나는 자기의 존재상이라는 소외된 측면의 지양은 자기 자신을 참된 본질로, 즉 실재로 확인하는 지양이 된다. 즉 "결국 여기서 자기의식은 이러한 그의 타재를 지양할 수밖에 없으니, 바로 이것은 첫번째 이중성(일방적 자기 귀환적 측면과 소외된 예속적 측면 – 인용자)의 지양이 되면서 동시

---

803) Hegel, *Enzyklopädie der philosophischen Wissenschaften*, 198쪽.

에 그 자체는 두 번째 이중의미로 바뀐다. 첫째 자기의식은 자기와 다른 자립적 본질을 지양함으로써 자기를 본질로서 확인해야 하지만, 또한 둘째 자기의식은 어쩔 수 없이 바로 자기 자신을 지양하지 않으면 안 되는 바, 그 까닭은 바로 이 타자가 다름 아닌 그 자신이기 때문이다."[804] 여기에서는 타자 지양과 자기 지양의 두 측면이 명쾌하게 서술되고 있지만, 다른 측면, 즉 내가 복귀, 귀환하는 측면과 나의 해방 행위를 통해 타자가 자신으로 돌아가는 국면이 서술되고 있지 않다. 그리하여 다음 구절이 필연적으로 덧붙여지게 된다. "이와 같이 이중의미가 담긴 자신의 타재를 또다시 이중적인 의미에서 지양한다는 것은 결국 이에 못지않은 이중적 의미를 지닌 자기 자신으로의 복귀를 뜻한다. 즉 첫째 자기 자신은 그 스스로의 지양을 통해 오히려 자기 자신을 되찾게 되는바, 왜냐하면 그는 여기서 자기의 타재를 지양함으로써 다시 자기의 동일성을 확보하게 될 것이기 때문이다. 그러나 둘째 그는 또 다른 자기의식을 다시금 그에게 되돌려 주는바, 그 까닭은 자기의식은 다만 그 자신이 타자 속에 있었던 것뿐이므로 여기서 그가 지양한 것은 타자 속에 옮겨져 있던 자신의 존재이었을 뿐이기 때문이다. 따라서 그는 이 타자를 자유롭게 방면하게 되는 것이다."[805]

지금까지 이러한 다른 자기의식과의 관계 속에서 자기의식이 펼치는 운동이 한 자기의식의 입장에서 수행하는 행위로 제시되었으나, 우리는 항상 자기의식(2)도 자기의식(1)과 똑같은 운동을 펼친다는 것을 잊어서는 안 된다. 즉 "일자의 행위는 자기의 행위이면서 타자의 행위라는 이중적 의미를 가진다."[806] 이것은 보다 심원한 관점에서 이해되어야 한다. 왜냐하면 이 말은 내가 인정받으려 하면 저 반대편의 타자도 이와 마찬가지

---

804) Hegel, *Phänomenologie des Geistes*, 248쪽.
805) Hegel, *Phänomenologie des Geistes*, 248쪽.
806) Hegel, *Phänomenologie des Geistes*, 249쪽.

로 인정받으려 한다는 대응성을 뜻할 수도 있지만, 내가 인정받기 위해서는 그가 나를 인정해 주어야 한다는 상호 보족적 행위를 함축하고 있기도 하기 때문이다. 즉 "(…) 첫 번째 자기의식이 대상에게 행하는 것과 똑같은 작용을 내상인 타자에게 스스로 기꺼이 행해 주지 않는다면 결국 자기의식으로서도 그 대상에 대하여 그 어떤 자기 위주의 행위도 할 수가 없기 때문이다."[807] 뿐만 아니라 이러한 이중의미는 나의 타재의 지양이 타자의 지양이면서 나 자신의 지양이라는 이중의 의미를 띠었듯이, 한 자기의식의 타자에 대한 행위는 자기 자신에 대한 행위를 뜻한다는 것이기도 하다. 즉, 타자 부정은 자기 부정이고 타자 긍정은 자기 긍정이다. 따라서 이러한 모든 이중성의 측면은 헤겔에 의해 다음과 같이 적확하게 요약되고 있다. "결국 이러한 행위가 이중성을 띨 수밖에 없는 이유는, 바로 이 행위가 자기에 대해서 행해지면서 동시에 타자에 대해서도 행해진다는 것뿐만 아니라, 그것이 불가분적으로 중복된 일자의 행위이자 또한 타자의 행위이기도 하기 때문이다."[808]

    그런데 이러한 행위 관계는 서로 얽히고설킨 교차 속에서 중심 없는 힘의 난무(das Spiel der Kräften)가 아니라, 언제라도 자율 회복되는 중심(die Mitte)으로서의 자기의식의 운동이며, 이 자기의식은 비록 타자를 응시하는 가운데 자기를 상실하고 탈자 되어 의식과 자기의식이라는 양극단으로 분열되기는 하지만, 이 자기의식의 운동은 동시에 이것을 지양하고 자기 자신으로 복귀하는 중심의 운동인 것이다. 자기의식이 자신의 실체적 존립을 확보키 위해 마주 본 타자를 중심으로 하여 한 바퀴 자기반전自己反轉(Selbstumkehrung), 자기 선회를 거쳐서 자기의 중심으로 복귀하는 이 과정 속에서 비록 타자가 계기적으로 이 자기의식의 실체성을

---

807) Hegel, *Phänomenologie des Geistes*, 249쪽.
808) Hegel, *Phänomenologie des Geistes*, 249쪽.

매개하는(ver-mitte-ln) 중심이 되기는 하지만, 이것은 어디까지나 자기의식의 중심이 타자를 거치는 과정으로써, 이것은 타자의 경우에도 마찬가지다. 따라서 자기의식이나 다른 자기의식이 서로를 중심으로 하여 서로에게 타자가 되어 줌으로써 일자가 타자를 정의 규정하고 타자가 일자를 정의 규정하는 상호적 규정·피규정의 관계는 언제라도 상호 뒤바뀔 수 있는 지위이다. 즉, "중심은 자신을 양극단으로 분열시키는 자기의식인 바, 각 극단은 그의 피규정성을 언제라도 상호 교환할 수 있는 다름 아닌 대극對極으로의 절대적 이행이다. (…) 결국 두 개의 의식으로 나타난 각 극단은 서로가 상대방에 대해 중심이 되어 주거니와, 이와 같이 양측에 다 같이 걸쳐 있는 중심을 통해서 이것은 오직 자기 자신과의 매개를 이루며 동시에 서로가 결합을 이룬다."[809] 여기서 서로가 서로에게 우호적이고 공손하고 친절하고 예속적인 상호 중심이 되어 주는 측면은 앞의 도식에서 B—B 대각선 관계로서 상호 침투의 측면이다.

이 대각선 관계를 통해 동시에 자기 자신 속에서 제각기 복귀함으로써 자기회복된 두 자기의식은 다시 자신을 절대적으로 주창하는 대자적 본질로서 각기 서로에 대해서 투쟁적, 대립적 자세를 취할 수 있다. 즉 "각자는 (…) 자신에 대해, 그리고 타자에 대해 직접적인 대자적 본질이다."[810] 이것은 S—S 대각선 관계다. 또한 이 두 자기의식은 그 가운데 한 자기의식이 자신을 주창하면서 나올 때 다른 자기의식이 잠깐 자기를 양보하고 타자를 먼저 인정해 주면 S⇌B 또는 B⇌S 관계가 성립할 수 있다. 왜냐하면 "각자는 오로지 이러한 매개(타자를 중심으로 한 운동 - 인용자)를 통해서만 그와 같이 대자적으로 존재할 수 있는 본질이기"[811] 때문이다. 즉 "이들은 서로가 서로를 상호적으로 인정하는 이중의 이중 운동을

---

809) Hegel, *Phänomenologie des Geistes*, 249-250쪽.
810) Hegel, *Phänomenologie des Geistes*, 250쪽.
811) Hegel, *Phänomenologie des Geistes*, 250쪽.

펼치면서 상호 인정한다."[812]

이렇게 하여 인정의 순수개념이 완성되었다. 이것은 두 자기의식의 이론적 통일이며, 정신의 개념에 대한 최초의 시사로서, 두 자기의식의 "정신적 통일(die geistige Einheit)"의 개념을[813] 이룬다. 이것은 우리(공동체) 개념의 논리적·이론적 완성, 즉 '우리'라는 정신적 통일의 개념의 이론적 완성이다. 나와 너는 통일된 하나, 즉 우리이면서 동시에 서로에 대해 절대 강경하고 자립적이면서 이러한 직접적 자립성의 극복이다.

도식에 따라 자기의식들의 개념적 운동을 다시 정리하자면 (절친한 친구 사이를 상상해 보자), 두 '나'는 서로 지배하고 예속되는 측면(B⇌S, S⇌B)이 있는 듯하다가도, 서로에 대해 자기 자신을 고수하는 대등적·대립적 관계(S—S)에 있기도 하고, 서로 유순하고 상호 침투적이고 상호 보충적인 관계(B—B)를 맺기도 한다. 뿐만 아니라 이런 과정 속에서 자기를 낮추고 남을 높이는 자세(의식 내부의 B로의 분열, 탈자 되는 상태)를 취하기도 하지만 그것이 곧 자신을 높이는 자세(S로 복귀·지양하는 상태)인 것이다. 이러한 다면적·다의적 관계가 모두 성립할 수 있는 관계가 바로 우리 속의 대등하게 자유로운 두 '나'의 통일 관계요, 대등한 자유, 다시 말하면 자유와 평등의 절대적 통일이다. "어느덧 우리 앞에는 정신의 개념이 현존하기에 이르렀다. (…) 바로 이 절대적 실체는 그 자신이 대립으로부터의 완전한 자유, 즉 모두가 독자적인 자기존립자로서 움직이는 자기의식으로부터의 완전한 자유와 독립성을 바탕으로 이 다양한 자기의식의 통일을 뜻하는 '나 즉 우리'이며 '우리 즉 나'라는 경지에 다다른 것이 된다."[814] 중심은 이와 같이 잠시도 멈추지 않고 두 자기의식의 관계 속에 '무한한' 왕복적 원환운동을 펼치는데 이 자기의식 속의 이 내재적 무한

---

812) Hegel, *Phänomenologie des Geistes*, 250쪽.
813) Hegel, *Phänomenologie des Geistes*, 247쪽.
814) Hegel, *Phänomenologie des Geistes*, 246쪽.

성(die immanente Unendlichkeit)은 욕구의 무한성처럼 그렇게 헛되고 발산적·관념적 악무한(die schlechte Unendlichkeit)이 아니라 수렴적·실재적 진무한(die wahre Unendlichkeit)이다.

그러나 이러한 통일의 순수개념은 어디까지나 이론적이고 사변적인 것일 뿐이다. 즉, 자기의식이 몸소 이 일에 이르는 과정을 현실적으로 체험한 것이 아니라 이 자기의식을 고찰하는 우리들에 의해서 이론적으로 선취先取된 것이다. 따라서 헤겔에 의하면 현실적 측면에서 두 자기의식이 마주 보는 최초의 상태는 일방적으로 자기의 인정만을 구하는 두 자기의식의 '투쟁'으로 나타난다. 그리하여 이 중 하나가 굴복함으로써 "이 과정은 일단 양자 간의 불평등의 국면을 드러내 줄 것이며, 또한 중심이 양극단으로 분화·고정되는 현상을 빚는 가운데 이들 서로가 대립되는 양상을 드러냄으로써 결국 그 가운데 한쪽은 인정받기만 하는 자이고 다른 쪽은 인정하기만 하는 자로 나타날 것이다(das eine nur Anerkanntes, derandere nur Anerkennendes)."[815] 여기서 헤겔이 인정받는 자를 "das eine"라는 중성中性으로 표현함으로써 피동성을 드러내고, 인정하는 자를 "der andere"라는 남성으로 표현함으로써 이 불평등 관계의 궁극적 역전을 미리 암시하고 있지만, 무엇보다도 먼저 이러한 논의에 들어가기 전에 우리가 주목해야 하는 것은 생生(das Leben)과 욕구(die Begierde)에 대한 헤겔의 현실적 강조다. 이러한 보강이 있음으로써만 자기의식의 전개는 그 현실적 구체성을 얻게 될 것이다.

1.2. 자기의식의 현실적 전개

인간에게는 구별이 아닌 구별로서 의식적(정신적) 측면과 육체적 측면

---

815) Hegel, *Phänomenologie des Geistes*, 250쪽.

이 있다. 이 두 측면은 끊임없이 통일을 모색하고 또 통일되지만, 분열될 위험이 언제나 상존하고 또 수시로 분열된다. 첫 번째 의식적 측면은 이론적 자기의식의 측면을 주장하는 대자적對自的 자아의 측면이고, 두 번째 육체적 측면은 헤겔이 생 또는 현존재로 표현한 측면이다. 일개인에게 있어서 절대적 비극 또는 비극 일반은 이 두 측면의 모순이다. 낭만주의가 주로 주제로 삼았던 에로스(사랑)와 타나토스(죽음)의 대무對舞나, 자기주장을 관철하지만 생명을 잃어야 했던 고대의 위대한 영웅들의 말로末路, 당장이라도 내던지고 자기 뜻대로(대자적으로) 살고 싶지만 그래도 생존하기 위해서는 고수되어야 하는 노동자의 내키지 않는 직업, 실존주의 문학에서의 세계냐 문학(자아)이냐 하는 카프카 양자택일에 이르기까지 이 모든 이원론적 구조를 관통하는 모순은 바로 상론된 두 측면으로 수렴·요약된다. 생의 문제는 사회적 정의를 위한 투쟁에서도 심각한 문제로 등장하고, 배반과 배신은 바로 이 생의 문제를 둘러싸고 그 드라마를 펼쳐간다.

■ 생의 의미

헤겔의 자기의식 장章에서 현실적 두 자기의식(두 개인)이 펼치는 투쟁 과정은 바로 생을 한 극으로 하는 현재와 생명과 무관하게 자기를 주장하려는 대자對自 존재를 한 극으로 하는 순수한 자기의식의 동적 관계로 나타난다. 다시 말하면 자기의식은 생을 고수할 것이냐 아니면 자아를 고수할 것이냐 하는 현존재적 생과 순수한 자아의 모순에 봉착한다. 말하자면 이 모순이란 자아의 자유 존재에 대한 자신의 완전무결한 능력의 입증이 자신의 생명을 초개와 같이 내던질 수 있다는 과감한 돌진이지만, 실제로 이 생명이 소멸될 경우 이렇게 하여 얻어진 그의 자유도 마찬가지로 소멸되지 않을 수 없다는 모순이다. 따라서 여기서 생은 자아의 자기 관철을 방해하고 자아를 비겁하게 만들 수 있는 장애물이면서도 동시에 이 자아를 현실적으로 유지시키고 지탱하기 위해서는 반드시 고수되어야 하는 토대이기도 하다. 결국 인간의 존재론적 구조의 이러한 결정적 이원성은 현실적으로 주인과 노예라는 사회의 존재론적 구조로 실재화實在化되어 역사성을 띠게 된다. 따라서 인간의 궁극적 목표, 따라서 역사의 궁극 목표는 자아(주인)와 생(노예)의 통일이 된다. 지금까지의 역사는 이러한 이원적 존재 구조의 여러 가지 변형태의 연속과 반복에 불과했고, 데카르트에서 칸트에 이르는 헤겔 이전의 철학은 이러한 존재론적 이원성의 사변적 표현에 지나지 않는다. 헤겔이 원리적으로 파헤친 이 이원성의 근원과 결과, 다시 말하면 세계의 존재론적 비밀이 이론적으로 해명되었지만, 우리는 지금도 그러한 이원론적 세계 속에 살고 있기 때문에 헤겔의 이러한 사변적 논파는 나름 진지하게 받아들여져야 할 것이다. 여기서 한 가지 중요한 것은 비록 사회의 존재론적 이원성이 개인적 인간의 존재론적 이원성(생과 자아의 이원성)에서 유래하는 듯이 얘기되었으나, 이러한 표현은 설명을 위한 것에 불과하고, 현실적·역사적으로는 기실 사회와 개인 사이에서 동시에 서로 주고받는 표리表裏 관계의 이원성에 불과하다는 통찰이다. 개인에게 있어서 이러한 이원성이 현실적으로 문제가 되는 것은 그 개인이 인간이고자 할 때 (즉 사회 속에 살고자 할 때) 비로소 가능하며 따라서 사회 성립을 선행할 수 없다. 말하자면 인간이 자연적 현존재로서 무변無邊의 자연 속에 묻혀 동물로서 현존할 때는 이러한 존재론적 이원성의 문제란 문제로서 성립할 수도 없다는 말이 되겠다. 뿐만 아니라 여기서 더욱 중요한 것은 이러한 개인적 인간의 존재론적 이원성이라 하더라도 개인적 방식, 또는 개인주의적 방식으로는 결코 해결될 수 없는 것이고, 어디까지나 사회와 더불어, 사회 속에서, 사회를 통해서만 극복·지양될 수 있는 것이라는 사실이다. 왜냐하면 목적론적으로 고찰할 때 사실 공동체적 사회 건설을 추구하는 이유는 만인의 이러한 개인적 현존재의 존재론적 모순을 지양하는 것이어야 할 것이고, 무엇보다도 이 개인적 모순이 모순으로서 문제 되는 것은 사회의 성립과 때를 같이하기 때문이다. 쉽게 말해서 우리가 동경하는 잘 사는 사회란 모름지기 자기를 누리는 데 있어서 생명을 걸지 않아도 되고, 거꾸로 먹고 사는 데 있어서 자존심을 버리지 않아도 되는 사회, 다시 말하면 정신문화와 물질문명의 조화가 완벽한 공동체일 것이기 때문이다. 이러한 공동체적 사회에서만 생과 자아, 육체와 영혼이 통일을 기할 수 있고, 개인과 전체가 통일에 도달할 수 있으며, 노예처럼 열심히 일하는 자가 주인처럼 풍요롭게 향유하는 만사형통의 경지가 도래한다.

생과 자아의 이원론적 구조 속에서 생이 차지하는 위치를 조감할 때, 이것은 어디까지나 인간에게 있어 물질성, 자연성이라고 표현될 수 있는 의미를 지니고, 바로 이러한 의미를 통해서 우리는 '지금, 여기(hic, nunc)'에 있을 수 있을 뿐만 아니라, 피와 살을 가진 육체적 형상의 구체적 실존자로서 나의 손과 발로 이 세계를 만들고 다듬고 파헤치고 개벽할 수 있는 적극적·현실적 실존을 이끌어갈 수 있다. 이렇게 볼 때 우리의 추상적 존재에 현실성을 부여하는 이러한 생이란 한갓 자아의 발양을 저지하는 부정적·역기능적 의미뿐만 아니라, 오히려 적극적·진리 개시적開示的 의미도 지녔다는 것을 알 수 있게 된다.

따라서 여기서 우리가 통찰할 수 있는 것은, 어떤 의미구조든 변증법적인 것이고, 바로 변증법적 반전의 시각을 통해서만 모든 개념과 계기들이 지닌 이중적(부정적·긍정적) 의미를 다 통찰할 수 있다는 것이다. 예를 들면 노예라는 것은 생명 때문에 남에게 예속되어 있다는 비겁자의 첫 번째 부정적 의미와 동시에 바로 자아 대신 생명을 택한 까닭에 폭넓은 대자연과 만남으로써 주인이 도달할 수 없는 자연과의 통일의 경지에 도달하여 사회의 문화를 지탱하고 유지·발전시키는 창조자라는 두 번째 적극적 의미를 동시에 지니고 있는 것이다.

아무튼 생에서 방사되는 현실성의 의미를 고찰하면서 우리는 이러한 생이 발하는 욕구야말로 자기의식의 이론적 구조에서 살펴본 이론적 욕구의 토대가 될 수 있다는 예감을 얻게 된다. 이론적 욕구는 어디까지나 생이 발하는 자연적 욕구와 통일됨으로써만 현실적 욕구로서, 따라서 인간적 욕구로서 기능할 것이다.

■ 욕구와 노동

자기의식이 자아=자아의 원리에 도전하는 일체의 개별적 형상들에 대해 부정적으로 발해지는 이론적 욕구에만 맴돈다는 것은 자연적 존재인 생이 발하는 욕구와 통일되지 못한 순수 관념적·사변적 욕구에만 사로잡혀 있다는 것을 뜻한다. 따라서 자기의식의 욕구와 생 속의 욕구 일반이 현실적으로 욕구로서 작용할 수[816] 있기 위해서는 두 측면이 통합된 현실적 욕구, 다시 말하면 인간적 욕구를 주제로 삼아야 한다. "다시 말하면 우리가 '욕구'의 개념을 한갓 무한한, 따라서 추상적·보편적인 자기의식 쪽의 이론적·사변적 진리 탐구를 위한 욕구 개념으로만 파악하고 그치려는 것이 아니라면, 욕구는 모름지기 참된 인간인 '노동하는 인간'의 실천적 (정신적) 형성과 대상적 (물질적) 생산과정과의 구체적 연관 속에서 탐구되어야 하는 것이다."[817]

따라서 여기서 올바로 부각되고 있는 인간의 현실적 욕구, 즉 인간적 욕구란 순수 사변적 인식 차원에서만 범아일여적 梵我一如의 통일을 구하려는 순수 이론적 욕구, 선불교적 욕구가 아니라는 것을 명백히 하고

---

816) 임석진, 『헤겔에 있어서의 노동의 개념』, 78쪽.
817) 임석진, 『헤겔에 있어서의 노동의 개념』, 78쪽.

있다. 그런데 여기서 우리가 순수 이론적 욕구를 배격하려는 의도는 인간의 자연적·동물적 욕구만을 인정하려는 것으로 오해되어서는 아니 될 것이다. 인간적 욕구는 이러한 자연적 욕구를 넘어서 있고 이러한 욕구보다 높은 것이다.

   동물들이 발산하는 자연적 욕구는 어디까지나 욕구 대상에 대한 인식과 인정이 결여된 적나라한 파괴적 욕구 그 자체로서, 인간이 이러한 욕구 차원에서 맴돌았다면, 이런 인간은 인간이 아니라 동물인 것이다. 원숭이는 사과를 욕구하고 먹어 치움으로써 사과나무에 대해 자기의 수단이라는 규정을 가하고, 원숭이는 스스로 자기 목적인 듯이 보이지만 기실은 이 사과나무도 이 원숭이를 수단으로 이용한다. 사과나무는 동물과 달리 이동할 수 없는 까닭에 이 원숭이가 자기의 열매를 먹도록 꾀여 이 원숭이를 매개로 자기의 씨를 멀리 퍼뜨리려는 '의도 아닌 의도'를 지닌 까닭에 여기서 원숭이는 부지불식간에 이 사과나무의 번식과 생식의 한 수단이 되고 있다. 그런데 원숭이든 사과나무든 방금 기술된 이러한 상호관계에 대해서는 전혀 인식하지 못하고 자연적 생명 법칙에 따라 자율적으로 유지되는 가운데 자연적 먹이사슬을 이루고 있을 뿐이다. 자연적 먹이사슬이란 자연적인 것, 바로 자연이며, 이러한 관계를 탈피하지 못하고 있다는 것은 제아무리 광포하고 전 밀림을 공포에 떨게 하는 동물이라 하더라도 자연의 일부임에는 변함이 없다는 것을 뜻한다. 자연은 스스로 파괴하는 듯하지만 아무것도 파괴하지 못하며, 스스로 생산하는 듯하지만 사회문화적인 어떤 것도 생산하지 못하고, 비생산적 반복에 휘말려 아무것도 창조하지 못한다.

   이에 반하여 인간은 유일하게 인식을 지닌 욕구를 발동한다. 즉, 인간은 한 개의 사과를 그저 먹어 치우는 것이 아니라, 이 사과를 개념적으로 완전히 인식하고 인정하는 가운데 먹고 재배하고 개량한다. 인간이 '사과란 무엇인가'라는 사과의 본질에 대한 물음에 부분적으로나마 답하지 못했다면, 인간이 사과를 재배하거나 개량한다는 것은 불가능했을 것이다. 뿐만 아니라 호랑이의 본질에 대한 물음에 답하지 못했다면, 우리는 호랑이를 관람용으로 쓸 수 없을 것이다. 왜냐하면 호랑이는 직접적으로 볼 때 인간보다 사납고 힘이 세기 때문이다. 호랑이의 본질에 대한 인식을 지닌 인간은 이 호랑이를 죽이거나 사로잡고 먹여 키울 수 있는 기술을 터득했다. 인간은 총을 만들고 이 총이 호랑이를 죽일 살상 능력이 있다는 것을 알지만, 호랑이는 이것을 만들 수 있기는커녕, 이것이 자기를 죽일 살상 능력이 있다는 것도 모른다.

인간은 이와 같이 자연을 인식하면서 동시에 체력으로 제압하고 자연과 물질대사를 한다. 그러나 여기서 더욱 중요한 측면은 인간이 이 자연을 인식할(Erkennen) 뿐만 아니라 인정한다(An-Erkennen)는 사실이다. 예를 들면 석공石工은 여러 가지 암석의 굳기, 색깔, 결, 감촉 등에 대한 지식과 그것의 산지産地에 따른 (같은 종류의) 암석의 각기 다른 품질 등을 인식하고, 실제로 작업에 임할 때는 이러한 성질들에 대한 인식을 인정 또는 존중의 차원으로 끌어올려 그 성질에 따라 노동을 가한다. 석공이 만들려고 하는 물건은 그가 이러한 암석의 여러 성질을 조금이라도 인정하지 않을 경우에 (이 성질들을 인식하고 있든 인식하지 못하고 있든 상관없이) 결코 완성될 수 없거나 실패작이 될 것이다. 인간만이 지닐 수 있는 이 자연에 대한 인정 내지는 존중의 개념은 우주 안에서 유일하게 인간만이 자연과 통일될 수 있다는 것을 내포하고 있다.

이와 같이 인간적 욕구에 의해 발동되는 인간적 활동, 따라서 참된 행위로서의 노동은 자연에 대한 인간의 일방적 자기주장의 행위가 아니라, 어디까지나 정성스럽고 진지한 외경심에서 비롯되는, 겸손하면서도 활기찬 행위이다. 따라서 알렉상드르 코제브(Alexandre Kojéve)의 헤겔 해석은[818] 비록 천재적이고 재기 발랄한 측면이 있다 하더라도 인간 일변도적·자연 파괴적 측면만을 강조하고 있기 때문에 위험한 해석이며, 인간과 자연의 통일이라는 변증법적 궁극이념에 반하는 것으로서 비非헤겔적·비非변증법적인 해석에 지나지 않는다. 코제브의 헤겔 해석은 이러한 의미에서 심화되면 인간 파시즘적·비인간적 측면으로 경사될 것이다. 인간의 물질대사의 필연적 대극으로서의 자연 세계는 어디까지나 인간에 의해 존중되고 보존되어야 하며, 따라서 아욕적我慾的으로 파괴되는 것이 아니라 변증법적으로 지양止揚·고양되어야 하는 것이다. 생산을 위한 생산의 시대, 즉 자본주의 시대의 자연 파괴 현상이 인류의 영속적 발전에 결정적인 장애가 되고 있는 이 마당에, 코제브의 인간 일변도적 헤겔 해석은 제국주의적이고 인간 파시즘적이다.

노동은 인간과 자연, 그 어느 쪽에도 편파적으로 치우치지 않고, 이 양자에 대해서 그들이 지닌 자연적 직접성을 부정하고 보다 높은 단계로 고양시키는 '부정적 중심(die negative Mitte)'으로서, 나름의 독자적 '개별성'을 유지하는 것으로 볼 수밖에 없는 우주론적 인간 활동이다. 즉, 우주의 유일한 '동적 중심(die tätige Mitte)'으로서의 노동은 자연의 모든 계기를 그 개념 및 본질에 따라 조화롭게 조합組合함으로써 인간의 인식의 빛 속에 밝혀지는 우주론적 본질(전체적 목적)에 통합시키는 한편, 인간의 그 자연적 직접성, 이기성, 조화성을 부정하여 인간을 도야·형성(Bildung)하고 인간에게 자연과 통일에 이를 수 있는 자격·능력·지위를 갖추어 줌으로써 자연과 하나가 된 목적론적 세계, 미학적 문화 세계로서의 역사 세계를 창설한다. 말하자면, 앞에서 예로 든 석공은 자신의 노동을 통해 자연의 본질을 깨달을 뿐만 아니라, 이 본질을 그 본질에 따라 조합시키는

---

818) Alexandre Kojéve, *Hegel. Eine Vergegenwärtigung seines Denkens* (Stuttgart: Suhrkamp, 1958).

재간, 자연 사물을 가공할 수 있는 능력, 자아의 조야성을 떨치고 그 자연의 본질을 드러낼 수 있는 내면적 자격과 자신을 갖춤으로써 뛰어난 석공으로서 자신의 우주론적 지위와 더불어 사회적 지위를 확보하는 것이다. 따라서 노동은 양면적·이중적 형성·도야(die zweifache Bildung)인 것이다. 자연의 본질을 인식하고 실제적 행위에서 그 본질을 인정하면서 자신의 이념을 조화시킬 줄 아는 능력, 즉 무위자연적無爲自然的 덕성을 체득한 석공과 단순한 암석 전문가로서의 지질학자의 차이는 엄청난 것이다. 전자는 이론과 실천의 통일이지만, 후자는 이론에만 치우친 지성적 존재자다. 다시 말해서 석공은 이성적 공예가라면, 지질학자는 암석에 대한 지성적 지식에만 몰두하는 이론가에 지나지 않는다.

아무튼 인간의 참된 활동으로서의 노동은 자연적 자연을 지양하여 제2의 자연을 창출하고, 자연적 인간을 지양하여 제2의 인간, 따라서 제2의 자연과 동일한 인간, 즉 미학적 문화 세계로서의 역사 세계를 창조한다.

그러나 이러한 노동은 자연의 부정적 측면과의 접촉을 필연적으로 내포하는 까닭에 언제나 힘겨운 것이며, 또한 아직 이 자연적 자연을 순치하는 능력을 가지지 못한 자에게는 더욱 힘겨운 것이다. 따라서 노동에서 이러한 힘듦의 계기가 사라지고 인간으로 하여금 노동을 자신의 창조적 발현으로 여기게 하는 자연에 대한 능력을 갖추기 전에 수행되는 노동이란 어디까지나 강제노동이고, 이것은 노동하는 자와 강제하는 자의 사회적 양분 속에서 수행될 수밖에 없다. 이러한 사회적 이분화는 인간과 자연의 이분 상태의 사회적 표현이다. 왜냐하면 인간과 자연이 완전한 통일을 이루지 못했으므로, 즉 자연이 아직 그 자연적 직접성을 지양하지 못했고, 인간이 이러한 자연을 아직 순치할 능력을 완전히 갖추지 못했으므로, 인간은 그의 노동 속에서 힘듦과 고통을 느끼는 것이고, 노동의 바로 이 힘든 측면으로 인해 강제당하는 계급과 강제하는 계급의 사회적 이분화가 야기되기 때문이다.

그런데 헤겔은 이러한 사회적 이분화가 이루어지는 과정이 어차피 피비린내 나는 인간 간의 투쟁을 전제되고, 이 투쟁 속에서 '생명'(자연)을 선택하는 자와 자아(순수한 대자존재)를 고수하는 자로의 이분화는 사회 속에서 자연을 전담하여 노동하는 자와 헛된 명예심과 자만심에 빠진 채 지배하는 자로의 사회적 이분화로 귀착되는 것이라고 생각한다.

1.3. 자기의식과 인정투쟁

헤겔은 자기의식과 자기의식의 첫 만남을 단지 '투쟁'으로만 단순화했다. 그는 첫 만남에서 개인들이 반기며 맞이하고 대접하고(환영·환대하고), 교우·교제하고, 우호선린하고, 첫눈에 반하거나 매료되어 사랑하고, 원조하고 동맹을 맺는 등 여러 상호 행위의 가능성을 모조리 배제한 것이다. 그도 서양인들 사이에서 면면히 흐르는 '투쟁유일주의(Kampfsingulrismus)' 전통에 푹 무젖어 있었다.

헤겔은 자기의식이 '자아 즉 자유'를 획득하는 과정에서 과감히 생명을 거는 것을 필연적 계기로 보고, 자유를 위해서 생명을 걸지 못하는 것을 아직 자유에 대한 주관적 확신이 깃들지 않았다는 것에 대한 가장 뚜렷한 반증으로 해석한다. 자유는 언제나 그리고 어느 곳에서나 생사 투쟁 속에서 쟁취되어야 한다는 것이다.

그러나 자기의식과 자기의식의 첫 만남을 이렇게 '투쟁'으로 유일 시하는 것은 일상적·역사적 경험에도 반하는 것이다. 중미 인디언과 콜럼버스 일행의 첫 만남, 북미 인디언과 17세기 초 청교도의 첫 만남, 호주 원주민과 쿡선장 일행의 첫 만남은 환영·환대·우호선린이었다. 이 우호선린 관계가 깨진 것은 서양인들이 서양의 전통적 투쟁유일주의에 따라 자기들을 환대하고 원조해 준 원주민들에 대해 호전주의적 침략을 자행하면서부터였다.

헤겔은 서양의 이 고질적 풍토병인 투쟁유일주의에 따라 자기의식과 자기의식의 첫 만남에서 인정을 위해 '투쟁'을 유일 시 했고, 이 '인정을 위한 투쟁'이라는 투쟁유일주의 공식에 따라 국제관계도 대등한 인정을 위한 '전쟁'을 불가피하고 필수적인 계기로 기술하고, 나아가 전쟁을 찬양하기까지 한다. 그러나 상호인정은 단지 투쟁을 통해서만 이루어지는 것이 아니다. 개인 간, 그리고 국가 간의 대등한 인정은 우호선린·환영·환대·교우·교제를 뒷받침해 주는 '사랑과 우의의 힘'을 통해서도 이루어질 수 있는 것이다. 그러나 헤겔은 서양의 전통적 투쟁유일주의에 젖어 서로를 타자로서 대하는 생면부지의 자기의식들이 처음 만나면서부터 단순히 '인정을 위한 투쟁'을 벌일 것으로 속단한다.

■ 인정투쟁

상론된 두 자기의식의 통일은 현실적 계기가 생략되고 내용이 결여된 추상적 이론에 지나지 않는다. 헤겔은 현실적 차원에서 두 자기의식의 첫 조우와 최초의 공존을 개인 대 개인의 대립 투쟁으로 단정한다.

- 우선 자기의식은 단순한 대자적 존재이며 또한 모든 타자를 자신으로부터 배제함으로써 자기동일성을 유지한다. 지금 그에게 있어서 자기본질이며 절대적 대상인 것은 자아일 뿐이니, 직접성이나 혹은 오직 자기의 독자적 입장만을 고수하려는 이와 같은 존재상에 비추어 볼 때 자기의식은 곧 개인으로 나타난다. 그러므로 자기의식에게 타자인 것은 부정적 성격을 지닌 것으로 지적되는 비본질적인 대상일 뿐이다. 그러나 실은 이러한 타자도 역시 자기의식임에는 틀림이 없으므로, 모

름지기 여기에는 한 개인에 반립하는 또 하나의 개인이 등장한다.[819]

이 개인들이란 추상적 자기의식이 아니라 피와 살을 가진 자로서 생을 자신의 또 다른 본질로 간주하는 존재들이요, 그 자연적 직접성을 사상捨 象하고 순수한 자아만을 지닌 순수한 추상태가 아니다. 따라서 각 개인은 서로를 흔히 널려있는 다른 대상이나 다름없는 것으로 간주한다. 따라서 이들은 타자의 존재를 인정하는 단계까지 아직 이르지 못하고 다만 자기 자신만을 확신하고 자신의 생명을 유지하는 데에만 급급한 존재자들이다. 즉 타자와 아무런 관계를 맺지 못하는 개체적 형태, 아직 투쟁에 떨쳐 나설 수 있을 만큼 절대 추상화 내지는 순화된 자기 의식적 측면을 타자에게 드러내지 않고 있다. "(…) 이들은 이와 같이 직접적 양상을 띠고 나타나는 까닭에 서로가 서로를 흔히 널려 있는 평범한 존재 양식의 대상으로 간주한다. 즉 그들은 서로를 동떨어진 독립된 형상에 지나지 않거나, 생의 존재에 급급한 (…) 의식에 지나지 않는 것으로 본다. 따라서 이들은 서로가 다 같이 모든 직접적 존재를 벗어던지고 오로지 자기 동일적 의식의 순수부정적 존재이고자 하는 절대 추상화 과정을 아직 완수하지 않은 의식으로 나타나거나, 달리 표현하면 서로에 대해 서로를 아직 순수한 대자존재로서, 즉 자기의식으로서 드러내지 않고 있다."[820]

따라서 이들은 자기 확신이 있기는 하지만, 이러한 확신은 어디까지나 주관적·동어반복적 차원에 머물러 있을 뿐이고, 타자에 의해서 인정되는 존재, 즉 객관성을 확보한 주관적 자기 확신, 다시 말하면 참된 확신, 절대적 확신을 지니고 있지 못하다. 따라서 이러한 자기의식의 급선무는 자기가 자기의 확신을 인정하는 것만큼 타자도 이 사실을 인정하도록 촉구하

---

819) Hegel, *Phänomenologie des Geistes*, 251쪽.
820) Hegel, *Phänomenologie des Geistes*, 251쪽.

는 일이다. 이러한 인정의 한 측면이 타자의 계기를 포함하는 한에서 이 두 개인은 서로 절대적 관계에 들어가게 된다. 그런데 타자도 자신을 그만큼 확신하고 있고, 이러한 한 개인의 요구에 맞서서 자기를 절대적으로 내세울 것이므로, 타자를 죽음의 위험에 몰아넣는 행위를 통해서만 타자로부터 나의 인정을 받아낼 수 있다. 또한 내가 타자의 죽음을 지향하는 만큼 나도 나의 생명을 걸어야 한다. 왜냐하면 타자도 나의 죽음을 겨냥하고 있기 때문이다. 이와 같이 내가 나의 절대 자유로운 자아에 대한 확신 속에서 나의 생까지도 걸 수 있다는 것이 뜻하는 바는 내가 나의 자연적 생명성이나 자연적 직접성을 떨친, 즉 자유를 향유할 내적 자격을 구비한 존재라는 것에 대한 확증이다. "결국 이 두 개의 자기의식 간의 관계는 다 같이 생사를 건 투쟁을 통해서 자기 자신과 서로를 확증하는 관계로 규정된다."[821]

이 자기의식들이 이러한 투쟁에 떨쳐나서야 하는 이유는 대자적으로 존재한다는 자기 자신의 확신을 서로 타자에게서 그리고 자신들에게서 진리로 고양시켜야 하기 때문이다.

- (…) 자유가 확증되는 길, 즉 자기의식에게 있어서 본질인 것은 존재, 즉 그가 맨 처음 드러내던 직접적 존재 방식, 또는 생의 연장에 급급한 존재가 아니라, 오히려 그와 접하게 되는 일체의 것이 모조리 무력한 계기로 될 수밖에 없다는 것, 다시 말하면 자신이 오직 순수한 대자존재일 따름이라는 것을 확증하는 길은 오로지 생을 거는 수밖에 없다.[822]

---

821) Hegel, *Phänomenologie des Geistes*, 252쪽.
822) Hegel, *Phänomenologie des Geistes*, 252쪽.

다시 말하면 "인정투쟁 속에서 자유의 절대적 증명은 죽음이다. 사실 투쟁 당사자들은 죽음의 위험 속으로 들어감으로써 그들 쌍방의 자연적 존재(육체적 생명 - 인용자)를 하나의 부정적인 것으로 정립하고, 바로 이것을 초개와 같이 여긴다는 것을 증명하는 것이다." [823]

진리는 보편적인 것이요 상대성과 반대되는 것이다. 주관에게 있어서 진리인 것은 주관적인 진리, 따라서 비非절대적·상대적 진리이고, 또한 객관적으로만 진리인 것도 상대적 진리에 지나지 않는다. 따라서 이 양자는 다 같이 개념에 비추어 본 절대적 진리가 아니다. 상대성의 반대인 절대성, 바로 이 절대성만이 진리이다. 다시 말하면 주객 통일만이 '진리로서의 진리'일 뿐이다. 지금까지 주관적으로 확신하는 자유가 객관화되기 위해서는 왜 반드시 투쟁을 거쳐야 하는가 하는 문제만이 입론되었다. 그런데 역사의 균등 발전이 보장될 수 없는 현실적 차원에서는 반드시 이러한 주관에서 객관으로 나아가는 순서를 거쳐 제값으로 획득된 자유만이 나타나는 것이 아니라, 러시아의 농노해방이나 미국의 노예해방처럼 해방의 대상이 되는 자들이 주관적으로 자기의 자유를 확신하거나 구체적으로 혁명운동을 벌리지 않았는데도 지배계층의 자기 정당성의 (역사적 대세에 따른 자발적) 소멸이나 지배 계급 간의 이권 투쟁(남북전쟁)으로 인해 자선 선물처럼 주어진 자유가 있다. 이런 경우에 객관적 자유 개념이 해방 대상인들에게 주관화·내면화되기 위해서는 또 한 차례의 지난한 역사를 필요로 한다. 왜냐하면 피동적으로 자유화된 노예들은 비록 객관적으로(정치적 헌법에 있어서) 자유롭다 하더라도 자기들의 출신에 대한 사회적 차별이나 멸시를 타파할 주관적 자유능력이 없다면 참된 자유, 즉 절대 자유에 도달하지 못할 것이기 때문이다. 참으로 자기 의식화된 노예의 입장에서는 주인이 주인의 지위에서 그들을 해방할 권리까지도 부정

---

823) Hegel, *Enzyklopädie der philosophischen Wissenschaften*, §432 Zusatz.

하는 근본성(Radikalität)이 문제이기 때문이다. 헤겔은 이렇게 과격하다.

- 생명을 걸지 않았던 개인이 인격체로서 인정되는 경우도 물론 있을 수 있지만, 역시 이 개인은 하나의 자립적 자기의식으로서 인정받은 존재라는 진리를 성취하지 못했다.[824]

1865년 남북전쟁의 종결과 더불어 법제적으로 완전히 해방된 미국의 노예들이 160여 년이 지난 오늘날도 사회적 차별을 당하고 있는 것은 그들이 목숨 건 인정 투쟁을 하지 않아서 그런 것인가? 해방투쟁을 통해 자유를 쟁취한 아이티의 옛 흑인 노예들과 남아프리카공화국의 오랫동안 노예 취급을 당했던 흑인들은 과연 완전히 자유로운가? 몽골과 대만은 러시아와 중국 사이의 세력균형과 미국과 중국 사이의 세력균형 속에서 투쟁 없이 덤으로 독립을 얻고 유지해 왔어도 미국·아이티·남아공의 흑인들보다 자유롭다. 따라서 헤겔의 저 테제를 절대적 진리로 간주하는 것은 오류의 위험이 있을 것이다. 뿐만 아니라 "자유를 쟁취하기 위하여 감연 敢然히 생명을 걸 수 있는 용기를 갖지 못한 자는 노예임이 마땅하다"고 하며[825] 억압의 죄책을 억압자에게가 아니라 피억압자에게로 돌리는 억압자의 논변을 도울 수 있다.

아무튼 헤겔은 자유 즉 자아를 획득하는 과정에서 과감히 생명을 거는 것을 필연적 계기로 간주한다. 자유를 위해 생명을 걸 수 없다는 것은 아직 자유에 대한 주관적 확신이 깃들지 않았다는 것에 대한 가장 뚜렷한 반증이라는 것이다. 헤겔은 자유란 언제나 그리고 어느 곳에서나 생사 투쟁 속에서 '쟁취'되어야 한다고 외친다.

---

824) Hegel, *Phänomenologie des Geistes*, 252-253쪽.
825) Hegel, *Enzyklopädie der philosophischen Wissenschaften*, §435 Zusatz.

■ 투쟁의 결과: 사회적 이분화

생과 자아라는 본질적 두 측면을 지닌 자기의식 간의 투쟁에서 이 중 한 자기의식이라도 변증법적 부정, 즉 '지양止揚(Aufheben)'이 아닌 '자연적 부정', 즉 죽음을 당하는 경우 살아남는 다른 자기의식마저도 자신을 인정받지 못한다. 왜냐하면 자기를 인정해 줄 상대방으로서의 자기의식이 소멸되어 없어져 버리기 때문이다. 헤겔은 말한다.

- (…) 죽음을 통해 얻어진 이와 같은 자신에 대한 확증은 결과적으로 여기서 싹터 오른 진리와 더불어 다름 아닌 자기 자신의 자기 확증마저도 모조리 지양하기에 이른다. 왜냐하면 생이 의식의 자연적 긍정, 다시 말하면 절대적 부정성이 결여된 자기 존재에 지나지 않듯이, 죽음은 이제 의식의 자연적 부정, 즉 자기 존재가 수반되지 않은 부정에 지나지 않음으로써 결국 이러한 부정은 인정의 문제 속에 당연히 포함되어야 할 의미마저도 지니지 못한 것이 되기 때문이다.[826]

그리하여 자신들의 내면적 자유를 투쟁으로 증명했던 이 전사들이 그럼에도 불구하고 자신의 자유의 인정된 상태에 결코 도달할 수 없다는 보다 큰 새로운 모순이 죽음으로 말미암아 발생하게 된다. 그리하여 투쟁은 두 자기의식 가운데 한 자기의식이 자아를 끝까지 고수하고 다른 자기의식은 생을 택하는 식 외에 달리 종결될 수 없다. 이 다른 개인에게서 자아만을 지양하고 생은 돌려준다. 다시 말하면 한 개인이 다른 개인을 "지양된 것을 보존·유지하는 방식으로 지양하는 것이다."[827]

결국 지양한 자는 '자기의식'의 지위를 유지하고, 지양된 자는 생과 물

---

826) Hegel, *Phänomenologie des Geistes*, 253쪽.
827) Hegel, *Phänomenologie des Geistes*, 254쪽.

질적 대상에 연연하는 의식의 차원으로 되떨어짐으로써 승리한 자기의식 대(對) 패배한 의식의 관계가 성립하게 된다. 즉, 이론적 자기의식에서 제시된 도식에서 보면 S—S 관계로 개시되었던 투쟁은 S⇌B, 또는 B⇌S로 종식되는 것이다. 이 의식의 차원으로 되떨어진 개인은 자기를 패배시킨 자기의식의 손아귀에 좌지우지되는 대타적(對他的) 의식, 즉 사물이나 다름없는 마음가짐을 갖지 않을 경우 자연적 생명마저 잃게 될 거세된 실존을 부여받게 된다. "마침내 이러한 최초의 경험에 의하여 하나의 순수한 자기의식과 더불어 또 하나의 의식이 정립되기에 이르렀으니, 이것은 자기를 위주로 해서 존재하는 것이 아니라 대타적인, 다시 말하면 단순히 존재하는 의식이거나 또는 물성의 형태를 띤 의식일 뿐이다."[828]

그리하여 주인과 노예로 이분화된 사회가 성립한다. 이것을 통해 우리는 아직도 해소되지 않고 남아 있는 사회의 계급적 구조란 어디까지나 인간 대 자연, 자기의식 대 의식의 대립의 사회적 표현임을 다시 확인하게 된다.

그런데 헤겔 정신현상학의 주인-노예 장을 해석하는 데 있어서 먼저 확실히 해 두어야 할 문제가 있다. 그것은 이 주인-노예 장을 사회적 관점에서 보아야 할 것이냐 아니면 인간 심리의 주인적 측면(大我)과 노예적 측면(小我)에 대한 기술로 보다는 심리학적 관점에서 보아야 할 것이냐 하는 문제이다. 조지 켈리(George Armstrong Kelly)는 여러 관점에서 해석해야 한다고 주장한다. "(…) 코제브는 외적 (정치적) 중요성과 내적 (심리학적) 중요성을 인정하고 있을지라도 실은 주인-노예 관계를 순수하게 외적 대결로 보고 있다. 내가 주장하는 명제는 주인-노예관계를 동등하게 타당하고 상호 침투될 수 있는 세 가지 시각에서 고찰하는 것이 적절한 관점이라는 것이다. 그 하나는 코제브가 아주 명쾌한 해석을 가했

---

828) Hegel, *Phänomenologie des Geistes*, 254쪽.

던 사회적 시각이다. 두 번째 시각은 개인적 자아 내부의 주인성과 노예성의 교호적 모델을 고찰해야 한다. 세 번째 시각은 상술된 두 과정을 융합한 것, 즉 자아와 타자의 – 인정투쟁 속에서 시작된 – 외적 대결의 내적 결과이다."[829] 켈리는 코제브의 사회 일변도적 주인-노예 장 해석에 대한 적절한 비판을 가하고 있지만, 켈리의 명제도 동조 받기 어려울 것 같다. 왜냐하면 주인-노예 장의 사회적 의미와 심리학적 의미는 상호 대등하게 병립되거나 대등하게 융합될 수 있는 것이 아니라, 명백히 사회적인 측면에 일차적인 중요성이 주어져야 하고, 개인의 심리적 측면은 이것에서 파생되는 부수현상에 지나지 않기 때문이다. 개인에게 의식 대 자기의식의 갈등이란 어디까지나 이론적인 측면이고, 역사 발생의 실재적·현실적 과정에 있어서는 이러한 갈등이 사회 성립을 향한 투쟁 및 성립된 사회와 더불어 비로소 발생하는 것이다. 헤겔이 이 주인-노예 관계를 다룬 결정적 의도는 바로 이것이라고 단언하지 않을 수 없다. 아무튼 한 개인이 자연 상태에 있을 경우 자아와 생의 모순이란 결코 야기되지 않고 문제삼을 것도 없을 것이다. 한 개인은 다른 개인에 직면해서야, 사회적 관계가 펼쳐지면서야 비로소 두 측면의 모순을 인지하게 된다.

따라서 복수적 두 자기의식의 공존을 통해서야 심리적 양자택일의 문제가 발생하고 주인과 노예라는 사회적 사실이 발생하게 된다. 헤겔은 말한다.

- 그 하나는 대자적 입장을 자기의 본질로 하는 자립적 의식이고, 다른 하나는 생이나 대타적 존재를 본질로 하는 비자립적 의식이다. 전자는

---

829) George Armstrong Kelly, "Bemerkung zu Hegels Herrschaft und Knechtschaft", 191-193쪽. H.F. Fulda und D. Henrich (Hg.), *Materialien zu Hegels 'Phänomenologie des Geistes 1* (Farnkfurt am Main: Suhrkamp, 1973).

주인이고 후자는 노예인 것이다.[830]

인간과 자연의 변증법적 대립·통일이라는 우주론적 본질 통찰은 사회 내에서 자연과 대립하면서 고생하는 계급과, 한 계급의 이러한 노동고의 결과로써 마련되는 재화와 용역을 향유하는 계급으로 이분화되는 사회적 계급구조에 대한 심원한 이해를 가능케 한다. 이러한 심원한 이해는 자본주의사회에 대한 분석에서도 본질 구성적 성격을 지닌 까닭에 "칼 마르크스가 이 주인-노예 변증법을 완전히 다른 관점에서 이용한 것은 이 주인-노예 장의 이해에 있어서 하나의 불행이다"는 가다머의 해석에 [831] 동의할 수 없다.

■ **주인과 노예의 사회적 관계**

먼저 주인은 자아를 전면에 내세우는 자기주장적(대자적) 자기의식이기는 하지만, 직접적으로 그러한 것이 아니라 노예(다른 의식)를 매개로 해서 그러할 뿐이다. 왜냐하면 그는 이 노예에 의해서 주인으로 인정될 뿐만 아니라 이 노예를 매개로 자기의 생활의 물질적 토대를 얻기 때문이다. "그는 또 하나의 다른 의식, 다시 말하면 자립적 존재나 물성物性 일반과의 통합을 자기의 본질로 삼는 의식에 의해 매개된 대자적 의식인 것이다."[832] 주인은 죽음의 공포(자연적 존재, 생의 연장)를 넘어선 자이므로 자기 자신에 대해서 스스로 대자존재임을 확증했고, 따라서 외적으로도 자연적·사물적 존재(대상적 자연 사물과 이 사물이나 다름없는 노예)를 지배한다. 즉 "주인은 결국 두 계기, 즉 욕구의 대상이 되는 사물과, 물성을

---

830) Hegel, *Phänomenologie des Geistes*, 254쪽.
831) Hans Georg Gadamer, "Hegels Dialektik des Selbstbewußtsein". H.F. Fulda und D. Henrich (Hg.), *Materialien zu Hegels 'Phänomenologie des Geistes 2* (Farnkfurt am Main: Suhrkamp, 1973).
832) Hegel, *Phänomenologie des Geistes*, 255쪽.

본질로 삼는 의식에 관계한다."[833] 주인은 이 두 계기를 통해서만 자신의 물질적 토대와 주인으로서의 사회적 지위를 유지할 수 있으므로 이 두 계기와 관계를 끊을 수 없다. 사물과 노예에 대한 주인의 이러한 관계를 상술하면 첫째, 수인은 사물과 노예의 소유자이므로 이런 소유관계를 통해서 이 양자와 직접적으로 관계하고, 둘째, 사물을 소유함으로써 노예의 생존권을 장악하는 한편, 노예를 강제하여 사물을 통제하도록 함으로써 사물을 장악하는 식으로 해서, 양자 중 하나를 매개로 다른 것과 간접적으로 관계한다. "그는 a) 이 두개의 요소와 직접적으로 b) 각각의 요소와 타자를 통해서 간접적으로 관계한다."[834] 주인이 자립적 존재(사물, 자연적 생)를 통해서 노예를 간접적으로 지배하는 관계를 깊이 통찰해 보면, 주인은 생명을 걸고 투쟁에 떨쳐나설 수 있었던 데 반해, 노예는 이 자연적 존재에 대한 염려(생에 대한 애착이나 물질에 대해 연연해 하는 자세)를 탈피하지 못하고 이것에 노예가 되었기 때문에 노예라는 사실이 드러난다. 따라서 노예는 자신의 존재(자립성)를 물건과 같이 여김으로써만 존재할 수 있는 사물화된 비자립적 의식이다. 주인은 이 자연적 존재를 극복한 권력자요, 따라서 이 자연적 존재 속에 예속되어 있는 노예를 지배하는 권력자다. "주인은 이 존재를 제압하는 권력인 한편, 그 존재는 다른 타자, 노예를 제압하는 권력이라고 할 때 결국 주인은 바로 이 타자를 자기에게 예속시키게 된다."[835]

한편, 주인이 노예를 통해서 사물을 지배하는 측면을 고찰해 보면 여기에서 노예의 역할이 드러나게 된다. 노예는 주인의 강제에 의해 사물과 투쟁적 관계에 들어감으로써 이 사물을 지양하게 된다. 그러나 사물도 그 본성에 따라 노예에 대해서는 대등하거나 자립적인 측면을 지니고 있는

---

833) Hegel, *Phänomenologie des Geistes*, 255쪽.
834) Hegel, *Phänomenologie des Geistes*, 255쪽.
835) Hegel, *Phänomenologie des Geistes*, 255쪽.

까닭에, 노예는 사물을 마음대로 도나캐나 할 수 없다. 여기에서 노예는 지혜를 짜내어 물성에 따라 사물을 순치하는 능력과 물리物理를 터득·배양한다. 사물이 지닌 이러한 직접적 부정성은 노예가 사물을 신경질적으로 파괴하는 것이 아니라, 가공하도록(Bearbeiten), 즉 생산하도록 하는 결정적 계기를 이룬다. "이 사물은 노예에 대해 자립적 측면을 지니고 있으므로, 노예는 결코 자기의 부정행위에 의해서도 사물을 절멸시킬 정도의 극단적 상태로까지 몰고 가지 못하고 다만 그것을 가공할 뿐이다."[836]

이에 반해 주인은 이 가공된 사물을 순수하게 소비·파괴함으로써 향유한다. 그리하여 주인은 자연 사물의 채집 속에서의 근근이 생존을 유지하는 정도의 욕구 충족에 급급한 상태를 탈피하고 욕구와 충족을 단순히 굴레처럼 여기던 생활에서 탈피하여 향유 속의 충족을 누릴 수 있게 된다. "주인은 이러한 매개 작용(노예를 징검다리로 한 대對자연적 관계 - 인용자)을 통하여 바로 그 사물의 순수한 부정을 뜻하는 직접적 관계, 다시 말하면 향유를 누린다. 즉, (자연적) 욕구 상태에서는 성취할 수 없었던 것을 그는 능히 감당하고 향유 속에서 자신을 충족시킬 수 있게 된다."[837] 그리하여 주인 대 노예의 맞짝 관계는 향유 대 노동의 맞짝 관계로 특징지어지게 된다.

자연적 욕구 상태에서 인간은 자연이 지닌 조야성(자립성)으로 인하여 우연히 발견되는 자연 사물을 채취하는 데 그침으로써 '향유'한다는 것과는 거리가 멀었다. 그러나 이제 노예로 하여금 자기 대신 자연의 조야성과 대결하여 사물을 가공하도록 강제하는 주인은 자립성이 제거된 사물을 얻을 수 있게 됨으로써 이 가공된 사물을 풍요 속에서 순수하게 향유할 수 있게 된다. "사물의 자립성으로 인하여 욕구에게는 이러한 자기

---

836) Hegel, *Phänomenologie des Geistes*, 255쪽.
837) Hegel, *Phänomenologie des Geistes*, 255-256쪽.

충족이 성취될 수 없었던 데 반하여, 사물과 자기 사이에 노예를 끼워 넣은 주인은 이러한 경로를 통하여 사물의 비자립성과만 결합하여 이 사물을 순수하게 향유하는 한편, 자립성의 측면은 사물을 가공하는 노예에게 떠넘기게 된다."[838]

한편, 사물의 자립성과 비자립성의 측면과 관련된 주인과 노예의 관계를 고찰하면, 주인이 주인으로서 인정되고 노예가 자신을 노예로서 인정하게 된다는 구체적 인정의 의미를 통찰할 수 있게 된다. 투쟁의 직접적 결과로서의 주인과 노예는 노예의 입장에서 볼 때 자신의 지위가 강제로 떠맡겨진 것이지만, 이제는 노예가 주인을 주인으로서 인정하고 자신을 노예로서 인정한다는 것과, 주인이 자신을 주인으로서 인정하고 노예를 노예로서 인정하는 내적 관계가 밝혀진다. 즉, 노예는 첫째 주인을 위해 사물을 가공한다는 점에서, 둘째 특정한 현존재(주인)에게 예속되어 있다는 점에서 자신을 타자를 위한 비본질적 존재자로 정립한다. 노예는 이 두 계기를 부정할 수 없다. 따라서 그는 자기의 자기 의식적 측면을 눌러 두고 주인을 주인으로서, 자신을 노예로서 인정하고 주인에게 절대복종할 수밖에 없게 된다.

그리하여 주인은 자신을 주인으로서 인정하지만, 노예를 주인으로 인정하지 않는다. 그리고 주인은 노예를 노예로서 규정하지만, 자신을 노예로서 규정하지는 않는다. 따라서 양자 간에는 상호성이 결여된 불평등한 관계가 맺어지는 것이다. "여기에는 아직도 양자 간의 진정한 상호인정을 위해서 주인이 타자에 대해서 행하는 것을 자기 자신에 대해서도 행한다는 계기가 결여되어 있다. 그리하여 일방적이고 불평등한 인정이 비롯되게 되었다."[839]

---

838) Hegel, *Phänomenologie des Geistes*, 256쪽.
839) Hegel, *Phänomenologie des Geistes*, 257쪽.

여기에서 주인으로서의 주인의 지위가 확립되게 된다. 이러한 주인 지위의 확립은 노예라는 비본질적(대타적) 의식을 통해 가능하다는 것이 밝혀진다. 즉, 노예의 비본질적 의식은 주인의 자기 확신의 진리를 성취시켜 주는 것이다. 그렇다면 주인의 개념은 전적으로 노예에 예속되어 있다. 왜냐하면 노예 없이 주인은 주인이 아니기 때문이다. 즉, 주인이 자신의 개념을 완성하자마자 노예의 노예로 전락했다. 모든 것은 탄생하는 때가 죽는 때이다. "주인 자신이 자신의 지위를 완성함과 때를 같이 하여 그에게는 어느덧 자립적 의식과는 전혀 상이한 어떤 것이 안겨졌을 뿐이다. 즉, 여기에서 주인이 성취한 것은 자립적 의식이 아니라 오히려 비자립적 의식에 지나지 않는다. (…) 이렇게 볼 때 결국 자립적 의식의 진리는 노예 의식일 뿐이다."[840]

주인이 자신의 지위를 완성하자마자 자신의 전도태를 드러냈듯이 노예도 자신의 처지를 반전하여 자립성의 지위를 얻게 될 것이다. 이점에 대해서는 다음 절에서 고찰하기로 하자.

■ 노예의식과 "떠밀려 든 의식"

앞 절에서 우리는 주인과 노예의 본질 규정을 알아보았다. 주인 사물-노예 간의 관계에서 첫째 주인과 노예 간에는 하나의 공동성이 존재한다. 그것은 양자의 사물을 매개로 한 관계다. 즉 "이 관계는 첫째 주인의 수단인 노예가 아무튼 그의 생존을 유지해야 하기 때문에 욕구와 충족에 대한 관심의 공동성이다. 여기서 직접적 객체는 거칠게 파괴되는 것이 아니라, 자립성과 비자립성의 양극단을 결합하는 매개물로서 취득되고 보존되고 조형된다."[841] 즉 가공된 사물은 주인의 향유를 위해서도 노예의 기본

---

840) Hegel, *Phänomenologie des Geistes*, 257쪽.
841) Hegel, *Phänomenologie des Geistes*, 202쪽.

적 욕구 충족(기본적 생활의 재생산)을 위해서도 공히 필요한 것이다. 이것은 사물이 주인과 노예 사이에 끼어들어 사회 유지에 필수적인 공동성을 이루고 있는 측면에 대한 서술이다. 그런데 이번에는 노예가 주인과 사물 사이에 끼워져 사물과 주인에 의해 포위되는 주인-노예-사물의 관계가 확립된다. 주인과 사물이라는 이 두 자립성을 그 어느 쪽도 부정하지 못하는 노예는 사물 세계와 (주인의) 사회 세계로부터 떠밀려 들어 어쩔 수 없이 현실을 등지고 자기의 내면세계로 도피하지 않을 수 없게 된다. 이것이 노예의 '떠밀려 든 의식(zurückgedrängte Bewuftsein)'이다.

주인의 자립성과 사물의 자립성에 '떠밀려 든 의식'으로서의 노예는 이 주인이나 사물에게는 있을 수 없는 내면적 사유 세계를 건설한다. 현실 세계에서 경험되는 그의 실존적 궁경은 노예의 종교적, 철학적 사색(Philosophieren)을 유발하는 것이다. 여기서 우리는 그리스-로마 시대에 다수의 노예 출신 철학자들이 존재했음을 상기할 필요가 있다.

이러한 '철학적 사색'과 내면적 성찰 속에서 노예는 스스로의 인간적 본질과 주인에 대한 자신의 우위성을 깨닫고 주인에 의해 침해받지 않는 고유한 사변적 세계를 구축한다. 노예의 철학과 염원으로 점철된 기독교 사상을 상기할 필요가 있다. 왜냐하면 주인은 주인인 자기만이 자유로워야 하고 노예는 당연히 예속되어야 한다는 편협된 사유에 빠져 있으나, 노예는 주인도 인간이기 때문에 자유로워야 하지만 노예인 자신도 인간이기 때문에 자유로워야 한다는 자유의 보편적 이념을 깨닫는다.

인간사에 있어서 가장 숭고한 자유의 보편성에 대한 통찰에 도달하게 되는 '떠밀려 든 의식'의 내면적 전개 과정은 일단 주인에 대한 공포, 죽음에 대한 공포 속에서 촉구된다. "노예 의식은 단지 우연적 사태에 직면해 이러저러한 순간적 추이 속에서 불안을 느꼈던 것이 아니라 그의 존재 전반에 걸친 불안을 느꼈다. 왜냐하면 노예 의식은 죽음의 공포, 절대적 주인의 공포를 느꼈기 때문이다."[842] 잠깐잠깐 느껴지는 실존의 불안이 아니라 생사를 위협하는 절대적 불안은 인간의 구차한 관심을 절대적 차원의 관심으로 고양시킨다. 그리하여 노예는 자기를 고착시키고 있는 구차스러운 일상적 사실관계를 떨치고, 기존의 모든 것을 절대적으로 해소하며, 절대적인 유동流動의 시각에서 세계를 바라봄으로써 자기 정립의 의식과 능력을 고양시키는 데 관심을 집약시키게 된다. 이것은 노예도 주인과 같이 절대적 부정의 대자적 능력이 있음을 내면적으로 확신시켜 주는 계기다.

- 이와 같은 공포 속에서 결국 그의 내적 심혼에까지도 허탈하게 해체되었고, 또한 촌시도 가라앉을 줄 모르는 내면으로부터의 전율을 체험한 그로서는 마침내 자신의 모든 고착 관계가 격동하기에 이르렀음을 보게 된다. 이러한 순수한 보편적 운동, 또는 기존의 모든 것의 절대적 유동화야말로 바로 자기의식의 궁극적 본질이자 절대적 부정성이며, 또한 바로 여기에서 개진된 의식 형태 속에 내포된 순수한 대자존재인 것이다.[843]

이러한 노예의 대자존재성은 노예 자신에게 객관적 표상으로 마련되게 되는데, 대자존재의 대상적 표현이라고 할 수 있는 이러한 표상은 주인의 존재를 언제든 대상으로 대할 수 있음으로써 가능케 된다. 즉, 노예는 자기의식의 현실, 다시 말하면 대자존재의 현실이 무엇인지를 주인의 자유로운 생활과 대담성, 용맹, 과감성을 통해 경험하게 된다. "그리하여 바로 이와 같이 순수한 대자적 존재의 계기는 이 노예 의식에 대해서도

---

842) Hegel, *Phänomenologie des Geistes*, 258쪽.
843) Hegel, *Phänomenologie des Geistes*, 258쪽.

하나의 사실로 인지될 수밖에 없으니, 그 이유는 노예 의식은 다름 아닌 주인에게서 그러한 계기를 대상으로 삼고 있기 때문이다."[844]

내면세계 속으로 떠밀려 들어 고뇌 속에서, 굴종 속에서 사색하는 노예가 비록 인간적 실존의 심원한 본질에 대한 통찰과 (주인 세계를 목도함으로써 얻어진) 대자존재에 대한 '객관적' 표상을 얻게 되었다 하더라도, 이 노예는 자기 내면에 있어서만 대자존재일 뿐이고 현실적으로 대자존재로서의 자기를 정립한 것은 아니다. 즉 지금까지 살펴본 노예의 대자존재성이란 즉자적 차원에 머물러 있을 뿐이다. "일반적으로, 그리고 봉사의 개별적 계기 속에 스며들어 있는 권력에 대한 감정은 다만 즉자적 차원의 해소에 지나지 않는다. 따라서 비록 주인에 대해서, 즉 주인으로부터 받는 공포의 감정이 지혜를 싹트게 하는 시초가 될 수 있다고 할지라도, 그 의식은 다만 그 사실을 인지하는 데 그칠 뿐 대자존재는 아니다."[845]

따라서 노예는 지금 자신의 내면적 본질(즉자적 차원의 대자존재)을 '현실화'해야 할 절박한 충동에 내몰리고 있다. 그리하여 노예는 일단 그에게 맡겨진 사물 가공의 노동 속에서 자기 자신의 본질을 발휘하는 통로를 발견한다. 그는 이러한 노동 속에서야 비로소 그의 전반적 부정성으로서의 자기 유동화를 구현하고, 주객 통일의 측면에서 자기의 대자존재를 정립함으로써 소외된 자기를 되찾을 수 있는 것이다. "이러한 순수한 대자존재의 계기는 보편적 해소 일반일 뿐만 아니라, 노예는 봉사 노동 속에서 이러한 해소를 현실적으로 완수한다. 즉, 그는 이러한 봉사 속에서 부딪히는 모든 개별적 계기마다 자연적 현존재에 대한 자신의 의존성을 지양한다. 즉 그는 바로 이 자연적 현존재를 노동의 힘으로 제거해 나가는 것이다."[846]

---

844) Hegel, *Phänomenologie des Geistes*, 258쪽.
845) Hegel, *Phänomenologie des Geistes*, 258쪽.
846) Hegel, *Phänomenologie des Geistes*, 258-259쪽.

한편, 이러한 노예의 봉사 노동이 노예의 인간적 자기실현이라 할지라도, 주인의 관점에서 고찰하면, 노예는 사물과 소외된 관계를 맺고 있는 것처럼 보인다. 왜냐하면 사물이 지닌 조야성(자연적 자립성)이 노예에게는 힘듦으로 느껴지고, 또한 이렇게 힘들게 가공된 사물이 주인에게만 귀속되기 때문이다. "주인의식 속의 욕구와 부합되는 계기(봉사 노동) 속에서 마치 사물에 대한 비본질적 관계의 측면은 봉사하는 의식에게 떠넘겨진 듯이 보이는바, 그 까닭은 이런 관계 속에서 사물은 나름의 자립성을 지니고 있기 때문이다."[847] 헤겔은 이와 같이 노예를 힘들게 하는 사물의 힘(무게)으로서의 '사물의 자립성'을 매번 언급하지만, 노예가 어떤 감각으로 사물의 힘(자립성)을 느끼는지 함구한다. 그는 상술했듯이 칸트처럼 '근감각'을 모르기 때문이다.

아무튼 노예는 주인에 대한 공포 속에서 자기 자신에 대한 심원한 본질을 깨닫고, 자기에게 내맡겨진 봉사 노동 속에서 자기가 아닌 타자를 위해 노동한다는 보편적 관용과 봉사 정신을 함양하며, 동시에 대상 세계에 대한 자신의 비본질성을 탈피해 나간다. 이제 노예는 '떠밀려 든 의식' 상태에 사로잡혀 절망한 나머지 침묵의 맹종으로 일관하는 것이 아니라, '노동을 통하여' 대상 세계에 대해 자기의 본질을 현실적으로 발휘하고 삼투시킴으로써 죽은 자연을 구체적으로 활성화할 것이다. 노예는 내면 세계로 떠밀려 든 의식 속에서 미래지향적 의식과 비전을 갖추어나감으로써 절대적 희망이 깃든 목적론적 역사의식을 깨쳐가는 한편, 현실적으로 노동을 수행함으로써 전 자연을 역사화·문화화할 것이다. 이것은 주인이 아니라 노예만이 수행할 수 있고, 또 노예만이 수행해야 하는 고유한 변증법이다. 시간에 대하여 (미래지향적 역사 속에서), 자연에 대해서, 자기 자신에 대해서 자기의 본질을 활짝 발휘하는 이러한 삼면적으로 개방

---

847) Hegel, *Phänomenologie des Geistes*, 259쪽.

적인 노예의 자세는 이제 사회에 대해서도 자기의 본질을 발휘하게 될 것이다.

노예는 아무튼 노예이기 때문에 만족스런 욕구 충족이 주인에 의해 저시낭하겠지만, 노동 속에서 자기실현의 구체적 계기를 포착한 이상 주인이나 동물처럼 사물에게서 직접적 욕구 충족만을 기대하는 자세를 지양하지 않을 수 없다. 즉 노예는 주인이나 동물과 달리 (온갖 사회적 천대 속에서도 자부심을 가지고 도자기를 굽는 도공처럼) 직접적 동물적 욕구를 절제하고 사물을 그 본질에 있어서 투시해 그것과 통일을 기하는 인간적·창조적·미학적·생산적 노동을 펼쳐가게 된다.

이에 반하여 주인은 노예에 의해 제공되는 가공물의 순수한(생산 아닌) 파괴·소비에만 관계함으로써 감각적 차원의 자기만족에 빠져 있다. 주인은 노동을 하지 않는 까닭에 사물이 지닌 성질이나 본질을 알 턱이 없고, 노동이 힘들다는 경험을 하지 못하며, 따라서 여러 자연적 사물을 순치하는 능력을 구비하지 못한다. 다만 주인은 욕구 충족 속에서 가공물을 허비·소멸시킬 뿐이다. 즉, 주인이 지닌 욕구와 충족은 대상의 생산이나 자연 세계의 가공과 연결되지 못하고 악무한적 순환 속에 빠져 있다. 대상 세계와 단절된 무한한 소멸로서의 주인의 이러한 욕구와 충족은 대상 세계의 실체성과 통일되지 못한다. 주인은 대지大地를 잃었다. 그는 '공중인간(Luftmensch)'이다. 주인의 생은 노예의 노동에 의해 유지되는 가상적假像的 생이다. "(주인의) 욕구는 대상의 순수한 부정을, 따라서 순수한 자기 도취감을 독점한다. 그러나 이러한 충족은 바로 그런 이유로 그 자체 소멸하는 것에 지나지 않는다. 왜냐하면 이러한 충족에는 대상적 측면이나 지속적 존립의 측면이 결여되어 있기 때문이다."[848]

주인의 순수한 소비적 파괴행위와 첨예하게 구별되는 노예적 노동은

---

848) Hegel, *Phänomenologie des Geistes*, 259쪽.

대상을 가공하고 재화를 생산한다. 생산이란 어디까지나 자기의 직접적인 욕구를 절제할 줄 아는 노예의 관심사라서, 노예는 사물의 본질을 인식, 인정하고, 노동을 통하여 사물의 자연적 현존재(자연적 형식, 조야성)만을 부정함으로써 사물의 내용적 측면은 고스란히 긍정한다. 사물의 내용적 측면을 긍정하는 노예는 사물에 대해 자기의 의사를 폭군적으로 강제하는 것이 아니라, 사물의 고유한 이치에 절대복종하는 한편, 사물에 대해 다만 그의 사변적 형태(Form)만을 부여한다. "노동은 저지된 욕구요 제지당한 소멸이다. 다시 말하면 노동은 형성·도야한다(bilden). 대상과의 부정적 관계는 대상의 형식으로 화함으로써 항구적 존속성을 띠게 된다. 왜냐하면 노동하는 자에 대해서만 대상은 자립성을 지니고 있기 때문이다."[849] 즉, 대상은 (노동하지 않는 주인에 대해서가 아니라) 노동하는 자에 대해서만 자립성을 지니고 있는 까닭에 노동하는 노예는 대상을 절멸시키지 못하고 다만 대상의 형식만을 규정하여 사물을 형성한다. (사실 주인의 순수부정이 이 사물을 부정하듯이 부정해 보았자 질료적 충만성으로서의 사물 세계는 조금도 부정되지 않는다. 이점이 사물이 지닌 자연적 자립성, 즉 조야성보다도 더 근원적인 자립성이다.)

바로 이어서 헤겔은 노동의 우주론적 위치가位置價에 대한 본질 규정을 가한다.

- 동시에 이 부정적 중심 또는 형성하는 행위는 개별성 또는 의식의 순수한 대자존재이며, 이 의식은 이런 노동 속에서 자기의 테두리를 벗어나 지속적 존재의 터전으로 자리를 마련해 들어간다. 그리하여 노동하는 의식은 자립적 존재를 그 자신으로 직관하기에 이른다.[850]

---

849) Hegel, *Phänomenologie des Geistes*, 259쪽.
850) Hegel, *Phänomenologie des Geistes*, 259쪽.

헤겔은 사물에 형식을 부여하는 '형성하는 행위(das formierende Tun) 로서의 '노동'을 "부정적 중심(die negative Mitte)"으로 규정하고, 그 나름의 개별성(die Einzelheit)을 지닌 것으로 보고 있다. 다시 말하면 노동은 자연적 사물이 지닌 자연적 조야성과 인간의 직접성(무교양성, 야만성)에 대해 양면적으로 부정적인 것으로서, 인간과 자연 사이에서 '끊임없이 역동하는 중심(die ständig tätige Mitte)'이다.

노동은 인간을 자연에 매개시키고 자연을 인간에게 매개시키는 노자老子의 '충기沖氣'인 것이다. 노자는 '하나가 둘을 낳는다("一生二")', 즉 하나로서의 전체(Totalitä)가 인간과 자연으로 양분되어 대립한다고 설파한 다음, 인간과 자연이라는 두 대립태 사이에 중간자적 기운이 생겨난다("二生三")고 규정하고 있다. 이어서 노자는 二生三 바로 다음 구절에서 이 세 번째 개별태로서의 중간자적 기운을 "충기沖氣"라 명명하고 있다. 필자는 이 "충기"가 헤겔적 의미에서의 '노동'과 거의 유사한 것이라고 본다. 이러한 우리의 해석과 일치되게 노자는 이 3자(인간, 자연, 노동[충기])가 만물(자연과 문화 세계)을 낳는다("三生萬物")고 선언한다.

따라서 노동은 일방적으로 인간에게 귀속되는 성질의 것도 아니요. 자연에 치우치는 것도 아닌 중간자로서 나름의 독립성, 개별성을 지닌다. 또한 노동은 자연 예속적 인간이 자신과 자연에 대해 개시開示하는 순수한 대자존재로서 모든 비본질성(부정당한 채 묶여있는 자연적 인간 존재와, 영겁의 세월 속에서도 무의미한 반복을 재현하는 – 진정한 의미의 생성의 모든 가능성이 탈취된 – 공간적 자연 상태)에 대한 순수한 부정성이다. 이러한 노동 속에서 인간은 자신의 내면세계를 벗어나 그의 뜻을 실현해 지속적 존재의 터전(문화 세계)을 건설한다. 따라서 노동하는 인간은 자기의 뜻이 실현된 자립적 존재(자연세계)를 소원한 자연 대상으로 보는 것이 아니라, 자기 자신으로 즉, 자기의 대상화물로 여기고 그 속에서 안존安存(Beisich-sein)할 수 있게 된다.

　노동을 통해서 창설된 제2의 자연, 문화 세계 속에서 인간은 자연과 진정으로 통일, 화해함으로써 주인에 대한 공포(궁극적으로는 자연에 대한 공포)를 극복하고 안존할 수 있다. 노동은 주인에 의해 존재가 부정당한 노예가 순수한 대자존재로서의 존재자로 올라선다는 의미뿐만 아니라 공포를 지양, 부정하는 의미도 지니는 것이다. "형성행위는 이 과정 속에서 봉사하는 노예가 존재자로 화한다는 적극적인 의미만을 지니는 것이 아니고, 봉사하는 노예의 최초의 계기, 즉 공포를 부정하는 의미도 지니고 있다. 왜냐하면 사물의 형성 속에서 봉사하는 노예 자신의 고유한 부정성, 즉 그의 대자존재는 그가 존재하는 대립적 형식을 지양함으로써만 대상화되기 때문이다. 이 대상적 부정태(자연적 형식 - 인용자)는 바로 노예가 그 앞에서 전율했던 소원한 본질이다. 그러나 그는 이 소원한 부정태를 파괴하고, 자기 자신을 지속적 존재의 터전 속으로 정립해 넣고, 그리하여 대상화된 대자적 존재자가 되는 것이다."[851]

　'떠밀려 든 의식'으로부터 여기까지 요약해 보자. 1. 주인을 대하면서 노예는 대자존재를 타자의 것으로나마 일단 객관적으로 표상한다. 2. 노예는 공포를 감지하면서 모든 구차한 기존 관계를 떨치고 절대 유동화됨으로써 즉자적으로(내면적으로) 대자존재의 지위를 회복한다. 3. 형성하는 노동 속에서 그는 이 대자존재를 자기 자신의 본질로 대상화하고, 그가 객관적으로나 주관적으로나(즉자대자적으로, 절대적으로) 존재한다는 것을 의식하게 된다. "주인에게서 노예는 대자존재를 타자적 대자존재로 여긴다. 즉, 객관적 사실로 안다. 공포 속에서 노예는 대자존재를 즉자적으로 간직한다. 형성 속에서 노예는 객관적 관점에서 대자존재를 그 자신의 고유한 것으로 인지함으로써 그 자신이 즉자대자적으로 존재한

---

851) Hegel, *Phänomenologie des Geistes*, 260쪽.

다는 것을 의식한다."^852)

노예의 노동 속에서 이념적 형식을 객관화하는 것, "외화外化하는 것(entäußern)"은 상실이 아니다. 그것은 주관적 이념이 객관성을 얻음으로써 주객 통일, 즉 절대성, 진리에 이르는 것이다.

- 형식은 외부에 정립된다고 해서 노예에게 타자가 되는 것이 아니다. 왜냐하면 이 형식은 외적 정립 속에서 진리로 화하는 노예의 순수한 대자존재이기 때문이다. 그리하여 이와 같이 자기 자신을 통하여 그 자신을 회복함으로써, 한갓 소원한 의미 밖에는 없는 것처럼 보였던 바로 그 노동 속에서 자기의 고유한 의미가 나타나게 된다.[853)

주인의 의사에 따른 강제노동 속에서 노예는 아무런 의미도 찾을 수 없었으나, 바로 이런 노동의 고수 속에서 사물이 지닌 물리를 터득하고 그리하여 사물과 굳게 결속할 수 있게 된다. 이제 사물은 주인이 아니라 오직 노예에게만 순종한다. 노예는 자신과 사물의 이러한 빈틈없는 통일 속에서 자신의 뜻을 전 자연에 주입시킬 수 있다. 또한 모든 노동수단과 자연이 노예에게만 순종하고 노예에 의해서만 재생산되기 때문에 노예는 주인에게 반격할 수 있는 결정적인 계기를 포착한다. 사물과 주인에 의해 포위되어 있던 노예는 이제 사물과 더불어 주인을 포위하는 노예-주인-사물 관계를 확립하게 될 것이다. 이제 노예에 의해서 창설된 인간세계 속에는 노예의 고유한 의미가 충만하고 거꾸로 주인 자신이 이 세계 속에서 고립될 수밖에 없게 된다.

지금까지 고찰했던 바와 같이 이러한 자기회복을 위해서는 공포와 노

---

852) Hegel, *Phänomenologie des Geistes*, 260쪽.
853) Hegel, *Phänomenologie des Geistes*, 260쪽.

동(봉사 속의 형성행위)이 필연적 계기이다. 그런데 이 두 계기는 "일반적인 방식"으로 존재해야 한다. 만약 일반적 방식으로 주어지지 않으면 노예는 잔꾀나 술수를 부려 - 자기의 해방을 가능케 하는 - 노동이 지닌 힘듦의 계기로부터 빠져나가려는 노예근성에서 탈피할 수 없고, 따라서 자연적 대상 세계의 가공이나 인간적 실존의 진지성에 대한 통찰은 지평에서 사라지게 될 것이다. 우리는 이 '일반적 방식'의 공포와 노동이 무엇을 뜻하는지 헤겔과 더불어 구체적으로 논의해 보기로 하자. 공포의 경우 헤겔은, 한 때 순간적으로 강력하게 엄습하는 공포를 뜻하는 것이 아니라 - 노예를 내재적으로 완전히 해체시킬 만큼 강력하기도 해야 하겠지만 - 지속적으로 존재할 수 있는 기율에 의해 제도화된 공포를 뜻하는 것이다. 여기서 공포는 기율의 혈맥血脈이 되어 기율과 수칙의 매 규정마다 전달됨으로써 어느 곳에서나(주인이 없는 곳에서도) 또 어느 때나(주인이 없는 때에도) 노동을 강제할 수 있어야 한다. 힘든 노동은 오직 이럼으로써만 노예의 몸에 익게 되고 습성화되어 대對자연적 투쟁으로 화할 수 있다. 즉, 공포의 제도화로서의 기율(주인에 의해 제정된 법)은 노예의 노동하는 근면성(die Arbeitsamkeit)을 보장하고 그리하여 사회세계의 지속성을 보장한다. 만약 공포의 기율이 따르지 않는다면, 노예는 노예근성 속에 빠져들어 순간적인 요행의 안일함을 쫓는 까닭에, 자신의 현존재적 상황을 돌파하지 못하고, 따라서 자기의 진정한 위력을 객관화(대상화)할 수 없는 것이다. "봉사와 복종을 강요하는 기율이 따르지 않는 공포란 한 낱 형식적인 정도를 벗어나지 못할뿐더러, 노예는 현존재의 의식된 현실을 넘어 자신을 확장할 수 없는 것이다."[854] "노예의 이러한 아욕我慾 극복은 인간의 참된 자유의 시초를 형성한다. (…) 아욕의 허사성의 감지, 복종의 습성 등은 모든 인간의 형성 과정에서 나타나는 필연적인 계기다.

---

854) Hegel, *Phänomenologie des Geistes*, 261쪽.

아욕을 제거하는 기율을 경험함이 없이는 아무도 자유로운 이성적 상태에 이르지 못하고 명령을 감당할 능력도 갖추지 못한다. 따라서 자유롭게 되기 위해서, 즉 자기통제의 능력을 얻기 위해서 모든 민중은 한 주인에 대한 굴종 상태의 엄격한 기율을 거쳐야만 했었다."[855]

또한 공포는 절대적이어야 한다. 만약 미미한 정도의 공포만을 경험했다면, '떠밀려 든 의식'이 거쳐야 했고 또 이를 통해 대자존재의 경지에 이를 수 있었던 그 절대 유동화, 절대적 자기 해소를 이루지 못한다. 따라서 이 경우 노예는 물질적·동물적인 것에 연연해하고, 동시에 구차한 자기의 규정된 존재를 탈피하지 못하는 것이다. "그 밖에도 또한 만약 이와 같은 의식이 절대적 공포가 아닌 단지 스쳐 가는 미미한 불안을 견뎌냈을 뿐이라면 역시 부정적 본질이란 것도 그에게는 한낱 외적인 것에 지나지 않을 뿐더러, 또한 그의 실체도 철두철미 그와 같은 부정적 본질에 의해서 삼투될 수 없을 것이다. 이렇게 볼 때 결국 그의 자연적인 의식 속에 포용 되어 있는 모든 내용이 근본으로부터 동요되지 않고서는 모름지기 그가 즉자적으로는 여전히 어떤 특정한 존재에 매어있다고밖에 할 수 없는 것이다."[856] 그리하여 이런 정도의 미미한 불안을 견디어 낸 노예는 '실존주의자'가 되고, 그의 노동 속에서 자기의 의미를 발견하는 것이 아니라 말장난과 흰소리를 일삼는 '심오한' 아집만을 늘려 간다. "그리하여 자기의 고유한 뜻(der eigene Sinn)은 아집(Eigensinn)으로 변질되고 말 것이니, 이것은 여전히 노예 상태를 벗어나지 못한 자유에 불과한 것이다."[857]

따라서 노예는 주인의 절대적·보편적 권력을 타도할 수 있는 절대적 이념이나 보편적 형성의 능력을 구비하지 못하게 된다. 이럴 경우 노예가 수행하는 형성 노동은 사물의 본성을 깊이 인식·인정하여 절대적 통일의

---

855) Hegel, *Enzyklopädie der philosophischen Wissenschaften*, §435 Zusatz.
856) Hegel, *Phänomenologie des Geistes*, 261쪽.
857) Hegel, *Phänomenologie des Geistes*, 261쪽.

경지에 도달하는 것이 아니라(불후의 예술 작품을 남기는 것이 아니라), 사물 형성의 약삭빠른 잔재주나 기교를 몸에 익힘으로써 절대 보편적인 자기 능력을 과시하지 못한다. "순수한 형식은 그에게 본질이 되거나 개별적 영역을 초월한 자기 확장으로 간주되는 보편적 형성 작용이나 절대적 개념이 될 수 있는 것이 아니라, 오히려 그것은 미미한 것에 대해서만 힘을 발휘할 뿐 보편적 권력이나 전체적 대상 본질을 압도할 수 없는 한낱 기교에 그치고 말 것이다."[858]

또한 절대적 공포를 느낀, 따라서 내적으로 절대 유동화되어 있는 노예에게 형성·도야의 기회가 주어지지 않으면 노예는 벙어리나 범죄자, 룸펜이 되어 자기 대상화, 자기 형성(자기도야)을 이루지 못할 뿐만 아니라 노동을 하지 않으므로 자기가 만든 세계가 아닌 대상 세계를 자기 것으로 직관하지 못한다. 그리하여 룸펜은 정치적 혁명에 뛰어들어 성공한다 하더라도 주인의 세계를 강탈했다고 생각할 뿐, 원래의 자기 것을 되찾았다고 생각지 않는 것이다. "… 사물 형성이 따르지 않는 공포도 역시 내면화된 침묵 상태를 벗어나지 못할 것이므로 여기서 의식은 결코 자기 자신에게 대상으로 인지될 수가 없을 것이다."[859]

그리고 주인의 절대적 공포를 느끼지 않은 자(현대의 일상적 상황에서는 사회 저변에 미만해 있는 죽음의 공포, 직장을 잃으면 자기를 포함한 여러 식솔의 생계가 위협받는다는 공포감을 느끼지 않는 유복한 자)가 노동을 한다면, 그것은 취미활동이거나 사치, 허영이다. 운명적으로 죽음의 공포에 지배되어 노동하는 세계에 체험이나 경험 지식을 쌓기 위해 뛰어든다는 것, 그것은 어디까지나 지적 허영, 사치에 불과한 것이다. 생사가 교차되는 운명 속에서 진행되는 노동은 하계 봉사활동보다 훨씬 진지한 실존

---

858) Hegel, *Phänomenologie des Geistes*, 261쪽.
859) Hegel, *Phänomenologie des Geistes*, 261쪽.

인 것이다. "최초의 절대적 공포를 느끼지 못한 의식이 사물 형성에 임한다면, 그것은 자기의 허영스런 뜻에 지나지 않는다. 왜냐하면 이런 의식의 형식 또는 부정성은 즉자적 부정성이 아니기 때문이다. 따라서 이런 의식의 형성 작용은 이 의식에게 사기를 본실로 의식하는 계기를 줄 수 없다."[860]

지금까지 우리는 사이비 노예 의식의 전개 과정을 알아보았다. 사이비 노예가 아닌 진정한 노예만이 진정한 주인이 될 수 있다. 다음 절에서 우리는 노예의 진리, 진리의 노예에 관하여 논구할 것이다. 이 노예는 주인의 공포에 떠밀려 든 의식 상태에서 노동하다가 노동 현장을 이탈하여 홍해를 건너 가나안으로 도망치는 사이비 노예를 보는 것이 아니라, 자기가 처한 노동 세계, 주인의 공포가 미만해 있는 주인의 세계에 "눌러앉아" 자기 정립을 절대적으로 완수해 현실적으로 자신을 그 세계의 주인으로 드러내는 진정한 인간의 모습을 대하게 될 것이다. 왜냐하면 어떤 절망적·부정적 상황에서도 자기 존재의 터전을 확충하는 절대적 행동인 만이 인간존재의 터전, 역사 세계를 주도해 왔고 또 앞으로도 그래야만 한다는 확신이 진정한 헤겔적 확신이기 때문이다. 비록 세계사의 진행의 '한계성'이 헤겔로 하여금 주인-노예 장을 현실적, 정치적 승리의 장으로 단번에 마감하는 것을 허용하지 않았다 할지라도, 헤겔은 주인-노예 장 마지막 부분에서 여러 가지 형태의 사이비 노예 의식을 취급함으로써 왜 역사가 다양한 형태의 계급적 이분화 현상을 반복해 왔고, 왜 또 그럴 수밖에 없었던가를 암시하고 있는 셈이다. 물론 헤겔의 역사철학에 의해 역사의 모든 단계는 그 나름의 필연성을 지닌 것이라는 점을 인정하더라도 우리는 주인-노예 장에 헤겔이 부여한 역사적 위치를 존중하는 데 그쳐서도 안 되고, 또 그렇게 한정된 의미에서만 고찰해서도 안 된다. 왜냐하면 헤

---

860) Hegel, *Phänomenologie des Geistes*, 261쪽.

겔이 파악한 사회의 존재론적 이분화는 지금도 전혀 지양되지 않았으며, "종결된 체계로 위장되었다고까지 얘기되는 체계를 계획한 헤겔의 동기는 명백히 밝혀져야"[861] 하겠기 때문이다.

무를 존재로, 부정적인 것을 긍정적인 것으로 선회시키는 마력, "부정적인 것을 존재로 반전시키는 마력"은 "부정적인 것"을 정면으로 응시하고 바로 그것 속에 "눌러앉는 것(Verweilen beim Negativen)"이며,[862] 이러한 마력의 적법한 담당자는 바로 노예인 것이다. 다시 말하면 "우리들이, 사유하는 사변적 노동의 영원히 근절할 수 없는 원환운동 속에 빠진 불행한 의식에만 사로잡혀 있느냐, 아니면 (소외성 속에 들어있는) 생의 절대적 저지력으로써 절대 직접적이되 합리적인 행위와 전제로서의 실천을 향한 결단을 도모하느냐 하는 것"이다.[863]

■ **노예의 진리와 일반적 자기의식**

'주인의 규정'에서 밝힌 바와 같이 주인은 노예에 의해서 주인으로 인정받아야 하는 존재이기 때문에 주인은 인정에 관한 한 노예에게 의존해 있는 '노예의 노예'로서 자기의 전도태로 나타났다. 따라서 가치론적 측면에서 볼 때 노예는 주인보다 우위에 있다고 하지 않을 수 없다. 왜냐하면 노예는 자기의 아욕을 극복하고 한 인간존재를 위해 노동하는 가운데 주인과 자기의 실존의 안전을 도모하는 폭넓은 면을 지녔으나, 주인은 여전히 자기의 노예를 노예로서만, 수단으로서만 여기는 편협된 아욕에 사로잡혀 있기 때문이다. "노예는 주인을 위해 노동하며 따라서 그 자신에 대한 배타적 관심 속에서 노동하는 것이 아니기 때문에, 그의 욕구는 일자

---

861) Otto Pöggeler (Hg.), *Hegel, Einführung in seine Philosophie* (Baden-Baden: Verlag Karl Alber, 1977). 국역본: 오토 푀글러 편(황태연 역), 『헤겔철학서설』(서울: 새밭, 1980), 11쪽.
862) Hegel, *Phänomenologie des Geistes*, 89쪽.
863) 임석진, 『헤겔에 있어서의 노동의 개념』, 131-132쪽.

의 욕구일 뿐만 아니라 동시에 타자의 욕구를 포괄하는 폭넓은 면을 지니고 있다. 그러므로 노예는 그의 자연적 의지의 주아적主我的 개별성을 넘어서고, 바로 이러는 한에서 그 가치의 측면에서 볼 때, 자신의 아욕에 사로잡혀 노예에게서 단지 자신의 직접적인 의사밖에는 직관하지 못하고, 한 부자유스런 의식에 의해 형식적으로 인정된 주인보다 더 높이 서게 된다."864)

이와 같이 노예는 정신적·가치론적 측면에서 보면 '주인의 주인', 진정한 주인일 뿐만 아니라, 현실적 측면에서 주인이 향유하는 모든 물질적 토대를 생산한 자인 데 반해, 주인은 이 물질적 토대에 의존해 있다. 즉, 주인의 세계를 채우고 있는 온갖 물질적 풍요는 바로 이 노예의 노동의 결실인 것이다. 따라서 주인은 현실적 측면에서도 노예에게 예속된 거짓 주인일 뿐이다. 이런 까닭에 주인이 자신의 지위를 적법한 것으로 자부하고 노예를 자신에 대립시키고 있는 한 바로 이 노예의 노예에 불과한 까닭에 노예와의 대립을 청산해야 할 것이다. "노예와 대립하는 주인은 아직 진정으로 자유로운 것이 아니다. 왜냐하면 그는 타자 속에서 아직 철저히 자기 자신을 직관하지 못했기 때문이다. 따라서 주인도 노예의 해방을 통해서야 비로소 완전히 자유롭게 된다."865)

그러나 주인이 노예를 해방해야 하는 철학적 진리 내지는 사회정의는 현실적 주인의 아욕과 편협성에 의해 무시된 채, 현실적 세계, 정치적 법질서는 주인의 자기 이해, 즉 '여가(스콜레)'의 철학에 의해 정당화된다. 주인이 지배하는 주인 시대의 철학이 주인의 사회·정치적 지위만을 정당화하는 데 봉사하는 까닭은 이 철학이 '본질을 포착하지 못한 허위의식'에 지나지 않기 때문이다. 그리하여 노예의 '생산(포이에시스)'과 주인의

---

864) Hegel, *Enzyklopädie der philosophischen Wissenschaften*, §435 Zusatz.
865) Hegel, *Enzyklopädie der philosophischen Wissenschaften*, §436 Zusatz.

'행위(프락시스)'를 첨예하게 구분하는 플라톤, 아리스토텔레스의 철학, 아니 노동을 부정하는 '여가의 철학'이 대두되었던 것이다. 그러나 이러한 프락시스(정치적 행위, 전쟁, 예술, 사변적 이론으로서의 주인 철학)를 전담하는 계급에의 소속성이 인간의 '자연적 탄생'에 의해 제약된다면, 그것은 아직 이 사회의 조직원리가 자연적 직접성을 탈피하지 못했음을 반증하는 것이고, 따라서 이러한 시대의 주인철학도 이 자연적 직접성에 구속되어 있는 '가상假像의 철학'에 지나지 않는 것이다. 결국 노예의 해방은 오로지 자연적 직접성을 넘어선 노예 자신에 의해서만 성취될 수 있다. 노예는 이러한 자기해방과 더불어 거짓된 주인으로서의 그 주인을 해방할 수 있다. 노예는 우선 노예로서의 자기의 현존재를 해체시키려는 관심을 가지고 있고, 이 자기 해체와 더불어 사회의 이원화된 존재론적 구조를 지양할 수 있는 유일한 집단이다.

동시에 자기 해체를 통해서, 그리고 이 자기 해체를 통해서만 이 세계를 보편적으로 해방할 수 있음을 아는 노예에 의해서 이 사회가 혁파될 때만, 사회의 이원화된 구조는 근본적으로 종식될 수 있다. 왜냐하면 노예는 아니 노예만이 주인과 자신을 위한 노동을 통해서 사회의 공동성, 사회 건설의 일반적 관심을 간직하고 있고, 공포를 통한 절대 유동화 속에서 주인과 노예가 공히 '인간이기 때문에' 자유롭다는 자유의 보편성의 원리를 체득하기 때문이다. 따라서 이러한 자유의 보편적 원리를 즉자대자적인 것으로 아는 노예는 주인에 대한 투쟁에서 승리한 후에도 주인을 노예로 만들지 않고, 그리하여 승리한 노예가 주인이 되고 패배한 주인은 다시 노예가 되는 역사의 허무주의적 반복을 종식시킬 수 있는 것이다. 노예가 대자연적 투쟁(노동)에서 승리했다는 것의 의미가 자연의 절대적 파괴나 정복이 아니었듯이, 주인에 대한 정치투쟁에서의 승리도 주인의 절대적 섬멸이어서는 아니 되는 것이다. 따라서 이러한 모든 대자연적,

대사회적 관계를 몸과 머리로 터득한 노예에 의해서만 이 세계는 진정으로 자유롭게 될 수 있다.

또한 사물에 억지를 부리지 않고 물리物理에 따라 가공할 줄 알고, 따라서 이 세계를 창조해 나갈 역량과 자격을 지닌 노예만이 차후의 새로운 세계를 능히 주도할 수 있다. 따라서 지금 노예는 새로운 세계를 위한 자유 이념과, 본질에 있어서는 이 사회의 주인이라는 자기의 개념을 담지하고 있고, 또한 이 세계를 파괴하고 새로운 세계를 건설할 수 있는 역량과 자격을 갖추고 있다. 그런데 왜 현실은 여전히 거짓 주인이 지배하고 진정한 주인이 지배당하는 이원적 구조를 탈피하지 못하는가?

그것은 아직 수비적 노예에게 공세적 자세가 결여되어 있음을 입증해 준다. 이러한 상태에서 현실은 여전히 이원적 구조를 벗어나지 못하고, 이론과 실천, 포이에시스와 프락시스, 주관(노예의 내면세계)과 객관(외부세계의 현실)의 이분화 현상을 탈피하지 못한다. 그러나 이미 주인과의 투쟁 속에서 죽음의 공포를 접해 보았고, 그리하여 생사를 걸고 대자연적 투쟁을 펼침으로써 부정적 존재 구조(주인의 세계) 속에 '눌러앉아' 자기의 고유한 터전을 확보한 불퇴전의 투지를 지닌 노예는 이내 주인과의 투쟁에서도 뚜렷한 사생관死生觀을 확립함으로써 정치투쟁에 과감히 떨쳐 나서는 투혼鬪魂을 다시 일깨워 낼 것이다. "힘들고 오랜 노동 속에서 일정한 물질적 내지는 정신적 산물을 생산하려고 하는 자는 원래부터 – 주인이 주인 자신에게 벗어날 수 없는 숙명적 굴레로서 과하고 있는 – 소비 충족, 즉 물건의 전적 파괴를 위해서 행위하고 노동하는 것을 목표로 삼아서도 안 된다. 오히려 그는, 노예 상태에서 노동하는 자의 본질적 과업과 규정이 완전하고 폭넓은 자기 자신의 전개에 이르고, 동시에 양자, 즉 한편으로 자연 쪽에서, 다른 한편으로 사회 쪽에서 음으로 양으로 가해지는 지배권과의 투쟁에 있어서 승리를 얻을 수 있기 위해 진지한 의지와 적극적 지성 능력을 갖추어야 한다. 또는 우리는 노동하는 자의 자연과의 대결을 인간에 의한 기술적·시공적 지배를 위한 투쟁으로 묘사할 수 있고, 소유하고 대가를 주는 주인과의 대결을 예속된 인간에 의한 지배체제의 절대적·궁극적 철폐를 위한 투쟁으로 바꿔 부를 수도 있다."[866]

한편, 공포에 의한 내적 절대유동화를 경험한 노예는 정립된 현실 세계를 영구불변의 세계로 보는 것이 아니라, 구세주나 가나안에서 연상되는 일체의 사변적 '피안성'을 극복하고, 그 스스로 운동, 활동, 흐름 속에서 추구하고 살면서 이 세계를 절대적 '흐름'의 시각에서 바라보게 되며, 그리하여 부동의 세계의 정립성을 '과정(Prozeß)'의 한 계기요, 에피소드에 불과한 것으로 여기게 된다. 정립된 사실을 과정의 계기로 포착하는 것이야말로 변증법의 중핵이고 요체다. 따라서 지금 노예는 변증법적 사유를 장악하고 변증법적으로 살고 있다. 이제 노예는 '지성적 능력'(즉, 존재 세계에 대한 인식능력)과 이성 능력(존재의 역사적 의미에 대한 인식능력)을 발휘함으로써 지배체제를 몰락시키고, 세계가 진정으로 과정의 한 계기에 지나지 않음을, 다시 말하면 변증법을 집행·정립하게 된다. 노예는 자신의 '현재' 속에서 자기의 실존의 진지성을 포착하고, 지나온 '과거'에 대한 반성反省을 통해 '미래'를 지향하는 역사적 행동인, 아니 이 역사 자체인 것이다. 이러한 역사의 목적론적 목표와 이 목표에 합당한 이념적 원리(자유의 보편성)를 확보한 노예만이 역사 세계의 주체일 수 있다.

자기 해체를 의욕 하는 유일무이한 집단으로서의 노예들은 이제 주인 세계를 타파하고 자기의 완전한 해방, 자유의 원리의 실현, 주인과 노예의 통일을 이룩하게 된다. 이럼으로써 사회의 이원화된 존재론적 구조를 타파하고, 철학에서 상대적으로 이원화되어 있는 온갖 대립 개념의 통일을 성취하게 되는바, 이때 노예는 '일반적 자기의식'으로 고양된다.

---

866) 임석진, 『헤겔에 있어서의 노동의 개념』, 108쪽.

이 '일반적 자기의식'은 '두 자기의식의 이론적 통일'이라는 점에서 이론적으로 포착된 '통일된 자기의식들'인 바, 이 단계에서 주인과 노예는 공히 자기의 현존재적 규정을 해소하고 이런 관계에 들어간다.

- 일반적 자기의식은 다른 자기 속에서의 그 자신에 대한 긍정적 지식이고, 각자는 자유로운 개별성으로서 절대적 개별성을 지니고 있으면서도 자신의 직접태 혹은 욕구의 부정에 의해서 자신을 타자와 구별하지 않고, 일반적·객관적인 것이고, 또한 상호성으로서의 내실적 일반성을 간직함으로써, 자유로운 타자 속에서 자신을 인정된 것으로 인식하고, 또한 자신이 타자를 인정된 것으로 그리고 자유로운 것으로 알고 있는 한에서 그렇다는 것까지도 인식한다. (…) 우리는 여기서 정신이 즉자대자적으로 그리고 서로서로에 대해서 완전히 자유롭고 자립적이며 절대 강경하고 반항적이나, 그럼에도 불구하고 동시에 상호 동일하고, 따라서 자립적이고 침투될 수 없는 것이 아니라 마치 융합되어 있는 것 같은 다양한 자아들로 분열되는 것을 알게 된다.[867]

노예의 궁극적 승리에 의한 주인과 노예의 통일을 통해 건설되는 사회에서는 진지한 실존 속에서 힘들게 노동하는 노예가 즐겁고 유쾌하게 향유하는 주인으로 행세할 수 있어야 한다. 자유와 평등의 절대적 통일로 바꿔 부를 수 있는 이러한 통일의 경지는 노예의 과거와 미래의 (현재 속에서의) 절대적 통일을 뜻한다.

버트런드 러셀은 자유와 평등은 상호 모순적인 것이라서, 자유가 많으면 평등이 위축되고, 평등이 강화되면 자유가 위축된다고 언명했다. 자유와 평등에 대한 이러한 관념은 저급한 이해다. 그 까닭은 여기에서 러셀

---

867) Hegel, *Enzyklopädie der philosophischen Wissenschaften*, §436 Zusatz.

이 의미하는 자유란 장사치들의 자유일 것이고, 평등이란 이 장사치들의 자유 남용에 대한 정부의 제재에 지나지 않는 것이기 때문이다. 러셀의 이러한 허위의식적 표현에 대항하여 헤겔의 논변으로는 자유와 평등의 절대적 통일을 제시할 수 있다. 어느 시대든 자연과 맞서 인간의 자유공간을 쟁취해 온 노예의 자기 마멸적 노고의 대가로서 사회 안에는 그 역사적 단계에 가능한 양의 자유가 언제나 존재했다. 다만 그 자유 원리의 확립이 철저하지 못하고 근본적이지 못했기 때문에 자유는 언제나 사회의 이분화 속에서 불평등한 방식으로 배분되어 있었을 뿐이다. 그렇다면 문제는 자유 배분의 정당한 형식일 뿐이다. 여기에서 이 정당한 형식이란 주인도 노예도 자유롭다는 언표에서 드러나는 동등성의 원리, 보편적 자유의 원리일 것이니, 그것은 곧 평등인 것이다.

이런 측면에서 자유와 평등은 내용과 형식의 관계에 들어 있다. 자유는 평등의 참된 내용이고 평등은 자유의 참된 형식이다. 논리적으로 보면 내용은 곧 형식이고 형식은 곧 내용이다. 내용은 형식을 통해 드러나지 않으면 없는 것이나 다름없고, 따라서 내용은 형식을 통해 드러나야만 내용일 수 있는 까닭에, 내용이 자신을 드러냄은 곧 형식인바, 내용은 형식과 절대적 통일을 이룬다. 따라서 자유도 참된 형식인 평등을 통해 드러나지 않을 경우 존재치 않는 것이요, 거짓된 자유요, 장사치의 자유요, 주인의 자유요, 소수의 자유요, 러셀의 자유에 지나지 않게 된다. 따라서 언제나 자유의 문제는 '소수의 자유'가 아니라 '다수의 자유' 문제다. 소수는 언제나 자유로웠기 때문이다. 그래서 불평등했던 것이다.

참된 형식을 얻은 자유는 곧 평등이요, 참된 형식으로서의 평등은 곧 자유다. 그리하여 헤겔의 주인과 노예의 변증법의 견지에서 다음과 같은 두 개의 절대적 명제가 성립한다.

1. 자유는 평등의 참된 내용이요, 평등은 자유의 참된 형식이다. 따라서

자유와 평등은 절대적으로 통일된다.

  2. 절대적 평등이 달성된 뒤에 자유를 빼앗긴 느낌이 드는 자는 자기 몫 이상의 자유를 향유하던 소수그룹에 속하던 자다.

제2절

헤겔의 국가론과 정치철학

19세기와 20세기의 험난하고 참혹했던 세계사를 뚫고 인권·민주주의·평화가 적어도 보편규범으로 정착한 21세기에 헤겔의 정치사상을 논하는 것은 오늘날의 사상적 흐름과 맞닿고 있는 300년 전의 계몽사상이나 200년 전의 칸트 사상을 논하는 것보다 더 부질없어 보인다. 그러나 역설적으로 이 시점의 냉정한 헤겔 논의는 현란한 근대적 제스처의 교묘한 이중화법話法과 변장술로 세상을 기만하여 한동안 근대 계몽 기획의 확산을 효과적으로 저지한 대표적 반동 철학자의 정치사상에 내포된 치명적 오류와 (자기)기만, 그리고 세간의 다양한 오해를 해소하는 측면에서 오늘날 큰 의미를 갖는다. 또한 '개인과 전체의 관계' 문제의 관점에서 헤겔 철학은 여전히 타산지석의 의미를 지니는 것이다.

2.1. 세계정신 속에서 헤겔

헤겔의 정치철학은 1821년 『법철학』으로 전모를 드러낸 직후부터 여러 번의 부침浮沈을 거듭하였다. 『법철학』은 출판 직후 역사법학파(G. Hugo),[868] 셸링철학파(F. Stahl, K. Chr. Collmann),[869] 자유주의자(J. F. Herbert, H. E. G. Paulus),[870] 칸트주의자,[871] 심지어 자기 제자[872] 등 모든 캠프로부터 비판을 받았다.[873] 이어서 헤겔을 자유주의자로 해석하는 직계제자 세대와, 헤겔을 '변장한 혁명주의적 대역죄인'으로 모는 프로이센 반동 세력 간에 사망한 헤겔을 둘러싸고 한바탕 '색깔 논쟁'이 일었다.[874] 이 시대에 유일하게 헤겔의 개인적 양심과 색깔을 문제 삼지 않고 법철학에 대한 상세한 주석과 독창적 비판을 가한 유일한 학자는 마르크스뿐이었다.[875] 이후 헤겔 철학의 계승자들은 좌파, 우파, 중도파로 갈렸고 1848년 독일의 3월혁명과 함께 헤겔 법철학의 시대는 막을 내렸다. 이것을 기점으로 헤겔로부터 거리를 취하는 오랜 침묵의 시간이 이어졌다.

그러다 1850년대 말에 헤겔 논쟁이 재개되었고 이 논쟁은 딜타이의 '정

---

868) G. Hugo, "Göttingische gelehrte Anzeigen"[1821], 67쪽 이하. Manfred Riedel (Hg.), *Materialien zu Hegels Rechtsphilosophie*, Bd.1 (Frankfurt am Main: Suhrkamp, 1975).
869) K. Chr. Collmann, "Jenaer Allgemeine Literatur Zeitung"[1828], 158쪽 이하. Manfred Riedel (Hg.), *Materialien zu Hegels Rechtsphilosophie*, Bd.1.
870) H. E. G. Paulus, "Heidelberger Jahrbücher der Literatur"[1821], 53쪽 이하. Manfred Riedel (Hg.), *Materialien zu Hegels Rechtsphilosophie*, Bd.1.
871) Anonym, "Allgemeines Repertorium der neuesten in- und ausländischen Literatur" [1821], 74쪽 이하. Manfred Riedel (Hg.), *Materialien zu Hegels Rechtsphilosophie*, Bd.1; Anonym, "Allgemeine Literatur-Zeitung" [1822]. Manfred Riedel (Hg.), *Materialien zu Hegels Rechtsphilosophie*, Bd.1.
872) Nikolaus von Taden, "Brief an Hegel" [1821]. Manfred Riedel (Hg.), *Materialien zu Hegels Rechtsphilosophie*, Bd.1.
873) Manfred Riedel, "Einleitung". Manfred Riedel (Hg.), *Materialien zu Hegels Rechtsphilosophie*, Bd.1.
874) Riedel, "Einleitung", 21쪽.
875) Karl Marx, *Kritik des Hegelschen Staatsrechts* [1843], 203-333쪽. *MEW (Marx Engels Werke)*, Bd.1 (Berlin: Dietz Verlag, 1981); Karl Marx, *Zur Kritik der Hegelschen Rechtsphilosophie. Einleitung* [1844], 378-391쪽. *MEW*, Bd.1.

신과학'과 신新칸트주의적 '문화철학'의 분위기에 뒤섞이면서 20세기 초의 이른바 "신新헤겔주의(Neuhegelianismus)" 사조思潮로 유입되었다. 그러나 콜러(Joseph Kohler), 라손(Georg Lasson) 등이 이끈 이 신헤겔주의는 민족국가의 회로를 나나 헤겔의 '자유의지'를 자연주의적 충동론으로 수정하고 헤겔의 세계사적 '지배 민족'을 '지배적 문화민족'으로 변형시켰다. 라손은 헤겔로부터 당대의 경직된 보수적·호전적 민족주의에 방해가 되는 계몽주의적 치장들을 말끔히 쓸어내고 헤겔의 민족정신과 국가론을 전면에 내세워 제국주의 전쟁을 뒷받침했다. 이 신헤겔주의적 헤겔 해석은 1차 세계대전 후에 어렵지 않게 나치즘의 전체주의적 국가론으로 유입되거나 나치 정권의 정당화에 동원되었다. 물론 나치 이데올로그들 가운데에는 헤겔 철학을 불신하는 자들도 적잖았다. 헤겔을 "독일 민족의 가장 위대한 철학자"로 보는 자도 있었던 반면, '민족'을 멸시하고 관료국가를 정당화하며 '유기적 민족체'와 생경하게 맞서는 '낯선 피의 권력론'으로 비판하는 자도 있었다. 1930년대 나치 이데올로기의 선봉에서 헤겔을 배격한 자들 가운데는 칼 슈미트가 대표적이다. 그는 히틀러가 집권한 날을 바로 '헤겔의 사망일'로 규정했다.[876)]

그러나 전후에도 헤겔은 1960년대 프랑크푸르트 학파의 명성 및 사회운동의 융성과 함께 죽지 않고 다시 살아났다. 1960-70년대는 실로 마르크스와 함께 헤겔의 시대였다.[877)] 그러나 20세기 말 후기구조주의와 포스트모더니즘의 헤겔 배격과 함께 다시 헤겔 논의는 – 헤겔을 변호하려는 몇몇 작은 목소리[878)]가 오늘날도 없지 않을지라도 – 현저히 가라앉은 것

---

876) 참조: Riedel, "Einleitung", 이곳저곳.
877) 이 시대의 대표적인 자유주의적 변호론자는 참조: Joachim Ritter, *Hegel und die Französische Revolution* (Frankfurt am Mein: Suhrkamp, 1965); Shlomo Avineri, *Hegel's Theory of Modern State* (London: Cambridge University Press, 1972).
878) 가령 참조: Gary K. Browning, *Hegel and the History of Political Philosophy*

처럼 보인다. 더구나 인권과 세계주의, 민주주의와 평화주의의 보편적 헤게모니, 유럽연합의 성립과 유엔의 기능적 강화 등 헤겔의 정치철학을 정면으로 부정하는 세계사적 추세가 21세기 초를 전후하여 심화되면서 헤겔을 다시 거들떠보는 것조차 어렵게 되었다.

그러나 이미 앞서 언급한 의미 맥락에서 우리 시대에 헤겔을 다시 비판적 논단에 올리는 것은 의미 있는 일이다. 세계적 차원에서 권위주의와 민주주의가 우열을 가릴 수 없이 격돌하던 1970년대에 헤겔 연구의 세계적 붐은 또 다른 정점에 도달한 바 있다. 이 세계적 헤겔 붐 속에서 한때 정열적으로 헤겔 저작들과 씨름한 역사를 뒤로하고 이제 선명하게 판가름 난 정치적 사상 지평을 배경으로 마르크스 편향의 비판이론적 헤겔 붐과 니체 편향의 포스트모던적 헤겔 혐오가 일으킨 두 방향의 사상적 경사 傾斜를 벗어나 헤겔을 제대로 논평할 수 있는 시점에 왔다고 생각한다.

2.2. 이중적 국가개념: 지성국가와 이성국가

헤겔 철학에서 '인륜(Sittlichkeit)'은 주관적인 규범인 '도덕(Moralität)'을 넘어서 관습화되거나 제도화된 '객관적' 규범이다. 인륜은 직접적인 단계인 '가족'에서 상대적 매개의 단계인 '시민사회'를 거쳐 실체적 보편자의 현실화 단계인 '정치적 국가'로 완결되는 변증법적 논리의 순서에 따라 사회를 가족·시민사회·정치적 국가로 삼분三分하고 있다.

(Oxford: Springer, 1999); Allan Patten, *Hegel's Idea of Freedom* (Oxford, New York, etc.: Oxford University Press, 1999); Klaus Vieweg, "'Es undeutsch, bloß deutsch zu sein.' Zur Aktualität des universalistischen Denkens bei Hegel", Petra Braitling/Walter Reese-Schäfer (Hg.), *Universalismus, Nationalismus und die neue Einheit der Deutschen Philosophen und die Politik* (Frankfurt am Main: Fischer, 1991).

■ 가족과 시민사회

직접적 자연성에 바탕을 둔 인륜적 정신인 가족은 결혼, 가족 재산, 자녀 양육을 계기로 삼는다. 결혼은 일부일처제이고 근친결혼은 배제된다. 헤겔은 남성을 동물, 여성을 식물에 비유하고 "여성이 정부의 정상에 있으면 국가가 위험에 처한다"고 말할 정도로[879] 여성의 열등성을 강조하고 있다. 또한 헤겔은 어린이와 함께 여성을 신분제의회의 대표 자격에서 제외한다.[880] 이 점에서 헤겔의 '가족'은 철저한 가부장제적 가족이다.

이 가족의 실체적 인륜은 생계와 복지의 영역으로 나아가면서 그 통일성을 상실하고 '상대성'의 관점으로 이동한다. 이 상대성의 영역은 시민사회이다. 시민사회는 구성원들의 욕망을 통해, 그리고 인격과 소유의 보장 수단으로서의 '권리 체제'를 통해, 그리고 특수하고 공동적인 이익들을 위한 '외적 질서'를 통해 형식적 보편성 속에서 자립적 개인들로서의 구성원들을 결합하는 체계이다.[881]

헤겔의 '시민사회'는 경제 영역만을 뜻하는 18세기 자유주의자들의 '시민사회(civil society)'와 다르다. 헤겔의 '시민사회'는 시장경제와 시장경제를 밀착 지원하는 민형사적民刑事的 사법기관, 경찰행정, 각종 길드적 직업 신분 단체까지 포괄하기 때문이다. 따라서 헤겔의 시민사회 개념은 오늘날 우리가 사용하는 '시민사회' 개념[882]과도 다르다.

헤겔은 시장경제를 '욕망의 체계'로 명명하고 시장경제에 기반을 둔 '욕망과 충족의 양식', '노동의 양식', '자산'을 취급한다. 이 욕망의 바다

---

879) Georg W. F. Hegel, *Hegel, Grundlinien der Philosophie des Rechts*, §166 보주 (Zusatz). *G.W.F. Hegel Werke* in zwangzig Bänden, Bd.7 (Frankfurt am Main: Suhrkamp, 1982).
880) Hegel, *Hegel, Grundlinien der Philosophie des Rechts*, §301 보주.
881) 참조: Hegel, *Grundlinien der Philosophie des Rechts*, §157.
882) 오늘날 학계에서 '시민사회'는 시장경제와 국가 사이에 위치한 '순수한 사회관계'의 영역(가족, 친목 단체, 이익단체, 각종 민간·시민단체, 학술·문화단체, 사회운동, 언론·방송매체, 노조, 경제인단체, 정당 등의 활동 관계)을 가리키기 때문이다.

에서 "실현되는 사리사욕적 목적은 전측면적 의존의 체계를 정초한다." "개인의 생계와 복지 및 권리의 현존태現存態는 만인의 생계, 복지 및 권리 속으로 얽혀들어 이것을 기반으로 정초 되고 이러한 연관 속에서만 현실적인 것이고 보장된 것이다."[883] 이 욕망의 체계는 우연에 지배되지만 스미스, 세이, 리카도 등의 국가 경제학이 밝혔듯이 필연성에 기반을 둔 일정한 법칙에 의해 지탱된다. 시장에서 개인들이 자신의 재량대로 사리사욕을 추구하더라도 시장균형이 저절로 이루어지고 '등 뒤에서'(개인의 의식 바깥에서) 공동 이익이 극대화되는 이 시장원리를 헤겔은 "이성의 비침(Scheinen der Vernunftigkeit)", "사물 속에 작동하고 사물을 통제하는 지성" 또는 특수이익과 보편이익 간의 "화해"로 규정한다.[884]

그러나 시장과 노동에 의해 산출되는 보편적 자산(資産)에 대한 참여 가능성은 이러한 '화해'에도 불구하고 "직접적인 자기 기반(자본)", "불평등한 육체적·정신적 소질"에 따라 상이한 "숙련도" 등에 의해 제약되고, 결국 이러한 차별성은 "자산과 숙련도의 불평등"을 야기한다. 시장경제는 이와 같이 자연적 불평등을 "종식시키지 않을 뿐만 아니라 이것을 숙련도, 자산, 지성적·도덕적 교양의 불평등으로 상승시킨다". 이 점에서 시민사회는 "자연 상태의 잔재"가 남아 있다.[885] 이로 인해 빈부격차가 확대되고 "노동에 구속된 계급의 종속성과 궁핍"의 증가로 "빈민"이 대규모로 발생한다.[886]

- 이 때문에 시민사회는 "욕망의 체계" 밖의 공권력의 개입을 요청한다. 일단 우연성에 의해 지배되는 시민사회는 일단 자유의 보장과 소유권

---

883) 참조: Hegel, *Grundlinien der Philosophie des Rechts*, §183.
884) Hegel, *Grundlinien der Philosophie des Rechts*, §189.
885) Hegel, *Grundlinien der Philosophie des Rechts*, §200.
886) 참조: Hegel, *Grundlinien der Philosophie des Rechts*, §237-245.

의 보호를 위해 사법司法을 필요로 한다. "욕망의 체계의 원리"는 "지식과 의욕의 고유한 특수성"이고 따라서 보편적 자유를 "오직 추상적으로만", 즉 "소유의 권리"로만 내포하고 있다. 사법 서비스는 이 소유의 권리를 법률적으로 보호하여 시장의 자유와 권리의 추상적인 보편성을 "현실적으로 유효하게 만든다."[887]

헤겔은 여기서 시장의 상대적 상호 관계 속에서 이루어지는 개인들의 '교양 형성(Bildung)', 즉 사회화를 통한 근대적 인격 형성에 주목한다. 욕망들의 교환관계와 욕망을 위한 노동의 교환관계가 지닌 상대적 측면은 시장 참여자들이 자기 권리만을 추상적으로 추구하도록 만들지만, 동시에 이 상대적 활동 영역은 추상적 권리를 "보편적으로 인정된 것"으로, "의식되고 의욕된 것"으로서의 "현존하는 권리"로, "타당성과 객관적 현실성"을 가진 권리로 만들어 주는 "교양 형성"의 영역이다. 이 교양은 "보편적 개인의 의식으로서의 사유(Denken)"다. 이 새로운 교양 형성으로 "자아는 보편적 인격으로 파악되고 이 보편적 인격성 속에서 만인은 동등하다". 헤겔의 이 철학적 명제는 계몽주의적 근대의 한 결정적인 원리를 재확인하고 있다. "유대인, 가톨릭교도, 개신교도, 독일인, 이탈리아인 등이기 때문이 아니라 인간이기 때문에 인간이다. 사유思惟를 동반한 이 의식은 무한히 중요하다." 그러나 뒤에서 밝히겠지만 혈통 민족 개념에 사로잡힌 헤겔은 이 대목에서 계몽주의의 다른 축을 잘라버리고 있다. 헤겔은 바로 이어서 이 보편적 인간 개념이 "가령 구체적 국가 생활에 대립하는 세계주의(Komopolitanismus)로 고착되는 경우에는 결함"이 된다고 말하고 있기[888] 때문이다.

---

887) Hegel, *Grundlinien der Philosophie des Rechts*, §209.
888) Hegel, *Grundlinien der Philosophie des Rechts*, §209.

여기서 분명해지는 것은 헤겔이 시민사회에서 필수적인 개인적 인간의 자유와 권리를 인정하지만 이 자유와 권리가 초국가적으로도 보편타당한 세계주의적 효력을 갖는 기본적 인권으로 파악하지 않았을뿐더러 자유권이 이런 식으로 이해되는 것에 경계심을 표명하고 있다는 것이다. 그는 한 인간이 특정 국가의 '시민(Staatsbürger)'이면서 동시에 '세계시민(Weltbüger)'으로서 살 수 있는 근대 계몽주의적 인권의 이원적 구조를 인정하지 않는다. 계몽주의적 인권 개념은 때로 인권의 기본마저 침해하는 권위주의 국가의 요구에 맞설 수도 있는 세계주의적·초국가적 효력을 갖는다. 헤겔의 정치철학은 이러한 인권 개념을 결여하고 있기 때문에 시민 사회적 개인의 자유권과 국가권력 간의 관계에서도 (천부인권의 일부만을 양도하여 국가권력을 형성한다는 로크와 루소의 사회계약론적 명제의 경우에는) 분명한 국가권력의 경계를 설정하지 않은 채 불분명하게 남겨두고 있다.[889] 여기서 확정할 수 있는 하나의 결론은 특정 국가가 대내적으로(자국민에 대해서), 그리고 대외적으로(외국인에 대해서) 마음대로 처분할 수 없는 개인의 천부적 기본권을 뜻하는 인권개념이 헤겔의 정치철학에 완전히 결여되어 있다는 것이다. 그의 정치철학은 원리적으로 인권사상이 부재할 뿐만 아니라, 그의 전술저작에 걸쳐서 아예 "인권(Menschenrechte)"이라는 단어가 단 한 번도 등장하지 않는다. 심지어 『역사철학 강의』에서 프랑스혁명의 인권선언문(1791)을 딱 한번 원제로 언급하는 맥락에서도 '인간의 권리와 시민의 권리(Droits de l'homme et du citoyen)'를 모호하고 부정확하게 "자연권(natürliche Rechte)"으로 옮겨놓고 있다.[890]

---

889) 다음 글도 참조; Ludwig Siep, "Intersubjektivität, Recht und Staat in Hegels '*Grundlinien der Philosophie des Rechts*'", 272쪽 및 각주32. Dieter Henrich und Rolf-Peter Horstmann (Hg.), *Hegels Philosophie des Rechts. Die Teorie der Rechtsformen und ihre Logik* (Stuttgart: Klett-Cotta, 1982).
890) Georg W. F. Hegel, *Vorlesungen über die Philosophie der Geschichte*, 525쪽.

아무튼 헤겔은 시민사회의 권리보호의 역할을 사법 작용에 맡기고 있다. 시민사회의 추상적 권리들은 보편적으로 인정된 것으로서 "정해져(gesetzt)", 사유에 의해 의식 속에 규정된 유효한 권리로서 알려진 '법률(Gesetz)'이 된다.[891] 사법司法은 분쟁이 있는 경우 이 법률을 적용하여 소유권과 인격권의 침해를 해소함으로써 소유와 인격의 보호기능을 수행한다.

요약하면 "욕망들의 체계" 속에서 각 개인의 생계와 복지는 "하나의 가능성"으로서 존재하는바, 이 가능성의 현실화는 각 개인의 자유재량과 자연적 특수성에 의해, 그리고 욕망의 객관적 체계에 의해 규정되고 소유와 인격의 침해는 사법에 의해 제거된다. 그러나 "보편 자산에 대한 개인들의 참여 가능성이 현존하고 또 공권력에 의해 보장되더라도 이 보장이 불완전하기 때문에 이 참여 가능성은 여전히 주관적 측면으로 인해 우연성에 굴복하고 이 가능성이 숙련도, 건강, 자본 등의 조건을 전제하는 만큼 더욱 그렇다."[892] 그런데 시민사회에서 "개인적 특수성 속에서 현실적 타당성"을 요구하는 권리는 이러저러한 목적에 대한 우연성들의 지양과 "인격과 소유의 교란되지 않는 안전보장"의 실제적 작동을 포함할 뿐 아니라 개인의 생계와 복지를 "권리로 간주, 실현할 것"을 포함한다.[893]

양호養護(Polizei)행정(복지행정)과 직업 신분 단체의 역할은 우연성에 지배되는 개인들의 이 특수한 복지를 공동체적 보편 권리로 보장하는 것이다. 경찰행정은 각종 경제 사회적 범죄의 진압뿐 아니라 빈민의 구휼, 도로·항만 건설, 가로조명 등 사회기반시설의 확충에까지 확장된다. 직업

G.W.F. Hegel Werke in zwanzig Bänden, Bd.12 (Frankfurt am Main: Suhrkamp, 1986) Vorlesungen über die Philosophie der Geschichte로 약기함), 525쪽.
891) Hegel, *Grundlinien der Philosophie des Rechts*, §211.
892) Hegel, *Grundlinien der Philosophie des Rechts*, §237.
893) Hegel, *Grundlinien der Philosophie des Rechts*, §230.

신분 단체, 즉 '제2의 가족은'[894] 직업인들, 특히 상공商工 신분에 속하는 직업인들을 직종별로 조직, 관리하는 위탁 행정(직업교육, 기능 면허 시험, 직업 알선 및 직업안정, 조세, 상부상조 기능)을 수행한다. 따라서 직업 신분 단체의 기능은 통상적인 의미의 국가 업무 중 일상적 행정과 복지행정의 일부 기능을 맡고 상급 기관인 정부의 감독을 받는 한편, 경찰행정과 사법은 경찰 업무 및 민사·형사재판 업무를 포괄하는 정부의 직속 기관들이다.

헤겔은 이 공권력의 개입에도 불구하고 시민사회의 확대되는 빈부격차를 막을 수 없음을 인정하고 또 빈민세 등을 통한 빈민 구제도 노동을 매개하지 않는 생계 보장이 수혜자의 시민적 영예를 손상하기 때문에 일정한 딜레마가 있음도 인정한다.[895] 이 대목에서 헤겔은 빈민들이 빌어먹도록 내버려두는 스코틀랜드 사례와 식민주의적 대외 진출을 통한 빈민 수출을[896] 해법으로 제시하고 있다. 헤겔은 시민사회에 속하는 사법, 양호행정, 직업 신분 단체 등의 공권력 기능을 "외적外的 국가, 필요 국가, 지성 국가(Verstandesstaat)"[897]로 규정한다. 그런데 이 공적 기능들은 본래적인 국가와 불가분적 관계에 있거나(직업단체) 본래적인 국가의 일부(사법 서비스와 경찰행정)이다. 따라서 그는 이 '외적 국가'의 기능들을 다시 '정치적 국가'의 한 부분인 '행정권'에도 포함시켜 취급하고 있다. 행정권은 "무릇 이미 결정된 것, 즉 기존의 법률, 공동체적 목적을 위한 제도, 시설 등의 지속적 운영과 유지" 등 업무 전반을 포괄하고, "이 행정권에는 시민사회의 특수한 것과 직접 관계하여 보편 이익을 이 (특수)목적들 안에서 관철시키는 사법권과 양호행정권도 포함된다."[898]

---

894) Hegel, *Grundlinien der Philosophie des Rechts*, §255.
895) 참조: Hegel, *Grundlinien der Philosophie des Rechts*, §245.
896) 참조: Hegel, *Grundlinien der Philosophie des Rechts*, §243-245.
897) Hegel, *Grundlinien der Philosophie des Rechts*, §183.
898) Hegel, *Grundlinien der Philosophie des Rechts*, §287. 괄호와 강조는 인용자.

말하자면 헤겔의 시민사회는 '시장경제'와 이를 지원하는 '외적 국가'로 이원화되어 있다. 외적 국가는 시장경제와 개인적 복지를 "촉진"하고 "관리"한다.[899] 헤겔은 스미스·세이·리카도 등의 저작을 이해하고 있었기 때문에 시장의 자동적 균형 메커니즘을 알고 인정했다. 그러나 시장이 자연적 불평등과 자본의 불평등으로 인해 개인들의 '보편적 복지'의 확보에 역부족임을 지적하고 외적 국가의 공동체적 보장 역할을 강조하고 있는 것이다. 이런 한에서 헤겔은 결코 '시장자유주의자'가 아니다.[900] 그렇다고 그가 사회주의적 지향을 갖고 있는 것도 아니다. 헤겔은 빈민 해결을 위한 식민주의적 해외 팽창을 말하고 있지 않는가! 그렇다고 그의 정치철학을 나치 이데올로기의 발원지로 아직 단정할 수는 없을 것이다. 헤겔의 국가론은 일단 수공업적 직업단체를 인정한 반면 노동조합을 불법화하고 대내적 사회보장과 제국주의적 대외 팽창을 결합시킨 비스마르크 국가관의 근사치近似値로 볼 수 있을 것이다.

■ **헤겔의 양호국가(=복지국가)론**

   위에서 간단히 언급된 양호행정에 대하여 극동의 유교적 복지정책과 관련하여 좀 더 상론해야 할 것이다. 헤겔은 개인을 "시민사회의 자식"으로 규정하고 복지를 이 자식의 "권리"로 간주했다. 그는 『법철학』의 "양호와 동직조합(Polizei und Korporation)" 절의 "양호"라는 단락에서 일단 요한 유스티(Johann H. G. Justi)가 공자철학과 중국 문명으로부터 수용한 '국가=가정 유추론'을 받아들여 '개인(*das Individuum*)'에게 "시민사회의 자식(*Sohn der bürgerlichen Gesellschaft*)"의 지위를 부여하고,

---

899) Hegel, *Enzyklopädie der philosophischen Wissenschaften*, §537.
900) 참조: Siep, "Intersubjektivität, Recht und Staat in Hegels 'Hegel, Grundlinien der Philosophie des Rechts'", 273쪽.

"이 자식은 시민사회에 요구권을 가졌다"고 천명한 것에[901] 유의할 필요가 있다. 헤겔은 최초로 복지를 시민의 '권리'로서 주장할 법적 근거를 비로소 거론하는 점에서 유스티를 뛰어넘어 정부의 양민 의무에 조응하는 양민의 인정仁政을 요구할 중국 백성의 정치적 권리론 수준에 도달했다.

나아가 헤겔은 "시민사회"를 "보편적 가족(die allgemeine Familie)"이라 부르면서 "시민사회는 교육이 사회의 구성원이 되는 능력과 관계되는 한에서, 특히 부모 자신에 의해서가 아니라 타인들에 의해 완성되어야 하는 경우에, 교육을 감독하고 개입할 의무와 권리를 부모의 자의와 우연에 반해 보유한다"고 말한다.[902] 따라서 시민사회는 "부모를 강제해 자녀들을 학교로 보내고 그들에게 천연두 예방접종 등을 맞히게 할 권리"를 행사함으로써[903] 시민들의 보건·교육복지도 책임지고 보장해야 한다. "특수성 속에서 현실적이 되는 권리 속에는 (…) 개인들의 생계와 복지의 보장, 즉 특수한 복지가 '권리'로서 다루어지고 실현될 것이 포함되어 있기"[904] 때문이다. 헤겔은 일단 국가의 보건·교육복지 책무를 이렇게 추상적으로 정의한 다음, 다시 교육복지 기능을 확실하게 '의무와 권리'로 못박고 있다. "보편적 가정의 이런 성격 속에서 시민사회는 교육이 이 사회의 구성원이 될 능력과 관계되는 한에서, 특히 교육이 부모 자신에 의해서가 아니라 타인들에 의해 수행되어야 하는 경우에 부모의 자의와 우연에 맞서 교육에 대해 감독하고 영향을 미칠 의무와 권리를 가진다."[905]

헤겔은 유스티의 양호국가(Polizeistaat)론을 계승함으로써 부지불식간에 유교적 인정仁政(양민·교민)국가론을 간접적으로 수용한 것이다.[906] 그

---

901) Hegel, *Grundlinien der Philosophie des Rechts* [1821], §238.
902) Hegel, *Grundlinien der Philosophie des Rechts*, §239.
903) Hegel, *Grundlinien der Philosophie des Rechts*, §239, Zusatz.
904) Hegel, *Grundlinien der Philosophie des Rechts*, §230.
905) Hegel, *Grundlinien der Philosophie des Rechts*, §239.
906) 유스티의 유교적 양호국가론에 대한 본격적 논의는 참조: 황태연, 『유교국가의 충격

런데 유교 국가 중국은 그가 칸트만큼 무시하던 나라가 아니었던가! 헤겔은 유스티의 양호국가론이 중국산임을 몰랐던 것이다. 따라서 이 경우 헤겔의 무지는 베버의 무지에 육박한다. 베버는 공자의 "정자정야政者正也"를 영역한 반反청교노석 부신론자 벤저민 프랭클린의 금언 "Honest is the best policy"를 개신교 윤리로 오인하여 이것을 자본주의 정신의 원천으로 선언했기 때문이다. 베버는 부지불식간에 아주 올바로 공자의 유교 윤리를 자본주의 정신의 원천으로 선언한 셈이다.

구체적 개인들의 특수한 복지가 '권리'로서 구현되기 위해서는 국가의 '양호(Polizei)' 권력으로서의 "일반자의 보장권력"이 "일반업무와 공익시설"에 대한 "감독과 관리"를 수행해야 하고,[907] 애덤 스미스의 자유방임 시장처럼 시장을 완전히 방치하지 않고 필수한 '시장 조절' 기능도 수행해야 한다.[908] 그러나 헤겔의 양호국가는 물론 이러한 시장 조절 기능을 넘어 민생복지 및 교육복지 기능도 담당한다. 헤겔의 국가는 유스티식의 양호국가인 한에서 플라톤주의적 야경국가와 달리 공맹과 유스티의 국가처럼 구빈 복지정책도 담당한다.

- 일반 권력은 빈민의 직접적 궁핍과 노동 기피 정서, 악의, 이러한 처지와 불법행위에서 생겨나는 기타 악덕에 대한 고려에서 빈민들에게 가족의 지위도 떠맡는다.[909]

또한 "각 개인이 자신의 자연환경에서 처하는 빈곤과 온갖 종류의 궁핍의 주관성은 정서와 사랑으로서의 특수한 사정을 고려해 주관적 도움

과 서구 근대국가의 탄생』 제3권: 『유교적 양민국가의 충격과 서구복지국가의 탄생』 (서울: 솔과학, 2022), 2483-2497쪽.
907) Hegel, *Grundlinien der Philosophie des Rechts*, §231, §235.
908) Hegel, *Grundlinien der Philosophie des Rechts*, §236.
909) Hegel, *Grundlinien der Philosophie des Rechts*, §241.

도 요구한다. 여기가 온갖 일반적 시설에도 불구하고 도덕이 해야 할 일이 충분히 있는 장소다. 그러나 이 도움이 그 자체로서 그리고 그 작용에서 우연에 달려 있기 때문에 사회의 노력은 궁핍과 그 방지에서 일반적인 것을 발견해 내고 설치해 저 도움이 없어도 되는 것으로 만드는 데까지 나아간다."910) 말하자면, "자선, 시설, 성인상聖人像 옆에서의 남폿불 밝힘 등의 우연은 공공 빈민구휼 시설, 공공병원, 가로조명 등에 의해 보완되어야 한다"는 것이다. 따라서 "자선활동은 해야 할 일이 충분히 남아 있지만, 그것이 정서의 특수성과 그것의 심지와 앎의 우연성에만 이 궁핍 방지를 유보해 두고자 한다면 이것은 그릇된 견해"라는 말이다.911)

따라서 헤겔의 국가는 권위주의적이고 관료주의적일망정 적어도 플라톤과 애덤 스미스의 '야경국가(Nachtwächterstaat)'는 아닌 것이다. 요약하면, 공자의 '양민·교민' 이념을 수용한 볼프와 유스티의 양호국가(Polizeistaat) 전통에 서 있는 헤겔의 국가는 애당초 시장과 사회에서 활약하는 개인들의 얽히고설킨 이기적 이익 추구로 구현되는 공동선의 형성 메커니즘을 "대중의 보호와 안전을 위한 외적 질서와 공익설비"로서 "구현하고 유지하고" 촉진하기 위해 "양호적 예방 행정(polizeiliche Vorsorge)"를 필수적으로 요구하는 것이다.912)

유스티의 중국식 양호국가론이 1750년대에서 1780년대까지 풍미했다면, 헤겔의 유스티식 양호국가론은 1821년 이래 1940년대까지 독일학계를 석권했다. 1883-1889년 비스마르크는 헤겔이 논한 국가의 양호 권력으로서의 "일반자의 보장 권력"을 발동하여 유스티와 헤겔의 이 양호국가론을 노동자계급의 혁명적 체제 도전을 저지하는 데 활용한다. 비스마르크는 일련의 사회보장제도를 양호제도로 도입한다. 이로써 유럽에서

---

910) Hegel, *Grundlinien der Philosophie des Rechts*, §242.
911) Hegel, *Grundlinien der Philosophie des Rechts*, §242, Zusatz.
912) Hegel, *Grundlinien der Philosophie des Rechts*, §249.

최초로 사회보장 국가가 제도적으로 구현된다.

■ '정치국가'와 전통주의

헤겔의 "정치적 국가(politscher Staat)"는[913] '지성국가'에 대비되는 '이성국가(Vernunftsstaat)'다. '정치적 국가'는 가족과 시민사회 안에서 활동하는 개인들의 삶의 참된 "근거(Grund)"다.[914] 헤겔에 의하면, '정치적 국가'는 "인륜적 이념의 현실태"요, "자신을 사유하고 인식하고 자신이 인식하는 것을 자신이 인식하는 한에서 이행하는" 계시啓示된 실체적 의지로서의 인륜적 정신이다. 정치적 국가는 무의식적으로 형성되는 "관습(Sitte)"에서 직접적 실존을 얻는 한편, "개인의 자기의식·지식·활동"에서 매개된 실존을 얻는다.[915]

이 짧은 규정에서부터 이미 위험한 권위주의적 단초들이 등장하고 있다. 우선 여기서 국가의 자기의식("자기를 인식하는 실체적 의지")은 개인적 의식의 건너편에 있는 인간 소외적 요소다. 따라서 정치적 국가의 "매개된 실존"은 개인들의 무의식적 도구화를 통해 확보되는 것이다. 동시에 국가의 '직접적 실존'의 기반인 '관습'은 인간들의 무의식적 행위를 통해 생산·재생산되는 전통적 사회제도다. 의식 철학자 헤겔은 이와 같이 정치적 영역에서 이 영역의 이성 본성, 즉 즉자대자성卽自對自性을 구실로 개인을 무의식적 도구로 사용하는 인간소외를 정당화하는 한편, 헤겔 스스로 호흡했던 당대의 '반동적' 낭만주의의 잔재로서 인간 의식의 바깥에 위치한 관습, 풍습, 전통 등 무의식의 요소를 중요한 제도적 기반으로 삼고 있다.

따라서 헤겔은 바로 국가를 "즉자대자적으로 이성적인 것", "부동의 절

---

913) Hegel, *Grundlinien der Philosophie des Rechts*, §26, §273.
914) Hegel, *Grundlinien der Philosophie des Rechts*, §256.
915) Hegel, *Grundlinien der Philosophie des Rechts*, §257.

대적 자기 목적"으로 규정하는 하편, 이 "궁극목적은 개인들에 대해 최고의 권리를 갖기" 때문에 "개인들의 지고至高의 의무는 국가의 구성원이 되는 것"이라고[916] 못 박고 있다. 국가가 개인의 생명·재산·행복의 보호와 증진을 목적으로 삼는 것이 아니라 국가 자체가 '자기 목적'이라는 이 진술은 개인의 자유를 멋대로 유린할 수 있는 국가의 자유를 '최고의 권리'로 절대화하는 것이다.

이런 까닭에 이 규정은 원칙적으로 국가가 개인에 대해 최고의 권리를 갖기 때문에 임의·자의적恣意的으로 인권을 침해할 수 있다는 것을 뜻하고 이 인권침해의 감내堪耐를 개인들은 '지고의 의무'로 여겨야 한다는 것을 뜻한다.[917] 헤겔의 국가 개념은 인권과의 관계에서 국가권력의 한계를 설정하지 않고 있는 것이다. 따라서 헤겔의 정치철학에는 국가가 자의恣意로 처분할 수 없는 '인권'의 개념이 부재한 것이다.[918] 시민사회의 시장영역에서도 헤겔은 '비非자유주의자'였지만, 정치 영역에서도 그는 인권 개념을 모르는 '비자유주의자'인 것이다.

또한 헤겔이 말하는 국가 구성원이 되어야 하는 개인의 "지고의 의무"의 관점에서는 개인이 과거 유교 제국諸國에서 처사處士들이 산림에서 도道를 닦던 수도修道의 삶도, 미국 삼림森林 철학자 소로(Henry D. Thoreau, 1817-1862)나[919] 오늘날의 환경 자연주의자들처럼 국가를 벗

---

916) Hegel, *Grundlinien der Philosophie des Rechts*, §258.
917) 패튼(Allan Patten)은 '정치적 국가'의 "일차적 기능은 시민의 자유를 보장하고 유지하는 것"이라고 해석한다. Patten, *Hegel's Idea of Freedom*, 176쪽. 그러나 헤겔은 저와 같이 '정치적 국가' 차원에서 인간의 자유가 아니라 국가의 자유를 강조하고 있다. 따라서 패튼의 해석은 빗나간 것이다.
918) 가령 한국 헌법은 인권과의 관계에서 국가권력에 대해 엄격한 한계를 설정해 놓고 있다: "국민의 자유와 권리는 국가안전보장·질서유지 또는 공공복리를 위하여 필요한 경우에 한하여 법률로써 제한할 수 있으며 제한하는 경우에도 자유와 권리의 본질적 내용을 침해할 수 없다."(헌법 제37조 2항)
919) 헨리 소로는 공자의 "무위이치(無爲而治)"와 "나라에 도가 있는데 빈천한 것도 부끄러운 것이고 나라에 도가 없는데 부귀한 것도 부끄러운 것이다(邦有道 貧且賤焉 恥也

어나 산림 속에 은둔하는 실험적 삶도 관용할 수 없는 한편, (뒤에 살펴보 겠지만 헤겔의 정치철학이 반反세계주의적 민족국가의 철학인 한에서) 개인 이 임의로 다른 국가를 선택할 자유도 부인된다. 결국 헤겔의 국가에서 개인은 자기가 태어난 민족국가의 '의무적' 구성원, 아니 국가에 구속된 '국가의 노예'라는 정치적 숙명을 걸머지게 된다. 이런 관점에서 헤겔은 국가의 어떤 자기 목적도 부정하고 국가의 목적을 '개인의 재산과 자유의 안전과 보호'로 보는 자유주의적 국가관을 개인적 국가 소속의 임의성 때 문에 도처에서 맹박猛駁한다. 자유주의자들은 시민사회의 '외적 국가'를 본래적 국가로 혼동하고 있다는 것이다.

- 국가를 시민사회와 혼동하여 국가의 사명을 재산과 개인적 자유의 안전과 보호로 설정하면, 개인들의 이익은 그 자체가 이들이 단합한 최종 목적이 된다. 그리하여 이로부터 나오는 결론은 국가의 구성원임이 임의적이라는 것이다. 그러나 국가와 개인의 관계는 이와 완전히 다르다. 국가가 객관적 정신인 한에서 개인 자신은 실은 국가의 일원이 됨으로써만 객관성·진리성·인륜성을 얻는 것이다. 단합 그 자체가 참된 내용과 목적이다. 개인들의 사명은 이에 따라 보편적 삶을 영위하는 것이다. 개인들의 여타 특수한 충족·활동·자세는 이 실체적인 것과 보편적인 것을 출발점과 결과로 삼는다.[920)]

邦無道 富且貴焉 恥也)"는 명제, 그리고 맹자의 "천하의 근본은 나라에 있고, 나라의 근본은 가정에 있고, 가정의 근본은 자신에게 있다(天下之本在國 國之本在家 家之本在身)"는 명제를 직접 인용하며 "천하에 도가 있으면 나타나고 도가 없으면 은둔한다 (天下有道則見 無道則隱)"는 사상을 시민불복종(civil disobedience)으로 풀이하여 정식화했다. Henry D. Thoreau, *Civil Disobedience*. Henry D. Thoreau, *Walden and Civil Disobedience* (San Diego: Beker & Taylor Publishing Group, 2014). 이에 대한 자세한 분석은 참조: 황태연, 『공자와 미국의 건국(상)』(서울: 한국문화사, 2023), 692-725쪽.
920) Hegel, *Grundlinien der Philosophie des Rechts*, §258 주석.

헤겔의 이 논지를 정리하면, 로크·루소 등의 사회계약론에서 개인들이 국가로 단합한 목적은 개인의 재산과 자유의 안전과 보호인 반면, 헤겔의 국가에서 개인들이 단합한 목적은 국가 자체의 유지다. 따라서 헤겔의 국가에서 정치적 통합은 자기 목적, 즉 알파요 오메가("출발점과 결과")이고, 개인의 재산과 자유는 이 국가 유지의 수단으로 전락한다. 전자에서는 개인이 국가의 일원이 되고 말고는 개인의 "임의적" 선택, 즉 자유재량 사항인 반면, 후자에서는 개인이 국가의 일원이 되는 것은 "개인의 사명"이요 의무이다. 따라서 유교 국가와 사회계약론들의 자유주의 국가는 가입과 탈퇴가 자유로운 자유 조직인 반면, 헤겔의 국가는 가입과 탈퇴를 국가가 규제하는 강제 조직인 셈이다.

헤겔 국가론의 전前근대적 위험성은 대충 이러한 예시적 대비만으로도 명백해진다. 이에 반해 헤겔은 국가와 관련된 개인의 자유재량, 임의적 선택을 국가 해체 또는 국가 파괴의 논리로 느끼며 위험시한다. 특히 개인의 재량범위의 이러한 확대를 가져오고 국가의 신적神的 권위와 존엄의 절대성을 모독하는 사회계약론을 일관되게 배격한다. 홉스로부터 로크를 거쳐 루소에 이르는 사회계약론은 인간들이 계약을 통해 국가와 주권자를 세속적으로 창조하는 논리를 정립했다. 사회계약론은 이와 같이 이전에 인간의 의식과 행위를 초월하는 '신의 작품'(왕권신수설) 또는 우주론적·자연적 전통질서로 이해되어 온 국가를 철저히 세속화함으로써 인간이 만든 '인간의 작품'으로 바꿔 놓았다. 특히 로크의 사회계약론에 따른 인공적 질서 안에서는 어떤 신적 권위도, 자연적·전통적 권위도, 인간을 소외된 도구로 삼는 국가의 자기 목적도 있을 수 없는 것이다. 오로지 인간들의 의식·의지·이성만이 지배한다. 그리고 미국의 버지니아 헌법은 자연 상태에서 사회 상태로 들어갈 때 개인들이 모든 자연권을 국가(사회)에 넘겨주는 것을 명시적으로 부정하고 사회 상태로 이행한 뒤에도 폭정을 무너뜨릴 잔존 권리를 보유한다고 명문화한다고 규정하고 있다. 따라서 헤겔은 국가의 신적 절대 권위를 숭앙하고 국가와 개인의 수직적 권위 관계를 중시하기 때문에 국가에 대해 신성모독을 자행하는 사회계약론을 지극히 적내했다. 그는 루소의 공화주의적 사회계약론만이 아니라 군주와 귀족들이 계약관계에 있는 것으로 설명하는 귀족들의 봉건적 계약론도 – 왕의 공적 지위를 훼손하기 때문에 – 배격했다.

첫 번째 배격 논리는 사회계약론이 공적公的 국가를 사적私的 기구로 만든다는 것이다.

- 국가가 만인의 만인과의 계약으로 받아들여지든 만인의 군주와의 계약으로 받아들여지든 국가의 본성은 계약관계에 있지 않다. 국가관계에 대한 이 계약 및 사유재산 관계의 개입은 국법과 현실에서 지대한 혼란을 야기하였다. 이전 시대에 국가 권리와 국가 의무가 군주와 국가의 권리에 대한 특수한 개인들의 직접적인 사유재산으로 간주되고 주장되었던 것처럼(봉건적 계약론을 가리킴), 최근 시기에는 군주와 국가의 권리가 계약 대상으로, 계약에 근거한 것으로 여겨지고 단순히 공동적인 의지로, 국가로 단합한 사람들의 자유재량으로부터 생겨난 것으로 여겨진다. 이 두 가지 관점이 아주 다를지라도 이들은 사유재산의 규정을 완전히 다른 성격, 보다 고차적인 성격을 가진 영역으로 전용하는 점에서 공통된 것이다.[921]

헤겔은 국가와 군주가 이미 공적 성격을 띠게 되었음을 전제로 하여 어떤 사회계약론이든 국가와 군주를 사적 지위로 후퇴시키고 있다고 비판하는 셈이다. 그러나 봉건적 계약론이 아니라 근대적 사회계약론은 "만

---

921) Hegel, *Grundlinien der Philosophie des Rechts*, §75 주석. 괄호는 인용자.

인"의 계약이다. 따라서 만인의 계약은 사적 계약이 아니라 공적 계약이다. 헤겔 자신도 만인이 참여하는 유대관계의 공적 성격을 강의 주석에서 인정하고 있다.[922] 따라서 위 논리는 전체가 자가당착적 궤변이다.

두 번째 배격 논리는 사적 관계는 개인에게 임의적 관계이지만 공적 국가는 개인의 가입과 탈퇴를 '허가 사항'으로 규제한다는 사실에 대한 지적이다. 따라서 국가는 계약에 기초하는 것이 아니라는 것이다. 헤겔에 의하면, 개인들은 "자연적 측면에 따라" 국가의 시민이기 때문에 자신을 국가로부터 분리시키는 것은 개인들의 자유재량에 속하지 않는다.

- 인간의 이성적 규정이 국가 안에서 사는 것"인 한, 국가가 없다면 국가를 세우기라도 해야 한다는 것이다. "국가는 사람들이 국가에 가입하고 국가를 떠나는 것에 대해 허가를 주어야 한다. 이것은 개인들의 자유재량에 좌우되지 않는다. 따라서 국가는 자유재량을 전제하는 계약에 기초하지 않는다. 국가를 건국하는 것이 만인의 자유재량이라고 말한다면 이것은 그릇된 것이다. 오히려 인간이 국가 속에 존재하는 것은 누구에게든 절대 필수적이다.[923]

헤겔의 이 진술에서 분명해지는 것은 첫째, 헤겔의 국가는 '자연적 측면'(탄생, 핏줄, 관습, 전통 등)에 입각한 강제 조직이라는 것이다. 둘째, 이 국가는 대내외적 거주이전의 자유라는 기본적 인권을 부인하고 있다는 것이다. 셋째, 헤겔이 여기서 거듭 '인간은 (국가 안에 사는) 정치적 동물'이라는 아리스토텔레스의 테제를 국가에 대한 인간의 자연적 종속 내지는 시민에 대한 특정 국가의 초월적 구속력으로 둔갑시키는 궤변을 구사

---

922) 참조: Hegel, *Grundlinien der Philosophie des Rechts*, §75 Anm.
923) Hegel, *Grundlinien der Philosophie des Rechts*, §75 추가.

하고 있다는 것이다. 아리스토텔레스의 이 '정치적 동물' 테제는 이 국가에서 저 국가로 국적을 바꾸는 이민移民을 금하거나 규제하는 명제가 아니기 때문이다. 본래의 국가에 살든 이민하여 다른 국가에 살든 국가에 살기는 마찬가지이기 때문에 이민을 위한 국적이탈은 아리스토텔레스의 테제에 저촉되지 않기 때문이다. 이미 헤겔의 당대에도 미국과 혁명 프랑스는 국적취득과 국적이탈을 자유화하고 있었다.

사회계약론에 대한 세 번째 배격 논리는 사회계약론의 "파괴적" 성격에 대한 논증이다. 국가를 세속화시켜 기존의 모든 초월적 권위를 분쇄하는 계약론의 이 "파괴적" 성격 때문에 프랑스혁명은 군주 처형과 같은 가공스럽고 과격한 만행을 피할 수 없었다는 것이다.

- 루소는 형식상으로(가령 사회적 충동, 신적 권위)만이 아니라 내용상 사상, 그것도 사유思惟 자체인 원리를, 말하자면 의지를 국가의 원리로 설정한 공을 세웠다. 그러나 그가 의지를 개인적 의지의 특정한 형태로만 파악하여 일반의지를 즉자대자적으로 이성적인 의지가 아니라 의식적 의지로서의 개인적 의지들로부터 생겨나는 공동적 의지로만 파악한 한에서 개인들의 국가로의 단합은 개인들의 재량, 의견, 임의적인 명시적 동의를 기반으로 하는 계약이 된다. 이리하여 즉자대자적으로 신적神的인 것과 이것의 절대적 권위와 존엄성을 파괴하는 단순히 지성적인 귀결이 나오게 된다. 이런 까닭에 이러한 추상은 권력으로 발전하여 한편으로 거대한 현실적 국가의 헌법을 모든 기존의 것과 주어진 것을 전복함으로써 완전히 처음부터, 그리고 사상으로부터 시작하는, 우리가 인류를 안 이래 최초로 엄청난 광경을 연출했다. 다른 한편으로는 그것이 이념 없는 추상에 불과하기 때문에 이 추상은 가장 가공스럽고 가장 극단적인 사건의 실험을 만들었다. 개인적 의지의 원

리에 대항하여 다음과 같은 근본 개념을 상기해야 할 것이다. 객관적 정신은, 개인들이 인식하든 못하든 그리고 이들의 임의가 의욕 하든 안 하든, 즉자적으로 자신의 개념에서 이성적인 것이고, 대립자, 자유의 주체성, 저 원리만 굳게 고수하는 지식과 의욕은 즉자적으로, 동시에 대자적으로도 존재함으로써만 이성적 지위에 이르는 이성적 의지의 이념의 한편의 일면적 계기만을 담고 있다는 것이다.[924]

여기서 분명해지는 것은 헤겔이 사회계약론을 반대하는 것은 칸트처럼 '혁명'을 반대함으로써 자발적으로 프로이센 체제에 부역하고 있다는 것이다. 사회계약론이 "파괴한" 것은 근대국가의 원리상 마땅히 사라져야 할 신적·절대적 권위와 존엄성이다. 그러나 헤겔은 바로 이 점을 두려워하고 있는 점에서 그는 반半봉건적 권위주의 국가를 고수하는 반反혁명적 권위주의자였다.

사회계약론은 자연 상태와 원자적 개인의 가설로 작업하기 때문에 일단 역사적으로 허구다. 나아가 이것은 논리적 모순을 안고 있다. 전쟁적 자연 상태에서 원자적 개인들이 생명과 재산의 안전을 위해 국가 건설 '계약'을 맺는다면, '약속된 것은 지켜져야 한다'는 사회적 규범이 이미 존재해야 할 것이다. 이 사회적 규범이 전쟁적 자연 상태를 종식시킬 사회계약을 맺기 전에 존재한다면, 이것은 전제(전쟁적 자연 상태)와 모순된다. 더구나 약속과 계약의 준수에 대한 최종적 보장은 국가와 군주의 검劍에 의해서만 가능하므로 사회계약론은 이 계약으로 비로소 건설해야 하는 국가를 이미 전제하고 있는 논리적 오류를 범하고 있다. 사회계약론은 이런 역사적 허구성과 논리적 오류를 들어 쉽게 비판할 수 있다.

이런 약점에도 불구하고 사회계약론이 갖는 위력과 매력 중의 하나는

---

924) Hegel, *Grundlinien der Philosophie des Rechts*, §258 주석.

계약론이 국가의 정통성을 평가할 수 있는 독립적 관점을 제공해 준다는 것이다. 사회계약론은 특정 국가의 우연적 상황을 사상捨象하고 개인의 자유와 안녕을 기준으로 이 질서를 평가하고 비판할 수 있게 해 준다. 나아가 로크의 사회계약론에서는 기손의 국가에 복종하지 않고 저항할 시민불복종과 저항권의 근거도 정초해 준다. 자유주의자들이 공동체주의에 대해 갖는 우려는 이 주장이 정통성 평가의 객관성과 독립성을 얻을 수 없다는 것이다. 공동체주의자들은 '인간은 사회적 동물이다'는 표어 아래 사회적 질서의 맥락에서 정치적 정통성의 규범을 구하지만, 기존의 사회구조와 권력관계의 무비판적 승인으로 끝나는 경향이 있다.[925] 오늘날의 술어로 포착하자면 '전투적' 공동체주의인 헤겔의 국가론은 바로 이런 비판의 표적이 된다.

  루소를 평가하고 비판하는 위의 긴 인용문에서 헤겔은 근대 계몽철학의 근본성을 파괴하는 논술을 하고 있다. 홉스에서 몽테스키외, 로크, 볼테르, 루소를 거쳐 칸트에 이르는 근대 계몽주의에서 대상으로 삼은 인간은 '집단적 인간'이 아니라 언제나 '개인적 인간'이고 또 자유는 '집단의 자유'가 아니라 언제나 '개인의 자유'다. 개인적 인간의 자유가 모든 근대적 정치사상의 알파요 오메가다. 개인의 자유와 안녕이 바로 국가 창설과 운영의 목적이고 또 이 국가를 평가하는 절대적 기준이다. 이것으로부터 벗어나는 모든 사고는 근대와 다른 원천을 갖는 반反계몽·반反근대의 산물일 것이다. 위 인용문에서 헤겔은 루소의 '공동적·지성적' 국가에 자신의 '즉자대자적·이성적' 국가를 대립시키고 있다. 이 '공동 국가'는 개인의 임의와 재량에 달려 있는 반면, '자연적 측면'(탄생, 핏줄, 관습, 전통, 유습 등)에 입각한 헤겔의 신적神的 절대 권위와 절대 존엄의 '이성국가'는 "개인들이 인식하든 못하든 그리고 이들의 임의가 의욕 하든 안 하든" 존

---

925) 참조: Patten, *Hegel's Idea of Freedom*, 136쪽.

재하는 것이기 때문에 개인의 의식과 의식적 행위를 초월하는 것이다. 이런 까닭에 헤겔의 국가론은 계몽주의를 부정하는 전통주의를 또 다른 원천으로 갖고 있는 것이다.

그러나 헤겔은 다른 논법으로 이 문제를 우회하려 한다. 그는 자유를 '부정적(negativ)' 자유와 '긍정적(affirmativ)' 자유를 구분한다. 부정적 자유는 낯선 자의恣意와 무법적 대우에 반대하는 것으로 이해되는 한편, 긍정적 자유는 자신의 특수한 목적을 위한 자기의 재량과 활동의 큰 폭과 함께 공무公務에 대한 자기의 의견 주장과 참여를 뜻한다. 국가는 이 긍정적 자유를 '법률'로 비로소 실현시킨다는 것이다.[926] 그러나 루소의 공화주의도 이 긍정적 자유를 마찬가지로 강조하기 때문에 헤겔의 신적 이성국가의 변호 근거가 될 수 없다.

헤겔은 이번에는 아주 다른 관점에서 자유주의적 국가관을 비판한다. 각자는 타인의 자유와의 관계에서 자신의 자유를 '제한'해야 하고 국가는 법률을 통한 상호적 제한의 체제라는 관념을 비판한다. 이 자유주의적 관념은 자유를 우연적 임의나 재량으로만 이해한다는 것이다. 그러나 역으로 근대국가는 국가의 형성과 발전으로 확대된 최고의 불평등을 이성적 법률로 완화해 자유를 확대했다. 발전된 사회 영역은 물론 '제한의 영역'이기도 하다. 그러나 제한되는 것은 '자유'가 아니라 자연성·임의·재량이고 그것도 '이성적 자유'를 위해서라는 것이다.[927] 더구나 '정치적 자유'는 근대 입헌국가에서 비로소 실현되었다는 것이다.[928] 그러나 이것도 루소의 국가론에서 '시민 종교'와 '시민적 덕성' 개념과 함께 전제되는 것이라서 헤겔의 이 루소·칸트 비판은 설득력이 없다. 차라리 현실적 국가는

---

926) Hegel, *Enzyklopädie der philosophischen Wissenschaften*, 333;§539 주석.
927) Hegel, *Enzyklopädie der philosophischen Wissenschaften*, §539 주석. 다음도 참조: Hegel, *Grundlinien der Philosophie des Rechts*, §2.
928) Hegel, *Enzyklopädie der philosophischen Wissenschaften*, §539.

기존의 개인적 자유를 보호하기도 하고 확대하기도 제한하기도 한다. 일률적으로 제한이냐 확대냐 하는 잣대가 아니라 개인의 생명·재산·인격·행복에 촉진적이냐 아니냐가 자유의 제한과 국가적 정통성의 평가 기준일 뿐이다.

어찌 되었던 헤겔의 국가는 개인적 인간의 의식을 초월하는 신적인 것이지, 개인의 의식적 창조물이 아니다. "국가는 세상 속에 존재하고 이 속에서 의식으로써 실현되는 정신이다." 그러나 이 의식은 개인의 의식 아니라 국가의 의식이다. "자유의 문제"에 있어서는 "개인적 자기의식"이 아니라 자기의식의 "본질"이 출발점이다.

- 인간이 알든 모르든 이 본질은 개인들을 한낱 계기로만 취급하는 자립적 권력으로 실현된다. 국가가 존재한다는 것은 세계 안에서의 신神의 행정(der Gang Gottes in der Welt)이고, 국가의 근거는 스스로를 의지로 현실화하는 이성의 권력이다.[929]

헤겔은 자신의 국가 개념을 개인적 의식의 대상에서 **빼낸** 후 현존하는 모든 국가를 무비판적으로 변호하고 있다. 국가의 이념을 논할 때는 특별한 국가들을 염두에 둘 필요가 없고 이 "현실적 신"을 고찰해야 한다는 것이다.

- 모든 국가는 원칙에 따라 나쁜 것으로 선언할 수도 있고 이러저러한 결함을 인식해 낼 수 있을지라도 우리 시대에 속한 국가라면 항상 자신의 실존의 본질적 계기를 보유하고 있다. 국가는 결코 인조물이 아니라 세상에 존재하는 것이고, 따라서 재량·우연·오류의 영역에 존재

---

929) Hegel, *Grundlinien der Philosophie des Rechts*, §258 추가주석.

한다. 물론 국가는 잘못 다루면 여러 측면에서 왜곡될 수 있다. 그러나 못생긴 인간, 범죄자, 환자, 곱추도 어디까지나 살아 있는 인간이다. 긍정적인 것, 생은 결함에도 불구하고 존재하는 것이고, 여기서 중요한 것은 이 긍정적인 것이다.[930]

결국 19세기 민족주의의 광풍 속에서 연호連呼되던 "옳건 그르건 나의 조국!(Wrong or right, my country!)"이라는 구호를 선취하는 헤겔의 이 말은 '기존의 사회구조와 권력관계의 무비판적 승인'의 공동체주의적 오류 중 가장 최악의 것이다.[931]

"국가는 인조물이 아니다"는 그의 명제는 국가란 개인들의 무의식적 행위를 통해 부지불식간에 형성된다는 말이다. 헤겔이 국가를 취급할 때 '의식'은 늘 '개인의 의식'이 아니라 '국가의 의식'이기 때문에 이 명제는 "국가는 전개된 정신이고 자신의 계기들을 의식의 대낮으로 드러낸다"는 그의 다른 진술과도[932] 모순되는 것으로 오해해서도 아니 될 것이다. 국가가 인조물이 아닌 한편, 헌법도 "만들어진 것이 아니라" 실은 "신적神的이고 항구적인 것으로 간주되어야 할, 따라서 만들어지는 것의 영역을 초월하는 것으로 간주되어야 할 단적인 즉자대자적 존재자"이다.[933] 즉, "헌법은 존재하는 것, 아니 본질적으로 생성되는 것이다". "그것은 발전하며 형성된다. 이 발전은 드러나지 않는 변화, 변화의 형식을 갖지 않는 변화이다."[934] 헤겔은 다른 곳에서 이 헌법의 무의식적 생성을 민족정

---

930) Hegel, *Grundlinien der Philosophie des Rechts*, §258 추가.
931) 패튼은 헤겔의 이성국가론으로도 충분히 현실적 국가를 평가할 수 있다고 흥미롭게 변호한다. Patten, *Hegel's Idea of Freedom*, 163-201쪽. 그러나 이 변호는 헤겔의 이성국가가 '인조물'이 아닌 한에서 설득력이 없다.
932) Hegel, *Grundlinien der Philosophie des Rechts*, §270 추가.
933) Hegel, *Grundlinien der Philosophie des Rechts*, §273 주석.
934) Hegel, *Grundlinien der Philosophie des Rechts*, §298 추가.

신과 연결시킨다. "헌법을 만드는 권력"에 대한 물음은 "누가 한 민족의 정신을 만들어야 하는가라는 물음과 같이" 어리석은 것이다. "헌법은 이 정신으로부터 발전되어 나왔을 뿐"이기 때문이다.[935] 따라서 헌법은 "주체들에 의해 상출된 것이 아니라", 한 "민족" 안에서 발전된 "수백 년의 작품"[936]이요, 헌법이란 "각 민족에 적합하고 어울리는 헌법"으로서 "사유물思惟物 이상의 것"이다.[937] 이런 전통주의적 헌법의 무의식성에 더하여 주권자인 군주가 세습군주인 한에서[938] 국가 주권도 전통적 관습, 즉 무의식의 영역에 위치한다.[939] 이로써 '정치적 국가'의 무의식성은 완결된다.[940]

요약하면 헤겔은 국가, 헌법, 군주주권을 모두 개인의 무의식의 영역에 위치 지음으로써 국가를 인간 의식의 비판 대상에서 제외시키고 전통주의적 국가를 절대화한 셈이다. 이 대목에서 사회계약론자들이 이 '정치적 국가'를 시민사회의 '외적 국가'와 혼동해서 계약을 통해 개인들의 보호 수단으로 정립하려 했다는 헤겔의 비판을 상기할 필요가 있다. 이것을 종합하면 헤겔은 정치적 국가를 무의식적·신적 생성물(즉, '비이성적 이성국가'의 형용모순적 존재)로 본 반면, 외적 국가는 그래도 인간의 의식적 행위에 의한 합리적 '인조물'로 간주한 셈이다. 따라서 헤겔의 국가론은 개인적 의식의 인공적·세속적 산물인 '외적 국가'와 무의식의 신적·피안적彼岸的 산물인 '정치적 국가'의 이중구조, 또는 의식적 지성 국가와 무의식적 이성국가의 이중구조를 지닌다.

---

935) Hegel, *Enzyklopädie der philosophischen Wissenschaft* 336;§540. 강조는 인용자.
936) Hegel, *Grundlinien der Philosophie des Rechts*, §274 추가.
937) Hegel, *Grundlinien der Philosophie des Rechts*, §274 주석.
938) Hegel, *Grundlinien der Philosophie des Rechts*, §282.
939) Hegel, *Grundlinien der Philosophie des Rechts*, §279.
940) 그러나 브라우닝(Gary K. Browning)은 헤겔이 홉스와 마찬가지로 국가를 인간의 창조물로 파악했다고 한다. Browning, *Hegel and the History of Political Philosophy*, 47쪽. 물론 이 해석은 그릇된 것이다.

헤겔 국가론의 이 불합리한 근본구조가 밝혀진 마당에 입헌군주제와 자문 기능의 신분제의회(Stände)에 대한 그의 궤변적 정당화 및 시대착오적 집착이나 국민주권론·민주공화국 이념·선거 등에 대한 그의 궤변적 비판, 권력분립과 견제·균형론에 대한 반동적 비판 등[941]은 논외로 할 수 있을 것이다.

헤겔은 여론(공론)도 양가치적으로 경시했는데, 이에 대해서는 좀 더 살펴볼 필요가 있다. 그는 칸트보다 한 세대 뒤의 철학자였지만 공론의 계몽적 역할을 확신한 칸트와 달리 공론을 경멸하는 입장을 취하고 있을 뿐만 아니라 근대 정치기획에 있어서의 공론의 본질적 기능, 즉 공론에 의한 공중의 계몽, 정치적 합의의 공론적 구성, 통치행위의 공론적 통제와 감시 등을 결코 이해하지 못했다. 헤겔은 일단 공론을 양가치적인 것으로 규정한다.

- 개인들이 일반업무에 관해 자신의 판단·의견·충고를 갖고 표명할 형식적·주관적 자유는 공론이라고 불리는 집합물로 현상한다. 즉자대자적으로 일반적인 것, 즉 실체적이고 참된 것은 이 공론 안에서 자신의 반대물, 즉 다수의 의견의 대자적으로 기묘한 것, 특수한 것과 결합된다. 이 존재는 따라서 현존하는 자기모순이요, 현상으로서의 인식이다. 본질성은 마찬가지로 직접 비본질적인 것으로 현상한다.[942]

따라서 헤겔은 공론을 본질적으로 양가치적인 것으로 정식화한다.

- 공론은 정의의 영원한 실체적 원리, 즉, 헌법 전체, 입법, 일반적 상태

---

941) Hegel, *Grundlinien der Philosophie des Rechts*, §273, §279, §314-319; Hegel, *Enzyklopädie der philosophischen Wissenschaften*, §544 주석.
942) Hegel, *Grundlinien der Philosophie des Rechts*, 483쪽.

전반의 참된 실체적 내용과 결과를 모든 사람을 편견의 형태로 관통하는 인륜적 토대로서, 말하자면 건전한 상식의 형태로 내포하고 또한 참된 욕망과 올바른 현실성을 내포한다. 동시에 이 내적인 것이 의식 속으로 등장하여 일반적 명제로 (…) 제시되면, 사념私念의 우연성, 무지와 도착, 그릇된 지식과 판단이 나타난다. 견해와 지식의 기묘성에 대한 의식을 살펴보면, 의견은 그 내용이 조악할수록 더 기묘하다. 왜냐하면 조악한 것은 내용에 있어서 전적으로 특수한 것, 기묘한 것인 반면, 이성적인 것은 즉자대자적으로 일반적인 것이고 기묘한 것은 사념이 공상한 것이기 때문이다. 이런 까닭에 한편에서 '인민의 소리는 신의 소리(vox populi, vox dei)'라고 하고 다른 편에서는 (…) 무식한 인민은 모든 사람을 비난하고 자신이 가장 모르는 것을 가장 많이 얘기한다고 말하는 경우 이것은 주관적 견해차로 간주될 수 없다. 이 양자가 둘 다 공론 안에 들어 있는 것이다.[943]

그러나 헤겔은 공론의 이 양가치적 평가에 머무르는 것이 아니라 최종적으로 결국 공론에 대한 모멸 및 공론과 이성의 반립성反立性을 강조한다.

- 공론은 존중되어야 하면서 동시에 경멸 되어야 한다. 경멸은 구체적 의식에 따라, 존중은 다소 흐리터분하게 저 구체적인 것 속으로 비쳐드는 본질적인 토대에 따라 이루어진다. 공론이 구별의 기준도 실체적 측면을 확정된 지식으로 끌어올린 능력도 없기 때문에 공론으로부터의 독립은 (현실에서든 학문에서든) 위대한 것과 이성적인 것에 대한 첫 번째 형식적 조건이다. 위대하고 이성적인 것은 공론이 이 이성적인

---

943) Hegel, *Grundlinien der Philosophie des Rechts*, 484쪽.

것으로 하여금 결과에 만족하도록 하고 이 이성적인 것을 인정하고 자신의 한 편견으로 만들 것이라고 확신할 수 있다.[944]

이런 까닭에 헤겔은 공론 안에서 이성적인 내용을 인식하는 일을 소수의 위인에게 전담시키고 공론을 경멸하는 능력을 위업 수행의 필수 조건으로 만듦으로써 루소의 신적인 입법자론과 엘리트주의적 공론모멸론을 재확인한다.

- 공론 안에는 모든 것이 그릇된 것이고 동시에 참된 것이지만, 공론 안에서 참된 것을 찾는 것은 위대한 인물의 일이다. 자신의 시대가 의지하고 표현하는 것을 시대에 말해주고 완수하는 자는 시대의 위대한 인물이다. 위대한 인물은 시대의 내적인 것과 본질인 것을 행하고 시대를 실현한다. 그리고 자신이 여기저기서 듣는 공론을 경멸할 줄 모르는 자가 위대한 일을 이룬 적이 없다.[945]

다만 자유주의적 국가관에 대한 헤겔의 이론적 강점強點으로 얘기되는, '애국심'과 관련된 정치적 통합(political integration) 및 개인의 정치적 정체성(political identity) 문제를 간략히 언급할 필요가 있다. 계약에 기반을 둔 도구적 국가론은 헤겔의 국가론에 비해, 아니 공동체주의적 논리 일반에 비해 이 문제에서 취약한 것이 사실이다.[946] 통합과 정체성은 개인의 재산과 자유의 안전과 별도로 중요한 가치이기 때문이다.

일단 개인의 정체성을 근거 짓는 이 통합은 수직적 통합과 수평적인 통합으로 구분된다. 헤겔이 경멸하는 '공동적' 의지에 근거한 연대는 수평

---

944) Hegel, *Grundlinien der Philosophie des Rechts*, 485쪽.
945) Hegel, *Grundlinien der Philosophie des Rechts*, 485-486쪽.
946) 참조: Patten, *Hegel's Idea of Freedom*. 198쪽.

적 통합의 전형인 반면, 인간들의 의지와 의식을 초월한 권위주의 국가의 강제 통합은 수직적 통합의 전형이다. 수평적 통합은 공동 의지의 성립을 통해 여기에 참여한 개인들의 상호적 자아확장自我擴張으로 나타나고, 수직직 강제 동합은 공동 의지의 부재로 인해 개인들의 일방적 자아 희생(자아 소멸)으로 나타난다. 국가가 수평적 통합과 정체성을 정초定礎하는 연대적 공동체로 나타나기 위한 대전제는 개인들의 의식적 참여와 연대적 행위를 통해 '만들어진' 인공물이어야 한다. 그러나 인간의 의식과 의식적 행위를 초월해 존재하는 헤겔의 신적神的 국가는 수직적 강제통합의 전형적 형태이다. 이런 국가에 대한 애국심은 일방적 자아 희생, 개인적 자유의 파괴로 귀결될 것이다.[947] 헤겔이 근대국가의 원리를 개인적 주체성의 궁극적 완성과 이 주체성의 실체적 통합으로 올바로 규정하고 있지만[948], 이 통합이 그의 '무의식적' 국가로의 수직적 강제 통합인 한에서 개인적 주체성과 인권의 극단적 침해를 막을 길이 없는 것이다. 따라서 헤겔이 "나의 특수이익이 국가 안에서 보존되기" 때문에 국가와 나의 직접적 통일성 속에서 품게 되는 것으로 강조하는 "애국심"도[949] 헤겔의 국가 안에서는 무의미한 '자살행위'거나 '자기기만'에 해당한다. 개인의 특수이익은 인권 개념이 결여된 신적 국가의 자기 목적을 위해 언제든 무시되고 소모될 수 있기 때문에 애국심은 일방적인 희생으로 귀착될 것이기 때문이다.[950]

---

947) 패튼의 새로운 변호론(Patten, *Hegel's Idea of Freedom*, 199-201쪽)도 부질없다.
948) Hegel, *Grundlinien der Philosophie des Rechts*, §260.
949) Hegel, *Grundlinien der Philosophie des Rechts*, §268.
950) 자유주의와 공동체주의를 뛰어넘는 대안적인 제3의 이론, 가령 하버마스의 의사소통적 인권론과 연대이론, 헌법애국주의에 대한 고찰은 이 글의 범위를 벗어난다. 참조: Jürgen Habermas, *Faktizität und Geltung* (Fankfurt am Main: Suhrkamp, 1992) 및 Habermas, *Die Einbeziehung des Anderen* (Farnkfurt am Main: Suhrkamp, 1996); 하버마스(황태연 역), 『이질성의 포용』 (서울, 도서출판 나남, 2000).

2.3. '민족정신'과 '근대국가'의 모순적 절충

헤겔의 국가론에 일말의 근대성(modernity)이 있다면, 개인의 특수성에 대한 관점이 결여된 고대 그리스 사회(또는 플라톤의 국가론)와 특수이익들이 굽이치는 근대 시민사회를 대비하는 헤겔 자신의 논의에서 알 수 있듯이[951] 그것은 근대적 특수성에 대한 이론적 인식이다. 그러나 그가 '정치적 국가' 일반을 무의식적 관습, 전통, 점진적·불가지적不可知的·장기적 변화 등에 의한 역사적 생성물로 규정하고 특수한 개인적 인간의 의식 바깥에 위치시켜 국가를 전통화·절대화·신격화함으로써 저 특수성에 대한 의식은 구조적으로 매장된다. 그런데 이러한 특수성의 매장은 우리가 논의의 초점을 그의 '민족정신'에 맞추면 철갑을 두르게 된다.

독일어 'Volk'는 인민·평민·민족·민속 집단 등 서너 개의 의미를 가지고 있다. 그러나 헤겔의 논의에서 인민주권론이나 루소를 다루는 경우 등 소수의 사례를 제외하고는 'Volk'는 거의 '민족'의 의미로 쓰인다. 그것도 ('국민'이 아니라) '혈통 민족'으로서의 'Nation'을 가리킨다. 헤겔은 민족을 가족의 확대판으로 생각하기 때문이다. 헤겔의 경우 'Volk'는 Nation(민족)과 동의어이다. Volk=Nation의 개념은 가족의 확대판으로서의 혈통 민족이다.

- 가족이 이루는 자연적인 전체는 한 민족(ein Volk)과 국가 전체로 확대된다.[952]

---

951) 이에 대한 상세한 논의는 참조; Browning, *Hegel and the History of Political Philosophy*, 34-45쪽.
952) Georg W. F. Hegel, *Nürnberger und Heidelberger Schriften* [1808-1817], 265쪽. *G. W. F. Hegel Werke* in zwanzig Bänden, Bd.4 (Frankfurt am Main: Suhrkamp, 1986).

- 하나의 가족이 민족(Nation)으로 확대되고 국가가 민족과 하나로 일치되었다면 이것은 커다란 행운이다.[953]

헤겔은 민족을 가족의 확대판으로 보기 때문에 민족을 혈통적 단일민족으로 관념하고 있다. 그러나 지구상에 말 그대로의 '단일민족'은 존재하지 않는다. 단일민족은 신화적 믿음일 뿐이다. 따라서 헤겔은 민족을 혈통적 연결과 연관시키는 것이 아니라 "언어·관습·습관·교양"의 "연결"과 연관시킨다. 그러나 이 논변은 "가족의 확대판"으로서의 민족 개념과 충돌한다.

헤겔은 "언어·관습·습관·교양"의 이 연결이 아직 국가를 형성하지 않는다"고 말한다.[954] 그리고 "한 민족(ein Volk)의 정치적 자유는 자기의 국가를 형성하는 것과, 보편적 민족 의지(Nationalwille)로 간주되는 것을 결정하는 데 있다."[955]

헤겔의 민족이 혈통 민족이라는 것은 국가란 "자연적으로 규정된 민족의 직접적 현실태"라는 『철학적 과학들의 백과전서』에서의 진술[956]에서도 다시 확인된다. 따라서 헤겔의 'Volk'가 '생물학적·자연적' 기원과 무관하다는 자유주의적 헤겔 해석가들의 변호론[957]은 근거가 없다.

여기서 확인할 것은 헤겔이 국가에 앞선 민족의 실체적 존재를 인정하고 있다는 것이다. "국가 형성을 이루지 못한 민족(민족 그 자체)은 국가 형성 이전에 제諸민족이 존재했었고 지금도 다른 민족들이 야생 민족으로 존재하고 있듯이 본래 아무런 역사를 갖지 않는다. 그런데 한 민족에

---

953) Hegel, *Nürnberger und Heidelberger Schriften*, 246쪽.
954) Hegel, *Nürnberger und Heidelberger Schriften*, 246쪽.
955) Hegel, *Nürnberger und Heidelberger Schriften*, 222쪽.
956) Hegel, *Enzyklopädie der philosophischen Wissenschaften*, §545.
957) 가령 다음을 참조하라: Schlomo Avineri, "Hegel and Nationalism". Walter Kaufmann (ed.), *Hegel's Political Philosophy* (New York: Atherton Press, 1970).

게 일어나는 일과 한 민족 내부에서 벌어지는 일은 국가와의 관계 속에서 본질적 의의를 지니는 것이다." 따라서 민족은 어떻게든 국가로 발전해야 된다. 또 "일 민족의 현존 속에는 일 국가가 들어 있어야 하고 또 이런 국가로서 자신을 유지할 실체적 목적이 들어 있다".[958] 이것은 국가를 이루지 못한 중동 유럽의 모든 군소 민족들에게 국가 물신주의와 독립 국가를 향한 유혈의 "집단히스테리"[959]를 주입한 바로 그 명제다.

헤겔의 정치철학에서 민족은 국가의 '인륜적 실체'인 반면, 국가는 민족의 '형식'이다. "민족은 일단 아직 국가가 아니다. 가족·유목 집단·부족·무리 등이 국가 상태로 이행하는 것은 국가 안에서의 이념 일반의 형식적 실현이다. 이 형식이 없으면 민족이 즉자적으로 의미하는바 인륜적 실체로서의 민족은 객관성을 결하고 따라서 인정되지 않는다. 이 민족의 자립성은 아직 주권이 아니다.[960] 그런데 국가에 앞선 '실체'로서의 이 민족 개념은 계몽주의적·근대적 국가론과 전혀 인연이 없는 것이다. 영국·미국·프랑스·캐나다 등 국민(nation) 개념은 원리적으로 혈통·언어·민속·전통을 초월한다. "동일한 정치적 법 제도 아래 사는 사회"(시에예스)을 뜻하는 이 '국민'은 국가에 앞서 존재할 수 없고 일격一擊의 제헌制憲행위로 국가와 동시에 창설된다. Nation은 '국민'이면서 '국가'다. 국민주권론에 따라 주권자인 국민은 곧 국가이기 때문이다. 동시에 이 nation은 개인들의 자유로운 가입과 탈퇴의 선택을 보장한다.

알자스 독일인들의 국적 결정 국민투표와 관련된 르낭(Ernst Renan)의 말(1882)대로 "L'existece d'une nation est un plébiscite de tous les jours(한 국민의 존재는 매일 매일의 국민투표이다)". 개인들의 일상적

---

958) Hegel, *Enzyklopädie der philosophischen Wissenschaften*, §549.
959) 황태연, "근대기획에 있어서의 세계시민과 영구평화의 이념", 『유럽연구』 1995 겨울호 (통권 제3호), 195쪽.
960) Hegel, *Grundlinien der Philosophie des Rechts*, §349.

교류 활동과 의사소통적 합의의 산물로 이해되고 또 개인의 선택을 보장하는 이 nation 이념은 개인적 선택의 여지가 없는 숙명적 혈통민족과 정면으로 대립되는 것이다.

혈통 민족의 경우에 각 개인은 민족의 '공유재산'이고 또 남성의 혈통이 기준인 한에서 특히 여성과 자녀는 성인 남성으로 구성되는 민족의 '집단 소유'이기[961] 때문이다. 여기서 유구하고 면면한 남성 혈통의 계보와 전통을 가진 '민족'은 원리적으로 '개인'에 앞서고 민족국가의 성격은 자동적으로 복고적·보수적·가부장주의적·권위주의적·집단주의적이다. 이에 반해 계몽주의적 근대국가의 nation에의 소속 여부는 개인의 자유 선택의 문제이다. 일정 기간 해당 국내에 합법적으로 거주하거나 태어난 외국인도 해당 국가의 헌법에 대해 충성을 서약하면 국적취득 요건은 충족된다.

헤겔의 혈통 민족 개념을 이해하기 위해서는 독일의 "정치적 낭만주의"를[962] 약술할 필요가 있다. 18세기에서 19세기로의 세기 전환기에 독일에서 사상적 주도권은 프랑스 대혁명 이후 독일의 '식자識者 공화국'이 반동화되면서 계몽주의에서 낭만주의로 넘어갔다. 혁명과 계몽주의에 대한 적대를 목표로 1790년대에 태동하여 빈 체제 하에서 최고조에 달한 이 '정치적 낭만주의'는 19세기 정치를 지배했고 오늘날까지도 여러 나라에 그 잔재가 남아 있다. 약관의 나이에 프랑스혁명을 경험하며 열광했

---

[961] 따라서 가령 한국 남성들은 우리나라 남성이 외국 여자와 결혼하면 '얻은 것'으로 생각하고 한국 여성이 외국 남자와 결혼하면 '잃은 것'으로 생각한다. '민족국가'에서 국적은 부계 혈통을 기준으로 한 혈통주의, 즉 속인주의(ius sanguinis)를 따른다. 이에 반해 영국, 미국, 프랑스, 캐나다 등의 '국민국가'에서 국적 결정은 탄생지와 거주지를 기준으로 한 속지주의(ius soli) 원칙을 따른다.

[962] '정치적 낭만주의'는 낭만적 문인들의 정치 이념과 의지적 행위뿐만 아니라 이들로부터 시작되어 일정한 정치 집단들 안에서 증식되고 계속 발전된 정치적 사상 세계 및 방향 전체를 포괄하는 흐름을 가리킨다. 참조: Friedrich Meinecke, *Weltbürgertum und Nationalstaat* (München: De Gruyter, 1962), 58쪽.

던 헤겔도 이후 정치적 낭만주의에 심취했다.

대혁명 이후에 계몽주의에서 전향해 계몽과 프랑스혁명을 맹공하는 반동적 문필가로 돌아선 낭만주의의 창시자 노발리스(Novalis)는 "인류민족(Menschheitsnation)"으로서의 "독일성獨逸性(Deutschheit)" 이념, "천한 것에 고상한 의미를, 평범한 것에 비밀스런 모습을, 기지既知의 것에 미지未知의 품위를, 유한한 것에 무한한 영상을 부여함으로써 이것을 낭만화한다"는 신비적 낭만의 개념을 주조했다.[963] 이를 이어받은 슐레겔(Friedrich Schlegel)은 언어를 기준으로 민족을 가르는 원리를 제창한다. 언어의 통일성은 '공동적 혈통'의 증거라는 것이다. "종족이 오래되고 순수하고 섞이지 않을수록 더 많은 풍속이 존재하고 풍습과 이에 대한 고수와 애착이 많을수록 더 확실하게 민족이 존재할 것이다."[964] 따라서 슐레겔은 민족은 보수적이면 보수적일수록 그만큼 더 순수한 민족이고 본래적인 민족국가는 가장 고상한 민족들에게서 발견되는 신분제 국가라고 주장했다. 이 복고적 이론은 낭만적 독일성과 낭만적 기독성(基督性)의 잡다한 혼합이념 속에서 열광하며 부유하던 낭만주의적 지식층 속에서 열띤 논의의 대상이 되었다. 이들은 혁명적 프랑스로부터 온 모든 것에 대한 근본적인 증오, 자연스런 프로이센적·군주적 애국심, 독일성 일반에 대한 낭만적 열광으로 차 있었다. 이 과정에서 형성된 중요한 개념인 '민족'의 관점에서 나폴레옹에 대한 승리와 해방에 대한 열광은 실은 "아버지들의 오랜, 참된 자유"와 "대대로 핏줄을 이어온 지배자로 대표되는 민족적 독립"을 향한 열광으로 해석되었다.[965]

이로써 프랑스의 민주적 국민국가의 이상에 대항해 '심오한' 민족적 가치를 대립시킬 수 있는 국가관이 마련된다. 정치적 낭만주의는 인민주

---

963) Meinecke, *Weltbürgertum und Nationalstaat*, 66쪽.
964) Meinecke, *Weltbürgertum und Nationalstaat*, 77-78쪽.
965) Meinecke, *Weltbürgertum und Nationalstaat*, 211-212쪽.

권(Volkssouveränität)에 대해서 민족정신(Volksgeist)을 대립시켰다.[966] 그러나 프랑스적인 모든 것에 대한 적대 의식으로 충만된 '민족정신'을 근대 세계에 그래도 생존능력 있는 정치 이념으로 적응시키기 위해서는 일정한 절충석 타협이 불가피했다. 하르덴베르크(Karl August von Hardenberg)에 의한 프로이센의 개혁은 이 절충적 타협의 표현이었다.

이러한 절충적 전환은 민족국가들의 분방한 약진과 갈등을 개념화한 헤겔로 이어지는 정치 이념적 출구를 실천적으로 열어 놓는다. 헤겔은 '민족'과 '민족정신'을 무의식의 낭만주의적 암흑에서 의식의 범汎논리주의적 광명 속으로 옮겨 놓은 것으로[967] 얘기된다. 그러나 헤겔이 낭만주의로부터 이 개념들을 차용했기 때문에 이 개념들도 여전히 무의식의 강력한 잔재에 사로잡혀 있을 수밖에 없었다. 헤겔의 혈통 민족 개념, 국가에 앞선 인륜적 '실체'로서의 민족, 무의식적 자연적 생성물로서의 민족정신 등 기본 관념은 헤겔이 정치적 낭만주의를 그대로 답습했음을 증언하는 것이다. 따라서 헤겔의 국가는 근대적 특수성의 권리와 법률에 기반을 둔 근대적 행정 체계와 반反근대적 민족정신 간의 모순적 결합물로 나타나게 된다.

따라서 헤겔의 국가 이론의 정체는 헤겔 스스로가 근대국가론으로 착각하고 있을지라도 서구의 근대적 '국민국가'의 이론이 아니라 바로 이 서구적 근대국가와 싸우기 위해 형성된 최초의 가장 체계적인 '민족국가'의 이론인 것이다. 바로 이런 이유에서 가족의 확대판으로서 '민족'은 언어와 관습, 습관, 교양으로 결합되고 그의 정치적 국가와 그 헌법도, 그 주권자도 개인들의 인공적 작품이 아니라 무의식적인 전통과 시간의 생성물이었던 것이다. 따라서 헤겔의 논의가 국가 차원으로 이동하면서 국가

---

966) Meinecke, *Weltbürgertum und Nationalstaat*, 225쪽.
967) 참조; Meineche, *Weltbürgertum und Nationalstaat*, 237쪽.

와 관련된 모든 대상은 결코 인간 의식의 대상이 아니라 전통적 '민족과 국가의 의식'의 대상이고, 인간의 자유가 아니라 유구한 혈맥의 역사 속에서 형성된 '민족과 국가의 자유'일 뿐이다. 따라서 모든 정치적 정통성 기준은 인간 개인의 자유 의식이 아니라 각 나라의 역사와 전통인 것이다. 헤겔은 천명한다.

- 헌법 중 가장 우수한 형태가 어느 것이냐 하는 것도 완전히 불필요한 물음이다. 이러한 형태들에 관해서는 오직 역사적으로만 논할 수 있을 뿐이다.[968)]

- 특정 민족의 헌법은 대체로 정신의 자기의식의 양식과 교양에 달려 있다. 이 자기의식 속에 이 민족의 자유와 헌법의 현실성이 들어 있다.[969)]

이에 대해 26세의 청년 마르크스는 다음과 같이 대꾸하고 있다. "때 지난 의식의 산물인 헌법이 선진적 의식에게 억압적 질곡이 될 수 있다는 것 등은 물론 평범한 상식이다. 오히려 의식과 발맞춰 전진해 나가는 규정과 원리를 자신 안에 담은 헌법을 요청하는 것만이 결론일 것이다. 현실적인 인간과 발맞춰 전진해 나가는 것은 '인간'이 헌법의 원리가 될 때야 비로소 가능할 것이다. 헤겔은 여기서 궤변가다."[970)] 근대적 정치제도는 개인적 인간들과 그 사유思惟의 세속적·인공적 창조물'이어야 한다는 근대 정치 이념을 부정하는 헤겔의 위 입장은 사상과 의식으로 헌법, 국가, 현실을 창조한 프랑스 혁명에 대한 역사철학적 찬양("장엄한 해 오름"

---

968) Hegel, *Grundlinien der Philosophie des Rechts*, §273 주석.
969) Hegel, *Grundlinien der Philosophie des Rechts*, §274.
970) Marx, *Kritik des Hegelschen Staatsrechts* [1843], 218쪽. *MEW*, Bd.1.

운운)과 상치되는 것이다.[971] 이것은『법철학』의 출판이 처한 엄격한 검열 상황으로도 다 설명될 수 없다. 왜냐하면 그는 앞서 밝혀냈듯이『법철학』 전체에 걸쳐 무의식적 관습, "무의식적 도구", 수백 년에 걸친 의식되지 않는 느린 변화의 강조, 인간의 의식적 국가·헌법 창조에 대한 부정, 인민주권 및 민주공화국과 선거, 권력분립 및 견제와 균형의 원리에 대한 배격, 루소와 프랑스혁명에 대한 비판을 전개하고 있기 때문이다. 우리는 여기서『법철학』에서의 보수적·현실 순응적 전통주의와『역사철학 강의』에서의 근대 의식 사이에서 두 입으로 말하는 헤겔의 이중화법과 정신분열을 목도하고 있다.

나아가 헤겔의 '지배 민족' 또는 '세계사적 민족' 이론은[972] 빈민 문제 해결을 위한 그의 식민주의적 진출 주장과 결합하면 제국주의적 팽창을 앞장서 촉구하는 이론으로 쉽사리 조립될 수 있는 것이다. 그의 세계사는 제국주의적 경략 활동을 간단히 인류의 진보를 위한 '세계정신'의 집행으로 정당화해 준다. 그의 지배민족론은 제국주의적 지배와 '백인의 책무(white men's burden)' 등 제국주의 이데올로기에 가장 체계적이고 가장 강력한 세계사적 자부심을 심어 주기 때문이다.

헤겔의 이러한 정치 철학적 위험성이 '게르만 치세'의 이론과[973] 결합

---

971) Hegel, *Vorlesungen über die Philosophie der Geschichte*, 529쪽: "법의 사상, 개념은 일거에 관철되었고 비법(非法)의 낡은 골격은 이에 대해 아무런 저항을 할 수 없었다. 따라서 법의 사상 속에서 이제 하나의 헌법이 수립되었고 이 근거 위에 모든 것이 기초해야 했다. 태양이 천공(天空)에 뜨고 행정이 태양을 돈 이래 인간이 머리로, 즉 사상으로 서서 현실을 사상에 따라 건설한 것은 본 적이 없다. 아낙사고라스가 로고스가 세계를 지배한다고 처음 말했지만, 이제야 비로소 인간은 사상이 정신적 현실을 통치해야 한다는 것을 인식하는 데 이르렀다. 이것은 장엄한 해오름이었다. 모든 사유하는 존재들은 이 시대를 함께 경축하였다. 고상한 격동이 저 시대에 지배했고 정신의 열정은 마치 신적(神的)인 것과 세계의 현실적 화해에 비로소 도달한 것처럼 온 세상을 떨게 만들었다."
972) Hegel, *Grundlinien der Philosophie des Rechts*, §347.
973) Hegel, *Grundlinien der Philosophie des Rechts*, §§358-360.

하면 파괴적 나치즘의 배후 이데올로기로도 쉽사리 응용될 수 있는 것이다. 독일어로 '게르만 치세(das germanische Reich)'는 '게르만 제국'의 의미도 담고 있기 때문에 나치의 '제3제국(das Dritte Reich)'이 여기로부터 유래했을지 모른다는 의심을 피할 수 없다. 헤겔이 게르만 치세의 민족적 주역을 기본적으로 "게르만 민족들"의 복수로[974] 이해하고 있지만 동시에 "게르만 민족(die germanische Nation)"의 단수 사용도[975] 등장하기 때문이다.

게다가 헤겔은 『역사철학 강의』에서 "옛 주거지에 남아 있던" 순수한 게르만 민족과 "로마제국 전역으로 확산되어 피정복 민족들과 뒤섞인" 혼혈 민족을 구분하고 있기[976] 때문이다. 이 혼혈 민족인 '로만 민족(romanische Völker)'과 달리 독일과 스칸디나비아 민족은 "단절되지 않은 내면성(ungebrochene Innigkeit)" 속에 자신을 유지해 온 '순수한 게르만 민족'으로서 "다소간 독일어를 말하는" 민족들이다. "모든 혼합으로부터도 순수한" 이 두 민족 가운데 라인과 엘베 사이의 독일 민족은 "전적으로 민족적으로" 남았던 한편, 스칸디나비아인들도 "고향 땅에" 그대로 보존되었다.[977] 이 관점에서 보면 헤겔이 말하는 '게르만 치세'의 지배 민족은 실은 독일 민족과 스칸디나비아 민족이라는 결론이 나온다. 이것은 게르만 피의 순수성에 병적으로 집착한 나치 정권의 지배 민족관 및 게르만의 혈통적 순수성 개념(독일과 스칸디나비아)과 그대로 일치하는 것이다. 또한 『법철학』에서 말하는 '게르만 치세'의 원리인 "내면성"[978]은 바로 『역사철학』에서 말하는 게르만 민족의 저 "단절되지 않은 내면성"과 동일한 한에서 '게르만 치세'는 다름 아닌 독일 민족을 지배민

---

974) Hegel, *Grundlinien der Philosophie des Rechts*, §358.
975) Hegel, *Grundlinien der Philosophie des Rechts*, §355 주석.
976) Hegel, *Vorlesungen über die Philosophie der Geschichte*, 420쪽.
977) Hegel, *Vorlesungen über die Philosophie der Geschichte*, 421-422쪽.
978) Hegel, *Grundlinien der Philosophie des Rechts*, §359쪽.

족으로 하는 게르만 제국으로 어렵지 않게 해독解讀될 수 있는 것이다.

따라서 나치 이데올로그들이 헤겔로부터 배워 나치의 이데올로기를 짜깁기하는 것은 손쉬운 일이었고 이들의 대다수가 헤겔을 추앙한 것은 어쩌면 당연한 일이었는지도 모른다. 칼 슈미트 등 일부 이데올로그들이 헤겔을 배격한 하나의 이유는 세습적 입헌군주정을 주장하는 헤겔의 논지가 히틀러의 평민 출신성과 결정적으로 상치되기 때문이었을 것이다. 하지만 무엇보다도 더 큰 이유는 헤겔에 대한 슈미트 같은 '정상급' 나치 이데올로그들의 컴플렉스였을 것이다. 이 점은 다음 절節에서 살펴보겠지만 칼 슈미트가 헤겔을 공개 배격하면서도 내용적으로 헤겔의 여러 논리를 훔쳐 쓰고 있는 점에서 개연성이 높은 것이다.

2.4. 헤겔의 군국주의 세계관과 역사관

헤겔의 정치적 국가는 주권적 민족국가이다. 이 국가는 국민통합을 이루기 위해 대내적으로 개인의 권리와 업무의 분업에 대해 부정적 태도를 취하며 군주를 정상頂上으로 하여 중앙집권적으로 결집하듯이, 대외적으로 독립을 유지하기 위해 부정적·배척적 태도를 취한다.[979] 헤겔은 자기의식적 개체가 최초로 다른 자기의식적 개체를 대면할 때 이 다른 개체에 대해 신기하게 생각하고 감탄하거나 친해보고 싶은 제스처를 취하거나 호기심 또는 매혹과 사랑에 빠지거나 선물을 교환하기도 하는 개연성을 일절 배제한다. 그는 면면한 서구 전통의 투쟁유일주의 (Kampfsingularismus)에 따라 '깡패들의 세계에서처럼' 자기의식적 개체들이 오로지 부정·배척·투쟁으로 나가는 것으로만 생각했다. 헤겔의 이 편향된 투쟁유일주의적 사고방식은『정신현상학』의 "자기의식들 간의

---

979) 참조: Hegel, *Grundlinien der Philosophie des Rechts*, §321-323.

인정투쟁" 이론에서[980] 이미 선보인다. 이 투쟁유일주의적 사고방식은 헤겔의 역사관에 일관된 군국주의적 편향을 가하고 나아가 헤겔 이후 독일의 정치 이론에 지대한 부정적 후과後果를 남겨 놓게 된다.

이와 같이 기본적으로 투쟁유일주의적 배척 관계로 이해된 대외관계는 대내적으로도 군국주의로 편향된다.

- 그것(국가의 절대성)은 최고의 자기 계기다. 그것은 모든 개별적인 것과 특수한 것에 대한, 그 밖의 범주에 대해서처럼 생명, 재산, 이것의 권리들에 대한 절대권력으로서의 실체가 이것들의 허사성虛事性을 현실화·의식화하는 측면이다.[981]

그런데 경악스럽게도 헤겔은 외국과의 전쟁상태로 인한 국내 관계의 군국화軍國化 속에서 비극적으로 관철되는 개인적 생명·재산·권리의 희생을 "긍정적인" 것으로 본다. 이 희생은 개인들이 "우연적이고 가변적인 개체성이 아니라 즉자대자적으로 존재하는 개체성"(절대권력의 일부임)을 입증하기 때문이라는 것이다. 따라서 이 관계와 이 관계의 "인정"은 개인들의 "실체적 의무"다. 이 의무란 "자기들의 재산과 생명, 자기들의 생각과 생명의 범위에 드는 모든 것의 위험과 희생을 통해 저 실체적 개체성과 국가의 독립 및 주권을 확보할 의무"다.[982]

비겁한 자는 자기의식이 아니라 생명을 택하여 노예가 되는 반면 생명을 초개와 같이 여기고 자유를 택하는 자는 주인이 되기 때문에 죽음의 능력을 통해서만 개인은 자유의 진정한 실현을 기할 수 있다는 헤겔의 이

---

980) Hegel, *Phänomenologie des Geistes*, 145-177쪽. *Hegel Werke*, Bd.3 (Frankfurt am Main: Suhrkamp, 1986).
981) Hegel, *Grundlinien der Philosophie des Rechts*, §491.
982) Hegel, *Grundlinien der Philosophie des Rechts*, §324.

런 아리스토텔레스주의적 인간관은 『정신현상학』의 "인정투쟁"과 "죽음의 변증법"의 반反에로스적·타나토스적 논리의 연장이다.[983] 타나토스(Thanatos)는 죽음의 신, 또는 죽음을 향하는 본능을 말한다.

인간에게 자유란 헤겔에 의하면 물적 욕구와 생명욕에 연연해하는 자기의 자연적 존재성에 대한 자발적인 부정성이다. 열광적 헤겔 주석가 알렉상드르 코제브는 "인간은 그 자체가 (동물로서의) 죽음의 원인"이고 "거꾸로 죽음만이 인간적인 것이고 인간화시키는 것, 인간 발생적인 것"이라고[984] 목청을 높여 죽음을 찬양한다. 인간은 오로지 이 죽음을 의식적으로 감수할 능력에 있어서 비로소 자유롭다는 것이다. 죽음을 찬양하는 코제브의 해석은 무리가 아니다. 헤겔의 이 죽음을 지향하는 타나토스적 인간관은 청년기 저작 이래 반복적으로 나타나기 때문이다. 헤겔은 청년기 저작 『자연권의 과학적 취급법에 관하여』(1802-1803)에서 죽음에 대해 이렇게 언명한다.

- 이 부정적 절대자, 즉 순수한 자유는 그 현상으로 보면 죽음인데 주체는 이 죽음의 능력을 통하여 자유로운 것으로서 그리고 단적으로 모든 강제를 극복한 것으로써 자신을 입증한다. 죽음은 절대적 극복이다. 그리고 이 극복이 절대적이기 때문에 또는 이 극복 속에서 개별성이 단적으로 순수한 개별성이 되기 때문에 개별성은 무한하며 절대적 해

---

983) 아리스토텔레스는 칼 마르크스가 인정했듯이 '사유의 거장'이었지만 어디까지나 노예 소유주의 이데올로그였다. 그는 『정치학』의 도입부에서 노예는 타고나는 것이라는 논리를 전개한다. 그리스의 노예는 포로 출신이다. 용감한 자는 싸우다 죽든지 싸워서 이기든지 하기 때문에 포로가 되지 않는다. 이에 반해 소심하고 비겁한 자는 목숨을 걸지 않기 때문에 포로로 잡혀 와 결국 노예가 된다는 것이다. 헤겔은 노예 소유주 이해관계를 대변한 아리스토텔레스의 이 이데올로기적 논리를 슬그머니 빌려와 『정신현상학』의 "인정투쟁" 절에서 호전적(好戰的)·타나토스적 인간관의 모델을 수립했다.
984) Kojéve, *Hegel. Eine Vergegenwärtigung seines Denkens*, 333쪽.

방인바, 죽음 속에 존재하는 순수한 개별성은 그 자신의 반대, 즉 보편성이다.[985]

『정신현상학』에서도 이 죽음을 통한 보편성의 달성 명제를 "개별자 그 자신이 도달하는 이러한 보편성은 순수한 존재, 즉 죽음이다"라고[986] 재확인한다. 특히 자발적으로 감내하는 "폭력적 죽음"은[987] 자연적 실존의 단순한 "종말"과는 본질적으로 다르다. "민족과의 합일성을 오직 죽음의 위험을 통해서만 명백한 방식으로 드러내기"[988] 때문이다.『법철학』에서의 죽음과 전쟁의 찬양은 이렇든 이전의 저작들로부터 반복된 전쟁·죽음 예찬과의 연속선상에 있는 것이다.

그러나 이렇게 전쟁과 죽음을 예찬하는 헤겔도 죽음의 비극적 측면을 간과할 수 없어 "죽음이란 달성된 대자존재가 운동에 들어간 존재자와 다른 타자他者라는 양분兩分의 측면이다"[989]라고 실토한다. 하지만 그는 이런 사실에 개의치 않고 죽음을 '지고至高의 노동'으로 예찬한다.

- 죽음은 (…) 모름지기 개인이 개인으로서 인륜적 공동체를 위해 감당해 내야만 하는 완성이요 지고의 노동이다.[990]

청년기 이래 반복적으로 확인되는 헤겔의 이러한 전쟁 긍정·죽음 예찬의 타나토스적 인간관은 자연법적 병역의무론에 대한 헤겔의 비판 논리

---

985) Georg W. F. Hegel, *Über die wissenschaftliche Behandlungsart des Naturrechts* [1802-1803], 479쪽. *G.W.F. Hegel Werke*, Band 2 (Frankfurt am Main: Suhrkamp, 1986).
986) Hegel, *Phänomenologie des Geistes*, (Suhrkamp판), 332쪽.
987) Hegel, *Über die wissenschaftliche Behandlungsart des Naturrechts*, 500쪽.
988) Hegel, *Über die wissenschaftliche Behandlungsart des Naturrechts*, 148쪽.
989) Hegel, *Phänomenologie des Geistes*, (Suhrkamp판), 332쪽.
990) Hegel, *Phänomenologie des Geistes*, (Suhrkamp판), 332쪽.

와 결부되어 있다. 자연법론자들은 병역의무를 자기의 생명과 가족, 재산을 보호하기 위한 것이라고 설명한다. 헤겔은 이들이 '외적 국가'를 '정치적 국가'로 착각하고 있다고 비판하며 이 주장의 논리적 모순을 이렇게 집어낸다. "(생명과 재산의) 이런 안전이란 보장되어야 할 것의 희생에 의해서는 달성하지 못한다."[991] 그러나 이것은 궤변이다. 알다시피 목숨을 걸어야만 살아남는다는 '필사즉생必死卽生'의 패러독스는 전장戰場에서 상식이기 때문이다.

한편, 헤겔은 전쟁원인론에서 계몽주의적 전쟁관을 거부한다. 칸트에 이르기까지 계몽 철학자들은 전쟁의 원인을 전쟁으로 인한 생명과 재산의 피해로부터 안전한 지위에 있는 군주의 허영과 공명심, 분쟁을 무력으로 손쉽게 해결하려는 반反인도적 성향으로 보았다.[992] 이에 반해 헤겔은 『법철학』에서 전쟁을 "절대악으로 봐서도 아니 되고" 또 "권력자들이나 민족들의 정열, 불의 등 아무튼 있어서는 안 되는 것에 우연적 원인을 두는 외적 우연으로 봐서도 아니 된다"고 공언함으로써[993] 계몽주의적 전쟁관을 정면으로 부인하는 군국주의적 전쟁관을 표방한다. 이것은 곧장 군국주의적 역사관으로 직통한다.

헤겔은 전쟁이 우연히 발생하는 것처럼 보이지만 실은 우연적이고 허사로운 개인적 생명과 재산이 우연히 전쟁에 직면하는 것 자체가 '필연'이라고 주장한다. 개인은 이때 생명을 거는 각오를 통해 우연히 발생한 위험을 인륜적 민족을 위한 자발적 선택, 자신의 필연적 운명으로 만들어야 한다는 것이다. 헤겔은 이 군국주의적 전쟁관을 더 극적으로 표현한다.

---

991) Hegel, *Grundlinien der Philosophie des Rechts*, §324 주석.
992) 참조: d'Alembert/Diderot u.a., *Enzyklopädie*, 158-159쪽; Kant, *Zum ewigen Frieden*, 206쪽.
993) Hegel, *Grundlinien der Philosophie des Rechts*, §324 주석.

- 인륜적 본질, 즉 국가 안에서는 자연(필연)으로부터 권력이 박탈되고 필연은 자유의 작품으로 고양된다. 다른 때에는 교화적인 상투어가 되곤 하는 무상한 재물의 허망함을 진지하게 받아들이도록 하는 사태로서의 전쟁은 특수자의 관념성이 자신의 권리를 획득하여 현실화되는 계기다.[994]

이와 관련하여 헤겔은 생명과 재물의 손실을 아까워하는 소위 '속물들'의 도덕적 위선을 공박하는 군국주의적 세계관을 한다.

- 물론 전쟁으로 인해 재산이 불안전해지지만, 실제의 불안전성은 필연적 운동 외에 다른 것이 아니다. 설교단에서 무상한 재물들의 불안전·허망함·무상함에 관해 말하는 것을 충분히 듣지만, 나는 설교에 감동했을지라도 내 것을 꽉 쥐고 있으리라 생각한다. 그러다 이 불안전성이 번쩍이는 칼을 찬 기병騎兵들의 모습으로 진짜 얘기되고 진지해지게 되면, 모든 것을 예언하던 감동적 설교는 정복자들에 대한 저주를 퍼붓는 것으로 돌변한다.[995]

헤겔은 정복자들에 대해 저주하는 것을 나쁜 짓으로 몰 정도로 전쟁 찬양과 군국주의적 개인 말살을 극화시키고 있다. 헤겔이 자신의 철학적 술어로 돌리고 돌려 강변하는 그의 논지를 쉽게 풀어보면, 시민사회의 중생들이란 평화롭게 놓아두면 국가를 잊고 사생활과 '속물적 성향' 속에 탐닉하기 때문에 국가는 종종 전쟁을 일으켜 이들을 혼쭐나게 해야 한다는 것이다. 한편, 중생들은 인생이란 어차피 '공수래공수거空手來空手去'이

---

994) Hegel, *Grundlinien der Philosophie des Rechts*, §324 주석. 괄호는 인용자.
995) Hegel, *Grundlinien der Philosophie des Rechts*, §324 추가.

기 때문에 요행으로 전쟁이 터져 죽을 기회가 생기면 피하지 말고 선뜻 받아들이라는 말이다.

헤겔은 여기서 그치지 않고 국민의 '정신위생'에 대한 전쟁의 긍정적 기능을 서듭 강조한다.

- 전쟁은 '항구 평화나 영구평화로 인해 제諸민족들이 빠져들 듯이 항구적 평온으로 인해 바다가 빠져드는 나태로부터 바람의 움직임이 바다를 지켜주는 것과 같이 전쟁이 유한한 규정성들의 경직화를 깔아뭉개며 제민족의 인륜적 건강을 지켜 준다'는 보다 높은 의의를 지닌다.[996]

이 군국주의적 전쟁 예찬은 전쟁과 전쟁 태세를 '근면' 요인으로 긍정하는 홉스의 투쟁유일주의적 전쟁 예찬을[997] 반복하는 것이다. 헤겔은 전쟁에 의한 국민의 정신건강의 유지 테제에 말을 더 보탠다.

- 평화 시에 시민 생활은 더욱 확장되고 모든 부문이 스스로 자기 집안에 들어앉는다. 머지않아 인간들은 침체에 빠져든다. 이 부분들의 특수성은 점차 굳어지고 석화石化 된다. 그러나 건강을 위해서는 신체의 통일성이 요구되는바, 만약 신체의 각 부분이 자기 안에서 경화硬化된다면 죽음이 오고 만다.[998]

결론은 지절枝節들의 석화와 경화로 인한 국가공동체의 죽음을 막고

---

996) Hegel, *Grundlinien der Philosophie des Rechts*, §324; Hegel, *Über die wissenschaftliche Behandlungsart des Naturrechts*, 148쪽.
997) Hobbes, *Leviathan*, 114-115쪽: "그러나 그들이 이럼으로써(전쟁태세를 늘 유지함으로써) 그 신민들의 근면을 유지시키기 때문에 이런 자세로부터는 개별적 인간들의 자유가 초래하는 참화가 생겨나지는 않는다."
998) Hegel, *Grundlinien der Philosophie des Rechts*, §324 추가.

국민의 정신적 건강을 유지하기 위해 종종 전쟁을 일으키는 군국주의적 처방의 투입과 환호다. 전쟁을 통한 국민의 정신위생 유지 논리를 헤겔은 청년 시대 이래 일관되게 고수했다. 헤겔은 『정신현상학』에서 고대 그리스 사회와 관련하여 다음과 같이 기술하고 있다.

- 체계들이 고립 속에 뿌리박고 굳어져 전체가 해체되고 정신이 휘발하지 않도록 하기 위해 정부는 때때로 전쟁을 통하여 내부에서 체계들을 뒤흔들어 이들의 정돈된 질서와 자립의 권리를 침해하고 혼란에 빠뜨리고, 이 속에 깊이 빠져 전체로부터의 탈피하여 불가침적인 대자존재와 신변의 안전을 추구하는 개인들에게 저 (전쟁의) 노동을 통하여 자신들의 주인인 죽음을 느끼게 만들어야 한다. 정신은 이와 같이 기존의 형식을 해체시킴으로써 모름지기 그가 인륜적 현존으로부터 자연적인 현존 속으로의 침몰을 방지하고 자신의 의식의 자기를 자유로, 그리고 자신의 힘으로 고양시킨다. 부정적 본질은 공동체의 본래적 권력과 공동체의 자기 유지의 힘으로서 입증된다.[999]

헤겔은 여기서 그치지 않고 전쟁의 또 다른 정당화·찬양 근거를 제시한다. 전쟁은 평시 국가의 '관념성'을 구체화시켜 국가권력을 공고화해 주는 '행운'이라는 것이다.

- 우연적 대외 관계로서의 전쟁 속에 들어 있는 것으로 출현하는 관념성과, 국내 국가권력들이 전체의 유기적 계기들이라는 관념성이 동일한 것이라는 사실은 역사적 현상 속에서 특히 다음과 같은 형태로 나타난다. 행운의 전쟁은 국내 불안을 저지하고 국내의 국가권력을 공고화한

---

[999] Hegel, *Phänomenologie des Geistes*, (Suhrkamp판), 335쪽..

다.[1000]

"민족들"은 전쟁을 통해 "강화될" 뿐만 아니라 대내적으로 불화 상태에 있는 민족들은 "내외선생을 통하여 국내의 안정을 얻는다"는 것이다.[1001] 헤겔의 전쟁에 대한 이러한 긍정·정당화·필연화·예찬은 헤겔을 배격하던 '정상급' 나치 이데올로그들에서도 그대로 반복된다. 그런데 일찍이 헤겔-마르크스주의적 진보적 학자들은 마르크스의 투쟁유일주의적 계급전쟁론의 연장선상에서 헤겔의 전쟁 예찬을 혁명과 역사적 진보의 이름으로 정당화하고 변호했다. 헤겔은 청년기에 민족 통일과 혁명의 목표를 위해 수행되는 전쟁을 찬양했고,[1002] 혁신과 진보의 우위성을 견지하는 헤겔은 경직화 현상을 분쇄하는 전쟁에 역사추진의 역할을 부여했다는 것이다.[1003] 그러나 이런 식의 변호로는 헤겔의 전쟁예찬론은 면죄될 수 없다. 헤겔의 전쟁 예찬은 청년기만이 아니라 말년까지도 견지되고 있고, 또 혁명전쟁이나 통일전쟁만이 아니라 위에서 보다시피 모든 전쟁을 정당화했기 때문이다. 이런 까닭에 이런 식의 전쟁 예찬을 "감히 공공연히 말하는 사람은 현재 거의 없지만 동시에 이런 생각이 우리에게 이미 거리가 먼 것이라고 주장할 수 있는 것도 아니다"라는 다른 진보 학자의 수세적 변호도[1004] 무책임한 것이다. 게다가 혁명전쟁도 통일전쟁도 이제 정당화될 수 없다. 헤겔이 청년기에 통일전쟁은 "완전히 정의로운" 전

1000) Hegel, *Grundlinien der Philosophie des Rechts*, §324 주석.
1001) Hegel, *Grundlinien der Philosophie des Rechts*, §324 추가.
1002) 가령 Jacques d'Hondt, "Die Einschätzung des revolutionären Krieges durch Hegel", 428쪽. M. Riedel, *Materialien zu Hegels Rechtsphilosophie*, Bd.2 (Frankfurt am Main: Surkamp, 1974).
1003) d'Hondt, "Die Einschätzung des revolutionären Krieges durch Hegel", 419쪽.
1004) Iring Fetscher, *Hegel: Größe und Grenzen* (Stuttgart: W. Kohlhammer Verlag, 1973).

쟁이고 무기 외에 어떤 희망도 없는 곳에서 "무기는 신성하다"고[1005] 믿었지만, 희망을 위해 무기를 들고 전쟁을 벌일 수는 없는 법이다. 전쟁은 오로지 정당방위의 방어 전쟁만이 그 위법성이 조각阻却되는 것은 법적 상식이다. 더구나 오늘날처럼 침략전쟁이 불법화되고 평화주의, 인권, 민주주의가 '세계정신'으로 정착하여 평화적 무혈혁명과 평화통일이 유일한 선택이 된 시대에 혁명전쟁이든 통일전쟁이든 정당화될 수 없는 것이다. '세계정신'이 헤겔을 등진 시대에 헤겔의 전쟁철학과 군국주의 세계관은 그 어떤 대목도 용인될 수 없는 상황이다. 이런 이유에서 헤겔의 정치철학의 위험성을 일찍이 예감한 많은 사람들이 특히 그 전쟁론을 비판해 마지않았던 것이다.[1006]

한편, 헤겔의 군국주의적 전쟁필연론의 맥락에서 "국가의 개체성을 위한 희생의 보편적 의무"와[1007] 군사적 "무용武勇"은 특히 중요한 덕성으로 파악된다. 전쟁에서 "이성적 행위 관계는 그 개념에 있어서 받아들여진 극복으로 이해되는 것, 즉 용감성이라는 절대적·형식적 덕성"[1008]이다.

군사적 희생의 의무는 일단 "국가의 방어를 전담하는 부분"인 "무용의 신분"(군인 신분)의 몫이지만, "국가의 자립이 위험에 처하면" 국가를 위한 희생의 보편적 의무는 "모든 시민"을 국가의 방어로 궐기시킨다.[1009] 한편, 용감성은 "모든 특수한 목적·재산·향락·생명으로부터의 자유라는

[1005] Hegel, *Die Verfassung Deutschlands* [1800-1802], 554쪽. *G.W.F. Hegel Werke*, Bd.1, Frühe Schriften (Frankfurt am Main: Suhrkamp, 1986).
[1006] 참조: John Plamenatz, *Man and Society*, V.II (London: McGraw-Hill, 1963), 261쪽; Frederick Charles Copleston, *Fichte to Hegel*. Frederick Charles Copleston, *A History of Philosophy*, vol.7 (New York: Continuum International Publishing Group, 1965), 260쪽; Karl Popper, *The Open Society and its Enemies* (London: Routledge, 1966), 68쪽.
[1007] Hegel, *Grundlinien der Philosophie des Rechts*, §325.
[1008] Hegel, *Über die wissenschaftliche Behandlungsart des Naturrechts*, 481쪽.
[1009] Hegel, *Grundlinien der Philosophie des Rechts*, §326.

최고의 추상이기" 때문에 "형식적 덕성"이다.[1010] 군인 신분은 국가의 방어를 맡아 "즉자적 관념성을 실존으로 옮길", 즉 자신을 희생할 의무가 있다. 이 희생에는 용감성이 필요하다. 그런데 동물이나 도적의 대담성, 명예를 위한 용감성, 봉건 기사(騎士)의 용감성 등 용감성은 물론 다양하다. 그러나 진정한 용기는 "국가를 위한 봉직 속에서 희생하려는" 준비된 자세이고 그리하여 "개인이 다수 속의 일인一人을 구성하는 것"이다. 여기서 중요한 것은 개인적 용기가 아니라 "보편적인 것 속으로 편입"이다.[1011] 심지心志로서의 무용의 내용은 참된 절대적 궁극목적인 "국가의 주권"에 있기[1012] 때문이다.

따라서 전투는 "정신의 가장 집약적이고 포괄적인 순간적 현시顯示와 단호성" 속에서 수행되더라도 전투원 "자신의 생각과 주장의 소거" 및 "자기 정신의 부재" 상태에서 진행되는 "기계적" 성격을 띠게 되어, 적군의 "개개인들에 대해 가장 적대적인 개인적 행위"를 감행하는 속에서도 "개개인으로서의 그들에 대해서는 완전히 무관심한, 아니 호감 있는 심지心志"를 지닐 수 있다는 것이다. 헤겔은 여기서 사적 적개심(hostility)이 배제되는 근대전의 공적公的 성격을 정확히 포착하면서 쌍방 전투원들이 사적 적으로 만나는 것이 아니라 공적 적(enemy)으로 만나는 것임을 분명히 하고 있다. 헤겔은 이 대목에서 국가의 창건, 헌법의 제정 및 주권자의 설정에서는 극구 부인했던 "근대 세계의 원리인 사상思想과 보편성"을, "용감성의 표출이 좀 더 기계적인 것으로 나타나고 전체의 마디(의 행위)로서만 나타나는 보다 높은 형상"으로 만들어 주는 요인으로 지목하고 있다. 전투원들의 무용은 "개개 인격체들을 향한 것"이 아니라 "적敵 전체를 향한 것이라서 개인적 용기가 개인적이지 않은 용기로 나

1010) Hegel, *Grundlinien der Philosophie des Rechts*, §327.
1011) Hegel, *Grundlinien der Philosophie des Rechts*, §327 추가.
1012) Hegel, *Grundlinien der Philosophie des Rechts*, §328.

타난다." 그러나 헤겔은 근대전의 공적 성격에 대한 이러한 정확한 이해에서도 견강부회의 엉뚱한 결론을 도출하고 있다. "이런 이유에서 저 원리는 화기火器를 발명했고 이러한 무기의 발명이 단순히 우연적 형태의 용기를 보다 추상적인 형태로 전환시킨 것은 우연이 아니다."[1013] 하지만 이런 화기는 원래 헤겔의 군국주의 전쟁관과 무관한 중국에서 건너간 것이고, 이후 화기의 전면적 발달은 처절한 총력전(total war)을 가져왔다. 따라서 총기전銃器戰을 헤겔처럼 '철학적으로' 예찬할 것이 못 되는 것이다. 세계정신의 전쟁 철학자로 자임하는 헤겔은 여기서 화기의 기원도 모르고 또 그 귀결도 예측하지 못하고 있다.

전쟁의 정당화에 이어서 헤겔은 앞서 시사한 "배척·대결·전쟁"의 군국주의적 국제 정치관을 전개한다. 개체성이란 '배척'을 통해서만 자신을 유지한다는 자신의 철학적 논리를 무리하게 경험적 현실에 적용함으로써 헤겔은 국제관계의 기본을 홉스주의적 전쟁 관계로 규정짓고 군사적 우적友敵개념을 중심으로 논리를 전개한다. 그는 『자연권의 과학적 취급법에 관하여』에서 이렇게 언명한다.

- 무한한 것과의 절대적 동일성을 통하여 제諸민족으로서의 인륜적 총체들은 자신을 개체로써 구성하고 그리하여 개개 민족으로서 개개 민족과 대립한다. 이러한 대립과 개체성은 실존의 측면인데, 이 측면을 빼놓고 생각된 민족이란 공상물이다. 개체성과 개체성의 이러한 관계는 다음과 같은 이중적 관계다. 하나는 긍정적 관계, 즉 평화 속에서의 양자의 평온하고 대등한 병존竝存이고, 다른 하나는 부정적 관계 즉, 한 개체성에 의한 다른 개체성의 배척이다. 이 두 관계는 절대적으로 필연적이다. 이러한 두 번째 측면을 통해 인륜적 전체의 형체와 개체

1013) Hegel, *Grundlinien der Philosophie des Rechts*, §328.

성에 대해서는 전쟁의 필연성이 정립된다.[1014]

헤겔의 의하면, 전쟁은 전쟁 부담을 지지 않고 인민에 의해 통제받지 않는 절대군주의 허영·공명심·전쟁을 정치의 수단으로 간주하는 절대주의에 원인을 두고 있는 것이 아니라 주권 국가의 개체적 본질에 그 원인을 두고 있다. 헤겔의 이러한 반反계몽주의적 전쟁관은 여러 저작에서 일관되게 견지된다.

- 국가 간의 관계는 아주 다면적이고 또 평화조약 속에서 규정된 관계는 다시 다양한 측면을 지니고 있어서 아무리 정치(정치)하게 이 측면들을 규정한다 하더라도 그 관계 속에서 분규를 일으킬 만한 무한한 측면들이 여전히 남아 있다. 어떤 열강이 직접적으로 그리고 막바로 조약에 규정된 권리를 침해하는 것이 아니라, 평화 일반을 부정하고 그리하여 나머지 규정된 권리의 확정 상태까지도 뒤흔들어 놓는 견해차가 그 어떤 불확실한 측면에서 생겨나게 된다.[1015]

헤겔은 이런 국제 정치적 상황에서 전쟁은 일상사이고 침략전쟁과 방어 전쟁의 구별도 무의미하고 정의의 전쟁도 불의不義의 전쟁 간의 차별도 있을 수 없음을 강조한다. 계몽주의의 정전론正戰論은[1016] 침략전과 방어전을 구별하고 방어전을 '정의의 전쟁'으로, 침략전을 '불의의 전쟁'으로 차별했다. (이 전쟁 철학은 2차대전 후 '평화에 대한 범죄'라는 새로운 국제법의 현실적 정착, 즉 침략전쟁의 불법화로 실현되었다.) 이에 반해 헤겔은 계몽주의적 전쟁 철학을 거부하고 19세기 초의 일시적·우연적 현실을

1014) Hegel, *Über die wissenschaftliche Behandlungsart des Naturrechts*, 481-482쪽.
1015) Hegel, *Die Verfassung Deutschlands* [1800-1802], 539쪽.
1016) 참조: d'Alembert/Diderot u.a., *Enzyklopädie*, 158-159쪽.

절대화·일반화하며 무차별전쟁관을 대변한 것이다.

- 전쟁은 그것이 침략전쟁이라 불리든 방어 전쟁이라 불리든 – 당사국들이 이러한 명칭에 대해 일치된 양해에 도달한 적은 없다 – 평화조약이 무조건적 상호 평화를 규정하는 경우에만 오직 불의不義라 불릴 것이다.[1017]

침략전쟁과 방어 전쟁의 개념적 차이를 호도糊塗하는 헤겔의 입장은 『법철학』에서도 마찬가지다. 총동원령하에서는 "전全 체계가 권력으로 화化하여 국내 생활부터 외부로 돌진하게 되면 방어 전쟁은 정복 전쟁으로 넘어간다"는 것이다.[1018] 이때도 투쟁 당사자들은 모두 합법적 권리를 다투는 것일 뿐이고, 정의와 불의, 합법과 불법이 대결하는 것이 아니다.

- 전쟁은 쌍방 모두 참된 권리를 지니고 있기 때문에 어떤 것이 참된 권리인가를 결정하는 것이 아니라 다만 어떤 권리가 다른 권리에 굴복해야 하는가를 결정해야 한다. 그 이유는 상호 모순된 두 권리를 동등하게 참된 상황에서 제3자 – 이것은 전쟁이다 – 가 이 권리를 통합될 수 있게끔 불평등하게 만들어야 하기 때문이다.[1019]

헤겔은 "전쟁은 쌍방 모두 참된 권리를 지니고 있기 때문에 어떤 것이 참된 권리인가를 결정하는 것이 아니라 다만 어떤 권리가 다른 권리에 굴복해야 하는가를 결정해야 한다"는 말로써 18-19세기의 무차별전쟁관을 대변하고 있다. 헤겔은 정당한 권리 간의 모순을 해결하는 길은 "대법

1017) Hegel, *Die Verfassung Deutschlands* [1800-1802], 540쪽.
1018) Hegel, *Grundlinien der Philosophie des Rechts*, §326.
1019) Hegel, *Die Verfassung Deutschlands* [1800-1802], 541쪽.

관"이 없는 국제정치의 장에서 무력에 기대는 수밖에 없다고 생각한다. 이것은 『법철학』에서도 거의 그대로 반복된다.[1020] (이 완력 정치관은 "동등한 권리들 사이에서는 폭력이 결정한다"는 마르크스의 폭력적 계급투쟁론으로 계승된다.)

또한 국제관계가 긴밀해질수록 갈등 요인도 증가한다. 국가가 자신의 "무한성과 명예"를 아무리 사소한 것일지라도 "위험에 빠진 것"으로 간주할 수 있고, 또 자국의 강한 개체성이 장기간의 국내 평온으로 인하여 활동의 소재를 해외에서 찾아 만드는 방향으로 내몰릴수록 이와 같이 자극받을 경향이 더욱더 커진다는 것이다.[1021]

따라서 이런 전쟁적 국제관계는 주권 국가들 간의 "자연 상태"이고 여기서 이른바 국제법은 "당위"의 차원에 머무른다. 그리하여 이 자연 상태는 조약의 '체결'에 따른 관계와 이 조약 관계의 "폐기"가 교체되는 상태다.[1022] 헤겔의 논리는 여기서 비일관성을 드러낸다. 국제관계가 진정으로 "자연 상태"에 처해있다면 아무런 규범적 당위도 조약도 부재해야 할 것이다. 그러나 헤겔은 국제관계를 먼저 자연 상태로 규정해 놓고는 바로 다음 문장에서 규범적 조약 관계와 이 조약 관계의 "폐기"(자연 상태)가 교체되는 중층 상태로 규정하고 있기 때문이다.

자연 상태가 아니라 이런 중층 상태가 당시 국제관계의 본질이라면 이 것은 조약·국제법·국제 제도 등 규범적 요소를 강화시켜 국제 평화를 앞당기는 이상주의의 발판이 될 수도 있다. 그러나 헤겔은 개체성 간의 필연적 대립이라는 그릇된 편향적 논리에 집착하여 당대의 한시적 현실을 절대화·일반화하는 방향으로 기울어지는 군국주의적 자세에 무게를 싣는다. 헤겔의 칸트 비판은 여기로부터 유래한다.

[1020] 참조: Hegel, *Grundlinien der Philosophie des Rechts*, §334.
[1021] Hegel, *Grundlinien der Philosophie des Rechts*, §334.
[1022] Hegel, *Grundlinien der Philosophie des Rechts*, §333.

칸트와 반대로 헤겔이 세계주의에 반대한다는 점은[1023] 앞서 시사했다. 국가의 관점이 인간의 관점을 압도하는 논리를 체계화하고 있는 헤겔의 입장에서 보면 국가의 자립은 민족의 제일가는 자유이고 최고의 영예이기 때문에 어떤 민족도 인간적 관점의 세계주의 입장에서 국가의 자립성을 포기하려 하지 않을 것이기 때문이다. 따라서 여러 국가가 모여 "다소 자립적인 국가를 형성하고 자기중심을 갖는 하나의 전체에 대한 소망, 즉 다른 국가와 함께 하나의 전체를 형성하기 위해 자신의 중심과 자립을 잃는 것에 대한 소망을 말하는 사람들은 민족이 독립에 대해 느끼는 자부심과 전체의 본성에 대해 거의 아무것도 모르는" 사람들이라는 것이다.[1024] 이를 통해 영구평화를 달성하려는 구상도 다 헛된 것이다. "칸트는 국가 간 분쟁을 중재하는 군주 연합을 제한한 바 있는데, 신성동맹은 거의 이러한 기구이고자 하는 의도를 가졌다."[1025] 헤겔은 여기서 칸트의 영구평화론을 왜곡시키고 있다. 칸트는 국제연합의 세 가지 전제 가운데 하나로 "공화제"를 언급하고 있기[1026] 때문에 칸트의 국제연합적 평화동맹을 "군주연합"으로 폄하하는 것은 그릇된 것이다. "인민은 평화를 원하고 절대군주는 전쟁을 원한다"는 계몽 전통의 테제에 대한 칸트의 확신과[1027] 미국을 염두에 둔 듯한 강력한 공화국을 중심으로 한 평화동맹의 점진적 확장에 관한 그의 기대[1028] 등에서 볼 때 칸트의 국제연합은 "군주연합"과 동일한 것이 아니다. 더구나 칸트의 국제연합은 결코 반동적 목적의 '신성동맹'과는 병렬될 수 없는 것이다.

헤겔은 경험적으로가 아니라 자신의 괴이한 개체성 논리에 입각하여

1023) 참조: Hegel, *Grundlinien der Philosophie des Rechts*, §29 주석.
1024) Hegel, *Grundlinien der Philosophie des Rechts*, §322 주석.
1025) Hegel, *Grundlinien der Philosophie des Rechts*, §324 추가.
1026) 참조: Kant, *Zum ewigen Frieden*, 204쪽.
1027) 참조: Kant, *Zum ewigen Frieden*, 206쪽.
1028) 참조: Kant, *Zum ewigen Frieden*, 211-212쪽.

계속 칸트를 비판한다.

- 국가는 개체이고 이 개체성 속에는 부정이 본질적으로 내포되어 있다. 나수의 국가가 모여 하나의 가족을 이룬다고 할지라도, 이 연합은 개체성으로서 대립을 창조하고 적을 산출하지 않을 수 없을 것이다.[1029]

헤겔의 투쟁유일주의적 사고에서는 개체성에 부정이 아니라 인력引力이나 인애가 들어 있고 또 모든 개체에는 이 인애나 인력이 더 본질적이라는 관념은 아예 없다. 그는 여기서 그릇된 개체성=부정성의 자기 논리에 사로잡혀 개체들이 처음부터, 아니 싸우던 개체들도 영구적으로 "부정"이 아니라 우의友誼를 다지는 미래의 가능성(영연방, 영미 관계, 유럽연합 등)조차 원천적으로 부정하고 있다. 또한 국제연합이 성립하면 또 하나의 개체성으로서 적을 산출할 수밖에 없다는 궤변도 적敵개념물신주의 때문에 우스운 것이다. 세계정신이 헤겔을 완전히 등진 오늘날의 "적이 없는" 탈냉전시대에 우리는 상호 침투·다중 국적·이중국적·혼성 국민의 시대로[1030] 들어섰다.

헤겔은 주권 개념을 개체성 논리의 현실태로 견지하며 칸트의 국제연합론을 비판한다.

- 모든 분쟁을 중재하고 모든 개별국가에 의해 인정된 권력으로서 모든 불화를 제거하여 전쟁에 의한 해결을 불가능하게 만드는 국제연합을 통한 칸트의 영구평화 구상은 국가들의 합의를 전제한다. 그런데 이 합의는 도덕적·종교적 또는 그 어떤 이유와 고려에 기초하든 늘 특수

1029) Hegel, *Grundlinien der Philosophie des Rechts*, §324 추가.
1030) 참조: Anthony Giddens, *The Third Way* (Cambridge: Cambridge University Press, 1998).

한 주권적 의지에 근거하고 이로 인해 우연성에 사로잡혀 있다.[1031]

이 비판은 170여 년 동안 지지와 반대의 엇갈린 반응을 얻어 왔지만 주권이 약화되고 UN이 역할을 하고 EU가 성립한 시대를 살고 있는 오늘날의 현실 체험에서 우리는 헤겔의 오류와 칸트의 상대적 정당성을 가릴 수 있는 위치에 있다 할 것이다. 따라서 헤겔이 이러한 자연 상태를 남성다운 분방성奔放性으로써 견딜만한 것으로 보았던 까닭에 이 상태에 국제법적 이상을 대립시키지 않았다는 호프마이스터의 전문적 헤겔 변호론도[1032] 그릇되고 부질없는 것임이 이제 자명한 것이다.

이에 관해서는 브루믈리크의 헤겔 비판이 경청할 만하다. 그에 의하면 헤겔과 칸트의 체계적 차이는 칸트가 역사적으로 우연히 성립한 것을 우연적인 것으로 놓아두고 '규제적 원리'의 척도에 따라 평가하는 반면, 헤겔은 사실상 성립한 주권 국가들의 역사적 우연태를 절대적·영구적인 것으로 선언할 정도로 우연성과 절대성의 차이를 해소시킨다는 데 있다. 이런 잘못된 방법으로써 헤겔은 칸트에게 있어서 적어도 가능태로서 사유될 수 있었던 것, 즉 영구평화의 국제연합을 체계적으로 매장해 버렸다는 것이다.[1033]

헤겔의 변증법적 논리에 따르면 개체성 간의 부정은 자신의 직접성의 상호적 지양을 통해 "정신"에 도달, 상호인정의 제도를 통해 통일체를 이루어야 한다. 따라서 헤겔이 정신현상학의 인정투쟁의 모델에 따라 이해

1031) Hegel, *Grundlinien der Philosophie des Rechts*, §333 주석.
1032) 참조: Johannes Hoffmeister, *Die Problematik des Völkerbundes bei Kant und Hegel* (Tübingen: Mohr, 1934), 42쪽.
1033) M. Brumlik, "Nation und Weltinnenpolitik", 29쪽. Petra Baitling & Walter Reese-Schäfer (Hg.), *Universalismus, Nationalismus und die neue Einheit der Deutschen. Philosophen und die Politik* (Frankfurt am Main: Fischer Verlag, 1991).

하는 "지상의 절대권력" 간의 국가 승인제도,[1034] 조약,[1035] 국제 관습에 기초한 국제법[1036] 등은 그의 논리대로라면 상호인정의 제도적 통일체(국제연합이나 세계연합체)로 가는 이행 단계로 이해할 수도 있을 것이다. 헤겔도 스스로 "유럽 민족들이 자신들의 입법·관습·교양의 보편원리에 따른 하나의 가족을 형성하고 있고, 그리하여 다른 경우라면 상호적 가해加害 행위가 지배적인 상태 안에서 국제법적 자세가 수정되고 있다"[1037]고 실토하고 있다.

그러나 헤겔은 이 결정적 대목에서 자신의 변증법적 논리를 파기하고 방향을 딴 데로 튼다.

- 국가와 국가의 관계는 동요한다. 여기서 중재할 어떤 대법관도 존재하지 않는다. 보다 고차적인 대법관은 즉자대자적으로 존재하는 보편정신, 즉 세계정신일 뿐이다.[1038]

세계정신과 세계사 쪽으로의 이러한 배리적背理的 방향 전환은 헤겔이 당대의 주권개념·무차별 전쟁·민족이념에 얼마나 사로잡혀 있었는가를 반증하는 것이다. 헤겔의 세계정신과 세계사는 개별적 민족정신의 배후에서 벌어지는, 따라서 민족정신이 알 수 없는 사건이다. 헤겔에 의하면, 민족정신들은 세계정신의 "무의식적 도구들"[1039]이다. 국가관계와 대외관계에 대한 규범적 판단은 당대의 도덕의식이 아니라 민족정신들을

1034) Hegel, *Grundlinien der Philosophie des Rechts*, §498.
1035) Hegel, *Grundlinien der Philosophie des Rechts*, §333.
1036) Hegel, *Grundlinien der Philosophie des Rechts*, §339; Hegel, *Enzyklopädie der philosophischen Wissenschaften* 3, §547.
1037) Hegel, *Grundlinien der Philosophie des Rechts*, §339 추가.
1038) Hegel, *Grundlinien der Philosophie des Rechts*, §339 주석.
1039) Hegel, *Grundlinien der Philosophie des Rechts*, §344.

무의식적 도구로 삼는 세계정신의 활동, 즉 "세계 심판으로서의 세계사"가[1040] 수행한다. 세계 법정의 심판은 지배 민족 또는 게르만과 같은 지배 인종의 전승戰勝과 무수한 피지배 민족들의 전패戰敗로 나타난다. 그리하여 세계정신과 세계사도 군국주의적이다.

헤겔은 실러(Fr. Schiller)의 "세계의 역사는 세계의 심판이다"는 문예적 명제를 따와서 세계사에 세계 법정의 지위를 부여함으로써 국가의 평시 대외 활동과 전쟁, 아니 국가 업무 일반을 도덕적 판단의 영역에서 해방시킨 것이다. 국민적 정신위생에 대한 전쟁의 긍정적 역할을 강변하며 전쟁을 정당화하던 헤겔의 이 정치적 무無도덕주의(Immoralismus)는 이로써 완결된다.

이 정치적 무도덕주의는 전쟁의 승패에 의한 모든 국가 행위에 대한 '결과주의적' 정당화와 '군국주의적' 평가 및 도덕적 면죄부로 귀착되게 된다. 민족정신들의 상호 각축 속에서 어떤 민족이 문화적·도덕적·정신적으로 역사의 진보에 기여하는 지는 이 민족들에게 당대에 알려지지 않는 미지의 사항이다. "세계 심판으로서의 세계사"는 민족들의 활동이 지나간 뒤 역사적 반성을 통해서야 비로소 드러나는 것이기 때문이다. 주어진 시점에서 어떤 민족국가인지는 알 수 없지만 결과적으로 세계사적 이념을 구현하는 민족국가에 승리를 안겨준다는 헤겔의 역사철학적 명제는 무자비한 역사적 결과주의와 군국주의의 기초를 제공한다. '세계 심판으로서의 군국주의적 세계사'는 당대에 민족국가의 무차별 전쟁을 규제하는 규범적 역할을 결코 수행할 수 없다. 세계사 자체가 전쟁을 부추기고 정당화하는 군국주의이기 때문이다.

역으로, 역사가 흐른 뒤에야 드러나는 결과주의적 세계 심판은 모든 주권 국가가 행위 시점의 세계사적 무지無知 상태로 인해 자국의 이익과 권

[1040] Hegel, *Grundlinien der Philosophie des Rechts*, §340.

리를 어떤 규범에도 구애받지 않고 무제한적으로 추구할 수 있는 규범적 면책을 허용하는 면죄부나 다름없는 것이다. 이것은 아무 국가나 스스로를 세계정신을 대행하는 '지배 민족'으로 자임하고 '세계 심판'의 집행관으로 행세하며 세계정신의 "절대적 권리"로서[1041] 타국에 대한 무차별적 침략과 전대미문의 반反인도적 만행을 자행하는 것도 허용하는 것이다.

따라서 식민주의적 팽창론, 무차별전쟁관, 세계정신의 절대적 권리, 세계 심판으로서의 세계사, 지배 민족, 세계사적 개인, 게르만 치세 등으로 짜인 헤겔의 정치철학과 역사철학은 제국주의적 해외 팽창, 나치즘의 정복과 반反인도적 홀로코스트, 세계 심판의 집행관 행세를 정당화해 주는 이론으로 쉽사리 둔갑할 수 있는 것이다. 헤겔의 이 위험한 정치철학은 나치즘과 파시즘에 의한 국제연맹의 비극적 해체와 함께 한때 그럴싸하게 보였을지라도 오늘날 되돌아보면 국제연맹을 재건한 국제연합(UN)과 인권의 국제법화, 유럽연합(EU)의 성립으로 관철된 주권의 약화, 인권과 세계주의, 민주주의와 평화주의의 '계몽주의적' 세계정신은 오히려 헤겔과 단호히 결별한 상태다.

헤겔을 애호하는 많은 철학자들은 불충분한 정치 사상적 지식 때문에 헤겔의 정치철학과 나치즘 간의 근사성近似性을 한사코 부인할 것이다. 하지만 우리는 헤겔을 공개적으로 배격하였던 '정상급' 나치 이데올로그들조차 헤겔의 많은 정치 철학적 논지들을 그대로 복제하고 있는 것에 더 주목해야 할 것이다. 배척·부정·적·전쟁 등의 반反세계주의적·반反평화주의적 개념에 치우친 헤겔의 정치 철학적 요체들은 우적友敵 개념에 기초한 칼 슈미트의 정치 개념에 집약되어 있다.[1042] 또한 전쟁은 우적 개념

1041) Hegel, *Grundlinien der Philosophie des Rechts*, §345.
1042) Carl Schmitt, *Der Begriff des Politischen* [1932] (Berlin: Dunkler & Humblot, 1963). 슈미트의 정치관에 대한 헤겔의 영향에 대해서는 하버마스도 확인하고 있다. 참조: Jürgen Habermas, *Die Einbeziehung des Anderen* (Frankfurt am Main, Suhrkamp, 1996), 232-233쪽.

의 정치적 성격이 완전히 탈각된 민간 영역까지도 정치화하는 긍정적 기능을 한다는 슈미트의 주장은[1043] 바로 국민의 안정된 사생활과 안녕을 위험시하던 헤겔의 국민 위생적 전쟁론의 재탕인 것이다. 또 근대적 권력 분립 및 균형과 견제에 대한 배격, 소위 "선거질(Wählerei)"에 대한 배척 등 슈미트의 '민족민주주의적' 정치 논리도[1044] 모두 헤겔의 연장선상에 위치하는 것들이다.

셀 수 없는 역사적 사건들을 '만인의 자유 의식'이라는 궁극목적을 향한 '자유의식의 진보' 과정 속으로 논리적으로 체계화하는 헤겔의 범논리주의적·목적론적 역사관은 기독교적 변신론辯神論의 세속적 변형태이다. 따라서 "신은 죽어버렸다(Gott ist gestorben)"라는 헤겔의 짐짓 신성모독적 언표[1045]조차도 니체식의 '신은 죽었다(Gott ist tot)'는 근대적 무신론과 허무주의의 재확인과 새출발의 신호가 아니라 "보편적 자기의식의 공동체인 정신"의 신격화로[1046] 귀착되고 이 관점에서 국가는 자연스레 "세계 안에서의 신의 행정"으로 파악되는 것이다.

이런 변신론적·목적론적 역사관에서 과거의 역사적 사건과 과정은 모조리 '현재'의 관점에서 해석되고 '현재'는 역사의 종착점으로 설정된다. 이제 더 이상 역사는 없다. 이것은 미래에 나타날 미지미지의 수많은 우연적 사건과 인간의 예측할 수 없는 창의적 행위를 배제하는 현재주의(Präsentismus)의 전형적 오류다.[1047] 게다가 여기서 얘기되는 '만인'의

1043) Schmitt, *Der Begriff des Politischen* [1932], 110쪽.
1044) Carl Schmitt, *Verfassungslehre* (München-Leipzig: Dunkler & Humblot, 1928), 237쪽.
1045) Hegel, *Phänomenogy des Geistes*, 547쪽.
1046) Hegel, *Phänomenogy des Geistes*, 568쪽..
1047) '현재주의'는 과거의 고유한 맥락 속에 들어 있는 사건들의 계열을 오로지 현재의 의미에서만 배열, '현재'의 의미구성을 위해 과거의 사건들을 임의적으로 수단화함으로써 역사를 '날조'하고 현재를 이상적으로 절대화, 역사의 '종말'로 규정짓는 관점을 말한다. 따라서 현재주의는 '지금까지 역사는 있었지만, 이제 더 이상 역사는 없다'는 입장을 암묵적으로 전제한다. 현재를 역사의 종말로 규정하는 헤겔의 이 역사적 '종말

자유조차도 헤겔 정치철학의 체계 안에서 모든 개인들의 자유가 아니라 민족 '공동체' 또는 '국가'로서의 만인의 집단적 자유를 뜻하기 때문에 실은 개인적 자유의 확대와 정반대의 의미를 지니는 것이다.

나아가 헤겔의 목적론적·범논리주의적 역사관은 괴이한 "실증주의적 역사형이상학"의 구조를[1048] 지니고 있다. 잘 알려진 헤겔의 좌우명인 "현실적인 것은 이성적인 것이다"는 명제는 현실 속의 모든 것을 정당화하고 비이성적인 모든 것을 은폐하여 그의 좌우명의 다른 반쪽 명제, 즉 "이성적인 것은 현실적인 것이다"는 명제의 구현, 즉 '이성적인 것'을 '현실적인 것'으로 전환시키는 실천적 행위를 가로막는 실증주의적·보수주의적 차단장치로 기능한다. 유사하게 그의 역사철학은 과거와 현재의 셀 수 없는 사건들 가운데 자신의 선험적 역사 논리에 부합되지 않는 사실들을 어둠 속에 묻어버리고 논리에 부합되는 사건들만을 선별하여 사실과 무관한 선험적 논리로 정당화한다. 이로써 과거와 현재의 정당화 효과를 극대화하는 기만적 역사실증주의, 즉 "사실에 대한 우상숭배"(니체)를 정초하는 것이다. 이것은 가령 화기의 등장에 대한 헤겔의 어리석은 '논리적' 해석이 잘 보여 준다. 또한 거대한 세계사적 사건도 자신의 선험적 역사 논리에 맞지 않은 것은 어둠 속에 묻어버리는 기만적 측면은 가령 선진적 민족과 역사적으로 후진적 민족 간의 관계에 대한 해석에서 예시적이다.

- 문명화된 민족들은 실체적 계기에서 이들보다 뒤떨어진 다른 민족들을(유목민족들이 수렵민족들을, 농경민족들이 이 양자를) 불평등한 권리

주의(endism)'에 비판적 지적은 참조: Browning, *Hegel and the History of Political Philosophy*, 146쪽.
1048) Wiebrecht Ries, *Nietzsche. Zur Einführung* (Hamburg: Junius Verlag, 1990), 41쪽.

의식을 가진 야만인으로, 그리고 그들의 자립성을 형식적인 것으로 간주·취급한다. 따라서 이러한 관계에서 생겨나는 전쟁과 분쟁에서는 이것이 특정한 내용과 관계된 인정투쟁이라는 계기가 이 전쟁과 분쟁에 세계사적 의미를 주는 특징을 이룬다.[1049]

이 구절은 문명화된 민족이 뒤떨어진 민족들을 침략하고 이로 인해 발발하는 전쟁 속에서 낙후한 민족이 인정투쟁을 벌여 침략국과 동등한 문명 수준으로 발전하는(또는 '비겁한' 민족이면 속국이 되고 마는) 세계사적 진행을 함의하는 것이다. 세계사는 인정투쟁의 "전쟁과 분쟁"으로만 점철된다. 그러나 역사는 선진적 농경민족이 아니라 말과 무기를 잘 다루고 인구가 늘수록 기하급수적으로 더 많은 광대한 초지草地를 필요로 하는 유목민족이 농경민족을 침략하는 경우가 허다했다. 이 유목민족들은 대체로 자신들이 정복한 선진적 농경 문명 속에서 자멸했다. 가령 세계를 정복한 몽골 민족과 중국을 정복한 만주족 등이 대표적이다. 문명 제국이 낙후한 민족들을 침략하는 세계사적으로 새로운 현상인 18-19세기 서구 제국의 전지구적 정복·식민 활동을 무리하게 일반화하는 헤겔의 위 구절은 후진적 주변국에 대한 문명화된 나치 독일의 무자비한 정복 논리와 그리 멀지 않은 것이다.

나아가 헤겔의 범논리주의적 역사관은 한없이 잔학하고 참혹한 비非인도적 만행과 인간들의 무의미한 헛수고들, 고통스럽고 참담한 비극적 과거사들에까지 의미를 부여하여 이것들마저 정당화하는 위험을 안고 있다. 이 역사관은 서로 무관한 역사적 사건들을 필연적 인과因果논리로 체계화하기 때문이다. 가령 위 인용문에서 헤겔이 말하듯이 침략당한 약소민족이 자신들의 취약성에 대한 성찰과 반성 속에서 분발하여 다시 독

[1049] Hegel, *Grundlinien der Philosophie des Rechts*, §351.

립을 쟁취해 당당한 독립국의 '인정'을 얻는 경우가 있을 수 있다. 헤겔의 역사관의 도덕적 위험성은 이런 경우에 – 강대국의 침략전쟁이 약소국의 발전과 인정의 유일한 계기인 듯이 – 이러한 발전에 '기여한' 침략국의 침략전쟁을 인과론적으로 정낭화하는 데 있다. 역으로 이 민족이 독립을 쟁취할 능력이 없으면 속국屬國으로 전락하는 저주를 받는 것이 당연하고 이 경우 이들이 각성할 때까지 침략국이 이들을 짓밟아도 상관없게 된다.

헤겔의 이 역사관을 나치스의 천인공노할 반反인도적 범죄에 적용해도 결과는 마찬가지다. 나치스의 홀로코스트에 대한 인류의 반성의 결과로 반인도죄, 침략전쟁의 범죄화, 유엔의 결성 등이 역사적 진보가 이루어졌으므로 나치 범죄도 – 이 범죄가 마치 이러한 진보의 '원인'인 양 – 세계사에 기여한 계기로서 정당화된다. 이것이 바로 헤겔의 역사철학이 지닌 정치적 위험성과 우둔성의 중핵인 것이다.

헤겔의 역사철학이 이러한 위험과 우둔에 빠진 것은 그가 '원인'과 '이유'를 구분하지 못하기 때문이다. 원인은 사물들의 자연적 성질(속성)과 성질 간의 관계를 설명하는 '인식론(Epistemologie)'의 대상이다. 그런데 인간의 행동으로 이루어지는 역사는 사물의 속성 간의 관계가 아니라 행동을 추동하는 감정적 의미들의 관계다. 따라서 역사는 인식론의 대상이 아니라, 의미를 이해하고 의미들의 관계를 해석하는 '해석학(Hermeneutik)'의 대상이다. 이 감정적 '의미'가 바로 인간들이 역사적으로 행동하는 '이유'인 것이다. 따라서 역사 안에서는 먼저 사건의 '원인'이 아니라 '이유'를 찾아야 하는 것이다. '이유'는 피침被侵 국민들의 분노·인내심·열망·정열·의도·의지·비전·용기·도덕감정(연민·정의감·시비 감각) 등의 여러 감정적 '의미들'이다. 이 감정적 '의미들'이 바로 나치 군대의 침략전쟁에 대한 주변국 국민들의 반발과 항쟁, 분발과 전승, 나치스의 근절(탈脫 나치화), 국제적 재발 방지책의 모색과 민주화 등의 역사적 행동들을 관철시킨 동력으로서의 동기적 '이유'였다. 역사는 발생한 사건과 사실에 대한 인지와 인과적 인식을 넘어 그 사건발생의 여러 (도덕)감정적 이유들에 대한 이해와 해석이 필요한 것이다. 헤겔의 역사철학은 역사적 이유들의 이해와 해석을 내던지고 사건의 인과적 인식에만 사로잡힌 위험한 잡학雜學인 것이다.

헤겔은 이론 전개 과정에서 서구 이론가나 기타 학자의 의견을 배척할 때는 자주 "천박하고 얄팍하다(seicht)"는 낙인을 찍는다. 반대로 자신의 이론은 늘 "깊고 심오한(tief)" 것임을 전제한다. 이 말투는 그의 "민족"과 "민족정신"의 개념처럼 "독일 정신(deutscher Geist)"의 '심오성'을 연호하던 '정치적 낭만주의'로부터 유래한 것이다. 헤겔이 영국과 프랑스의 정치 이론 및 현실을 모두 '얄팍한' 지성(Verstand)의 관점에 선 것이라고 경멸하는 것도 이 민족적 '심오성' 때문이다.

이 '심오성'은 낭만주의자들의 경우 유구한 역사 속에서 무의식적 행위를 통해 형성되어 옛 조상으로부터 대대로 유습遺襲된 관습·풍습·습관·관행 등을 뜻한다. 따라서 '심오성'이란 어두운 무의식 외에 다름 아닌 것이다. 뒤집어 보면 이 어둠은 인간의 봉건적 "동물사"(마르크스)로서 지극히 '천박하고 얄팍한' 것이다. 이런 이유에서 니체 같은 반反도덕적 철학자조차도 "독일인들은 독일 정신이 너무 얕기(seicht) 때문에 이 정신을 흐리게 만든 다음 깊다(tief)고 우긴다"는 경귀驚句로 '독일 정신'을 조소했다.

'이성적 의식철학자'로 자부하는 헤겔은 중요한 대목에서 종종 '무의식 철학자'로 둔갑한다. 그는 시대적으로 민감한 문제이거나 결정적인 전환의 맥락에서는 관습과 풍습, 민족과 민족정신, 무의식적 도구, 수백 년 장기간의 무의식적 생성물 등 무의식의 권리들을 적극 옹호하고 있기 때문이다. 따라서 헤겔이 최초로 근대국가를 이론화했다는 세간의 평가도 완전히 그릇된 것이다. 그의 정치철학은 결코 근대국가를 기획하고 있는 것이 아니라 당대의 시대착오적 프로이센 국가보다 약간 나은 정치 세계를 그리고 있기 때문이다. 이것은 "나의 학문적 지향"이 "프로이센 국가가 한편으로 보유하고 있고, 다른 한편으로 보유할 행운을 가진 원칙과 철학의 일치를 증명하는 것"이라고 실토하는 헤겔 자신의 서한 초고에서도 1050) 그대로 드러난다.

따라서 헤겔은 당시 하르덴베르크 재상이 '방어적 개혁'을 통해 추구하던 '모순적 절충'의 프로이센 국가 이념을 대변한 셈이다. 헤겔의 정치철학은 당시의 프로이센을 '이상적' 형상으로 복제한 철학자였다는 비난은 너무 과한 것일지라도 근대국가의 본질에 대한 서술과 거리가 먼 것이다. 따라서 리오타르가 헤겔을 '근대 이성'의 '큰 이야기'를 대표하는 철학자로 설정하고 헤겔을 표적 삼아 근대 이성이 백과전서적 '큰 이야기'를 통해 특수성들을 포섭하는 파멸적 '강권'을 행사하는 점을 비판하려고 시도한 것도1051) 푸코의 이성비판과 마찬가지로 많이 빗나간 것이다. 헤겔은 리오타르가 착각하듯이 '근대성'을 대변한 것이 아니었고, 푸코가 오인하듯이 '근대성'은 데카르트·칸트·피히테·헤겔 등의 네오스콜라철학적 '이성과 본유관념(범주)·형이상학으로부터 발단한 것이 아니라 베이컨·로크·섀프츠베리·흄·스미스 등의 '감성과 경험·경험과학'으로부터 발단했기 때문이다.

또한 헤겔이 "자기의 논리학에 정치적 육신(肉身)을 부여하고 있다"는 마르크스의 예리한 비판도1052) 수미일관 적중하는 것은 아니다. 헤겔은 민감한 결정적 대목에서 종종 자신의 논리를 반동적 낭만주의에 희생시

1050) Hegel "An Hardenberg" (Mitte Oktober 1820), 516-517쪽. *Hegel Werke*, Bd.7.
1051) Jean-Francois Lyotard, *Das postmoderne Wissen* [*La condition postmoderne* 1979] (Graz/Wien: Passagen Verlag, 1986).
1052) Marx, *Kritik des Hegelschen Staatsrechts* [1843], 250쪽.

키고 '무의식철학자'로 둔갑하기 때문이다. 차라리 "헤겔은 그가 근대국가의 본질을 있는 그대로 서술하기 때문이 아니라 지금 있는 것을 국가의 본질로 사칭하기 때문에 비난받아야 한다"는 마르크스의 비판이[1053] 좀 더 사실에 접근해 있다. 실은 "이성적인 것이 현실적"이라는 명제는 나폴레옹을 패퇴시킨 후 성립한 빈 반동 체제 아래의 "비이성적 현실의 모순" 속에서 증명되어야 했던 것이다. 그러나 헤겔은 이 한시적 반동 체제를 군국주의적 '세계정신'으로 간주했기 때문에 헤겔이 사망하기 1년 전(1830)부터 근대화 혁명의 소용돌이 속에서 새로이 일어난 탈脫군국주의적·혁명적 세계정신은 헤겔로부터 즉시 멀어져 마침내 헤겔을 완전히 등지게 되는 사태에까지 이른 것이다.

"철학은 미네르바의 올빼미"라는 자기 도그마에 사로잡혀 비전의 철학과 비판적 실천의 관계를 제거해 버린 헤겔의 정치철학은 그 "천박한 심오성"으로 인권과 민주주의를 유린하는 데에는 크게 '기여'했을망정 세계의 진보를 위해서는 아무것도 남기지 않았다고 해도 과언이 아니다. 정치철학은 일이 끝난 뒤에야 허풍을 떠는 구경꾼처럼 어두워진 해질녘에야 날개는 펴는 '미네르바의 올빼미'가 되기보다 하늘을 날지는 못하더라도 시대의 전위로서 새날을 알리는 '수탉'이 되는 게 더 나을 것이다. 아니 '암탉'이 더 좋을 성싶다. 암탉이 울면 헤겔의 가부장제 국가가 하루라도 더 빨리 망할 것이기 때문이다.

1053) Marx, *Kritik des Hegelschen Staatsrechts* [1843], 266쪽.

제3절

헤겔의
민족국가론과 국제정치관

   헤겔의 정치철학에 대한 논의에서는 늘 '두 개의 신화'가 공통된 논제로 거론되었다. 첫째 신화는 '헤겔이 최초로 근대국가론을 전개했다'는 것이다. 이 해석은 그의 국가론이 당대의 전근대적 프로이센과 무관하다는 것을 뜻한다. 이 해석은 헤겔을 프로이센의 '국가철학자' 또는 '독일의 철학적 독재자'였고 그의 철학은 '프로이센 반동정신의 철학적 거점'이었다는 비난에[1054] 대한 정면반박의 의미를 바탕에 깔고 있다. 둘째는 '헤겔의 정치철학이 나치즘과 무관하다'는 신화다. 전후에 등장한 이 신화는 헤겔과 나치즘의 관계를 '부자父子 관계'로 보는 헤겔 탄핵론과[1055] 갈등을 벌이며 첫째 신화만큼이나 뜨겁게 논쟁을 달궈 왔다.

1054) 대표적으로 Rudolf Heym, *Vorlesungen über Hegel und seine Zeit* [Berlin, 1857] (Hildesheim: Georg Olms Verlagsbuchhandlung, 1962 Nachdruck).
1055) Popper, *The Open Society and its Enemies*, 64-70쪽; E. F. Carritt, *Moral and Politics* (London: Oxford at the Clarenden Press, 1966), 108쪽; Hubert Kiesewetter, *Von Hegel zu Hitler* (Hamburg: Hoffmann und Campe, 1974).

따라서 헤겔의 국가철학과 국제 정치철학에 속하는 이 두 개의 헤겔 신화는 철저히 규명되어야 할 것이다. 이를 위해서는 헤겔의 국가 이론과 역사철학에 초점을 맞춰 그의 국가론과 국제 정치철학을 재조명하고, 그 전후좌우의 맥락을 면밀히 재분석할 필요가 있다. 헤겔 원전을 집중적으로 천착해 들어가는 분석 방법이 필요할 것이다.

3.1. 무의식, 정치적 낭만주의, 신적 민족국가

"세계 안에서의 신의 행정"으로서의 헤겔의 "정치적 국가" 또는 '이성 국가'는 상론했듯이 '시민사회'의 제도장치인 '외적 국가, 필요 국가, 지성 국가(Versatndesstaat) 위에 올라선 최고 영역이다. 그런데 이 '정치적 국가'는 세계주의와 인권을 거부하고 일개 개체로서 타국을 배척하기만 하는 특수국가다. 헤겔은 "유대인, 가톨릭교도, 개신교도, 독일인, 이탈리아인 등이기 때문이 아니라 인간이기 때문에 인간은 인간이다"는 보편적 인간 개념에 따라 '만인의 동등성'을 인정하면서도 동시에 세계주의와 구체적 국가 간의 관계를 "대립"으로 파악하고 세계주의 관점의 '보편적 인간 개념'을 "결함"으로 규정했다.[1056] 헤겔은 인간의 보편적 권리를 세계주의적 효력을 갖는 '인권'으로 인정치 않을뿐더러 이 '인권' 자체를 경계하는 것이다.

헤겔은 세계주의적 인권 개념이 비집고 들어갈 틈새가 없도록 국가를 지상의 절대권력으로 격상시켜 인권을 금도 없이 유린할 수 있는 논리구조를 구축한다.[1057] 이 때문에 상술했듯이 헤겔 정치철학 안에서 '인권'이라는 술어는 흔적도 보이지 않는 것이다. 청년 시절 프랑스혁명에 대한

1056) Hegel, *Grundlinien der Philosophie des Rechts*, §209.
1057) 참조; Siep, "Intersubjektivität, Recht und Staat in Hegels *Grundlinien der Philosophie des Rechts*", 272쪽.

열광적 지지자에서 빈 반동 체제의 옹호자로 변신한 헤겔의 이러한 반反인권주의는 국가를 '지상의 절대권력'으로 격상시키고 개인들을 '무의식적 도구'로 희생시키는 그의 절대국가론에서 정점에 달한다. '국가'가 개인적 삶의 참된 '근거'일 정도로 국가는 개인에게 절대적이다. 국가는 개인의 진정한 존재 이유다. 이 절대국가의 '직접적 실존'은 무의식적 '관습'이고, 이 국가의 '매개된 실존'은 '개인들'의 자기의식·지식·활동을 '무의식적 도구'로 이용하여 확보된다. 이 국가는 인간이 투시할 수 없는 피안적 실체이다. 이것은 이성적 자치입법과 그 소산인 '법'의 형태로 실존하는 '근대국가'와는 판이한 '신비의 나라'인 것이다.

따라서 이 신비적 절대국가는 '무의식적 관습'과 '무의식적 도구화'로 인권을 무한히 침해할 수 있는 어두운 '무의식'의 권력체다. '의식철학자' 헤겔이 어느덧 '무의식의 철학자'로 돌변한 것이다. 이 무의식의 국가에서는 개인의 무의식적 도구화로 인한 '인간소외'가 극에 달하고, 전근대의 무의식적 관습과 전통은 어떠한 의식적 변화도 가로막는다.

따라서 상론했듯이 "부동의 절대적 자기 목적"인 '정치적 국가'는 "개인들의 삶에 대한 최고의 권리"를 갖는 절대국가이고, "개인들의 최고 의무는 국가의 구성원이 되는 것이다". '자기 목적'으로서의 국가라는 이 명제는 '개인의 자유'를 임의로 처분할 수 있는 '국가의 자유'를 '최고의 권리'로 절대화하는 명제이다. 국가를 위한 희생이 개인의 최고 의무인 한에서 인권은 없다.

헤겔은 국가의 궁극목적을 '개인의 안전과 행복 추구에 대한 보장'으로, 국가를 이를 위한 '도구'로 보고 국가의 어떤 자기 목적도 부정하는 자유주의자들의 '도구적 국가관'을 비난한다. '정치적 국가'에서는 국가의 궁극목적이 국가의 안전과 자기보존이기 때문이다. 개인의 생명과 재산은 국가의 보존과 통합을 위한 수단이다. 따라서 헤겔은 상술한 바와 같이 국가의 그 어떤 자기 목적도 인정하지 않는 신성모독적 사회계약론을 비판했다. 사회계약론이 파괴한 것은 바로 개인이 원하든 원치 않든 스스로 '이성'이라고 우기는 절대 권위였다. 헤겔은 이 비이성적 권위의 '파괴'를 두려워한 것이다.

헤겔은 '소극적' 자유와 '적극적' 자유를 구별하는 차별적 자유론으로 '절대국가'를 신격화하고 변호한다. '소극적 자유'는 낯선 자의恣意와 무법적 대우에 반대하는 것으로 이해되는 한편, '적극적 자유'는 공무公務에 대한 자기의 의견 주장과 참여를 뜻한다. 국가는 이 '적극적 자유'를 '법률'로 비로소 실현시켜준다는 것이다.[1058] 그런데 헤겔의 이 참정권은 전근대적 선출 절차와 신분제의회에 의해 매우 제한되고 차등화된 권리다. 이 제한적·차등적 참정권은 그 대가로 인권을 자의적으로 유린하는 신적 '이성국가'의 억압성을 조금도 완화해 줄 수 없다.

국가는 '의식의 산물'이 아니라 인간 의식을 초월하는 '무의식의 산물'로서 세속적 신神이다. "인간이 알든 모르든 국가의 이 본질은 개인들을 한낱 계기로만 취급하는 자립적 권력으로 실현된다. 국가가 있다는 것은 세계 안에서의 신의 행정이다."[1059] 이로써 어떤 기존 국가든 무비판적으로 변호될 수 있다. 헤겔은 "우리 시대에 속한 국가라면 항상 자기 실존의 본질적인 계기를 보유하고 있다"고 말한다. "국가는 결코 인공물이 아니라 세상에 존재하는 것이고, 따라서 재량·우연·오류의 영역에 존재한다. (…) 그러나 못생긴 인간·범죄자·환자·곱추도 어디까지나 살아 있는 인간이다. 긍정적인 것, 생生은 결함에도 불구하고 존재하는 것이고 여기서 중요한 것은 이 긍정적인 것이다."[1060] 헤겔은 여기서 국가를 '인공물'임을 정면으로 부정하고 인간 의식 이전의 무의식적 생성물로서 옳건 그르

1058) Hegel, *Enzyklopädie der philosophischen Wissenschaft*, §539.
1059) Hegel, *Grundlinien der Philosophie des Rechts*, §258.
1060) Hegel, *Grundlinien der Philosophie des Rechts*, §258.

건 국가로서의 '현존' 그 자체가 국가의 '존재 이유'라고 말하고 있다. 실로 실증주의적 '사실 숭배(Faktumvergötterung)'다.

국가가 "자신의 계기들을 의식의 대낮으로 드러낸다"고[1061] 하더라도 국가의 이 '의식의 대낮'은 '국가 의식의 대낮'이라서 개인에게는 그믐밤이다. 우리말 속담 "그믐밤에 해 뜨는 격"이다. 하지만 헤겔은 국가 헌법이 "신적이고 항구적인 것"이고, 따라서 "만들어지는 것이 아니라 만들어지는 것의 영역을 초월하는 것"으로서 역사적 암흑 속에서 "본질적으로 저절로 생겨나는 것"이라고 우긴다.[1062] 헌법은 제정되는 것이 아니라, "눈에 띄지 않는 변화, 변화의 양상을 취하지 않는 변화" 속에서 "발전"하는 것이기[1063] 때문이라는 것이다. 말하자면, 헌법은 무의식 속에서 형성된 "민족정신(Volksgeist)으로부터 발전되어 나왔기"[1064] 때문에 상술했듯이 "주체들에 의해 창출된 것이 아니고, 수백 년에 걸친 작품"으로서 사유물思惟物 이상의 것이다."[1065] 또 '세습' 군주의 주권도 무의식 영역에 위치한다.[1066] 이로써 민족적 절대국가의 무의식 구조가 완성된다.

이것은 국가가 개인의 특수이익을 마음껏 유린할 수 있는 구조다. 그러나 헤겔은 "나의 특수이익이 국가 안에서 보존된다"고 우기고 이 때문에 국가와 나의 직접적 통일성 속에서 "애국심"이 함양된다고 강변한다.[1067] 그러나 이 애국심도 이 신격화된 절대국가 안에서는 '자살행위'인 것이다. 개인의 특수이익은 국가의 '자기 목적'을 위한 강제 통합으로 언제든 유린될 수 있기 때문이다.[1068] 따라서 헤겔의 '애국심'은 실은 개인들의

1061) Hegel, *Grundlinien der Philosophie des Rechts*, §270.
1062) Hegel, *Grundlinien der Philosophie des Rechts*, §273.
1063) Hegel, *Grundlinien der Philosophie des Rechts*, §298.
1064) Hegel, *Enzyklopädie der philosophischen Wissenschaft*, §540.
1065) Hegel, *Grundlinien der Philosophie des Rechts*, §274.
1066) Hegel, *Grundlinien der Philosophie des Rechts*, §282.
1067) Hegel, *Grundlinien der Philosophie des Rechts*, §268.
1068) 그러나 패튼은 헤겔의 '애국심'을 미화하고 있다. Patten, *Hegel's Idea of Freedom*,

일방적 '자기희생'과 '자아 상실'에 불과한 것이다.[1069]

정치철학에서 헤겔이 왜 '무의식의 철학자'로 돌변했는가? 이 돌변은 그가 '정치적 낭만주의'에서[1070] 들여온 '민족'과 '민족정신'의 개념에 기인한다.[1071] 18세기에서 19세기로의 세기 전환기에 독일에서 사상적 주도권은 프랑스혁명에 대한 반동으로 계몽주의에서 낭만주의로 넘어갔다. 이 정치적 낭만주의는 빈 반동 체제와 메테르니히의 신성동맹에 의해 육성되고 또 역으로 이 체제를 이데올로기적으로 뒷받침해 주는 '반동의 이데올로기'로서 19세기를 지배했다. 헤겔도 이 체제 이데올로기에 영향받았다.

상술했듯이 낭만주의의 창시자 노발리스는 '인류 민족'으로서의 '독일성獨逸性' 이념, "기지既知의 것에 미지未知의 품위를, 유한한 것에 무한한 영상을 부여하는 것"으로서의 신비적 '낭만화' 개념 등을 신조新造했다.[1072] 이를 이어받은 프리드리히 슐레겔은 상술했듯이 "동일 언어는 동일 혈통의 증거"라고 선언하며 언어를 기준으로 민족을 가르는 원리를

198-201쪽.
1069) 이런 터에 헤겔은 관습헌법적 '입헌군주론'과 신분제의회론, 국민주권·민주공화국·선거·권력분립 배격 등을 열거하고 있다. Hegel, *Grundlinien der Philosophie des Rechts*, §273, §279, §314-319; Hegel, *Enzyklopädie der philosophischen Wissenschaft*, §544.
1070) 마이네케는 '정치적 낭만주의(politische Romantik)'를 낭만적 문인들의 정치이념에서 유래하여 정치집단 안에서 발전된 사상조류 전체로 정의한다. 참조: Meinecke, *Weltbürgertum und Nationalstaat*, 58쪽 각주.
1071) 헤겔은 『정신현상학』의 서문에서 낭만주의와 결별했다고 말하고 본문에서 낭만주의를 비판하고 있다. Hegel, *Phänomenologie des Geistes*. (Suhrkamp, 1986), 441-494쪽. 그러나 그의 논리와 개념들은 이미 낭만주의에 깊이 물든 상태였다. 참조; Emmanuel Hirsch, "Die Beisetzung der Romantiker in Hegels Phänomenologie," 241-274쪽, 특히 264-265쪽. Hans Fr. Fulda und Dieter Henrich (Hg.), *Materialien zu Hegels 'Phänomenologie des Geistes'* (Frankfurt am Main: Suhrkamp, 1976).
1072) Meinecke, *Weltbürgertum und Nationalstaat*, 66쪽.

제창했다.[1073] 슐레겔의 '민족'은 보수적이면 보수적일수록 그만큼 더 순수한 민족이고, 본래적인 민족국가는 가장 고상한 민족들에게서 발견되는 '신분제 국가'다.

독일의 이 제1단계 낭만적 보수 반동주의(1800-1830)의 특징은 '전통적 신분제 이념의 낭만화'였다.[1074] 따라서 정치적 낭만주의는 프랑스로부터 온 모든 것에 대한 증오, 프로이센적 애국심, 독일성 일반에 대한 낭만적 열광으로 가득 찼다. 낭만주의자들은 나폴레옹에 대한 승리의 열광을 낭만주의적 '반동의 열풍' 속에서 형성된 '민족' 개념의 관점에서 "민족적 독립"을 향한 열광으로 해석하고, 서구의 '인민주권(Volkssouveränität)'에 독일의 '민족정신(Volksgeist)'을 대립시켰다. 서구의 국민국가 이념에 맞서는 신분제적 민족국가의 이념은 이렇게 형성되었다.[1075]

그러나 프랑스적인 모든 것에 대한 망상적 적대 의식으로 충만된 이 민족정신과 민족국가를 그래도 생존능력 있는 것으로 단조鍛造하기 위해서는 서구적 근대성과의 절충적 타협이 불가피했다. 하르덴베르크(Hardenberg)에 의한 프로이센의 보수적 개혁은 바로 이 절충적 타협의 표현이었다. 이렇게 변용變容된 '민족정신'과 '신분제적 민족국가'는 바로 헌법을 ('국민주권'의 산물이 아니라) '민족정신'의 소산으로 보는 무의식적 관습헌법론과 민족국가의 각개약진을 개념화한 헤겔의 정치·역사철학으로 체계화된다. 헤겔은 결코 민족과 민족정신을 '무의식의 낭만주의적 암흑' 속에서 '의식철학의 광명' 속으로 번안한 것이[1076] 아니라, '의

1073) Meinecke, *Weltbürgertum und Nationalstaat*, 77-78쪽.
1074) Hans-Jürgen Puhle, "Die Anfänge des politischen Konservatismus in Deutschland", 259쪽. Iring Fetscher und Herfried Münkler (Hg), *Pipers Handbuch der Politischen Ideen. Bd.1: Frühe Hochkulturen und europäische Antike* (München: R. Piper GmbH & Co. KG, 1988).
1075) Meinecke, *Weltbürgertum und Nationalstaat*, 211-225쪽.
1076) Meinecke, *Weltbürgertum und Nationalstaat*, 237쪽.

식철학'에 적대적인 이 낭만적 개념들을 어두운 무의식의 결정체로 수용해서 그대로 사용했다. 헤겔의 국가는 다름 아니라 '하르덴베르크의 보수적으로 개혁된 프로이센 민족국가'였던 것이다.

따라서 헤겔이 자기기만에 빠져 스스로 근대국가로 착각한 그의 '신적 절대국가'의 정체는 근대 '국민국가'가 아니라 바로 이에 맞설 목적으로 창출된 최초의 가장 철저한 '민족국가'인 것이다. 헤겔은 몇몇 사례만 빼고 'Volk'를 늘 '민족'의 의미로 사용한다. 그의 'Volk'는 "가족의 확대판"이고, 따라서 '혈통 민족'으로서의 'Nation'과 동의어다. 즉, "가족이 이루는 자연적 전체는 민족과 국가 전체로 확대된다."[1077] 민족은 "언어, 관습, 습관, 문화에 의해 연결된" 민속 집단으로서[1078] "자연적으로 규정된" 것이기[1079] 때문이다. 따라서 헤겔의 'Volk'가 '자연적인 것'과 무관하다는 아비네리, 카우프만 등의 변호론은[1080] 헤겔의 'Volk' 개념을 전복시키는 완전한 왜곡이다.

"국가 형성 이전에 제諸민족이 존재했었고 지금도 다른 민족들이 야생 민족으로 존재하고", 또 "한 민족의 현존 속에는 한 국가가 들어 있어야" 한다.[1081] 국가에 앞선 실체로서의 '민족'과 민족적 사명으로서의 국가 건설이라는 이 관념은 헤겔의 청년 시대 이래 일관된 것이다.[1082] 민족은 국가의 '인륜적 실체'이고, 국가는 민족의 '형식'에 불과하다.[1083] 이 '민족'은 바로 근대적 '국민'과 대립한다. 영미와 프랑스, 그리고 지구상의 거의 모든 나라의 'nation(국민)' 개념은 혈통 민족을 초월한다. '국민'은 "동일

1077) Hegel, *Nürnberger und Heidelberger Schriften* [1808-1817], 65쪽.
1078) Hegel, *Nürnberger und Heidelberger Schriften* [1808-1817], 246쪽.
1079) Hegel, *Enzyklopädie der philosophischen Wissenschaft*, §545.
1080) 참조; Schlomo Avineri, "Hegel and Nationalism". Walter Kaufmann (ed.), *Hegel's Political Philosophy* (New York, 1970).
1081) Hegel, *Enzyklopädie der philosophischen Wissenschaft*, §549.
1082) Hegel, *Nürnberger und Heidelberger Schriften* [1808-1817], 222, 246쪽.
1083) Hegel, *Grundlinien der Philosophie des Rechts*, §349.

한 법 제도 아래 사는 인민(peuple)이 국민이기"(씨에예스) 때문이다. 이 국민은 국가에 앞서 존재할 수 없다. 일격의 제헌 행위로 이 '국민'과 '국가'가 동시에 창설된다. '국민이 곧 국가다(L'etat se nation).' 이 '국민=국가'는 외국인에게도 일정한 거주기간을 근거로 국적을 주고 개인에게 국적 선택의 자유를 보장한다. 에른스트 르낭(Ernst Renan)의 말(1882)대로 "한 국민의 존재는 매일 매일의 국민투표다."

그러나 혈통 민족의 경우에 개인은 민족의 '공유재산'이고 또 민족이 부계 혈통을 따르는 한에서 여성과 자녀는 성인 남성의 가부장적 '공동재산이다.'[1084] 민족적 국적은 숙명적인 것이다. 따라서 부계 혈통을 따르는 '민족' 국가는 혈통적·전통주의적·보수적·가부장적·권위주의적·집단주의적일 수밖에 없다.

"민족의 헌법은 민족정신의 자기의식의 양식과 교양에 의해 규정된다. 이 민족정신의 자기의식 속에는 민족의 헌법적 현실이 들어 있다."[1085] 따라서 헌법은 상위규범인 도덕과 자연권의 관점에서 평가되는 것이 아니라, "오직 역사적으로만" 평가할 수 있다는 것이다.[1086] 인간의 '사유'는 기준이 아니다. 헤겔의 이 입장은 '사유로 새 나라를 건설했다'고 프랑스혁명을 찬양하던 그의 다른 진술을 정면으로 부정하는 것이다. 결론적으로 헤겔의 정치철학이 프로이센을 미화한 어용철학이라는 평가(Rudolf Heym)가 지나치지 않을 정도로 프로이센 관헌국가에 부화附和했다. 이

1084) 이 대목에서는 헤겔이 여성을 식물에 비유하고 "여성이 정부의 정상에 있으면 국가가 위험에 처한다"고 말하고, 여성의 신분제의회 피선거권을 부인한 것을 상기해야 한다. Hegel, *Grundlinien der Philosophie des Rechts*, §166, §301.
1085) Hegel, *Grundlinien der Philosophie des Rechts*, §274.
1086) Hegel, *Grundlinien der Philosophie des Rechts*, §273. 상론했듯이 청년 마르크스는 바로 이것을 비판했다. Marx, *Kritik des Hegelschen Staatsrechts* [1843], 218쪽: "때 지난 의식의 산물인 헌법이 선진 의식에 억압적 질곡이 될 수 있다는 것은 평범한 상식이다. (…) 현실적 인간과 발맞춰 전진하는 것은 '인간'이 헌법의 원리가 될 때 비로소 가능할 것이다. 헤겔은 궤변가다."

마당에 "그가 최초로 근대국가의 이론을 전개했다"는 신화가[1087] 어디 발붙일 틈이 있겠는가?

3.2. 타나토스적 인간관과 투쟁유일주의적 국가론

헤겔의 '정치적 국가'는 대내적으로 개인의 권리를 부정하며 군주를 정점으로 중앙집권적 질서를 구축하는 한편, 대외적 독립 유지를 위해 타국에 대해서도 배타적 부정과 배척·대결의 자세를 취한다.[1088] 자기 의식적 개체가 자신의 정체성正體性을 유지하기 위해 다른 개체를 부정·배척해야만 한다는 헤겔의 이 '배타적 개체성'과 '인정투쟁' 논리는 '주인과 노예의 변증법'으로[1089] 정식화된 이래 『법철학』에 이르기까지 견지되는 논리다.

그러나 이 논리는 현실의 '과도한 단순화'와 '예외적 특수상황의 일반화'로 만들어낸 억지다. 자기 의식적 개체가 최초로 다른 개체를 대면할 때 각 개체의 자세는 지극히 다양하다. 이 최초 대면은 관찰, 대화, 토론, 놀이, 사귐, 사랑, 거래 등 실로 여러 가지로 나타날 수 있는 것이다. 최초의 만남에서 부정과 투쟁은 오히려 예외 사례에 지나지 않을 것이다. 따라서 자기 의식적 개체 간의 최초 대면을 '폭력배 행동' 모델로만 일면화한 것은 '과도한 단순화·일반화'다. 이 투쟁유일주의적 배척·대결모델은 헤겔의 사고에 줄곧 군국주의적 편향을 가하고 독일 정치사상사에 긴 부정적 그림자를 남겨 놓았다.

'지상의 절대권력'인 국가는 대외전쟁을 통해 생명과 재산의 "헛됨"과

1087) Ritter, *Hegel und die Französische Revolution*; Avineri, *Hegel`s Theory of Modern State*. 포스트모던적 비판자로서는 참조: Lyotard, *Das postmoderne Wissen*.
1088) Hegel, *Grundlinien der Philosophie des Rechts*, §321-323.
1089) Hegel, *Phänomenologie des Geistes* (Suhrkamp판), 137-154쪽.

이 생명·재산에 대한 권리의 "헛됨을 현실화한다."[1090) 전쟁 속에서 국가는 개인들의 생명·재산·권리를 절대적 권리로 유린해버리는 것을 정당화하고 있다. 경악스럽게도 헤겔은 군국주의적 국내 관계 속에서 비극적으로 관철되는 개인의 죽음·재산·권리의 손실과 파괴를 '긍정적'으로 평가하고 있다. 이 죽음과 희생은 개인들이 "즉자대자적으로 존재하는 개체성"인 절대적 국가권력에 속하는 일부임을 입증한다는 것이다. 심지어 이 관계의 "인정은 개인들의 실체적 의무다." 이 의무는 "자기들의 재산과 생명, 자기들의 생각과 생명의 범위에 드는 모든 것의 위험과 희생을 통하여 저 실체적 개체성과 국가의 독립 및 주권을 수호할 의무"다.[1091)

이 반反인권적·비인간적 군국주의 논리는 용감한 자는 죽음을 불사하고 자기의식을 택하여 주인이 된다는 타나토스(thanatos)적 '죽음=자유'의 등식과, 비겁한 자는 자기의식이 아니라 생명을 택하여 노예가 된다는 반反에로스(anti-eros)적 '생명=노예'의 등식으로 짜인 인정투쟁 모델의 재탕이다. 그런데 이 모델에서는 개인이 죽음을 대가로 얻는 자유가 '자기의 자유'인 반면, '정치적 국가'의 이론에서는 이 '자유'가 슬그머니 '국가의 자유와 독립'으로 치환된다. 이것은 인정투쟁 모델의 군국주의적 변조다. 죽음을 동경하는 이 '타나토스적 전사' 모델은 청년기 저작에서[1092) 시작하여 『정신현상학』의 '인정투쟁'을 거쳐 공동체를 위해 기꺼이 죽는 "죽음의 변증법"의[1093) 타나토스 논리로 완성되어 마침내 『법철학』에서 변조된다.

헤겔에서 인간의 자유는 정치적·종교적 억압과 궁핍·무지·미신으로부터 해방되는 것이 아니라, 오직 물적 욕구와 생명욕에 대한 영웅적 초월

1090) Hegel, *Grundlinien der Philosophie des Rechts*, §491.
1091) Hegel, *Grundlinien der Philosophie des Rechts*, §324.
1092) Hegel, *Über die wissenschaftliche Behandlungsart des Naturrechts* [1802-1803], 479쪽.
1093) Hegel, *Phänomenologie des Geistes* (Suhrkamp판), 332쪽.

과 자발적 부정의 소산이다. 인간이란 "오직 죽음의 위험을 통해서만 민족과의 합일성을 명백한 방식으로 드러내고",[1094] "죽음의 능력을 통해서" 자유인으로서 "자신을 입증한다".[1095] 따라서 자발적으로 감내하는 "폭력적 죽음은 자연적 실존의 단순한 종말과는 본질적으로 다르다"는 것이다.[1096] 이 대목에서 헤겔은 죽음을 '존재'로, 죽음을 '노동'으로 둔갑시키는 마법적 궤변을 구사한다. 공동체의 전쟁 속에서 "개인 자신이 도달하는 이러한 보편성"은 "순수 존재"이고 이 "순수 존재는 죽음이고" 동시에 "죽음은 개인이 개인으로서 인륜적 공동체를 위해 감당해 내야만 하는 완성이요 최고의 노동"이라는 것이다.[1097] 이것이 바로 전쟁을 통한 '죽음의 승리'를 예찬하는 헤겔의 인간 파괴적 '죽음의 변증법'이다.[1098] 상론했듯이 타나토스적 전쟁관과 '투쟁유일주의적' 국가관으로부터 헤겔은 병역의무를 자기의 생명과 가족, 재산을 보호하기 위한 것으로 설명하는 자연법적 병역의무론을 비판한다. 자기 생명의 '안전'이란 자기 생명의 희생에 의해서는 이룰 수 없다는 것이다. 또 투쟁유일주의적 국가관에서 헤겔은 쟁의 원인을 군주의 허영과 공명심, 그리고 분쟁을 무력으로 해결하려는 반反인도적 성향으로 본 계몽주의적 전쟁원인론을 거부한다. 그는 전쟁을 단도직입적으로 전쟁을 사실 숭배적으로 정당화했다. 전쟁은 "절대악으로 봐서도 아니 되고" 또 "권력자들이나 민족들의 정열, 불의 등 아무튼 있어서는 안 되는 것에 우연적인 원인을 두는 외적인 우

[1094] Hegel, *Über die wissenschaftliche Behandlungsart des Naturrechts* [1802-1803], 148쪽.
[1095] Hegel, *Über die wissenschaftliche Behandlungsart des Naturrechts* [1802-1803], 149쪽.
[1096] Hegel, *Über die wissenschaftliche Behandlungsart des Naturrechts* [1802-1803], 500쪽.
[1097] Hegel, *Phänomenologie des Geistes* (Suhrkamp판), 332쪽.
[1098] 상론했듯이 꼬제브는 이것을 받아서 "인간은 그 자체가 (동물로서의) 죽음의 원인"이고 "거꾸로 죽음만이 인간적인 것이고 인간화시키는 것, 인간발생적인 것"이라고 죽음을 찬미했다. Kojéve, *Hegel. Eine Vergegenwärtigung seines Denkens*, 333쪽.

연으로 봐서도 아니 된다"는 것이다.[1099] 전쟁은 '개체'로서의 주권 국가 간의 부정·배척 관계라는 국가 본질에 내재해 있기 때문이라는 것이다. 그야말로 실증주의적 '사실 숭배'다.

여기로부터 헤겔의 전쟁 미화가[1100] 파생된다. 대중은 평시에 국가를 잊고 사생활과 물욕에 빠진다. 이 때문에 국가는 종종 전쟁을 일으켜 절대국가의 권력을 절감切感하도록 해야 한다는 것이다. 그리고 헤겔은 전쟁의 '정신 위생적' 기능을 강변한다. 평온이 바다를 나태에 빠뜨리듯이 항구 평화는 제諸민족들을 나태에 빠져들게 만든다. 그러나 "바람의 움직임이 바다를 나태로부터 지켜주듯이" 전쟁은 "제민족의 인륜적 건강을 지켜 준다"는 것이다.[1101] 헤겔은 평시에 사회 각 부문은 점차 경화硬化·분절되고, 신체의 각 부분이 경화되면 죽음이 오듯이 사회의 각 부문이 경화되면 사회도 죽음을 맞게 된다고[1102] 걱정한다. 전쟁은 바로 국가의 이 경화와 분절을 막는 역할을 한다는 것이다.

따라서 국민의 정신건강을 유지하고 국가공동체의 붕괴를 막기 위해서는 종종 전쟁을 일으키는 처방이 필요하다. 고대 그리스에서도 정부는 때로 전쟁을 통해 내부를 뒤흔들어 부분들의 정돈된 질서와 자립의 권리를 파괴하고 혼란에 빠뜨리는 한편, 전체에서 벗어나 불가침적 신변 안전을 좇는 개인들에게 저 전쟁을 통해 "자신들의 주인인 죽음"을 느끼게 만들었다는 것이다.[1103] 이로써 헤겔은 죽음을 개인들의 "주인"으로 만들고 있다. 실로 타나토스적이다. "행운의 전쟁이 국내 불안을 막고 국내의 국

1099) Hegel, *Grundlinien der Philosophie des Rechts*, §324.
1100) Hegel, *Grundlinien der Philosophie des Rechts*, §324.
1101) Hegel, *Grundlinien der Philosophie des Rechts*, §324; Hegel, *Über die wissenschaftliche Behandlungsart des Naturrechts* [1802-1803], 428쪽.
1102) Hegel, *Grundlinien der Philosophie des Rechts*, §324.
1103) Hegel, *Phänomenologie des Geistes* (Suhrkamp판), 335쪽.

가권력을 공고화해 주기"[1104] 때문이다. 제 민족은 전쟁을 통해 "강화될" 뿐만 아니라 불화 상태에 있는 민족은 "대외전쟁을 통하여 국내 안정을 얻는다."[1105]

그런데 마르크스주의자들과 진보 학자들은 마르크스의 폭력적 계급투쟁의 견지에서 헤겔의 이 어처구니없는 전쟁 예찬을 무비판적으로 변호하거나 추종했다.[1106] 청년 헤겔은 전쟁을 국가의 경화·분절 현상을 분쇄하고 국가권력을 다시 강화하는 역사적 동력으로 보고 전쟁에 역사추진의 역할을 부여했다는 것이다.[1107] 그러나 어떤 식의 변호로도 헤겔의 반인도적 전쟁예찬론은 면죄될 수 없다. 그의 전쟁 예찬은 청년기만이 아니라 말년까지도 견지되었고 또 혁명전쟁이나 통일전쟁만이 아니라 위에서 보다시피 '모든' 전쟁을 정당화했기 때문이다. 헤겔은 청년 시절 이미 통일전쟁을 "완전히 정의로운" 전쟁으로 규정하고 무기 외에 어떤 희망도 없는 곳에서 "무기는 신성하다"고[1108] 강변했었다. 그러나 오늘날처럼 침략전쟁의 불법화가 '세계정신'으로 정착한 시대에는 어떤 형태의 통일전쟁도, 혁명전쟁도 정당화될 수 없다. 이런 까닭에 헤겔 국제 정치사상의 위험성을 간파한 학자들이 특히 그의 전쟁론을 비판해 마지 않았던 것

1104) Hegel, *Grundlinien der Philosophie des Rechts*, §324.
1105) Hegel, *Grundlinien der Philosophie des Rechts*, §324.
1106) Iring Fetscher, "Georg Wilhelm Friedrich Hegel", 220쪽. Iring Fetscher und Herfried Münkler (Hg.), *Neuzeit: Von der Französischen Revolution zum europäischen Nationalismus. Handbuch der politischen Ideen*, Bd.4 (München & Zürich: Piper, 1986) 이전에도 페처는 헤겔의 이 전쟁예찬이 "우리들에게 이미 거리가 먼 것이라고 주장할 수 있는 것도 아니다"라고 변호했었다. 참조: Fetscher, *Hegel - Größe und Grenzen* (1973). 이 점에서는 아비네리·동트·베렌느·펠친스키 등도 유사하다. Avineri, *Hegel's Theory of Modern State*; d'Hondt, "Die Einschätzung des revolutionären Krieges durch Hegel," 428쪽; D. P. Verene, "Hegel's Account of War", 172쪽. Z. A. Pelczynski (ed.), *Hegel's Political Philosophy* (Cambridge: Cambridge University Press, 1971).
1107) d'Hondt, "Die Einschätzung des revolutionären Krieges durch Hegel," 419쪽.
1108) Hegel, *Die Verfassung Deutschlands* [1800-1802], 554쪽.

이다.[1109]

당연히 헤겔은 "국가의 개체성을 위한 희생의 보편적 의무"와 "무용"을 특히 중요한 덕성으로 파악한다.[1110] 군사적 희생의 의무는 일단 국가의 방어를 전담하는 "용기의 신분"(군인)의 몫이지만, "국가 독립이 위험에 처하면" 국가를 위한 희생의 보편적 의무는 "모든 시민"을 국방으로 궐기시킨다.[1111] 용기는 "모든 특수한 목적, 재산, 향락, 생명으로부터의 자유라는 최고의 추상이다."[1112] 그런데 진정한 용기는 "국가를 위한 봉직 속에서 희생하려는" 자세이고 그리하여 "개인이 다수 속의 일인一人을 구성하는 것"이다. 여기서 중요한 것은 개인적인 용기가 아니라 "보편적인 것 속으로 편입"이다.[1113] 이 용기의 궁극목적은 자기와 국민이 아니라 "국가의 주권"이기[1114] 때문이다. 헤겔은 이 병역의무와 용기의 관계에서도 군국주의적 편향을 벗어나지 못하고 있다. 이 병역의무와 용기는 앞서 거론한 애국심과 마찬가지로 인권 유린적 절대국가를 위한 일방적 '자기희생'과 '자아 상실'이다.

3.3. 군국주의적 국제정치관과 게르만 지배 민족론

헤겔은 『법철학』의 말미에서 '대결과 전쟁' 위주의 군국주의적 국제정치관을 보다 구체적으로 전개한다. '개체성'이란 '부정'을 통해서만 자신을 유지한다는 논리를 무차별적으로 지나치게 일반화함으로써 헤겔은

1109) 참조: Plamenatz, *Man and Society* Vol. II, 261쪽; Copleston, *Fichte to Hegel*, 68쪽.
1110) Hegel, *Grundlinien der Philosophie des Rechts*, §325; Hegel, *Über die wissenschaftliche Behandlungsart des Naturrechts* [1802-1803], 481쪽.
1111) Hegel, *Grundlinien der Philosophie des Rechts*, §326.
1112) Hegel, *Grundlinien der Philosophie des Rechts*, §327.
1113) Hegel, *Grundlinien der Philosophie des Rechts*, §327.
1114) Hegel, *Grundlinien der Philosophie des Rechts*, §328.

국제관계의 근본을 군사적 대결 관계로 규정짓는 우적友敵 개념 중심의 국제정치 이론을 전개한다.

전쟁은 전쟁의 폐해와 부담을 직접 짊어지지 않고 인민에 의해 통제받지 않는 절대군주와 이로 인해 아직 완전히 공법화되지 못한 국제관계에 원인을 두고 있는 것이 아니라 주권 국가의 '개체적' 본성에 그 원인을 두고 있다.[1115] 전쟁은 국가의 본질이다. 고로 침략전쟁과 방어 전쟁의 구별도 무의미하고 '정의로운 전쟁'과 '불의不義의 전쟁'의 차별도 있을 수 없다. 반면, 계몽주의의 새로운 정전론正戰論은 침략전과 방어전을 구별하고 방어전을 '정의의 전쟁'으로, 침략전을 '불의의 전쟁'으로 차별했다[1116]. 이에 반해 헤겔은 침략전쟁과 방어 전쟁을 차별하지 않는 19세기 초의 우연한 국제정치 현실을 절대화하여 '무차별전쟁관'을 대변한다. 헤겔은『독일헌법론』에서 "전쟁은 그것이 침략전쟁으로 불리든 방어 전쟁으로 불리든 평화조약이 무조건적 상호 평화를 규정하는 경우에만 오직 불의不義로 불릴 것이다"라고[1117] 단정한다. 국가 간에 '무조건 상호 평화'를 약속하는 일이 결코 없을 거라는 속단에서 주장되는 이 무차별 전쟁 주장은 이후에도 계속 반복된다. 헤겔은 정복적 침략전쟁과 방어 전쟁은 구분할 수 없다고 강변한다. 총동원령으로 국가 전체가 밖으로 돌진하게 되면 곧 "방어 전쟁은 정복 전쟁으로 둔갑하기"(GR§326) 때문이라는 것이다. 이때 투쟁 당사자들은 모두 합법적 권리를 다툴 뿐, 정의와 불의, 합법과 불법이 대결하는 것이 아니라는 것이다.[1118]

헤겔에 의하면 정당한 권리 간의 모순을 해결하는 길은 '대법관'이 없

1115) Hegel, *Die Verfassung Deutschlands* [1800-1802], 530쪽.
1116) 이 정전론은 전후 뉘른베르크 전범재판에서의 '평화에 대한 범죄' 도입과 유엔헌장을 통한 '침략전쟁의 불법화'로 구현되었다.
1117) Hegel, *Die Verfassung Deutschlands* [1800-1802], 540쪽.
1118) Hegel, *Die Verfassung Deutschlands* [1800-1802], 541쪽.

는 국제정치의 장에서 무력 사용밖에 없다.[1119] 또한 국제관계가 긴밀해질수록 갈등 요인도 증가한다. 국가는 자신의 "무한성과 명예"를 아무리 사소한 것일지라도 "위험에 빠진 것"으로 간주할 수 있고, 또 자국의 강한 개체성이 징기간의 평온으로 인해 활동 소재를 해외에서 찾도록 내몰릴수록 이와 같이 자극받을 경향이 더욱더 커진다는 것이다.

따라서 이런 국제관계는 주권 국가들 간의 '자연 상태'이고 여기서 이른바 국제법은 '당위'에 지나지 않는다. 그리하여 이 상태는 조약에 따른 관계의 '체결'과 이 조약 관계의 '폐기'가 교체되는 상태이다.[1120] 헤겔은 여기서 논리적 일괄성을 잃고 있다. 그는 국제관계를 먼저 자연 상태로 단정한 다음, 일관성 없이 바로 조약관계의 조인과 '폐기'가 교체되는 중층 상태로 규정한다. 그러나 국제관계가 진정 순전히 '자연 상태'에 처해 있다면 아무런 규범도, 조약도 존재하지 않아야 할 것이다.

순수한 '자연 상태'가 아니라 이런 '중층 상태'가 당시 국제관계의 본질이라면 이것은 국제 관습·조약·국제조직 등 국제법적 규범 요소를 국제관계의 시민적 공법화와 국제 평화를 앞당기는 발판으로 만들 수도 있는 것이다. 그러나 헤겔은 '개체성 논리'에 빠져 당대의 우연한 역사 현실을 일반화·영구화했다.

이 일반화·영구화의 오류 때문에 헤겔은 영구평화를 지향한 칸트를 비판한다. 다수 국가가 모여 "다소간 독립적인 국가를 형성하고 자기중심을 갖는 하나의 단체를 구성하는 것에 대한 소망을 말하는 사람들은 독립에 대한 민족의 자부심과 단체의 본성에 대해 거의 아무것도 모르는" 사람들이라는 것이다.[1121] 헤겔은 이 대목에서 칸트를 공격한다. 저런 소망에서 "칸트가 국가 간 분쟁을 중재하는 군주연합을 제한했는바, (메테르

1119) Hegel, *Grundlinien der Philosophie des Rechts*, §334.
1120) Hegel, *Grundlinien der Philosophie des Rechts*, §333.
1121) Hegel, *Grundlinien der Philosophie des Rechts*, §322.

니히의) 신성동맹은 거의 이러한 기구 노릇을 하려는 의도를 가졌다"는 것이다.[1122] 여기서 오스트리아 메테르니히 재상이 주도하는 신성동맹에 대해 거리를 취하는 듯한 헤겔의 태도는 본질적인 것이 아니라 다만 프로이센과 오스트리아 간의 경쟁심리를 반영할 뿐이다. 헤겔이 칸트의 영구평화론을 근본적으로 왜곡시키고 있다는 것은 재론할 필요가 없을 것이다. 다만 1804년 사망한 칸트는 1815년 탄생한 '신성동맹'을 알지 못했다는 것만은 언급할 필요가 있다. 헤겔이 신성동맹을 칸트에게 들이댄 것은 그의 시대착오로 보인다. 헤겔이 경험적으로가 아니라 자신의 그릇된 부정적·배척적 개체성 논리로 칸트의 국제연합론을 또 다른 적으로서의 대항 조직의 등장을 야기할 것이라고[1123] 헤겔은 여기서 '개체성=부정성'의 등식에 사로잡혀 개체들의 영구적 우의友誼를 다져나가는 UN·EU와 같은 평화적 연대 기구의 가능성을 원천적으로 배제해 버리고 있다. 국제연합이 성립하면 또 다른 개체성으로서 적을 산출한다는 논리도 '전쟁범죄자'와 이를 진압하는 국제연합을 대등하게 보는 한에서 이성을 잃은 소리다.

헤겔의 변증법 논리를 엄격히 적용하자면, 개체성들은 자신의 직접성을 상호 지양止揚하여 상호 인정하는 '정신'에 도달하고 이 정신적 상호인정을 제도화하여 '우리'라는 공동체를 이루어야 한다. 따라서 헤겔이 인정투쟁 모델에 따라 이해하는 '지상의 절대권력' 간의 승인제도, 국제조약과 국제 관습의 국제법은[1124] 헤겔의 논리대로라면 상호인정의 국제기구로 가는 발판으로 이해했어야 할 것이다. 헤겔 자신도 "유럽 민족들이 자신들의 입법·관습·교양의 보편원리에 따른 하나의 가족을 형성하

1122) Hegel, *Grundlinien der Philosophie des Rechts*, §324.
1123) Hegel, *Grundlinien der Philosophie des Rechts*, §324, §333.
1124) Hegel, *Grundlinien der Philosophie des Rechts*, §321, §333, §339; Hegel, *Enzyklopädie der philosophischen Wissenschaft*, §547.

고 있고, 그리하여 다른 경우라면 상호적 가해加害 행위가 지배적인 상태 안에서 국제법적 자세가 수정되고 있다"고[1125] 어쩔 수 없이 실토하고 있다.

그러나 헤겔은 이 결정적 맥락에서 자신의 변증법적 논리를 파기하고 엉뚱한 데로 방향을 틀었다. 국제관계에서 "고차적 대법관은 즉자대자적으로 존재하는 보편 정신인 세계정신일 뿐이다"라는 것이다.[1126] 헤겔은 국제관계의 국제공법 상태로의 법제화 가능성을 완전 소거하고 무정형한 군국주의적 세계정신이 자유분방한 개별국가들의 각개약진을 통해 파괴와 죽음의 법을 관철시키는 전쟁적 자연 상태의 세계사로 되돌려 놓고 있다.

세계정신과 세계사는 개별적 민족국가들의 등 뒤에서 이 국가와 국민들이 의식하지 못하게 작동한다. 민족정신들은 의식하지 못하는 가운데 세계정신이 도구로 쓰는 "무의식적 도구들"이다.[1127] 따라서 민족정신들의 상호 각축 속에서 어떤 민족이 역사의 진보를 이끄는 '지배 민족'[1128] 또는 '세계사적 민족'인지는 제 민족에게 미지의 사항이다. 세계사는 전쟁사이고, '세계사'는 전쟁이 각 민족국가에 승패의 심판을 내린다는 의미에서 '세계 심판'이다. 그러나 "세계 심판으로서의 세계사"는[1129] '미네르바의 부엉이'처럼 역사적 반성을 통해 나중에야 드러난다. 따라서 주어진 시점에 어떤 민족국가인지는 알 수 없지만 도덕적 동기와 무관하게 결과적으로 세계사적 이념을 구현하는 민족국가에 승리를 안겨준다는 헤겔의 세계심판적 세계사 관념은 지극히 '결과주의적'이다. 세계사가 이런 결과주의적 세계 심판에 불과한 까닭에 이런 세계사적 세계 심판은 현시

1125) Hegel, *Grundlinien der Philosophie des Rechts*, §339.
1126) Hegel, *Grundlinien der Philosophie des Rechts*, §339.
1127) Hegel, *Grundlinien der Philosophie des Rechts*, §344.
1128) Hegel, *Grundlinien der Philosophie des Rechts*, §347.
1129) Hegel, *Grundlinien der Philosophie des Rechts*, §340.

점에서 무차별 전쟁을 규제하는 규범적 역할을 전혀 하지 못하기 마련이다.

이 결과주의적 세계 심판은 이보다 더 큰 위험을 안고 있다. 이 결과주의적 세계 심판은 모든 주권 국가들이 세계사적 결과를 모르는 무지無知 상태에서 어떤 규범과 가치에도 구애받지 않고 자국의 국가이익을 추구해도 되는 윤리적 면책을 준다. 이것은 헤겔의 해외식민지론 등과 결합하면 아무 국가나 '세계 심판'의 재판관으로 자처하며 타민족을 징치하고 타국을 정복하는 제국주의 정책을 정당화해 준다. 나아가 그의 '세계사적 지배 민족' 이론과 결합하면, 세계정신의 "절대적 권리"로써[1130] 다른 민족과 인종을 섬멸하는 전대미문의 반인도적 홀로코스트도 세계사적 지배 민족의 '세계 심판'으로 저지를 수 있다.

이 세계사적 세계 심판론은 '게르만 민족'을 '세계사적 지배 민족'으로 삼는 '게르만 치세론'과[1131] 결합되면 바로 '제3제국'의 이데올로기로 탈바꿈한다. 헤겔주의자들은 그간 상투적으로 헤겔 철학의 인종주의적 성격을 부인해 왔다. 그러나 'das germanische Reich'는 '게르만 민족'이 '세계사적 지배 민족'으로 군림하는 치세治世로서 나치의 인종주의적 '제3제국'과 직결된다. 헤겔은 '게르만 치세'의 지배 민족 '게르만 민족'을 단수 'die germanische Nation'과[1132] 복수 "die germanische Völker"로[1133] 동시에 표현함으로써 '게르만 치세'의 지배 민족이 형태만 복수일 뿐, 실은 내용적으로 단일민족임을 시사한다. 그는 『역사철학 강의』에서 일단 "옛 주거지에 남아 있는" 순수한 게르만 민족과 "로마제국 전역으로 확산되어 정복당한 민족들과 뒤섞인" 로만 민족을 구분한다.[1134] 그리

1130) Hegel, *Grundlinien der Philosophie des Rechts*, §345.
1131) Hegel, *Grundlinien der Philosophie des Rechts*, §358-360.
1132) Hegel, *Grundlinien der Philosophie des Rechts*, §355.
1133) Hegel, *Grundlinien der Philosophie des Rechts*, §358.
1134) Hegel, *Vorlesungen über die Philosophie der Geschichte*, 421-422쪽.

고는 "전적으로 민속적인 상태로" 남아 있는 "라인과 엘베 사이의 오스트리아와 독일의 게르만 민족"과, "고향 땅에 그대로 보존된 스칸디나비아의 게르만 민족"을 "단절되지 않은 내면성(Innigkeit)" 속에 자신을 유지해 온 '순수한 게르만 민족'으로 규정했다.[1135] 따라서 헤겔이 말하는 '게르만 치세'의 지배 민족은 실은 이 독일·오스트리아·스칸디나비아 등 세 지역에 사는 '순수한 게르만 민족'인 것이다. 『법철학』에 등장하는 "내면성(Innerlichkeit)"이라는 '게르만 치세'의 원리는[1136] 바로 『역사철학』의 순수 게르만의 저 '단절되지 않은 내면성'과 같은 점에서도 '게르만 치세'는 '순수 게르만 민족'이 지배하는 게르만 제국으로 해석될 수밖에 없는 것이다. 이 해석은 오스트리아와 스칸디나비아를 독일과 합병하는 것을 '민족 통일'로 본 나치 정권의 순수 게르만 혈통의 지배 민족관과 일치하는 것이다.

3.4. 헤겔에 대한 세계심판으로서의 세계사

헤겔의 저 타나토스적 인간관과 투쟁유일주의적·군국주의적 국가철학으로부터는 제1차 세계대전 후에 나치즘을 사상적으로 선취하고 곧 나치즘으로 돌진하는 병리적 전쟁 찬미가 쉬 자라났다. 가령 제1차 세계대전 후에 *Der Kampf als inneres Erlebnis*(내면적 체험으로서의 투쟁, 1922)와 *Der Kampf um das Reich*(제국을 둘러싼 투쟁, 1929)를 공간한 참전용사 에른스트 윙어(Ernst Jünger, 1895-1998)는 헤겔 전쟁 철학의 여파 속에서 전쟁을 자질구레한 시민적 '나'를 전우애적 '우리' 속으로 해체시키는 것으로 찬미하고, 생생의 본성을 전쟁으로 규정했다.[1137] 슈펭글러

1135) Hegel, *Vorlesungen über die Philosophie der Geschichte*, 421-422쪽.
1136) Hegel, *Grundlinien der Philosophie des Rechts*, §359.
1137) Herfried Münkler, "Die Politischen Ideen der Weimar Republik", 306-307쪽.

(Oswald Spengler)는 전쟁을 "고차적 인간 실존의 영구적 형태"이자 국가의 본질로 선언했고, 한스 프라이어(Hans Freyer)는 '전시체제의 엄혹한 합리성'을 대중의 비이성적 부富에 맞서는 '이성'으로 찬양하고 전쟁을 민족적 통일성의 창출자로 찬양했다. 모두 다 헤겔 전쟁 철학의 재탕이었다.[1138] 전쟁과 죽음을 찬미하는 이런 정신세계로부터 전쟁을 실존적으로 찬양하며 "살해·가학·죽음을 에로스화한 타나토스와 에로스의 파라독스적 결합"의 나치즘적 집단심리가 마치 자연발생적인 것처럼 형성되어 나왔다.[1139]

이런 이유에서 나치 이데올로그들은 헤겔을 추앙했다.[1140] 일부 나치 이론가들은 헤겔 철학을 비판했지만,[1141] 가장 격렬한 헤겔 비판자인 칼 슈미트조차도 투쟁적 인간관, 우적友敵 투쟁적 정치 개념, 민족 대결적 정치철학, 전쟁의 국민 윤리적 기능에 대한 예찬[1142] 등에서 헤겔 정치철학을 많이 표절했다.[1143] 나치 이데올로그들은 모두 헤겔 숭배자이거나 무의식적 제자들이었던 것이다.

Iring Fetscher und Herfried Münkler (Hg.), *Neuzeit: Von der Französischen Revolution zum europäischen Nationalismus. Handbuch der politischen Ideen* Bd. 4 (München & Zürich: Piper, 1986).
1138) Münkler, "Die Politischen Ideen der Weimar Republik", 308, 317쪽.
1139) Klaus Theweleit, *Männerphantasien* (Basel & Frankfurt am Main: Stroemfeld & Roter Stern, 1986), 168쪽.
1140) Fetscher, "Georg Wilhelm Friedrich Hegel," 226쪽.
1141) 칼 슈미트는 헤겔을 '낯선 피의 권력론'으로 비판하며 히틀러 집권일자를 헤겔의 사망일로 선언했다. 참조: Riedel, "Einleitung", 30-32쪽. 또 크리크(Ernst Krieck)와 로젠베르크(Alfred Rosenberg)는 헤겔철학을 '비독일적', '제국에 적대적'이라고 비판했다. 참조: Fetscher, "Georg Wilhelm Friedrich Hegel", 226쪽.
1142) Schmitt, *Der Begriff des Politischen* [1927], 110쪽.
1143) 참조: Habermas, *Die Einbeziehung des Anderen*, 232-233쪽. 따라서 헤겔을 비판한 한두 명의 나치 학자를 거론하며 헤겔을 편드는 페처와 마르쿠제의 변호는 지극히 피상적인 것이다. 참조: Herbert Marcuse, *Reason and Revolution* [1941] (London: Routledge & Kegan Paul, 1986); Fetscher, "Georg Wilhelm Friedrich Hegel", 226쪽.

이런 까닭에 헤겔의 군국주의적 국가철학은 전후 나치 전범자 처벌을 위해 설치된 뉘른베르크 법정에서 피고석에 세워졌고 나치 전범들과 함께 단죄되었던 것이다.[1144] 1946년 1월 17일 전범 심리에서 연합국 측 대표 검사 프랑수아 드 망똥(François de Menthon)은 바로 헤겔의 무無도덕적 전쟁 예찬 구절을 직접 인용하며 나치스의 전쟁관을 탄핵했다.

- 전쟁의 변호도 오래된 것이다. 이것은 특히 피히테와 헤겔로 거슬러 올라간다. 이들은 전쟁만이 제민족을 분류해 주고 민족들 사이에서 정의를 산출한다. 헤겔에 의하면 '바람의 움직임이 바다를 부패로부터 막아주듯이 제민족의 윤리적 건강'도 전쟁에 의해 유지된다는 것이다. (…) 나치 정권의 청소년층, 이 집행 기구들은 진정한 무無도덕주의 학설에 입각하여 양육되었다. 이 무도덕주의는 정권을 충만 시킨 세계관과 일치하는 것이다.[1145]

뉘른베르크 재판은 최후의 세계사적 헤겔 심판, 헤겔 철학에 대한 '세계 심판'이었다.

세계 심판론 및 게르만 치세론의 역사철학적 이론에 대한 지금까지의 분석과 헤겔의 전쟁 철학에 대한 뉘른베르크의 역사적 심판 앞에서 '헤겔은 나치즘과 무관하다'는 신화는[1146] 들어설 자리가 없다. 그렇다면 최

1144) Bernhard H. F. Taureck, *Nietzsche und der Faschismus* (Hamburg: Junius, 1989), 32-33, 81-84쪽.
1145) 1946년 1월 17일 법정심리. *Der Prozeß gegen die Hauptkriegsverbrecher vor dem Nürnberger Gerichtshof* [Nürnberg 1947], Bd.5-6 (München/Zürich 1948), 424, 474쪽. Taureck, *Nietzsche und der Faschismusg*에서 재인용.
1146) Marcuse, *Reason and Revolution* [1941]; Avineri, *Hegel's Theory of Modern State*, 194쪽; Fetscher, "Georg Wilhelm Friedrich Hegel", 199, 226쪽; Walter Kaufmann, "The Hegel Myth and its Method". Kaufmann (ed.), *Hegel's Political Philosophy* (New York, Atherton Press, 1970); T. M. Knox, "Hegel and Prussianism," Kaufmann (ed), *Hegel's Political Philosophy* (New York, Atherton

근까지도 지속된 이 신화는 이 역사적 세계 심판에 무지한 자들이 자의적 해석으로 부양浮揚시킨 신기루일 뿐이다.

헤겔은 청년 시절 프랑스혁명에 열광했고 나폴레옹의 독일 점령에도 불구하고 피히테의 민족해방투쟁을 거부하고 나폴레옹을 찬미했었다. 그러나 헤겔은 1815년 빈 반동 체제 성립과 함께 저 혁명적 열광을 뒤로 하고 점차 보수화되었으며, 하르덴베르크의 프로이센 정부에 의해 베를린 대학 교수로 초빙된 뒤에는 아예 반反혁명적 보수주의자로 변신했다. 그는 하르덴베르크의 '보수적 개혁'을 가로막는 역사법학파와 낭만적 청년운동도 경멸했지만,[1147] 혁명적 근대국가 이념은 더욱 적대했다.

헤겔은 하르덴베르크 정부의 특별대우에 균형감각을 상실하고 프로이센의 전근대적·군국주의적 관헌국가를 근대적인 것으로 오해하는 자기기만에 빠졌다. 그리하여 그의 국가론은 본질적으로 프로이센을 이상화하고 '차별적 현실 지양'을 명분으로 현상 유지와 최소 개혁을 결합한 '보수적 개혁' 노선을 추종했다.

나아가 1830년 헤겔은 프랑스에서 7월혁명이 발발하자 반동적 본질을 노골화한 프로이센 정부에 동조하여 이 혁명을 적대했다. 이 때문에 그의 가장 충실한 직계제자인 에두아르트 간스(Eduard Gans)조차도 헤겔로부터 멀어졌다.[1148] 프로이센이 헤겔 사후 더욱 반동화된 뒤부터는 오토 바우어(Otto Bauer), 칼 로젠크란츠(Karl Rosenkranz) 등 여러 제자들은 프로이센의 현실에 절망하며 헤겔의 '보수적 개혁' 노선을 비판하고 총체

Press, 1970).
1147) Hegel, *Grundlinien der Philosophie des Rechts*, 18쪽.
1148) Norbert Waszek, "Die Hegelsche Schule", 242-243쪽. Iring Fetscher und Herfried Münkler (Hg.), *Neuzeit: Von der Französischen Revolution zum europäischen Nationalismus. Handbuch der politischen Ideen*. Bd. 4, (München & Zürich: Piper, 1986).

적 혁명 노선으로 선회하였다.[1149]

그의 제자들까지도 절망에 빠뜨리고 그를 비판하도록 만든 헤겔 정치철학의 핵심 오류는 정치·역사철학 분야에서의 '무의식'의 주도적 역할 때문에 야기되었나. 그가 부당하게도 의식적 이성 철학의 궤도에서 이탈하여 방법론적으로 혈통 민족의 전통적·관습적 무의식을 특대特待한 것은 '정치적 낭만주의'의 핵심요소를 수용한 결과였다. 이 때문에 그는 국민주권과 자율적 입법 이성을 근간으로 하는 서구 근대 정치 이론을 적대하고 무의식적 '민족정신'과 '관습'을 신봉하는 전근대 헌법·신분제의회·세습 군주정, 그리고 '무의식적 도구화'의 조작적 개념에 의거해 투쟁유일론적 민족국가, 타나토스적 죽음 찬미, 전쟁 예찬, 세계사적 세계 심판, 게르만지배민족론을 전개한 것이다. 대낮처럼 밝은 '의식의 철학자'로 자부한, 그리고 많은 추종자들이 이렇게 인정한 헤겔은 정치·역사철학에서 '지킬박사의 하이드'처럼 그믐밤처럼 깜깜한 '무의식의 철학자'로 둔갑한 것이다. 이 '무의식의 철학'에 '헤겔이 최초로 근대국가를 이론화했다'는 신화는 스며들 틈이 없다. 헤겔은 이 '무의식의 철학'으로 '하르덴베르크의 프로이센', 즉 반半봉건적 핵심질서의 보수保守를 목적으로 갱신된 전근대 국가를 그렸기 때문이다. 그가 1820년 칼 아우구스트 폰 하르덴베르크 당시 프로이센 재상에게 보내려고 쓴 편지 초고도 이를 입증해 준다. 앞서 시사했듯 이 편지 초고에서 헤겔은 "내 학문적 지향은 프로이센 국가가 한편으로 보유하고 있고 다른 한편으로는 보유할 행운을 가진 원칙과 철학의 일치를 증명하는 것입니다"라고 실토하고 있다.[1150]

그래서 헤겔 정치철학이 당대 프로이센의 어용 철학적 '단순 복제품'이라는 루돌프 하임의 비난도 그리 지나친 것이 아닌 것이다. 헤겔 국가론

1149) Waszek, "Die Hegelsche Schule", 244-245쪽.
1150) Hegel, "An Hardenberg" (Mitte Oktober 1820), 516-517쪽.

이 "그의 논리학에 정치적 육신肉身을 부여한 것"이라는 마르크스의 비판도[1151] 많이 빗나간 것이다. 헤겔은 '의식의 논리'를 '무의식의 논리'에 희생시키고 있기 때문이다. 차라리 헤겔이 "지금 현존하는 국가를 국가의 본질로 사칭하고 있다"는 말이[1152] 더 적중할 것이다. 헤겔이 '진실'로 여긴 이 '사칭' 또는 확신에 찬 자기기만 때문에 세계정신은 그로부터 멀어지다 끝내는 그를 뉘른베르크의 세계 법정에 세워 심판할 수밖에 없었던 것이다.

헤겔의 무의식적 민족국가론과 '차별적 현실 지양' 이념은 숨 막힐 정도로 보수 반동적이다. 하지만 그의 민족국가론과 '차별적 현실' 지양 이념은 그의 국제정치 사상처럼 섬뜩할 정도로 반인도적이지는 않다. 타나토스적 인간관, 민족 대결주의적 군국주의, 전쟁 예찬, 세계 심판, 게르만 지배민족론 등으로 짜인 그의 국제정치 사상은 나치즘으로 계승되어 세계의 자유정신과 인도人道를 파괴한 홀로코스트로 귀결되었다.

미상불, 전후 세계사는 국제전범재판에서 헤겔의 게르만지배민족론과 함께 그의 전쟁론을 단죄함으로써 바로 그의 정치·역사철학에 대해 가장 준엄한 '세계 심판'을 선고했다. 뉘른베르크의 저 세계 심판이 일찍이 '헤겔 철학의 죽음'을 확정했던 것이다. 전후에도 부단히 이어진 헤겔 신화의 변호론들은 모두 헤겔의 국제정치 철학에 대한 이 세계 심판을 모르는 일부 학자들의 '세계사적 무지' 때문에 빚어진 것이다. ▮

1151) Marx, *Kritik des Hegelschen Staatsrechts* [1843], 250쪽.
1152) Marx, *Kritik des Hegelschen Staatsrechts* [1843], 266쪽.

참고문헌

〈공맹경전〉

『大學』,『中庸』,『論語』,『孟子』,『禮記』,『書經』,『詩經』,『易經(周易)』,
『孝經』,『春秋左氏傳』,『春秋公羊傳』,『春秋穀梁傳』,『大戴禮』.

〈동양문헌〉

계승범,「조선후기 중화론의 이면과 그 유산」,『한국사학보』19(2009. 6.).
宋時烈,「雜著·雜錄」.『송자대전(Ⅶ)』(서울: 민족문화추진위원회, 1983).
임석진(이을호·황태연 역),『헤겔에 있어서의 노동의 개념』(서울: 지학사, 1980).
황태연 편저,『헤겔 精神現象學 해설』(서울: 이삭, 1983).
황태연,『지배와 이성』(서울: 창작과비평사, 1996).
황태연,『계몽의 기획』(서울: 동국대학교출판부, 2004).
황태연,「서구 자유시장론과 복지국가론에 대한 공맹과 사마천의 무위시장 이념과 양민 철학의 영향」,『정신문화연구』2012년 여름호 제35권 제2호.
황태연,『감정과 공감의 해석학(1-2)』(파주: 청계, 2014·2015).
황태연,『공자의 인식론과 역학』(파주: 청계, 2018).
황태연,『공자철학과 서구 계몽주의의 기원(1-2)』(파주: 청계, 2019).
황태연,『유교제국의 충격과 서구 근대국가의 탄생 (제2권): 중국 자유시장의 충격과 서구 시장경제의 탄생』(서울: 솔과학, 2022).
황태연,『유교국가의 충격과 서구 근대국가의 탄생』제3권:『유교적 양민국가의 충격과 서구복지국가의 탄생』(서울: 솔과학, 2022).
황태연,『근대 독일과 스위스의 유교적 계몽주의』(서울: 한국문화사, 2023).
황태연,『근대 프랑스의 공자 열광과 계몽철학』(서울: 한국문화사, 2023).
황태연,『유교적 근대의 일반이론(상)』(서울: 한국문화사, 2023).

황태연, 『도덕의 일반이론(상·하)』 (서울: 한국문화사, 2023).
황태연, 『공자와 미국의 건국(상)』 (서울: 한국문화사, 2023).
황태연, 『서양 경험론과 정치철학: 베이컨에서 홉스까지』 (서울: 생각굽기, 2024).
황태연, 『서양 경험론과 정치철학: 로크에서 섀프츠베리까지』 (서울: 생각굽기, 2024).
황태연, 『서양 경험론과 정치철학: 데이비드 흄에서 다윈까지』 (서울: 생각굽기, 2024).

〈서양문헌〉

Albrecht, Michael, "Einleitung". Christian Wolff, *Rede über die praktische Philosophie der Chinesen* [1721·1726] (Hamburg: Felix Meiner Verlag, 1985).
Allais, Lucy, "Kant's Racism", *Philosophical Papers*, 45-1·2 (March and July 2016).
Alpert, Avram, "Philosophy's systemic racism", aeon.co (2020. 9. 24.).
Anonym, "Allgemeines Repertorium der neuesten in- und ausländischen Literatur" [1821]. M. Riedel (Hg.), *Materialien zu Hegels Rechtsphilosophie*, Bd 1 (Frankfurt am Main: Suhrkamp, 1975).
Anonym, "Allgemeine Literatur-Zeitung" [1822]. M. Riedel (Hg.), *Materialien zu Hegels Rechtsphilosophie*, Bd.1 (Frankfurt am Main: Suhrkamp, 1975).
Aristotle, *Posterior Analytics*. Aristotle, vol.2 (Cambridge, MA: Harvard University Press, 1935·1981).
Aristotle, *Metaphysics. Aristotle*, vol.17 (Cambridge, MA: Harvard University Press, 1935·1981).
Arnhart, Larry, *Darwinian Natural Right: the Biological Ethics of Human Nature* (Albany, NY: State University of New York Press, 1998).
Avineri, Shlomo, *Hegel's Theory of Modern State* (London: Cambridge University Press, 1972).
Avineri, Shlomo, "Hegel and Nationalism". Walter Kaufmann (ed.), *Hegel's Political Philosophy* (New York: Atherton Press, 1970).
Bacon, Francis, *The New Organon* [1620], edited by Lisa Jardine and Michael Silverthorne (Cambridge: Cambridge University Press, 2000).
Bamgbose, Oluyemisi, "Euthanasia: Another Face of Murder", *International Journal of Offender Therapy and Comparative Criminology*, 48-1(2004).
Barow, John, *Travels in China* (London: Printed by A. Strahan, Printers-Street. For T. Cadell and W. Davies, 1804·1806).
Boehm, Christopher, *Moral Origins: The Evolution of Virtue, Altruism, and Shame* (New York: Basic Books, 2012).
Bouie, Jamelle, "The Enlightenment's Dark Side. How the Enlightenment created modern race thinking, and why we should confront it", *Slate Magazine* (June 5,

2018).

Bowlby, John, *The Making and Breaking of Affectional Bonds* (London·New York: Routledge, 1979·1989·2005·2010).

Browning, Gary K., *Hegel and the History of Political Philosophy* (Oxford: Springer, 1999).

Brumlik, M., "Nation und Weltinnenpolitik". Petra Baitling & Walter Reese-Schäfer (Hg.), *Universalismus, Nationalismus und die neue Einheit der Deutschen. Philosophen und die Politik* (Frankfurt am Main: Fischer Verlag, 1991).

Byrne, Peter, *Kant on God* (London: Ashgate, 2007).

Carritt, E. F., *Moral and Politics* (London: Oxford at the Clarenden Press, 1966).

Collmann, K. Chr., "Jenaer Allgemeine Literatur Zeitung"[1828]. M. Riedel (Hg.), *Materialien zu Hegels Rechtsphilosophie*, Bd.1 (Frankfurt am Main: Suhrkamp, 1975).

Copleston, Charles Frederick, *Fichte to Hegel*. Frederick Charles. Copleston, A *History of Philosophy*, vol.7 (New York: Continuum International Publishing Group, 1965).

d'Alembert, Jean Le Rond, and Denis Diderot u.a., *Enzyklopädie. Eine Auswahl* (Frankfurt am Main: Fischer Verlag, 1989).

Damasio, Antonio, *Descartes' Error: Emotion, Reason, and the Human Brain* (New York: Pengein Books, 1994). .

Darwin, Charles, *The Origin of Species by means of natural selection or the preservation of favored races in the struggle for life* [1859] (New York: D. Appleton & Company, 1896 six and last ed. Vol.1 in 2 Volumes).

Darwin, Charles, *The Descent of Man, and Selection in Relation to Sex* [1871·1874] (London: John Murray, 2nd edition 1874).

Darwin, Charles, *The Expression of Emotion in Man and Animals* (London: John Murray, 1872·1890).

Descartes, René, *The Principles of Philosophy* [1647]. *The Philosophical Wrings of Descartes*, vol.I, translated by John Cottingham·Robert Skoothoff·Dugald Murdoch (Cambridge·New York·Melborne: Cambridge University Press, 1985, 19th printing 2007).

Descartes, René, *Rules for the Direction of the Mind* [1701]. *The Philosophical Wrings of Descartes*, Volume I.

d'Hondt, Jacques, "Die Einschätzung des revolutionären Krieges durch Hegel". M. Riedel, *Materialien zu Hegels Rechtsphilosophie*, Bd.2 (Frankfurt am Main: Surkamp, 1974).

Durkheim, Emil, *Sociologie et Philosophie* (Paris: Félix Alcan, 1924). *Soziologie und Philosophie* (Frankfurt am Main: Suhrkamp, 1985).

Dowbiggin, Ian, *A Merciful End: the Euthanasia Movement in Modern America* (Oxford: Oxford University Press, 2003).

Chikwado, Ejeh, "Kant's Racial Views and the Categorical Imperative", *Philosophy International Journal*, 5-2 (August 2022).

Eze, Emmanuel Chukwudi, "The Color of Reason: The Idea of 'Race' in Kant's Anthropology", *The Bucknell Review*, 38-2(Jan 1, 1995).

Fetscher, Iring, *Hegel: Größe und Grenzen* (Stuttgart: W. Kohlhammer Verlag, 1973).

Fetscher, Iring, "Georg Wilhelm Friedrich Hegel". Iring Fetscher und Herfried Münkler (Hg.), *Neuzeit: Von der Französischen Revolution zum europäischen Nationalismus. Handbuch der politischen Ideen*, Bd.4 (München & Zürich: Piper, 1986).

Fichte, Johann G., *Science of Knowledge* (Cambridge: Cambridge University Press, 1982).

Fichte, Johann G., *Das System der Sittenlehre nach den Principien der Wissenschaftslehre* (Jena und Leipzig: Bei Christian Ernst Gabler, 1798).

Fleischacker, Samuel, "Once More unto the Breach: Kant and Race", *The Southern Journal of Philosophy* (6 April 2023).

Gadamer, Hans Georg, "Hegels Dialektik des Selbstbewußtsein". H.F. Fulda und D. Henrich (Hg.), *Materialien zu Hegels 'Phänomenologie des Geistes 2* (Farnkfurt am Main: Suhrkamp, 1973).

Giddens, Anthony, *The Third Way* (Cambridge: Cambridge University Press, 1998).

Glasenapp, Helmut von, *Kant und die Religionen des Ostens* (Kitzengen amd Main: Holzner Verlag, 1954).

Gray, John, *Enlightenment's Wake* (London·New York: Routledge, 1995·2007).

Greene, Joshua, "The Secret Joke of Kant's Soul". W. Sinnott-Armstrong (ed.), *Moral Psychology*, Vol.3: *The Neuroscience of Morality* (Cambridge, Massachusetts: MIT Press, 2008).

Habermas, Jürgen, *Strukturwandel der Öffentlichkeit* [1962] (Frankfurt am Main, Suhrkamp, 1990).

Habermas, Jürgen, *Faktizität und Geltung* (Fankfurt am Main: Suhrkamp, 1992).

Habermas, Jürgen, *Die Einbeziehung des Anderen* (Farnkfurt am Main: Suhrkamp, 1996). 국역본: 하버마스(황태연 역), 『이질성의 포용』(서울, 도서출판 나남, 2000).

Habermas, Jürgen, *Der gespaltene Westen. Kleine Politische Schriften X* (Frankfurt am Main: Suhrkamp, 2004).

Hamilton, Alexander, "Federalist Paper No. 6. Concerning Dangers from War between the States". Alexander Hamilton, James Madison, and John Jay, *The Federalist Papers* (New York·London: New American Library, 1961·2003).

Hare, Robert D., *Without Conscience: The Disturbing World of the Psychopaths*

among Us (New York·London: The Guilford Press, 1993·1999).
Hauser, Marc D., *Moral Minds: The Nature of Right and Wrong* (New York: HarperCollins Publishers, 2006).
Hawkins, Mike, *Social Darwinism in Europe and American Thought 1860-1945* (Cambridge: Cambridge University Press, 1997).
Hegel, Georg W. F., *Die Verfassung Deutschlands* [1800-1802]. *G.W.F. Hegel Werke*, Bd.1, *Frühe Schriften* (Frankfurt am Main: Suhrkamp, 1986).
Hegel, Georg W. F., *Über die wissenschaftliche Behandlungsart des Naturrechts* [1802-1803]. *G.W.F. Hegel Werke*, Band 2 (Frankfurt am Main: Suhrkamp, 1986).
Hegel, Georg W. F., *Nürnberger und Heidelberger Schriften* [1808-1817]. *G. W. F. Hegel Werke* in zwanzig Bänden, Bd.4 (Frankfurt am Main: Suhrkamp, 1986).
Hegel, Georg W. F., *Phänomenologie des Geistes*, hersg. v. Johannes Hoffmeister (Hamburg: Felix Meiner, 1952). Suhrkamp판: *Phänomenologie des Geistes. Hegel Werke*, Bd.3 (Frankfurt am Main: Suhrkamp, 1986).
Hegel, Georg W. F., *Enzyklopädie der philosophischen Wissenschaften. Hegel Werke*, Bd.10 (Frankfurt am Main: Suhrkamp, 1986).
Hegel, Georg W. F., *Grundlinien der Philosophie des Rechts* [1820]. *Hegel Werke*, Bd.7 (Frankfurt am Main: Suhrkamp, 1986).
Hegel, Georg W. F., *Vorlesungen über die Philosophie der Geschichte. G.W.F. Hegel Werke* in zwanzig Bänden, Bd.12 (Frankfurt am Main: Suhrkamp, 1986).
Hegel, Georg W. F., "An Hardenberg" (Mitte Oktober 1820). *G. W. F. Hegel Werke*, Bd.7 (Frankfurt am Main: Suhrkamp, 1986).
Herder, Johann G., *Auch eine Philosophie der Geschichte zur Bildung der Menschheit* [1774]. *Herders Sämmtliche Werke*, Bd.5 (Berlin: Weidmannsche Buchhandlung, 1891).
Heym, Rudolf, *Vorlesungen über Hegel und seine Zeit* [Berlin, 1857] (Hildesheim: Georg Olms Verlagsbuchhandlung, 1962 Nachdruck).
Hirsch, Emmanuel, "Die Beisetzung der Romantiker in Hegels Phänomenologie". Hans Fr. Fulda und Dieter Henrich (Hg.), *Materialien zu Hegels 'Phänomenologie des Geistes'* (Frankfurt am Main: Suhrkamp, 1976).
Hobbes, Thomas, *Leviathan or The Matter, Form, and Power of a Commonwealth Ecclesiastical and Civil. The Collected Works of Thomas Hobbes*. Vol. III. Part I and II, collected and edited by Sir William Molesworth (London: Routledge/Thoemmes Press, 1992).
Hoffmeister, Johannes, *Die Problematik des Völkerbundes bei Kant und Hegel* (Tübingen: Mohr, 1934).
Hugo, G., "Göttingische gelehrte Anzeigen"[1821]. M. Riedel (Hg.), *Materialien zu*

Hegels Rechtsphilosophie, Bd.1 (Frankfurt am Main: Suhrkamp, 1975).

Horkheimer, Max, und Theodor W. Adorno, *Dialektik der Aufklärung* (Frankfurt am Main: Fischer Verlag, 1969).

Hornbogen, Helmut, *Tübinger Dichterhäuser: Literaturgeschichten aus Schwaben* (Verlag Schwäbisches Tageblatt: Tübingen Verlag, 1989).

Hsia, Adrian, "The far east as the philosophers' 'other': Immanuel Kant and Johann Gottfried Herder", *Revue de littérature comparée* 2001/1 (no.297).

Hume, David, *A Treatise of Human Nature*: Book 1. *Of the Understanding*, edited by David Fate Norton and Mary J. Norton, with Editor's Introduction by David Fate Norton (Oxford·New York·Melbourne etc.: Oxford University Press, 2001·2007).

Hume, David, *A Treatise of Human Nature*, Book 2. *Of the Passions*, edited by David Fate Norton and Mary J. Norton, with Editor's Introduction by David Fate Norton (Oxford·New York·Melbourne etc.: Oxford University Press, 2001·2007).

Hume, David, *A Treatise of Human Nature*, Book 3. *Of Morals*, edited by David Fate Norton and Mary J. Norton, with Editor's Introduction by David Fate Norton (Oxford·New York·Melbourne etc.: Oxford University Press, 2001·2007).

Hume, David, *An Enquiry concerning Human Understanding and Other Writings*, edited by Stephen Buckle (Cambridge·New York·Melbourne: Cambridge University Press, 2007).

Hume, David, "Of Superstition and Enthusiasm" [1741]. David Hume, *Political Essays* (Cambridge·New York: Cambridge University Press, 1994·2006).

Hume, David, "Of the Rise and Progress of the Arts and Science" [1742]. David Hume, *Political Essays* (Cambridge·New York: Cambridge University Press, 1994·2006).

Hume, David, "Of National Characters" [1748]. David Hume, *Essays Moral, Political, and Literrary*, editedand with a Forward, Notes and Glossary by Eugene Miller (Indianapolis: Liberty Fund, 1985·1987).

Hume, David, "Of the Populousness of Ancient Nations". David Hume, *Essays Moral, Political, and Literrary*, editedand with a Forward, Notes and Glossary by Eugene Miller (Indianapolis: Liberty Fund, 1985·1987).

Hume, David, *An Enquiry concerning the Principles of Morals* [1751], edited by Tom L. Beauchamp (Oxford·New York: Oxford University Press, 1998·2010).

Hutcheson, Francis, *An Inquiry into the Original of Our Ideas of Beauty and Virtue; In two Treatises* [1st ed. 1726; 3rd ed. 1729; London: Printed for R. Ware, J. Knapton etc., 5th ed. 1753] (Indianapolis: Liberty Fund, 2004).

Hwang, Tai-Youn, *Herrschaft und Arbeit im neueren technischem Wandel* (Frankfurt am Main·Bern·New York·Paris: Peter Lang, 1992). 국역본: 황태연, 『지배와 이성』 (서울: 창작과비평사, 1996).

Immerwahr, John, "Hume's Revised Racism", *Journal of the History of Ideas*, 53-53 (Jul. Sep., 1992).
Jefferson, Thomas, "To Peter Carr" (August 10, 1787). *The Works of Thomas Jefferson*, vol. 5 in twelve volumes (Notes on Virginia II, Correspondence 1782-1786), Collected and Edited by Paul Leicester Ford (New York and London: The Knickerbocker Press, 1904. 2019 Liberty Fund).
Jefferson, Thomas, *Notes on Virginia* (continued II). *The Works of Thomas Jefferson*, vol. 4 (Notes on Virginia II, Correspondence 1782-1786).
Joyce, Richard, *The Evolution of Morality* (Cambridge, Massachusetts: The MIT Press, 2006).
Kant, Immanuel, *Logik. Kant Werke*, Bd.5 (Darmstadt: Wissenschaftliche Buchgesellschaft, 1983).
Kant, Immanuel, *Kritik der reinen Vernunft* [1781·1787]. *Kant Werke*, Bd.4 (Darmstadt: Wissenschaftliche Buchgesellschaft, 1983).
Kant, Immanuel, *Kritik der praktischen Vernunft* [1788]. *Kant Werke*, Band 6. Erster Teil (Darmstadt: Wissenschaftliche Buchgesellschaft, 1983).
Kant, Immanuel, *Prolegomena zu einer jeden künftigen Metaphysik, die als Wissenschaft wird auftreten können* [1783]. *Kant Werke*, Bd.5 (Darmstadt: Wissenschaftliche Buchgesellschaft, 1983).
Kant, Immanuel, *Opus postumum* [1804], edited with introduction and notes, translated by E. Förster and M. Rosen (Cambridge: Cambridge University Press, 1995).
Kant, Immanuel, "Beantwortung der Frage: Was ist Aufklärung" [1784]. *Kant Werke*, Bd.9, Teil 1 (Darmstadt: Wissenschaftliche Buchgesellschaft, 1983).
Kant, Immanuel, *Anthropologie in pragmatischer Hinsicht* [1798·1800]. *Kant Werke*, Bd.10 (Darmstadt: Wissenschaftliche Buchgesellschaft, 1983).
Kant, Immanuel, *Grundlegung zur Metaphysik der Sitten* [1785·1786]. *Kant Werke*, Band 6, Erster Teil (Darmstadt: Wissenschaftliche Buchgesellschaft, 1983).
Kant, Immanuel, *Metaphysische Anfangsgründe der Tugendlehre. Die Metaphysik der Sitten* [1797·1798], Zweiter Teil. *Kant Werke*, Band 7. *Schriften zur Ethik und Religionsphilosphie*. Zweter Teil (Darmstadt: Wissenschaftliche Buchgesellschaft, 1983).
Kant, Immanuel, *Die Religion innerhalb der Grenzen der bloßen Vernunft* [1793·1794]. *Kant Werke*, Bd.10 (Darmstadt: Wissenschaftliche Buchgesellschaft, 1983).
Kant, Immanuel, "Nachricht von der Einrichtung seiner Vorlesungen in dem Winterhalbenjahre von 1765-1766". *Kant Werke*, Bd.2 (Darmstadt: Wissenschaftliche Buchgesellschaft, 1983).
Kant, Immanuel, *Über den Gemeinspruch: Das mag in der Theorie richtig sein,*

taugt aber nicht für die Praxis [1793]. *Kant Werke* Bd. 9, Teil 1 (Darmstadt: Wissenschaftliche Buchgesellschaft, 1983).

Kant, Immanuel, *Zum ewigen Frieden* [1795]. *Kant Werke*, Bd.9, Teil 1 (Darmstadt: Wissenschaftliche Buchgesellschaft, 1983).

Kant, Immanuel, "Über ein vermeintes Recht aus Menschenliebe zu lügen" [1797]. *Kant Werke*, Bd. 7, *Schriften zur Ethik und Religionsphilosphie*, Zweiter Teil (Darmstadt: Wissenschaftliche Buchgesellschaft, 1983).

Kant, Immanuel, *Der Streit der Facultäten in drei Abschnitten* [Königsberg: bey F. Nicolovius, 1798]. *Kant Werke*, Bd.9 (Darmstadt: Wissenschaftliche Buchgesellschaft, 1983).

Kant, Immanuel, "Beantwortung der Frage: Was ist Aufklärung?"[1784]. *Kant Werke*, Bd.9, Erster Teil (Darmstadt: Wissenschaftliche Buchgesellschaft, 1983).

Kant, Immanuel, *Kritik der Urteilskraft. Kant Werke*, Bd.8 (Darmstadt: Wissenschaftliche Buchgesellschaft, 1983).

Kant, Immanuel, "Das Ende aller Dinge". *Kant Werke*, Bd.9 (Darmstadt: Wissenschaftliche Buchgesellschaft, 1970).

Kant, Immanuel, *Beobachtungen über das Gefühl des Schönen und Erhabenen. Kant Werke*, Bd.2 (Darmstadt: Wissenschaftliche Buchgesellschaft, 1983).

Kant, Immanuel, *Bestimmung des Begriffs einer Menschenrasse* [1785]. *Kant Werke*, Bd.9 (Darmstadt: Wissenschaftliche Buchgesellschaft, 1983).

Kant, Immanuel, *Menschenkunde, oder philosophische Anthropologie. Nach handschriftlichen Vorlesungen*, herausgegeben von Friedrich Christian Starke (Leipzig, 1831).

Kant, Immanuel, *Von den Vetschiedenen Rassen der Menschen* [1775]. *Kant Werke*, Bd.9 (Darmstadt: Wissenschaftliche Buchgesellschaft, 1983).

Kant, Immanuel, *Physische Geographie. Kants gesammelte Schriften*, Bd. IX, hers v. Königlichen Preußischen Akademie der Wissenschaften (Berlin und Leipzig: Walter de Grunter, 1923).

Kant, Immanuel, "Mutmasslicher Anfang der Menschengeschichte". *Kant Werke*, Bd.9 (Darmstadt: Wissenschaftliche Buchgesellschaft, 1983).

Kant, Immanuel, "Über den Gebrauch teleologischer Prinzipien in der Philosophie". *Kant Werke*, Bd.8 (Darmstadt: Wissenschaftliche Buchgesellschaft, 1983).

Kant, Immanuel, *Idee zu einer allgemeinen Geschichte in weltbürgerlicher Absicht* [1784]. *Kant Werke*, Bd.9, Teil 1 (Darmstadt: Wissenschaftliche Buchgesellschaft, 1983).

Kant, Immanuel, Über den Gemeinspruch: Das mag in der Theorie richtig sein, taugt aber nicht für die Praxis [1793]. *Kant Werke*, Bd.9, Teil 1 (Darmstadt: Wissenschaftliche Buchgesellschaft, 1983).

Kaufmann, Walter (ed.), *Hegel's Political Philosophy* (New York: Atherton Press, 1970).

Kaufmann, Walter, "The Hegel Myth and its Method". Kaufmann (ed.), *Hegel's Political Philosophy* (New York, Atherton Press, 1970).

Kaufmann, Walter, *Goethe, Kant, and Hegel: Discovering the Mind*, with a new introduction by. Ivan Soll, vol.1 (New Brunswick, NJ: Transaction; Cambridge: Cambridge University Press, 2009).

Karen, Robert, *Becoming Attached: First Relations and How They Shape Our Capacity to Love* (Oxford·New York: Oxford University Press, 1998).

Kelly, George Armstrong, "Bemerkung zu Hegels Herrschaft und Knechtschaft". H.F. Fulda und D. Henrich (Hg.), *Materialien zu Hegels 'Phänomenologie des Geistes 1* (Farnkfurt am Main: Suhrkamp, 1973).

Keltner, Dacher, *Born to be Good: The Science of a Meaningful Life* (New York: W. W. Norton & Company, 2009).

Kiesewetter. Hubert, *Von Hegel zu Hitler* (Hamburg: Hoffmann und Campe, 1974).

Kleingeld, Pauline, "Kant' Second Thoughts on Race", *The Philosophical Quarterly*, 57-229 (October 2007).

Kleingeld, Pauline, "On Dealing with Kant's Sexism and Racism", *SGIR Review* 2-2(2019).

Knox, T. M., "Hegel and Prussianism," Kaufmann (ed), *Hegel's Political Philosophy* (New York, Atherton Press, 1970).

Kojéve, Alexandre, *Hegel. Eine Vergegenwärtigung seines Denkens* (Stuttgart: Suhrkamp, 1958).

Kozyra, Wojciech, "Kant on the Jews and their Religion", *Diametros* (2020).

Krebs, Dennis, *The Origins of Morality: An Evolutionary Account* (Oxford: Oxford University Press, 2011).

Kropotkin, Pyotr A., *Mutual Aid: A Factor of Evolution* (London: William Heinemann, 1902·1919).

Leibniz, Gottfried Wilhelm, *Discourse on Metaphysics* [1686], §XII. Leibniz, *Discourse on Metaphysics, Correspondence with Arnauld, and Monadology* (Chicago: The Open Court Publishing Company, 1902).

Leibniz, Gottfried Wilhelm, *Discourse on Metaphysics* [1686]. Leibniz, *Discourse on Metaphysics, Correspondence with Arnauld, and Monadology* (Chicago: The Open Court Publishing Company, 1902).

Leibniz, Gottfried Wilhelm, *Nouveaux essais sur l'entendement humain* [1704]. 영역본: *New Essays on Human Understanding* [1704], translated and edited by Peter Remnant and Jonathan Bennett (Cambridge·New York·Sydney: Cambridge University Press, 1981).

Lenin, Wladimir I., "Über die Losung der Vereinigten Staaten von Europa". Lenin, *Ausgewählte Werke*, Bd.1 (Berlin: Dietz Verlag, 1970).

Lieder, Mariana, "Kant und der Rassismus", *Philosophie Magazin* (Nr.55, Januar 2021).

Locke, John, *An Essay concerning Human Understanding* [1689]. *The Works of John Locke*, Vol.2 in Nine Volumes (London: C. and J. Rivington and Partners, 1823·1824).

Lyotard, Jean-Francois, *Das postmoderne Wissen* [*La condition postmoderne* 1979] (Graz/Wien: Passagen Verlag, 1986).

Marx, Karl, *Kritik des Hegelschen Staatsrechts* [1843]. *MEW (Marx Engels Werke)*, Bd.1 (Berlin: Dietz Verlag, 1981).

Marx, Karl, *Zur Kritik der Hegelschen Rechtsphilosophie. Einleitung* [1844]. MEW, Bd.1.

MacIntyre, Alasdair, *After Virtue. A Study in Moral Theory* (Notre Dame·Indiana: University of Notre Dame Press, 1981·84).

Mack, Michael, *German Idealism and the Jew: The inner Anti-Semitism of Philosophy and German Jewish Responses* (Chicago: The University of Chicago Press, 2003).

Marcuse, Herbert, *Reason and Revolution* [1941] (London: Routledge & Kegan Paul, 1986).

Mcgaughey, Douglas R., "Was Kant Anti-Semitic? with an 'Addendum on Duty'", *ResearchGate* (Febrary 2020).

Meinecke, Friedlich, *Weltbürgertum und Nationalstaat* (München: De Gruyter, 1962).

Michalsen, Andrej, & Konrad Reinhart (September 2006). "'Euthanasia': A confusing term, abused under the Nazi regime and misused in present end-of-life debate", *Intensive Care Medicine*, 32-9(July 2006).

Mill, John Stuart, *Utilitarianism* [1861; 1863]. John Stuart Mill, *Essays on Ethics, Religion and Society*, edited by J. M. Robinson (Toronto·London: University of Toronto Press·Routlege & Kegen Paul, 1969).

Morse, Jedidiah, *The American Universal Geography, A View of the Present State of all the Empires, Kingdoms, States and Republics in the Word, and of the United States of America in Particular*, Part I-II in Two Parts (Boston: By Isaiah Thomas and Ebenezer T. Andrews, 1793, 3th Edition, 1801).

Münkler, Herfried, "Die Politischen Ideen der Weimar Republik". Iring Fetscher und Herfried Münkler (Hg.), *Neuzeit: Von der Französischen Revolution zum europäischen Nationalismus. Handbuch der politischen Ideen* Bd. 4 (München & Zürich: Piper, 1986).

Nietzsche, Friedrich, "Ueber Wahrheit und Lüge im aussermoralischen Sinne".

Nietzsche Werke, V-I, hg. v. G. Colli und M. Montarinari (Berlin: Walter de Gruyer, 1973).

Odum, Eugene P., *Ecology: A Bridge Between Science and Society* (Sunderland: Sinauer Associates, 1997).

Palmquist, Stephen, "Does Kant Reduce Religion to Morality?", *Kant-Studien*, 83.2 (1992).

Patten, Allan, *Hegel's Idea of Freedom* (Oxford, New York, etc.: Oxford University Press, 1999).

Pasternack, Lawrence, *Routledge Philosophy Guidebook to Kant on Religion within the Boundaries of Mere Reason* (New York: Routledge, 2014).

Paulus, H. E. G., "Heidelberger Jahrbücher der Literatur"[1821]. M. Riedel (Hg.), *Materialien zu Hegels Rechtsphilosophie*, Bd.1 (Frankfurt am Main: Suhrkamp, 1975).

Plamenatz, John, *Man and Society*, V.II (London: McGraw-Hill, 1963).

Platon, *Der Staat (Der Staat). Platon Werke*, Bd.III, herausgegeben von G. Eigler. Deutsche Übersetzung von Friedrich Schleiermacher (Darmstadt: Wissenschaftliche Buchgesellschaft, 1977).

Platon, *Gesetze. Platon Werke*, Zweiter Teil des Bd.VIII (Darmstadt: Wissenschaftliche Buchgesellschaft, 1977).

Pöggeler, O. (Hg.), *Hegel, Einführung in seine Philosophie* (Baden-Baden: Verlag Karl Alber, 1977). 국역본: 오토 푀글러 편(황태연 역),『헤겔철학서설』(서울: 새밭, 1980).

Popper, Karl, *The Open Society and its Enemies* (London: Routledge, 1966).

Prinz, Jessi J., *The Emotional Construction of Morals* (Oxford: Oxford University Press, 2007).

Pufendorf, Samuel von, *The Whole Duty of Man According to the Law of Nature* [1673] (Indianapolis: Liberty Fund, 2003).

Puhle, Hans-Jürgen, "Die Anfänge des politischen Konservatismus in Deutschland". Iring Fetscher und Herfried Münkler (Hg), *Pipers Handbuch der Politischen Ideen. Bd.1: Frühe Hochkulturen und europäische Antike* (München: R. Piper GmbH & Co. KG, 1988).

Ramsay, Andrew Michael, *A New Cyropaedia, or The Travels of Cyrus* (Norderstedt, Schleswig-Holstein: Hansebooks, Reprint of the original edition of 1779, 2016).

Rawls, John, *A Theory of Justice* (Cambridge. MA: The Belknap Press of Harvard University Press, 1971, Revised Edition: 1999).

Reid, Thomas, *Essays on the Active Powers of the Human Mind* [1788] (Cambridge, MS: MIT Press, 1969).

Riedel, Manfred, "Einleitung". M. Riedel (Hg.), *Materialien zu Hegels*

Rechtsphilosophie, Bd.1 (Frankfurt am Main: Suhrkamp, 1975).
Ries, Wiebrecht, *Nietzsche. Zur Einführung* (Hamburg: Junius Verlag, 1990).
Ritter, Joachim, Hegel und die Französische Revolution (Frankfurt am Mein: Suhrkamp, 1965).
Rousseau, Jean-Jacques, *A Discourse on the Origin of Inequality* [1755]. Jean Jacques Rousseau. *The Social Contract and Discourses*. Translated and introduced by G. D. H. Cole. Revised and augmented by J. H. Brumfitt and John C. Hall. Updated by P. D. Jimack. (London: J. M. Dent Orion Publishing Group, 1993).
Scheler, Max, *Wesen und Formen der Sympathie* [증보판, 1922], hrg. v. Manfred S. Frings (Bern·München: Francke Verlag, 1973 [6. Aufl.]).
Schmitt, Carl, *Verfassungslehre* (München-Leipzig: Dunkler & Humblot, 1928).
Schmitt, Carl, *Der Begriff des Politischen* [1932] (Berlin: Dunkler & Humblot, 1963).
Schönfeld, Martin, *The Philosophy of the Young Kant: the Precritical Project* (New York: Oxford University Press, 2000).
Schönecker, Dieter, "How White Is Kant's White Race, after All?", *Telos – Critical Theory of the Contemporary* (February 23, 2021).
Schönfeld, Martin, "From Socrates to Kant - The Question of Information Transfer", *Journal of Chinese Philosophy*, 67-69 (2006).
Schopenhauer, Arthur, *Die Welt als Wille und Vorstellung II. Arthur Schopenhauer Sämtliche Werke*, Band II (Frankfurt am Main: Suhrkamp, 1986).
Schopenhauer, Arthur, *Kritik der Kantischen Philosophie*. Anhang zu *Die Welt als Wille und Vorstellung I*, Arthur Schopenhauer, *Die Welt als Wille und Vorstellung* I. *Sämtliche Werke*, Band I (Frankfurt am MaSuhrkamp, 1986).
Schopenhauer, Arthur, *Preisschrift über die Grundlage der Moral* [1840·1860]. *Arthur Schopenhauer Sämtliche Werke,* Band III (Frankfurt am Main: Suhrkamp, 1986).
Siep, Ludwig, "Intersubjektivität, Recht und Staat in Hegels *Grundlinien der Philosophie des Rechts*". Dieter Henrich und Rolf-Peter Horstmann (Hg.), *Hegels Philosophie des Rechts. Die Teorie der Rechtsformen und ihre Logik* (Stuttgart: Klett-Cotta, 1982).
Smith, Adam, *The Theory of Moral Sentiments* [1759, Revision: 1761, Major Revision: 1790], edited by Knud Haakonssen (Cambridge/New York: Cambridge University Press, 2002·2009[5. printing]).
Smith, Adam, *An Inquiry into the Nature and Causes of the Wealth of Nations*, textually edited by W. B. Todd (Glasgow·New York: Oxford University Press, 1976).
Sommer, Monika, et al, "Integration of Emotion and Cognition in Patients with Psychopathy". Silke Anders, Gabriele Ende, Markus Junghöfer, Johanna Kissler

& Dirk Wildgruber, *Understanding Emotions* (Amsterdam: Elsevier, 2006).

Spencer, Herbert, *Social Statics: or, The Conditions essential to Happiness specified, and the First of them Developed* (London: John Chapman, 1851).

Spinoza, Benedict de, *Tractatus Theologoco-Politicus* [1670]. *The Chief Works of Benedict de Spinoza*, Vol. I (London: George Bell and Sons, 1891).

Taden, Nikolaus von, "Brief an Hegel" (1821). M. Riedel (Hg.), *Materialien zu Hegels Rechtsphilosophie*, Bd.1 (Frankfurt am Main: Suhrkamp, 1975).

Taureck, Bernhard H. F., *Nietzsche und der Faschismus* (Hamburg: Junius, 1989).

Theweleit, Klaus, *Männerphantasien* (Basel & Frankfurt am Main: Stroemfeld & Roter Stern, 1986).

Thoreau, Henry D., *Civil Disobedience*. Henry D. Thoreau, *Walden and Civil Disobedience* (San Diego: Beker & Taylor Publishing Group, 2014).

Valignano, Alessandro, and Duarte de Sande, *De Missione Legatorum Iaponesium ad Romanum Curiam*. 영역본: *Japanese Travellers in Sixteenth-Century Europe: A Dialogue Concerning the Mission of the Japanese Ambassador to the Roman Curia* [1590], edited and annotated with introduction by Derek Massarella. Translated by J. F. Moran (London: Ashgate Publishing Ltd. for The Hakluyt Society, 2012).

Verene, D. P., "Hegel's Account of War". Z. A. Pelczynski (ed.), *Hegel's Political Philosophy* (Cambridge: Cambridge University Press, 1971).

Vieweg, Klaus, "'Es undeutsch, bloß deutsch zu sein.' Zur Aktualität des universalistischen Denkens bei Hegel". Petra Braitling/Walter Reese-Schäfer (Hg.), *Universalismus, Nationalismus und die neue Einheit der Deutschen Philosophen und die Politik* (Frankfurt am Main: Fischer, 1991).

Waszek, Norbert, "Die Hegelsche Schule". Iring Fetscher und Herfried Münkler (Hg.), *Neuzeit: Von der Französischen Revolution zum europäischen Nationalismus. Handbuch der politischen Ideen*. Bd. 4, (München & Zürich: Piper, 1986).

Weissman, David, "Metaphysics". René Descartes, *Discourse on Method and Meditations on First Philosophy*, edited by David Weissman (New Haven·London: Yale University Press, 1996).

Westphal, Merold, "The Emerge of Modern Philosophy of Religion". Charles Taliaferro, Paul Draper and Philip Quinn (eds.), *A Companion to Philosophy of Religion* (Oxford: Blackwell, 2010).

Wieland, W., "Hegels Dialektik der sinnlichen Gewißheit", *Orbis scripptus* (1966). 국역본: 「감성적 확신의 변증법」. 황태연 편저, 『헤겔 精神現象學 해설』(서울: 이삭, 1983).

Willaschek, Marcus, "War Kant ein Rassist?". Interview mit Uni-Report Goethe Universität Frankfurt am Main (1 Jan. 2021).

Wilson, Edward O., *On Human Nature* (Cambridge, Massachusetts, Harvard University Press, 1978·2004).
Wilson, James Q., *The Moral Sense* (New York·London: Free Press, 1993·1997).
Wolff, Christian, *Oratio de Sinarum philosophia practica* [1721·1726] - *Rede über die praktische Philosophie der Chinesen* (Hamburg: Felix Meiner Verlag, 1985).
Wolff, Michael, "Kant war eine Anti-Rassist," *Frankfurter Allgemeine Zeitung*(July 9, 2020).
Wood, Allen W., "Kant on Conscience", allenw@stanford.edu.
Wood, Allen W., *Kant's Moral Religion* (London and Ithaca: Cornell University Press, 1970).
Wood, Allen W., *Kant and Religion* (Cambridge: Cambridge University Press, 2020).
Young, Liane, Joan Albert Camprodon, Marc Hauser, Alvaro Pascual-Leone, and Rebecca Saxe, "Disruption of the Right Temporoparietal Junction with Transcranal Magnetic Stimulation Reduces the Role of Beliefs in Moral Judgments". *Proceedings of the National Academy of Sciences of the U.S.A.*, vol. 107, no. 15 (2010).
Young, Liane, A. Bechara, D. Tranel, H. Damasio, M. Hauser, A. Damasio, "Damage to Ventromedial Prefrontal Cortex Impairs Judgment of Harmful Intent", *Neuron*, vol.65 (2010).
Zorn, Daniel, "Kant - a Racist? Kant - ein Rassist?" *Public History Weekly* (August 21, 2020).

〈사료〉

Der Prozeß gegen die Hauptkriegsverbrecher vor dem Nürnberger Gerichtshof [Nürnberg 1947], Bd.5-6 (München/Zürich 1948).